北京大学中国语言学研究中心

早期北京话研究书系

主编 郭锐

国家出版基金项目
NATIONAL PUBLICATION FOUNDATION

清末民初北京话语词汇释

刘一之　[日]矢野贺子　著

北京大学出版社
PEKING UNIVERSITY PRESS

图书在版编目 (CIP) 数据

清末民初北京话语词汇释 / 刘一之,(日) 矢野贺子著. — 北京: 北京大学出版社,2018.9
（早期北京话珍本典籍校释与研究）
ISBN 978-7-301-29781-0

Ⅰ. ①清… Ⅱ. ①刘… ②矢… Ⅲ. ①北京话 – 词汇 – 研究 – 近代 Ⅳ. ①H172.1

中国版本图书馆CIP数据核字(2018)第184868号

书　　　名	清末民初北京话语词汇释 QINGMOMINCHU BEIJINGHUA YUCI HUISHI
著作责任者	刘一之　[日] 矢野贺子　著
责任编辑	任蕾
标准书号	ISBN 978-7-301-29781-0
出版发行	北京大学出版社
地　　　址	北京市海淀区成府路 205 号　100871
网　　　址	http://www.pup.cn　新浪微博:@北京大学出版社
电子信箱	zpup@pup.cn
电　　　话	邮购部 010-62752015　发行部 010-62750672　编辑部 010-62753374
印　刷　者	北京虎彩文化传播有限公司
经　销　者	新华书店
	720 毫米 × 1020 毫米　16开本　44.25 印张　795千字 2018 年 9 月第 1 版　2018 年 9 月第 1 次印刷
定　　　价	178.00 元

未经许可,不得以任何方式复制或抄袭本书之部分或全部内容。
版权所有,侵权必究
举报电话: 010-62752024　电子信箱: fd@pup.pku.edu.cn
图书如有印装质量问题,请与出版部联系,电话: 010-62756370

总　序

　　语言是文化的重要组成部分，也是文化的载体。语言中有历史。

　　多元一体的中华文化，体现在我国丰富的民族文化和地域文化及其语言和方言之中。

　　北京是辽金元明清五代国都（辽时为陪都），千余年来，逐渐成为中华民族所公认的政治中心。北方多个少数民族文化与汉文化在这里碰撞、融合，产生出以汉文化为主体的、带有民族文化风味的特色文化。

　　现今的北京话是我国汉语方言和地域文化中极具特色的一支，它与辽金元明四代的北京话是否有直接继承关系还不是十分清楚。但可以肯定的是，它与清代以来旗人语言文化与汉人语言文化的彼此交融有直接关系。再往前追溯，旗人与汉人语言文化的接触与交融在入关前已经十分深刻。本丛书收集整理的这些语料直接反映了清代以来北京话、京味文化的发展变化。

　　早期北京话有独特的历史传承和文化底蕴，于中华文化、历史有特别的意义。

　　一者，这一时期的北京历经满汉双语共存、双语互协而新生出的汉语方言——北京话，它最终成为我国民族共同语（普通话）的基础方言。这一过程是中华多元一体文化自然形成的诸过程之一，对于了解形成中华文化多元一体关系的具体进程有重要的价值。

　　二者，清代以来，北京曾历经数次重要的社会变动：清王朝的逐渐孱弱、八国联军的入侵、帝制覆灭和民国建立及其伴随的满汉关系变化、各路军阀的来来往往、日本侵略者的占领等等。在这些不同的社会环境下，北京人的构成有无重要变化？北京话和京味文化是否有变化？进一步地，地域方言和文化与自身的传承性或发展性有着什么样的关系？与社会变迁有着什么样的关系？清代以至民国时期早期北京话的语料为研究语言文化自身传承性与社会的关系提供了很好的素材。

　　了解历史才能更好地把握未来。新中国成立后,北京不仅是全国的政治中心,而且是全国的文化和科研中心,新的北京话和京味文化或正在形成。什么是老北京京味文化的精华?如何传承这些精华?为把握新的地域文化形成的规律,为传承地域文化的精华,必须对过去的地域文化的特色及其形成过程进行细致的研究和理性的分析。而近几十年来,各种新的传媒形式不断涌现,外来西方文化和国内其他地域文化的冲击越来越强烈,北京地区人口流动日趋频繁,老北京人逐渐分散,老北京话已几近消失。清代以来各个重要历史时期早期北京话语料的保护整理和研究迫在眉睫。

　　"早期北京话珍本典籍校释与研究(暨早期北京话文献数字化工程)"是北京大学中国语言学研究中心研究成果,由"早期北京话珍稀文献集成""早期北京话数据库"和"早期北京话研究书系"三部分组成。"集成"收录从清中叶到民国末年反映早期北京话面貌的珍稀文献并对内容加以整理,"数据库"为研究者分析语料提供便利,"研究书系"是在上述文献和数据库基础上对早期北京话的集中研究,反映了当前相关研究的最新进展。

　　本丛书可以为语言学、历史学、社会学、民俗学、文化学等多方面的研究提供素材。

　　愿本丛书的出版为中华优秀文化的传承做出贡献!

王洪君、郭锐、刘云

2016年10月

早期北京话的语言研究价值
——"早期北京话研究书系"序

  早期北京话指清中叶至民国时期的北京话。北京话在现代汉语中的地位极其特殊而重要，现代汉语的标准语——普通话——是以北京话为基础，普通话的语音标准是北京语音，普通话的词汇和语法也与北京话有密切联系。因此，要探讨普通话的语音、词汇、语法的来源，不能不涉及北京话。由于缺乏足够的材料，元明清初的北京话还无法进行系统的研究，与今天的北京话有直接的继承关系的北京话材料在清中叶才开始出现。但此时的北京话地位并不高，书面语传统也不够深厚，全国的通语是南京官话，而非北京官话。到1850年前后，北京话才取得通语的地位，并对日后的国语和普通话产生决定性的影响。

  不过汉语学界对早期北京话的研究却相对薄弱。这一方面是因为过去对早期北京话材料了解不多，更重要的原因是重视不够。研究汉语史的，重视的是上古汉语、中古汉语和近代汉语；研究现代汉语的，重视的是1949年以后特别是改革开放以来的普通话语料；研究方言的，重视的是地方方言，尤其是东南方言，而北京话与普通话较为接近，晚清民国时期的北京话反倒少人问津，成了"三不管地带"。

  随着清中叶至民国时期北京话语料的挖掘、整理工作的开展，早期北京话的面貌开始清晰地展现出来。根据初步考察，我们对这一时期北京话的语言研究价值有了大致的认识。可以说，清中叶以来的北京话是近代汉语过渡到现代汉语的桥梁。其中尤为重要的是，晚清民国时期，即19世纪40年代至1949年的一百多年间，北京话以及作为全国通语的北京官话、国语发生了一系列的变化，包括语音、词汇、语法，这些变化奠定了今天普通话的基本格局，而1950年至今的普通话则没有大的变化。

  下面我们看看北京话在晚清民国时期发生的一些变化。

从语音方面看，变化至少有：

1. 庄组字翘舌~平舌交替

庄组字本来都读为舌尖后翘舌声母，其中大约30%今天读作舌尖前平舌音。但在晚清时期，有些字仍读作翘舌音，以威妥玛（Thomas F. Wade）《寻津录》（*Hsin Ching Lu* 1859）的记音为例："瑟"读shê、"仄"读chai。还有相当一部分字有翘舌和平舌两读，形成文白异读：所（so~shuo）、涩（sê~shê）、责（chai~tsê）。另外，有些字今天读作翘舌声母，当时却有平舌声母的读法，如：豺（ts'ai）、侧（tsê）。

2. 声母ng彻底消失

北京周边的河北、山西、山东方言，中古字疑母字的开口呼一般保留ng[ŋ]声母，影母字开口呼也读ng声母。清末的北京话还保留个别的ng声母字，如：饿（ngê）、恶（ngê）[富善（Chauncey Goodrich）《华英袖珍字典》（*A Pocket Dictionary*（*Chinese-English*）*Pekingese Syllabary* 1891）]。普通话中，ng[ŋ]声母完全消失。

3. 见系二等字舌面音声母和舌根音声母的交替

见系二等字在全国多数方言中仍保留舌根音声母，当代普通话中大部分见系二等字读作舌面音声母，但有约四分之一的见系二等字保留舌根音声母的读法，如"隔、革、客、港、耕、衡、楷"等。普通话中读作舌根音声母的字，在清末的北京话中，有一部分有舌面音声母的读法，如《华英袖珍字典》（1891）的记音：楷（ch'iai~k'ai）、港（chiang）、隔（chieh~kê）、揩（ch'ieh）、耕（ching~kêng）、耿（ching~kêng）。今音读作舌面音声母的见系二等字在稍早还有保留舌根音读法的，如《寻津录》（1859）的记音：项（hang~hsiang）、敲（ch'iao~k'ao）、街（chieh~kai）。

4. o~e交替

今音读作e[ɤ]韵母的字，对应到《寻津录》（1859），有两个来源，一个是e[ɤ]韵母，如：德（tê）、册（ts'ê）、遮（chê）；另一个是o韵母，如：和（ho）、合（ho）、哥（ko）、刻（k'o）、热（jo）。从o到e的变化经历了多音并行和择一留存两个阶段，如：酌（chê~cho）、刻（k'o~k'ê）、乐（lo~lê）、洛（lê~lo）、额（o~ê）。在《华英袖珍字典》（1891）中，"若、弱、热"都有两读：jê或jo。最后择一保留的，有的是e韵母（刻、乐、热），有的是o韵母（酌、洛、若、弱）。

5. 宕江摄入声文白异读

《寻津录》（1859）中宕江摄入声文白异读主要是韵母o/io和ao/iao的差异，如：若（jo~yao）、约（yo~yao）、薄（po~pao）、脚（chio~chiao）、鹊（ch'io~ch'iao），这样的文白差异应该在更早的时候就已产生。二三等文读为üe韵母大约从1850年前后开始，《寻津录》（1859）中只出现了"学略却确岳"五字读üe韵母文读音。之后的三十来年间，短暂出现过üo韵母，但很快合并到üe韵母。üe作为文读音全面取代io韵母，大约在19世纪末完成。

晚清民国时期白读音的数量要明显多于当代的读音。如下面这些字在当代读文读音，而在当时只有或还有白读音：弱（jao）、爵（chiao~chio）、鹊（ch'io~ch'iao）、学（hsio~hsüeh~hsiao）、略（lio~lüeh~liao）。

6. 曾梗摄入声文白异读

曾梗摄入声字的文白异读，主要是e(o)韵母和ai韵母的差异，这样的格局自19世纪40年代以来没有改变，但清末北京话的文白两读并存要明显多于当代，如《华英袖珍字典》（1891）的记音：侧（ts'ê~chai）、泽（tsê~chai）、责（tsê~chai）、册（ts'ê~ch'ai）、拆（ts'ê~ch'ai）、窄（tsê~chai）、宅（chê~chai）、麦（mo~mai）、白（po~pai）、拍（p'o~p'ai）。

7. iai韵母消失

"解、鞋、挨、携、崖、涯"等蟹摄开口二等见系字在《音韵逢源》（1840）中，韵母为iai。到《寻津录》（1859），只有"涯"仍有iai的异读，其他字都读作ie韵母或ai、ia韵母。之后iai韵母完全消失。

8. 清入字声调差异

清入字在普通话中的声调归并分歧较大，但在清末，清入字的声调归并分歧更大，主要表现就是一字多调现象。如《寻津录》（1859）中的清入字声调：级（chi^2~chi^4）、给（chi^3~chi^4~kei^4）、甲（chia^1~chia^3）、节（chieh^2~

chieh³）、赤（ch'ih¹～ch'ih⁴）、菊（chü¹～chü²）、黑（hei¹～hei³）、骨（ku¹～ku²～ku³）、铁（t'ieh³～t'ieh⁴）、脱（t'o¹～t'o³），这些多调字在当代普通话中只有一种调类。

次浊入在清末民初时期读作非去声的情况也较多，如：入（ju³～ju⁴）、略（liao⁴～lio³～lüeh³）、麦（mai¹～mai⁴）。

以上这些成系统的语音变化有的产生更早，但变化结束并定型是在清末民初时期。

除此之外，一些虚词读音的变化也在晚清民国时期发生并定型。

助词和语气词"了"本读liao，在19世纪30年代或更早出现lo的读音，常写作"咯"，这应是轻声引起的弱化读法。此后，又进一步弱化为la（常写作"喇""啦"）、le[lə]。"了"的音变大致经历了四个阶段：

读音	liao	lo	la	le
开始时间	19世纪30年代前	19世纪30年代	19世纪50年代	1908

而语气词"呢"和助词"的"，也分别经历了ni——na——ne[nə]和di——da——de[tə]的语音弱化阶段。

语气词"啊"的语音变体，在当代普通话中有较为严格的条件，而晚清民国时期"啊"音变的条件与之有所不同。"呀"（ya）可以出现在：-ng后（请问贵姓呀？/《小额》），-n后（他这首诗不曾押着官韵呀！/《儿女英雄传》），-u后（您说有多么可恶呀！/《北京风俗问答》），舌尖元音后（拿饭来我吃呀。/蔡友梅《鬼吹灯》）。"哇"可以出现在-ng后（做什么用哇？/湛引铭《讲演聊斋》）。这种现象与现在汉语学界所讲的语流音变条件似乎并不吻合，到底应如何分析，值得深入探讨。

此外，还有一些特殊的读音，也在早期北京话材料中有所反映。

"俩"读作lia，一般认为是"两个"的合音。但在晚清北京话材料中，有"俩个"的说法。这似乎对合音说提出了挑战，更合理的解释也许应该是"两"受到后一音节"个"的声母影响，导致韵尾脱落，然后是"个"的脱落，形成"俩"直接修饰名词的用法。

一些词汇的特殊写法，则反映了当时的特殊读音。有些是轻声引起的读音变化，如：知得（知道）、归着（归置）、拾到（拾掇）、额啦大（额老大）、先头啦（先头里）；有些则是后来消失的白读音，如：大料（大略）、略下（撂下）。

可以看到，北京话在清代发生了一系列的语音变化，这些变化到19世纪末或20世纪初基本结束，现代汉语的语音格局在这个时期基本奠定。那么这些变化过程是如何进行的，是北京话自发的变化还是受到南京官话或其他方言的影响产生的，这些问题都可以通过早期北京话的材料找到答案。同时，这一时期北京话语音的研究，也可以为普通话的审音工作提供重要的参考。

词汇方面，晚清民国时期的北京话有一些异于普通话甚至当代北京话的词语，如：颏膝盖（膝盖）、打铁（互相吹捧）、骑驴（替人办事时在钱财上做手脚以牟利）、心工儿（心眼儿）、转影壁（故意避而不见）、扛头（不同意对方的要求或条件）、散哄（因不利情况而作罢或中止）、胰子（肥皂）、烙铁（熨斗）、嚼裹（花销）、发怯（害怕）、多咱（什么时候）、晌午歪（午后）。

为什么有一些北京话词语没有传承到普通话中？究其原因，是晚清民国时期汉语共同语的词汇系统，经历了"南京官话——北京官话/南京官话——南北官话混合"三个阶段。根据艾约瑟《汉语官话语法》（1857）、威妥玛《语言自迩集》（1867）等文献记述，在1850年前后，通语由南京官话改为北京官话。当时的汉语教科书也由南京官话改为北京官话。不过，南京官话并没有消失，而是仍在南方通行。因此，南北官话并存成为晚清语言生活的重要特征。美国北长老会传教士狄考文编著的汉语教科书《官话类编》（1892）就是反映南北官话并存现象的重要文献。下面的例子是《官话类编》记录的北京官话和南京官话的词汇差异：

A		B		C	
北京官话	南京官话	北京官话	南京官话	北京官话	南京官话
白薯	山芋	耗子	老鼠	烙铁	熨斗
白菜	黄芽菜	脑袋	头	日头	太阳
煤油	火油	窟窿	洞	稀罕	喜欢
上头	高头	雹子	冰雹	胰子	肥皂
抽烟	吃烟	分儿	地步	见天	天天
扔	丢	自各儿	自己	东家	老板
馒头	馍馍	些个	一些	巧了	好像
多少	几多	姑爷	女婿	眊睬	留意

南北官话并存和对立的局面在民国时期演变为南北官话的混合，南北两种官话合并为一种共同语，即国语。作为国语的继承者，普通话的词汇，有的来自北京官话（如A列），有的来自南京官话（如C列），有的既来自北京官话，又来自南京官话（如B列）。普通话中与北京官话和南京官话无关的词不多见，如：火柴（北／南：取灯儿／洋火）、勺子（匙子／调羹）、本来（原根儿／起根儿）。那些在今天被看作北京土话的词汇，实际上是被南京官话挤掉而未进入普通话的北京官话词汇，如：胰子、烙铁、见天。

晚清时期北京话语法在研究上的重要性主要可以从两个方面来看。一是普通话的不少语法现象，是在这一时期的北京话中萌芽甚至发展成熟的。如兼表致使和被动的标记"让"的形成、受益标记"给"的形成、"程度副词＋名词"格式的产生、协同伴随介词和并列连词"跟"的产生等。二是普通话的不少语法现象，与晚清北京话有差异。比如：

1. 反复问格式：普通话的带宾语的反复问格式有"V否VO"（吃不吃饭）、"VO否VO"（吃饭不吃饭）、"VO否V"（吃饭不吃）等格式，但在晚清时期北京话中没有"V否VO"格式。

2. 双及物格式：普通话有"V＋间接宾语＋直接宾语"（送他一本书）、"V给＋间接宾语＋直接宾语"（送给他一本书）、"V＋直接宾语＋给＋间接宾语"（带一本书给他）、"给＋间接宾语＋V＋直接宾语"（给他带一本书）四种常见格式,晚清时期北京话没有"V+直接宾语+给+间接宾语"格式。

3. 趋向动词与动作动词构成的连谓结构语序:普通话可以说"吃饭去",也可以说"去吃饭",而晚清时期北京话只说"吃饭去"。

4. 进行体的表达形式:普通话主要用"在VP""正在VP",晚清时期北京话主要用"VP呢"。

5. 被动标记:普通话用"被、让、叫、给",晚清时期北京话主要用"让、叫"。

6. 协同、伴随介词:普通话用"和、同、跟",晚清时期北京话主要用"跟"。

7. 时间起点介词:普通话主要用"从、打",晚清时期北京话主要用"打、起、解、且、由"。

8. 时间终点介词:普通话用"到、等到",晚清时期北京话用"到、赶、赶到"。

可以看到,晚清时期北京话的有些语法形式没有进入普通话,如时间起点介词"起、解、且";有些语法项目,普通话除了采用晚清时期北京话的语法形式外,还采用晚清时期北京话没有的语法形式,如反复问格式"V否VO"、双及物格式"V+直接宾语+给+间接宾语"、被动标记"给"。这些在晚清时期北京话中没有的语法形式容易被看作后来普通话发展出的新语法形式。但如果联系到晚清南北官话的并存,那么可以发现今天普通话的这些语法形式,其实不少是南北官话混合的结果。下面看看晚清南北官话语法形式的差异:

	语法项目	北京官话	南京官话
1	反复问句	VO不V,VO不VO	V不VO,VO不VO
2	双及物格式	送他书,送给他书	送他书,送给他
3	去VP	VP去	去VP
4	进行体	VP呢	在VP
5	被动标记	叫,让	被,给,叫(少见)
6	致使动词	叫,让	给,叫(少见)
7	协同介词	跟	和,同
8	并列连词	跟	和,同
9	工具介词	使	用
10	时间终点介词	赶,赶到	到,等到
11	时间起点介词	打,起,解,且,由	从

从上表可以看到，普通话语法形式与清末北京话的语法形式的差异，其实很多不是历时演变导致的，而是南北官话混合带来的。

普通话的语法形式与词汇一样，也是南北官话混合的结果。词汇混合的结果往往是择一，而语法混合的结果则更多是来自南北官话的多种语法形式并存。因此，要弄清今天普通话词汇和语法形式的来源，就必须对清末民初北京话的词汇和语法以及同一时期的南京官话的词汇和语法做一个梳理。

朱德熙先生在《现代汉语语法研究的对象是什么？》（1987）一文中认为，由于普通话，特别是普通话书面语是一个混杂的系统，应把普通话的不同层次分别开来，北京话是现代汉语标准语（普通话）的基础方言，因此研究现代汉语语法应首先研究清楚北京话口语语法，才能对普通话书面语做整体性的综合研究。朱德熙先生的观点非常深刻，不过朱先生在写作这篇文章时，主要是从方言成分混入普通话角度讨论的，还没有认识到普通话主要是北京官话和南京官话的混合，我们今天对早期北京话的研究为朱德熙先生的观点提供了另一个角度的支持。早期北京话的研究，也可以对朱德熙先生的观点做一个补充：由于普通话主要是北京官话和南京官话混合而成，所以研究现代汉语语法不仅要首先研究北京话语法，还需要对普通话中来自南京官话的成分加以梳理。只说北京话是普通话的基础是不够的，南京官话是普通话的第二基础。

此外，早期北京话文献反映的文字方面的问题也值得关注。早期北京话文献中异体字的使用非常普遍，为今天异体字的整理提供了很好的素材。其中一些异体字的使用，可以弥补今天异体字整理的疏漏。如：

> 有一天，一個狐狸進一個葡萄園裡去，瞧見很熟的葡萄在高架上垂掛著，他説："想必是好吃的。"就咂着嘴兒讚了讚，驢蹤了半天，總搆不着。（《伊苏普喻言》（1879））

"搆"在《第一批异体字整理表》中，处理为"构（構）"的异体字，但根据原注"搆：读上平，以物及物也"，不应是"构"之异体。查《华英袖珍字典》

（1891），"搆"释为"to plot, to reach up to"，"plot"可看作"构"的意思，而"to reach up to"的意思是"达到"，因此，这种用法的"搆"应看作"够（伸向不易达到的地方去接触或拿取）"的异体字。"驫蹤"，原注"驫：上平，骤也""蹤：去声，跳也"，根据注释和文意，"驫蹤"应为"蹿纵"，而《第一批异体字整理表》把"蹤"处理为"踪"的异体，未看作"纵"的异体，也未收"驫"字。

　　早期北京话呈现出来的语音、词汇、语法现象，也为当代汉语研究的一些疑难问题提供了一个解决的窗口。比如："啦"到底是不是"了"和"啊"的合音？晚清民国北京话的研究表明，"啦"并不是"了+啊"的合音，而是"了"弱化过程的一个阶段。普通话的同义词和同义句式为何比一般方言多？这是因为北京官话和南京官话词汇和语法的混合形成国语/普通话，北京官话和南京官话中不同的词汇、语法形式并存于普通话中，就形成同义词和同义语法形式。"给"为何可表被动但不表致使？被动标记和致使标记有密切的联系，很多语言、方言都使用相同形式表达致使和被动，根据语言类型学和历史语法的研究，是致使标记演变为被动标记，而不是相反。但普通话中"给"可以做被动标记，却不能做致使标记，似乎违反了致使标记演变为被动标记的共性，这是为什么？如果从南北官话的混合的角度看，也许可以得到解释：南京官话中"给"可以表致使，并演变为被动标记；而普通话中"给"的被动标记用法很可能不是普通话自发产生的，而是来自南京官话。因此表面上看是普通话"给"跳过了致使标记用法直接产生被动标记用法，实质是普通话只从南京官话中借来了"给"的被动标记用法，而没有借致使标记用法。这些问题在本书系的几部著作中，都会有详细的探讨，相信读者能从中得到满意的答案。

　　早期北京话研究的先行者是日本学者。1876年后，日本兴起了北京话学习的热潮，出版了大量北京话教材和资料，为后世研究带来了便利。太田辰夫先生在20世纪40年代就开始早期北京话的研究，提出了著名的北京话的七个特征。其后辈学者佐藤晴彦、远藤光晓、山田忠司、地藏堂贞二、竹越孝、内田庆市、落合守和等进一步把早期北京话的研究推向深入。国内的研究起步稍晚,吕叔湘等老一辈学者在研究中已经开始关注《白话聊斋》等民初京味儿小说,可惜受制于材料匮乏等多方因素,研究未能延续。北京大学是北京话研究重镇,林焘先生对北京话的形成有独到的研究,20世纪80年代初带领北大中文系1979级、1980级、1981级汉语专业本科生调查北京话,留下了珍贵的资料。20世纪90年代以来,经蒋绍愚、江蓝生等先生倡导,局面有所改变。深圳大学张卫东,清华大学张美兰,厦门大学李无未,中山大学李炜,北京语言大学高晓虹、张世方、魏兆惠,苏州大学曹炜等学者在早期北京话的语音、词汇、语法方面都有深入研究。2007年,北京大学中国语言学研究中心将北京话研究作为中心的重要研究方向,重点在两个方面,一是深度挖掘新材料,即将面世的"早期北京话珍稀文献集成"(刘云主编)将为研究者提供极大便利;二是培养新生力量,"早期北京话研究书系"的作者刘云、周晨萌、陈晓、陈颖、翟赟、艾溢芳等一批以北京话为主攻方向的年轻学者已经崭露头角,让人看到了早期北京话研究的勃勃生机。希望本书系的问世,能够把早期北京话研究推向新的高度,为汉语研究提供新的视角,解决过去研究的一些疑难问题,也期待更多研究者来关注这座汉语研究的"富矿"。

郭 锐

2016年5月7日于北京五道口

释词说明

我注释《小额》后，王洪君教授建议我编一本清末民初的北京话词典。既是词典，就要全面，工作量太大，短期内难以完成。陆俭明先生说，那就出语词汇释，以后还可以出续编。于是便有了这本《清末民初北京话语词汇释》。

一、资料选用

1. 从清末民初的北京话小说、报纸中选定一批具有代表性的京味小说作家，例如杨曼青、庄耀亭、湛引铭、尹箴铭、蔡友梅等，然后搜集他们的小说逐篇阅读。
2. 当时的北京话报纸上的《演说》。
3. 报纸上的专栏、新闻，例如《益世余谭》《燕市丛谈》等。
4. 搜集已出版的清末民初北京话小说，例如《儿女英雄传》《春阿氏》，以及当时的汉语教科书，例如《燕京妇语》《语言自迩集》等。

二、选词原则

1. 原则上选入的是《现代汉语词典》里没有的北京话语词，如果《现代汉语词典》里有，但义项或释义不同，也选入。例如，"马上"的意思是现在；"圣诞节"的意思是孔子的生日，当时要放假。但因为我们没有逐词和《现代汉语词典》对照，所以可能会有重合。
2. 反映当时北京社会生活的语词。例如：钱粮、扁方儿等。
3. 当时在北京通用的满语译音词。例如：詹音、拨什户等。
4. 当时的行话以及江湖黑话。例如：杵（钱）、盘儿（脸）等。

5. 当时的外语音译词。例如：皮酒（啤酒）、德律风（电话）等。

6. 当时的称谓。因为身份不同，当时有各式各样的称谓，例如，在和官员说话时，没有官职的旗人要自称"旗人"，民人要自称"小人"或"小的"等。

7. 非北京话语词没有选入。例如：砸二魔、水包子等。

8. 北京人喜欢正话反说，反话正说。例如，"喜信儿"，本意是好消息，但文中的意思是坏消息，我们则视其为临时使用，没有选入。

三、释词原则

1. 一些语词现在北京人、特别是老年人依然使用，我自己和我的长辈在日常生活中就这么说，例如，"自由 zīyou（磨蹭）""真着（清楚）"等；"杌凳儿""扁方儿"都是我家里有的；还有亲属称谓，我姥姥就管她大妈叫"大大"，所以，我自然了解这些语词的意思。

还有"马是得"。我小时候听相声，听到"喝了个马是得"，便问大人是什么意思。大人告诉我，当时一种洋酒的牌子叫"马德士"。一个评书段子，说一个人喝醉了，还大着舌头说，要喝"马、马士德"。我一直想找到书面证据，后来在当时的报纸上发现了洋酒"马德士"的广告，相信这就是"马是得"的来源。

2. 根据词典上的释义。例如，"拍网子"的注释参考了《中文大辞典》，"头桌"的注释参考了《中日大辞典》。

3. 参考反映当时生活的书籍。例如，"代书"的注释参考了《福惠全书》，"贴靴"的注释参考了《都市丛谈》。

4. 一些语词在当时的北京白话小说中反复出现，我根据上下文总结出这些语词的意思。

如果上述 4 条中 2、3 出现矛盾，以 3 为准。如果 2、3、4 出现矛盾，以 4 为准。例如"夸兰达"，《清史满语辞典》中解释为"夸兰，营盘、兵营之营；大，头目、首领、根、本"。《清文总汇》卷四解释为"夸兰大为众武官举选为首者。汉义为兵营之长官"。但查《八旗通志》《清史稿》中都没有这个官职。《永宪录》中出现过一次,"鸿胪寺官以次引王、贝勒、贝子、公等进太和殿内。都统以下夸兰大以上在丹陛上。参领等官在八旗班首分翼序立"。都统以下、参领以上的官有副都统和先锋营等作战部队的统领,副都统的满语是"梅勒额真、梅勒章京",统领的满语没有查到,所以,夸兰达也有可能指统领。但看清末小说,旗人管本旗参领、翼长、副翼长等都叫"夸兰达",甚至《春阿氏》中管六品司员也叫"夸兰达",而且,清代习俗是不能直呼上司的官职,所以我认为"夸兰达"起码在清末时是旗人对官员的称呼,而不是官职,因此注释为"旗人管本旗参领叫夸兰达,也泛称和参领品级相当的官员,如同汉人叫'大人'"。

5.《现代汉语词典》中已有的义项不再列出,例如"手术",我们只列出两个义项:①手法。②技术。特例是,为便于读者更好地理解词义,我们对个别《现代汉语词典》已收录的词条进行了详细解释。例如"会"的一个义项,《现代汉语词典》的解释是:民间一种小规模经济互助组织,入会成员按期平均交款,分期轮流使用。我们的解释是:一种民间自助的储蓄组织。例如,十个人,一人一个月存一百,则每月有一千,由抓阄儿决定,这个月谁用这一千块钱。

四、体例

1. 对于同形词,我们有时很难判断,因此,我们的处理方法是按词出条,释义用①②③列出。例如,【填还】①报答。②把钱物给不应该给的人。例句:女子出嫁后填还娘家。

2. 当时的许多口语都是用同音字写出的,所以我们将此类词合并为一个条目,例如【齐开/其开】【苦其马子/苦其码子】。发音相近的也列在一起,例如【馈杵/匮杵/窥杵】【皮儿了/皮儿啦】。后缀是"儿""子"的列在一起,例如【金顶儿/金顶子】【认定死扣子/认定死扣儿】。

3. 原文中的错字、衍字照原样排出,正确的文字在{ }中标出或在{ }中说明。原文中的漏字在< >中补出。( )中的是原文原有的、作者自己的说明。[ ]中的是原文中的标题。原文中看不清楚的字用□代替。当时通用的字照原样排出，如"那、哪"都写作"那"，"着"写作"著"，"搞"写作"稿"，"很"写作"狠"等。

4. 异体字一律改写为现行通用字。例如"棹"写为"桌"，"彷彿"写为"仿佛"。

5. 按音序排列。对有多音字的词的处理方式是：目前已知读音的，注音，例如【底根儿】dìgēnr，【得人】dérén；尚不能确定读音的，不注音。

五、工作流程

矢野贺子教授和我去图书馆搜集资料，复印。确定引用资料后，我逐篇阅读，标出要释义的语词。矢野贺子教授逐字录入电脑，标点，整理参考资料。最后由我审核、补充例句，确定词义。

在释词过程中，发现的例句越多，释义就会越准确。例如"满打"，如果只看少数例句，可能会做出"满打算"的解释，但看多了就会知道，它的意思是"即便"。有的词可能不止一个义项，但我们只看到了一个义项的例句，释义就很可能会有遗漏。还有很多词，因为例句太少，无法做出判断，这次就放弃了。本书出版后，我们还会继续做这项工作，希望将来有机会出续编。

刘一之

2018 年 2 月 28 日

目 录

A	1
B	9
C	50
D	87
E	142
F	147
G	165
H	207
J	239
K	271
L	289
M	330
N	356
P	371
Q	384
R	405
S	415
T	460
W	482
X	494
Y	520
Z	556
参考文献	610
语料文献	613
索引	645

A

【阿保】	看孩子的保姆。	老身是个做娘的,眼看着焉能不着急,故此命他阿保(就是看妈儿)赴各处寻觅疡医。《讲演夜谈·霍筠》
【阿芙蓉】	鸦片。	含垢纳污的公寓,也实在不少。麻雀、扑克,那是奉天承运的事情,不必细说。吸食阿芙蓉,也在所难免。《余墨》
【阿负】	奶公。奶妈的丈夫。	这位郎君,就是给你请来的太医,就是你阿负中途相遇着请了来的。(那位说,阿负是怎么个称呼呀?就是从小儿背大了的老奶公子)。《讲演夜谈·霍筠》
【阿玛／阿妈】	满语:爸爸。	问伊老者说:"阿玛,您还不走吗?……"《小额》／岳魁磕完了头说道:"我给阿妈、奶奶买了点儿饽饽来。"《忠孝全》／奶奶、阿妈生我三个人,就这么一个妹妹,她若有何心事,不妨投她的意,也是应该的。《春阿氏》
【阿娘】	也写做"额娘",满语:妈妈。	何氏言还未尽,大少奶奶蒋氏、二少奶奶沈氏,一齐说道:"阿娘这个提议,我们是极端赞成。"《过新年》
【挨步旧班】	按部就班。	北京学界教职员,全体罢课,一切经过情形,已见各报,兹不多赘。惟通俗教育所属各职员、讲员,在罢课期内,仍挨步旧班,照常上堂。《益世余谭》
【挨瞪】	被人瞪。指被别人讨厌。	人家管他叫压桌王,又叫厨茶瞪。因为他常挨厨子茶坊的瞪。《二家败》

【挨紫花骂】	挨骂。	这小子晃悠着大脑袋，拿腔弄调，一挨这个紫花骂，楞说三侧福晋是龙女转世。《汪大头》/ 好在这小子武艺儿多，在藩台衙门头里摆了一个卦摊子，一挨这道紫花骂，见天倒闹个三百五百的。《贺新春》
【矮颠】	讨好人的样子。	先□狗字上说，就仿佛不得时的人，每日走门子，钻谋事，你瞧他这分矮颠的神情，很像是可怜。《演说·倒说神仙老虎狗》/ 保正先下了车，进到了下处。不用说见了班头，就是见了狗腿上的狗毛，都要矮颠颠儿的，一张嘴把头儿叫的震心。《杂碎录》
【爱亲（儿）做亲（儿）】	结婚时，女方不要彩礼，或少要彩礼。	赶上慌乱的年头儿，既是爱亲做亲，谁也不必班配谁。《评讲聊斋·阿绣》/ 问了问来意，是上赶着，要跟自己做亲戚，别提多喜欢啦。又怕他闹个爱亲儿做亲儿（要麻儿没麻儿），那可不好办。《讲演聊斋·红玉》/ 你回家禀明你的父母，就说咱们是爱亲做亲，我这里任甚么不要你家的。《讲演聊斋·青蛙神》这敢则好啦。只要你不嫌我是穷小子，没准落子，我还有甚么不愿意的。咱们这叫孤的爱苦的，爱亲儿做亲就是了。《讲演聊斋·武孝廉》/ 倘或新亲家要菜，你就说这是爱亲做亲。《杂碎录》
【爱人儿】	让人喜爱。	人家孩子不但模样儿爱人儿，嘴儿尤且甜甘。《讲演聊斋·白莲教》/ 好个标致的姑娘，长的真爱人儿。《和尚寻亲》/ 同座有一位女客，看年纪也不过十八九岁，长的本来就好，还穿着一身素衣裳。俗说"男要俏，一身皂，女要俏，一身孝"，尤其格外显得漂亮。脚底下也不大，看着别提有多么爱人儿。《白话聊斋·萧七》/ 要拟我们孙少爷所见，长的倒是很爱人儿。《白话聊斋·辛十四娘》

【爱惜】	珍惜，喜欢。	常听存先生讲究，甚么浮沈迟数啦，甚么这个汤头啦，那个药性啦，他就很爱惜。《小额》/ 死了一个，还有干的，就仿佛牛马似的，多怎又有使绝了的时候呢？没有甚么可爱惜的。《北京》/ 刘哥你要再提前场，我可要起誓啦！我真爱惜哥哥，咱们先口盟得了，过两天咱们再正式换帖。《麻花刘》/ 富二先生倒是很爱惜他，富二太太也喜欢他。《曹二更》
【碍难】	①难于。②难处。	①要是没有真实姓名、住址，就凭"不平鸣"三字，既非大名又不像字号，也非官衔，无论事之真实与否，碍难代登。《余墨》/ 初选当选人已定（没投票他就先定下了），老兄要是早言语，原无不可。现在人已拟定，碍难更换，只好下届再说罢。《董新心》/ 此案已经一年有余，由步军统领衙门及部院司员，更番承审，全称疑窦尚多，碍难论决。《春阿氏》/ 虽然一夜没见，而脸上消瘦的非常难看，像是得了重病的一般，由不得心中好生难过，意欲安慰他几句，无如公命在身，碍难出口。《新黄粱梦》/ 高爷见他这样说："碍难再推辞了。"《讲演聊斋·丐仙》 ②听范夫人这一说，仿佛有点儿碍难。《杂碎录》/ 报官这件事，有两件碍难。头一件是免不掉自己的罪名。二一件是有实力，倘或官受了贿赂，也难免告发的有罪。《杂碎录》/ 寄生左等左不来，右等右不来，心里别提有多急躁，想着于氏既不见面儿，从中必是有点碍难，也不知到底行不行，叫人心里有多纳闷。《说聊斋·寄生》
【安】	吃。土匪黑话。	今天没这个功夫，咱们改日再安（江湖坎儿管吃叫安）。《鬼吹灯》/ 赶到要是安上（江湖坎儿管吃饭叫安），您瞧罢，真是狼餐虎咽，风卷残云，筷子能开仗，就短了摘下腔子往里倒了。《刘军门》

【安顿】	①安静、乖，老实。②安分。	①伊太太说："回来啦。你们看家啦。我的秃小子今儿个没闹哇？"姑娘说："告诉太太说，今儿个我们很安顿。"《小额》/四小儿口渴思茶，因此找了一个野茶馆儿小憩。喝了两碗茶，买了点爪爪{瓜瓜}子、花生，孩子们有吃的就安顿。《余谈》/谁叫你在外头疯跑呢！带你出来常不安顿，底下只好留在学房里罢。《语言自迩集》②某老爷冷眼一瞧桃花儿，这孩子是有点儿不安顿，这才吐露了话口儿说，给桃花儿找个相当的主儿去他的。《杂碎录》
【安好了炉】	已经准备好设计人的圈套。	赶紧又给文紫山写了一封信，是求他跟王爷说说，专治小额，害不着别人的事情。这真应了话啦，安好了炉啦，竟等着收拾人哪。《小额》/就怕始终不认错儿，以为过去就算完，那怕人家安好了炉，他能自己往里跳。《白话聊斋·辛十四娘》
【安礼（儿）】	表面上显示善意，实际上打别的主意。	玉二爷准知道玉氏要张嘴，心说："别等他张嘴，我先来个安礼，他也就不好说甚么了。《双料义务》/卖命犯不上，莫若来个安礼儿，我先溜之乎也，瞧他们的哈哈儿笑。《铁王三》/这些日子可不成。先得使俩月安礼儿，还套着一条苦肉计。《鬼吹灯》/我瞧这件事，咱们得来个安礼儿，您把他约到家中请他喝酒，跟他来个苦肉计。《小蝎子》
【安民公所】	八国联军设立的临时代行政府职能的机构。	那天联军进城，虽然也骚扰了几天，后来各国分管地段，都设立安民公所，秩序稍定。这个安民公所，虽然由洋人设立，可是特约本地的绅商帮同办事。北城地段，划归日本管理。司令部设于顺天府，安民公所，设于东四牌楼迤北。《五人义》/彼时北京方面，各分地段各国都设有安民公所，性质大致相同，内容可实不相同。也有办得好的，也有办得糟的，也有勾着外国人敲诈的，等等不

		一。《王有道》/ 曾记庚子破城，联军入都，各处设立安民公所，两宫西幸长安，兵火之余，大街上烧了个破头烂齿，四牌楼迤南，居然搭席棚大唱其戏。《益世余谭》
【安下锅】	设圈套。	邓爷听他一面说，一面心里透着闹油。心说：八成儿这个小姑娘儿们，在某村安下锅，要揍我吧。《讲演聊斋·房文淑》
【暗场儿下】	溜走。	他一瞧今儿个事不祥，所以才来个暗场儿下。不然的话，还在这儿蒙事呢。《旧京通俗谚语》
【暗局】	地下赌场。	前清时代，北京赌风甚盛，窝窝洞儿的暗局，随在皆是。《益世余谭》
【暗令子】	暗号。	有一个跟班儿的，拿长杆儿烟袋，装了一锅子烟，往上一递，这位大员一摆手，烟也没抽，立刻的起身上轿而去。您猜这是怎么回事情？敢情这是素日研究好了的（也是一门科学呢），外头都说好啦，钱到手啦，跟班儿的一递这袋烟，是个暗令子，就如同告诉说，饭钱说好啦，您起身吧。《小额》/ 先用好酒与他等喝，把两个人稳住了；后来叫家人换一壶酒的时节，那是暗令子，酒里都有蒙汗药。《永庆升平传》/ 范公对夫人使了个暗令子，说声"我还有一件要紧的公事哪"。《杂碎录》/ 一同上台的那个绅士，见已说了不少句话啦，微然嗽了一声，这原是个暗令子。《杂碎录》
【暗门子】	暗娼。	阜大少把脸一沉道，"我也不管他艾姑娘蒲姑娘，告诉你说，家庙就是不能开暗门子，更不能容你开烟馆。"《阜大奶奶》/ 无奈小人的性质，是饱暖生淫欲，饥寒起盗心，没钱固然他不安分，有钱他更不安分（实话），没事同着本旗几个无二鬼逛个下处，钻个暗门子，时常的半夜三更才回家。《连环套》/

		其未上捐接客者,名为暗娼,又名暗门子,上海叫台基,东三省叫大炕,山东叫浑住家儿的,山西称他为破鞋(许是提不起来),一妓女而有若许别名,岂非怪事。《燕市丛谈》
【肮儿脏】	卑鄙小人。	所谈的无非牌谱、嫖经、官迷、财迷,这些个肮儿脏,自然我是不爱听了。《余墨》/除去耿老者之外,真正的一群儿肮儿脏。《回头岸》/甲乙丙丁这几套肮儿脏的话,把小宋气的浑身上肉跳。《理学周》/二奶奶沈氏跟三奶奶韩氏,因为孩子,彼此护犊子,又大打了一回,几乎没闹出人命来。听说这档子风潮,是蒋忠给酿起来的。(真正的一群肮儿脏。)《过新年》/张李二人自打一入馆,两个人就面合心不合,见了东家他给他踹,他给他踹,简直的不共戴天。要论这两块料,真正是一对肮儿脏。《二家败》/外国人知道他们是拐卖,人也不要啦,钱也不要啦(倒干脆),官司人家也不打,回了天津啦。现在连我二嫂子带黑菊花儿,全送了总厅啦。听说又把剃头的小卢给刁出来啦(真正一群肮儿脏)。《连环套》
【熬审】	刑讯逼供。	你们大爷真打了明伙的案儿啦,现时正在熬审呢。《张铁汉》/话说提督衙门因问了德氏等口供,连日又改派问官,熬审阿氏。《春阿氏》/知县是每天提上来,变着法儿熬审。《讲演聊斋·红玉》
【熬睡/懊睡】	因烦闷而睡觉。	以鄙人这个家家儿说:初九不论多大雨,也能出去乐一天。我直会没出门儿,把登高的乐趣,变成熬睡一场。《演说·梦里登高》/那天正在家中熬睡,有一个陈街坊来访。《忠孝全》/老先生连急带愁,在家里不是喝酒就是懊睡。《王有道》

【熬眼儿】	早起晚睡。	不想大家都看破了这门，来了一个阿尔乌，以致得利的变为平平，没得利的是白熬眼儿。《燕市丛谈》
【傲】	显示比……好。	有一样儿他比不起我，我可以傲他一下子。我有五男二女，他没儿没女。《二家败》
【奥援】	有官府的高官做后台。	你倒是没有那宗门路，没有那个奥援，那可没法子，你就卖命挣那几个准日子的钱罢。《益世余谭》／一点能为没有，真有奥援，真有大伞（从先管大人情叫大伞），也能大抖一气。《益世余谭》／北京也有奥援，地位是稳如泰山。《一壶醋》／地方公正的绅士，都想着把他驱逐了，在省里告了两回，还有委员下来，查过他两回，但是他手眼通天，又有奥援，又能运动，屡经控告，居然没有告动。《大劈棺》
【懊】	懊丧。不痛快。	饿腽冯缺底也倒出去啦，剩了几个钱儿，心里一懊，撒开了这们一荒唐，后来闹了一身大疮，几几乎没把老先生烂死。《小额》／前后两夜没睡觉，那一夜是乐的，这一夜是懊的。《怪现状》／人是越闲越懒，越怕冷越不愿出门，只好在家里穷懊苦睡。《演说·冬防吃紧》／大凡抓药的主儿，心里没有不急的。打头这个年月，杂合面儿还吃不起呢，好几吊钱一付药，您想他着急不着急？碰巧这付药资，是当夹裤来的钱，连急带懊（平声），很为可怜。《益世余谭》
【懊头】	懊恼。	王小峰说："你不知道吗，你的女婿我的大儿子，把科员搁下啦。"钱亲家太太说："姑爷这个岁数儿，谋差使还不容易吗？您懊头作甚么？您不看看那个孙女儿去。"《势力鬼》／老爷子你这是怎么了？今天挺喜欢的，何必又提这个懊头事。《回头岸》

【懊心】	懊丧。不痛快。	这两天又直涨报。其实也无非给纸庄赶网儿，咱们别提这些懊心事，还是说书。《讲演聊斋·蕙芳》/就是谁嫁了这宗德行的，谁也得懊心。《谢大娘》/我这两天正懊心哪，你别勾我的烦了，咱们说喜欢的。《鬼社会》
【懊怨】	报怨。	吹鼓手的胳膊也乏啦，腮帮子也酸啦，抬轿的耗得直懊怨。《评讲聊斋·姊妹易嫁》/只要你肯点头，将来不懊怨我们老两口子，做父母的，万没有不随喜着的。《讲演聊斋·邵女》/成败既然未见，何必告你姓名？倘若无济于事，岂不受你懊怨？《讲演聊斋·红玉》/大家这才一齐往院子跑，有跑到庙外头，绕着庙墙，搜寻踪迹的，有互相懊怨的。《讲演聊斋·王者》
【懊着】	心情烦闷地待着。	过事之后，二奎子的日月儿，是越来越糟心，没事竟在郭老西儿的铺子懊着。《连环套》/你也打听打听去，别竟在家懊着。《势力鬼》

B

【八辈（儿）五】	调侃的说法。从非常远的祖辈开始。	别的全是吹，敢说人家八辈儿五都没瞧见过窝窝头。《杂碎录》/一出了议院，便是花天酒地，胡闹一气，填补他们八辈五的穷根子。《北京》/得了，得了，我八辈儿五没根基。《赛刘海》
【八叉子】	占奇门。占卜。	原来这位米教习，是个算卦的出身，整天在天桥摆八叉子（占奇门，调坎儿叫八叉子）。《二十世纪新现象》
【八道棍（儿）／巴刀棍／霸道棍】	专门用来练武、打架的一种棍子。	小常是来者不善，善者不来。今天一定要攒几十口子。土话有云："单刀铁尺捎子棍，三车八道棍儿，两车劈柴。"《麻花刘》/原来赵爷攒了二三十口子摔私跤的，都在门口儿听信呢，并且拉了一车八道棍儿来（从先外场打群架，讲究使八道棍儿），专等着收拾人哪。《姑作婆》/姓王的一骂，四十儿喝令，八道棍儿齐下。《土匪学生》/哥哥如果不出气，要打，打我，这本是了事的前三抢儿，就便在车辙里，三车巴刀棍，两车劈柴，凭这们一道叫，也就了啦。《评讲聊斋·曾友于》/好在没带家伙，无非嘴吧拳头等类，或有拿根劈柴棍子等类的。真要说三车霸道棍，两道劈柴，单刀花枪六转儿，那成了抢东韩啦。《评讲聊斋·曾友于》
【八行】	①八行书。印好的竖式八行的红格信纸。②特指大人物的信。	①第二天马钱备妥，笔墨八行预备停当，直候到下午一点，也没见牛先生大驾光临，病人是竟说谵语。《一壶醋》/我们家世代作官，并且都是科甲，就没用过八行。《一壶醋》②打起要是有八行，大帅何至于不见?《一壶醋》

【八行书】	印好的竖式八行的红格信纸。	原来东间屋的炕上，小桌儿、小枕头儿、笔、砚、八行书，全预备好啦。《小额》/自己很觉得意，找了张八行书，把这首诗写在上面，下款是"遁隐天定草"。《贞魂义魄》
【八角鼓（儿）】	清代曲艺的一种。因为敲打着八角鼓唱，所以叫八角鼓。	往年该处，特聘徐文狗公演唱八角鼓，代串什不闲，玩艺儿虽不甚佳，而一般女宾，倒也欢迎认可。《益世余谭》/这个孙先生从先唱过小花脸（许是赵仙舫的徒弟），排过八角鼓儿，又说过几天评书，奉过教，在过理。《过新年》
【八刻】	两个小时。	由御河桥拉到丁字街，走了有八刻。《益世余谭》
【八楞儿脑袋】	形容人鲁莽，愣。	要讲豪杰，劣兄在此住了冒冒的七十年了，也没见过那豪杰是四方脑袋八楞儿脑袋！《儿女英雄传》/说起这个人来，直够八楞儿脑袋（比四方脑袋，亡道），他家中也是个二路财主，二十五岁上就中了举人，因为连遭父母的大故，总没下会试场。《方圆头》
【八义／八艺】	没知识的傻头傻脑的外地人。	原来这个扮姜维的是个摔打花脸出身，《铁龙山》他是新学的，唱惯了《白水滩》啦，打了两场，他眼睛一发直，忘其所以，忘了他是姜维啦，想起青面虎来啦，所以闹了一个壳子。台底下居然捧好儿！连唱戏的带听戏的，真正是一群怯八义。《鬼社会》/给我倒的这辆车，是一位新上京的八义大爷，拉车不到五天，连东四牌楼他都不认得，我还得指教他。《鬼社会》/偏巧这位拉车的，也是位八义太爷，他也不认识。鼻子底下有个嘴，只好打听罢。《益世余谭》/不信您看，凡是让汽车闯了的，不是八义大爷，就是老弱残兵，再不然就是下等妇人。《益世余谭》/彼时有的是仓库局，讲究拿胳臂钱，再往下一层说，在大小明暗中的地方儿，名儿姓儿一

		道解明，明着就有人捧场，暗中却是惧他一头。这话也不是替宗室、觉罗老爷们吹嘘，人家脾气一发作，真一瞪眼，把带子一系，说声发你，就凭那群怯八艺，大老杆，白帽盔儿，山倒昕，买卖卡儿，大山药，他们凑到一块儿，归老包堆，就是借给他们胆子，他们这一群，也了不了哇。《演说·俗语感言》
【巴不能够儿】	巴不得。	好，巴不能够儿的呢！你快去问罢。《语言自迩集》／张生又把诗拿出来左思右想，越想越对，心里巴不能够儿的到了晚上才好。《语言自迩集》
【巴达嘴】	眼瞧着，没法吃，引申为无奈。	原文说"每系念之，若无由通"，暗含着就算死了精儿啦，鲁王那是多大势力，秀才能够惹的起吗？无非干瞧着巴达嘴。《白话聊斋·巩仙》
【巴结／拔结】	①拼命努力，费力气。②生活拮据。③拉扯，抚养。	①比方偶然闹出一件祸事来，那还得骨肉相关的弟兄们，舍命巴结着搭救啊。若是傍人，恐怕连累着，躲还躲不迭呢，还肯替你出力么？《语言自迩集》／儿子的功名，也都拔结起来啦。《过新年》②郎君如此一谈，一身一口都够巴结的，这一娶妻，不更是迟累吗？《杂碎录》／马上的穷苦人民，终日奔吃奔烧，比较前十年的乞丐，都仿佛透着巴结。《演说·琼林宴》③我拔结你们不容易，有正经道儿，自己不正经干。你哥哥把科员搁下，没事竟冤我。《势力鬼》
【扒弄】	努力做。	您想两文一诗，本就很够扒弄的。一个人儿应两分，四文两诗，真得阔手，软点儿的真了不下来。《二家败》
【拔底／把底】	揭短。了解底细。	将走到外头院，迎头让板花张截住，一拔底全怕，合盘托出，一五一十的说。《大劈棺》／好朋友怕陈街坊，遇见把底的也是麻烦。《益世余谭》

【拔匌子／拔脯子】	腆起胸脯。显横。贬义。	这一群碎催，向来是狗仗人事，一瞧掌柜的叫横，立刻大伙儿就拔匌子，胡这们一捧场，小额是更不知道怎么好啦。《小额》／大家一听，连氏立刻拔脯子要争权。《讲演聊斋·段氏》
【把……拿上】	让……信服。掌握住。	原来杨二爷有个姑母，好几年的痰症。杨氏弟兄受过姑太太的好处，杨大爷在京的时候儿，对于他这位姑母十分孝顺。这两丸子再造丸，把杨二爷给拿上啦，一定要留冯某吃饭。《余谈》／噎膈李这一套，所把塔三爷给拿上啦，当时点头咂嘴儿，说："先生，你说的一点也不错。你说我克妻，实在真对。我们这个相公，就是前妻留下的。《鬼吹灯》／只要他爱听甚么，你碰着他心眼儿说两句，就能把他拿上，从此就拿这个人当好人，其实这个人才不是好人呢。《酒之害》／他是借着谈理学狗狗事。原来这个管学官是徐荫轩中堂的门生，中堂最好谈理学，他是迎合老师的意旨，所以也好谈理学，甚么程朱啦，王陆啦，李二曲啦，吕新吾啦，很能说两套，中堂所让他给拿上啦。《王有道》
【把儿头】	会（参见"会"条）中负责组织活动的人。	何为架秧子？如赛走车马，行香走会，立票房，当把儿头，花多少银钱，所为好这们个乐儿。这就有人夸车赞马，说戏词讲工尺，秧子要练开路，立时有人找来秤杆，捆上鞋底子，就教给他先练筛糠儿。《演说·说秧子》
【把合】	看。土匪黑话。	你也不把合把合，月昭路招合，我是干嘛儿的？《讲演聊斋·薛慰娘》
【把总】	绿营中的队长。	因为王四有个把弟姓邱，现在德州当把总，跟王四是个患难的朋友，并且是姑娘的干爹。《刘军门》／赶上镇台阅操，看他相貌雄伟，非常的赏识，挑他在辕门充当巡捕，先补了个外委，跟着就拔补把总。《赵三黑》
【掰瓜裂枣】	详细、仔细。	所说的是甚么话，也不必掰瓜裂枣的学说。《杂碎录》

【掰挣／掰争】	掰扯。	又搭着人家孩子脸皮儿薄，不该这们掰挣着说。《讲演夜谈·梨花》／驴老太太见这位新娘子，大马金刀儿的，说得有条有款儿，外带真像多年相熟的人似的，自己反不好掰争这件事了。《讲演聊斋·蕙芳》
【掰致儿】	掰扯。	两个人本要掰致儿，见陈头儿所是实意儿候，干那，左不是瞎吃瞎喝不咧，多交个朋友也是真的。《杂碎录》
【白吃猴／白吃侯】	老蹭饭吃。	大凡这类的小人，都讲究捧臭脚、抱粗腿、敬光棍、怕财主、贴靴、并粘子、拜把兄弟、认干亲，平常没事的时候儿，奶奶长、阿玛短叫的震心，狐假虎威、狗仗人{势}、无非是跟嫖、看赌、白吃猴，从中的取事，赶到楼子一出来，您瞧吧，属狗的，打胜不打败，一个个儿躲躲闪闪，全不露面儿啦。《小额》／"等他玉体痊愈之后，我给他起病，仍请众位姐姐们做陪。千万别不赏光。"大姑奶奶说："只要赏饭，我决不推辞（老白吃猴）。"《讲演聊斋·萧七》／此时捧大爷的那些个白吃猴呢，你要问哪，早到花果山上脱毛去喽。《演说·欻冬花》
【白吃嘴儿】	吃饭不花钱。	沿途吃饭住店，多半是大家会钞出钱，邢爷落个白吃嘴儿。《讲演聊斋·老饕》
【白垫】	白干。当分母。	王小峰说："文官考试有多少人哪？"王明说："至少也有几千人报考。"王小峰说："你那不是搂鸽——白垫吗？"《势力鬼》
【白果子】	粗白瓷茶盅。	别人都是白瓷细茶碗，唯独他们爷儿俩，是白果子茶盅（旧日戏池子听戏，都是白糙茶盅，俗名叫作白果子）。《胶皮车》
【白花蛇／白话舌】	①花言巧语。②指花言巧语之人。	①"好容易这才说好啦，为这档子事，我还得罪了俩个朋友。细话也不用说啦，今天给你们娘儿俩送个喜信儿吧，一半天少大爷准出来。告诉大奶奶说，我这个人办事，可

		就是有点死心眼儿，既受人之托，总要给人办妥啦。"额大奶奶婆媳一听这套白花蛇，赶紧都给赵华臣这们一请安。《小额》/有才赶出去，搀扶老太太上了车，又闹了几句白花蛇的客套。《讲演聊斋·云翠仙》/老太太这分儿白花蛇，分明是不留自己房中住的意思。《讲演聊斋·聂小倩》②"老大爷，您也不用往心里去，真格的，您够多大岁数儿啦？您孙子都比他有学问，方才我们那个小兄弟儿犯混，自当是作小辈儿的跟您撒个娇儿，您还恕不过去吗？"此时伊老者虽然气的直打哆嗦，一听这群白话舌，一要这套软白子，也就无话可说，只说了句："到了算吧。"《鸡屎德子》
【白黄瓜】	刚摘下来的嫩黄瓜。	活这们大，就没吃过黄颜色的粮食，永远是肥酒大肉白黄瓜，他怎么不越吃越馋呢？有人问道："黄瓜不是绿的吗？怎么黄瓜会穿孝呢？"他是黄瓜，原本不白。因为黄瓜身上挂一层嫩刺，远看却是白色，故此有白黄瓜之说。《演说·懒老婆菜》
【白净子儿】	白净脸儿。	要说希四的打扮儿，可真够个部属司员的派头儿，有四十来岁，白净子儿，小颧骨儿，尖鼻子儿，新留的几根黄狗蝇胡子。《小额》/此人姓富，号叫菊如，是个少年的进士，年纪不到三十岁，白净子儿，高鼻子，两道立眉毛，两眼含神内秀，器宇沉静，一望而知为英俊志士。《王有道》/你要问他的年貌（不用问三代），有三十上下的岁数儿，大眼睛，白净子儿，推着平头，说话专学扬子江流域的口吻。《益世余谭》/此人有三十上下，白净子儿，大眼睛，两耳有点扇风，说话贼眉鼠眼，满脸的毛病。《余墨》

【白帽盔儿】	乡下人。	彼时有的是仓库局,讲究拿胳臂钱,再往下一层说,在大小明暗中的地方儿,名儿姓儿一道解,明着就有人捧场,暗中却是惧他一头。这话也不是替宗室觉罗老爷们吹嘘,人家脾气一发作,真一瞪眼,把带子一系,说声发你,就凭那群怯八艺,大老杆,白帽盔儿,山倒听,买卖卡儿,大山药,他们凑到一块儿,归老包堆,就是借给他们胆子,他们这一群,也了不了哇。《演说·俗语感言》/白帽盔儿,说人家是乡下老儿。《旧京通俗谚语》
【白钱／白潜】	白天偷钱包的小偷儿。	北京白钱贼(就是小绺)向来著名,奇想天开,甚么主意都有。在前清未设巡警之先,步营专管地方儿,官人都跟白钱勾着,乏人丢了东西,就许忍啦。重要人物的东西,要是让白钱窃了去,一定让官厅寻找。《益世余谭》/该庙虽在城内,很有点乡镇集场的性质,逛庙的人类也极复杂。每逢开庙的日子,时常发现白钱,并且有土匪诱骗小孩儿的事情。《益世余谭》/次日到中交两行门口儿一瞧,果然是真挤不动,内中有被白钱偷去票子的。《讲演聊斋·伍秋月》/打定主意,这才一手夹着裤子,一手去把屋门关好,然后把铺盖扫了扫,铺好了自己钻入被窝儿,把这一条紫裤子,往怀里一抱,并不吹灯,脸朝外一躺,净等瞧到底有甚么动静,过三天没人找,才能卖哪(那是从前的白钱)。《评讲聊斋·凤仙》/不知他是白潜贼的,看他的作派,颇像个某机关中的人物。《演说·说防贼》/这件事,通俗说,就是"行家瞧门道,力笨看热闹","行家伸把手,便知又没有"(白潜贼也是一样)。《讲演聊斋·汪士秀》/这是我们姑奶奶这们分派的。说是怕闹贼,院中人少,倘或跃进一个白潜贼来,偷走那样儿不是钱儿呢。《讲演聊斋·云翠仙》/绺贼即是白潜。《演说·六贼》

【白速定】	一种香的牌子。	这笔钱花的，一打算盘，总比烧几百股白速定强的多。《演说·蜜供》/说到腻子呢，应当冬加糖油、夏加碱，而今刨去著名的这几家儿，简直的稀松。又如白速定长寿料、金定、高香、线香，各家成色也不一律，往往还会出毛病。《燕市积弊》
【白条子】	短刀。	因为这个，兄弟俩大起冲突，耍了一回白条子。《过新年》/到了晚上，毛春子喝了个马是得，弄了把白条子，堵着门口儿，这们一大骂陈友谅。《小额》/这个就弄了把白条子。那个就出来进去的，挟着把二人夺。《评讲聊斋·曾友于》
【白头字儿】	买卖房屋契约只有买卖双方的签字，没有官府盖章。	你找拉纤的很容易。早半天儿都在茶馆儿里头。你倒个茶隔着桌儿听罢，讲究甚么成三破二，谁家是孤红契，谁家是白头字儿。又甚么重卖盗典咧，对房对租咧，山讲究一气，那都是拉纤的。《杂碎录》
【百什户】	满语。也作"拨什库""博硕库""拨什户"。旗里最下层的官员，正六品。管文书、饷银等。汉语是"领催"。	这下儿张乐行所抖起来啦，立刻就有人给说了个媳妇，是某百什户的姑娘。《新黄粱梦》
【百斯笃】	鼠疫。日语ペスト的音译。	不像而今这些个洋书，夹杂好多的洋病洋话，甚么猩红热咧，百斯笃咧，还得重新把病名儿翻译一回。……记得闹百斯笃的那一年（即是鼠疫），这个病名儿一传，闹的我们中国，姑子不得睡，和尚不得安，屈死的人也无其数了。《演说·说种牛痘》
【摆和气】	请闹纠纷的双方吃饭，说和。	我联合本村儿老街旧邻，预备几个碟子、几个小碗子，凉水温成热水儿，给你跟牛二爷摆个和气。《胶皮车》

【摆忙】	安不下心。	老头儿焉能当天回来，只好□时字变成定的时期，子固等的别提多急啦，心中正在摆忙。《评讲聊斋·阿绣》
【摆请儿】	为说和双方矛盾而摆的宴席。	四十儿在北衙门住了三个月，连摆请儿带给人道乏，这场儿官司下来，一共花了五百多两银子。《土匪学生》/朋友管闲事，给谁见面儿，为甚么在元兴堂呢？因为里头有清真教的朋友。人家好心好意的，出头给朋友摆请儿。《演说·俗语感言（续）》/到了第三天，就是摆请儿的日子。《胶皮车》/记得前清时代，社会上有一种人，专吃摆请儿。遇有两不相下的事，伊必从中代为调停，迨至双方言归于好，自然要定地方见一见喽，也不论是三桌五桌，十桌八桌不等，所需向由大家公摊。《都市丛谈》
【摆轴】	心中躁动，静不下心。	真是穷人有钱，如同受罪。他这一路摆轴，没有熟人，请几桌拉车的，腊月三十坐汽车上北京来回，竟为买杂拌儿，简直连姓全忘啦。《演说·贪欢报》/我心里觉着摆轴，所觉着忙的难受。《演说·三本蝴蝶梦》/急的封爷直打蹦，以为姑娘躲了他，真要给个不照面儿。那下子他可损大发啦。当下满屋里直转磨，自己跟自己摆上轴啦。《白话聊斋·梅女》/徐爷没入过拆白党，所以不懂这些事情。宁可心里摆轴，就是不肯请客，净想在家坐等。《白话聊斋·萧七》/老者这一说不要紧，把个徐继长给闹傻啦，骤然简直不知如何答对，心里反倒摆上轴啦。《白话聊斋·萧七》
【败失】	失败。	从先竟诚实也得败失，如今竟滑头也得糟心。《益世余谭》/无论沾官沾洋，也无论资本怎么大，门面怎么好，既是营业性质，就得说买卖话，竟跟人犯扬气，必至闹的财神爷裹足不前。人家播喊洋行，拿着我们草刺

		猬（俗呼刺猬为财神）都当财神爷招待，两相比较，此中国商战败失之原因也。《益世余谭》/ 虽然屡屡败失，竟打击受过八次，其中的原因很复杂，不能算我没有敌力。《余墨》/ 过了些时，新党败失，康梁二公也走啦，政治恢复旧观。《王有道》
【拜拜】	汉族妇女行的礼。上半身前倾，腿微曲，双手握拳，左手在右手上，微微上下晃动，同时说吉祥话，如"万福"，所以叫"万福"，也叫"拜拜"。	康氏直给他磕头、拜拜，好些个家人仆妇，算是把他劝走。《大樱桃》
【拜杆儿】	乞丐拜师。	黄狗儿说："小弟才疏学浅，不敢担此重任。"李二瓜子说："大才必有大用，不必推辞，就此拜杆儿（《鸿鸾禧》的底子）。"《二家败》
【拜官年】	官场上，属员给上司拜年。	跟着又有拜官年的，（旧日官场，三十儿晚晌讲究拜官年。）又有至近的本家亲友前来辞岁，真应了《名贤集儿》的话啦，"白马红缨彩色新，不是亲来强来亲"。《过新年》
【拜礼】	晚辈行完拜见礼后，长辈给的钱或东西。	无论本家亲戚，受完了头就得甩拜礼，也有铃{给}荷苞的，也有给银钱的。《过新年》/ 周廉夫妇行礼，宋仲三还了三个大揖，说："我可没备带甚么拜礼，我说几句吉祥话儿罢。"《过新年》
【拜门墙】	认师父、老师。	您瞧那一班拜门墙、认假父、昏夜乞怜、钻营谄媚的大运动家，一瞧见大伞要落，立到就择干净儿，真跟这把子碎催可以画一个等号儿（有过之无不及）。《小额》/ 只要有权有势，拍马屁、贴靴之辈，踵接而来，认假父、拜门墙，已觉太旧，果能富贵如愿，虽牺牲妻、子在所不辞。《益世余谭》

【拜盟】	拜把子。	拜盟换帖，原是社会的陋习。我辈相交，在乎精神性命，何必在乎这宗形式？《董新心》/我们两个人又是拜盟，又是小儿二喜的干父。《苦家庭》
【班】	清代县衙机构有三班六房。三班：皂班、壮班、快班（也叫捕班）。皂班负责审讯犯人时站堂、行刑；壮班负责警卫，保护县衙、仓库等；快班负责侦破案件、抓捕犯人。六房：吏房、户房、礼房、兵房、刑房、工房。吏房负责官吏的任免、考绩、升降等；户房负责土地、户口、赋税、财政等；礼房负责典礼、科举、学校等；兵房负责军政；刑房负责刑法、狱讼等；工房负责工程、营造、屯田、水利等。	正在这个时候儿，高明带着县队快班，把签押房围了，周占魁一愣，高明这当儿就进来啦，说："周大哥，有点儿对不住你。这是上宪交派，出于无法。"《驴肉红》
【搬壶】	茶馆里的大铜壶。	一种大茶馆儿，叫作窝窝茶社，里头有搬壶（就是那把大铜茶壶），柜上带红炉，菜也齐全。一种叫二荤铺，有带红炉的，有不带红炉的。《王小六》
【搬山儿】	喝酒。江湖黑话。	平常不喝酒的时候儿就藏不住话，所以叫快嘴刘，再一搬山儿（江湖调坎儿管喝酒叫搬山儿），更不用提啦。甚么变的，他都往外说。《大劈棺》
【搬一个】	沏茶。澡堂行话。	就以澡堂子说，搓澡叫垫板儿，又叫大活，修脚叫小活。沏茶大喊"搬一个"，茶叶叫芽子，喝茶叫作撇芽淋。《燕市丛谈》

【搬指儿】	套在大拇指上的饰物。最初是防止拉弓弦时割伤手指，后来变成饰物。	小额穿的是汤绸大衫儿，夹纱坎肩儿，二钮儿上挂着伽蓝香的十八子儿，摇着一把潮州扇儿，翡翠的搬指儿，四镶云儿紫宁绸的蝠子履鞋，蛋青串绸的套裤，打着把旱伞。《小额》
【半班戏】	评戏。	半班戏，俗名进进儿戏。此种戏班出处，多半出于京东一带。唱扮之时，只要有身破旧行头就行。再观其戏情戏理，穿插粗浅，唱时亦不像昆曲古雅。半班戏的戏词，听着非常俚鄙，唱出来的声音，一不南腔，二不北调，真正是俗语说"旱香瓜儿，别个味儿"吗？《演说·半班戏》
【半憨子】	智力低下的人。	他是一个半憨子，那里知道这些事呢？《金漆桌》
【半截儿安】	请安的动作只做了一半。腿只是弯了弯，没有着地。	贝志听说是总办，赶紧请了一个大安，说是："总办大人，老兄先生，你老人家可好（称呼复杂，闻所未闻）。"吴世仁还了一个半截儿安，看了他两眼也没言语。《二十世纪新现象》／原来某乙是后进来的，给某甲请了一个安，某甲还了一个半截儿安，他说某甲跟他鞠躬啦。《余墨》／老婆子们给他请安，他也还半截儿安，女子小人如何搁的住这个，所以上上下下倒都喜欢他。《白公鸡》／松海说："那就在王大嫂你美言了。"说着又请了一个半截儿安。《苦家庭》
【半截儿炕】	当时大烟馆的炕短，只够人踡着腿躺着，因此叫半截儿炕。	只要过瘾，不用说半截儿炕，就是一扇柜门子的地方儿，都能忍的下吗？《杂碎录》
【半截子话】	只说一半的话。	田大嫂不要说半截子话。您还是说了好，我倒是明白明白。《杂碎录》
【半开眼】	看不清事情真相。	说起半开眼的人，与半瓶子醋的人不同。半开眼是看的不明，半瓶醋是学问不足。半开眼与半瓶醋不能混合。若是混合到一处，那

		就是假花脖子。所谓人群名目不同，有良有莠，有君子有小人，若不分门别类，半开眼岂不变成高眼了吗？《社说·半开眼》
【半空儿】	壳中不太满的花生。	有一个卖落花生的，见天晚晌出来，吆喝"抓半空儿，多给"，直着嗓子，这分难听，就不用提了。《益世余谭》／我倒有个主意，你们闲着也是白闲着，现在烧白薯、半空儿落花生应时当令，你们先作着买卖，一天闹个三吊两吊的。《势力鬼》
【半俩】	半个。	昨天在大街上，看见一个邮差，哭哭啼啼的，半俩脸肿啦。《益世余谭》
【半熟脸儿】	见过，但不了解姓名、身份等。	他们要遇见半熟脸儿的人，当然不能再问贵姓，又不知人家的排行住址，戳着猛儿就说："您才出城？"《燕市丛谈》
【半语子】	①说话不能成句。②说话吞吞吐吐，只说一半。	①虎父生犬子，可称半语子养哑吧，一辈不如一辈。《库缎眼》／这个作活的姓张，叫作楞张，又叫作结吧张，说活半语子带结吧，长的又楞头楞脑的。《库缎眼》／素日伺候姑娘就是两个人。一个老婆儿，姓李，是一个半语子，说话不很俐罗，并且还有点儿缺心眼儿。一个就是乳母单氏。《大劈棺》②小说作不作，我倒不在乎。只要我心里明白，立时能够痛快。你说些半语子话，我真难过。《春阿氏》
【半桌】	仆人吃的席。	人家预备的半桌，是四大盘、四大碗、四小碗，还有一大碗的海参。《贾万能》
【伴宿】	出殡的前一夜，亲友要陪伴死者一夜，因为以后再不能陪伴了。	他爷儿俩这几天天天进山里帮人家办白事，明日伴宿，后日出殡。《儿女英雄传》／自然是痛哭了一场，又送了一百两赙敬，接三、伴宿、发引，文斌跟同仁，都身穿粗孝，哭泣尽哀。《张文斌》／伴宿出四吊钱的分子，完事大吉。《势力鬼》／按中国旧习，丧事讲究糊烧活，伴宿则送楼库，接三则送车马，

		此外金山、银山、童男、童女、花盆等等，不一而足。《益世余谭》/你哥哥头两天留下遗言，说是不要多花钱。用二十四人杠，也不念经。至近亲友知会一下子，伴宿预备几桌席，也就完了。《苦家庭》
【绊着腿儿】	走不了。	走甚么？绊着腿儿哪。我是卖头儿。《杂碎录》
【帮办领催】	帮助承办领催办事的领催。	小连还要叫横，有一位帮办领催姓祥，是个摔私跤出身，外号儿叫楞祥子，一瞧青皮连这分儿不说理，真气急啦。《小额》
【帮喘】	原意是有人生病哮喘，旁边的人没病也跟着喘，比喻干没用的事。多指帮忙干坏事或帮坏人。	言央求，奉军拳踢脚打，巡警给奉军帮喘。《余墨》/这们说，你是约出来的助拳的。我是帮喘中帮喘喽。《讲演聊斋·连锁》/"本县一定要责打你的。快些讲！"说着一拍惊堂木，两边衙役们跟着帮喘，说："快说！快说！"《讲演聊斋·毛大福》/我劝先生稍安勿躁，别跟着里头假帮喘喽。《演说·屁诗》
【帮横(儿)】	帮忙打架，或人家打架时，在旁边起哄，挑拨。	二爷腿快，一经跑到头里，见远远儿的有两个人，把一个按倒地，旁边还站着两个帮横儿的，说打他，打他。《讲演聊斋·湘裙》/刚要细问，见方才那个帮横的，提溜着个大钱口袋，大料是哥哥的，一步三摇，往前蹭哪。《讲演聊斋·湘裙》
【帮账的】	辅助账房工作的人。	账房儿曹先生没在家，把一个帮账的毛先生给拴上啦。《怪现状》
【梆子】	灵柩。	你们这中舱，八成儿载着梆子哪吧（就是灵柩的别名儿）。《讲演聊斋·霍女》
【蚌儿亮】	长得好看。现在经常写做"盘儿亮"，江湖黑话。	讲霍氏弟兄们人才，得说属霍筠蚌儿亮，大爷生的戆蠢，霍筠中常。《讲演夜谈·霍筠》/亮中透润，好似能照得见人似的。说文话儿滑倒苍蝇，说北京的土语，这就叫刷吃撺净蚌儿亮的一个大妞子。《讲演聊斋·蕙芳》/

		少妇可称是国色天香,真够加四六的人材(朱爷开过酒店)。甚么叫沉鱼落雁,那个又叫闭月羞花,这四套美人赞儿,我说不清在那本书上,真是瓜瓜叫,闹儿赛,缯蹦带瓜鸡,刷干撺净蚌儿亮(这四套更不在本儿上了)。《讲演聊斋·霍女》
【棒槌】	什么都不懂的人。	其实即便就是房东,再问一问也没甚么要紧,居然就能连问都不问,足见是个死棒槌。《白话聊斋·娇娜》
【棒赌】	没有作弊的赌博。	恰巧本报前天有位谦善君来稿,演说的也是赌害,说的十分透澈,比在下这们瞎聊,议论正大。无如谦君所说的,还是棒赌,并没说到吃反喜的腥赌。/您打量着是棒赌哪?不,是星赌。时常有同伙的人,请他赴外省耍星活去。《演说·迷信的可怜》
【谤拆】	造谣污蔑,想拆散人家婚姻。	千里姻缘一线牵,是婚姻谤拆不散("谤拆"就是有人造谣诬蔑,拆散不动,通俗说"棒打"。那要输了人命,还能成儿吗)。《讲演聊斋·蕙芳》
【包封票】	拘捕犯人的文书。	没想到第二天一清早,刚一出被窝儿,包封票就下来啦,不容分说,就把大车王给抓了走啦。《小额》/范爷说:"事已如此,只好就出票罢。"立时写了张包封票,派去两名班头,到张绅士家传拘下人。《杂碎录》/黑不提白不提,在步军统领衙门一收,俗名叫作包封票。《马车王》
【包探】	①侦探,打听。②探子。	①原来孙子游跟张德胜办的手彩儿早被贝顺包探的清清楚楚。孙子游没回巡警局的时候,贝顺早把一切的情形报告郎才。郎才跟吴世仁在河工上办料多年,这类舞弊营私的事情久已干惯。《二十世纪新现象》/咱们这个地方儿,无识无知的人多,善造谣言,你回头

		上街门口儿打听打听去，若果真有此事，官场必然得信。华保领命前往包探，可不知又有甚么报告。《孝子寻亲记》②我倒有个主意，明天你派个包探，回家探明了消息，你再回去不迟。《铁王三》
【包头的】	演旦角的男演员。	即从前用女班儿或包头的托杵（即零打钱），也为的是空子挡的海（即多给钱）。《燕市丛谈》
【包月车】	专给某人拉车，按月给钱。	次子于民国四年，因拉包月车，吐血而亡。《益世余谭》/其实我见天花的车钱，坐包月车也够了。无奈拉包月的车夫，另有恶习，倒不如零雇随便。《鬼社会》/他自己也有一辆包月车（可是轿车儿，不是六个电灯的胶皮）。《曹二更》
【薄饼】	春饼。	赵氏是个忠厚人，对待小铁还不错，留他吃过一回薄饼。王小峰回家听说，直闹了半夜（连他亲儿子搁下科员，立刻还给厚饼吃哪。外甥混穷了能够给薄饼吗）。《势力鬼》/薄饼捲不到两叶，再看盒子以内，肉桥既已拆断，遗留着攒盘儿摆样子么。《演说·春盒儿》/薄饼亦然，菜不齐不能先上饼。《燕市丛谈》
【薄撒】	大褂。澡堂行话。	大褂叫薄撒（念平声）。《燕市丛谈》
【宝官（儿）】	压宝赌场中管开宝、出宝的人。	内中有一个宝官，人呼某瞎子，在前清时代开宝就有名。这次组织宝局，是某瞎子跟麻张的原动力，现正极力进行，至于能否开张，尚不得知。《益世余谭》/灯市口佟府夹道儿，有一处赌局，各报全都说过了。现在听说搬了家啦。……在里头做活儿的，是韩二狗、老西儿赵二人，宝官儿是桥夫头儿周某。《进化报》第195号/局中司事各有专责，类皆

		量材器使：挡横者名为"看案子"，号注者称为"活儿"，监视输赢者叫作"看堆"，往来拿钱者谓之"传递儿"，写帐、瞧票子者称为"先生"，开宝者称为"宝官儿"。《燕市积弊·说赌》
【宝盒子】	赌博用的盒子。	局子里得着信，局就叠啦。这宗玩艺儿，拿起宝盒子来就不认账。《益世余谭》/这些要钱的老哥儿们，只当是兵役们来抄局呢，当时有手快的，早把牛儿牌、宝盒子、骰子等等，全给扔在当院的水缸里，大家是藏的藏，躲的躲，鸡飞猫蹿狗跳墙，还有两个钻在桌儿底下的。《张铁汉》
【宝局】	赌场。	二龙坑的恩宅（是位老宗室，世袭奉恩将军，从先开宝局，是小额六扔多远的一个舅丈）。《小额》/前清光绪初年，东城草厂住着一个姓夏的，放过阎王账，开过宝局，外号儿叫夏侯敦。《土匪学生》/从先有宝局的时候儿，距离宝局不远儿，必有一处小押儿，所为要输了就可以扒衣裳在他那里押，流弊滋深，一言难尽。《益世余谭》
【宝魔】	赌徒。	有人把他荐在宝局当碎催，饿膈冯原是个宝魔，小红儿常给买东到西的，饿膈冯瞧他倒挺机伶的，很爱惜他。《小额》/无如玉卿生成是宝魔资质，钱一到手，两腿概不由己就扑奔赌局，永远进了门是小葱儿蘸酱。《评讲聊斋·刘夫人》/究竟是宝魔的资格，叫作见钱儿不漂。《杂碎录》
【宝棚】	临时搭建的赌场。	有一天本城庙会，有一个宝棚，寒露儿前去押宝，跟宝棚呕了点气。第二天由家里拉了一大车银子、一大车现钱，要跟宝棚找一场。《二家败》
【保】	保举。	三年报满，保了一个试用县，分发山西。《土匪学生》

【保库兵】	库兵的保镖。	这家伙是个保库兵出身（旧日户部的库兵，照例由旗人充当，专能盗库。库兵出来，总得有人保着，怕人劫他。保库兵之人，俗名为刀垫{垫}子。因为库兵坐在库里头，他们坐在车外头，挨刀他先挨，所以又叫刀架子）。《势力鬼》
【报单】	科举考中的时候，有人拿着"中了第几名"的单子到家里来报，这个单子叫报单。	王小峰说："拿报单来呀（临死还要唱《吊金龟》呢）。"王溥说："喜报子已然贴在影壁上了。这是真事，还能冤您？"《势力鬼》/原来这个送报单的又送错了，送的西城周家去了。《过新年》/我中了第八名举人，你快拿报单来，我看看。《李傻子》
【报恩单儿】	给神仙写的感谢信。	瞧香、顶神等事，在前清时代，就为国法所禁（康熙《圣谕广训》内，就有禁止顶神的条例），不过相沿日久，无人过问。遂至黄布匾、报恩单，随便来来。《益世余谭》/求老仙爷多保佑吧，等到好了，给老仙爷贴报恩单儿（活画出迷信人的状态）。《小额》/早年迷信时代，有一宗怪传单，专在各巷内粘贴。传单是用黄毛边纸，裁成长方式样，或写或印。不是因为求功名，就是因病痊愈，粘贴出来，所为传名报恩，故此又叫作报恩单。《演说·说怪传单》
【报满】	任期满了。	三年报满，保了一个试用县，分发山西。《土匪学生》
【报条】	通知。	戏之好歹姑且不提，原写的是某角儿唱某戏，临时台柱子上飞了一个报条，某角儿告假，这出戏取消啦。《益世余谭》/"七少爷进了学啦。"说着拿一个报条来。《过新年》/就听隔壁周家热闹啦，又是送报条争钱的声儿，又是乐的声儿，又是亲友道喜的声儿。《过新年》

【报子】	贴出来的通知、海报等。	那个老者又说："今天的玩艺儿也不错。您瞧见报子啦没有？"《小额》/ 在从先这类冤人事常有，俗说叫谎报子。近来警厅干涉，所以飞一个告假的报子，聊以塞责。《益世余谭》/ 到了玩角儿的家门口儿，必要贴出一张整张黄毛边的大报子。报子上下还镶两张花头，写着朝顶进香等字样。《演说·走会》/ 每年一到妙峰山际儿，娱闲必要粘贴报子。《燕市丛谈》
【抱脚面儿】	合脚。	本来二奎子长的很像个人样子，三十来岁、黄白净子儿、胖胖儿的、重眉毛大眼睛，穿着灰色贵州绸裕袄、蓝宁绸坎肩儿、青缎子双脸儿鞋、抱脚面儿的袜子，脚还是挺瘦溜。《连环套》
【抱空窝】	母鸡、母鸭假装孵卵，其实没有蛋。①比喻什么也得不着。②扑了空。	①别看姑爷算不了甚么，姑娘可是又当别论。万一他要跟了去，那时岂不抱了空窝。《白话聊斋·梅女》/ 抱空窝，半点儿没摸着。《旧京通俗谚语》②朋友既然是故于任所，孔生就算抱了空窝。《白话聊斋·娇娜》
【抱篇儿】	赌场中管理钱的人。赌场行话。	局中司事各有专责，类皆量材器使：挡横者名为"看案子"，号注者称为"活儿行"，监视输赢者叫作"看堆"，往来拿钱者谓之"传递儿"，写帐、瞧票子者称为"先生"，开宝者称为"宝官儿"，经理银钱者名为"抱篇儿"，拦门者叫作"坎子上"。《都市丛谈》
【抱瓢】	乞讨。	秧子纵有万贯家财，转瞬之间，秧子就能抱瓢。《演说·说秧子》
【抱沙锅】	乞讨。	你今年前半年敢轻财尚义，到了下半年，就许抱上沙锅，轮到你落了品，当初那些沐恩之人，溜边儿的溜边儿，闪黏儿的闪黏儿，既有这样的前辈之戒，不如留着钱预备后来。《演说·打把式（续前）》

【抱腿】	跟着你。	吴大哥,你只要不害了我,我一定抱着你的腿儿。《杂碎录》
【抱元宝】	绑票。	单说得海同快炮吴有一次在梁山附近(倒是老绿林窝子)陈财主家,挟了一个肉墩。挟肉墩者,绑票之别称也,又叫作请财神,又叫抱元宝。《赵三黑》
【暴搭/暴抬】	家里老人病重,为了让老人看见后辈结婚,马上娶亲。	定下媳妇儿没过门,因为老亲病重,赶紧搭过来,北京俗话叫作暴搭,又叫作暴抬。就说暴搭、暴抬这两句话,听着都不甚雅驯,其实是北京常说的话。《库缎眼》/温太太要暴搭媳妇儿,玉如不认可,说爹爹病已垂危,孩儿寸衷已乱,那里还有娶亲的心肠。《库缎眼》/定下媳妇儿没过门,因为老亲病重,赶紧搭过来,北京俗话叫作暴搭,又叫作暴抬。就说暴搭、暴抬这两句话,听着都不甚雅驯,其实是北京常说的话。《库缎眼》/温太太把要暴抬媳妇儿的话,对温都司说了一遍。《库缎眼》
【暴发富】	暴发户。	况且范夫人也是寒素家的姑娘,幼而读书知礼,决没有爆发富的恶习。《杂碎录》
【暴酒】	烈酒。	武爷了不了这路私料子的暴酒,赶紧抓起筷箸,要就点儿菜。《讲演聊斋·田七郎》
【暴抓儿】	急着干某事,什么也没准备好。	张家就是这么一位小姐,就是吊死巴(吧),也不至于来个暴抓儿出殡,当夜就埋呀。《杂碎录》
【北衙门】	步军统领衙门,负责京城保卫、治安、市容等等。在帽儿胡同内。	我有两个把弟,都在北衙门理刑科,一个当经承,一个写供,在那衙门里都很能拿点儿主意。《小额》/如今北衙门里,业已问出口供,虽说是渺渺茫茫,未见的确,然而揣情度理,不是阿氏所害,那么是谁呢?《春阿氏》

【背拉（儿）】bēila	平均。	穷苦人家儿用点儿棉花线，真够三尺三的逛{桄}儿，其实买别的东西也不见得便宜，不知线逛{桄}儿一长，肉报子自然的快了，就便赔钱，内中也有个背拉儿。《燕市积弊·绒线铺》/这种东西就怕论个儿，大小一背拉，四十个果子，四吊钱未必买的下来。《都市丛谈·厂甸特品》
【背私酒】	从酿私酒的作坊里批发二三十斤，偷着卖。	他娘家妈是个背私酒的，外带着在仓上扫米（您听听这出身就不错），后来嫁了大车王为妻，跟前三四个孩子，一个个的都跟小反叛儿似的，整天的滚车辙，竟跟那一溜儿街房家孩子打架。《小额》
【背过气去】	昏迷。	贾老太太见儿妇进到屋中，忽听他叫了一声"娘！"，就见他倒下，已然背过气去，老太太□是直叫："姑娘你醒醒！"《杂碎录》
【背心儿】	坎肩。澡堂行话。	坎肩叫背心儿。《燕市丛谈》
【奔】bèn	挣钱。	现在咱们手指繁多，竟仗着三老爷一个人苦奔，他也养活不过来。《势力鬼》/有点积蓄，全由小窟窿儿进去啦。现在我一天拉个四吊五吊的，竟给咖啡奔啦。《益世余谭》
【本儿巴光激】	拟声词；一下子。	本儿巴光激点了灯，本儿巴光激吹了灯，呵呵，成了灯忙子喽。《演说·磨电机》
【本头儿】	本儿。	薛生一听，杨爷没正经词儿咧，越发泛起疑心，笑嘻嘻的说："把这本诗，往袖口儿里一揎，说既被我看出破绽，你又不说实话，没别的说的，这个本头儿，我寄存咧。"《讲演聊斋·连锁》
【本县】	县官对平民说话时的自称。	知县忙令住手，说："本县体恤你，你可要实话实说！《张铁汉》/王大令也恼了，把公事摔在就地，说："你是公事，本县也不是私事。本县职在保民（对），你倚势欺压本县的民人，本县不能答应。"《益世余谭》/若等

		本县动刑问你，不但你皮肉受一回苦，临完还得招认，你那不是多饶吗？《杂碎录》
【崩】	跟人借钱，或假装替人买东西，拿到钱后，就再不露面了。	同坐人与伊大贴其靴。看其形状，不外伙崩伙骗一流人物。按近日北京，一般少年土匪，以访事资格诈财者，实繁有徒。《益世余谭》
【崩子】bèngzi	一段距离。	如海一听，登时楞了，自己一想，奔东城这崩子是真远。《回头岸》
【崩子手】	骗人钱财的骗子。	大爷，你怎么上这个当哪？他是一个崩子手。《永庆升平》/商人本来重利，穿阔的主儿，他瞧着就像财神爷，穿穷的主儿，他瞧着就像崩子手。《王小六》/你看看，怎么样？他不来了不是？崩子手吗。《王小六》
【绷】	不松口。	我让他们今天这个乐，明天那个哭，后天又让那个乐。让他们哭了乐乐了哭，跟他们来出《荷珠配》。自然他们得许量儿，绷足了他们，吃够了他们，让他们三方面一平均，谁也说不出话来。《铁王三》
【绷着颏啦嗉】bēngzhe hélasù	绷着脸。	这一乐不要紧，招得外头屋的底下人，没男代女全乐啦。老张绷着颏啦嗉说道："你们别起哄啊，这乐甚么？"《小额》
【迸】	蹦。	"你这个病，要是换到一位王爷、公爷、中堂大人的身上，告诉你说，没个三千五千的，不用打算治好啦（好亡道家伙）。还告诉你说，少峰，你这个病，要是个任落子没有的穷人害，哈哈，十吊大钱，我管保他好。"小额一听，登时就迸起来啦，说："小亭，你可真害苦了我啦。《小额》/傻大姐儿连哭带迸，说："你没事说屈心话，你还打人。咱们上三姨太太那里对舌，你敢去不敢去？"《过新年》

【鼻烟儿】	一种呛人的粉末儿。按气味分成酸、膻、糊、豆、甜五种,放在小鼻烟壶中闻。	那一天又到钱粮头儿上啦,说句迷信话吧,也是小额活该倒运,他手下有个跑账的小连,外号儿叫青皮连,没事竟耍青皮,有二十多岁,小辫顶儿大反骨,有几个小麻子儿,尖鼻子,闻点儿鼻烟儿,两个小权{颧}骨儿,说话发头卖项,凭他一张嘴,就欠扛俩月枷,借着小额的势力,很在外头欺负人。《小额》
【鼻子头】	被议论、说坏话的对象。	若是两位好说的到了一块儿,您听吧,除了自夸之外,第一就是讲究人,笑话人。不是某人怎么不对,就是某人怎么无能。一答一合儿,真能够没结没完。惟独谈到别人不好处,好像心里非常的痛快。傍(旁)边听的人就能答腔,您还说呢,上次跟我这个碴儿,就怎么怎么不对。里头再有附和的,真能把这个人潲毁的低钱儿不值。说着说着这位来啦,您猜怎么样?大家可又不说他啦,另想一位别人作鼻子头。《演说·口过》
【比不起】	和……没法比。	华佗扁鹊,那是医中的圣人,谁也比不起。《王遁世》/咱们虽然比不起人家政党,有好些党纲党规的,也不可以不慎重。《北京》
【比例】	例子。	拜他去,他未定准见,贺新春还不是一个比例。《贺新春》/北京有一种多年习惯,可谓牢不可破:无论高矮不等,人人都爱逗机灵,其实是多费一回事,兹举一二作为比例,其他皆可以此类推。《都市丛谈》/这类小说,就不是热闹玩艺儿。记者的小说,用戏作个比例,好比《集宝村》(伯牙摔琴),另警一路主道。您要听惯了《斩黄袍》《辕门斩子》,您听摔琴自然是不入味。《王遁世》

【笔管（儿）条直】	①让人管得乖乖的，不敢有任何自由行动。②直挺挺。	①情人儿眼里出西施，满打受上媳妇儿的虐，自己也是倾心愿意，能够管个笔管儿条直。《说聊斋·寄生》/所以近来他们的势力一天比一天大，把那些老爷们管的笔管条直。《北京》②范来兴低头一看，陈老五还在地下，笔管条直跪着哪，赶紧上前双手搀起，口中说道："得罪得罪，受惊受惊。"《衢州案》
【笔政】	负责写文书的人。	敝友荣君，满洲籍贯，从先是某部的笔帖式（就是笔政），还委署过主事，学问虽不甚深，写算颇佳，人极勤能，而且英文很好。《益世余谭》/听说这位员外爷，由笔政出身，一步一步，都是拿钱买的。《益世余谭》
【闭眼】	拼命。	戊戌变政的时候儿，王有道简直的要疯，见了人是咳声叹气，跺脚捶胸，要跟康长素、梁卓如闭眼，他说中国亡快了。《王有道》/王九赖又来讹了一回，王英是跟他闭了眼啦，抱了一个宁堵城门不堵阳沟的宗旨。《铁王三》/他憨蠢我算是到了地儿啦，我豁出去了，跟他闭了眼啦！《张二奎》/饿膈冯倒殃啦，说："我跟他闭了眼啦。他有能为，把我发啦。我有能耐，砍完了他，我给他抵偿。《小额》/是可忍，孰不可忍。好兄弟你别拦我，我跟他一定得闭眼并骨。《讲演聊斋·成仙》/这回我是闭了眼啦，今儿个就是今儿个啦，豁出我给他抵了呢，非要跟他有死有活儿。《旧京通俗谚语》
【避宿】	昆虫进入土中或巢穴中不吃不动。	考祸爷们避宿（虫蚁入蛰，俗谓之避宿）以来，不过两月有余，居然日暮途穷一至于此，预料着耗到阴历正月节，不饿死也得穷死，不穷死也得急死，不急死也得让人给逼迫死。《益世余谭》/这十几位祸首，在该国兵营避宿，已然三月有余，保险费的数目，岂止几十万。《益世余谭》

【扁方儿】	大约七八分宽，七八寸长，像尺子似的头饰。旗人妇女梳两把头时，把头发绕在扁方儿上。	话没说完，就听呕的一声就抽起来了，眼睛也翻上去啦，两支手也攥上拳头啦，满炕上这们一翻饼，翡翠扁方儿也碎啦。《小额》/二妹妹，您不是要打扁方儿么？《燕京妇语》
【扁食】	饺子。	寻常扁食棚、锅贴铺，虽倒找钱，伊亦不去。《益世余谭》
【匾敬】	送匾时随匾一起送的礼。	匾一得，额家可忙啦，赶紧预备一切。随匾的匾敬，预备了一百两银票，格外备了几色礼，是袍褂料、燕果席、靴、帽、荷苞。《小额》/再一说三丁儿是个大财主，感念王秀才救命之恩，不但道乏而且挂匾。匾敬是二百银，还不算别的礼物。《二家败》
【便家】	有钱人家。	两家既有了病人，又是便家，大夫是一天不离门。《杂碎录》/单说李大爷死后，合家无不恸哭，至于置买衣衾棺椁，料理一切丧事，既然是个便家，一句话发出去，立刻报齐。《李傻子》
【便宜】	运气好。	进去的那天，一个人就干了一百嘴吧（可倒好，开锅儿烂）。打完了，就这们一收。算是便宜，有一个蓝头儿，跟小文子儿有点儿认识，后来两个人一搞，搞出一个联盟来。这个蓝头儿，人真不错，最爱交朋友，很照应他们，所以三个人在里头，并没受多大罪。《小额》/您放心，穷死也不放。抢人家抢剩下，我们检点儿。便宜柴火倒许有着的。《二十世纪新现象》/子英说："我今天顶撞了他，不把我请回去就是便宜。"《一壶醋》
【便章】	便服。	说起来真是活人受罪，便章还罢了，穿官衣吃饭，简直的是下地狱，饭吃完了，真能够少活三年（这话一点儿不错。记者就最怕这档子事情。从先在官场混饭的时候，每逢官衣宴会照例告辞）。《二十世纪新现象》/那天

		请的是便章，小鬼周向首道说道，"大人，可以宽章吧（就是让他脱马褂儿）。《白公鸡》/瑞珊打开一看，却是顷慧甫、何砺寰二人请客，同座有左翼几个侦探，定于次日酉刻，假座元兴堂便章候驾。《春阿氏》/请的是次日下午五点，便章勿却。《忠孝全》
【便辙】	便道。	前天晚晌，东四牌楼北，万恒铜铺门外，便辙的外边儿，有一位行路的老者，被一尺多高的木桩绊倒。《益世余谭》/要是在马路上闯车，还有情理可讲，居然往便辙上开，实在邪门儿，无愧乎"横行"二字。《余墨》/昨天记者赴花市迤南有事，走在北边便辙上，迎面来了一个邮差，骑着轮子。突然相遇，我一犹豫，谁可也没碰着谁。《余墨》
【遍床/边床】	一种刑具。	我们这儿很会修理活人。抱媳妇儿、光棍架、摇车儿、太师椅、两把儿头、火烧战船、上脑箍、活乐床儿、登高跷、大板口、偏床、锅套、老弟的、咸肉卷饼、两头儿忙，这些个玩艺儿，打算要试验试验，卖一通儿，那倒是现成。《杂碎录》/凳子比扁担还窄，并且挺脏，又没有垫子。一张桌儿恨不能要挤十八个人，比边床还难受。《余墨》
【辨别】	辩白。	夫人听范公又一辨别，说："老爷验看这一番，没看出破绽的原故。您是眼睛竟往上瞧，没往下瞧。那时多低低头也就好啦。"《杂碎录》
【辩护士】	律师。	这个阿辛嘴里很辣，怪不得叫阿辛哪。不用约辩护士，自己说的很有理。《评讲聊斋·乐仲》/说法律，气死检事，不让辩护士。《旧京通俗谚语》
【辩论】	演讲，说道。	报纸也是商业之一种，故此替大家辩论辩论，打算要求发达，非由我们尚实不可。《评讲聊斋·阿绣》

【辩嘴】	拌嘴。	玩笑是辩嘴的由头，久而久之，生出甚么好事来呀!《语言自迩集》/公子与温姬相处了这些日子，并没犯过心，辩过嘴，虽是老人家不懂好歹，找甚么捉妖的骗鬼的，就这们闹法，人家并不往心里去。《评讲聊斋·嘉平公子》/我们过了这些日子，也算如鱼得水，千恩百爱喽，除去这程子饭食苦点儿，并没犯心辩嘴。他就是闲杂儿，我也百依百随。《讲演聊斋·霍女》
【别加】	别。也写做"别介"。	老张说："我留了他半天，他一死儿的要走（碰巧啦，还是你们俩编的活局子呢）。"额大奶奶一听，立刻慌啦，说："别加呀。你瞧老仙爷刚给治的好点儿（皆因是治的好点，才要走呢），这是怎么说？千万可别走，您要行好，行到了儿。《小额》/申公豹说："这是好事呀，得着这个信，侯三也就知道啦，他一定约咱们。见了他们的面儿，可就瞧你的啦。你跟他们来一场革命，作为要动手枪炸弹的样子，他们一定软化让步。"贾大说："别加呀，犯不上动凶呀。《董新心》
【别敬】	到外地做官，临行时给亲友的礼物。	再说我也不能在此久待了，做为别敬，就是啦。早年外任官辞行的俗礼儿，如今不但免了别敬，亲友反得凑路费，还得掏帐，足见中国穷乏（像这路背着许多帐上任的，焉能不贪）。《讲演聊斋·毛狐》
【别致】	奇怪。	周道台说："你这话别致极了。我又没死，你哭我甚么？"《过新年》/这个娘儿们可真别致。人家怕当头人立妾，他要给当头人立妾。其性与人殊，真正的反常为妖。人家作奶奶太太的，最怕当头人置姨奶奶，听见当头人要立妾，能够哭三天吵八夜。《搜救孤》/铁王三一听，心说："这事又来的别致。"《铁王三》/对于种种的迷信，我是一扫而空之。

		因为这个，亲友本家都很责备我。日前内人物化，伴宿那天，清早就下雨，直招呼了一天一夜，次日送殡雨也没晴。那一分糟心，系属另一问题，不必赘言。下葬已毕，雨过天晴，大家异口同音，都说我是破除迷信的报应。您听这话有多们别致。就凭我这个乏人，居然警（惊）的动雨，总算来历不凡。已后再遇见旱年，不必求雨，我一死女人就得。《益世余谭》
【宾东】	多用于幕僚和官长，家庭教师和主人。主人的座位在东，客人的座位在西，宾叫做"西宾"，东叫做"东家"，简称"宾东"。	这件事的引线，还得老夫子作去。老夫子跟他是旧日的宾东，私话也可以说。《张文斌》/周道台说："老夫子早起来啦。"宋仲三说："早起来啦。东翁今天起的早呀。"周道台说："兄弟后半夜就没睡，昨天累乏啦。"说着话，宾东二人来到屋中。《过新年》
【冰车】	也叫"冰船儿""冰床子"，北京冬天的一种交通工具，通常是一块木板，下面钉上铁条，在冻了冰的河、湖面上通行。小的像八仙桌那么大，可以坐一个人，大的三尺多宽，四五尺长，可坐三四个人。一个人在前面拉或后面推，冰车儿滑快了，拉或推的人便跳上冰车儿，慢了，再下来推、拉。	记者得半日闲，携友出东郭，乘冰车前往。《益世余谭》
【冰核（儿）】	当时人们夏天吃的冰。冬天河上、湖上冻的冰，藏入冰窖，夏天敲成碎块儿卖。	冰核这种东西，纯粹是我华产的国货。此物产生冬天最多，遍地都是。……贫贱的子弟们，一到了夏天，有那勤苦的，挑上一个挑儿，用上一二十子儿的本钱，买上一块冰，

		满街上一吆喝冰核儿来喊。一会儿的工夫就能卖个三四百钱。《演说·冰核儿》/ 就是小住户儿,还闹一个子儿的冰核儿吃哪。《演说·说冰窖窖货》
【并骨】	拼命。	爸爸不要老命啦,我跟他并骨。《土匪学生》/ 别拦我,我是跟他们并了骨啦。《杂碎录》/ 是可忍,孰不可忍。好兄弟你别拦我,我跟他一定得闭眼并骨。《讲演聊斋·成仙》
【并粘子/拼粘子】	摆地摊儿等用骗人的方法招揽顾客。例如,雇托儿。	大凡这类的小人,都讲究捧臭脚、抱粗腿、敬光棍、怕财主、贴靴、并粘子、拜把兄弟、认干亲,平常没事的时候儿,奶奶长、阿玛短叫的震心,狐假虎威、狗仗人{势}、无非是跟嫖、看赌、白吃猴,从中的取事,赶到楼子一出来,您瞧吧,属狗的,打胜不打败,一个个儿躲躲闪闪,全不露面儿啦。《小额》/ 是这宗卖野药的总有几个同党的人给他贴靴,行话叫拼粘子。《益世余谭》/ 北京乍一兴办公益,这可不是我贴靴、捧场、拼粘子、拍马屁,我们彭二哥总算开山的人物,在下那当儿也跟着里头混混,不过是碎催小跑儿。《理学周》
【拨什户】	满语,也作"拨什库""博硕库""百什库"。汉语是"领催"。旗里最下层的官员,正六品。管文书、饷银等。	那个说:"这两天没活,我们牛录上有一个拨什户缺(就是领催),大概这两天夸兰达验缺,我也得练练箭哪。"《小额》/ 就是阿翁,上一字念峨,可不是旗籍满洲人,指姓为名的阿爷。(蒲先生没当过山东拨什户)。《讲演聊斋·汪士秀》
【拨子】	会旗。参见"会"条。	走会最要紧最露脸的日子,是妙峰山。一到三月下半月,就见都管们(执事人)拿着拨子(会旗),横巴请着平(就是挑笼子的挑着笼子),沿街满巷的打知。《演说·走会》

【玻璃脑子水晶心】	看问题看得清楚。	文斌本是玻璃脑子水晶心，外带着化学仪器的两只眼睛。这三块料肚子里那点儿馊油，如何瞒的了他？《张文斌》/后来因话儿提话儿，提到凤仙，何氏就棍打腿，给凤仙一路老砸。这位老姑太太，原是个玻璃脑子水晶心的人，如何能受这个？《过新年》
【饽饽】	满族点心。当时北京管满族点心叫"饽饽"，管南方点心叫"点心"。	北京习惯，馈送礼物，向讲开票。类如靴帽、酒席、饽饽、茶叶、米面、蜡烛等类，无一不可开票，除是棺材还没见有开票的哪，剩下是全有啦。《益世余谭》/前天邻人某君，赴东四牌楼饽饽铺买点心，看见一个老媪，是大家女仆的样子，在那里买油糕。《余墨》/麻花刘也换了一身新衣裳，封了八吊祝敬，格外还买了一蒲包儿饽饽，委托春爷看家。《麻花刘》/一个个伸出那纤纤玉手，大抓甜饽饽往小嘴里塞。好像几天没吃早饭一个样。《七妻之议员》/姨奶奶吃完了饽饽，合褚大娘子道："姑奶奶在这里，我也瞧瞧大爷去。"《儿女英雄传》
【饽饽茶儿】	吃饽饽，喝茶。	春爷说："倒底怎么回事情？"臭嚼说："大哥请我个饽饽茶儿，我就告诉你（这块骨头）。"春爷说："可以可以。"当时奔往大街买了包茶叶，找了个茶馆雅座儿，喝了两碗茶。《麻花刘》
【驳辨】	反驳。拒绝。	这是你的主意呀，还是没良心的厨子故意儿的驳辨我呢？《讲演聊斋·霍女》
【驳回】	①拒绝。②反驳。	①今年小额的生日上，他老先生来了一荡，吃了三天，临走要借五两银子，小额没敢驳回。《小额》②温都司向来是家庭专制，说一句话就是命令，温太太不敢驳回。《库缎眼》
【脖筋】	脖子上的青筋。	二爷被哥哥这们一问，反到为了难啦。有心说不好，真透屈心，有心夸好，又怕哥哥疑惑自己有甚么暧昧，立刻脸是绯红，连脖筋都紫了，一句话也没啦。《评讲聊斋·阿英》

【博士顶】	分头。当时留洋回来的男士的一般发型。	常见近日剪博士顶的诸位，多讲究擦红色生发油。《评讲聊斋·陈云栖》／吴监督分着博士顶，穿着西装，披着一件大衣，小三角儿眼睛，尖鼻子薄片子嘴，几根狗蝇胡子，说话的声儿，像秦腔小花脸刘义增。《董新心》／就以近年的博士顶、拿破仑发说，请想列强博士，或者许有这修沐余假，拿破仑决意不能一天好几次，用洋蜜水拈胡子玩儿。《讲演聊斋·公孙夏》
【簸箩儿扣】	向自己下属放高利贷。发饷的时候直接扣下欠款和利息。	二奎子后来受他丈人的传染，自己也弄点儿毛帐。他这宗帐不放外人，专放本牛录下当兵的。每月放饷的时候儿，他就扣下啦，俗名叫作簸箩儿扣，飞不了跑不了，比甚么都稳当。《连环套》
【补付】	补。	如果□爱看，在三五天就完。我再拣热闹的补付。《讲演聊斋·骂鸭》／昨夜来的太忙，随后我再补付吧。《杂碎录》
【不】	要不然。要不。	不怎么说，出外赴约，得多留心哪。《讲演夜谈·霍筠》／不怎么宝局，叫做人汤锅呢？《讲演聊斋·云萝公主》／再加办货去的盘费，只有多花钱的。不怎么说千里不贩重，百里不贩粗呢？《讲演聊斋·老饕》／别净看外表。乍一看模样戳个儿，简直糟心。不怎么说，人不可貌相，海水不可斗量呢。《旧京通俗谚语》
【不差甚么】	平常，一般。差不多。	就说龚大爷这个劲儿，不差甚么的也作不到。《白话聊斋·胭脂》／凡在原书十六卷的目录，不差甚么的都不大留神。《说聊斋·葛巾》／就说人家孩子这份儿孝顺，不差甚么的谁也不行，在梁某想着，要得佳妇，是非此不可。《说聊斋·云翠仙》／本来这个教堂，正在东北隅，虽在城内，非常荒凉。不差甚么，谁也不敢在那里居住。《五人义》／我说不但此也，近来拿手杖的也很

		多。除去拉洋车、泼水夫之外,不差甚么人都拿手杖。《益世余谭》/想这一天的雨,所有各登高有热闹之处,小买卖人儿少卖多少钱,各饭馆子以内,锅子烤肉、烧黄酒,被这场雨的阻力,不差甚么的人,都懒怠去吃。《演说·梦里登高》/告诉姐姐说,不差甚么的,胆子小的人不用说敢管,他要敢上府上来,我算信服他。《小额》/轮到马上,诸物无不增价,那个时候的阔朋友,不差甚么的也多变富为穷了。《演说·致富》
【不辞箸儿】	不说不吃。意思是肯定吃。	喝酒我是不辞箸儿的。《苦鸳鸯》/小孩子有甚么知识,见了吃,那会儿也不辞箸儿。《二家败》
【不大了】	有点儿对付不了。	原来孙四最怕丁爷,听说他有些个历史,丁爷满托底,所以他不大了。《花甲姻缘》/"恶法子跟他流血,拿着大烟上他家吞去,掏出绳子来就上吊。"仲芝说:"这个恶法子,我不大了,咱们还得研究,虽然是连麻带虎,就怕人家不理这个岔儿,羞刀懒入鞘,那不是麻烦吗?还是说善法子罢!"《回头岸》
【不得】	不好。	小刘儿看著事情不得,钱也搂足啦,一定要下野,辞了好几回职。《连环套》/忽然有三四十蓬头垢面的牢犯,手举枷锁,逢人便打,朝着里面赶了来。守备一见,心说不得,刚要往外钻,就觉着迎头来了一人。《劫后再生缘》/不得,大清早晨的要丢点儿甚么,岂不闹个误而难明?《白话聊斋·胭脂》/李大一听探子报说,省城发来的精兵,约有数万,在山下四面八方,全扎好营寨,请旨定夺,李大觉着有点儿不得,说:"你们快给我去请军师。"《讲演聊斋·九山王》

【不得哥儿们】	①难看。②不让人喜欢。	①别看他长的不得哥儿们，服侍我倒是很不错。《说聊斋·章阿端》/ 俗云"钱来的容易，去的模糊"。到家一看，他媳妇忽然改了模样儿啦，怎么看怎么不的哥儿们。《演说·钱多之害》/ 要把赶马车的打伴（扮）上也坐马车，是仿佛有点儿不得哥们，不用说别的，就比腿肚子，也没有真坐马车的细呀！《燕市积弊》②细想他的这种脾气，死后全都不得哥儿们，若非生前是犟牛筋，也不至于自寻短见。《白话聊斋·梅女》/ 他还有一样儿最不体面的，是疑心太重，好话他就生疑，所以外头交朋友，落了个不得哥儿们。《杂碎录》
【不得劲（儿）】 bùděijìn(r)	不舒服。	正在难解难分的时候，花鞋德子早瞧出小额一谱儿来啦，赶紧说道："阿玛，您还是有点儿不舒服吧？您要是不得劲儿，要不咱们走吧。不用听啦。《小额》/ 阿林觉乎有点不得劲，干渴的要死，要喝茶家里没茶。《鬼吹灯》/ 两位外宾憋不住，哈哈大笑，彼此一打东洋乡谈。记者不通日本话，他们说的是甚么，我也听不出来，据我想着，大概决不能夸罢。两位东洋朋友一乐，他有点不得劲，回头向我说道："你老瞧，我唱他们乐，也不知乐的是甚么？"《余谈》/ 原来逋隐腿疾虽然好啦，走路还有点不得劲。《贞魂义魄》/ "原来上屋里公母俩，一天没有吃饭啦。方才大爷上街赊切面没有赊来，回家咳声叹气，大奶奶劝了一回，现在大概是忍着呢。"麻花刘一听，心里好不得劲，说："黑天半夜，弄甚么也不容易。你先给熬锅粥，铺子里有烧饼果子，我这就取去。你先告诉大奶奶一声儿。"《麻花刘》/ 甄醉仙见李氏跪在那里直央告，他也陪着跪下啦，这下子倒把张铁汉闹的好不得劲，说："你们二位快起来，我不是嫌烦，我实在是替你们难过，都起来，都起来，有话咱们好商量。"《张铁汉》

【不得烟儿抽】	不招人待见。不受欢迎。	人家德国人，是怎么个意思，鄙人不能猜测。唯有我们中国的大老先生们，性情行为，还可以猜到一二。想他那宗不得烟儿抽的态度，恐怕巧笔丹青也难画难描。《社说·想青岛》/ 只顾张老者一很{狠}心，阴阳生的买卖可有点儿不得烟儿抽。《杂碎录》/ 近来天气忽而一回暖，这两宗买卖，煤还算是日用必须，卖皮衣的就有点不得烟儿抽。《演说·望云思雪》
【不得样儿】bùdéyàngr	不是样儿。不好看。	年青的堂客，要是把头梳小了，本人儿先觉着不得样儿，就是傍{旁}人瞧着也要乐。《进化报》
【不得主意】	不知道怎么办。	郎才这一套虎头拍闹的，孙子游登时不得主意，楞了。《二十世纪新现象》/ 老太太一听，当时很不得主意，直瞧翁氏。翁氏一想，老太太必是认可，当时低头不语。《苦鸳鸯》
【不二楞/不二怔】	不迟疑。	崇儿说："走走走也含糊不了呀，不不不二楞呀！告诉你大大大恩子，咱们没完。"《鬼吹灯》/ 原文说是"伏身入"，即是一点儿也不二楞。《白话聊斋·巩仙》/ 好朋友管好朋友的事情，就是给他登门下跪磕响头，冲着好朋友受一百分的委屈，都叫作不二怔、不含糊。《演说·俗语感言》
【不犯】	犯不着。	从前我们还好好端端的来往来着，就是因为一半句话上，也不犯记在心里，恼了就不往我这儿来了！《语言自迩集》
【不好死】	再怎么不好。	桂香之说："太太，这似乎太难了。我不好死也是皇上家的二品大员呢，我跟太太还能够没信实吗？"《骗中王》/ 芥舟这才说道："小孩子家不会讲话。你陈子云大叔，不好死他与我多年相交。父亲朋友，是你一个长辈。开口伤人，有失忠厚之道，下次不准！"《王遁世》/ 孙二狗说："郑二圣人不好死，他是

		个在库的（该处管秀才叫在库的）。抢人这件事万办不的，您非想特别的法子不行。"《小蝎子》/ 不好死是个同事，晚晌劝了鹤氪几句。《怪现状》
【不合槽儿】	不合规矩。	按说曾爷是犯官，只能上锁，也得交有司卫门审问后，才能起解。原文既没有，这路不合槽儿的官事，大概出在宋朝。《评讲聊斋·续黄粱》
【不济】	最不好。	虽然比不了坐家女儿，可也不能草草了事。不济死了也算翻身一场，好歹也得选一选。《白话聊斋·瑞云》/ 少爷人才出众，相貌不凡，将来一定有中堂宰相之位，至无能为，也要作督抚提镇的；所不济了，也能作个藩臬司道（越说越缩小）。"《库缎眼》/ 无论怎么样不济的秀才，也能作篇利落文章。《刘军门》
【不驾局／不架车】	应付不了局面。	眼看着活人就要死，谁能无故惹这个楼子？王化成也有点儿不驾车(这儿可得念居)。《说聊斋·连城》/ 谁知人家孩子，生来的温柔，有点儿不架局（好像要闹学习），连推带躲，让你这样的狂暴。我原打算明告诉你，这一来我越发不敢喽。《讲演聊斋·伍秋月》/ 朱爷这分家当儿，被霍女给折腾的，约去了一大半（好像李良的江山），实在有点儿不架局啦。《讲演聊斋·霍女》
【不架酒】	不胜酒力。酒量小，喝多了。	吴能手一瞧牛成儿不架酒，恐怕误了赶路，劝他不用喝啦。《杂碎录》/ 吴能手那里知道牛成儿一肚子鬼胎，以为他是真不架酒。《杂碎录》
【不截心】	不隔心。	咱们姐儿两个不截心，久后您想去，要是有错儿，您想我对的住您吗？《杂碎录》

【不究情】	不追究。	知道人家姑娘跟自己真算有个不错,连我白拿人家的金钗,能不究情?这岂不跟亲手儿给我的纪念品一样吗?《评讲聊斋·青娥》/老人说:"太太要说不究情,我才敢起来呢。"我只好说了句:"不究情就是了。"《杂碎录》
【不开眼】	没见过世面。	自己看着这点儿账目,心满意足。又有些个不开眼的人这们一捧臭脚,小额可就自己疑惑的了不得啦,胡这们一穿,混这们一架弄,冬天也闹一顶染貂皮帽子带带,也闹一个狐狸皮马褂儿穿穿。《小额》/某天跟县尊同席豁拳,县尊还要跟他换帖,踵事增华,胡这们一吹,小地方儿人不开眼,也真有信的。《小蝎子》
【不拉车】	不管。	小额这些家儿亲友,有事的有事,不拉车的不拉车,就是希四爷跟赵华臣两个人答应着管,可也是都要吃一嘴。《小额》
【不来】	过不去。	如果真有那个事,那是成心跟我不来。《白话聊斋·画皮》/谁要再拦我,那是跟我不来。《杂碎录》/谁跟谁不来,明着不敢惹,故此才用笔墨生端,以图报复。《演说·匿名信》/曾忠曾信这路人,好似狗仗人势似的,一瞧大哥跟二哥不来,立刻也举起家伙。《评讲聊斋·曾友于》/县里的有位毛先生,不知怎么跟满生不来。《讲演聊斋·细侯》/因为与骑牛架拐的不来,才有那宗举动儿。《演说·新五雷阵》/你瞧,这必是二爷的捻子。他诚心起哄,跟我不来。《双料义务》
【不了】	对付不了,没辙;受不了。	饿膈冯说:"你不答应,咱们就是官司。不然我这儿有一把刀,是你砍我,是我砍你,随你挑吧。"胎里坏不了啦。《小额》/玉岩赋闲无事,生计也很不了,后来经人介绍,在某小学当教习,倒也凑合度日。《鬼社会》/周爷打了没有三天磬,手也乏了,眼边儿也烂啦(熬的),简直不了啦。《五人义》/大

		奶奶蒋氏在旁边儿听不过去了，说："二姨太太您这是怎么了？给老爷看病要紧，这不是打哈哈的时候儿。"何氏向来不了大奶奶，当时也就不言语啦。《过新年》/ 素日他瞧不起狗爷，见了狗爷，他不是损就是骂，狗爷还真不了他。《姑作婆》/ 刀伤常躺在那里装死儿，麻花刘说："你要装死儿我还打你。"小常不了啦，当时爬起，眼睛也封了，牙也破了，辫子差一点儿没了下来。《麻花刘》
【不了贺儿】	受不了。对付不了。	说句悚话，我真不了贺儿。《旧京通俗谚语》/ 大家一听，连氏立刻拔脯子要争权。又想起从先老□，都有点不了贺儿。《讲演聊斋·段氏》/ 老道八成儿到许有这宗功夫的，半天一夜就不了贺儿咧。《讲演聊斋·白莲教》/ 你轻着点儿劲儿吧。饹着毛碴儿硬堆，我可不了贺儿，疼死我咧。《讲演聊斋·骂鸭》/ 再一细摸，好像是死尸，这下儿冯爷可不了贺儿啦。《白话聊斋·辛十四娘》
【不楞脑袋】 būleng nǎodai	一扭脖子，不服管的样子。	即便就是亲父母，又当怎么样？一说，跟您一不楞脑袋，难道说谁还把谁枪毙了不成？《白话聊斋·乔女》
【不咧】	罢了。	牛成儿一路花说柳说，吴能手一想，去不了一两天不咧，莫如先谋上事要紧。《杂碎录》/ 不论卖谁，左不是沾手三分肥不咧。《杂碎录》/ 一个媳妇儿不咧，死了死了，有多少男子这们穿孝？《白话聊斋·胭脂》/ 您别瞧信笔胡诌，小说不咧，谁不会作呀！《忠孝全》
【不落意】	不好意思。	振文说："放账我是不愿意。你要使，我送你二十两倒行。"二拐子一听，狗脸堆下笑来，说："那使不得。我怪不落意的。"《刘阿英》

【不怕】	①无论。②即使。	①有甚么意思，您自管作主意，不怕花多少钱，只要您大哥赶紧出来，别的都不要紧。《小额》②老亲在堂，儿子不怕得了尚书，外头称"大人"，称"老爷"，那是官称呼，到在家里，还是称"几爷"，夫人儿是称"几奶奶"。《过新年》/现在还论甚么家世出身？世家出身两榜底子，受穷也叫瞎掰。不怕卖水烟出身，升官发财就算好朋友。《刘军门》/乐太守说："仓卒之间，海菜是来不及了。没预备甚么菜，抱歉的厉害。"子英说："大人太费事啦。"这原是照例的套子，主人不怕预备燕菜代烧烤，也要说没甚么菜。《一壶醋》/往往作大奶奶的，他老跟姨奶奶比着，姨奶奶怎么样他怎么样。不怕姨奶奶病了，他也装病。《搜救孤》
【不然岔儿／不然碴儿】bùránchár	故意不说、不回答。	古人有云："币重而言甘，殆诱我也。"阿林倒是真喝，心里明白，干不然这个岔儿。《鬼吹灯》
【不是】	不知道。	老张说："小荣也没回来，少爷也没回来，拴大爷也一去没回头。您瞧也不是怎么回事情？"《小额》/其所办营业，于折白之外，兼任白钱职务（兼差，也不是兼薪不兼），并有冒充报馆访员，招摇敲诈行为。《益世余谭》
【不是岔儿】búshìchár	情形不对。	少奶奶说："秃儿呀，别跟爷爷闹哇，让爷爷歇歇儿呀。"又对伊老者说："阿玛，您回来啦。"老者长叹了一声，一直的就进屋里去了。少奶奶一瞧，知道不是岔儿。《小额》/四老爹把脸一绷说道："阁下是外姓人，你姓贺我们姓李，这是我们李姓家族的事情，阁下没有出主意的必要，简直的说，你就管不着！"贺世赖闹了一个没面子，也就不敢言语了。仲芝一瞧不是岔儿，赶紧说道："四老爹说的话很对，就是这们办了。"《回头岸》/

		当时给着眉头子，脑袋摇的车轮相似，连说"咄咄怪事"。（跟殷浩学的）周道台也在那里发愣。毛二爷一瞧不是岔儿，当时敷衍了一回，溜之乎也。《过新年》
【不是个儿】 búshìgèr	不是对手。	倘或他回来，要是向着大爷，自己可不是个儿。《评讲聊斋·曾友于》/ 论理说，黄爷具挑肉挑子上市，赶猪脚程儿的资格，要讲追两个金莲窄小的女子，还能不是个儿吗？《评讲聊斋·香玉》/ 好在他们几个，都没劲头儿，凭打他们不是个儿。《讲演聊斋·湘裙》/ 倘或他睡的惊醒，万一醒啦，我许不是他的个儿。《杂碎录》
【不是劲】	①不合适。 ②心里不舒服。	①"七先生此言差矣，你老先生既认可，谁还大的过你去，你就是一县之主。"说完了，觉着这句话不是劲，赶紧又说道："你们丁府上是一县绅士之主，你答应了，谁还敢反对吗？"《方圆头》②何氏原不是真醉，故意的借着酒说话，一来是试探，二来是蛊惑。没想到让凤仙给扣两句，自己很觉着不是劲，当时说道："我脑袋有点儿晕，我要回去躺一躺儿。妹妹，咱们明天再说罢。"《过新年》
【不是人行】	①不是人干的。 ②不是人。	①今一天我才知道敢则从前我所作所为的，全都不是人行呕。《评讲聊斋·曾友于》/ 你看他所作所为，简直满不是人行。《旧京通俗谚语》②这才晓得王十八，如何在淮河害了金氏全家，庚娘志在报仇，故此忍辱相从等语。这位念完，冲着十九说："你瞧你这块哥哥，简直的不是人行。"《评讲聊斋·庚娘》
【不是颜色儿】 búshì yánshair	脸色不好。	伊太太一瞧善金问的邪行，并且脸上也不是颜色儿，就知道这回事必是他知道啦，又怕儿子生气，又怕老头子窝心，心里好一阵难过。《小额》/ 又一瞧小额，有点儿不是颜色儿，一问大家，这才知道小额病啦。《小额》

【不像】	不像话。	他原是个丫头出身（那们你是小子出身），这几年美的可也太不像啦。有老爷活着，看佛敬僧，谁也不肯。现在没有老爷了，不把他打发啦，就是看着死鬼老爷的面子。《过新年》/ 他便吃惊道："阿？我这把刀那里去了？"褚大娘子站在一旁说道："你问那把刀啊？是我见你方才闹得不像，怕伤了这位尹先生，给你拿开了！"《儿女英雄传》/ 他自己这们一高抬声价，请的主儿，更多啦（信假不信真吗），闹的简直太不像啦。要不赶紧驱逐，恐其他又要称大师兄啦。《进化报》
【不像事】	不像话。	福涛已从炕上坐起，喊道："姑娘，打盆脸水来！"崇氏道："姑娘们早都逛去了。"福涛道："这群丫头疯的太不像事了。我非得管管他们。"《都市秽尘》/ 本城的学校还算不错呢！玉翁再往四乡看看去，简直更不像事了。《鬼社会》/ 就是修订法律大臣沈家本，法部大理院因为这件案子，无法拟罪，久悬未决，大不像事。冒然定罪，也不像事，如今永远监禁，合算把此案存疑，容把案情访实，再行定拟。《春阿氏》
【不幸头】	不吉利。	妹妹，老爷百年之后，你还不到四十岁呢，我真替你发愁。何氏还要往下胡说，凤仙把脸一绷，说二姨太太这真是醉话，老爷现在挺康健的，提这些个不幸头的话有甚么益处？《过新年》
【不要鼻子】	不要脸。	你别不要鼻子啦。谁说教谁烂嘴。《杂碎录》
【不自】 búze	不是？嘛。语气词。	遂问此公说道："天这们大旱，就是捧斋不自，你吃的下去吗？"《演说·白肉足用》/ 那可得搂着走，虽不能位的位都是鞋弓口小，就说穿着粪箕儿鞋不自，也难为他看，半扇山门、三间破殿，空有供桌儿，神像全没有啦。地下荒草多高，就是破庙不自。《杂碎录》

【不理会】 bùlǐhuìr	不在意。	说到归齐，狗爷原没有一定的宗旨，他是见了眼诧的就咬，看惯了他就不理会了。《益世余谭》/ 他女人胡氏，也不短的常来。在这里吃喝还不算，还要干预家务。始而铁王三还不理会，后来得寸进尺，大有喧宾夺主之势。《铁王三》/ 那李姑娘看在眼里，趁空又与这个魏某勾搭在一处。起初还不理会，日久天长早教成老看在眼里，心说："好哇！你敢作出这样事情来，不给你个利害，也不知我成老是个作甚么的？"《花鞋成老》
【布碟】	布菜的碟。	太公举起筷箸，夹了一段鱼，说："先生，你来个富贵有余（要给孔生□圆饭）。"孔生赶紧起身，用布碟接过来。《讲演聊斋•娇娜》
【布库】	满语，摔跤人。	我们这口子，同他是老布库（可全没入过东西营，想必这就叫私撂儿）。《讲演聊斋•阿霞》
【步甲】	步兵。	前街道局，开办无款，把步营的步甲的钱粮米石调借去了。《进化报》
【步营】	步军营，负责京城保卫、治安、市容等等。	在前清未设巡警之先，步营专管地方儿，官人都跟白钱勾着，乏人丢了东西，就许忍啦。重要人物的东西，要是让白钱窃了去，一定让官厅寻找。官人一找白钱头儿（小绺头儿叫齐官儿），东西就能找回来。《益世余谭》

C

【擦白党】	原为打扮得漂漂亮亮，专门勾引妇女的男子，后扩展到勾引人的女子。	有一种匪徒，专引诱无廉耻少教育的妇女失身败节，这宗匪徒，名叫擦白党。何为擦白党呢？原来是青年男子，专在面貌上用工夫修饰，讲究刷白牙洗亮脸，擦沤子粉硝，掸香水。《演说·说擦白党》/听人传说汉口这个地方由上海输入一般女子擦白党，专能敲诈初到外省的富商阔官僚，稍一不慎必然坠其术中，今天这个女子突如其来，一定是擦白党无疑了，我得防备一二。《七妻之议员》
【猜闷儿】 cāimèngr	猜谜语。	你倒是给我一个准信儿呀，省得叫我瞎猜闷儿。《白话聊斋·胭脂》
【财主】	让人可以赚钱的资本。	要说他的财主，每月的钱粮包儿，真进个一千包儿、两千包儿的。《小额》/要说他的财主，动产不算，就说不动产，有百十多顷地，百十多处房子，六个银号，七个当铺，粮食店还开着八个。《过新年》
【彩】	①戏法。②有点儿彩头。沾点儿光。	①后来有个票友儿，姓安，叫作捉羊安（捉羊就是吃秧子），给玉亭出主意，说："咱们得添彩呀。"（彩就是戏法儿）《人人乐》/不说闲话儿了，改了彩上的滴口啦。我别招说啦。《讲演聊斋·张鸿渐》②常言说的好："三年清知府，十万雪花银。"他拿出五万来，咱们也彩一彩儿呀。不能穿他双鞋，咱们得穿他双袜子。《张文斌》/老夫子，实对你说吧，这件事咱们使着了。老夫子，你也可以彩一彩儿。《驴肉红》/这五块归您彩彩儿，还豁给您个便宜。《忠孝全》

【彩行】	魔术行。	这是说玩艺儿,并非给彩行薰生意。《讲演聊斋·邢子仪》
【彩子】	门口装饰的彩绸。	好在本家三太太这院里,地方宽阔,搭了三个大玻璃棚,门口儿高悬彩子。《过新年》/正日子那天,门口也贴着大喜字儿,挂着大彩子,晾着花轿,摆着大鼓执事。《姑作婆》
【踩岁】	除夕时,院子洒一些芝麻秸,上去踩。	年底的后半天就叫除夕,到了这个时候,院子里必要洒些个芝麻秸儿,叫作踩岁。少辈的要到长辈处去磕头,叫作辞岁。《演说·旧新年之迷信》
【菜货】	没有真本事。	先前那个教习,原来是个菜货,拢共就会三手半,教不下去啦。《和尚寻亲》
【菜码儿】	菜的价钱。	从前该铺的菜码儿极贱,照顾主儿甚为寥寥。《燕市丛谈》
【参观】	看。	晚间还有幻灯哪,咱们参观参观去。《双料义务》/新姑爷一进棚,德家来的这些个女眷,小家子出身居多,千佛头似的站了一院子,都要参观参观新姑爷。大家唧唧咕咕一路苦讲究,也有赞美的,也有咂嘴儿的,也有说姑爷长的边式的,也有说脸上青虚虚,怕是抽烟的,也有说瞧神气怕有脾气的。《苦女儿》/要知这部书传的是班甚么人,这班人作的是桩甚么事,怎的个人情天理,又怎的个儿女英雄,这回书才得是全部的一个楔子,但请参观,便见分晓。《儿女英雄传》
【仓监督】	清代户部官员。管理户部直属仓库。	提起这个人来,大兄弟你也知道。当过仓监督的高二老爷。《土匪学生》/他东隔壁住着一位俗山俗大人,乃禄米仓监督,有一位少爷,名叫玉斗,才六岁。《永庆升平传》
【伧】	混。什么都不管不顾。	德三爷素来最伧(上声),又是街坊又是世交,比塔三爷又小几岁,桂氏撒泼,他满不往心里去,你哭我也嚷。《鬼吹灯》/这个孩子也真伧(上声),人家挨打哭,他挨打乐。

		《苦鸳鸯》/温爷心说："这小子是开玩笑哇，瞧起来这家伙伧（上声）的厉害，方才听他所谈，与此案有密切关系。要破此案，大概许在此人身上。甚么叫大舅二舅的，他既跟我论亲戚，我也跟他论亲戚。"温爷为人也很伧，当时就管他叫外甥，老爷儿俩倒是一见如故，十分的投缘。《酒之害》
【伧子】	没文化，粗人。	我以为你是个人呢，所以特来吊唁。今日一见，原来是个缩头缩脑，算不了人的一个伧子。/《讲演聊斋·红玉》/我是个伧子，这个事办的到。人家徐爷，是老实角儿念书的，这类抓土扬烟儿的事情，如何办的到？《苦鸳鸯》
【操衣】	制服。	昨在西城半步街，看见两个穿操衣的学生，揪着一调卖口琴儿的，要买叶子。《益世余谭》/有两个穿操衣的学生，也在那里看布。《进化报》/好容易上了中学啦，一买书就是好几块，做操衣都要呢子的，这是谁出的主意？《势力鬼》/来宾也有百十多人，还有十几个穿操衣的学生。《怪现状》
【糙】	马马虎虎。	类如寄居各大旅馆的相士，专拿上、中流社会，糙相一相，都讲开一两块，细相没有准稿子。《益世余谭》/"喝！二妹妹作的活计一定好啦，明天借我大姐一个脸儿，求您给我做双袜子，不至于不管吧。"玉二姑娘嘻嘻笑道："自要您不嫌做的糙。"《花鞋成老》/每月送先生五吊束脩，节敬照数。早晚预备两顿糙馔，下榻与否，任随尊便。《苦鸳鸯》
【嘈嘈】	纷纷议论。	珠市口西，有一个公立模范讲演所，该所每晚六点开讲，九点散讲。每到开讲，电灯必灭，散讲的时候儿，他又亮了（诚心开玩笑）。不但该所如此，那一条电线上，都是一样。近日各户怨声载道，报纸上见天嘈嘈，该公司装聋作哑，行所无其大事。《余谈》/在威权之下，叫作没有法子，只准说好，不

		准说不好。表面虽然贴靴，背地里未尝不嘈嘈。如此看来，是当面贴靴好呢，可是背地里嘈嘈好呢?《益世余谭》/ 他们诸位老爷们，老不想想，既要怕人嘈嘈。就算有羞恶之心喽。《进化报》
【草瓜打】	草编的拖鞋。	脚底下穿两只草瓜打，走道儿踢里踢啦。《评讲聊斋·画皮》
【草灭了】	消失了。	寻找了好些时，杳如黄鹤，从此崇儿就算草灭啦。《鬼吹灯》/ 草灭了，再找他无影无踪。《旧京通俗谚语》
【测验】	预测，检验。	据说宋艺祖时代，发现过五星联珠的事情。这件事或者倒不假，外国天文家讲测验，中国讲占验。《益世余谭》
【蹭楞子】	故意找借口磨蹭。	快走吧，曾老大，别跟我们蹭楞子啦。《说聊斋·续黄粱》
【叉】	叉杆。为妓女撑腰的人。	你不用山诈，太爷来到这儿是赏脸，花一个大就是财神爷，谁敢不服，先拆你们的忘八窝。吴能手这一嗓子，叉、毛两界的英雄最不愿听这句。《杂碎录》
【叉车】	不同方向的车乱走，叉住了。	上星期记者因事出城，在前门桥头，即叉车一次，经巡警极力指挥，始得开行。下午行在粮食店，又叉车一次，约一点余钟，始得开行。《益世余谭》/ 偏巧那天逛庙的人多，拥途塞道，赶上叉车，曹立泉干挤也挤不过去，富二太太可就追上啦。《曹二更》
【权杆】	给妓女撑腰的嫖客。	[权杆大闹娼寮] 齐外臭水坑吉顺下处排五姑屋内有客品茶作乐，彼时该权杆刘三来到，因客久座（坐）不走，刘三大怒，与毛将口角起来。《北京画报》
【插圈（儿）弄套（儿）】	设计陷害人。	王太监（是一个被革的首领，素来不安本分，插圈儿弄套儿、抢人、打群架，无所不为，是小额的一个联盟把弟）。《小额》/ 平常没事的时候，不是架讼调辞，就是插圈弄套。

		《二十世纪新现象》/插个圈儿弄个套儿，五十吊钱耍狗熊（社会土话，管扛枷叫耍狗熊）。《二十世纪新现象》
【茶尖】	路上短暂休息一会儿，喝点儿茶。	归总走了有二十来里，再走几里，前边有个镇市，咱们打个茶尖，歇一歇。《孝子寻亲记》/在张那里（山东村名多有张那里赵那里之称），预备了一个茶尖，陈立才也在那里迎接。《董新心》
【茶票】	在茶馆里看节目，要付钱。	左边儿另飞了一个签子，是"外定双子"，右边儿写着是，每位茶票七百文。《小额》
【茶钱】	租房时的押金。	乙："那么房钱我给五两，这个茶钱我给您一分儿半，怎么样？"丙："得了，就是罢，那半分儿茶钱也不是我要，那是老李给看了会子房，给他的。"《燕京妇语》
【茶室】	二等妓院。通常，客人先去饮茶、聊天儿，双方都满意了，才留宿。也有的客人目的仅是饮茶、聊天儿，或者和朋友相聚。	张子玖此时得意扬扬的说，他方才在茶室里挑了一个姑娘，别提多好啦。《北京》/我比不起你们，你们都是宝哥哥林妹妹一流人物，不妨彼此言情。我跟谁言去呢？只可到二等茶室里去物色知音。《北京》/茶室我虽然不去，茶楼、茶馆、野茶社，我都爱去。《余墨》/无奈下处的牌子，从前只有甚么堂名，如今是某某茶室，还是不带姓，唯独三等小下处，有写某姓的。《评讲聊斋·嘉平公子》
【茶叶土】	极次的茶叶，只是些渣子。	让总差的卖了二两茶叶土（极碎极次的茶叶，渣渣末末叫作茶叶土）。《双料义务》
【茶滞】	茶中毒。	我这两天犯茶滞，你们众位请吧。《讲演聊斋·细侯》
【茶座儿】	喝茶的顾客。	那天茶座儿还是不少，大家纷纷议论，无非是义和团公案。《王有道》/悲天、悯人一上茶楼的时候儿，楼上人还不多。后来茶座儿越来越多。……这三个人来到，茶坊非常的欢迎，瞧那意思，必是熟茶座儿。《怪现状》

【岔】	出岔子，出麻烦。	大家伙儿一瞧，这个事要岔，赶紧直劝，说："得啦，小连，你先溜达溜达去，回头再来。大概这也快啦。"《小额》
【岔儿】 chár	事。	这当儿关钱粮的，你出来我进去，一阵乱烘，这个岔儿也就揭过去啦。《小额》
【岔换】	转换心情，消除郁闷。	这位新妇，得了个暴病儿就死啦。孙公子少年失偶，心里自然难过的很。集中的人怕公子想不开，得了痨病，劝公子岔换岔换。《讲演聊斋·吕无病》/ 但说王夫人，见人已走远，只好重新进了上房，想岔换岔换小翠，怕是他哭天抹泪的，未免不吉祥。《讲演聊斋·小翠》
【岔簧】	说错，弄错。	按说广平那儿来的府尹，这不过是作书人故意岔簧。要与实事说的一样，碰巧了就许是个乱儿。《白话聊斋·辛十四娘》
【岔事】	倒霉事。	谁知好事多魔，忽然又出了岔事一宗。《说聊斋·章阿端》
【岔眼】	因为没见过，觉得奇怪。	一进市场西门，就瞧着岔眼，因为从前的洋货铺，都改了国货铺啦。《演说·睡多了梦长》/ 后来有人由津保等地来京，说起话来，外间并没有甚么岔眼的事情。《演说·说张军纪律严明》/ 如今我是两眼一面儿黑，照照镜子，连我自己的模样儿，还觉着岔眼哪。《杂碎录》
【差次】 chàcì	当差。	数年前，记者在归绥禁烟公所差次，忽有直隶口音三五人到局告帮。《益世余谭》/ 因为这个朋友，在天津候补，故于差次，贫不能归，五六口家眷，困在那里挨饿。《搜救孤》/ 如今我这里才有不足千金，搭上这项，不过三千金。我虽致信乌克斋，他在差次，还不知有无，便有，充其量也不过千金，连上平色，还差千余金呢！《儿女英雄传》
【差码】	差得远。	惟独这一案，问的可有点儿不高明。不但不高明，而且真透着差码。不但差码，而并{衍字}且不靠边儿。《杂碎录》

C 55

【差使】	官府捉拿的人。	离着坑子老远，连个差使影儿还没看见哪，这就嚷"拿"。《杂碎录》/伙计们出来，见头儿办了差使，大家七手八脚，将差使搭进了下处。《杂碎录》/两个大活人在棉被里卷着，咱们扛到衙门里，差使也闷死啦。《杂碎录》
【差使地儿】	工作。	后来洪头儿给吴能手在班房儿里找了差使地儿，吴志就入了六扇门儿啦。《杂碎录》
【拆白党】	爱擦粉的男子。	说起拆白党，即是爱擦粉的男子。这类人，由前清就有。上海天津地方，占居多数。《演说·拆白党》
【拆大改小】	用作他用。引申为另想办法。	桌椅吧，我国作的，那里立时就会坏啊。即便年深日久，破了的时候，还可以修补，还可以拆大改小。外国的桌椅，坏了能修补吗？《演说·顽固梦》/您先请回去，这个硅儿一出来，拆大改小，必有个主意，准让您过的去就是了。《曹二更》/现在咱们食指繁多，竟仗着三老爷一个人苦奔，他也养活不过来，家里虽有点积蓄，那是我们老两口子棺材本儿，你们俩人拆大改小，也得打个正经主意，坐吃山空是不行的。《势力鬼》/我求他在道台衙门，拆大改小，给我寻一个事情。《伶人热心》
【拆头】	卸下头饰，打开头发。	老婆子们登时忙啦，这个按着胳膊，那个按着腿，这个给拆头，那个给撝娑心口。《小额》
【柴】	不好。	要讲文才，大概是柴定啦（票友儿管不会叫柴）。《讲演聊斋·邵女》
【馋痨】	嘴馋的人。	这样年程儿，就凭这吃喝儿，错非是安福部的重要分子，真有点儿架弄不住（这是孔生说的吗？馋痨犯饿嗝）。《讲演聊斋·娇娜》
【长安路】 cháng	官员自己找的替他办事的随从。	醉郭是长安路出身，钻营狗事那是专门学，藩台有一个得意小跟班儿的，叫作马宝卿，他联络上了，两个人先是口盟，后来换帖，吃喝不分，近的邪乎。《小蝎子》/那天书座

			儿上的还是真不少，天才一点多钟，人已经快满啦。可是生人很少，反正是那把子书腻子占多数，内中废员也有，现任职官也有，汉财主也有，长安路的也有，内府的老爷们也有。《小额》/ 据老者云，该疯汉姓陈，行四，通县人氏，素吃长安路，现在妻、子皆亡，手里很有钱，归伊胞妹家同居。《益世余谭》/ 我从先是长安路，粤海、织造、福州将军、上海道，我全跟过。《张文斌》
【常会儿】 chánghuǐr		经常。	大车王是最听女人的话，为这个常会儿得罪街房。《小额》
【常川】		经常。	本地有些吃荤饭儿的败类秀才，常川在这里起腻，写呈子不算，还管拉官司牵。《小蝎子》/ 既而因穷所迫，改充编辑老员，常川住馆那得安，因公累成痰喘。《讲演聊斋·僧术》
【场具】		参加考试用的用具。	周道台同着宋老夫子亲自接场，家中套来两辆车，还有两匹马。家人们接了场具，周道台跟宋仲三，每人扭着周廉一只手，问长问短。《过新年》
【敞】		说话没边儿，夸张。	你这话敞啦。就凭你这们一个孩子，你敢说这个大话！《和尚寻亲》
【敞车】		大车，骡子或马拉的没有车厢的车。	本月十一日，西直门、德胜门一带，军人大抓官车，敞车、轿车之外，兼及洋车。《益世余谭》/ 皆因彼时不能按站有火车轮船，只能沿途雇小车推，或雇按站的敞车，做这路生意。《讲演聊斋·老饕》/ 小张三儿点头，出到马号，套了辆敞车，拉上短棍霸道棍，率领打手，直奔马家庄而来。《讲演聊斋·红玉》
【敞脸儿】		①不带表蒙子的怀表。②露面。	①二大爷，您这不是聊斋吗。你带表，告诉我们作甚么呀？你带的闷壳子呀，是敞脸儿呀？是金壳套呀，是银壳套呀？《土匪学生》/

		再高一路的是二号敞脸，字号只有播喊、怡拿，迨至有喊发行以后，二号表也落了价，用户又嫌其式样太老，始于九菊、七菊、凸盘、短字、金三针儿，每个才卖九两上下，至贵不过珐琅马表，每个能卖二三十。《都市丛谈》②不知者以为是顾惜廉耻，既没奉明，不敢敞脸儿。《说聊斋·乐仲》
【敞笑儿】	看见别人出丑时毫不顾忌地大笑。	"这位要能收留你们，那好极了。瞧这位也是有德行的人（德行大了）。你就给请安求赏饭吃吧。"二刘当时站起，给二奎子请了一个左腿儿大安，招得大家一阵敞笑儿。《连环套》/他是老外行，可是姑娘二字，他还明白，当时说道："姑娘儿怎么叫弟弟呢？他倒是谁的弟弟呀？"王五洲说："是老亚的弟弟呀。"大家又来一阵敞笑儿。《董新心》/说的大家一个敞笑儿（一群戏迷小花脸），周爷被大家一哄，不由也笑了。《讲演夜谈·周琰》
【唱黄鹤楼】	作揖。	有学界某君（系东洋留学，感受激刺最深）痛谈民国四年此日之耻辱，同席某君起而反对，双方势不相下，几至以酒壶当炸弹，变喜棚为战场。幸经鲁连、宋硁辈极力排解，两方面仍不少让，闹的阖座不欢，主人大唱黄鹤楼（作揖）才算完事。《益世余谭》
【唱一工儿】	"一工儿"是戏曲里的一个行当。"唱一工儿"是干同样的事。	诸位要是愿意受穷，您就唱一工儿得了。要是打算求发达，是非学李百岁不可。《益世余谭》/桂香之虽不敢纳妾，可有两个得意的小跟班儿的，一个叫隆儿，一个叫羊儿，都在二十上下的岁数儿，漂亮边式不必细说。陈氏对于此事，倒也取放任主义，反正不唱一工儿（他的小玩艺儿，我的社会小说），也就不便干预了。《骗中王》

【抄着猛儿】	依着猛劲。	若是抄着猛儿办案，万一来个诬良，这不是闹着玩儿的。《杂碎录》
【朝】	冲着，这么做的原因。	反正朝的是他有钱，图点儿小便宜儿。简直的说吧，彼此都没安着好心。《小额》
【吵包子】	①吵嘴，吵闹。②高声谈笑。	①俗说内和才能外顺，成天际吵包子，还好的了哇？《说聊斋·邵女》②就说你的这帮朋友，真算能反就结啦，没事就来吵包子，他们也倒不嫌腻。《说聊斋·阿霞》
【吵啦】	因为受到干扰，无法进行下去。	托爷跟伊老者是发小儿的交情，真是吃喝不分。伊老者在衙门挨打，托爷生了两天的气，今儿个心里闷的荒，所以听随缘乐来啦。可巧遇见包封票拿小额，玩艺儿也吵啦。《小额》/库缎眼兴高彩烈的请支，没想到出这宗意外之事。饭正吃的半截儿，也给吵啦。《库缎眼》/正这儿说着，有婆子报告，说："老爷回来啦。"这个会议，当时就算吵啦。《过新年》
【吵螺丝／吵螺蛳】	①吵架，吵闹。②引申为烦人。	①没事儿老两口子就吵螺丝，老头儿总怨老婆儿不对，从打进门儿直到现在既不育女，又不生男。假如当初要弄个侧室，也不至于落个绝户哇。《说聊斋·王桂庵》/没事两个人一吵螺丝，岂不是没罪找枷扛？《白话聊斋·乔女》/该当怎么办怎么办，不必跟他瞎吵螺丝。《白话聊斋·辛十四娘》②皆因怕安家有甚么翻板、陷坑、梅花坑，各种埋伏。那位说："你这书是诚心在公案套子上找辙，这不叫诚心吵螺蛳吗？"《讲演聊斋·云萝公主》/这一想，顾不得盘谱咧，把手放在棋簸罗里，苦抓棋子儿，自己并不觉吵得慌（俗名这叫吵螺蛳，大概都是想连锁急的）。《讲演聊斋·连锁》/你这叫诚心吵螺蛳。一个纸篇儿上写字，难道还怕有人跟你玩笑，抓了便宜去吗？《讲演聊斋·汪士秀》

【吵秧子】	乱闹。	逢集赶集，逢庙逛庙，凑在一处吵秧子。《杂碎录》
【吵子】	闹纠纷、麻烦。	小额当了三年的库兵，算是好，没出多大的吵子（贼星发旺），家里的钱是挣足啦。《小额》/ 小问题也不算，竟说大吵子，难倒说评书，俩月也记不完。《益世余谭》/ 您要不信，您到第一舞台、新明戏院看看去，卖一块八毛的戏馆子，倒底是肃穆点，总有吵子也不多。《益世余谭》/ 去岁《余谈》中，说过一段《大氅万恶》，一切详情，诸位早已看过，不必再勾陈场。那天友人沈唐民君，逛了一荡隆福寺，遇见四出吵子，全都是大氅万恶。《余谈》/ 一定要是强拗着办，碰巧了就许出吵子。《说聊斋·连城》
【车簸箕】	人力车前面让乘客放脚的地方。	他说："先生，您落下东西啦。"我才想起来，买的一双棉鞋，两包洋烛，放在车簸箕里，我一时忘却了。《益世余谭》/ 有一宗妇女带着孩子雇车，他把孩子搁在前头车簸箕里，专一摸钱。《鬼社会》
【车豁子】	赶车的人。	玩上笑下贱极啦，满嘴里胡说白道，七个八个混数，气死抬杠的，不让车豁子。《小额》/ 上笑下贱极啦，满嘴里胡说白道，七个八个混数，气死抬杠的，不让车豁子，同衙门的伙计，稍正派一点儿的，都不爱理他。《小额》
【扯手】	缰绳。	丁家的下人，也赶紧下马，接过扯手来。《讲演聊斋·丁前溪》
【撒脱挠道儿】	逃跑。	那群助拳的见前头的全都吃亏，这就撒脱挠道儿。《杂碎录》
【沉】	搁置。	这件事先沉一沉儿，因为说书的一枝笔，可难写两下里的事。《杂碎录》

【沉重／陈重】	责任。	四位大宾全是忙人儿，见面说话，是非常的活动，大沉重多不肯担。《演说·聘女感言》/你瞧这位曹县官，方才所说的那遍话语，很透着不担陈重似的。《驴肉红》
【陈】	旧，老。	前天有一个穷朋友（我可也不阔），是个陈同窗，在齐化门外头住，因为这两天谣言很多，晚六点就关城，天晚了出不去城，在我这里借宿。《益世余谭》/后头有人呼唤，回头一瞧，原来是一个穷人，鹑衣百结，面带菜色，冻的直打哆嗦。细一瞧才认出来，是一个陈街坊。《益世余谭》/就是陈交买卖的主儿，老不照顾，偶然要去，不但不招待，直仿佛你跟他寻钱告帮去啦。《姑作婆》
【陈岔儿】 chénchár	陈年旧事。	脑筋简单，还想着正月十二那个陈岔儿。《益世余谭》/再一说既称为谣言，就没有好事，反正是惑乱人心，他们好从中取事。那年得过便宜，还想着那个老陈岔儿哪。维持治安诸君，对于此辈，总要多多注意才好。《益世余谭》
【陈根儿】	从根本上说。	这们不遵守学堂的规则，不但革退学生，有钱粮的，革退钱粮（你怕甚么？拿甚么吓吓你）；没钱粮的，永远不准挑钱粮（嗳哟，陈根儿就为钱粮吗）。《进化报》/咳，总是我们少见多怪啊，陈根儿就是土匪改的良吗？《进化报》
【陈人儿】	老人儿。以前就在这儿工作。	家里有一个使唤老婆子老张，是一个多年的陈人儿，在额家也很出过点儿力。《小额》/因为他是个陈人儿，很给面子，让他坐下。《过新年》/这两个丫头，本是从小儿买的陈人儿，很是机伶，于是一齐蹲在就地，每人抱住阿英一条腿。《评讲聊斋·阿英》
【陈已】	以前。	陈已您在这院里认识过谁罢？《杂碎录》

【衬钱】	做佛事时，请和尚念经、唱佛经故事，俗语叫"和尚戏"。来参加佛事的人也可以另外出钱点曲，让和尚唱。另外点曲时给的钱，叫衬钱。	照例北京各大庙，阔施主家死了人，必要去转一回咒。虽然是应酬要好，也是个抽丰，人家本家的花衬钱。《过新年》/后来摆席的时候，给富二太太当中安设了一个独椅子，让富二太太正座儿（正座儿得两分衬钱）。《曹二更》/据他说，庙让他师父卖了，佛事又不发达，饿的难受，所以改行拉车。友人因为他说的可怜，格外给了几枚衬钱（别损人啦）。《益世余谭》/这种僧人是先钱后酒，经价非得先付不可，要不然他们不来念。一耽延再念就不灵啦。好在是零钱一概没有，类如斋钱衬钱，星斗交汤，以及挑儿钱等等，全都一包在内。《说聊斋·章阿端》
【趁早儿】	干脆。	要了几个菜，八年才来，招待非常的草率，价钱还是挺贵，趁早儿别上他那里去。《怪现状》/王老好儿说："这还好街房呢？这简直的是欺负我们爷儿们吗。"赵秃子说："大爷你趁早儿别说这个话，谁让你借人家钱来着？"《胶皮车》
【成三破二】	买卖房屋的中介人从买方拿3%的酬金，从卖方拿2%的酬金。	你找拉纤的很容易。早半天儿都在茶馆儿里头。你倒个茶隔着桌儿听罢，讲究甚么成三破二，谁家是孤红契，谁家是白头字儿。又甚么重卖盗典咧，对房对租咧，山讲究一气，那都是拉纤的。《杂碎录》
【成天际／成天家】	成日。	成天际由着性儿的起腻，由白天说起，响午大歪才起来，漱口洗脸完了事，就吃点心，吃完了点心，詹爷就在何喜珠旁边一坐，净看梳头的，这个乐儿大啦。《何喜珠》/可惜这郑恒偏是个没出息儿的人。成天家尽是耍排子摆架子，极会装模作样的。《语言自迩集》
【承审的】	负责审讯的人。	听说那头儿人情太大，跟人打听了打听，敢情包封票没下来，就派下承审的来了。《小额》

【承问】	谢谢您问。	孙二聊赶紧进了过来,给宋仲三作了一个大揖,说:"宋老夫子久违了。这一向可好?"宋仲三说:"承问承问。"《过新年》/既而问伯雍说:"阁下是歆仁先生荐来的吗?"伯雍说:"不错,阁下是邹先生?"那人说:"承问,兄弟便是此处总务科长。久仰老兄文名,从此要多帮我们的忙。"《北京》/郭四道:"府上都好?"侯三道:"承问承问。都好都好。"《七妻之议员》
【秤砣儿生】	生的最后一个孩子。	从此春燕真就不再育了(这叫秤砣儿生)。《评讲聊斋·锦瑟》
【吃】	①坑人的钱。②小偷黑话,偷到手。	①从先他爸爸放阎王账,专吃旗下,外带着开小押儿,认得几个吃事的宗室,交了两个北衙门站堂的,喝,那字号可就大啦。《小额》/这档子事,反正是给衙门抬了银柜来了。大家吃他,如同你给衙门送的礼物。把他吃够了,自然把你也就放了。《孝子寻亲记》/子英被大家软吃硬诈,自己又好吃好花不会过,钟氏也是世家的小姐,不会打算盘,八下里一凑合,几年的工夫,房子全出去啦。《一壶醋》/不是侯员外要害你吗?咱们两个人一勾手,反倒吃他一下子。《杂碎录》②白钱各有泛地,东西南北城,各吃一方。《益世余谭》
【吃白蛾儿】	假装家里死了人,去要钱。	何为吃白蛾儿呢?是说有一宗穷极无聊的人。男的用白纸糊个孝帽子,女的戴个白纸孝箍儿,向街巷铺户住户,见了人就磕丧头。男的必说是他爸爸登腿,妇人必说是他的爷们眼儿猴,有瞧着他怪可怜的,随意给钱。这宗人拿了钱去,究竟有准爸爸没有,有准爷们没有,碰巧绕个九城,不定死多少爸爸、死多少爷们哪?故此叫作吃白蛾儿。《演说·说吃白蛾儿》

【吃长安路】	给官员当随从。	据老者云，该疯汉姓陈，行四，通县人氏，素吃长安路，现在妻、子皆亡，手里很有钱，归伊胞妹家同居。《益世余谭》/安某从先吃长安路，很弄几个钱。《余谈》/我大哥在北京吃长安路，现跟军机大臣王中堂。《小蝎子》/你同吃长安路的饭儿的明公打听去，我永久没听出真字儿来。《讲演聊斋·田七郎》
【吃反喜的】	赌博时，专门坑作弊的人。	内中有个二李，是北京久吃反喜的，甚么活都会使，反正是腥的。《讲演聊斋·云翠仙》/从前是耍一场赢一场儿，是人家吃反喜的放梢哪。渐渐儿的是赌十场赢不了两场。《讲演聊斋·云萝公主》/好在彼处，没有吃反喜、拿秧子的，所以任秀尚不至输的没了裤子。《讲演聊斋·任秀》/社会有种至害人的生意，名为"反喜"，叫白了叫作"吃反西的"。其实并不是那们个讲章儿，凡是以腥赌害人的主儿，管着冤大头就叫"喜儿"，是翻过来吃他的名称。《燕市积弊》
【吃干馆】	光领薪水不干活。	惟独三四等碎催，由党里介绍，在某机关挂个名，某衙门吃分干馆。《益世余谭》
【吃格念的】	江湖人。多指骗人的人。	同带我的这位，全是吃格念的。《讲演聊斋·齐天大圣》/少时庞老西儿来到，原来是个吃格念的，看了看孩子，据他说得的是子午痧，当时把孩子扎了个漏勺相似。《连环套》
【吃个便宜嘴儿】	蹭吃。	徐爷因为人家是应酬姑奶奶，自己不便推辞，只好等着吃个便宜嘴儿。《讲演聊斋·萧七》
【吃公东（儿）】	饭钱大家分摊。	记者有个陈街坊，不必提他姓名，外号儿叫老赶，因为他喜于赶嘴儿。人家请客，他竟唱闯宴，真吃真喝，来的熟和极了。有一天大家吃公东儿，内中就有记者。《苦鸳鸯》/世俗吃公东，有一宗抓大头，又有甚么撒兰，都是这种的意思。《益世余谭》

【吃黑档子】	造假贪污。	你的功名，相貌上带着没分，可是几千石米的家当儿，你要尽点儿人力，可以谋得到手。不知是挖土道吃黑档子，是调膳去。反正现在全都没有啦。《评讲聊斋·柳生》
【吃黑饭抱黑柱】	吃谁的饭，就给谁办事。	后来听人说，该反对党系交洋馆者，每月有七八处馆，酬劳约六七十元。为饭锅问题起见，故尔反抗，俗云"吃黑饭抱黑柱"者是也。《益世余谭》/这家伙瞧银子非常的挑剔，高银子他楞说松江，松江银子他楞说是铜，分量还是由着性儿来，所为讨日本大爷的喜欢。常言说的好："吃黑饭抱黑柱。"甚么叫外国？那又叫同胞？吃谁的饭护着谁，虽说不够资格，也还说的下去。《五人义》
【吃黑食】	干和煤有关的工作。	清禄在这里吃黑食，早告诉听差的了，不让他说。《双料义务》
【吃金的】	占卜行。江湖黑话。	按说吃金的虽是江湖，空码儿也得有个客气。谁知曾某以新贵自居，跟老合就这们大大咧咧，好像他是照顾主儿，见了卖卜的应当如是，不然怎么说他是空码儿哪。《说聊斋·续黄粱》
【吃荤饭儿】	和官府拉关系，帮人打官司。	单说江西南昌府城内，有一个吃荤饭儿的秀才（挑架讼，走动衙门，叫作吃荤饭儿），此人姓贾名克理，号叫复齐。《贾克理》/靴王已然死啦，剩下他儿子，叫王小贴儿，也是个吃荤饭儿的秀才。《库缎眼》/本地有些吃荤饭儿的败类秀才，常川在这里起腻，写呈子不算，还管拉官司牵{纤}。《小蝎子》《小蝎子》/但是人类不齐，就有一派人反对。侯廪生是头一个反对的，本来他是个吃荤饭儿底子，借着办学为名，从中取事。《董新心》
【吃旧锅儿粥】	干老本行。	花了不到半年，银子就花净啦。你说干甚么去？左不是再吃旧锅儿粥。《杂碎录》

【吃空头】	填写不存在的人名，冒领钱粮。也叫"吃空额"。	缺到是有，就是不能挑。现在由都统说起，至到我当领催的，就指着吃空头养家（好德行）。《益世余谭》/ 现在各旗永辈子不挑缺，讲究吃空头，行话叫作"吃爬下的"（爬下者，死也）。《余谭》/ 人家作武官，都讲吃空头。他不但不吃空头，逢节按年，他还赏兵丁们钱。《库缎眼》
【吃凉柿子】	痛快。	耿太太一听媒婆子说话，心里可没吃凉柿子，上半截儿直像凉水浇口。《杂碎录》
【吃蜜蜂儿屎】	比喻高兴。	吴老太太最好斗纸牌，听见斗梭儿呼，如同吃了蜜蜂儿屎。《杂碎录》/ 我们那个近邻，当佐领的奎爷，听见这个事，如同吃了蜜蜂儿屎一个样。《五人义》
【吃爬下的】	已死的人不注销，冒领钱粮。	八旗的长官，无米无俸，枵腹从公也是很难的，所以他们自筹生计，有兵缺不挑，大家吃空头，行话叫作吃爬下的，八旗皆同，人所共知，政府知道，也就装糊涂的了。《益世余谭》/ 据个中人说，现在各旗专讲吃爬下的，甚么叫爬下的呀！就是死鬼。现在各旗的空头，非常的发达，从先每月总要挑缺，现在三个月五个月的不挑缺，偶然弄俩缺挑挑，不过是敷衍面子，所有这些个空头，他们是大小股儿人头分儿，利益均沾，正堂每月有一百五的还有二百的，至少一百元。《苦哥哥》
【吃生米(儿)的】	性子耿直，什么都不顾及的人。	那一天，孩子又跟街房家打上啦，黑老婆出来叫横，这个街房也真亡道，一死儿的要打黑老婆儿（遇见吃生米的啦）。《小额》/ 原来这个胖子，外号叫蔡老虎（虎遇见虎了），在本地也是个混混儿，虽然赶不上二老虎的资格，也是很不说理的，今天算遇见吃生米的了。《张二奎》/ 合该，合该，想不到这样裂口子的娘儿们，也有遇着吃生米的时候儿。

		《讲演聊斋·王大》/若遇见吃生米儿的，软骨头的孩子们，还搁的住几下子吗？《杂碎录》/真要遇着吃生米的，他也能够抹稀泥。《燕市丛谈》
【吃事】	①借口有路子，能给人解决麻烦收人家钱。②骗人，坑人。	①从先他爸爸放阎王账，专吃旗下，外带着开小押儿，认得几个吃事的宗室，交了两个北衙门站堂的，喝，那字号可就大啦。《小额》/又待了两天，小额的官司也还没信，额大奶奶这才明白，希四跟孙先生全是吃事。《小额》②汪某是穷极无聊，碰巧跟本村土匪都勾着，简直是惑众吃事。《益世余谭》/有个叫金国梁的，他硬说他是报馆访员，各处吃事。《进化报》
【吃熟】	专坑熟人。	就凭这群鸡零狗碎，他们还能算的了一回！别看趁火打抢，那不过是吃熟。《白话聊斋·乔女》
【吃味儿】	①看着别人好，心里不舒服。②吃心。	①刘二听说了，大大的吃味儿（吃味儿就是挑眼吃醋）。《苦鸳鸯》/再说范子良呢，老师夸外人的孩子，说比他家孩子强，不但不吃味儿，不生气，不挂倒劲，反倒喜欢。总也算难能可贵了。《张文斌》/富二太太有点吃味儿，那天向富二先生说道："立泉这孩子，这两天也没来，听说他竟给人瞧病哪。听说瞧一个还是好一个，这一来他把咱们的财全截了，这孩子可真丧尽天良！"《曹二更》②蔡子明说："老兄你这话，未免一言抹倒。世界上念书的，要都是坏人，那还成了世界啦？照你老哥这一说，一念书心术就坏，古圣先贤留下的书，不成了教人为恶的东西了吗？兄弟不配称个念书的，我可不是挑眼。在老哥这类话，以后可不要再说的。这类话可实在造孽。"小诸葛说："姑老爷您别吃味儿。小崇不会说话，他的话听也罢，不听也罢。"《土匪学生》

【吃喜儿】	设赌局坑人。	水旱马头上，多有这路吃喜儿的。咱们事不宜迟，得把捎给运过来。不然早晚还得被他们算计了去。《讲演聊斋·任秀》/那三个吃喜儿的没吃上，反赔了本钱。《讲演聊斋·任秀》
【吃腥赌】	赌博时作弊。	据在下说，只好说是假银子，这三个人都是久惯吃腥赌的，又带使假银子，一掷现钱的时候，本是棒赌，打算随赌随换。那时候不留神，就使上活儿哩。别名儿叫两个点儿的（可不是庚子后新发明的那个名词），一名吃反喜。《讲演聊斋·任秀》
【吃腥饭】	帮人干坏事。	但有一宗吃腥饭的人，别名叫钓金龟，跟随着捧场架事，在水旗子下边大当碎催，居然也将他加上爷字儿的称呼，所为是腥家门子的这位听着喜欢。《演说·俗语》
【吃秧子】	专门骗富家子弟的钱财。	何为吃秧子？有这么一群人，与秧子交上，某甲约他办矿，某乙请他办地，某丙请他当大股东，某丁给他运动官差，秧子有的是财，被老哥儿四个，能给忙合的神昏心乱，花个七千两万的，银子一出手，活托儿秃尾鹰，直不如大大的打个水漂儿。《演说·说秧子》/"吃秧子"这句话，事实虽有，可就是苦人不行。《演说·救人之急》
【吃油渣儿】	婚礼、葬礼前一天，雇的厨师事先来准备。亲友们帮忙，吃饭。	原定是十五的吉期。十四那天，厨子就来落作，来了些个亲友街坊，大帮其忙。在北京习惯，办事头天，至近亲友讲究来吃落作饭，又叫作吃油渣儿。《刘军门》
【吃柱子】	当时戏院里有柱子，座位在柱子后，叫吃柱子。	三家的仆人去听审案，真是一点儿柱子也不吃，又得瞧又得听。《杂碎录》/后来给他找了一个地方儿，他嫌吃柱子（对台的柱子挡眼，行话叫吃柱子），当时敬了卖座儿的两个嘴吧。《余墨》

【吃壮饭儿】	病后能吃饭，身子就一天比一天好。	一幌儿过了一个多月，石爷是一天比一天减灾，一天比一天的吃壮饭儿，居然能下地出街儿了。《讲演聊斋·武孝廉》/古梅生是一天比一天的吃壮饭儿，病是好啦。《讲演聊斋·公孙夏》
【池子】	戏台前方的座位席。	听说他常招吵子，国庆日，该园台上正演《鸿鸾禧》，忽听下场池子，拍拍有声，其音清脆。《益世余谭》/几个人说着话，到了北门东，会芳茶园，在池子里找了几个座儿。《小姑毒》
【迟累】chílei	拖累。累赘。	再一说，凭着十个指头，给人作点针指，我母子也可以度日生活，决不迟累三太太。《过新年》/郎君如此一谈，一身一口都够巴结的。这一娶妻，不更是迟累吗？《杂碎录》/好个丫头片子，又扎针又治外科，再配丸药卖钱，这财不够你发的咧。将来出了阁，倒不是迟累丈夫的笨货。《讲演聊斋·娇娜》
【尺寸】	规矩。	这是有尺寸的地方儿吗？《讲演聊斋·丐仙》
【赤字儿】	官。土匪黑话。	瓢把子是大头儿，赤子儿是官，摘瓜是砍下脑袋来。这些话都是江湖盗的贼侃儿。《评讲聊斋·柳生》/你们二位，跟贾老爷多年，大概飘儿商德赤字儿，你们准亮他吧。《讲演聊斋·贾奉雉》
【充好老婆尖儿】	充好人。	起火儿也是你，先动手儿也是你，到如今充好老婆尖儿也是你，我要说别的，怕你罚我们。《评讲聊斋·曾友于》
【充冒】	冒充。	闻连甲仍有设赌、贩烟等事，果尔，则彼充冒访员，又有一虎皮作用也。《益世余谭》
【崇楼】	重（chóng）楼，高楼。	今年中央公园，又来了一挡子翻崇楼。据说能在数十丈高楼上献种种的绝技，冤啦不少人去。拿了几个大鼎，还没有张黑《大卖艺》好呢。别说崇楼，连小楼儿他也没上。《益世余谭》

【抽肝疯】	癫痫。	何氏原有个抽肝的底子，当时一生气，心口一堵，肝疯抽起活来。《过新年》
【抽勾】	抽签的一种。	未从要分配货物，大家都得现抽勾（即抽签法）。《燕市丛谈》／行分儿的顾主既然不同，抽勾后可以回锅再煮。《燕市丛谈》
【抽筋拔骨】	像抽去筋拔去骨一样。	轮到贫苦人民，能买几个铜元的煤球儿，真有抽筋拔骨的。《演说·冬防吃紧》
【抽条】	瘦。引申为缩小，减少。	无论如何，咱们得挂帐子供果子，分子也不能抽条。《势力鬼》／若竟是假门假饰嘴把式，背地里能吹的山响，一到了大面儿上，能耐立时就抽条。这宗人我可也见多了。《演说·八宗艺》／到了今天星期一，人数儿立见抽条，市场戏园，比起前三日直像是冷。《演说·星期与星期一六日》
【抽头（儿）】	赌场老板和杂役从赌赢了的人赢的钱中按比例抽钱。	解闷儿者，耍钱之别名也。无论男女老少，乐此不疲。或阖家欢乐，或纠合亲宾，这不算解闷儿的性质，甚至于招待外人，抽头取水，则居然赌局矣。《益世余谭》／摆赌的人则抽头榨取，手段极其凶狠。《我所知道的赌博》／中华领土是日见缩小，往后打算抱着盆儿掷，人家还得抽头儿哪。抽来抽去，就算是个硬插杠儿的大局头，真正本地的局头，你在局外看门，还不定要你不要你哪。《演说·东拉西扯》
【仇口儿】	仇人。	民国基肇之始，那时的伟人等等，谁要看见前清一事一物，如同见了仇口儿。甚么叫典礼，那又叫作伦常，革命钜子，再有个爸爸甚么的，即视为平等之人，其余别的伦理，皆看同蛇蝎一般。《天坛之今昔观》／张翁因为上次满月他们没来就很不愿意，后来听说他们大开联合会，谋夺家产（可以说是谋产

		进行会），十分的生气，自己发誓立愿，宁可甘心绝户，谁也不过继。先头里给他们几个钱，后来不但不给钱，简直的不准进门。从此仇口儿可就啦。《张和尚》/正是大姨奶奶上灶的日子，两个人夙日不对劲（顶了自己优差的仇口儿吗）。《讲演聊斋·白莲教》
【出彩】	指见血。	假如元旦这天，就演唱《铡美案》《斩黄袍》《托肠战》等等的玩艺儿，总然前后台破除迷信，听戏的先生们，头一天就瞧当场出彩，心里也怪不痛快的。《益世余谭》/尤勇说："戏打住了。"毛豹说："怎么不唱了？"尤勇说："当场出了彩啦。"毛豹说："甚么戏当场出了彩啦？"尤勇说："出了人命啦。"《小蝎子》
【出大差】	封建时代把犯人押送到刑场行刑。	最可恶的是有一般溜马的（俗称马牢子），每到晚间，拉着些匹牲口，在甬路上（彼时未修马路）横行，嘴里是胡唱一气。所唱的腔调，与旧日出大差犯人上车的腔调画一个等号儿。《益世余谭》
【出房】	科举考试时，房官把自己认为优等的卷子标出，推荐给主考官，叫"荐卷"，也叫"出房"。	后来乡了两回试，虽然没中，倒都出房了，末后中了一个拔贡，考了一个官学教习。《土匪学生》/文斌的卷子，居然会没出房。按说文斌的文章，作的是很高古啦。无奈曲高和寡，房官看着别说不懂，他先不爱，自然就算歇了。《张文斌》/你做的多们好，他不喜欢，不给你荐卷，你就出不了房。《讲演聊斋·贾奉雉》
【出花儿】	得天花儿。	再说，东府里三姨奶奶的肝气，粤海刘宅四少爷的出花儿，都瞧着半截儿没好呢。《小额》/我就常说，我宁得转筋霍乱（我偏不说虎列拉，讲究顽固吗），我也不得这宗症候。得这宗症候，就是病人受罪，好人出花儿。《鬼吹灯》

【出马】	出诊。	富二先生看完了门脉，出马天还早，曹大那里做活，富二先生托着水烟袋跟他聊天儿。《曹二更》/ 人家这当儿是堂官的乌布啦，大概也不出马啦。让保儿拿我一个片子，套车接去得啦。《小额》/ 后来请了一位王先生，是本城一个老秀才，精通医道，并不出马，并且十分的难求。《二家败》/ 第一是北城名医马春波，素日热心济事，虽然出马，没有大夫的习气。《余谈》/ 后来一想，人家既然出马，这们大名气，必然高超，用药跟俗手不同，这里头必有深意。《一壶醋》/ 本医清晨专候门诊，概不出马。如有急症必须上午出马，其马资面议。夜间亦不出马，如二更以后延请本医者，马钱加倍。《曹二更》
【出萌儿】	出来混事。	这个兄弟的话呀，是才出萌儿，浑天地黑，茶馆儿短喝两回大茶，简直他全不懂的。《小额》/ 你那们一办，真让人量你的肠子。指你的脊梁骨，小小儿的岁数儿，乍出萌儿，以后谁还跟你亲近啦？《怪现状》
【出母】	被休或离家出走等已经离开的母亲。	况且这位乐大少根底儿差着点儿，谁叫是出母所生的呢？《评讲聊斋·乐仲》
【出票】	开出拘捕文书。	火速传拘到县，以凭质询，张家的下人既无其事，又倚着他主人的势力，自然无所畏惧，大可以随着票到来。范爷说："事已如此，只好就出票罢。"立时写了张包封票，派去两名班头，到张绅士家传拘下人。《杂碎录》/ 找了个占卦的先生，写了一张呈子，够奔县衙，有值日的书差，收了呈子，上下一打点，当时出票，就把这些无赖的子侄，都从家里掏了去，到了晚晌，知县升堂，把李大奶奶先叫上去，略略的问了一遍。《李傻子》/ 子英又问了曹常氏一回，安慰了几句，让他先回

		去，听候传讯。当时退堂，来到签押房，这就出票子传耿鸣玉。《一壶醋》
【出妻】	被休或离家出走等已经离开的妻子。	小人是乐仲出妻所生，归宗多年。《评讲聊斋·乐仲》
【出手儿】	第一次。	单说本省这位中丞，虽系甲班出身，原是个少爷底子，又是个满洲人，出手儿一放就是道台，跟着就署两司，不到三年，居然升个巡抚。《怪现状》／一出手儿就是府考，并且府考是满取。《过新年》／请了一个左近的大夫，是个新出手儿挂牌的，胡乱八糟开了一个单子，吃下去也不见效。《势力鬼》
【出团子】	旗人院考后，放榜。	照例北京旗人院考，第二天下午就见信，俗名叫作"出团子"。《过新年》
【出线纫漂儿】	套上锁链。	伙计等他二人爬将起来，还没站稳哪，这就出线纫漂儿，卡疙疸儿，两个人全都项挂铁练，拉进下处屋内。《杂碎录》
【出虚恭】	放屁。	闹过去，可又觉着舒服点儿。紧跟着出了几个虚恭，五点多钟，又把二煎吃下去。《小额》
【出血管】	血管。	朱瞎子一瞧这件公事，登时目瞪口呆，出血管要炸裂。《怪现状》／那天将进门里，小宋的出血管，不觉的突突乱跳，究竟不知道老父的身体，是否安康。《理学周》
【出秧】	死者的灵魂出窍。	惟有出秧一说，还有说让秧给打了的哪。《杂碎录》／比如赶上出秧。活人由秧脑袋儿上经过，打在秧阵里头，还不打个鼻青脸肿啊。《杂碎录》
【出尊夺萃】	拔尖儿。	往往没教育的妇人，自己当头人，挣几个钱，他就扬气，在妯娌场中，他总要出尊夺萃，看着谁都像奴隶，再遇见没骨头的公婆一捧，更邪行了。《势力鬼》

【杵】	钱。江湖行话。	钱叫杵。《燕市丛谈》/ 正旁边鼓吹，这药怎么好，他卖了去怎么见效。空子（外行叫空子）真能掉杵（杵就是钱）。《益世余谭》
【杵门儿／杵门子】	要钱的方法。	女子要把男的点住，不定翻他们几道杵门儿哪。《说聊斋·阿霞》/ 若云"黄金有价喜无价"，未免近于变相勒索，既为纯粹工商，即不应用两道杵门儿。《都市丛谈》/ 丸药虽然我白送，药引子可得你自己买，我舍不起（从这儿开杵门子）。《讲演聊斋·武孝廉》/ 凡是金、批两档以及星相，无不以迷信当饭，人要是多咱不迷信，他们也就闭了杵门子啦（挣不着钱）。《燕市积弊》/ 杵门子硬——挣钱的方法好，比别人挣得多。杵门子软——不会挣钱，挣的钱少。《春点》
【怵脖子】	不敢见生人。	要是有个生客来，你让他给人作揖请安，他是扭头别棒，撅着嘴犯怵脖子（怵脖子是北京一句俗话，见人认生，不敢说话之谓也），你一说他就哭。《张文斌》
【怵岔儿】	发怵。	这群碎催一见善大爷，个个儿紧毛，全都有点儿怵岔儿，谁也没敢道解（不是在人家门口儿拍人家的时候儿啦）。《小额》
【怵劲】	发怵。怵。	二秃子原也没有反对的意思，搁不住倪红从中蛊惑，一定让二秃子上控。二秃子有点怵劲。《铁王三》/ 快炮吴总想着要报复，无奈让人家打跑过一回，心里老怵劲。《赵三黑》/ 就拿我说罢，苦累一年，一天好几千字，笔墨债老没完，好容易盼到歇几天，又得按着亲友家陪不是去，我真怵劲。《益世余谭》/ 你可别怵劲，我叫你低头你就低头。《白话聊斋·劳山道士》
【怵头】	怵。	二奎子的女人车氏，是放阎王帐，车老的女儿人很外场，二奎还怵他一头。《连环套》

【怵阵】	怵。	真能见甚么人说甚么话,外带着一点儿也不怵阵。《白话聊斋·娇娜》
【触腔】	装腔作势,装模作样,假模假式。	你这可有点儿触腔。就凭您穿着一件上轿的旧蓝布衫儿,就像有银子的样儿!《杂碎录》/这原是陈头儿卖味儿,给耍钱的人听,仿佛是多熟,其实是触腔派。《杂碎录》/咱们是跳墙进去,跟荣殷氏硬说好哇,还是叫门触腔好呢。《杂碎录》/硬跳墙进去,也不用触腔,给他个实话实说。《杂碎录》
【踹】	①使坏,想让人失去工作。②死。	①张李二人自打一入馆,两个人就面合心不合,见了东家他给他踹,他给他踹,简直的不共戴天。《二家败》②我要真踹啦(谁挨骂呀),韩二刁小说,您也就瞧不完了。《连环套》/招他为养老女婿,儿婿两档,因此他就改名叫李洪,帮着李和尚卖驴肉,李和尚踹啦,有点小小的家业,也就归了他啦,所以继续著也卖驴肉。《驴肉红》/我的老子死了(倒没说踹啦),与你何干(对呀)。我爱成服不成服,你管不着。不要在此扰我!《益世余谭》
【踹腿】	死。	谁知道没等到下次,沈不点儿就揣(踹)了腿啦。他就是不死,人家也不买文秀才啦。《二家败》
【穿插】	在双方之间往来说合。	方才我探出有活动话口儿了。你要愿意,我再穿插去。《评讲聊斋·陈云栖》/公子一听中了意,彼此两不般配,就算穿插成啦。《讲演聊斋·吕无病》/媒人一听对式,就有人从中一穿插,花了几十辆财礼,就买了去啦。《讲演聊斋·段氏》/大家一听,就把周家卖地的事,替他两家一穿插,果然当日写字,银地两交。《讲演聊斋·王成》

【穿房过屋】	不需要通报，可以直接进屋，说明关系非常好。	文光的女儿，认我作干爹，我常到他家里去，穿房过屋的交情，不分彼此。《春阿氏》
【穿房入屋】	不需要通报，可以直接进屋，说明关系非常好。	那庙隔壁儿有个老教学的，也是从西洛地方儿来的，原合张生是穿房入屋的交情，听见张生来京，在那庙里住着，心里念旧，理应前去拜望。《语言自迩集》/内中有一个吴某，是大帅二姨奶奶的兄弟，外号儿叫白脸儿吴，这家伙是招待员中的代表，大帅内宅他是穿房入屋，大家很捧他，都管他叫三爷。《鬼社会》/执帖的叫作传号，打顶马的叫作旗牌，跟班的叫作伴当，打执事的叫作外班。当伴当的，是穿房入屋。大人老爷要出门，太太屋里有裢子，他都能进去拿去。《库缎眼》/二老虎很喜欢，原说每月给他五两银子，现在又给他长了三两，每月八两银子。拿出好些个衣裳来给他穿，偶然还同他一个桌儿上吃饭。史氏拿他也当自己的孩子，穿房入屋，有甚么事，也教给他办。《张二奎》/一天张乐行来到，二人向来是穿房入屋、妻女不避的交情，下人自然要往里边相让，张乐行却一面摆手，一面照直进入厅房，下人只可把茶烟送过，赶紧跑到里边回话。《新黄粱梦》
【穿换】	①交换。②交易。	①可惜龙宫各部怕是男女不准合演，不然我们两个人一穿换，玩艺儿管保越发更好了。《评讲聊斋·瞳人语》/想必你同这位没交情，不过穿换事，故意拿红人儿薰我呢。《讲演聊斋·湘裙》②其实他一无手艺，二不会做，就仗着跟半壁街去穿换，这面儿卖现钱，那面儿是赊帐，甚么东大院儿咧，西大院儿咧，多咱打起来，多咱算完。《燕市积弊》

【穿木裙】	站柜台。	凡是穿木裙的买卖，也不论是铺内有多少人，谁不是由学徒熬起来的。《演说·说商眼》/买卖底子，叫作穿木裙儿。《旧京通俗谚语》
【穿裙子的活】	抄袭别人的著作，换一下地名、人名，稍微改一下，当作自己的作品发表。	若是穿裙子的活，也还好办。那位说："甚么叫穿裙子的活呀？"就是各书摊上，买几本冷书，然后换□名儿人名儿，再看不合式的地方儿一拆改，做为自己独出心裁的玩艺儿。那就叫裙子活。《讲演聊斋·田七郎》
【穿梭】	在两家之间来往说合。	王婆果然到了金家，作为串门子，从中用话一穿梭，金木氏总算认可不反对。《评讲聊斋·金生色》/且说陈锡九，托去的大谋，给两家一穿梭，定日迎娶过门。《讲演聊斋·陈锡九》/且说王媒，本是试探着话口儿，所为穿梭成了这件好事。《讲演聊斋·寄生》
【穿心杠】	两个人抬棺材。	办事跟办事不同。茵陈花板也是他，狗碰头（北京最次的棺材，俗名狗碰头）也是他；六十四人杠大换班也是他，八个人一提溜儿，两个人穿心杠也是他；搭起脊大棚也是他，支个布帐子也是他；五个和尚，光头儿三也是他，十五众儿音乐焰口也是他。这里头分别大啦，倒是怎么办呢？《姑作婆》
【穿章儿】	穿着。穿装。	要说王先生的骨格尊容，跟他的穿章儿打扮儿，咱们得细说说。《小额》/二老虎急的直跺脚，召集家人，询问这群强盗，是怎么个穿章儿打扮儿。《张二奎》/一瞧王生，虽不认识，但见品貌不俗，像个念书的人儿，而且岁数年轻，穿章儿又阔，想着必然有点儿来历。《评讲聊斋·锦瑟》/对面是二十上下岁的两位少年，论穿章并不甚华丽，可绝不像乡下老儿。《讲演聊斋·老饕》
【传】	通知。	"放吧，不过啦，出了蘑菇啦。"大伙儿说："怎么回事情？"小李说："三甲喇全斌佐领下兵，因为上回挑缺没传他，跪了堂官啦。"《小额》

【传递儿】	赌场中跑来跑去拿钱的伙计。赌场行话。	局中司事各有专责，类皆量材器使：……往来拿钱者谓之"传递儿"。《燕市积弊》
【传伺候】	官员准备坐堂审案，叫下属各就各位。	老先生比我性子还急，下了轿子，不入内宅，这就传伺候坐大堂，要验活伤。《一壶醋》/屠大令点了点头，李大令这就传伺候，开点单。《赵三黑》/菊侪看看看呈子，当时传伺候堂，先过刘德明一个单会儿。《王有道》
【传真】	肖像。	将来追影的时候，省得传真家给他画胡子。《演说·再说福禄寿财喜（三）》
【串房沿】	住的不是属于自己的房子，例如租住。	就是因为小姑子小叔子太多，或所住不是自己的房（串房沿），或家里没有老婆子（女仆），再就是庶出（姨太太所生）。《演说·女大不终留》
【串花】	劝人向善的各种谋略。	要那们絮烦，您瞧串花去好不好？《讲演聊斋·田七郎》/大名鼎鼎的双社长，在西安市场，使的活儿，是串花。那位说："甚么叫串花呀？"就是醒□金箴。你要还不晓得，就是劝善醉菩提，饿不死的那一套济公传。《讲演聊斋·巩仙》
【串龙儿】	腰带。澡堂行话。	腰带叫串龙儿。《燕市丛谈》
【吹灯】	死。	大嫂子，你要不可怜我，我的小命立刻吹灯。《金漆桌》
【吹法螺】	吹牛。	我瞧这位教师爷，并没有甚么出奇的手术，八成儿专门内科（不对，专门吹法螺）。《讲演聊斋·白莲教》/这是朱氏说的吗？洋氏替中国吹法螺哪。《讲演聊斋·邢子仪》
【吹匠】	能吹牛的人。	单栽在吹匠手里，我连牛都对不起。《杂碎录》
【吹台】	吹了。	我克扣甚么了？他那点私弊，我要给他抖落了，他这个镇台就吹台。《麻花刘》/徐爷一

		想，我这个馆要吹台，莫若我当时就辞，倒也干净。等他辞我，面子上就不好看了，主意拿定。《苦鸳鸯》/你要信服哥哥的话，你就干着。你要犹豫，就算吹台，满算我瞎聊。《鬼社会》
【吹嘴】	说大话。	打听了打听，房东还是个宗室呢。不但把房子租开妓馆，宗室还谋了一项差使，专给妓女打水洗澡。你说够多们丢宗室的脸，他还吹嘴呢，要替高丽人求庆王名片，交派工巡局保护。《本京新闻·京话日报》
【春点】	行话。	有一个卖药的摊子，是个四十来岁，外路口音的人，摊子上悬着块布匾，上写"专治五膈七噎，水臌杂痨，一切疑难等症"。彼时正在圆粘儿（生意人设法招徕人，调坎儿叫作圆粘儿），虽然也是春点（生意口叫春点），听着好像有两句尖的（真的叫尖，假的叫腥）。《鬼吹灯》/大夫摔簧、春点、吹牛皮、虎事，那是照例的套子，千人一面，不必细说。《二家败》/岳魁知道人家要道乏，故意的跟人春点，带给他爸爸吹牛皮。《忠孝全》/你只好多等两天儿，横竖早晚应验了，你就知道哥哥的术有点儿真的，并不是跟你春点啦。《评讲聊斋·柳生》
【春盒儿】	熟肉铺卖的专为吃春饼时用的切好了的熟肉，在盒中码放整齐卖。	既讲究吃薄饼，似乎该有个春盒儿。在桌面当中一摆，再有几盘子炒菜相陪。《演说·春盒儿》/若较真儿一说呢，春盒儿很是一宗上当的食物，较比自己买盒子菜，买到家内，另改他一回刀，真能多出有一半儿菜。为甚么叫盒子呢？他不是因为样式好看吗。摆上熟菜，自己还得占几个碟子。《演说·春盒儿》/说起春盒儿上当，熟肉至多就有上一斤，若是切肉丝儿的，分量更小。盒子铺讲究卖手艺，摆出来像是一座肉桥，下边垫两块小肚儿枕头。《演说·春盒儿》

【春节】	阴历正月。	而今是孟春之月，统通叫作春节。《演说·春节》
【春条儿】	过年时在门和窗户上贴的红纸条。贴在门两边儿的对子，是春联。	我可没备带甚么拜礼，我说几句吉祥话儿罢。你们小夫妇千祥云集，百福骈臻，曰福曰贵，福禄随身，三多九如，小吉大利。（跑这念春条儿来了。）《过新年》
【戳班】	骨科医生。	在前清时代，那宗官接骨匠（清语叫作戳班）都是这宗德行。《人人乐》
【戳肺管子】	说中让人不舒服的地方。	温爷原是无心说，孟瘸子没进过学，诈称进学，这句话有点戳肺管子，当时脸也红啦（脸红还算好人）。《酒之害》
【戳个儿】	身材。	别净看外表。乍一看模样戳个儿，简直糟心。不怎么说，人不可貌相，海水不可斗量呢。《旧京通俗谚语》/若果身量儿戳个儿是那们回事情，出去就得当选。《和尚寻亲》/要论他本人的模样戳个儿，摆到人前也并不憨蠢。《说聊斋·乐仲》
【戳活】	唱大鼓书时，让观众点唱段。	厨役一听，老道必是未到先知（其实一半是戳活），又想着吐过没贪图，他决计不说认识自己。《讲演聊斋·巩仙》/要是那些大头先生们可就大大的不然了，至少也得进上几块钱的贡，所谓醉翁之意不在酒，所以一去就得戳活（即点唱）。《燕市丛谈》
【戳腔】	瞎说。	人家既然说的挺近，决计不是混戳腔。《白话聊斋·辛十四娘》/别的事情可以戳腔，惟独亲戚不能蒙事。《说聊斋·婴宁》/唯独口科这件事，在下还是真不戳腔，无非有两宗难处，不好意思的。《讲演聊斋·齐天大圣》/既没卖座儿，元丰又是戳腔老，也不能摘毛儿，嘴里不住的叫好儿。《讲演聊斋·小翠》

【戳着猛儿】	瞎蒙一下儿。	他们要遇见半熟脸儿的人,当然不能再问贵姓,又不知人家的排行住址,戳着猛儿就说:"您才出城?"《燕市丛谈》
【辞行泪】	人将死的时候流出的眼泪。	再一瞧,可了不得喽。甚么工夫儿辞行泪也掉下来咧。《演说·民国四年的盼想》
【次长】	副部长。	日前大学、师范、专门、中学各校,特开会议,共举代表若干人于星期五(五日)前往教育部,面谒代理部务傅次长,痛陈苦况。《益世余谭》听说有某甲者,一人兼三处阔差,每月输入千余元之谱(比当次长舒服)。《余墨》
【刺儿拉咯叽】	带好多刺儿。	忿者,也是埋怨的意思,说起话来自然是刺儿拉咯叽。《白话聊斋·萧七》
【刺儿头】	法国钱,上面有卷发的人像。	旧日小蜡铺儿、钱摊子上,他们跟使假票子的勾手,他们就拿假票子楞往外顶。你回来找他,他瞧你好说话儿,瞪眼不认账。你要是法国洋钱(刺儿头),他又有的说了,他说也是过手儿来的。《益世余谭》/到了储蓄银行,真就兑了十万银元(财迷)。鄙人心里想,"这岂非是刺儿头的保佑,站人儿的慈悲,从此我就陡然而富喽。"《演说·梦坐汽车》
【刺猬】	财神。	人家播喊洋行,拿着我们草刺猬(俗呼刺猬为财神)都当财神爷招待,两相比较,此中国商战败失之原因也。《益世余谭》
【莿挠】	刺痒。	张生身上觉得不爽快,止不住的莿挠,想能洗个澡才舒服,就叫琴童把水温热了。《语言自迩集》
【从根儿】	压根儿。	我又从根儿没在外头这们连恋过,好几天不回去。《评讲聊斋·花姑子》/叔叔婶子,从根儿没大声儿呵过一口气儿。《讲演聊斋·段氏》/我从根儿不想求取科第,所以才不能做这路文章。《讲演聊斋·贾奉雉》

【从脊梁骨下去】	比喻吃饭时心里非常不舒服。	林三眼又跟着一捧场,就算没理张志儒。把一个张志儒气的要死,走又不好,不走又不好,吃也不好,不吃也不好。当时似披虮袄,如坐针毡。这顿饭吃的真要从脊梁骨下去。《孝子寻亲记》/那天周廉在外头吃饭,凤仙在里头吃饭。这两顿饭,好家伙,真得从脊梁骨下去。《过新年》
【凑胆子】	大家一起干坏事,壮胆。	王生想着这一群东西,不定想甚么坏主意呢。□□要真凑胆子给我来个齐下火龙关,我可也透点儿势孤人单。《评讲聊斋·锦瑟》/你听,打不成人,还不把我们爷儿几个的骨头渣子拉回来吗?这叫满街捡鸡毛——凑胆子呀。《讲演聊斋·红玉》
【粗拉活儿】	粗活儿。	刘二说:"针线活也行。大榜子大底子不用跟他稿。"二奎子说:"会作粗拉活儿就行呀。……"《连环套》
【蹿】	急。发火。	满打蹿了,不过摔上两句咧子,我一抹稀泥,也就完了事啦。《评讲聊斋·嘉平公子》/耿太太听姑娘的话口儿,仿佛是要蹿。《杂碎录》
【蹿年】	快过年时卖年货,通常比平时贵,而且货不好。	总之,凡是年关所用,大半是"萝卜快了不洗泥",故曰"蹿年"。《都市丛谈》
【蹿沿子】	发火儿。	要跟我一弄腥架,我是真蹿沿子。《旧京通俗谚语》/这就怪不得老丈人那天一犯势力眼,我们那一口子才蹿了沿子呢。《评讲聊斋·凤仙》/尚生一听这话口儿,是嗔着自己瞧的,有点儿要蹿沿子。《评讲聊斋·胡四姐》
【蹿辕子】	发火儿。	一惊动他就得蹿辕子,莫若一声儿别言语,给他一个溜场儿下。《白话聊斋·胭脂》

【催把儿／催巴儿】 cuībar	给人跑腿的。	素日他知道伊老者爷儿们有点儿来历，决不能就这们忍啦，所以方才那一群催把儿，同着小额的儿子到伊府上赔不是来，都是胎里坏的主意。《小额》／门上的这个本是催巴儿，一见坦达出来了，赶紧垂下手儿。《讲演聊斋·巩仙》
【催请】	当时请人吃饭，客人到时故意去，得让人催几遍才去。	家人拿上帖来，原来是石虎臣催请。《怪现状》
【催水】	催钱。	你赶紧的催水要紧。《小额》／皆因六扇门儿的朋友我认识许多位，他们催水的门子我听都听俗咧。《讲演聊斋·细侯》／"你如果吩咐句话，我们是画个道儿就走。这话您听明白啦？"官人说了半天催水的话，安大业所不醒攒儿。还是安宅一个仆人听到此处，说："你们众位是要钱才不上锁呢，是呀不是？"《讲演聊斋·云萝公主》／这可并非为催水挤钱，所为把郎生圈禁急了，再放出去，就不至上诉啦。《讲演聊斋·书痴》
【脆】	干脆。	官儿办的这案可真脆，侯大户的罪过儿可不轻。《杂碎录》／脆甚么呀。这叫走运。侯家的下人要不出头告发，那个死尸还是吴能手哪。《杂碎录》／你瞧我拿的他脆不脆？《杂碎录》
【脆报儿】	①干脆地说。②响亮地说。	①二十岁的人，心里还没个准谱儿吗？话的话可是领略你，别不开窍儿，本县听你个脆报儿。《杂碎录》／你去跟他家说说，就说我要雇他作针钱，管吃管穿，每月十块钱工钱，三节工钱也是十块，他准是乐而为之。快去呀小子！我听你的脆报儿，事成之后，我给你十块中国票。《小蝎子》／进了门儿，霍老妇人正在上房等听脆报儿哪。《评讲聊

		斋·青娥》/我一算就知道他们生死吉凶，是回来是不回来，是多咱准回来，是从此不回来，是大的回来小的不回来，小的回来大的不回来，是俩都回来，是俩都不回来。您就听我个脆报儿。《鬼吹灯》②忽听呱呱而泣，就听收生婆说道："好大小子！"这是人家照例的手续。每逢收生遇见添小子，必然有一句脆报儿。要是孩子哭了半天，听不见人言语，那您就不用打听了，下宝是报的。《铁王三》
【脆骨】	软骨头。	我要知道你当初一身的脆骨，谁要你这个样儿的算是瞎眼。《杂碎录》
【脆快】	干脆。	你别只管撑着。撑老了，不是耍。你若不要她，不如脆快，一粒卫生丸打发了她，倒落个痛快。《香粉夜叉》
【村】	粗俗。	原来所说的，是个傻子逛妓馆的故事，形容尽致，丑态百出，简直的不堪入耳。大家越乐，他越倚风撒邪。后来说的所不像人话啦，友人还要听，我说："咱们走罢，招呼村了我学生的耳朵。"《益世余谭》
【村副】	副村长。	究问同伙，追缴贼赃等等的话语，都写在呈子上，同定了村正村副，到县里报案，县里的科房，把呈子收下，进里头回话。《张铁汉》/陈立才言还未尽，村副马丕江起立发言，说："老先生所谈极是，我兄弟首先赞成。"村正勾世仁说道："本来这望湖俩字，我想也不好。先生既要改大陈村就改啵，县里报一下子就完了。"《董新心》
【村正】	村长。	究问同伙，追缴贼赃等等的话语，都写在呈子上，同定了村正村副，到县里报案，县里的科房，把呈子收下，进里头回话。《张铁汉》/陈立才言还未尽，村副马丕江起立发

		言，说："老先生所谈极是，我兄弟首先赞成。"村正勾世仁说道："本来这望湖俩字，我想也不好。先生既要改大陈村就改啵，县里报一下子就完了。"《董新心》
【撮】	使劲往嘴里塞。吃饭时没教养的样子。	在青藤的意思，一个人儿在那里一吃，马前撮饱了（北京土话管吃叫撮），跟你们耗着，反正耗到黑也不怕。《双料义务》／人家又预备的粥跟点心，小宋昨天晚晌没很吃饱，今天这顿点心，倒是足撮了一气。《理学周》
【撮影】	照相。	段夫人、贾夫人等，忙的站起，知道古司农之意，要带着姬妾丫环，合撮一影。《井里尸》／开会的顺序，（一）军乐鼓奏。（二）振铃开会。（三）县长潘公致欢迎辞。（四）请鹤、悯二位演说。（五）高等小学学生唱歌。（六）来宾演说。（七）风琴鼓奏。（八）军乐鼓奏。（九）振铃闭会。（十）撮影。《怪现状》
【挫磨】	折磨。	前次不是挫磨死一个了吗？你从今起，我找你，你就来。《讲演聊斋·邵女》
【错打了定盘星】	打错了算盘。	就凭他，他也配！他往那儿捏呀？那算是错打了定盘星啦。《杂碎录》
【错翻了眼皮】	打错了主意，以为对方是好欺负的。	"……我说，你们错翻了眼皮啦，硬打软熟和是怎么着？要打算赔不是，那是你们自己去，我认得你们是谁呀？"《小额》／我告诉你说，小鄂，你可别跟我错翻了眼皮。《白话聊斋·胭脂》／李大太太在外边听着，心说他又想弄什么坏。欺负我们傻少爷，这回你可错翻了眼皮啦。《李傻子》
【错非】	如果不是。	错非妖魔鬼怪，那儿能会分身术哪。《评讲聊斋·阿英》／敝友王在山先生说过："趋炎附势，是世俗普通的习惯。"错非高人，谁也免不了这宗毛病。《麻花刘》／再一说天理的主张，都是让人受苦，人欲的主张都是让

		人快乐,错非大有根基大有学问的人,谁肯把快乐抛了受苦去?《曹二更》/请诊治的人家,日见增多,家私愈积愈富,调门子也越来越长,错非落太阳掌灯,不到本家儿,病人是甚么急症,一概如此,叫做急死认命。《某太医》
【错缝子】	错处。	这个和尚又吃大烟,又有外道,你抓个不守清规的错缝子,就说要撵他出庙,然后再说别的事。《阜大奶奶》/表面上同他极力要好,暗下里兜他错缝子。《玉碎珠沉记》/当那个民国初建的时代,尊重言论,没有甚么大错处,不能一来就封报馆,不过是竟等错缝子呢。《怪现状》/这天抓了一个错缝子,毒打了一顿。《讲演聊斋·邵女》
【错过】	如果不是;如果不是这样。	这孩子您可得管教他,少让他上这里来。他们有家呀(错过嘴直,不能说这宗话)!《鬼吹灯》/先得给他白糖水喝,然后揉着溜,溜完了得给他四消丸吃,慢慢再给他揉肚子,错过这们活不了。《鬼吹灯》/不过东家一番美意,不能辜负就是了,错过了简直的不让他瞧。《张文斌》/错过三个大棚,摆不下四十八桌。《二家败》/作了官先接丈母娘,叫舅爷,可不给爸爸来信,错过正途出身,没有这宗德行。《回头岸》

D

【搭背】	生在背部的痈。	用手按了按，小额直嚷，说："别按啦！好疼，好疼！"额大奶奶也毛啦，说："这个可怕是个搭背（谁说不是呢）？"《小额》/当时毛遂自荐说他爸爸，是专门祝油科，善治疗毒恶疮疑难大症。某人的搭背，某人的砍头疮，都是他爸爸治好的。《忠孝全》
【搭儿】	脚凳儿。放脚的小凳子。	赵姐那里肯坐？让了半天，后来拿了一个脚凳儿（俗名叫搭儿），在地下坐了。《过新年》
【搭话】	多嘴。	苗大恼了，说："丁姑爷，咱们虽是亲戚，人家这类的事情，咱们少跟在里头搭话。"丁狗子说："那们谁先搭的话？"苗大说："我说的是好话。君子成人之美，不成人之恶。"《库缎眼》
【搭簧】	①搭上关系。②别人来拉关系，马上答应。	①自己一想，非跟他搭簧套话不行。《讲演聊斋·贾儿》/朋友背地又跟妓女一搭簧，说这位金少爷，你可得会哄他，这可是钱柜。《演说·劝戒门中败》②贾婆子听到这儿，赶忙搭簧奉承。《讲演聊斋·邵女》/保爷一瞧鹦哥不搭簧，这才提溜一转身儿，转到鹦哥儿架下。《讲演聊斋·保住》
【搭拉胳臂】	不帮忙。	他把事全瞧易了，大家给他个搭拉胳臂，暗含阴绝□子，所以他才大洒其汗，大抓其瞎。《旧京通俗谚语》
【搭拉密】	满语，负责人。	耿老太太到了亲戚家，决不倚着姑奶奶是银库的搭拉密，跟姑爷要作派一下子。《杂碎录》/其兄由翰林转了御史，与军机达拉密至好。《老残游记》

【搭拉音儿】	说话拉长声。形容傲慢、没礼貌。	平常也来过，说出龙天表来，也就给个三十五十钱，赶上吃饭也不让他，那宗搭拉音儿，真够个人受的。《赵三黑》
【搭撒】	①搭拉。②看。	①这可有点儿瞒不住啦。只好搭撒着眼，扭着脑袋，低声儿的说："那儿呀？"《评讲聊斋·阿绣》②好朋友怕陈街坊，有托底的，没说虎事，即便狗势，谁又拿正眼搭撒他。《旧京通俗谚语》
【搭窝】	合伙儿设圈套坑人。	两口子这们一搭窝，连偷东西带赚钱，芥舟的日子，简直的足了。《王遁世》/这回胎里坏一找他，两个人打算搭窝，要吃小额一嘴。《小额》/在黑暗时代当一个刑房头儿，权力很大，再要跟稿门搭窝，简直的没完。《小蝎子》/后来大刀王、黄狗儿书差稿案家人，还有本地几个无赖秀才，满勾上手啦，搭上窝这们一吃，袁大令更有主意。《二家败》
【搭窝棚】	合伙儿设圈套坑人。	这个挨打的虽然没死，也八成儿啦。地面儿上这就得搭窝棚。《土匪学生》
【答情】	领情。	你诚心敬意请我陪姑爷，早不给我送信？告诉你说，大哥，今天我可扰你，我可不答情。《势力鬼》/他还个话是话里有话，意在言外，是不答情的意思。《忠孝全》/本来某党某系里头全没有我，我也犯不上给张三贴靴、给李四捧场。贴也是瞎贴，捧也是瞎捧，人家也不答情。《益世余谭》/花这笔钱谁答情呀？请朋友吃一顿烂肉面，他准答我一顿烂肉面的人情，过两天我还许啃他呢（骨头）。《余谈》
【打】	①打算。②用算盘打，计算。	①一拢儿就是年底，继厚跟市上也都熟了，原打先赊点货，年底下热热闹闹的，摆个摊子，多赚个十千八吊的，好度残年。《王遁世》/何氏开了回家庭会议，原打厚增党势，收拾凤仙，大奶奶蒋氏出头一反对，别人虽

		有赞成的,也没敢发言。《过新年》②你要瞧他开的那个方子,狗宝、牛黄、麝香、冰片,都是些个贵重的药味,不信拿到药铺打一打去,也真得个好几十两。《小额》
【打背公】	贪污或给人办事时暗中扣钱财。	姐夫出这样腻事,你还能够从中打背公吗(打背公就是赚钱)?《孝子寻亲记》/要说这处房,在那个年月,多了不值,总值一万五千多两银子。芥舟一概不管,满交给陶顺全权代表,九千两银子,居然就出了手啦。暗中交代,实在卖了一万四,他们算打了五千银子的背公。《王遁世》
【打绷儿／打迸儿／打蹦】 dǎbèngr	蹦儿。跳。	孝廉听吴爷的话,登时喜欢的直打绷儿,两个巴掌,直会拍不到一块儿了。《讲演聊斋·大力将军》/铁王三一听说是小子,乐的直打迸儿。可巧范三赶上,瞧见铁王三那里迸,说:"三哥你迸甚么呀?"铁王三说:"兄弟,你得了兄弟啦!"《铁王三》/作官还能惦记祖坟,总算不错,既然惦记祖坟,就别干招怨的事情,省得祖宗在棺材里打迸儿。《方圆头》/急的封爷直打蹦,以为姑娘躲了他,真要给个不照面儿。那下子他可损大发啦。当下满屋里直转磨,自己跟自己摆上轴啦。《白话聊斋·梅女》
【打便宜手儿】	别人打架时,跟着打弱的一方。	我把他打躺下,他们打老实的,这叫打便宜手儿,我可得拦着点儿。《评讲聊斋·曾友于》
【打驳回】	拒绝。	范公提起与陈家结亲之语,陈守备更不打驳回儿。《杂碎录》
【打差池】	故意说错。	莫若明一天,就告诉老妇人说:"咱们夜里听见院里有动静儿。赶紧起来,追到院子瞧,虽是甚么也没丢,就是墙让贼给挖了两个窟窿,大概这话也还蒙得下去吧。"李嫂儿也说得好:"妈妈说好便好。"两个人嘴里是这们故意的打差池,暗中所为窥探姑娘的意见。《评讲聊斋·青娥》

【打吵子】	吵架。闹纠纷。	二老虎正在赏雪，猛听旁边儿有打吵子的声音。《张二奎》/大奶奶孟氏是极贤明，处在一块儿，是万没打吵子的（居家打吵子，都是不够资格的原故）。《董新心》/因为坐位打吵子，因为沏茶嚷嚷，敲打茶壶盖子。《益世余谭》/邮局人跟送信人打吵子，屡见报纸，兹不多赘。《余墨》/要帐的，还帐的，真能跑一街，然而打吵子的也不能少。《演说·说年》
【打杵】	停轿，用木杵撑住轿杆。	他吩咐轿子打杵，要在赵傻子的门口儿，吹打吹打。《张二奎》/孝廉要上轿，人家轿子不打杵，自己怎好说，站一站儿，打住。《讲演聊斋·大力将军》/轿夫不用打杵，站在当院，全是死肩儿。《讲演聊斋·公孙夏》/咱得预先问明白了，省得一来一打杵。《讲演聊斋·王者》/进城走了不远儿，说了句站住，轿夫们赶紧打杵。《讲演聊斋·王者》
【打穿儿】	从这个门走到那个门。	后台的规矩，台上不准打穿儿，他居然越台而下，一个不对。有板凳，他可坐桌子，两个不对。《益世余谭》
【打地套儿】	发生纠纷的双方一起去衙门打官司。	后来桂氏使出娘家兄弟来，还告了塔三爷一回，打了回地套儿（旧日手拉手上官厅儿，叫作打地套儿），掌{上}了回北衙门，算是没过刑部，有人给了啦。《鬼吹灯》/到了他家门口儿，堵着门儿一骂，凭他讲打，打不过我，只要他一出来，我抓住他跟口毛一蛋，与他打个地套儿。反正有朋友出来再了。《讲演聊斋·田七郎》
【打点】	①准备。②收拾东西。③用钱疏通官府，托人关照。	①您给哄哄孩子，我给打点饭去。《小额》②春爷应酬了几天，要打点回任。《麻花刘》/老鲍一听，点头应允，当晚两个人直直收拾了半夜，把细软物件打点了一包，第二天遂借事一同走出门外，连稿案王二都不知道。

		《衢州案》③姚爷说："你先不用害怕，虽然定出这们些礼节来，自要多花几个钱，打点打点，一概豁免！"詹生一听，喜之不尽，遂说："这事总得拿钱打点，少不得交给你去给通融一下子。"《何喜珠》/ 那们这件事情，托你老哥就近去办，闻大哥，担任修园一切费用，府里一切，归我去打点。《玉碎珠沉记》/ 大家一口同音，管着玉蚨叫大奶奶，所有当年与玉蚨有关系的，全都得了大便宜。第一是黎泽福，玉蚨谢给一万银，老黎用这笔钱，打点了个知县，跑到外省候补去了。《阜大奶奶》
【打对当】	竞争。	有人说你为甚么不来几句西江月哪？皆因本报由去岁到如今，约已说过十几段，每段一首，未免厌烦。而且各报小报，都是每段八句或十六句西江月，在下向例不打对当，莫若我换一换。大概瞧书的诸位，也决不至于不依。《评讲聊斋·姊妹易嫁》
【打对光儿】	对证。	河间时代，门口儿卖粥的老冯，楞说跟华甫是堂兄弟。那里打这个对光儿去呀？《益世余谭》/ 若按照新历一打对光儿，谁说不是小建呢？《演说·补说送寒衣》
【打飞翅】	飞了。	若搁在那些文明过火的女士们身上，姑娘早就打了飞翅了。《杂碎录》
【打个质对】	①对证。②作证。	①嘴里还卖着味儿说，把他们哥儿两个约了来，因为不要紧的一挡子案件，回头当堂打个质对，这儿屈尊两天，全是我的照应。《杂碎录》②报官相验的时候，我们可以替你打个质对，说几句好话儿。《评讲聊斋·庚娘》/ 他们的事情要是发觉了，你老人家到堂上打个质对，出出这口恶气，有这个胆子没有呢？《酒之害》

【打鼓（儿）的】	挑着担子，沿街收购不值钱的旧物。	混了些时，渐渐的不支，家里还有零碎东西，只好叫打鼓的罢。这宗打鼓儿的人，跟拉洋车的一个样，要说里头没有好人，这话过刻，我不敢说。《王遁世》/ 康熙五彩的一对花瓶，他楞说给您两块罢，甚么两块零五吊罢，零六吊罢（的确是打鼓儿的口吻），忙忙叨叨的，假装生气，往外就跑。只要东西有秀气（土话管有便宜叫作有秀气），不用理他，回来准添。《一壶醋》/ 在住户的意思，原是化无用为有用，拿出一副旧挽袖去就能换一个大绿盆，不知此等买卖，比卖打鼓儿的还不上算。《都市丛谈》
【打刮皮酱／打刮皮匠】	打趣。	胎里坏说："大师要问统领夜间上那儿去啦？"统领说："甚么呢？"狗头丸说："有说的呀，统领就说喝醉了哭来着。"蒋统领说："他娘的老子这里火烧心，你还拿老子打刮皮酱。"《二十世纪新现象》/ 某乙一打刮皮匠，招的众人哄堂大笑。《二十世纪新现象》
【打罣误】	受牵连。	我怕犯了事跟你打罣误，这宗伤天害理的事情，我劝你以后少作。《酒之害》
【打过站】	拖延。	旗饷再要打过站，请问这一冬怎么生活？《说聊斋·章阿端》
【打横儿】	平辈之间行的一种礼。双臂垂直，两手向后稍拢，两脚并齐。有些地方，屋外不行礼，在屋外见着长辈、上司时可以先"打个横"，到屋内再行礼。	夫妻二人见面，彼此打了一个横儿。进得屋中，玉如给泰山泰水行了大礼。阖宅男女仆人，又上来给玉如叩了喜。自然都有赏号，不必细提。《库缎眼》/ 来到屋里，张先生跟额大奶奶打了个横儿，又问了问小额："好点儿啦没有？"《小额》/ 家人上来回话说："吕大人、台大人到了。"吴世仁迎至门外，吕、台二位见了老吴，都打了一个横。进得屋中，两个人都请安道谢。《二十世纪新现象》/ 德公凤日不讲排场，下人们不必面行礼，老张一打横儿，说："老爷，早喝了茶咧。"《讲演夜谈·梨花》

【打虎】	女子假意嫁到某家，趁家人不注意，席卷家财逃跑。	以言语拍人，叫作虎事；以妻子骗人，叫作打虎。《益世余谭》/ 谁知道这个后半截儿是武松的朋友，专门打虎，趁着郭老西儿不在家，闹了一个卷包儿会，开下去啦。《连环套》/ 若说个回头人儿，又怕遇着打虎的。《讲演聊斋·细侯》/ 让他学些礼路派头儿以至谈吐，将来所为用他打虎。《杂碎录》/ 所有的打虎圈套，说个十天半月，恐也说他不完。何为打虎呢？就是以人诓财之法。临完把傻小子弄的人财两空。……打虎的名称，有软打，有硬打。无论是软是硬，只要打上，这一下子就不轻。还有返打虎的。本是女人打虎，却被男人吃上他。这宗事情，在社会中亦不为新奇。《演说·官打虎》
【打花巴掌儿】	打马。一种游戏。两个人手拍手，嘴里念念有词，像现在的"你拍一，我拍一……"。	再待两天，我还跟你打花巴掌儿哪。《白话聊斋·梅女》
【打欢翅】	鸟高兴时，上下扑腾翅膀。比喻故意装出高兴的样子，跑前跑后地献殷勤。	王小峰眼望钱氏说道："大太太，你是科员太太，应当迎接科长太太。哇哈哈哈。"王小峰一打欢翅，单四把嘴撇的跟瓢一个样。《势力鬼》
【打幌子】	打着……的招牌。	拿老太爷打幌子，不然就是借着老爷撒网敲竹杠。《回头岸》/ 这小子好主意呀！逼他妹妹往前走，他要霸占家产，拿外甥打幌子。《姑作婆》
【打脊梁骨上下去】	比喻吃饭时心里非常不舒服。	一旦你过了门，他可是夹板儿套脖子，生添一口人，连奔吃带奔烧，满打我赖皮丢似的跟过去，帮着一尽洗洗涮涮的义务，好了落个直棍儿，心里有个不愿意，冲着丈母娘一掉脸子，吃饭真得打脊梁骨上下去。《杂碎录》

【打拘缕儿】dǎjūliur	头发因为脏，缠在一起，不好梳开。	好在头发也顺流，不是卷毛儿，不像干草似的，又不打拘缕儿。《杂碎录》
【打糠灯】	拿某人开心。	这个时候儿，你别拿哥哥打糠灯啦。《五人义》/ 现在拧了，帮着人家贴靴，拿周廉打糠灯。《过新年》趁早儿您别拿我打糠灯。《白话聊斋·梅女》/ 张氏说："你要一换这宗打扮儿，不成了老斋了吗？"四十儿说："你就别拿我打糠灯啦。我要早听你的话，还不至于让人撅这通儿呢。"《土匪学生》
【打快勺子】	捞快钱；看准机会就捞一把钱。	虽然他这块牌上写的这们热闹，要说他的学问，简直的是一点儿没有。药方子带开白字。霍乱季儿，打了一阵子快勺子。《小额》/ 议员一道，就是作官的捷径。对了劲，就许弄个总次长当当。这年月就是打快勺子，得搂就搂，国家就是那个事。《理学周》/ 再说消息一天比一天紧，真许闹个破城，借着这个机会为甚不打快勺子，简捷着说，林三眼的家私，就算让他们给瓜分了。《孝子寻亲记》/ 由大吉巷到祝家胡同，算起来不到二里地，他老哥闹了三十枚，不辞而别，总算是能打快勺子。《余谈》/ 如今之官僚、军阀，与和珅大不相同。三天半横搂竖抢，讲究打快勺子。听说某督军，四五年的功夫，居然搂有三千万之多。某督军如此，其他可知矣。《余墨》
【打厘】	戏班子因为收入少而给演员减薪。引申为少给钱、降低标准。	邹氏拿乔（拿乔可就别打厘啦），说："娘啊，我可不上轿。"他有一个二舅母在旁边儿搭了岔儿啦，说："孩子，你不上轿怎么着，没有地方给你找汽车去。你别要菜啦，上次的轿子，你都坐了，这次你又不坐了。你不坐我坐。"《张二奎》/ 我虽说是名正言顺，倘或一定闹码儿。人家给治个倒第二（大轴子得让寄生），可是老跟我打厘，还不如边儿

		舒服哪。《讲演聊斋·寄生》/ 莫非他还能因为是个陕西世家，到处勒下人家打厘吗。《讲演聊斋·韦公子》/ 现在出聘礼的谁有，你不信细问问，那一个又不打厘呀？《讲演聊斋·邵女》
【打里】	料理家事。	现在梁氏一死，芥舟把家里的事情，满交陶顺夫妻掌管。一个打里一个打外，例是一个整。《王遁世》
【打连恋／打恋恋／打连连／打联恋】dǎliānlian	①混在一起。②待着。	①据你这们说，也倒有个意思。我这一程子，同你打个连恋，也快拿黑夜当白昼了。《讲演聊斋·伍秋月》/ 听久跟洋人打恋恋的人讲说，人家外国人一瞧见一宗眼岔的东西，总要细心研究。《社说·借镜》/ 万辈子没有起色的人，不走运的穷鬼，趁早儿少跟他打连连。《势力鬼》/ 如今听此妖这们说，八成儿好吃好喝，好跟水怪打联恋。《讲演聊斋·汪士秀》②另有一宗吃荤饭的秀才，专在煎炒馆子里打连连，遇见乡下人上来打官司，他是连哄带捧带吓吓，楞说跟衙门大老爷，时常见面，刑名师爷他们是吃喝不分，稿案门不必提，三班六房，听他一句话。《方圆头》
【打连台】	①没完没了。②玩得晚上都不回家。	①王三直要是见好儿就收，把话打住提别的，这个碴儿也就揭过去啦。谁知老年人的脾气，没结没完，一点儿甚么事情，说了又说，讲了又讲，打上连台老没完。《二家败》②怎么会蹓达到井底儿里头，打连台去啦。《讲演聊斋·龙飞相公》
【打乱棰】	戏剧中锣镲敲出的急急的声音，形容人慌乱、着急。	你说忙，也不见得吁吁带喘。你说不忙，又好像是燕儿下不下蛋儿。就这么十几年的工夫，直不知道是怎么一回事情。一个人四面八方，足打乱棰。《演说·护身佛》/ 能胜谣言之法，就是个人心镇定，自己先别打乱棰。《演说·说谣言》

【打落】	不打算买，只是问问价钱。引申为不打算干某事，只是装装样子。	听说各国以握手为定婚礼，咱们两个人，何妨学点儿文明的毛皮。你把门开开一扇儿，先跟我拉一拉手儿，那不出袖儿不算哪，也算我不是白打落呀。《评讲聊斋·胭脂》/这丫鬟一听，抿嘴一笑儿，心说："这件事要不做脸，本家就打算破这个数儿。如今全递过去了，没口缝儿，八成儿是诚心打落吧。"《评讲聊斋·凤仙》/一个姑娘家要长成这样，谁肯跟他家去结亲？以故年到二十五六，连个打落的都没有。《白话聊斋·乔女》
【打马】	一种游戏。两个人手拍手，嘴里念念有词，像现在的"你拍一，我拍一……"。	原文说是"三人狎坐"，狎者，即是没有正形儿，照旧还是打马为戏。《白话聊斋·梅女》
【打闷棍】	拿棍子把人打晕了抢劫。	原先都说你是好人，谁知道你是打闷棍、套白狼的一类。《杂碎录》/要是照这们稿下去，再过两天，四牌楼当中就该放响马，前门大街也快打闷棍、套白狼啦。《益世余谭》
【打闷雷】	不知道是怎么回事，心里难受。	不知细侯有甚么心事，用完晚饭，心里烦闷，躺在床上打闷雷。俗语儿有云："闷来愁肠困睡多。"《讲演聊斋·细侯》/我这个人，一生一世最怕打闷雷，究竟怎么件事，你们只要不瞒我，我也就不嚷闹了。《讲演聊斋·邵女》
【打跑锤】	跑了。	但分要是有个倚靠，谁能无故的打跑锤。《说聊斋·阿霞》
【打皮科儿】	耍贫嘴。	魏爷倒会打皮科儿，"不铺咱们怎么睡呀。"《说聊斋·双灯》
【打棋式】	摆象棋残局。	要说旧日生意冤人的小赌博儿，遍地皆是，类如抓梨膏、打马尾罗儿、转火镰、菱角绊儿、押诗条子（又叫作猜五度）、倒十点儿、打棋式、抓茶碗、押红鱼、黑红鞘、押六地

		儿、押骨牌、套三根签儿、抓红卷儿、抽签子，五光十色，门类甚多，一时说也说不尽。《益世余谭》
【打起】	从一开始。	再一说，家里要有落子，打起还不逃上来呢。《余谈》/丁狗子那天也在座，当时也发了言啦，说："大舅您这话不对，本来这门亲作的就胡闹，打起我就不赞成。"《库缎眼》/大致说，革命已然成熟，不久还要把满清推倒，这就快享幸福啦（打起我也作这个梦，谁知道鹞鹰拿鸽子——错瞧了，十年的功夫儿，连个幸福的影儿也没瞧见）。《董新心》/你打起就不该约他，他那个嘴，比甚么都丧（去声）。《二家败》
【打睡虎子】	①偷睡着了的人的东西。②晚上趁人不注意，用假钱换人家的真钱。	①即便他打算寻宿儿，还能打睡虎子偷被褥吗？《评讲聊斋·嘉平公子》/打睡虎子都不敢惹醉鬼。《评讲聊斋·凤仙》/别瞧门仁困大，好在有个毛病，爱翻身。不然早被师兄们打了睡虎子啦。《讲演聊斋·白莲教》/赵爷吓了一跳，心中不知是人是鬼，是妖是仙，想着即便歇腿儿，也犯不上单挨着我坐着呀，更不能是打睡虎子的。《讲演聊斋·褚遂良》②最近有宗拉洋车的，专一使这手儿活（总是晚晌）。下了车给钱，他假装在灯下一照，说："先生，您给换换这个。"谁能留这个神，也就给他换了。其实假钱是拉车的预备的，行话叫打睡虎子。《益世余谭》
【打铁】	甲这么来一下儿，乙也同样这么来一下儿。	这两个人是对贴靴，土话叫作打铁。《怪现状》/家里没甚么大方向，公母俩倒换着在姑奶奶家住着。狗爷要是来，必把丫头带了来；李氏要是来，必把招哥儿带了来。公母俩对打铁，你一锤我一锤。《姑作婆》

【打头】	首先。头一件事，第一。	孩子已然死啦，一打官司又得翻尸倒骨。再一说，周家的势力你斗的了吗？打头七少爷，你别瞧人家分居另过，倒底是亲的。一句话就许把你发啦。《过新年》/记者原打算看个水落石出，收原结果。后头来了一辆老虎车，呜呜的直叫。打头我嘴损，我真怕应誓，所以我也开了正步啦。《益世余谭》/拜年这一档子事情，就是十来岁，当小孩儿的时候有意思。打头先不上学，又穿新衣裳，又换新鞋，到了娘姨姑舅家里，不但给吃的还给钱，你瞧有多大乐子。《演说·拜年》/自从一改阳历，政学各界都多过一个年，打头戏界先沾光，各行商业也都可以多作些个生意。《演说·新年打油歌》
【打头风】	顶头风，逆风。	若是赶上顺风一会儿就到。要遇见打头风或是风暴，别说行船，就连躲避停泊远怕来不及呢。《讲演聊斋·伍秋月》
【打外】	料理家外的事情。	一切的事情，打外是范三，打里是范三的夫人儿周氏，老公母俩是足催一气，铁王三是瘫子定约会儿——坐等儿。《铁王三》
【打戏价】	收看戏的钱。当时，看戏是进戏院坐下就看，过一会儿有人来收钱。	这当儿卖坐儿的打戏价，同学要给，那个朋友也要给。《双料义务》
【打戏钱】	收看戏的钱。当时，看戏是进戏院坐下就看，过一会儿有人来收钱。	后来人家一打戏钱，他又跟人家炸了。《二十世纪新现象》
【打现钟】	现挣现花。	大概皆是安分的良民，就怕是这个裁了，那个减了，素日又是打现钟，住了辘轳干了畦的事由儿，闲个十天八天的就得掏亏空，倘或闲个三个五个月，还不把人给闲叫唤了啊。《演说·冬防吃紧》/东吃羊头，西吃狗

		头，天天儿打现钟。《旧京通俗谚语》/ 记者素无恒产（您别瞧我可有恒心），又加着食指繁多，我比八口之家，还多着一倍（十六口），就指着我东抓西挠，北京土话叫作打现钟。《益世余谭》/ 简单言之，是打现钟的主儿，全都糟心。《益世余谭》
【打絮麻的】	拍花的。	招弟那年看会，被打絮麻的（就是拍花的）拐去，卖与河南郑州一个赵乡绅家。《铁王三》
【打巡儿】	转悠。	刘爷瞒着下人，出了店门，就在隔壁门口来回的打巡儿。《评讲聊斋·阿绣》/ 又出了荡永定门，围着各茶馆儿，打了会子巡儿，从新进城。《讲演聊斋·任秀》
【打牙】	闲聊。	这边儿越发的显著自由，成天际一点儿事情没有，不是打牙，就是涮嘴儿，甚么张嫂李嫂、春香腊梅，吃饱了大家吵著玩儿。《说聊斋·章阿端》
【打牙犯嘴儿】	耍贫嘴。互相调笑。	怕你把我让到屋里，你在一边儿去打牙犯嘴儿，把我扔在屋里，给你看屋子。《讲演聊斋·毛狐》
【打牙撂嘴儿】	耍贫嘴。互相调笑。	王氏预备了点儿酒菜，让宿介喝，自己坐在一旁，打牙撂嘴儿。《评讲聊斋·胭脂》
【打野盘儿】	露宿。	你老是一死儿的往死葫芦头儿走，招呼寻不着庵观寺院，招商旅店哪．莫非咱还得连人带马都在山沟儿里打野盘儿吗？《讲演聊斋·成仙》/ 无论怎么样，一个年轻轻的小媳妇，万不能叫他饿肚子在街上打野盘儿呀！《错中错》/ 安公子，本不是久惯走山道的人，走来走去，天色已黑，所辨不出东西南北了。心中是突突乱跳，想着要是一个人，在山沟儿里打一夜野盘儿，可真有点儿不了。《评讲聊斋·花姑子》

【打印子】	高利贷的一种。分期还本、息,一般是每天还。跑账的收到钱后,在账折子上盖图章或按手印,所以叫"印子"。	错非邓大奶奶,能够放水帐,打印子,跑南北市,放蹦蹦钱,不能发财这们快。《讲演聊斋·房文淑》
【打游飞】	不干正事,到处晃荡。	得海整天在外头打游飞,甚么人遇不见?一来二去,入了混子一流。《赵三黑》/外甥也不小了,整天打游飞,也不是章程,还是让他上学,学费书籍我供给。《双料义务》/也省得大爷一来一恼,没事在外边儿打游飞。《说聊斋·邵女》
【打圆盘】	打圆场。	还是那个年长的□妈会打圆盘,一拍霍爷的脖颈子,说:"你们都瞧着他傻似的。你们那儿知道,这个小伙儿才机伶的别致哪。"《评讲聊斋·青娥》/学款警款,久已归他们把持,东翁一定要拖回来,他们如何能撒嘴,事到如今,晚生有一个顶好主意,东翁总得利用申公豹,让申公豹从中打圆盘。《怪现状》
【打知】	①在别人给的通知、请柬上写一个"知"字,或盖上一个"知"字章,表示知道了。引申为知道。②请人打知,意思是通知。	①甘二爷心说:"像他这种票习,以后少给他打知吧。实在对不过请事家儿那一分帖。"《评讲聊斋·阿英》/"巩仙长,你就打知吧。"老道说:"今天贫道竭诚而来,原为给王驾千岁补祝千秋。这班仙女,要叫就来,何必先打知,后催角儿的费事。"《讲演聊斋·巩仙》/人家姑娘有婆婆家,莫不成先给你打个知吗?《谢大娘》②走会最要紧最露脸的日子,是妙峰山。一到三月下半月,就见都管们(执事人)拿着拨子(会旗),横巴请着平(就是挑笼子的挑着笼子)沿街满巷的打知。《演说·走会》/北京方面,各行买卖很多,别的行也有修理门面的,可是没见同时修的。惟独药行群起而修之,可是结了团体啦。由药行商会打了知啦,可是不约而同呢,真是百思不得其解。《益世余谭》

【打中台】	会（如秧歌等）在戏院里演出。	到了茶馆、戏院、杂耍馆子请会，叫作打中台。从前东城的泰华、景泰、前门的天乐、裕兴等园，常打中台，报签上必要写特请甚么地方、甚么蔓儿（会名），子弟老都管，排演秧歌、五虎棍、开路等类。余外必有两行八个字，是车笼自备，茶水不扰，所得的票价，都归该园柜上所有。《演说·走会（再续）》
【打坐坡】	①往下打坠。②比喻别人想帮助他，让他上进，他还不接受。	①阜大少此时如小鸡子被鹰抓住嗓门子似的，打着坐坡，扯着脖子喊道："嗳哟嗳哟，你们都快来呀，这儿可打死人喽。"《阜大奶奶》/板花张往外一拉，荀庄是打坐坡，不往前走。《大劈棺》/哗啦是套在脖颈上啦，哗啦往前一拉，毛先生一打坐坡，放了一个响屁。《讲演聊斋·毛大福》②人家想拉把我，我还往下打坐坡呢。这宗脾气就是穷命鬼，这辈子也发达不了啦。《鬼吹灯》
【大】	指大钱，中间有方孔、面值比较大的铜钱，咸丰年间开始制造，有不同的种类，最流行的是一个等于十个平常铜钱，事实上换不了那么多。	恒爷掏了一把钱（可不是铜子儿，那当儿还没兴呢），说："秃小子，给你几个大。"《小额》/陈财主又添了三百，快炮吴非两千银不行，给不到两千银，宁可把票撕啦，少一个大也不行。《赵三黑》/以北京而论，凡是山场庙际儿以及天桥儿无处不有，只用一支破笔，一个大的手纸片儿，净等哈剌孙（切人儿）。《燕市积弊》
【大鞍（儿）车】	比较高级的大车。四周用红色油布围住，有的有棚子，可以遮阳光或雨雪。车上有坐垫，乘车人盘腿坐在上面。通常是官员或有钱人乘坐。	那天张宅派车来接芥舟，红拖泥布大鞍儿车，头里也是顶马。《王遁世》/上等代步讲究大鞍儿车，够职分的才能坐红托泥布车。官到尚书侍郎的份儿，方能坐轿。《演说·生活程度》/贺喜的亲友络绎不绝，马车、汽车、脚踏车、大轿、轿车、大鞍车，直摆了一条胡同子，就短了坐飞行艇来的呢。《过新年》/在从先他那门口儿，常摆红托泥布大鞍儿车、黄绊紫绊的车都有。《怪现状》

【大保险】	一种带灯罩的大型手提煤油灯。	点大保险倒不错,又何必安电灯呢?《益世余谭》/搁在今富贵开通之家,就许不要油灯,点甚么西式琉璃煤油灯啊,返光大保险哪,或是电灯。《杂碎录》
【大菜】	比较高级的菜。	那天一共摆了五桌,八个人一桌,说是酒席不过好听,也就是胡萝卜炸豆腐猪血等等,海碗猪头肉算是大菜。《小蝎子》/真是整尾的八宝烧猪、整只的焖炉鸭子、大方的烧肉、烧糊肘儿(那位说,那怎么吃呀?原文说"炙"是烧肉,反正范公子有钱,莫若拣我爱吃的说吧),仇禄一瞧,人家这是上了大菜啦。《评讲聊斋·仇大娘》
【大餐】	西餐。	客厅里一概是洋式桌椅,当中是大餐案。《二十世纪新现象》
【大茶壶】	妓院杂役。	二位请坐。我给你们沏茶打手巾把(还是大茶壶)。《评讲聊斋·香玉》/呕,这就是啦。真是俗言说的好,"好朋友怕陈街坊"。敢则这位满先生,是大茶壶出身哪。《讲演聊斋·细侯》
【大吃八喝】	大吃大喝。	等到大家入了座,照样儿还是大吃八喝。《白话聊斋·萧七》/人人热的四脖子汗流,还要大吃八喝。《燕市丛谈》/老三位当时大吃八喝。酒过三巡,老头儿告辞。《白话聊斋·娇娜》
【大疮】	梅毒。	饿膈冯缺底也倒出去啦,剩了几个钱儿,心里一懊,撒开了这们一荒唐,后来闹了一身大疮,几几乎没把老先生烂死。《小额》
【大大】	大妈。伯母。	年轻的说:"二大大,您不知道吗?您侄儿上南苑啦(准当神机营)。您瞧快响午啦,说过平可又不来,这不是招说吗?"《小额》/老大大(北京呼伯母为大大)给你送来,你就吃罢。《一壶醋》/大大,您早回来啦吧?《小额》

【大大路路】	①大大咧咧。②大大方方。	①家家皆有引火之物，只于是在人之防备如何，就有防备多日，疏于一时的，也有大大路路，不以余火当事的。《演说·说防火患》②两个人听陈头儿说话大大路路的，这才所不疑惑啦。《杂碎录》/你若指着非中不中，连动心带着急，不定卷子上画拉些个甚么，早晚是贴出来为止，就给他个大大路路。《杂碎录》
【大鼓锣架】	办丧事的人家门前需要放一个大鼓锣架，有人来吊丧，吹鼓手就打锣打鼓，通知本家做好接待准备。	霍乱季儿，打了一阵子快勺子。过了霍乱季儿，一闹冬瘟，老先生就抓啦，很给人治错了几回，也很出了几档子麻烦，大家送了他一个外号儿，叫大鼓锣架。这个外号儿怎么讲呢？因为谁家要是一请他，门口儿就快搁大鼓锣架啦（如今大鼓锣架很多）。《小额》
【大哈腰】	赌博输了钱。	我要叫福仇当天来个大哈腰，未免圆全不上，莫如叫他闹个小哈腰儿，好不走原文。《评讲聊斋·仇大娘》/即或这次闹个大哈腰，说个日期，讲远支近给。那怕回到家，典房卖地，典老婆卖孩子，也要圆上脸。《讲演聊斋·王大》/那位说："甚么叫'大哈腰'呢，就是输了钱咧。输钱怎么叫'大哈腰'呢？赌钱一途，在下外行，据我想，'大哈腰'八成儿就是输光了屁股，不敢见人的样式，对不对？"《讲演聊斋·云萝公主》
【大会儿】 dàhuǐr	大伙儿。	小额还对着大会儿放光说："别管他是谁，概尔不论，姓额的放得{的}就是阎王账，不服自管告我去！营城司坊、南北衙门，我全接着。"《小额》/他这一哭招的大会儿一阵敞笑。《大劈棺》
【大活】	搓澡。澡堂行话。	就以澡堂子说，搓澡叫垫板儿，又叫大活，修脚叫小活。沏茶大喊"搬一个"，茶叶叫芽子，喝茶叫作撇芽淋。《燕市丛谈》

【大家会儿】dàjiāhuǐr	大家伙儿。	伊太太说："天不早啦，大家会儿都睡吧。"《小额》
【大件儿】	高级菜。	寻常请客讲究翅子三大件儿、海参两大件儿。要是一动燕菜，讲究燕菜头带。《二十世纪新现象》/ 内中有库缎眼的一个表弟，是一个不安分的监生，当时微然一笑，说："那天吃的是甚么呀？"库缎眼说："鱼翅海参三大件儿呀。"《库缎眼》/ 那天铁王三预备了四个碟子，四个小碗子，四大碗一个大件儿，家里有的是好酒，把王九赖约到家中。《铁王三》
【大教人】	除清真教以外的人，吃猪肉的。	姓满的是咱们大教人。《讲演聊斋·细侯》
【大姐】	旗人称呼朋友的妻子，通常不叫"嫂子"，叫"姐姐"。	恒爷说："大姐，您回来啦？我这儿吃煮饽饽啦。"伊太太说："您请吃吧。"《小额》
【大酒缸】	小酒馆。	先在大酒缸定了个约会儿，然后又约大家到宝局□口儿小茶馆会齐。《评讲聊斋·刘夫人》/ 过了两天，麻花刘又到了账局子，找了一趟小常，两个人在大酒缸又喝了一回。《麻花刘》/ 我们六个人在大酒缸喝酒，说明白了，我给钱，他偷偷儿的给了。《土匪学生》
【大军机】	军机大臣。	接了日子不多，又有大军机瞿子玖的轿夫，殴打巡警之事发现，当时的是非曲直，不必细说。《余墨》
【大块儿】	银元。	中华民国，银圆叫银币，从先还有句洋钱之说，而今改□叫大块儿了。铜的叫铜币，又名叫子儿。《演说·大实话》
【大老杆】	老赶。没见过世面的人。	彼时有的是仓库局，讲究拿胳臂钱，再往下一层说，在大小明暗中的地方儿，名儿姓儿

		一道解，明着就有人捧场，暗中却是惧他一头。这话也不是替宗室觉罗老爷们吹嘘，人家脾气一发作，真一瞪眼，把带子一系，说声发你，就凭那群怯八艺，大老杆，白帽盔儿，山倒听，买卖卡儿，大山药，他们凑到一块儿，归老包堆，就是借给他们胆子，他们这一群，也了不了哇。《演说·俗语感言》
【大老爷】	一般老百姓对县官的称呼。	你一个市侩小人无赖之尤，你也配称我父台，还不快称大老爷。左右差人，又一阵吆喝说："称大老爷，称大老爷。"《大劈棺》
【大了】	①老鸨。②主事的人。	①大了跟人听见院子有人吵嚷，先爬着帘缝儿偷瞧，见是一帮生人，这才出来。《杂碎录》/陈头儿忙向大了使了个眼神儿，大了心里已然明白，心里说，这不是吃圈子，就是架秧子，也许是给谁挂上桩啦。《杂碎录》②现署右翼翼尉，秀荣封君，所立的档房，是派协尉小凤子为大了（翼里会有大了啦）。《进化报》/这棚事还是黄狗儿的大了，一切不必细提。《二家败》
【大料】	料想，忖度。	病到这个分儿上，大料是不能好了。《语言自迩集》/且说何线娘姑娘，见官兵将宁生捆走，大料此事万无生理，遂恸哭不止，乳娘李妈进前相劝，叫他到前边院内，看看老爷的死尸，好掩埋起来。《劫后再生缘》/那罗小豹爬在东厢房的后坡上，两支眼，正看了个真切。就见出来一个女子，大料着必是线娘无疑了。《劫后再生缘》/阜大少一听是飞来凤的事，心中自是欢喜，遂怔了一怔道："那你今天，就不打算回去啦。"玉蚨道："那就问你吧。"阜大少故意为了一会难道："也好，大料钮六也不敢到这儿来找你。"《阜大奶奶》

【大令】	提到知县时的尊称。	如今在这里招待来宾，不能不周旋，谈起话来，郭翰林跟王大令的房师是同年，他得称郭翰林"老前辈"，郭翰林称他为"老父台"，这就是人敬人高的事情。《方圆头》
【大拢意儿】	含含糊糊，大致的意思。	怎么到了烟草一层，可不说一定不是日本烟呢？就虚虚空空的，大拢意儿说是国货，究竟是□一国的国货呀。《演说·劝告兄弟烟》/这一天藏夫人把儿子叫到上房，又把这位姑娘也叫出来，说："我给你们两个人见一见，论亲戚是两姨亲家兄妹。我嫌绕嘴，莫如都是我的儿女吧。"姑娘连忙万福了万福，真爷作了个揖。彼此听老太太这句大拢意儿的话口儿，自然都明白了。《评讲聊斋·陈云栖》/实不相瞒，我既没学过这种手术，又没害过这样病。原文也没载着。倘若说错，反惹行家笑话，不如大拢意儿。《讲演聊斋·邵女》
【大门头儿】	大户人家。	好几处大门头儿、府门头儿，都常请。《小额》/其余高亲贵友、大门头儿、府门头儿是有名的阔人儿，不是至亲就是至友，不然就是本家老爷。《苦女儿》
【大抹子】	裹得不太小的小脚儿。形状像抹子。	就见这个老婆子，脸如生蟹盖，黑中透绿，两只白眼珠儿，专往上翻（必然瞧不起人），肩膀儿横宽，膀大腰圆，腿儿挺粗极短，脚底下两只大抹子鞋，走道儿一溜歪邪。《评讲聊斋·晚霞》/于媒答应了个是，款动两只大抹子的残莲，直奔东套间儿。《讲演聊斋·寄生》
【大脑门儿】	有势力的大人物。	他倚靠的大脑门儿是谁？《杂碎录》
【大气】	大方。	脚底下穿一双粉红色缎子的双脸儿鞋，是绿皮脸儿，有三寸多厚的底儿，举止倒很大气，进了上屋里，给赵华臣深深的请了一个

		蹲儿安（说大爷爷，您好哇）。《小额》/ 刘顺也真会打扮他，给他闹了一件雪青洋绉的大棉袄，约有六成新，蓝宁绸镶绒边的巴图鲁坎儿，新裤子。头也剃了，脸也洗了，虽然面上不甚白，可也不黑。这们一捣扯，很觉大气，简直的是个体面学生吗！《张文斌》/ 门口儿总要立幡的，咱们是官宦人家，鼓手要绿架衣，方显着官派。接三伴宿，都要官吹，透着大气，千万不要拿天鹅，那宗吹打是小家子气像。《势力鬼》
【大钱】	中间有方孔、面值比较大的铜钱，咸丰年间开始制造，有不同的种类，最流行的是一个等于十个平常铜钱，但事实上换不了那么多。	当时递给他一串大钱。旧日一串大钱是六吊，彼时要换好钱骨力票子，一两合十三吊来钱，要换沙片儿小存（旧日土话管小沙板儿叫小存），足可以换十七八吊。《鬼吹灯》/ 在那个年月，吃喝又贱，听说白面才卖九个大钱一斤（不到两枚铜元），杂合面卖四个大钱一斤，猪肉五百钱一斤（五枚铜元），羊肉要卖到六百，那就说贵的邪乎了，如今六百钱买四两。《曹二更》/ 一天两顿饭，早晨白面晚晌老米，一吊大钱（十枚铜元）花不了，您想日子够多们好过。《曹二更》
【大钱粮】	指旗人正式当上兵以后的钱粮。	比如一家子十口人，到{倒}有三份大钱粮（每月九两），四份小钱粮（每月六两）。《演说·因债败家》/ 你当是还在前清呢？大钱粮大米吃着。《北京》
【大墙】	指剧场靠墙的座位。	那天人上的很多，先奔下场，连小池子儿带大墙，人都坐满啦。《双料义务》/ 从前局面人听戏，都找下场门，或是靠大墙，因为池子里都是怯八艺，都讲人挤人。《演说·北京戏界的进化》/ 额大奶奶是怕小额窝作出病来，强令着让小额带着小文子跟小富、德子上阜成园听戏去（没遇见赵都老爷的外甥啊。一笑。那天他们买的是下场大墙）。《小额》

【大伞】	有势力的人在后边撑腰。	剩下当中这路儿人,也有点知识,也有点势力,地方上也熟,财迷心盛,又有些个党羽,反正三年一挡子买卖,抄手就稿起活儿来。再有财东大伞(身后有势力的人,叫作大伞),人家包买,他能作活,反正是给金钱当奴隶。《董新心》/大帅因为他在旗,城里头又有把大伞,糊里糊涂的,就算拉倒啦。他说甚么话,大帅也是不听的。《一壶醋》/在前清作官,虽然讲人运动,若果真有出众的能为,就是没有人情运动,偶然也还能成(可是偶然)。一点能为没有,真有奥援,真有大伞(从先管大人情叫大伞),也能大抖一气。《益世余谭》/勾上手,联合大伞。《旧京通俗谚语》
【大衫儿】	类似蒙古袍,大襟儿,长到脚面以上,下摆是斜的,前后左右都有开气儿。	伊老者穿一件青洋绉大衫儿,套一件蓝夹纱坎肩儿,青洋绉套裤,青缎子双脸儿鞋,拿一把黑面金字的扇子。《小额》/有一个桌儿上坐着两位先生,一位穿着新白夏布大褂儿,一位穿着半旧官纱大衫儿,看神气都沾点儿文明气象。《余墨》
【大师傅】	对和尚的尊称。	和尚堕沟:东安门外,丁字街北边,马路两旁的明沟,比那儿的都深,足有五六尺。本月十六日,有位五十多岁的大师傅,也不竟顾了瞧甚么来着,可就掉在里啦。《进化报》/大师傅,我给你股香钱,转门化去罢。《和尚寻亲》
【大帅】	对巡抚的敬称。	各街上一号令,回头统领见了大帅就说,你老人家带着亲军围着院署,直保护了一夜,好在各衙署都没受损失。大帅呢,昨晚上他也逃之夭夭啦。《二十世纪新现象》/有本营驻省的提塘,前来伺候。先拜中军,随后禀见大帅,投递履历。《麻花刘》

【大头】	冤大头。给别人花钱大方的人。	再说有大摆请儿的人物,岂能全是鸡头鱼刺,大小也得有几个有头有脸儿的。往高处说是刑部都察院,再次一点儿,即是营城司坊,又有几位宗室觉罗,又有大头、虚子、二土包。你看酒壶在首坐面前一幌,随后就是一个安。《演说·俗语感言》
【大外】	大便。	他原长的是个中发背,由于火毒伤肝所成,并且里热太盛,两三天没见大外,小额又是个阴亏的底子,王先生这个方子,虽然杂乱无章,可还没有多大的坏处,再说吃的也不多。《小额》/ 在下有一个远亲,害了一场热病,七八天的功夫,汗也没出,大外也没见,昏昏沉沉的,六脉沉闭。《小额》
【大五儿的】	大嘴巴。	我们这位毛姜老爷(怪不得用毛厨子哪),给我个大五儿的,我有多冤。《讲演聊斋·丐仙》/ 张老说:"这是怎么个碴儿呀?"刚要用手支撑,就见走过个人来,迎头就是一个大五儿的,打了个满脸花,遂说:"张老喊,打了吧。"《何喜珠》/ 何金寿身子一幌,连忙收住心口,两足站定,哆哩哆嗦的说:"你们都是那儿来的?倒底为什么事?有话好说,难说就不怕王法吗?"这人一听,张手就是一个大五儿的,底下脚把何金寿打倒在地。《劫后再生缘》
【大眼儿灯】	形容人特别瘦。人一瘦,眼睛就显大。	陈杏筵在这里拘了这几天,就喝了两碗水,瘦的成了大眼儿灯啦。《赵三黑》/ 次日馆僮过来一瞧,先生真成了大眼儿灯了。《讲演聊斋·细侯》
【大衣箱】	戏班中管理服装的人。	戏台上新郎,永久这等扮像(不信您问大衣箱去)。《讲演聊斋·狐嫁女》
【代手／带手】	饭馆里跑堂的用的抹布。	把茶叶给放到壶中沏上水,又由肩头上,取下代手,擦了擦白碴儿的八仙桌子。《讲演聊斋·田七郎》/ 江老头儿忙着找带手,顾了擦桌子,顾不了扶盖碗。《讲演聊斋·细侯》

词条	释义	书证
【代书】	在县衙门替人写讼状的人。由县官进行考试，合格者发给印章一枚，上部刻县官的花押，下部刻代书的姓名。讼状的末尾，要盖上代书的印章。没有印章的讼状，县衙门不收。	后来在宛平县当代书，皆因搂了一笔官司钱，知县要拿他，老先生就开了腿啦，在保定府开了一个小药铺儿，外带着行医，朦的倒挺圆全。《小额》/早先衙门的官代书房，皆因恐怕民人有冤屈的事情，自己不会写呈状，故此在衙门前另设一个所在，名为官代书房。若是民人自己能写呈状，自己用纸写上，也得交代书先生打个戳记，还得照例纳费。《讲演聊斋·太原狱》/凡写呈状，衙门中有官代书房给写，若是自己写的呈状，问实了没甚么罪名，如果问虚，应当追求写呈状的，是否知情主谋，捏词架讼，这原为防范各处刁生讼棍的好意，使民无讼的法子。《讲演聊斋·张鸿渐》
【带口之言（儿）】	顺口一说。顺嘴儿。	其实岳魁的不孝，多一半是他怂恿的，无形之中带口之言。《忠孝全》/我如今借着探病，带口之言儿探一探。《库缎眼》/小文子儿这档子事情，他虽然应了，也就是带口之言儿的事情。《小额》/我这张破嘴，谁还拦的住我说话吗？就许带口之言儿的，当笑话说出来。《杂碎录》
【带口枝牙】	顺口一说。顺嘴儿。	拿玉英也颇乖觉，带口枝牙提到他父亲起风在世，所收教的女徒弟，很有几人。《传奇小说·六月子》
【待质】	等待审问。	四邻以其大背人道，在法庭提起诉讼，刻已将夏锤子看押待质。《余墨》/春阿氏是阿德氏的女儿，是你文光的儿媳妇，虽然你儿子被害，究竟那原凶是谁，现在尚未发露。部院里监禁阿氏，无非为永久待质，姑且存疑。《春阿氏》/米生无非是个嫌疑犯，可是一无凶手，二无见证（要唱法门寺），恰巧有一个米生，拿不着正凶，自然不能发落（照前清公事说，就叫打了个待质）。《评讲聊斋·神女》

【待质所】	等待审问的人住的地方。	唯独从先各州县，有待质所一种办法（俗名叫做候店）。要是圈在这里头，十年八年，官想不起往外提，没人补呈子，简直的同永远监禁一样。《讲演聊斋·细侯》/ 公拟了一个保释满生出狱的呈儿。大家公摊，凑了二百衙门钱，都交给看待质所的头儿。《讲演聊斋·细侯》
【担声气】	于名声有碍。	院上的师爷，人家顾全名誉，不敢跟候补官交朋友，恐怕担声气。《怪现状》
【单打单】	穿单衣。	这已经是七月底了。你身上还单打单呢，赶秋风儿一下来，夹的棉的你现成吗？《都市秽尘》
【单瞪】	瞎了一只眼。	因为他是个外场出身，年轻的时候儿摔过私跤，练过把式，闯过光棍，叫过字号，手底下很利罗，有个十口子八口子到不了跟前儿，颇有夏侯敦之勇。再一说，夏侯敦是一只虎，他也是单瞪，所以大家管他叫夏侯敦。《土匪学生》
【单静】	家庭人口简单。	要说鄂生这个人儿，说起来倒是难得的很，一则单静，二来小人儿也真不含糊。《白话聊斋·胭脂》/ 我瞧他为屈了心直着急。再说，人口又单静，不至受别人的气。《讲演聊斋·云翠仙》/ 这就是图个单静，没有大伯子、小叔子，过了门就富家。《杂碎录》
【掸】	洒一点儿。	何为擦白党呢？原来是青年男子，专在面貌上用工夫修饰，讲究刷白牙洗亮脸，擦沤子粉硝，掸香水。《演说·说擦白党》
【掸尘酒】	为洗尘、接风办的酒席。	大家听说明天就搬，也就不能再请吃掸尘酒了。《讲演聊斋·邢子仪》
【但分】	但凡。	除去真下不去的，没有法子不能不扣除，但分诗文全篇，那不是胡说白道呢，照例全送院考。《过新年》/ 但分他不瞎摸海，何至于有今日之下？《库缎眼》/ 这一来人家也就

		说了，但分手里有钱，谁肯教这个散学？常言说的好："家有一日银，不作小儿王。"这必是真穷了。《一壶醋》/ 鄙人生来是好动的性质，但分有闲工夫，或是约同友人，或是独行单走，所为是观看风俗与景胜。《演说·腿逛与嘴逛》/ 但分要是家庭有教育，决不能出这样的忤逆孩子。《进化报》
【淡话】	没目的的瞎聊。	于是乎两个人，一边儿抽，一边儿聊。先说了几句淡话，饿膈冯忽然问道，说："真个的，你们东家那档子事情，现在怎么样啦？"《小额》/ 兴老太太闹了个没面子，又说了几句淡话，也没人理他，扫眉搭眼的去了。《瞎松子》
【当槽儿的】	掌柜的。	此时本是半天晌午的时候，当槽儿的还正坐在门洞儿里冲盹儿呢。《评讲聊斋·阿绣》
【当差使】	小孩儿出天花儿。	北京俗语，管小儿出花叫作当差使。《二家败》
【当头人】	丈夫。	小文子儿的媳妇听见自己当头人也进了衙门啦，心里一难受，回到自己的屋子里，数数落落的就哭起来了。《小额》/ 王氏听见当头人回来了，在里头屋直嚷，说："当家的！你回来好喽，他们惩治苦了我喽！"《铁王三》/ 外人看着好像文明女士，开通的邪乎，其实全是假事。背着家里的先生（如今称当头人为先生），他跑到东岳庙烧香去。一切的迷信讲究，很也都有。《花甲姻缘》/ 这个娘儿们可真别致。人家怕当头人立妾，他要给当头人立妾。其性与人殊，真正的反常为妖。人家作奶奶太太的，最怕当头人置姨奶奶，听见当头人要立妾，能够哭三天吵八夜。《搜救孤》
【挡内儿】	另外给小费。澡堂行话。	外给酒钱叫挡内儿。《燕市丛谈》

【档杵／挡杵】	给人钱。江湖黑话。	张爷一档杵（档杵就是甩钱），广当家的那里肯收。《孝子寻亲记》／白大哥，你回头麻他一下子，让他先给你们拿二百吊钱的饭钱。先说明白啦，挡过杵来。我可得使二十。《孝子寻亲记》
【档房】	办公的房子。	步营左右两翼翼尉，在住宅的左近，必要安设一处档房，俗名叫作翼啦。《进化报》
【荡】	趟。	我并不是舍不得钱，去一荡棘我能不舒服三天，何苦花钱找病呢。《益世余谭》／善合他们老师病啦，放了三天学。平常也不能溜达溜达，今儿个天儿也好，你带他逛一荡万寿寺去，好不好？《小额》
【荡子车】	有固定路线的马车。从终点站到终点站来回走。像公共汽车的路线。	各城的脚驴子、荡子车、自用的汽车、马车、轿车、敞车、人力车、脚踏车等类，统通算到一齐，北京每一天的交通费，决不止两万元。《演说·替人力车发愁》
【刀垫子】	保镖，给人挡刀的。	每逢库兵出来，讲究坐快车，前头两辆，后头两辆，他在当中的车上，总带十几口子保标｛镖｝的，单刀洋枪，车辕上一跨，这宗人们，俗呼为刀架子，又叫刀垫子。《益世余谭》／到了外头一瞧，人家都拿着家伙。自己一想："我犯不上当刀垫子呀！就说家业满争出来，我能分的了多少？卖命犯不上，莫若来个安礼儿，我先溜之乎也，瞧他们的哈哈儿笑。就是这个主意。"《铁王三》／回想当年给人当刀垫子，迎着雷走，自己也觉好笑。《中国魂》
【刀对鞘】	正巧说对了。	大声因为喝了一点儿酒，听戏听的高兴，无心中对急呼一胡批，正是刀对鞘的事情。急呼心中有病，以为将才跟田乃青说的话，大声知道消息，当时一阵发楞。《怪现状》／善老太太不提世职还好，一提世职，算是刀对了鞘啦。桂氏心说："这个老梆子多嘴多舌。没有世职，还没有这个事呢！"《鬼吹灯》

【刀架子】	保镖，给人挡刀的。	这家伙是个保库兵出身（旧日户部的库兵，照例由旗人充当，专能盗库。库兵出来，总得有人保着，怕人劫他。保库兵之人，俗名为刀墊{垫}子。因为库兵坐在库里头，他们坐在车外头，挨刀他先挨，所以又叫刀架子）。《势力鬼》/ 每逢库兵出来，讲究坐快车，前头两辆，后头两辆，他在当中的车上，总带十几口子保标{镖}的，单刀洋枪，车辕上一跨，这宗人们，俗呼为刀架子，又叫刀墊子。《益世余谭》/ 哥哥上库的时候儿，我还跨过车沿呢（当过刀架子）。《小额》
【刀切帐】	要一半的回扣。	人家花一万，他无非得五千，这叫刀切帐。《评讲聊斋·续黄粱》
【捣乱】	闹腾。闹纠纷。	少奶奶正在厨房弄饭，听见上屋里直捣乱，又听见门口儿乱嚷嚷，知道不是甚么好事，赶紧来到上屋啦。《小额》
【倒车】dǎochē	把客人倒给别的车拉。	十五个子讲妥，由前门拉到隆福寺，一进前门，走到御河轿，他就倒车，平日八个子大可以拉四牌楼。因为多给他钱，所以他倒车。《益世余谭》/ 每天我由前门回家，是分段租车，由前门雇到东四牌楼，由东四牌楼再雇到家。这并不是我为省钱，天气热，路途远，由前门直接拉到舍下，拉车的也受不了。有其他倒车，不若我零雇，倒也便宜。《余墨》/ 车行快到前门，他跟我念子曰，他说："昨天把脚磨了，四牌楼这蹦子不近哪！"您想他这不是费话吗？三步半还能花四吊吗？他说他脚磨了，这话更不对了。由琉璃厂到前门拉了个如飞似电，要是脚真磨了焉有如此之快。万总归一，他就是要倒车。《鬼社会》
【倒了核桃车子】	说个不停。	今人多以教读先生，在某处设馆，就说是舌耕，这话说的好像不大完全。请想教读的老夫子，何等高贵，若也那们倒了核桃车子似

		的。每天苦交代功课，一个月挣不了三十块钱，还不如说书去哪。《演说·卖舌头》
【倒托儿】dàotuōr	假装当托儿，但给人的坏事。	明是给他说情，暗含着给他直砸，外话叫"倒托儿"，倒把他的劣迹说了说。《一壶醋》/今天的书，应当说洪头儿回到衙门，见了毛先生，两个小花脸对要半天的话，算是给老满把人情拖好（真正倒托儿）。《讲演聊斋·细侯》/这姓贾的给自己闹了个倒托儿，几乎死在湖南。《讲演聊斋·细侯》
【倒仰】dàoyǎng	向后摔倒。	我一瞧这屋里，这分肮脏，真是达于极点。一进屋门儿，薰了我一个倒仰，真正其味无穷。《库缎眼》/那位御史正自不耐烦的办他的公事，不想座下木板一沉，他的椅子也随着往后一倒，把这位御史摔了一个倒仰，惹得全场大笑。《北京》
【到了老老家】	到了极点。	谁知他行所无事，居然还能在这里忍着，这个人的无耻无羞也就算到了老老家啦。《张文斌》/咱们说句歇口语罢："往外婆家偷烟袋——没骨头算到了老老家啦。"《铁王三》
【盗洞】	托人情，找门路。	你们成心为难我是怎么着？事情已竟已竟啦，想法子盗洞去，这们一点儿事都架不住，那还成啦？《小额》
【道不去】	不讲理。	倒是楞祥子有点儿热血，对着这一群土匪，指手画脚的把刚才青皮连怎么道不去，怎么打伊老者俩嘴吧，一切的情形，说了一遍。《小额》/他的行为，虽说道不去，待我有私恩。《讲演聊斋·阿霞》
【道道子】	路子。办法。	真要死了，他决不甘心，一定是打官司告状。他姐姐叫巧姐儿（可不是王熙凤的女儿），在甚么侍郎家当姨奶奶，十分的得宠。他爸爸又在某王府赶车，他妈妈又给某御史的太太梳头。别瞧他们家，很有个道道子。

		《过新年》/ 吴桃氏见个噶氏说的很有道道子，也就起身回家。《杂碎录》/ 自己也知道外祖有些个道道子，可又不便宣布。《评讲聊斋·青娥》/ 听说万法归宗书上，有这些道道子，灵不灵我也没试验过。《讲演聊斋·妖术》/ 后来他永久一黑就关门，谁能晓得他有甚么道道子呀。《讲演聊斋·武孝廉》
【道儿】	路子。	老实角儿是甘受其苦，能抓钱的道儿，反正没有光明正大的事情。《小额》/ 假使质问当局人，彼必云"民国没钱，我们办不动"云云。前清时代有钱，也没办出个道儿来呀。《益世余谭》
【道乏/到乏】	对帮助过自己的人登门道谢。通常要拿着礼物或钱。	玉氏并送点心一包，据言不敢与蔡先生道乏，此系送给学生吃的。《余谈》/ 春爷跟松爷商量，要给虎拉车道乏道谢，松爷再三的相拦。后来春爷请松爷吃了顿饭，麻花刘也在场，给松爷请安致谢。《麻花刘》/ 过了生日，库缎眼上丁家道乏道谢。《库缎眼》/ 你没给我道乏，我先给你送礼，这叫连烧带烤，倒底瞧你怎么样。《二家败》/ 俗语儿说："吃水别忘了掘井的"，需要知道"天上无云不下雨，地下无媒不成婚"，你们也不想一想，这一件好事，是谁给你们成全的呀？不差甚么的，也该给我、中人道个乏儿了吧。《评讲聊斋·阿绣》/ 您这份受累（劳您驾），等到您大哥出来，再给您到乏。《小额》/ 反正既然见好，非找您不行，越绷越有价值，将来到乏的礼物，必是丰厚的。《忠孝全》/ 塔三爷封了二十两银子，带着阿林，来到灵官庙，给噎膈李道乏。《鬼吹灯》
【道叫】	说江湖上的那套话。	两个人都拿着拨旗子，见了面儿要道叫道叫，说："虔诚老都管，好说虔诚您哪。您是多咱落的宿？您是回香是宝香？"《二家败》/ 大糖

		梨那天提溜一个蒲包儿，无非是缸烙糟糕等等，进了门很道叫。《麻花刘》/ 哥哥如果不出气，要打，打我，这本是了事的前三抢儿，就便在车辙里，三车巴刀棍，两车劈柴，凭这们一道叫，也就了啦。《评讲聊斋·曾友于》/ 在前清时代，各处折奏，遇见明火路劫的案子，有两句刻板的文章叙说盗贼的口供，是"相逢各道饥寒，遂伙抢某处，得财均分"云云。没想到时至今日，不是作贼的，彼此相逢，居然各道饥寒。千人一面，习为不怪，实在是件可怕的事情。可是话又说回来了，大庭广众之中，饥寒还得道叫出来，足见表面上还不甚透饥寒。《益世余谭》/ 张志儒本是个学生，嘴里一点儿不能道叫（这可说的是从先的学生，如今的学生可大不相同），受了林三眼一通儿刻薄，干鼓子，一句话没有还出话来，直气得脸也白啦，手也凉啦，浑身上的肉跳。《孝子寻亲记》你大概还是要充朋友，道叫道叫。《讲演聊斋·田七郎》
【道解】	解释。	这都是吴老太太道解的吗？吴老太太呀，要会跳动这一场，还不至于出这们档子事呢。《杂碎录》/ 我将要道解两句，这群人不容分说，立时动起手来。《杂碎录》/ 我打那群人的时候，并没有那们些个道解。《杂碎录》/ 在众目之下，总得给秧子道解几句，秧子一听，真能心满意足，知道不白花银钱，真有捧我一场的。《演说·说秧子》
【道空乏】	嘴上道谢，不给礼物。	病瞧好了，给他道个空乏，他倒喜欢。你要是给他买东西送礼物，蒲包儿料斗儿不必说，给他送果席票袍褂料，他也是给你璧回去。《一壶醋》/ 后来要给华先生道乏，孟老太太再再的相拦。要办礼物，可也真办不动，只得道了个空乏。《一壶醋》

【得】dé	①能。②当。	①善金善大爷每步加三分，一直的奔家。道儿上遇见几个熟人，也都没得很周旋。《小额》②听说是任命先生省长（想着得道伊，倒得了省长了）。《怪现状》
【得步进步】	得寸进尺。	从来妇人的心性，多是得步进步。男子稍一退让，他便以为得理。《讲演聊斋·霍女》
【得儿】	脏话，"他妈的"音变。类似现在的"特么"。	"听我告诉你，爱过不过！碍得儿不着我（此之谓青皮）！干甚吗这们横啊？倚老卖老是怎么着？"《小额》/混蛋哪，你们是得儿怎么件事？我们是花钱的，你们是卖的，没在家，想法子给接回来，甚么叫改天来，大爷们有钱，用得你出主意吗？《何喜珠》/惊了驾，是你担哪，还是得儿我担？《讲演聊斋·巩仙》/你爱瞧不是，他可得儿不配。《讲演聊斋·邵女》
【得活】déhuó	能解决，成功。	各部里是挺熟，有甚么了不了、挠头的事情，王三一出来，就得活。《小额》/简断捷说，现在应时当令，有财产，有势力，就得活，管他从先作甚么呢。《花甲姻缘》/记者常说，写匿名信的人，不及蝎子。蝎子螫人，还先给你送个信，他有个爬的声音报告你，匿名信一分邮票就得活。《余谈》
【得苦子】	吃亏。	一瞧青皮连要得（音歹）苦子，喝，七言八语的全来啦，一闹这个鸡屎派，甚么他的话啦，我的话啦，第老的年轻啦，老哥儿们都瞧我啦，伊老者这个时候儿，是气的连话都说不上来啦。《小额》/财主金说："那可使不的，你去了一定得苦子的！"金三诈说："我不怕，我光脚不怕穿鞋的，他是作官当差的，我是苦小子，我是不怕的。《方圆头》/谁能换钱一个个细瞧？稍不留神，即上其当。花的时候儿，谁也不要，你要拿回本铺

		子去，他一定不认账，只好得（歹）苦子罢。《益世余谭》/ 要不是有巡警跟着，侯二那天真得个大苦子。那天一共调查了三十多家儿，费了六车话，出了好几挡吵子。《董新心》
【得了美】	得了意。	黑老婆儿是专一的护犊子，竟为孩子跟人捣乱，街房都没那们大功夫理他。他可就得了美啦，并且最爱调唆爷们，跟人家殴气。《小额》
【得脸】 déliǎn	受信任，受重用。	老王家那个外甥，姓吴的那个小孩子儿，给他当跟班儿的哪。听说还是很得脸。《驴肉红》
【得人（儿）】 dérén(r)	有人缘。	那位瞧书的说啦："你编的这个小说，简直的没理。你说伊老者素常得人，为甚么青皮连跟他打架，旁边儿的人会不管劝劝呢？眼瞧着让他们打上。世界上岂有此理？"《小额》/ 原来耿鸣玉向来最不得人，本城的绅士，跟他感情也很恶。《一壶醋》/ 警区署长，为一区表率，署长得人，本区的治安，一定是日见有功，蒸蒸日上。《益世余谭》/ 友于素日本来得人儿，再说既然过来，还能不拦吗？《评讲聊斋·曾友于》侯双头长大，吃喝嫖赌，无所不为。在外头又不得人，故此人给他起了个诨号，叫作庙侯。《杂碎录》
【得味儿】 déwèir	觉得好吃或好喝。	这叫厨子不偷，五谷不收，甚么叫得味儿不得味儿的，先混个肚儿圆。《讲演聊斋·夜叉国》/ 也在嘴里一倒，灌下去觉着不甚得味儿，商爷赶紧递他一大块鱼，徐大少接在手中，翻来覆去的细瞧。《讲演聊斋·夜叉国》
【得样儿】 déyàngr	好看。	年青的堂客，要是把头梳小了，本人儿先觉着不得样儿，就是傍{旁}人瞧着也要乐。《进化报》

【得滋味儿】déziwèir	觉得好吃。	单说子英，向来饮馔十分讲究。三鲜馅儿的角子，不搁好料酒高酱油，他都嫌不得滋味儿。《一壶醋》/赵大有一分厨行的手艺，自己作的鱼肉鸭子，很得滋味儿。《王遁世》/莫如索兴讨他个喜欢，给他吃点儿得滋味儿的，也许感动他好心眼儿，放我逃生。《讲演聊斋·夜叉国》
【德国勺儿】	烟斗。	近年才有人发明，说纸烟有许多害处，想法子得改良。改了一宗短勾儿烟袋，雅名曰德国勺儿。近来吃德国勺儿的，说勺儿虽好，就是吃着火大烟冲，抽多了烟，爱生口疮。《演说·良改》
【德律风】	电话。	德律风真比火车头都快。《大劈棺》/这孩子虽是傻头傻脑，这张嘴比德律风还快。《酒之害》/北京原有的德律风，从前不是外人所立，现今华商自己设立，雇的是日本工师，就改用了日本的名词，叫作电话。《来函·京话日报》
【的过儿】deguor	可以。值得。	这以来，我总算去的过儿啦。《白话聊斋·小翠》/遭这场儿官司，很也遭的过儿。《杂碎录》/好个狠心的娘儿们，真剐的过儿。《杂碎录》
【的话】	①的事。②……的话，说到……	①我上那儿去一趟，倒可以卧卧底。回头的话，咱们在澡堂子见面。《春阿氏》②在小连的话呀，我们哥儿几个也问明白了他啦。《小额》/小钰子的话，到底是小两岁，不怨你薄他。《春阿氏》
【得】děi	不错。	王生带着一妻一妾，小日子过了一个挺得。《评讲聊斋·锦瑟》
【登登】	死。	到了第二天早晨，鼻子嘴里，往外一喷这个紫血块子，没到晌午，魏铁嘴有话，就登登啦。《小额》

【登高跷】	一种肉刑。	"先让他们二位登一回高跷，逍遣几句儿渔樵问答，咱们听听。"说话□间，小伙计儿将两个人的鞋袜脱将下来，拿过两双草帮木头底儿的鞋来，给二人穿上，有鞋带儿，在腿上一捆，两边一架胳臂，二人站立起来。……怎么一登高跷，就架弄不住了？敢则鞋底子冲里，有一层秃失儿钉子，肉脚往钉子上一造，疼的是滋牙裂嘴。《杂碎录》/ 我们这儿很会修理活人。抱媳妇儿、光棍架、摇车儿、太师椅、两把儿头、火烧战船、上脑箍、活乐床儿、登高跷、大板□、偏床、锅套、老弟的、咸肉卷饼、两头儿忙，这些个玩艺儿，打算要试验试验，卖一通儿，那倒是现成。《杂碎录》
【登坑儿／登坑子】	捕快进屋逮捕犯人。	问明老杨住那房子究竟有多少人，再登坑儿。你们大家想好不好？《讲演聊斋·邢子仪》/ 本县派来那十名兵八个班头，同着保甲一齐来到，见咱们已然登了坑子，人家问问是帮着上呀，还是净擎接官事。《讲演聊斋·邢子仪》
【登空】	扑空。	想不到咱们白看了一夜，敢则登空啦，姓杨的这小子，是捂了辫顶儿啦。如今只好说抱了秃瓢儿了吧。《讲演聊斋·邢子仪》
【登时】	当时。	他这们一告诉我，某大夫怎么给配药，一料多少钱，怎么人家先给垫钱，药来了才要钱呢。这件事情，在下登时也没很理会。《小额》
【蹬空儿／登空儿】	裤子。澡堂行话。	裤子叫蹬空儿（又名肖儿）。《燕市丛谈》/ 张诚说："这倒有劳二位尊官大爷咧。"接过来登好薰筒儿（汗脚八鸭儿吗），套上登空儿（不是连脚裤），扎挣站起来。《讲演聊斋·张诚》

【蹬腿／登腿】	指死亡。	坐车进城，不大工夫已到阜府门口，两个人跳下车去一看，门前已然立了大幡，知道三老爷已然蹬腿。《阜大奶奶》/耿爷万想不到等不到女儿出门子，就瞪眼登腿啦。《杂碎录》
【瞪眼子食】	马肉脯儿。	田七郎不卖瞪眼子食。《讲演聊斋·田七郎》
【低搭】	也说成"低道"，身分低微。	有一位不肯露名的善士，在花界中劝购红票，两日之间，听说劝出一千五百张去。据说是南北各掌班，全是慨然担任，这么看起来，敢则慈善为怀者，无论何界，万不可以一言抹倒，不是开店儿的，都说低搭吗。《演说·见义勇为》
【低钱儿不值】	一钱不值。	傍{旁}边听的人就能答腔，您还说呢，上次跟我这个碴儿，就怎么怎么不对。里头再有附和的，真能把这个人潜毁的低钱儿不值。说着说着这位来啦，您猜怎么样？大家可又不说他啦，另想一位别人作鼻子头。《演说·口过》
【底根儿】 dǐgēnr	①本来。②到底。	①我们底根儿本有几个钱，你是知道的，现在产业也没了，连弄一个大钱也很费事。《语言自迩集》/没法子，谁教我底根儿没出息呢。《语言自迩集》/那个房子住不得，很凶。底根儿是我们家兄住着来着，地势很好，门面房七间，到底儿五层，住着很合样，又干净。《语言自迩集》②你底根儿多少钱买的？《语言自迩集》
【底漏】	媳妇偷偷从夫家往娘家拿钱财。	娘家要是一穷，他是竟惦记着娘家。钱财物件吃食，得运就运，俗说叫作底漏。《铁王三》/打头您的姨太太，您先缠不清，永远不叫出门的，底漏的也不少，事属暧昧，好在别人不知道就是啦。《演说·阔之害》/过门之后，这个穷娘家我就不了，短不了往娘家底漏哇。《郭孝妇》

【底面(儿)】	底下人。在家里，指仆人；在衙门，指狱卒等最底层的人。	再说啦，先得在底面儿安置安置，别让老爷在里头受罪。《小额》/我们大奶奶，那可是好人，对待底面儿，那分厚道就不用提了。《酒之害》/所有钱塘县衙门内，底面这些当差牢禁等人，没有一个不认识他的。《金三郎》/底面的朋友，都跟满生有个不错，只要姓卜的松松嘴，官司就算完咧。《讲演聊斋·细侯》/当时具结完案，暗中交代，底面儿又花了不少的钱。这档子官司，算是完事。《小额》/将来你的官司打上，底面儿让你有照应，吃喝都是我的事儿。《杂碎录》
【底围子】	底下人。在家里，指仆人；在衙门，指狱卒等最底层的人。	打官司又不交讼费，底围子不能不疏通。《燕市丛谈》/只要把底围子都打点好，皇帝也得照样听喝儿。《说聊斋·续黄粱》
【底子】	①指原来有的病。体质。②品性；基础。	①春莺说是月经数月未见，早晚发晓，肚腹发胀，夜内咳嗽。成氏一听，简直是痨病的底子。《搜救孤》②因为是个顽固底子，新政界是两眼儿一面儿黑。因为孟某是个甲班，又在外留过学，认识个新人物，两个人又是亲家，于是跟孟某念叨，打算要出山作事。《怪现状》/某甲要生在春秋时代，也是卫懿公的底子（好鹤亡国）。《余墨》
【底子钱】	回扣。	早年桂林轩，真能因为份儿底子钱把一千多银子的买卖硬崩啦（硬撞儿）。《燕市积弊》/虽都是言无二价，京纸铺专能跟裱糊匠通行作弊，假如你自己买纸，雇人糊棚，裱糊匠还能去找钱。不信以高丽纸而论，外行买一张是四百，匠人买三百六儿钱，这还可说人家匠人照顾的多，为的是以广招徕。无论京纸、南纸铺全有这宗毛病，每逢论百的东西，向来是不够，顶公道不过是九十八张，要问他们，说是预备下人扣底子，可是自己去买，没底子钱，他从来也不给添，事虽微细，算不公道吧！《燕市积弊》

【地道八北】	地地道道。	你们三位的佳会在即，趁早儿我别讨人嫌，而且人家又不要局钱，地道八北的清客串。《白话聊斋·梅女》
【地宫里】	心里。	催眠术究竟是怎么一档子？听人讲究，简直是蒙人的戏法儿，打地宫里就不信他。《演说·催眠术与催醒术》/ 单说胎里坏孙先生，一听说小额遭啦官司，地宫里就没安着好心，原就打算吃一下子。《小额》
【地立】	压根儿。	我的妹妹，咱们姐儿俩地立就不错。无原无故的，他们大家挑唆，楞说妹妹你背地里竟骂我。《过新年》
【地面(儿)】	负责本地治安的人。	彼时设局，皆与地面说通，从无抄办之事。各府公立的宝局（宝局还分公立私立哪），地面儿不敢抄办，不必说啦。《益世余谭》/ 四郊路劫的案子，层见迭出，屡登各报，兹不多赘。再一般人的议论，总归咎于营汛地面。《余墨》/ 干这行儿要是得个外号儿，分外还得有个吃香哪。遇见一个好空子，真能由他发财致富。只要把本地面儿应酬好了，从此就算躺著吃。《白话聊斋·胡四相公》
【弟老的/第老的】	兄弟排行最小的。	吃喝嫖赌抽，哥儿五个乃是把兄弟。起初本是吃喝嫖赌四个人，先拜的盟。拜盟的时候，言明不论年岁的大小，以害人最轻的为大把兄，以害人最重的为弟老的。《演说·吃喝嫖赌抽》/ 第老的说得有理，老弟兄们走着，老弟兄们走着。《小额》/ 跟着两三个兵，第老的都得过六十，勾竿子都弯啦。《鬼吹灯》/ 张氏说："你把兄弟多了。这第老的就有五六个，三爷也有七八个。倒是那个第老的，那个三爷呀？"《土匪学生》/ 况且我就听说，有位赵第老的，没听见过这位赵大爷。《评讲聊斋·仇大娘》

【递嘻和儿／递嬉和儿】dìxīher	陪着笑脸儿上赶着跟人家搭话。	赵华臣一听，心里一动说："这件事来岔儿呀"，赶紧跟人家一递嘻和儿，跟着这们一打听。《小额》/孙二狗向来不了毛豹（狗自然怕豹），当时站起来递嘻和儿，说："毛大哥您也来了。"毛豹知道他是田家的走狗，一瞧他气往上撞，说："我来了就完了，也来作甚么？"《小蝎子》/虽然进去了，没有地方儿坐。您想一个躺着，两个歪跨着，怎么能坐？玉岩过去递嘻和儿，说："老总借您光。"歪跨着那位八太爷说道："你找谁呀？"玉岩说："倒是不找谁，请您往里，我们坐一坐。《鬼社会》/如今一对眼光儿，居然跟自己直递嘻和儿。《评讲聊斋·嘉平公子》
【掂夺】diānduo	斟酌。	却说这位真爷，爬窗一瞧，母亲带来这个姑娘，比云栖还体面许多（难得母子全是假高眼），自己心中，犯了掂夺。《评讲聊斋·陈云栖》
【颠儿核桃】	颠儿。走。跑。	心里一想，干他一头子，给他一个颠儿核桃（北京土话，当走啦、跑啦讲），就是这个主意。《小额》/就把怎么想法子，借着托官司，干他一下子，一颠儿核桃的话，一五一十，细说了一遍。《小额》/胎里坏也不露面儿啦（他有话，干他一头子，一颠儿核桃，还露面儿作甚么）。《小额》
【点脚(儿)】	走路用脚尖着地。	二位管家见着的这个人，走路点脚，说话是条尖嗓子，对不对？《刘阿英》/因此于凤不务正，最好赌博，前天是寻找他的母亲要钱去，惟此人是点脚儿。《杂碎录》
【点景】	走走形式。	善全跟姑娘吃了几个儿，也就是点景而已。《小额》/新年关好过，旧年关过过之很难。新年关不过点景而已，旧年关有债务、债权的关系，不但记者怕过旧年关，普通人大概都怕过旧年关。《余谈》

【点手（儿）】	叫人过来的手势。手心朝下，往自己方向晃动。	望见刘三等在此，不得说话，点手叫周书出去。《井里尸》/一点手叫出个机伶伙计，替酒胡回话。《杂碎录》/洪头儿等候砍头荣睡着，向吴桃氏一点手，又向伙计一点手，四个人聚在一桌。《杂碎录》/听有人叫他，董爷一瞧，靠着窗户桌儿上有两个人，带笑点手儿叫他。《董新心》/梁妈进来，点手请德舅爷出去。《春阿氏》
【点住】	掌握住。	女子要把男的点住，不定翻他们几道杵门儿哪。《说聊斋·阿霞》
【垫板儿】	搓澡。行话。	就以澡堂子说，搓澡叫垫板儿，又叫大活，修脚叫小活。沏茶大喊"搬一个"，茶叶叫芽子，喝茶叫作撒芽淋。《燕市丛谈》
【垫办】	①先拿出自己的钱垫上办理。②指钱。	①谁有多大垫办，真有穷得不得了的，从先常说上海拉洋车的里头真有候补道，拿话是一点儿不错的。《怪现状》/手里又没钱，素日又好嘴馋，从先放的有点帐目，自己收回来，全都垫办啦，倒闹的挺大亏空。《忠孝全》/哥儿五个遂与店里掌柜说明，托付二位崔爷找人送人，并托付店里垫办盘川。《李傻子》②也有当过两任局差，手里有几个垫办，在那里消遣的。《白公鸡》
【垫踹窝】	也说"垫踹儿"，不是自己的错，却被人把气撒在自己身上。	这个姓黄的教书匠，就不是东西。捧臭脚架弄事，拿我们孩子垫踹窝。我这就骂他去。《苦家庭》
【垫舌根板子】	总要叨叨这个。	你这两天的棋，刚通了点儿大路，做什么就对朋友逗能对。况且你还要拿我垫舌根板子。你这个人，真没个答理头儿咧。《讲演聊斋·连锁》/大家议论纷纷，啧啧称羡，反正拿林三眼垫舌根板子。《孝子寻亲记》/垫舌根板子，想起他总要叨叨。《旧京通俗谚语》
【垫窝】	垫脚石。以此显示别人的好。	好的，拿我们孩子垫窝去啦。《大樱桃》

【刁／叼】	咬。攀扯或诬陷他人。	你如今要出首，他岂不恨你入骨。你又在《民魂报》充任编辑，他一死儿刁你，说你跟他是一党，那时候儿你有口也难以分辨。《怪现状》／我素日跟他交好，我一拿他，他能不叼我吗？《驴肉红》
【刁头】	刁蛮霸道的人。	本来刘二是个著名的刁头（刁头是西三府的话），仗着是个拔贡的功名，横行乡里。《苦鸳鸯》／沙秃子虽然是个刁头秀才，还是场面儿的朋友，较比新学界的人物，脑筋透简单，架不住三捧。《董新心》／金三诈在乡下，虽然是个刁头，北京他是初次到，没见过多大世面。《方圆头》
【刁住】	在打斗中抓住。	伊老者还要揪他的脖领儿，让小连刁住了腕子，往后一推，伊老者可就闹了一个豆蹲儿。《小额》／孙二狗借着起来这个劲儿，又敬了毛豹一拳，让毛爷刁住腕子又给扔了一个跟头。《小蝎子》
【吊猴儿／调猴】	不服管教。	别管人家是赶老羊，是吊猴儿，人家干人家的，我睡我的觉。《讲演聊斋·任秀》／但只一件，叫我不放心。怕是你们细侯这孩子，到了贾宅跟人调猴。所以我给你们做情了一个死门儿。《讲演聊斋·细侯》
【钓金龟】	给大骗子当狗腿子。	但有一宗吃腥饭的人，别名叫钓金龟，跟随着捧场架事，在水旗子下边大当碎催，居然也将他加上爷字儿的称呼，所为是腥家门子的这位听着喜欢。《演说·俗语》
【掉楚／掉杵】	花钱。江湖黑话。	同着朋友吃饭、听戏，永辈子没掉过楚（"掉楚"是句江湖坎儿，就是花钱）。《小额》／凤日不懂交亲走友，可也不胡嫖滥赌，故此将就着可以吃盅舒心饭。就有一样儿毛病，专好在邻居亲友妇女中献勤儿，就是永不掉杵。《讲演聊斋·黎氏》
【掉空杵】	白花钱。江湖黑话。	交朋友他说是掉空杵，青云阁喝茶，为两碗茶钱，两个人能对耗。《谢大娘》／自己的事情，自己知道，也就不必找他相了。他说的

		还没我知道的详细呢，掉这宗空杵作甚么？可是近来掉这宗空杵的，非常之多，记者从先也论过一回。《鬼吹灯》/不用说假借厌禳之术蒙哄老斋，其实他是翻错了眼皮。姓王的生平就不掉空杵。《白话聊斋·画皮》
【掉毛儿】	往前空翻，以背着地。京剧表演动作。	夫人摔了个整个儿的大掉毛儿，死身子着地。《杂碎录》/"阿玛已竟死啦！"阿林一听，登时把筐子也扔啦，把俩碗也砸啦，一个小翻（倒没来掉毛儿）来到屋中，见塔三爷瞪着个眼睛，张着个嘴，已归道山。《鬼吹灯》/大春子吓的又闹了一裤子溺，哈着腰正往屋里跑，跟着又一声炮响，大春子一害怕，来了一个掉毛儿（上次摔壳子，这次又来掉毛儿，大春子许排过武行）。《五人义》/一直奔到月台，来了一个掉毛儿（这回倒没摔壳子），大号了一阵，不必细说。《忠孝全》
【爹】	①叔。②姑姑。	①我刚才上我三爹那儿去啦。我三爹听府里张内监说的，小连打的那个姓伊的他儿子，敢情在府里教书。《小额》/王小峰他父亲在世，很疼单四，王家有事，单四倒是真卖力气，跟自己家里一个样。赶上吃就吃，少爷少奶奶们，都叫他四爹（不叫四叔而叫四爹是表示亲密的意思，北京旗人家，有这宗称呼）。真比亲叔叔还亲。《势力鬼》②"您瞧，小四儿在那儿玩儿哪。叫爹呀。""大爹。"《燕京妇语》
【叠】	打定。	你说他是谁！了不得，有名儿的利害人啊！从不给人留分儿，与他不相干的事还可以，略有一点儿妨碍他的地方儿，不拘是谁，叠着劲儿，必要站住理、得了便宜才歇手。《语言自迩集》/麻花刘由翼里一出来，就叠了这们一个主意，表面可是一点儿没露。《麻花刘》/翁氏早叠了一个主意，说："他既是作官的，就不能擅娶有夫之妻。我把原因跟他说了，他要讲人道，我再要求他别的事情。他要不讲公理，我有死而已。"《苦鸳鸯》

【叠起来】	摆起架子来。	所有本族人等，男人是二两银子一石麦子，女人是二两银子两匹蓝布，十五岁以下的孩子，每人是一两银子，格外给假秀才五十两银子，可还没跟假秀才提呢。要先一跟他提，他倒叠起来啦，专等着他发言的时候儿再说。《铁王三》/ 男子有甚么好儿，一有了如夫人是满不算，越凑合他，他还是越来劲，从这反倒叠起来啦。《说聊斋·邵女》
【顶个雷】	随时有祸事发生。	谁家要有这们两位夫人儿，不用想有个鸡吵鹅斗，作爷们的心里一痛快，无论干甚么也得发财。就怕你不让我，我不让你，没事诚心斗闷子，把男人挤兑得王八二挣，顾了这头，顾不了那头。虽说算不了甚么大事，能够叫你不心静，没事老得顶着个雷，不定那会儿就滚起来。《白话聊斋·萧七》
【顶门】	顶缸。	王氏说："今天请九叔来，就是跟九叔要主意。这个孩子，您侄子自幼爱他，一定要过继他。我倒是直拦，因为是我娘家侄儿，我不大愿意（这宗妇人最可恶，他作的事情，永远拿爷们顶门）。"《铁王三》/ 反正这件事是小蝎子儿的原动力，魏卜保帮喘，拿大老爷顶门，得罪他们比得罪大老爷还亡道。《小蝎子》
【顶皮子】	要饭。	这么看起来，嫖赌两途，全是自找的人之患。虽说是及时行乐，也要知道急流勇退。若是流连忘返，终久一歪身儿，是非顶皮子不止。《演说·人之患》/ 秧子纵有万贯家财，转瞬之间，秧子就能抱瓢。多早晚一顶皮子，这群傍秧子的，也就云飞雾散了。《演说·说秧子》
【顶神】	跳大神儿。	瞧香、顶神等事，在前清时代，就为国法所禁（康熙《圣谕广训》内，就有禁止顶神的条例），不过相沿日久，无人过问。《益世余谭》
【顶香】	跳大神儿。请来附体的。	曾记同治年间，文庙里有个顶香的（旧日文庙里住户很多），自称顶的是孟子大仙，后来为某司业所禁。《益世余谭》/ 嫂子，他这

		病可有点邪,非请瞧香的不行。东直门外头有一个顶香的,顶的王奶奶,赶紧把他请来罢。《曹二更》/西城花枝胡同,住着一位某衙门笔政老爷,续娶了一位夫人,娘家姓刘,专会顶香。《进化报》
【顶子】	顶戴,清代官员帽顶上的饰物。品级不同,饰物也不同。最初,饰物上的珠子,一品用红宝石,二品用珊瑚,三品用蓝宝石,四品用青金石,五品用水晶石,六品用砗磲,七品是素金顶,八品是起花金顶,九品是起花银顶。因为官服、顶戴都是官员自己置办,所以乾隆以后,这些珠子,基本上都用透明或不透明的玻璃来代替了,透明的叫作亮顶,不透明的叫做涅顶。一品为亮红顶,二品为涅红顶,三品为亮蓝顶,四品为涅蓝顶,五品为亮白顶,六品为涅白顶。七品的素金顶,则为黄铜镀金,或者干脆是铜的。俗称,一、二品官员官帽上的饰物叫红顶子,三、四品的叫蓝顶子,五、六品的叫白顶子,七品的叫金顶子。	他说这个人必戴红顶子。这个人说:"现在是共和时代,那里戴红顶子去?"《余墨》/您别瞧金顶子白顶子亮白顶子,三节两寿,跪下就磕头。《库缎眼》/前清时代,作官的都盼戴红顶子,念书的都盼中举,八旗子弟盼得大钱粮,到了商界买卖人,唯一无二的希望,就是专盼领东。《演说·领东》

【订对】	询问，确认。	但说贾婆子，听夫人说，要同姑娘自己订对订对，心说：这可又怕费唇舌。《讲演聊斋·邵女》/咱们事不宜迟，我这就上柴家订对银子去。《讲演聊斋·邵女》
【钉劈了】	追问到恼羞成怒。	若是苦往下一钉，钉劈了，人家一钻碴儿，给个瞎马骑，可就不好办啦。《杂碎录》
【定归】	安定。	"我问他，里头谁给安置的？他说是东城仓上的王爷。大概准是王亲家爹那块儿。"额大奶奶一听，心里还稍微的定归点儿。《小额》/甄醉仙一听知县的口气，很透和平，直仿佛给他领道儿似的，心里稍觉着定归了结点儿，这才跪爬了半步（好，又来啦）。《张铁汉》
【定规】	定下来。	"好妹妹，赏我的脸儿，一准来得啦。"印格听说第一舞台听戏，甚是高兴，见厚格推辞，心中未免不悦，今儿二宝如此一说，便笑应道："你不用跟他再定规啦。到时候我把他拉上就是了。"《都市秽尘》/过了两天，丁爷送信，说是前途仰慕清门令德，非常欢迎，这件事就算定规啦。《花甲姻缘》/老侯低头想了想道："拿破仑饭店，你看好不好呢？"老唐说："亦可以吧，那们定规那一天呢？"《七妻之议员》/老爷见的自然不错，就这样定规了罢。《儿女英雄传》
【定油儿】	虫、鸟固定在一个地方聚。引申为在一个地方呆住不动。	来回也欠不一百里地，到了家，天还不到响午哪。您猜是怎么个原故，偏巧遇见太阳定油儿。《杂碎录》/此时天荣脚底下不敢定油儿，只好使足劲，往姑娘脸上一钉。《讲演聊斋·毛狐》/彼时侯氏必是小脚儿，撒放儿的弓，竹竿儿箭，做甚么还定油儿呀？《讲演聊斋·云萝公主》/朱氏骑在木鸟上在半悬空中定住油儿，往下一瞧，虽不十分真切，就□姑娘被鸟儿驼起来，往高处真飞来了。《讲演聊斋·邢子仪》

【东村】	……你的。……他的。	先生，不必过虑。您就硬往里，走东村。《白话聊斋·莲花公主》/这酒我可不喝啦。咱就送东村哪。《讲演聊斋·姬生》/先生，你只管开东村，俺不怕刀子。《讲演聊斋·齐天大圣》/"我的大爷，您别起哄啦。您又不是卖香油，打那门子梆子？"子英犹豫了会子，把心一横，干。卖东村！卖芸豆总比卖国体面。豁出去了！《一壶醋》/只要一天跑的过来，不能拦谁的高兴，你就登东村。《演说·登高》/据我说，如果意见不合，莫若早早儿的分东村。《演说·兄弟》/你们把墙上贴的那张黄报子撕了，咱们就走东村。《讲演聊斋·王者》
【东儿】	请客的席面。	至于东儿这层，你可要想办法预备。《杂碎录》/应该择定某月某日放定，又想著过礼、通信，以及搭棚、讲轿子、印帖子、请亲友、找厨子预备东儿。《杂碎录》/北京土话管办事预备的席面叫作东儿。《小世界》
【东翁】	私人教师对主人的称呼。	又过了些时，赶上周廉下小考。依着周道台，要给周廉买底子，办候选。跟宋老夫子商量，宋仲三大不谓然，说："国家取士，系属抡才大典。东翁是官宦人家，这宗事情，是万办不的。再一说，近来的文笔，令郎大有进步，采芹入泮，是绰绰有余。这次小考，我敢保他是一定披列前茅。"《过新年》
【东西之间】	主人和师爷、家庭教师之间。主人叫"东人"，师爷、家庭教师叫"西宾"。	过了几天，少儒已经复原，挑了一个好日子入学开课。那天的仪注，不过是拜圣人拜老师，送贽敬束修{脩}，东西之间，彼此都有些个套话。《孝子寻亲记》/梅师爷一点要走，曹大令气也上来啦，走就走吧，一个钱盘川也没送，东西之间闹的很不合式。《驴肉红》/言明每月束修{脩}六两，早晚两馔，两点心，晚晌下榻，有书童儿伺候。东西之间，处的倒很合式。《苦家庭》

【冬景】	冬天。	那个洋行的，有了洋式桌椅，而附带的一切点缀，无论冬景用的，夏景用的，也差不多，都是洋货。《演说·提倡国货》
【冬瘟】	冬天的流行病。	过了霍乱季儿，一闹冬瘟，老先生就抓啦，很给人治错了几回，也很出了几档子麻烦，大家送了他一个外号儿，叫大鼓锣架。《小额》
【懂里懂面儿】	知道在什么样的场合应该说什么、做什么。	这位王亲家太太是个大外场，虽然厉害，可是懂里懂面儿，说话倒很爽快。《小额》
【动了真章儿】	认真办起来。	平常贴靴捧场就是，那个事动了真章儿啦，谁管谁呀？趁早儿别往里扑，反正没好儿。《小额》
【动软魔坨子】	软磨。好言好语地纠缠。	假如那年劝我开纸烟的妓女，不论怎么跟我动软魔坨子，我就以冷脸子硬肠子对待，至到脚下，仍不动烟酒。《演说·捧斋》
【都管】	会里主事的头儿。	走会最要紧最露脸的日子，是妙峰山。一到三月下半月，就见都管们（执事人）拿着拨子（会旗），横巴请着平（就是挑笼子的挑着笼子）沿街满巷的打知。《演说·走会》/就连助善的老都管、你们这些位横把儿，我是都有分□人心。《讲演聊斋·水莽草》
【兜翻】	揭底。	她既是背地造作我，我可就不管好歹，要全部兜翻。《春阿氏》/吴桃氏听噶氏要给他兜翻此事，急的脸上一红一白。《杂碎录》
【兜翻我的根子】	翻我老底儿。	四十儿说："好哇。你先教训起我来啦。我这不算家庭革命。我听说爸爸年轻的时候儿，还跟爷爷动过刀呢。"夏侯敦说："好孩子，你兜翻我的根子，气死我了。大奶奶你再替我教训教训他。《土匪学生》
【抖落】	揭露。	奉劝四君，既在文明界当文明差使，就别干这个瞎事啦。快快的把他收了就得了。要不然，本报要是详细一抖落，你们差使就得搁下。《进化报》

【斗话】	拌嘴。	大概他嫌我贫穷,打这儿斗话,若是言差语错,借此为由一叫查把儿,就许来个自由离婚。《杂碎录》
【斗经纪】	虚张声势地斗。	陈福若是粗笨差役,未从办案,先带出当差的形头,离着坑子老远,连个差使影儿还没看见哪,这就嚷:"拿!别放了他!伙计们上啊!"再一花楞梢子棍。这不叫办案,这叫挨骂,外带着斗经纪。《杂碎录》/进门实意儿候,不斗经纪,照定冯氏就是一刀。《评讲聊斋·曾友于》
【斗闷子】 dòumènzi	故意不说出真相、办法。不是真心干某事。	吴八儿说:"自然有法子,法子管保与众不同。告诉二爷说,这类的事情,戏上小说上,也都常有,不是愣抢就是害人。别管真事,别管假事,那都叫非情非理。咱们不套那宗陈墨卷,如今咱们想个特别的法子,管保稳当。"二老虎说:"有甚么法子你就说罢,别斗闷子啦!"《张二奎》/这一年又算是醉生梦死的混过去了,回想这一年之内所发生的事情,实在令人伤心。小问题不必说,最重要的事情,是南北说和不和,竟斗闷子,竟代表派了两回,耗费多少民脂民膏。《益世余谭》
【斗讪】	耍贫嘴。	先找吃的要紧,您就别斗讪啦。《杂碎录》
【斗牙】	斗嘴。	你还跟张氏斗牙是怎么着?《杂碎录》
【斗牙钳子】	斗嘴。	两亲家将一见面,若是彼此跳动口齿,大斗牙钳子,叫作不合身分。《杂碎录》/既是初次见面,也不能就跟人家斗牙钳子。《说聊斋·阿霞》
【豆蹲儿】	屁股蹲儿。	伊老者还要揪他的脖领儿,让小连刁住了腕子,往后一推,伊老者可就闹了一个豆蹲儿。《小额》/醉黄进得里头屋,一害怕闹了一个豆蹲儿。《刘痫子》

【豆儿】	骰子。	各色都有行话（行话就是调坎儿），纸牌叫作叶子，骨牌叫作木头，骰子叫作豆儿。《益世余谭》
【豆皮儿】	对南方人的称呼。	而今只要看见个人，说话是南边口音，这就以豆皮儿呼之，还是不论男女。《演说·豆皮》
【堵窝（儿）掏】	在人还睡觉时抓住。	我们报界睡的最晚，永远讲究夜战。总得顶到十点钟起来，你们九点钟去很好。给他个堵窝儿掏，满好儿。《怪现状》/ 便是老爷有甚么不是，当妇人的理应替他瞒着，那有带着警察堵窝掏的！《北京》
【肚儿肥】	吃足了好吃的。	到了初一那天，赊了几斤羊肉，叫了两个锅子，打了二斤烧刀子，反正是一死，先足吃足喝，赚个肚儿肥，再说新鲜的。《益世余谭》/ 煎炒馆子，卖给打官司的，是狠心加倍算钱，官司即或不赢，他们先闹个肚儿肥是真的。《方圆头》
【肚转儿】	心机。	当时静庵公颇赏识记者，说七八岁的孩子，当着人他能够不宣布，把我请进来才说，肚转儿不小，将来不可限量云云。《益世余谭》
【短局】	临时差使。	大小得个差使，是最好的，不能长差，短局的事情，也还都行。《怪现状》/ 儿子现时充当局差，事情是个短局，不便接母亲到省。《高明远》
【短礼】	礼节上不周到。表示歉意。	赵大说："王老爷你太谦了！"芥舟说："咱们是近邻的街坊，兄弟疏懒，一切短礼。老兄你这样称呼，我实在不敢当！"《王遁世》/ 大嫂子故去，我正在河南，实在短礼。《鬼社会》/ 蕙儿亦红脸道："哥哥落礼，我也没衣裳，出不得门。我们成年论月，竟同打鼓挑子捣麻烦呢。"《春阿氏》
【短礼缺情】	礼节、人情上不周到。表示歉意。	见了额大奶奶，说了些个短礼缺情的套子话，又问了问小额的事情。《小额》

【短瞧】	没来看你。表示歉意。	我可短瞧。我皆因给人家了啦一档子事，惦记着瞧你来，所以没得功夫儿。《小额》/大老爷，我可真短瞧。我听见你老人家得病，我着急的了不得。《库缎眼》
【短请安】	没去请安。责备自己的语气。	老爷事情完了倒好，我可短请安。怎么他（音贪）不舒服啦?《小额》
【短住】	一时没钱。	谁也不能扛着钱走，一时不便，谁也难免短住。《旧京通俗谚语》
【段儿】	清代京城的行政划分。	小额一瞧，原来是他们本段儿看街的瞎王。《小额》
【断头话】	断绝关系的话。	金大奶奶一听，金爷跟自己说这断头话，心里一阵委屈。《评讲聊斋·金生色》
【断团儿】	死前。	今天我跟哥哥吃的就是断团儿饭，咱们哥儿俩，说句迷信话，下辈子再见罢。《二十世纪新现象》/咱们哥儿俩今天这一聚，算是断团儿的聚会，所以兄弟说是最后五分钟。《钱串子》
【断庄】	中断。	今天是七月十五，盂兰会即未断庄，旧风俗的事情，依然是眼前的景物。《中元风俗记》/你一辈子当土匪就得了，你又怕土匪断了庄，又把我造就成土匪。《土匪学生》
【锻炼】	严刑拷打。	无论犯人多们强壮，一经锻炼，就算结完。《说聊斋·邵女》
【堆子】	清代夜里巡逻守夜的步营士兵（更夫）。	从前北京各巷口，差不多都有木栅栏，凡有栅栏的地方，相近都有一间更房（又名堆子）。更房内设有更夫二名，在本段巡更守夜。至于栅栏启闭，都有固定的时限，只要时限一倒{到}就算断绝交通，无论是谁，不准穿过。《燕市丛谈》
【对保】	找保人。	不过屈尊一会儿的功夫，对保就可以出来。《怪现状》/当时有一个笔管龙的烟壶儿，还有一个十八年的老靛颏儿，一齐交给胖子，

		说："您拿了去。"胖子不肯拿，还要对保，闹了半天腥簧，把靛颏儿、烟壶拿走。《益世余谭》/忽然由南，飞了一辆马车来，把老妈儿就给碰躺下了。便宜算是没轧着，就是让马把心口踢了一下子。守望巡警，赶紧把马车拦住，让他对了保，给老妈儿雇了一辆车，送回家去了。《进化报》
【对不过】	对不起。	现在我一文钱没有，赊借无门。不能款待两位恩公，实在对不过对不过。《讲演聊斋·云翠仙》/那一时想起细侯，良心上觉着对不过。《讲演聊斋·细侯》/所为难的，就是两个丫环。有心赏给他们点儿甚么，又怕他们不稀罕，真装糊涂，又觉着对不过。《讲演聊斋·双灯》/你说这些话惹我酸心，你心里的事，若不实告我说，便是对不过我。《春阿氏》
【对光】	对质。	不用说是你昨儿说了些两头儿不见面儿的话，你这么个丫头，不怕对出光儿来么？《语言自迩集》
【对耗】	双方都等着对方先做决定。	交朋友他说是掉空杵，青云阁喝茶，为两碗茶钱，两个人能对耗。《谢大娘》
【对合子利儿】	两倍的利。	在北京又开了一座估衣铺，当年赶上行市好，赚了个对合子利儿。《讲演聊斋·任秀》/这是有去有来的买卖，不过是拿国家库里钱捣库里的眼，弄得好，巧了还是个对合子的利儿呢！《儿女英雄传》
【对劲】	意气相投。	他跟伊府上，是个老姑舅亲，跟善大爷可是个平辈，两个人也很对劲，这个馆就是他荐的。《小额》/自打赵大去世，就给全氏作伴儿。姑姑侄女儿，倒很对劲。《姑作婆》/我那年当守备的时候儿，正跟令尊同城，我们还是很对劲。令尊讲理学，吃亏我学问缺欠，他所谈的我好些个不懂。《理学周》/先前

		他那个媳妇儿，是老实人家的女儿。他跟人不对劲，跟人家离了婚了。《苦鸳鸯》/ 朋友是义合，不对劲交不上；亲戚本家是法定的，对劲也是他，不对劲也是他。《一壶醋》/ 因为与他正娶的妻室不对劲，故此在东跨院内居住。《杂碎录》
【对了劲】	遇上巧合；碰巧。	议员一道，就是作官的捷径。对了劲，就许弄个总次长当当。这年月就是打快勺子，得搂就搂，国家就是那个事。《理学周》/ 吃饭摸黑儿，原是小事，冒然间一黑，对了劲不定出甚么危险。《余谈》/ 这宗事情阴险害人，等于含沙影射。虽说没有多大效力，对了劲，遇了机，成事不足，坏事有余。《赵三黑》/ 下等人是最信服偏方儿，一来省钱，二来省事，对了劲也许奏效（不对劲，也许要命）。《益世余谭》
【对盘】	遇上。江湖黑话。	此人方才同我对了个盘儿，可惜我不很亮他。《讲演聊斋·佟客》
【对舌】	对质。	你没事说屈心话，你还打人。咱们上三姨太太那里对舌，你敢去不敢去？《过新年》
【对式】	合适。对胃口。	其实我真怕看，小说、杂俎，对式我许看一气，《要闻》《京闻》，我怕看的厉害。《余墨》/ 憨云的亲事，虽然提的不少，总也没有对式的。《李傻子》/ 我正愁他这么大了，不能分我一点忧，还指望他养活我吗？将来有对式的，给他找个婆婆家了，我这段心愿，也就是了。《北京》
【对说对讲】	直接交涉，不要中间人。	你有产业，或租成卖，出去你跟买主儿、租主儿，直接交涉，俗话叫作对说对讲。《双料义务》/ 这件事我们对说对讲的，何必□作大媒？《刘军门》

【对条儿】	手写的取钱凭证。	该当花多少，全听你一句话。咱们开个对条儿，汇票庄敞开儿支取。《评讲聊斋·嘉平公子》
【对贴靴】	互相吹捧。	就说他这两件事，其为人也可知。大春子跟他是换贴至好，两个狼狈为奸，互相利用，彼此对贴靴，弄的非常热火。《五人义》/他借重周占魁的武力，周占魁是仰仗他的文才，两个人狼狈为奸、互相标榜，俗语叫作对贴靴。《驴肉红》
【对心宫儿】	对心思。	彼时风气未开，顽固脑子居多，大家听他这套议论，很对心宫儿，当时鼓掌赞成。《王有道》/听着王有道这套话，很对心宫儿，当时给王有道大贴其靴。《王有道》
【对眼光儿】	互相看着都满意。	古人说情人眼里出西施，这话是不错的。只要对了眼光儿，就夸赞的了不得。《讲演聊斋·湘裙》
【对帐/对账/对仗】	对。	吴瘸子说："英大主教是个善人。今天咱们去是一分情意，人家决不能说甚么。你只管放心。"李二说："这话对帐。大哥去罢，有我保险哪。"《五人义》/始而要跟人家炸烟，后来一想不对账。一来姐夫家有事，他是个舅爷地位，许别人挑眼，没有他挑眼的分儿。再一说，人家又没直接说他。《土匪学生》/国家出这宗逆事，首善之区，根本重地，凡有血气者，应当如何激昂，如何奋发，大家敌忾同仇，以作政府的后盾，那才对仗呢。《余墨》
【对嘴子】	对质。	现在给他一个对嘴子，他是拉不下脸回来啦。《海公子》

【碓房/堆房】	舂米作坊，兼放高利贷。	他一瞧小额遭官司，他自己疑惑着准跑不了他，敛吧敛吧，碓房借了二十两银子，了人家一个驴，老先生就开下去了。《小额》/咱们扎爷家里闹得日月好紧，米跟银子，都在碓房里掏啦。《春阿氏》/内城叫作碓房，又称为"山东百什户"（当初只准串米不准卖，故名"碓房"），名为卖米，其实把旗人收拾的可怜，只要一使他的钱，一辈子也逃不出他的手。《燕市积弊》/那位说，于公怎么会说清语呀？八成儿常上老米堆房串门子去。《讲演聊斋·妖术》/谕旨："严禁碓房放帐，不准他干预旗务。"《本京新闻·京话日报》
【墩/蹲】	没人理。不管。	老头子，你怎么把我墩起来咧。《讲演聊斋·邵女》/我回得家来，蹲了我三四天，没人肯□给我一间房子。《评讲聊斋·曾友于》/孩儿从来不洋绔眼。人家既老早来了，就别紧自蹲着人家咧。《讲演聊斋·细侯》
【蹲儿安】	旗人妇女行礼，曲膝，同时问好。	小文子儿的媳妇，……进了上屋里，给赵华臣深深的请了一个蹲儿安（说大爷爷，您好哇）。《小额》/贾梆子早在德家敬候，从中一跳动，阿氏不觉的腿一软，给文太太跟那位姑太太闹了两个蹲儿安。《苦女儿》/玉大姑娘上前一打门环，儿媳文氏走出，将门开放，一瞧是大姑奶奶，连忙请了一个蹲儿安。《花鞋成老》
【顿饭】	套餐。	说一个别的比方，是饭馆子贴出报子来了，本馆每位顿饭大洋八角，四盘两碗，内有锅烧鲤鱼云云，人家就许奔这这个锅烧鲤鱼去。及至你座{坐}下摆上菜来，锅烧鲤鱼没了，改了烩三仙啦，八角钱他可先收了。世界上有这宗事情没有？《益世余谭》/梁材在店里已经叫厨子把老爷的晚饭备妥，又给老爷煮下羊肉，打点了几样儿路菜，照旧有他店里的顿饭饼面。《儿女英雄传》

【多（一）股子】	多余。	孙白子与大蜜桃私通之后，两个人后来就看着王道台，如同多一股子似的。《杂碎录》/两个人一问一答，越说越爱说，说到投缘之际，到觉着噶门杂氏多股子。《杂碎录》
【多心】	①多嫌。不容。②猜疑别人对自己不利。	①要说他的心思，不但多心凤仙母子，且大少爷周孝那块儿，他就多心。《过新年》②我有心要拦他，我怕他多心，说我啬刻，舍不的煤了。《益世余谭》/还有一句话，我要跟姐姐说，您可别多心。哥哥这场儿官司，谁也想不到的事情。着急、破财，那算准啦。《小额》
【夺狐】	在妓院抢妓女。江湖黑话。	妓馆里有一路土匪，抢妓女，叫做夺狐，又名为托枪儿的。《讲演聊斋·巩仙》
【夺情】	官员的父母去世，官员应该辞官守孝。但因公务重要，朝廷不允许辞官，叫夺情。	不必按中国古礼说，就按所谓中华民国的礼说，爹爹死了不到二十一天，好像也不该进戏园子。要说他真是督军、省长，现在的通例，愣说移孝作忠，带孝从政，旧话叫夺情，还似乎将就的。从古至今，也没有因为听戏夺情的呀。你说这是件怪事不是？《益世余谭》

E

【讹住了】	找到讹人的借口了。	好些个亲友，怎么劝怎么不答应，闹的小额真急啦，过来一往起搡他，喝，他老人家可讹住了，楞说小额打他啦，翻滚不落架儿，非让小额打死他不成。《小额》
【额娘】	满语，妈妈。	周廉说："额娘说好便好，任凭主持，孩儿无不从命。"（从先的大翰林，还能遵父母的命令。要搁在如今留学生，这点儿家庭专制，可就兴不开了。不用说父母征求他的意见，他就不征求父母的意见。）《过新年》/这两档子乱捣完了，天也不早啦，这就得张罗发嫁妆，照例送妆得请几位官客，姑娘要有哥哥兄弟还得去一位，好交代嫁妆，见了亲家额娘，还得说两句。《苦女儿》
【恶恶实实／恶恶誓誓】	着着实实。狠狠。	拿了一个烟铲儿，掏出自己的一个铜盒子来，打开广膏的烟缸子，恶恶实实的，了啦一下子（这块骨头，称得起狼吃狼，冷不妨）。《小额》/板花张没等苟庄说完，恶恶实实的啐了他一口，说："你散了罢。你这样儿的绅士，真给绅士现透了。"《大劈棺》/知道此时宁生是万难脱身，遂恶恶实实看了线娘一眼。《劫后再生缘》/洪顺儿正在跟前，洪丹叫到跟前，恶恶实实的打了两个嘴罢{巴}。《和尚寻亲》/你竟管恶恶誓誓的骂他两句，本县给你作主。《杂碎录》
【饿】	胃口大，要钱狠。	人家左翼倒多关点儿呀（也不尽然。按现在说，还有不到一两六的呢），咱们算丧透啦。一少比人家少一二钱。他们老爷们也太饿啦，

		耗一个月，关这点儿银子，还不痛痛快快儿的给你，又过平啦，过八几的。这横又是月事没说好（月事是句行话，就是每月给堂官的钱，照例由兵饷里头克扣），弄这个假招子冤谁呢！《小额》
【饿嗝】	贪婪地吃。	这样年程儿，就凭这吃喝儿，错非是安福部的重要分子，真有点儿架弄不住（这是孔生说的吗？馋痨犯饿嗝）。《讲演聊斋·娇娜》
【啊】e	"个"。	差不多儿有四啊月了。《燕京妇语》
【耳机子】	听诊器。	明先生打开箱子，取出好些个玩艺儿来，甚么耳机子、皮带等等，反正是听病的那份家伙。《势力鬼》
【耳切子】	耳光。	前清时代，仓库局是钱窝子，可又是是非地儿，三句话不投机，就来个耳切子。扔谁一个嘴啃地，抓瓜秧儿，撞羊头，讲究打谁个开门儿笑。《演说·说打架》
【耳挖子】	妇女头上的首饰，可以掏耳朵。	前些年护国寺有个白钱，惯使胡伯劳衔堂客的耳挖子。《讲演聊斋·鸽异》／脑袋上戴着一丈青的黄耳挖子，旁戴一朵红纸石榴花儿。《杂碎录》／一枝一丈青的小耳挖子，却不插在头顶上，倒掖在头把儿的后边。《儿女英雄传》
【二半破（子）】	①二把刀。对某事只有一知半解。②还没有完全破落的。	①陶顺夫妇一走，那个二半破的厨子，待了两天也跷啦，就剩下芥舟父子三人。《王遁世》②二半破子的人物，再有几个钱儿，乘着风日清和的天气，往安定门、德胜门外一带，有土城儿可登。《演说·登高》／二半破子的人，若聚会到一处，倒许谈谈苦人难过，越是阔人儿到了一处，谁要一说民间苦况，仿佛谁就透着泄气，恐怕被同僚看他不够资格。《演说·雨后登楼看山》／中国的妇女，越是二半破子的人家，专会学吃学穿。《演说·华洋妇女之比较》

【二成眼】	只能模模糊糊看见一些光中的影像。	后来落了一个二成眼,能透三光,比瞎子强一点。郝氏虽是温和脾气,半路儿把眼睛坏了,也未免起急。《花甲姻缘》/郝氏一急,那二成眼也完了,算是完全失明。《花甲姻缘》
【二二忽忽】	心里不踏实。	二二忽忽,心里总是七上八下。《旧京通俗谚语》
【二反／二返／二番】	又,再。	上了车,拉起来进南柳巷,他不往东拐(往东一拐就到,怕人家不答应),一直往南,二反奔新华街,进吉祥头条,这才奔西南园,故意兜这们一个湾子。《鬼社会》/一转想,杀害叔父的,没有别人,定是刘通无疑,于是二反把被褥盖好,把残灯吹灭,将门由外面关好,这才往家中急奔。《新侦探》/想罢多时,遂二反出了翠秀里,往建业县衙门而来,到了里面,掏出片子来说:"拜会宫知县。"《何喜珠》/连说了两声,没人答言儿,这才二返奔到佛桌一瞧,锡蜡五供上,有一对素红蜡。《讲演聊斋·佟客》/长工撅着嘴,二番出来,到了场院房儿。《讲演聊斋·韦公子》
【二簧票】	票友唱的京戏。	大哥,我给你请了二簧票了,软包约掌子。《势力鬼》/齐化门南小街住户某甲,系属旗员,素日嗜酒、赌钱、吸食鸦片,并且排过二簧票。《益世余谭》
【二荤铺】	小饭馆。	现在北平各饭馆,差不多都添了女招待,盖因利之所在,人必趋之,倒也无怪其然。其未经添设者,只有旧式茶饭馆(俗称二荤铺)。《燕市丛谈》/这一天,坐车到了厂东门外,见路北有新开张的茶馆,带二荤铺卖家常便饭,字号是"福兴轩",门首围着好些个人。《永庆升平前传》/北京有宗旧式茶社,俗名茶馆儿。大茶馆儿名窝窝茶社,稍

		次者，名为二荤铺。虽云茶馆儿，亦卖酒饭，不过品茶者多，吃饭者少，故以茶馆儿名之。《益世余谭》/ 只要和尚露面儿就得吃饭，外带永久是二荤铺，要菜都成套子。《讲演聊斋·邢子仪》
【二楞／二愣／二怔】	①迟疑。②在乎。	①你往墙里走，千万你可别二楞。《白话聊斋·劳山道士》/ 瞧屋里没有人，解下带子来这就拴套儿，连二怔全都不二怔，一伸脖子就悬梁。《说聊斋·连城》/ 德树堂冷笑道："有得两盅酒儿入肚，你跟我来上啦。"因指着鼻梁道："嘿，姓钰的，谁要二楞的话，对不起那股香。"钰福亦站起来道："那是呀！那是呀！"《春阿氏》②你怕打官司，姓周的可不二楞这些个。《讲演聊斋·王大》/ 如果有这神仙，刀子棍子，他就雇了雷来，我也不二楞他。《讲演聊斋·齐天大圣》
【二毛子】	和洋人关系亲密的人。	彼时各门，都有义合团守卫，出入都要盘察，眼诧一点的，揪住楞说是二毛子。《五人义》/ 少爷，咱们是佛教人哪，你怎么护着二毛子呀？《五人义》/ 今天这个碴儿可有点不对，大概这队官蒋青必是个二毛子，我们打算施展势力，明天就先将他抓了来杀死，以解我今日之恨，不然的话，洋奸细太多，怎能同时除尽呢？《衢州案》/ 在下并不是墨客文人，也不是热心志士，是下等社会，奉教的一个二毛子（奇），也要在报上登演说，太不自量喽（不然）。《进化报》
【二人夺】	里面藏着刀的手杖。	这个就弄了把白条子。那个就出来进去的，挟着把二人夺。《评讲聊斋·曾友于》
【二梭子】	形容着急、糊涂、倒霉的惨相。	到底是甚么贵物，把你会急成二梭子似的。《白话聊斋·胭脂》/ 叫儿子冤个二梭子似的，他还以为没空给外人。《说聊斋·小翠》/ 人家既是上这儿来，必是跟我婆子有缘，万不

		能说著话就是一砖，打我一个二梭子似的。《白话聊斋·胡四相公》/ 朱氏听见这个信儿，焉能有个不著荒{慌}，吓的好像二梭子一般。可摸不清二梭子是甚么像儿。《说聊斋·邢子仪》
【二娃子】	对山西学徒的蔑称。	如山西省的人，来京在某铺内学徒，北京便有嘴欠的人，也管着人家孩子叫二娃子。《演说·豆皮》
【二五八】	二百五。	请的这位先生，姓定名厚根，乃是个二五八的秀才，念一百个字，碰巧有二十个错的。《北京画报》/ 此公有四十多岁……原籍浙江湖州人氏，在河南作幕多年，北京也待过，又上过一荡甘肃，说话是一宗杂半儿的口音，要讲能耐倒是二五八。《怪现状》
【二爷】	官员、官太太跟前当红的随员、仆人。讽刺排在官员之后。	恰巧遇着抚台衙门的三爷、勇爷、二爷（可不是抚台的兄弟。三爷者，姑爷、勇爷、少爷也。勇爷者，姨奶奶的弟兄，因为这个字像形，似舅非舅，写出来比舅字儿窄点儿。二爷者，老爷太太各有用项的红人儿）。《评讲聊斋·神女》/ 那位说："你从昨天的书，一句一个跟公，是甚么缘故呀？你不知道，我怕二爷，比怕三爷还厉害哪。所以才这们称呼。《评讲聊斋·神女》

F

【发】	发配。引申为让下属或家人去不好的地方。	我跟他闭了眼啦。他有能为，把我发啦。我有能耐，砍完了他，我给他抵偿。《小额》/旨意下来，把允中闹了一个革职，外带着发往新疆。这道旨意一下来，韩家的亲友，又改了话啦，说是朱家这个姑娘，命儿才不好呢，定下没娶先把婆婆妨死，如今又把公公妨的也发啦，这命儿才算苦透了呢。《花甲姻缘》/孩子已然死啦，一打官司又得翻尸倒骨。再一说，周家的势力你斗的了吗？打头七少爷，你别瞧人家分居另过，倒底是亲的。一句话就许把你发啦。《过新年》/虽说如此，自己的爱妾，从前谁多瞧两眼，能变个法子发了他。如今由着人家的性儿，他不知给拉到甚么地方儿去，自己连打听也不敢哪。《评讲聊斋·续黄粱》
【发孩(儿)】	发小儿。从小儿一起玩儿的伙伴。	咱俩人称得起发孩儿弟兄，相处多年，才无话不说。《成仙》/由于有一位发孩儿师哥，同村住家、同堂学艺、同案写字，可不同场（那成了宋二爷啦），此人姓姚单讳一个严字，外人管他叫做姚严。《讲演夜谈·霍筠》/别人不知道兄弟的苦处，你是我发孩的哥儿们，你总晓得。《讲演夜谈·霍筠》/这位梁爷，可是个死鬼，当日同晏二爷，是发孩儿。/我跟香玉本□发孩儿的姐儿们，想不到一朝断绝他的生命。《评讲聊斋·香玉》
【发毛】	不安。害怕。	妇人拉着翁氏的手，上下打量，瞧的翁氏发毛。《苦鸳鸯》/少年一笑儿，说："先生不必惊疑，我不是人，乃是一鬼。"此时石生一听，

		心里有点儿发毛,不知道他怀着甚么主意来的,自己又不好嚷。《讲演聊斋·长亭》
【发毛咕/发毛估】	不安。害怕。	伊老者往下也没说甚么,只是咳声叹气,弄的善全直发毛咕。《鸡屎德子》/我方才乍着胆子,瞧了半天,心里还发毛估呢。《讲演聊斋·聂小倩》
【发努】	眼睛往外胀的感觉。	这病是由一口闷气所得(费话。刚遭完了官司,自然有闷气),两肋膨胀,吃东西不香,心里发堵,嘴里发苦,脑袋发晕,眼睛发努,一阵冷一阵热,一阵舒服,一阵难过(倒是挺好的流口辙)。《小额》/当时心里发堵,嘴里发苦,两肋发胀,眼睛发努。《鬼吹灯》
【发头卖项/发头卖像】	说话时伸脖子晃脑袋,鼻子眼睛乱动。指没教养的样子。	那一天又到钱粮头儿上啦,说句迷信话吧,也是小额活该倒运,他手下有个跑账的小连,外号儿叫青皮连,没事竟耍青皮,有二十多岁,小辫顶儿大反骨,有几个小麻子儿,尖鼻子,闻点儿鼻烟儿,两个小杈{颧}骨儿,说话发头卖项,凭他一张嘴,就欠扛俩月枷,借着小额的势力,很在外头欺负人。《小额》/夏天是一身紫花布裤子汗衫儿,说话摇头摇脑儿、发头卖项,整本大套的土匪。《土匪学生》/有两位恭本当差的,都是规规矩矩。就是他,小辫儿打紧,发头卖项,晃悠着一个土匪脑袋。《土匪学生》就见这个说相声儿的,有三十多岁,发头卖像,手脚乱动,挤鼻子弄眼儿,好些个身段。《益世余谭》
【发现】	出现。	昨有友人在某戏园又见嘴吧大爷发现,长衣裳没了,换了短的了(是汗衫儿,可不是西装),提溜茶壶给人家沏茶哪。《益世余谭》/自打平市官钱局票子发现,这宗毛病,算是没有了。《益世余谭》/这还不提,近日胶皮团又发现一宗行为。每到晚响,他们拿假铜子抵换真铜子儿。《鬼社会》

【发小儿】	从小儿一起玩儿的伙伴。	票子联这们一冷笑,说:"老大,你别这们你我他三(萨,平声)的。听我告诉你,咱们是本旗本固山(音赛),你阿玛我们都是发小儿,我们一块儿喝茶的时候儿,那还没你呢,知道啦?"《小额》/从前我同令尊,是发小儿的朋友,这次重逢,也多蒙他赠我珠宝。《讲演聊斋·夜叉国》
【乏】	①软弱、胆小怕事。②贫穷	①他可知道,皆因艺高人胆大,自己所疑惑啦,以为打一个乏拨什户算甚么的(哈哈,这个乏拨什户,可打的岗子上啦)。《小额》/平常跟我一个样,是极乏的乏人,到了戏园子,他比军阀派都横。《余墨》②单说外州县普通的风俗,是绅士很占势力。乏点儿的州县,就能让绅士给抬了,可是厉害有势力的州县,也能收拾绅士。《忠孝全》/大哥,你太乏啦,你这话真正是监生说的话。但分你要是秀才,决不至于说这个话。《董新心》/旁边儿这些虎狼,可真乐啦,假装看热闹,直点儿往前凑,越凑圈儿越小,抽冷子你碰着他一点儿,或是他看那个闹乏啦,就张牙舞爪的吃起活儿来。《进化报》
【乏人】	懦弱的人。	三爷周忠,是个地道乏人,大烟一天得抽半斤,媳妇儿一瞪眼他就傻,直能连北都不认的。《过新年》/三爷也病着,三奶奶是个不中用的乏人,没有跟他们商量的必要。《搜救孤》在前清时代,坐红托泥布车的,就没有乏人(所谓没有乏人者,没有穷乏之人也,要叫真儿说全是乏人)。《姑作婆》/要说一个人兼五处差使,那简直的是起哄。您想一个人有多大精神,五个局子的事情有多少。不用说乏人,就是精明强干的人,也怕照料不过来呀。《二十世纪新现象》

【番佛】	外币。主要指西班牙有头像的银元。一尊，指一枚。	设非敦品穷儒，每月二十余尊番佛，见天五六堂钟点，孰肯安心耐性苦忍一合，夫早运动钻营另寻门路矣（可是饿不起改行的，也真不少）。《益世余谭》/后来记者得了一个差使，每月可以番佛二百尊。《过新年》/就说北京城里头，给银币起的名儿，其说不一。管着一圆钱叫作一块，甚么番佛一尊，弯搭拉，一元大武，么饼，你的人儿。我的人儿，一条龙。北洋的、造币的，种种的名目，总而言之曰银圆。《社说·哭洋钱》
【翻饼】	来回翻身。	话没说完，就听呕的一声就抽起来了，眼睛也翻上去啦，两支手也攥上拳头啦，满炕上这们一翻饼，翡翠扁方儿也碎啦。《小额》
【翻不过饼】	不消化。	小孩子有甚么知识，见了吃那会儿也不辞箸儿。一个翻不过饼来，就是食积。《二家败》
【翻车】	①指偷盗被发现。②发怒，撒泼。	①先是本巷梁四奶奶者，泼刁万恶，国人皆说，伊女媳等，亦皆凶悍，且专与小本营业人作对，明买暗偷，翻车即骂，致一般作小买卖者，以梁四奶奶赌咒，谓屈心让他遇见梁四奶奶，其刁悍蛮横可知矣。《益世余谭》②二奎子要炸，想了想又回去啦。一来自有不对的地方儿，二来要真一炸，媳妇哥要一翻车（可以说车翻）也是麻烦，莫若外头吃去得了。《连环套》
【翻滚不落架儿】	撒泼。	好些个亲友，怎么劝怎么不答应，闹的小额真急啦，过来一往起揿他，喝，他老人家可讹住了，楞说小额打他啦，翻滚不落架儿，非让小额打死他不成。《小额》/杜氏是又哭又喊，反来了个倒打一耙，翻滚不落架儿，一死儿的不答应。说好哇，你把家里当净啦卖净啦还不算，这又闹起讹诈来啦。《张铁汉》

【翻过儿】	①翻过来。②把做过的坏事都说一遍。	①张铁汉一个人儿在屋里翻天动地，找了个七开八得，恨不能把地都翻个过儿，怎么找也没有，急的燥汗直流，心说莫非是这个狠娘们儿给偷了去啦。《张铁汉》②四狗儿是破口大骂大爸爸，老这个老那个，把王有道翻了八个过儿，说是你没事假冲道学，指着道学冤人骗财，养活儿子不教训他好道儿。《王有道》
【烦】	拜托。	你既然这样说法，你何妨说段孝弟的故事？何必说这情趣段子？你忘了一来是人家烦的，二来聊斋这路篇子，总居十之七八。《评讲聊斋·香玉》/烦你暂且替我尽点儿义务，陪侍郎君，一年后我就不磨害你啦。《评讲聊斋·香玉》/有两位来函，一位烦说完《乐仲》说段《江城》，还有一位一定烦《婴宁》的。《评讲聊斋·姊妹易嫁》/在下去夏也曾要说这段。后因来函烦的别段，所以没说。《评讲聊斋·崔猛》
【反】	犯上作乱。	伊爷那们大的岁数儿，你打了人家俩嘴吧，你还把人推躺下。大伙儿劝着你，你还不答应，你要反哪是怎么着？《小额》
【反打瓦】	把自己的错误赖到别人身上。	自己有心翻脸，又怕人家孩子羞恼成怒，用甚么反打瓦的手段，与自己名誉有损。《讲演聊斋·伍秋月》/王氏其性反覆无常，就这们收留下，将来他们王氏弟兄，还许反打瓦呢。《讲演聊斋·吕无病》/这年头儿，甚么叫天理，那又叫良心（对）。我给他个反打瓦。《怪现状》
【反对】	过不去。作对。	那个老家伙实在不是东西。不招不惹的，他跟我一死儿的反对。《过新年》/你想我们大爷是站着的知府，坐着的知县，阔着锦州府，谁不捧他？他说一句话，真亚赛圣旨不让命令，跟他反对，可又有甚么便宜？《驴

		肉红》/ 有两位教习，平日跟他不大很对，他就调唆堂长，跟这二人反对。《进化报》/ 外人若劝，他还好点儿。我要劝，他更反对。《讲演聊斋·齐天大圣》
【反正】	倒戈。	范三说："九老太爷这分高论，令人钦佩。"王九赖说："那是自然哪！年长几岁，说话行事总得让人佩服。"又向王英说道："王老大，你还有甚么可说的？"王英心说："这个老小子，又反了正啦。总算他行！事到如今，我也闹不出甚么来了，莫若我就坡儿下来个安礼儿。《铁王三》
【犯不体面】	丢人。	善大爷一听，这才知道是为钱粮少啦。明知道是又犯不体面，给个三千两吊，一准的完事，可是又怕开了例，他老人家常来，心里正这儿犹豫哪。《小额》
【犯妇】	犯罪的妇人和审判官员说话时的自称。	民妇因为男人牵连，究属是一犯妇。今来在太太屋内已属非分了。再一坐下回话，犯妇心里更不能安了。《杂碎录》
【犯啾咕】	不安。	为人不作亏心事，那怕半夜鬼叫门。老人古语决不撒谎，就怕人家孩子心里有病，难免就要犯啾咕。《说聊斋·小谢》
【犯酒糟儿】	酒后胡言乱语。	老者这们一犯酒糟儿，招了一大圈子人，点头咂嘴儿的，很表同情。《小额》
【犯牢骚】	发牢骚。	周道台跟宋仲三两个人咳声叹气，对犯牢骚。《过新年》/ 高兴他认可，不高兴他还撒娇儿犯牢骚，听他一套闲话。《一壶醋》/ 先生你不必犯牢骚，到底因为甚么？你说给我听听。《春阿氏》
【犯毛】	①生气，发火。②不知道怎么办好。	①可是你这们犯毛，倒是怎么件事呀？《评讲聊斋·姊妹易嫁》/ 毛豹去了功夫不大，气喘嘘嘘的跑来，进了门儿连说："反了，反

		了。"王二头说:"小毛你先别犯毛,倒底怎么回事情?"《小蝎子》/ 王景云气的乱哆嗦,说:"真真的岂有此理!"谢大娘说:"大爷,你先别犯毛,你打算怎么样罢?"《谢大娘》②拉上车湾着腰横走,见了汽车他就犯毛,平地就打前失,后来我倒直劝他慢走。《鬼社会》
【犯毛咕】	犯嘀咕,不知道怎么回事,不知道怎么办才好。	这一来倒把大奶奶给吓的直犯毛咕。《评讲聊斋·乐仲》/ 立刻预备脸水,赶着沏茶,紧跟着又把自己所用的燕窝珍珠汤,双料盛做(这是王舍人吗?还是连升三级)。反正捡本店所有的好菜,给毛生这们一预备。毛生一口,起心里犯起毛咕来。《评讲聊斋·姊妹易嫁》/ 大家正犯毛咕,一见主人让他们出去,乐□的歇一歇儿呢。于是全都溜出屋子。《评讲聊斋·花姑子》
【犯死抠儿】	死心眼儿。	赵傻子是一个心窟窿儿的人,有点犯死抠儿。《张二奎》
【犯死凿儿】	死心眼儿。	现在一万人中,足有九千九百九十九个人说是范氏,独有你我,按葫芦掏子儿,偏偏的犯死凿儿。要据我说,咱也得搂着来。《春阿氏》/ 董大哥,咱们说个自己话,以大哥的学问文章,真是瓜瓜叫的。可惜你就是不达时务,犯死凿儿。《董新心》/ 你说我是死手艺,我还是一定犯回死凿儿。《演说·死手艺》/ 每夜男女混杂,老道也不能所没个见闻哪。所以这些地方只能当玩艺儿看,千万别犯死凿儿。《评讲聊斋·香玉》/ 再说你看着我那一样儿、那一点儿又跟人不一样呢?咱们两个人既是这们样儿的要好,我劝你就别犯这路死凿儿,再分甚么人鬼界限啦。《评讲聊斋·嘉平公子》

【犯闲杂儿/泛闲杂儿】	说闲话。	原是我找上人家门儿来的,还能堵门儿跟人家老太太犯闲杂儿吗?《讲演聊斋·田七郎》/老太太,你老人家先少泛闲杂儿,我们在家也学过做喜福的规矩。《讲演聊斋·青蛙神》/你这话音儿,透着点儿找碴儿,跟我犯闲杂儿。《讲演聊斋·邵女》/赶大车的醉阿子,泛闲杂儿呢。《讲演聊斋·娇娜》
【犯想】	琢磨。	今天瞧见公公不喜欢,心里犯想说,每天老头儿回来,瞧见孙子,必要斗会子。《小额》/忽然脑筋一动,说是周善人昨天对我说,这位张员外跟他是近邻、世交,又是远亲,我要委托他,一定没有个不成。志儒正在犯想出神,忽听一阵车马的声音。《孝子寻亲记》/不使吧怪不合适的,使真吃亏。王老好儿低头犯想,赵秃子说:"你别犹豫,倒是怎么样?"《胶皮车》
【犯心】	伤感情。	我喷凉水惹的祸,撞在兄弟酒幌子上。兄弟必要拿捏我一手儿,那们一来,你可跟哥哥犯了心啦。《杂碎录》/我是冲着死鬼他姐姐才苦苦劝他,他很跟我犯点儿心。《杂碎录》/要是因为下等的事情,犯心口角,那叫作不够资格。《王遁世》/以为是怕跟香玉犯心,人家是新来乍到的,尽让他一步儿,走就去他的啵。《评讲聊斋·香玉》/公子与温姬相处了这些日子,并没犯过心,辩过嘴,虽是老人家不懂好歹,找甚么捉妖的骗鬼的,就这们闹法,人家并不往心里去。《评讲聊斋·嘉平公子》
【犯性】	犯脾气。	那天韩大爷正在家,半天晌午,松海忽然回来啦,并且连铺盖也拉回来啦。大爷一瞧,知道是又犯性不干啦,原打算不理他,不由的且心里生气。《苦家庭》/伊父饶有资财,

		只生此一子，爱之如掌上珍，百依百随，伊子犯性时或打或骂，亦欢笑承受，从无怨言。《益世余谭》/不过作爷们的有时犯性，老娘儿们也应当服个软儿。《说聊斋·阿霞》
【犯烟底子】	犯大烟瘾。	谁想连锁并不答言儿，这眼泪一对儿一对儿的，掸了好几对儿，跟着清鼻涕也流下来咧（要再一打呵欠，简直的是犯烟底子的像儿）。《讲演聊斋·连锁》
【饭锅】	饭碗。	近来社会有宗时兴的名辞，叫作饭锅问题，质言之就是研究吃饭的道理。《益世余谭》/要据我说，咱也得搂着来。不是别的，丢面子事小，保饭锅实大。《春阿氏》/要照这样，说不上什么灭天良不灭天良的话来，先顾自己的饭锅要紧。《新黄粱梦》
【饭歇儿】	吃午饭休息。	您先慢来，容我叫了饭歇儿。不然招呼伙计们，碍着您的手脚。《讲演聊斋·保住》
【饭账】	在饭馆吃饭的饭费，不包括小费。	别瞧零钱挣得多，对于饭座还得周到。至于说给零钱超过饭账，究竟有无其事，实非吾人所知也。《燕市丛谈》/槐良吃了个酒足饭饱，少儒算是任什么没吃，算还了饭账。《孝子寻亲记》
【饭座（儿）】	在饭馆吃饭的顾客。	该雅座内，常去一个穷人，向饭座儿哀求寻钱，胁肩诌笑，状态难瞧，贫俗贱厌，讨人嫌的样儿都长出来了。《益世余谭》/只要这个菜不常做，就得柜上去问，只要一问，万不能少算钱，再遇见这个饭座儿爱挑眼，更得叫他去宰啦（如嫌不好换换之类），饶叫他宰，还得多给烧煤（零钱）。《燕市积弊》/别瞧零钱挣得多，对于饭座还得周到。至于说给零钱超过饭账，究竟有无其事，实非吾人所知也。《燕市丛谈》

【方】	万。江湖黑话。	伙计说："你老这一年缺，署的好吧。怎么不剩两方银子？"《白公鸡》/ 王爷说是这件事倒不要紧，本府今年租子没进来，要跟我借一方银子。《二十世纪新现象》
【方伯】	对布政使的尊称。布政使是负责省里财政和人事的最高官员。	现在有四个县缺，方伯那里拟定了两个人，大帅意中有一个人。还有三个人现在还没拟定呢。《怪现状》/ 你今天请这回客很好。你看，老吉吃了个大乐。现在大帅很听他的话。方伯（就是藩台）都差一点劲。《白公鸡》/ 抚台说："据方伯所谈，难道就罢了不成？"《赵三黑》
【方近】	附近。	前日派出的差人，领着伙计们每日在砍头荣家方近一带侦查。《杂碎录》/ 就是在西直门大街住，也决不上这里买菜来，一定是方近的街坊了。《益世余谭》/ 因为没处种花儿，在方近另买了几亩地，四周围垒起土墙儿来，墙的里边儿满都种菊。《说聊斋·黄英》/ 身边未带余钱，并且方近人地生疏，简直的无处借去。《演说·人之患》
【方字旁儿】	旗人。"旗"字方字旁儿。	老乡长，咱们都是为方子傍{旁}儿（旗人），非亲则友。《一壶醋》/ 当时来宾陆续到齐，桂小峰说："今天没有外人，全都是方字旁儿。我们八哥，二百多地，背了一个锅子来，买的北京白魁家的肥嫩羊肉，回头咱们是涮锅子。"《忠孝全》/ 至于北京方字旁儿的先生们，稍有积蓄的、有点特别能为的，暂且不提。《余谭》
【访事的】	记者。但一般不写文章。	后来听说也曾调查过，敢则全是访事的造作谣言。……就凭这一手儿，就给访事的堵了嘴喽。《演说·豆腐竞争》/ 可是访事的一次两次，见主笔的可欺，于访事之中就含有敲诈行为，一经登载，访事的借这条儿新闻，就指着报纸，不是招摇，就是撞骗，不然就说代为更正。《演说·说骗（三）》

【访事员】	记者。但一般不写文章。	要照这们着,我倒有一个主意。以后各报馆访事员,都带着快镜跟留音机器就行啦。《进化报》/各外区也没有访事员,报馆也得不着消息,所以报纸上嘈嘈选举投票,总都是城内的事情。《董新心》
【访员】	记者。但一般不写文章。	我不当编辑员。你告诉我也不管登,你告诉访员去吧。《讲演聊斋·田七郎》/凡是报馆访事的,寄来某项新闻,往往率尔登出。因为访员闻见可靠,主笔的也想不到次日有更正一事,重劳一番笔墨。《演说·说骗(三)》/这些事情总要慎重,千万别听访员的一面之词。《杂碎录》
【放】	发(工资)。	青皮连瞧了会子,知道是还没放呢,就进了衙门,走在头甲喇院子里,遇见一个熟人,姓春。《小额》/"九老爷子,银子多咱放呀?"王九赖说:"我又不是承办领催,也不是司务长,你问我行吗?你怎么这们急战哪?明天准放。"《铁王三》/小学教员之困苦,日前说过一回。兹据学界人说,昨日居然放了四成钞票(谢谢),每位先闹六七块花花。《益世余谭》
【放尺窝儿】	让尺。北京风俗,卖布时,要多给一点儿。	您给多放点儿尺窝儿。《燕京妇语》
【放光】	流氓吓唬人时放大话、狠话。	小额还对着大会儿放光说:"别管他是谁,概尔不论,姓额的放得就是阎王账,不服自管告我去!营城司坊、南北衙门,我全接着。"《小额》/放光,土匪吓走小民。《旧京通俗谚语》
【放盒子】	放烟火。	早年真有跑出几里地,看放盒子的,彼时也没有洋车,瞧半夜的烟火,腿肚子站的发直。《演说·凤里灯》

【放缺】	授以官职。	那一年有一个作小官儿的，要送我一匹好马，求得一个好缺。当时我很动心，后来细一想，使不得（理欲之分，人禽之别。本馆注），可就没要他这匹马，也没放他这个缺。《进化报》/满人的专缺，也可以放汉人。如今八旗都统、副都统，放了好几个汉人。《怪现状》
【放闲话】	说闲话。	明是骂崇儿，暗是骂大恩子（下等没教育的妇女，指槐说柳，放闲话骂人，那是他们的惯技）。《鬼吹灯》
【放学】	学校放假。	善合一听，正对啦劲啦，说："您带我去吧。""那不行。""人家好容易放学啦。上回放学，您说带我听戏，归齐那天挑缺，说去又没去。咱们爷儿俩今儿去吧。"《小额》/一恍儿就是三四年，学生是越来越多。虽无赢余，还能凑合糊口。那年放年学，正赶上钟氏生产，居然添了一个小子。《一壶醋》
【放鹰】	让小孩儿去乞讨，自己收钱。	自去冬以来，北京方面，要饭的穷人，较前格外的增多。也有沿门乞讨的，也有叫街擂砖的，也有追车的，也有坐着喊的，也有放鹰的（穷妇坐在一旁，撒出孩子来，追人要钱。在他们穷坎儿，叫作放鹰）。《益世余谭》
【放账】	放高利贷。	要说放账、使账的这门科学，在下也没研究过，大概听说有死钱，有活钱，有转子，有印子，名目很多。反正没有杀孩子的心，不用干这个（实话）。《小额》/他知道博氏手里有几个钱，劝博氏放账，每月可以进几个活钱，他替经理一切，博氏听他说的天花乱坠，一时没主意，就委托他代权子母。《曹二更》/早先放旗账的，有什么王三中儿、黑常、万四、瘸腿恩子（这些人物，我听老前辈说，全没赶上），最近的人物，西城的崇子厚、东城的裕五，称得起是帐界的泰斗，全球闻名。记者没放过账，也没使过这宗帐，我是常听人讲究。《益世余谭》

【飞】	仅在纸的上部抹了一点儿糨子贴住。	左边儿另飞了一个签子,是"外定双子",右边儿写着是,每位茶票七百文。《小额》/ 戏之好歹姑且不提,原写的是某角儿唱某戏,临时台柱子上飞了一个报条,某角儿告假,这出戏取消啦。《益世余谭》
【飞行艇】	飞机。	回来给你个便宜,你坐着飞行艇就回来了。《势力鬼》/ 贺喜的亲友络绎不绝,马车、汽车、脚踏车、大轿、轿车、大鞍车,直摆了一条胡同子,就短了坐飞行艇来的呢。《过新年》/ 不错,那会儿还没有飞行艇呢。《劫后再生缘》
【飞来号】	在茶馆举办活动。	到了会期,忽然一改客厅,那可就不大雅观了,莫如改个飞来号。甚么叫作飞来号哪,就是茶馆儿的约会,这总该方便多了罢。《演说·消寒会》
【飞艇】	飞机。	再说出门旅行,水有轮船,陆有火车,再阔还可以坐飞艇。《演说·生活程度》
【肥猪拱门】	听见有什么拱门,开门一看,是一头肥猪。意思是"送上门的好事"。	再说这位王亲家,也是属凤凰的,无宝不落,素日瞧着额家有钱,总想法子要吃一口(好亲家),好容易遇见这当{档}子俏事啦,真是肥猪拱门。《小额》/ 如今一听每月四十五块钱,当新闻主笔,见天还吃两顿饭,还不是飞来凤、肥猪拱门的事情吗?《怪现状》/ 当时夸奖了徒弟一番,当时要送呈警区。旁边儿有人说道,这是肥猪拱门、飞来凤的事情。又不是偷的摸的,这个财不发,等着发甚么财呀?送警区作甚么?别傻啦。《社会见闻·反对共和》
【废员】	被撤职官员。	可是生人很少,反正是那把子书腻子占多数,内中废员也有,现任职官也有,汉财主也有,长安路的也有,内府的老爷们也有。《小额》

【分不出里外辙儿来】	不知道怎么做对，怎么做错。	您还跟我一般的见识吗？头宗，我年轻岁数儿小，再一说，我是有名的怔（愣）子，说话没深没浅，没里没表儿，分不出里外辙儿来。《旧京通俗谐语》
【分布】	吩咐，布置。	老父台今天既然这样分布，我们没有不赞成的。《杂碎录》
【分大小儿】	新娘下地后，和婆家人见面，分出辈分。	又待了一会儿，就听南屋里一阵大乱，原来是新人已经下地，分上大小儿啦。《姑作婆》／两位新人一同下地，有婆子们搀着一同来正房，参拜翁姑，俗话叫作分大小儿。《张文斌》／第二天一清早，新人将下地，照例得分大小儿。《过新年》
【分往】	人情往来。人情是单方面的，分往是互相的。	车氏三天五天不回来，二奎子带着小老妈儿一吃一喝，孩子是由性儿一花钱，加着人情分往，连吃带穿，就说他放账承办带出赁布棚，也够他受的。《连环套》／每月所关月俸，除去饭食银，甚么人情咧，分往咧，剃头打辫子啦，再有点儿外道儿，简直就没钱啦。《进化报》
【分心】	费心。	你告他，早晨来的信，我已然知道啦，求他多多的分心。《小额》／少妇忽掏片子一个（系胡鸿立三字），向老妇说道："请您分心。能派交通部主事最妙。否则电报局差使亦可。事成之后，必有相当酬报"云云。《益世余谭》／李家虽然阔，我们门户不相当。四弟分心，我这里谢谢，这件事我是断难从命。《花甲姻缘》／李老三点头说道，就是就是，诸承分心喽。《玉碎珠沉记》
【分心眼儿】	有顾虑。	那会儿用钱那会儿我这里有，千万别分心眼儿。《怪现状》
【粪箕儿脚】	天足。	站起来迈开粪箕儿脚回家。《杂碎录》

【风里灯】	不知道什么时候灭。形容老人不知道什么时候就过世。	风里灯,老家儿真叫有今儿没明儿。《旧京通俗谚语》
【风流焰口】	掺入色情成分的焰口。	上头贴着黄纸的报子,是:本轩四月初七、日两天特约子弟随缘乐消遣:风流焰口五圣朝天别调咤曲别母乱箭。《小额》/有一天在东安市场茶楼上遇见田氏,就仿佛遇见五百年前的风流孽冤,险些动起磬棰,要放风流焰口,自此每天必到东安市场。《北京》
【缝子】	破绽、错处。	有个何老给送的信,才到庙内将牛成儿与金老虎解了来,其中也没有甚么缝子。《杂碎录》/我求你们二位一件事,慢慢的调查,抓他的缝子。《张文斌》/我问我那个朋友闻鹿台,正想抓他的缝子,毁他一下儿。《玉碎珠沉记》
【伏地(儿)】	本地、当地。	因为他又会瞧病,又会算卦,又会画两笔画儿,又会圆光扶鸾(倒是普通科学),又能谄媚又能拍,所以把小额家里上上下下全给朦背啦,大家敬的他真如同圣人一般(伏地儿的)。《小额》/小子是知无不言,言无不尽,可称伏地义仆,可惜错认了主人翁。《讲演聊斋·云萝公主》/从此后坐车骑马在苇塘,都得下来走着,免得叔伯丈人同伏地大小舅子挑眼。《讲演聊斋·青蛙神》/我无缘无故的闹个伏地上司,我可受不了。《讲演聊斋·武孝廉》
【伏假】	暑假。	经教育会、和平联合会及商会等调停,伏假后始行上课。《益世余谭》/那年他们伏假回家,在省城密秘的组织了一个机关部。《中国魂》

【芙蓉】	鸦片。	试观现在之军阀官僚，今日搂三万，明日搂五万，洋楼、汽毂、麻雀、芙蓉，狡兔三窟，美妾半打，极人世快乐，亦殊堪自豪矣。《益世余谭》/ 乃闻号称维新人物，有芙蓉癖者亦复不少，岂非咄咄怪事？禁烟前途，真不可思议矣。《余谭》
【浮摘】	临时借一下应急。	我当时很着急，可胆大作了个主意，从相好的那块儿，浮摘了四百两，先交给人家了事去啦。《小额》/ 盘川倒容易，跟他舅舅家浮摘个三几十两，回来再还他。《苦家庭》/ 当时七拼八凑，对付着凑了三十多两银子，车氏还不答应，二奎子又在隔壁儿煤铺，浮摘了几两银子，凑成四十两之数，车氏这才走。《连环套》
【浮住】	临时住一下儿。	亲戚家的姑娘，在这儿浮住。《评讲聊斋·阿绣》/ 北城住户玉姓之女，名叫大利，年二十岁，去年被匪徒勾某、董某男女匪人四名口诱拐大利私逃，诱至天津，在春元栈浮住。《演说·说翠峰楼》/ 耳闻有个柳墨林，在南柳巷永兴寺里浮住着，听说会画几笔，也不见得怎样。《北京》
【福随貌转】	福气变好了，相貌也随着好了。	你是没看见大姑老爷哪，真是福随貌转，又白又胖，现在汽车也坐上了，很够个汽车穰子的样儿。《势力鬼》/ 待了一个多月，福随貌转，很透出息。《铁王三》/ 几天儿的工夫，他就福随貌转，他们主儿爷一时都离不开他。《杂碎录》/ 侯二爷无事不大出门，在家里一养，待了两三个月，居然福随貌转，白胖白胖了。《杂碎录》
【府门头（儿）】	贵族人家。如"王府""贝勒府"等。	原来善金在王府教馆，虽然离家不远，可是府门头儿的规矩，照例教读的老夫子，要是

		不下榻，见天是车接车送。《小额》/ 到了府门头儿，所用的人，程度似乎比这路乡下老妈子高点儿，也是各有各习气，并且是互相推诿，事事有权限，人人脱懒。《讲演聊斋·钟生》
【府上】	敬语，您家。	得啦，老大爷，都瞧我啦，只当是小孩子跟您撒个娇儿完啦。明儿个我们哥儿几个必带他到您府上给您请安去。钱粮明儿个再说吧。老大爷您别生气啦。《小额》/ 郭四道："吃过早饭没有？"侯三道："吃过吃过。"郭四到："府上都好？"侯三道："承问承问。都好都好。"《七妻之议员》/ 这时老庞带笑向他二人鞠了一躬，说："多承诸位先生捧场，始终没到府上谢过。"《北京》
【父母月儿的日子】	依靠父母生活的日子。	从先是父母月儿的日子（我不说少爷班子，招呼又有人挑眼），钱到手里就想花。说我是个秧子，我还够不上，真有钱才能称秧子呢。我没那们些钱，所以不敢僭称秧子。《王遁世》/ 这把子人都是父母月儿的日子，那个年头儿吃喝又贱，吃饱了喝足了，没事生非，找着岔儿满世界招说。《土匪学生》/ 回忆数十年前，每逢到了三节，我就抱乐观。其抱乐观的原因有三，一来少不知事务；二来家计宽裕，俗说父母月儿的日子；三来国家承平、年景好。有此三端，到了节下，必要足吃大逛，所以抱乐观。《益世余谭》
【父台】	绅士和有功名的人对县官的称呼。	老父台诸多分心，治晚当然得请父台。《张二奎》/ "父台"两个字是学里秀才们称的。你一个市侩小人无赖之尤，你也配称我父台，还不快称大老爷。《大劈棺》/ 父台容禀（你先别唱），学生与王家订亲之时，并没听说此女曾许配他家。《杂碎录》

【复反】	又,再一次。	这个赵姐,原是伺候大太太的丫头,后来周宅把他聘了,复反又在宅里伺候。《过新年》/原来车夫认错了门,走过好远,复反折回。《鬼社会》/总而言之,旧日的玩意儿,都要恢复恢复,这也是一时流行的传染。这些个还不算,甚至于旧日的迷信,复反发达起来。《益世余谭》/小常叫了一声"刘哥",复反又请了一个大安。《麻花刘》

G

【嘎点儿】	发誓。	您要一定管，我要嘎点儿了（嘎点儿是句土话，就是起誓）。《郑秃子》/ 分宾主坐下，陈头儿说："既来之则安之。谁要一装假，我可是嘎个点儿。"两个人一齐说道："您怎么啦，哥哥。拿起筷儿就算扰，绝不能辜负人心。"《杂碎录》
【嘎调】	曲调中特意拢到最高的调。形容高嗓门。	哭得不但恸，而且放开嗓音，要起嘎调。一会儿的工夫，把嗓子就哭哑了。《评讲聊斋·花姑子》/ 这孩子抱着还哭呢。如今这一躺在当院，自是越发哭喽。加着劲儿的，一起嘎调（人家孩子是挣命劲儿。这可不算洒狗血），究竟小孩儿的气脉微，喊了两嗓子，笨就鼓啦，立刻塌调。《讲演聊斋·吕无病》/ 钟生心中急躁，一回头见驴还往前追，一扭身儿，用鞭子照着驴耳朵，就是一鞭子。这一下子还是真给抽疼啦，直着脖子，起了一个嘎调，一抹头就惊下去啦。《讲演聊斋·钟生》
【嘎杂子】	不懂事。性格乖张。	好容易听说仇福，把媳妇送到赵阎罗家中去的一个消息，这才又打听了个清清楚楚，明明白白（嘎杂子的程度）。《评讲聊斋·仇大娘》/ 一瞧这位老太太，慈眉善目，刚要说□见丈母娘，一想不对（那成了嘎杂子啦），通俗这们说，没有这们叫的。《讲演聊斋·王桂庵》/ 您想南爷这路见色起意的人，还不及那两个嘎杂子碎催哪。《讲演聊斋·窦氏》
【该班儿】	发疟疾。	北京土话管发疟子叫作该班儿。《家庭魔鬼》

【改】	①挖苦、讽刺。②丢人。	①记者与黄君，向来于花木颇有研究（改透了人啦），尚且受这宗大冤，外行买花可知矣。《益世余谭》／"妹丈这话没有呀！我没给你家当统监呀，我又不是伊藤博文，你真改透了我啦。我是为好哇！你的家业，你把房子搬了走，我也不管哪！"《铁王三》②好交情啊，我上这里是他约来的，如今他不辞而别，够多们下的去。他们维新人作事，敢情都是这宗德行，真是的改透了。《董新心》／混到当小花子儿，还自称学生呢。真改透了。《张文斌》
【改嘴】	改口。	提到凤仙，何氏就捶打腿，给凤仙一路老砸。这位老姑太太，原是个玻璃脑子水晶心的人，如何能受这个？再一说，素日很器重凤仙，一听他这套逸言，当时大不谓然。何氏是个机伶人，赶紧改嘴，好容易拿别的话才岔过去。《过新年》／全氏说："我就是死心眼儿。你要再说别的，我就是一死。"说着眼泪就下来啦。狗爷一瞧不对碴儿，当时改嘴说道："姑奶奶你别起急。我那是水牌上的话，说过了一抹儿。你既不愿意，作为我没说。你瞧好不好？"《姑作婆》／海印务说："那不能由着孩子性儿。官事是有则例的。"桂氏也很机伶，一听二位印务话口来的紧，当时改嘴，说："原来如此。我是不懂的官事，不过死鬼您三兄弟有这句话，我不能不跟二位夸兰达提一提。您请坐吧。"《鬼吹灯》
【盖场】	①考试得了第一。比喻最好。②说大话，挽回面子。	①府上爷们的八字儿，我都看过，没有一个赶的上七爷的。七爷这个八字儿，算是盖了场啦。《过新年》／你们这个媳妇儿，在这村里真盖场。就凭他这个小模样儿，施粉则太白，施朱则太赤，增之一分则太长，去之一分则太短。《苦鸳鸯》②内中有要强的，走

		出好远,扭着脸儿说道:"好朋友别走,咱们明儿个见。"我说:"你们也不用盖场啦,我老在这儿摆着。"《杂碎录》
【盖面儿/盖面子】	做点儿好事或说漂亮话遮丑。	您别听他怎么文明,怎么开通,那全是盖面儿,叫真儿说,谁都有点忌讳。《益世余谭》/姨奶奶,你也不用盖面儿,偺们今天亮盒子摇。我是满为你好。你要再思再想。《苦家庭》/"您不必往心里去。我此来不过瞎盖面儿,您二姐叫我上您这儿来。"《说聊斋·江城》/现在的新法律,就是那个事,怎么说怎么有理,反正是拿法律盖面儿。《谢大娘》/别瞧给老太爷办生日唱戏。那是盖面子,碰巧是姨奶奶想听戏了。《回头岸》/这点儿书,两口子谓之伪求伪应可,谓之各怀私心,专用正题目盖面子亦可。《讲演聊斋·邵女》
【概不由己】	不由自主。	老娘儿们本就眼窝子浅,概不由己的,用袖子直擦眼犄角儿。《杂碎录》/刘生听两个人说的话,心里很觉难过。概不由己向二人问道:"二位说的可是前村的张家么?"《杂碎录》/今见县官的太太非常的谦和,概不由己的就跪下啦。《杂碎录》/周方氏见贾氏婆媳这般景象,概不由己的,眼睛里也下了阵雨点儿。《杂碎录》
【肝疯】	羊角风。	大拴子说完了,额大奶奶所傻啦。素常又有个肝疯的毛病儿,一经着急生气就犯。《小额》/何氏原有个抽肝的底子,当时一生气,心口一堵,肝疯抽起活来。《过新年》/若遇个蠢笨愚顽、丑陋不堪的男子,婆家再没个后成。举目一看,正与向日所望成了反面,请问这女子心时,如何禁受得住,轻者要抑郁成病,逼出胃病肝疯来,重一重就许闹是非。《春阿氏》

【杆(儿)上的／赶儿上的】	家里办红白事,乞丐会成群地上门要钱。一些穷人主动充当竿子头儿,也叫竿子,跟主人要钱,分给乞丐,同时管理乞丐不乱闹。	中国有种丐头,俗呼为"杆上的"。《燕市积弊》／田二是本村的一个团头,家中也是母子二人。大凡当团头的,俗语叫作杆儿上,与《红鸾喜》金家是一样儿的官衔,管理要小钱儿的乞丐,化子管着他叫作坡下。《杂碎录》／北京有一种穷人,名为"赶儿上的"(正名"赶上吃",相传为明太祖所封),专管乞丐。《都市丛谈》
【赶蛋】	抢劫强盗的人。	曾爷心里明白,大概这老夫妻,是倚赶蛋为生的营业。自己将来也得吃这一行喽。《评讲聊斋·续黄粱》／咱们夫妻回到老家,我这一辈子忘不了你的好处。那不当家堂佛似的,供养着你老人家哪,开上赶蛋的条子啦。《讲演聊斋·钟生》／劫盗之中,别有一类曰赶蛋,不为盗于齐民家,而为盗盗之盗。其行盗也,必伺群盗之出发,或袭其巢,或要于路,出百计以劫盗所劫之财。《清稗类钞》
【赶挡子／赶档子】	①赶有做生意的机会,如庙会等。②凑热闹。	①这宗买卖,总在各处庙会赶挡子,而尤以东西两庙(隆福寺、护国寺)为最。《益世余谭》／每逢那一带集场庙会,他都前去赶档子,风雨勿阻,早七点准摆,晚六点准收。《益世余谭》／该处有些个赶档子卖鲜货的(黄瓜、香椿等等,该处薰货暖洞甚多),四条黄瓜一块钱,少了不卖。《余谭》／这个"赶档子"并非说是赶庙会作买卖,是专说北京商界里一个最大的毛病,不信我先说几个比方,可别抬死杠,有则有之,无则无之。《燕市积弊》②看验尸的人,围了个里三层外三层的(前后六层),甚么卖烧饼麻花儿的、卖白薯的、卖羊肚儿灌肠的、卖炒肝儿的,全去赶档子,知道的是瞧验尸,不知道的,直像早年旗兵操演。《杂碎录》

【赶虏／赶罗／赶掳】gǎnlou	①欺负。②急迫。拼命催促。	①王氏是久经大敌的老手，知道人家孩子害臊，也不便深分往下赶虏人家，自己一笑儿，胭脂也趁势拾了一个笑儿。《评讲聊斋·胭脂》／我是为保存发辫，认的这们一位师傅，从根儿就没做道袍。巡警不敢赶虏我啦。所以连道冠都不挽啦。《讲演聊斋·长亭》／装糊涂是怎么着，打算赶罗谁，我是拿草纸把草刺猬捏出去。《杂碎录》／晚上大车王卸了车回家，黑老婆儿这们一调唆，甚么"成心赶罗咱们"啦吧，又甚么"总得斗他们"啦吧，"这溜儿又住不住"啦吧。《小额》／咱们二哥是躲啦，这哥儿三个苦赶掳咱们两个人，我瞧这位大哥，可不是善碴子。《评讲聊斋·曾友于》／凭老邢一个穷秀才，我要赶掳不了他，咱们枉在这地方称雄。《讲演聊斋·邢子仪》／心中纳闷儿，想着我混这盅王府的饭儿，没敢得罪过谁呀？这可是诚心赶掳我。《讲演聊斋·王成》②俗说："有钱办的称心事"，是一点也不错的，除却日期忙迫，叫做赶罗的慌。《杂碎录》／外头交往既宽，应酬就多，一天三四处人情，晚晌还有五六个饭局，自己把自己赶罗的燕儿不下蛋儿，成天际一点功夫没有。《演说·逆境顺境》
【赶明儿个】	以后。	恒爷说："这个秃小子，够多们有玩艺儿，赶明儿个必有点儿福气。大哥的造化是真不小哇。"《小额》
【赶网儿】	为别人把鱼赶到网里去。意思是白让别人得利。	这两天又直涨报。其实也无非给纸庄赶网儿，咱们别提这些懊心事，还是说书。《讲演聊斋·蕙芳》／官府异常吃亏，全给月薪赶了网儿，还裁撤了个稀溜花拉，到而今也好，总算改了名称。《演说·良改》／幸而还说明了不贺年，算是省却一番手续，不然还得给邮局赶网儿。《说聊斋·萧七》

【赶嘴(儿)】	专等人家吃饭的时候去，让人不得不请他。	记者有个陈街坊，不必提他姓名，外号儿叫老赶，因为他喜于赶嘴儿。人家请客，他竟唱闯宴，真吃真喝，来的熟和极了。《苦鸳鸯》/真会赶嘴呀。进来吧，没有外人。《都市秽尘》
【敢保】	管保。	这个事要换一个人儿，敢保他得争红了眼。《白话聊斋·王成》/所有一切收入帐目，敢保碧清如水。《白话聊斋·王成》/再一说，近来的文笔，令郎大有进步，采芹入泮，是绰绰有余。这次小考，我敢保他是一定披列前茅。《过新年》/别看洋戏法儿花样新奇，苦于只能看一面儿，要在四面围着看，敢保他能变不上来，除去韩秉谦系旧戏法儿出身，尚有此项能力，所以他要上场时，手中必得敲锣。《都市丛谈》/后天就是双十节，敢保比前天还要热闹。《说聊斋·续黄粱》
【敢则】	敢情。原来。	别以为野台子戏没有是非，敢则也有混腥子、无来由、狗泥混等等，在妇女队里找毛病。《杂碎录》/敢则鞋底子冲里，有一层秃失儿钉子，肉脚往钉子上一造，疼的是滋牙裂嘴。《杂碎录》/我就知道他叫绝户孙，敢则还有这们些个故故典儿哪。《杂碎录》/刘氏说："这通儿人家花了不少哇。"孟祥儿口："敢则，二两多银子哪。"刘氏说："你把那六百多钱交给我罢。"《酒之害》/嘿，你猜怎么着，敢则凉州土，也涨了价儿啦。方才在针王家又买了二两来，我掰开闻了闻，味儿倒不错。《春阿氏》/单说学徒之时，生虎子徒弟，敢则难处最多。《演说·说商眼》
【干拔儿/干白儿】	只有。	您想，干拔儿净是两个松字，满打悬挂起来，也没个大瞧头儿。《演说·逛国货展览会》/悯人是拿定了主意了，干白儿不理他。《怪现状》/这小子好主意没有，干白儿一肚子竟坏。《汪大头》

【干瘪棍儿】	①一种肉刑。②没有下酒菜。	①叫他蹲下，两手往腿上一抱，然后再捆两手。有的是那根哭丧棒，横着往腿窝子上一穿，这叫干瘪棍儿。《杂碎录》②不喝。我就不动酒杯，也没人劝，也没人给我打个戒指儿甚么的，也没谁跟我赌天戏，赌顿饭。我就硬给他个不喝。这叫干瘪棍儿的忌酒法。《演说·说减政》/ 如此请客，能干瘪棍儿专吃鸭子吗，自然要配合几样儿酒菜。《演说·烧鸭子》
【干府】	只领工资不干活。	他又托出人来，约董爷在公署里帮忙，每月奉送二十两薪水。虽说帮忙，毫无责任，在前清时代，这个名辞叫"干馆"，又叫"干府"。《董新心》
【干搁（儿）】	无故不上班。	大声又一捧他，自己所不知道是怎么回事情啦，时常的干搁儿不到馆，大声无法只得替他搞活儿。《怪现状》
【干馆】	只领工资不干活。	他又托出人来，约董爷在公署里帮忙，每月奉送二十两薪水。虽说帮忙，毫无责任，在前清时代，这个名辞叫"干馆"，又叫"干府"。《董新心》/ 真给我弄个顾问，或是挂个咨议，至无能为，在经济调查委员会里，给我弄个干馆，月间拿个三百二百的，让我给你当碎催，我得卖的着。《搜救孤》
【钢口】	口才好。能说会道。	照例是挂好幌子卖乏酒，表面说了个冠冕堂皇，内容是另一回事，卖的就是商标与钢口，不如此不足以骗财。《益世余谭》/ 那小子竟卖钢口，整本大套的搁念（江湖生意行话叫搁念）。那儿有真的！《鬼吹灯》
【钢口条子】	指做生意人能说，能忽悠。	那位说了："你们卖药的，竟是钢口条子，卖的就是嘴。"告诉您说，惟独我这个卖药的，跟别人不同。我也不是张宅打发出来的，李宅支使出来的，奉主人之命，出来舍药，要诸位几个茶资。《鬼吹灯》/ 您别瞧一身西装，

		长了一个革命的脑袋、过激派的脖子，开口就是"广义狭义，积极消极"，行上事更拧，西装本是行头，新名辞是钢口条子。《谢大娘》
【钢条／钢条子】	能说，能忽悠。	我可没在天桥摆相摊，不同他辈耳，江湖吃歌念，说钢条把人点，老兄，您快掏钱，我先给你看流年。《杂碎录》／不过俗语儿常说："穷汉子吃药，富汉子还钱。"要是都舍，我先上舍不起（又加上卖野药儿的钢条子啦）。《讲演聊斋·毛大福》／据说他并不使钢条子，只凭问卜的人说，如果吉卦，他就打蹦儿。要是凶卦，他就仰面一躺儿。《讲演聊斋·胡大姑》／无论欠你多大的情，当面说怎么报答不了，其实全是钢条子。《讲演聊斋·田七郎》
【岗子／冈子】gǎngzi	让某人倒霉的关键地方。	小额在家里，是作梦也不知有这档子事呀。要说青皮连打伊老者的这回事，他可知道，皆因艺高人胆大，自己所疑惑啦，以为打一个乏拨什户算甚么的（哈哈，这个乏拨什户，打的岗子上啦）。《小额》／随后老先生，又一卖这个打胎丸。哈哈，可卖的岗子上啦。本处有一个某绅士，家中出了点儿暗昧的事情，老先生给人家这们一包治，讲下的一百两银子，有一个船上的伙计小沈，给拉的纤。药吃下去，胎没下来，人死啦。某绅士家在州里，把他老兄就刷下来了。《小额》／在何氏原是拍马屁、献殷勤，谁知道拍到岗子上啦。老姑太太大炸之下，说："你将要派人给我送信，你还不错呢。你们家人都死绝了，单等着你派人哪？我要不来呢，大概也就不给我送信啦。"《过新年》／听说这个醉鬼，是个摔私跤的，手底下所以有两招，时常喝醉了，满街惹事。哈哈，这回可惹在岗子上

		了。大概决意轻办不了。《进化报》/若竟顾了你快人快语，遇事不加思索，便冲口而出，一句话说到冈子上，当时不定就招出多大的楼子来。《演说·防患未然》
【扛头／抗头】gàngtóu	认死理，很难说服。	有人出来说合，见好儿就收，千万别扛头。甚么动凶不动凶的，本县一概不究了。《胶皮车》/我要见见，谁知他一死儿的抗头，究竟他是怎么个样儿的红人儿，这们大的脾气，我非见识见识不可。《评讲聊斋·嘉平公子》/姑娘儿，这不是我们哥儿两个直跟你要好吗？你怎么一死儿的抗头呢？《讲演聊斋·伍秋月》/尚秀才见老道一死儿的抗头，只得百般哀告，说：" 您那不是修好，只要给我带个信儿，这辈子忘不了您的大德。"《白话聊斋·巩仙》/好话说了三千，起先我还直抗头，后来一想，说不可，有台阶儿就得下。《演说·去而复返》
【高掉儿】	从高处摔下来。	夜叉搜寻了一个过儿，因为没有一堵气子，把徐爷在地上一扔，老徐闹了个高掉儿。《讲演聊斋·夜叉国》
【高见】	高见礼。意思是地位低的人给地位高的人行大礼时，地位高的人说的话。	到了周义那块，一定不受。凤凤{仙}说："六爷，你兄弟、弟妹给你磕头，难道说你不应当受吗？"周义说："我的三老太太，我现在罪孽深重（倒没祸延显妣）。"凤仙说："你这是胡说。"周义自己觉着说错了，赶紧改嘴，说："我现在搁着罪孽呢。（也不大像话。）兄弟跟弟妹高见。"凤仙说："你兄弟、弟妹给你磕头，你这让甚么？"周义先给何氏凤仙请了安，然后这才受礼。《过新年》
【高来高去】	指盗贼武功高，可以在房顶上跑来跑去。	此时的这个女子，一经不守闺门的教训，又是高来高去。所以说书的就可以说他，比作女淫贼。《评讲聊斋·阿绣》

【高乐】	寻欢作乐。贬义词。	宁生有个表舅舅,姓葛,名叫天柱,在钱塘县作知县,因宦况清闲,每日以饮酒赋诗,舞剑耍棒为乐(可称难甥难舅)。忽然想起外甥是个清闲的人,何不把他叫到任上来,一同高乐几天呢!《劫后再生缘》/这二位此时不定在前门西那个下处里高乐呢。《阜大奶奶》/五爷周礼,对于这些事相应不理,跑到书房拉胡琴儿去了(家中出这宗逆事,他还高乐。这宗人实在邪行)。《过新年》
【高买】	①原指专门偷珠宝,后来也可指一般的偷。②小偷儿。	①[夜市捕获高买女贼]前晚夜市有游人张某竟被一女贼将皮包窃去,内有钞票甚多,恰有侦缉队兵田某上前将女贼捕之。《北京画报》/②他如果一炸,我就喊官人,说他是使假银子的高买。《讲演聊斋·毛狐》/而且能唱曲儿喝酒,把绢子带走,这要当个侦探,或当高买,有多们好哇。《讲演聊斋·彭海秋》/天天派我给他们预备酒,一位位的可又不拿亲钱,叫我出来当高买。《讲演聊斋·贾儿》
【高汤】	饭馆里用炒菜后涮锅水兑出来的汤,免费提供。	觉着透干,又找补了一个海碗白菜丸子,带话还要高汤。《双料义务》/星期日,在煤市街某饭馆吃饭,看见一位先生,穿的很阔,胸前还挂着标志(那机关的可没看出来),要了一碗馄饨,带话要高汤。馄饨端上来,此公拍着桌子直嚷,问:"几个钱一碗?"伙计说:"四个铜元一碗。"此公大炸,说:"四个铜板一碗,也就很贵了。怎么汤里连个油点子都没有哇!"伙计说:"这是高汤。"此公把桌子一拍,说:"混账!既是高汤,怎么会没油呢!"伙计拿下去又给加油,才算完事。《益世余谭》
【高兴】	没准儿。	见天是香油菜,高兴就是咸菜饭。《双料义务》/早晚两顿饭,不是黑面条子,就是窝窝头。这还是好的,高兴就是豆腐渣、白菜叶子、碎米儿饭等等,简直的不及狗食。《苦家庭》

【高支高抗】	摆架子。	我们不可能像你似的，一来要面儿，二来要过儿，不见帖没脾气，一见帖立刻高支高抗。《评讲聊斋·姊妹易嫁》/我们送报的苦伙友，怎么跟您讨节赏酒贵呀。反正我得掂配着敬献，并非高支高抗，大梨糕，甩客。《评讲聊斋·胭脂》/咱们都是亲的热的，何必这们高支高抗？《白话聊斋·萧七》/高支高抗，臭架子何必摆呀。《旧京通俗谚语》
【高庄儿】	高度大于长度。	原来是一个硬木高庄儿的匣子，头里有一扇门儿，当中有一个暗锁。《小额》
【膏药】	形容老赖在某人身边。	腻，小名这叫膏药。简直粘住啦，推不出去，挖不出去。《旧京通俗谚语》
【告】	告诉。	你告他，早晨来的信，我已然知道啦，求他多多的分心。这儿有一封信，还有一个片子，你一并交过他，就说明天再放一天学，我后儿个上学就啦。《小额》
【告白】	启示。广告。	这们办，今天我收您个半价吧（可不是义务告白，也不是每逢朔望的愿心）。说着话，把原收的钱退回一半。《评讲聊斋·阿绣》/铁王三在本城贴了好些个寻女的告白，送到家是谢银三百两，送信者谢银一百两。此外又撒下不少人，各处寻找。《铁王三》/比起撒传单，在报纸上登告白，还透着勾儿。《社说·中国无商战》
【告帮】	请求帮助。通常是要钱。	今儿个找到你们府上来，一来不是寻钱，二来也不是告帮，知道啦？干甚吗这们拧眉毛瞪眼睛的？《小额》/要按公理说，凡有用票取东西，应当按照原价付货才对，谁知道商家取巧，惟利是图，你要拿票取东西，他是白眼相加，真仿佛你跟他告帮寻钱呢。《益世余谭》/大舅，嫌我穿的不好哇？穿的再不好，我给你们家道喜来了，没跟你告帮来。嫌我穷，别请我呀。《势力鬼》

【告妈妈状】	小孩儿到妈妈那儿去告别的小孩儿的状。引申为到上司那儿告别人的状。	后来两人都跑到白知州这里告妈妈状。《中国魂》/富二太太说:"这样儿孩子,还不及死了呢!我告诉你立泉,明天他要不听话,你是他师兄,你就严严的管他,你把他打个脚折胳膊烂我都不恼。"曹立泉说:"我也不能那们管他,反正一打两吓唬。他要告妈妈状来,您可别听他的。《曹二更》
【告诵】	告诉。	告诵您说,记者的小说,讲究编年纪月,一点儿不能荒唐。《铁王三》/告诵没有工夫。不是不能分身,就说家中出了逆事。《说聊斋·乐仲》
【告早假】	跟老师请假早退。	偏巧今天学生告早假,善大爷告诉伺候书房的说:"不用套车啦,我今天溜达着回去。"《小额》
【戈什哈】	亲兵。满语。	他有一个戈什哈,要搀他下城。他说:"我的兄弟,我愿意下城啊,我的腿他不愿意下城啊!我连半步也走不了啦!我这条老命,要葬送在这里。"他这个戈什哈,从先在仓上扛粮,很有膀子力气,说:"大人要是不能走,我背着你老人家好不好?"某大员说:"我分量最大,去年我过了一回磅,足够二百五十多斤,你背的动呀?"戈什哈说:"来罢您哪,我在仓上的时候儿,一个人儿能扛两石老米,你老人家还有两石米沉吗?"某大员说:"你可慢着兄弟。"偏巧有一个委员,在旁边贴靴。戈什哈把他背起,委员在旁边扶着,顺着马道下了城。某大员闹了一裤子尿,戈什哈累了一身汗。就说由城上往下背这几步儿,可也真不容易。《五人义》
【哥儿】	贵族、大户人家长辈对晚辈男孩儿的称呼。	伊太太说:"大哥儿呀,你跟二哥儿、跟你妹妹,你们先吃吧。"《小额》/孙氏一瞧,是他们两个人,孟纯是他奶起来的,继厚是他

		看大了的。二年多没见,焉有不认识之理,说:"大哥儿二哥儿,你们怎么作上买卖了?"《王遁世》
【哥儿妈】	给男孩雇的奶妈。	孩子吃咸菜,足一要喝水,直不知道孩子吃了甚么好东西,可叹昏了心的老爷,还张罗着给哥儿妈长工钱哪。《演说·说奶妈子》/上下人等,都称他为哥儿妈,偶然也叫他赵姐。《搜救孤》
【哥儿派】	富贵人家子弟的作派。	这件事在武爷虽是好意,究竟是财大气粗的哥儿派。这要遇见打算狼他的,可就行啦。《讲演聊斋·田七郎》
【搁不住】	架不住。受不了。	单说徐老太太,又思念儿子,又想着对不起媳妇儿。年老的人搁不住糟心,又着了一点凉,闹了一场夹气伤寒。《苦鸳鸯》/说他傻并不真傻,不过忠厚老实就是了。可是老实人也搁不住挤兑急了,又道是"人急作反,狗急了跳墙"。《张二奎》/塔三爷原打算带着孩子度日,不续弦啦,搁不住亲友怂恿,塔三爷一活心,续就续吧。《鬼吹灯》
【搁车】	①正在干的事或说好要干的事不干了。②丢了差使。	①意思是惟恐女子不来。万一给个大搁车,那下儿可就治不的干啦。《白话聊斋·画壁》/且鄙人从事报务以来,敢说没给谁半道儿上搁车。《说聊斋·葛巾》/可巧姑娘儿这天就有事,怎么说可也没工夫儿去,把这个碴儿硬来个大搁车,心想天再去也不晚哪。《说聊斋·萧七》②日子一久,捐了一身杨梅,连科员亦搁了车啦。《演说·钱多之害》/一翻供,连督抚都得搁车,一个刑逼妄供、草率定案,从上到下都得坏。《说聊斋·胭脂》
【搁的住】	受得了。	若遇见吃生米儿的,软骨头的孩子们,还搁的住几下子吗?《杂碎录》/他要是安分守己,我养活他们,也是应当的,无奈他们的烟瘾

		都很大，老二又好赌钱，我这个苦缺，还搁的住他们挥霍呀！《回头岸》/那年舍下的损失，不过几千两银子，较比人家的损失，不过沧海一粟。可是人家损失的多，人家搁的住。《五人义》
【搁木】	垫家具腿的木头。	我还是一天的工没歇，调换着笔路儿敬献，甚么缘故呢？皆因各家报纸都添材料儿，钱项儿又紧，所以我们也得抖精神往好里研究，好对得住主道们一枚铜子儿。这一来我可应了俗语儿有云咧，"蛤蟆垫桌腿儿死挨儿"，其实应写搁木，谁也不用蛤蟆。《讲演聊斋·青蛙神》
【搁念/格念/歌念】	①江湖上的行当。例如诈骗、偷盗。②江湖黑话。③骗人。	①比如柳爷要是市井吃格念的，一个中了点，总想吃这一辈子。《评讲聊斋·柳生》/兄弟是个吃搁念的，心里一面，嘴里一面，那是我行剩下的。《鬼吹灯》②那小子竟卖钢口，整本大套的搁念（江湖生意行话叫搁念），那儿有真的？《鬼吹灯》③桂氏一进门儿，看见悬着吕仙圣像，当时跪倒磕了一路响头。暗中交代，这也是点搁念。他听说桂氏要来，所以把吕仙像悬起，总算人家吃搁念的到家。《鬼吹灯》/所卖的药品，大半是松香膏药、切糕丸，叫真儿说全是搁念（江湖朦人，调坎儿叫搁念），卖的就是那套生意口。《益世余谭》/一蒲包儿饽饽、一蒲包儿茶叶，你真拿不出手来。这叫作金钩虾米吊鲤鱼，也是高等的搁念。《二家败》/有一个相面的叫作鉴明子，是浙绍人氏，自称揣骨神相，其实也是搁念。《忠孝全》/我可没在天桥摆相摊，不同他辈耳，江湖吃歌念，说钢条把人点，老兄，您快掏钱，我先给你看流年。《杂碎录》

【搁耍儿】	赌钱。	到了白天,二奎子家中,又放帐又搁耍儿,又当承办百什户,人来客去,乱的邪行。《连环套》/ 借着办事搁耍儿,是平常新闻,不算出奇(常有)。《进化报》
【搁下】	丢掉差使。	后手啦,他那个把弟希四,因为衙门闹乱子,让堂官给奏参革职啦,神机营也搁下啦,家里又丢了两通儿(灾祸齐来),混的所不成啦,找小额来借钱。《小额》/ 他当劝学所长的时候,应名下乡查学,他是竟虎乡民,很有些个敲诈的事情。如今所长一搁下,势力差多了。《董新心》/ 你也打听打听去,别竟在家懊着。就是搁下差使,也犯不上这们不高兴啊。《势力鬼》/ 奉劝四君,既在文明界当文明差使,就别干这个瞎事啦。快快的把他收了就得了。要不然,本报要是详细一抖落,你们差使就得搁下。《进化报》/ 小张当着一分小差使儿,因为这个,差一点没把差使搁下。《益世余谭》
【搁着】	如果是。	搁着我,要是猛一瞧这个题目,也是这们想,其实大谬不然。《益世余谭》/ 学校里是这宗德行,家里是那宗德行,搁着谁也受不的。《鬼社会》/ 这件事情要搁着我,明知道不对路,这剂药我简直的不能吃,我不能拿命应酬人。《张文斌》
【搁着你/他的,放着我的】	这笔账我记下了,以后算。	马观察大不乐意,心说:"这个范太守好大的架子。我来察他,他连接都不接。搁着你的,放着我的。我让你知道知道我的厉害。"《张文斌》/ 这个家伙真真的可恶,他是上坟的羊豁出去了。搁着你的,放着我的。我要不害你个家产尽绝一败涂地,我不姓桂。《张文斌》/ "告诉你一声儿,日后有事出来,或被我查出情形,那时我再问你,你可不要反

		赖。"说罢，愤愤走去，又口中叨念道：搁着他的，放着我的。横竖一辈子，没有不见秃子的。《春阿氏》
【割靴腰子】	嫖客抢自己朋友所爱的妓女。	如果要在别家朋友处赏识过，千万提出来。免得让孩子得罪人。满生不懂这是怕自己是割靴腰子的话。《讲演聊斋·细侯》
【阁子】	巡逻警务站。	那个说："我们没完。他倚仗着官面儿的势力欺负我。告诉大哥说，我的买卖不开了。咱们弟兄们有朋友，某军司令部，咱们认识人，一句话就能拆他的阁子（阁子是国家的，并不是他家的）。"《余谈》/ 娘家不答应，上过阁子起过诉。《花甲姻缘》/ 这几句话问的王小峰无话可答，老羞成怒，拍着桌子大骂之下，一定要揪着王明上巡警阁子。《势力鬼》
【隔母】	同父异母。	年下比肩，主其兄弟众多，可都是隔母。《过新年》/ 朝阳门外下关住户，有谢大、谢二者，隔母之兄弟也。《益世余谭》
【隔山】	同父异母。	再说那些砍柴的人，见老虎走远，胆子大的才敢站起来，见张讷十分悲恸，也有陪着落泪的，也有想着一个隔山的弟兄不咧，何必这们动心。《讲演聊斋·张诚》
【咯儿屁】	同"嗝儿屁"，死。	伏维上飨，无常、羽化、圆寂、眼儿猴、咯儿屁、皮儿啦、吐啦、刘二哥啦（费甚么话哪。简直的全是文野相杂，死了的代名词）。《评讲聊斋·花姑子》
【个的个儿】	一个个。	徐爷要叫住夜叉夫人儿，问问大家上那儿去，个的个儿腿快过步大，已然走远。《讲演聊斋·夜叉国》/ 其中就有那些无赖子弟们，也在李家门首看热闹儿，先还打算要进去搅闹

		一气,如今见知县亲自来到,个的个儿都白瞪着眼,干吧哒着嘴,一点主意也没有,愣把这份家私,叫李憨云承受了。《李傻子》/再瞧揪他的那几个人,也都是黑大个子,个的个儿相貌凶恶,一脸的横肉,张铁汉心说这群东西,决不是善类。《张铁汉》/在民国时代生育的小孩儿,个的个儿都透着心思明敏、性格气质皆有可观。《演说·十一郎》/说来也怪,怎么人家个的个儿,都不类乎吃窝窝头的脑袋,想必人家,吃番菜是有分的喽。《演说·说保险》
【根半腿儿】	一条腿瘸。	怎么叫作跛一足哪?说俗话就是根半腿儿。《说聊斋·乔女》/您要一想这个样儿,大约不大怎么受瞧,黑脑颏,根半腿儿,在彼时还得穿外褂子,头上再戴上个绒喜字儿,您说有多得哥儿们。《说聊斋·乔女》
【根本人家儿】	正经人家。	刀伤常娶过一个媳妇儿,倒是根本人家的姑娘。《麻花刘》/姜登朝虽然落魄,是个根本人家的子弟,本质不坏。《刘军门》/咱们究竟是皇上家的世仆,当差根本人家。虽然受穷,廉耻不可不顾。《北京》
【跟公】	跟官的。官员自己出钱雇的随从。	却说这位跟公,同姨奶奶一啾咕,这件事就算办成啦。跟公拿着,笑嘻嘻的往外走。《评讲聊斋·神女》
【跟官】	给官员当随从。	伊弟赵仲臣,在江西跟官,给某县知事管理杂务,事情很不错。《益世余谭》/北京前些年,跟官一道,最能发财。据他们长安界的人说,要讲跟官,是跟粤海织造、福州将军上海道,藩司连台都是瞎胡闹。《姑作婆》/窑变张从先吃当行(有油破孔毕业的文凭),后来又跟官,现在竟拉纤。《忠孝全》

【跟门子】	给官员当随从。	我们三头他舅舅在大城里儿跟门子，没法子我们才找他来。《连环套》
【跟前】	生育了，有。	这位上岁数儿的领催原来姓伊，名叫伊拉罕，跟前三个儿子。《小额》/我们有一个敝族兄是本地第一的财主老夫妻两口儿，跟前一个女儿，年方七岁，打算延请一位女教习。《孝子寻亲记》/后来桂氏又跟前一个孩子，起名叫伊林，乳名排着阿林，叫作二成。《鬼吹灯》
【跟人】	随从。	劳大爷的驾，把我跟人提溜的那个匣子，您给拿进来。《小额》/忽见门帘儿一掀，跟人进来，作为是伺候茶水，向陈头儿使了个令子。《杂碎录》
【跟手（儿）】	随后。	撕完了照腿上又一路大抓，故说痛楚，跟手儿又是几棒槌，把嘴也给打破啦。《说聊斋·江城》/说话满斟一杯，呷了一口，跟手儿拿起筷箸。《讲演聊斋·阿稚》/烧水洗脸洗手，一会儿孩子醒啦，好跟手儿给他也梳洗梳洗。《讲演聊斋·红玉》此时又进来两个下人，搭□桌子摆上碎件儿，跟手儿就有下人端上菜来。《讲演聊斋·萧七》/一问二位喝酒不喝，朋友说先来二斤陈绍，跟手又要了几个菜。《说聊斋·乐仲》/他硬说同时有八处请，那处不到都不合式。跟手儿就有催请的电话，真能叫人应□不暇。《说聊斋·陆判》
【跟主儿】	当仆人。	五道营胡同，住着个姓铁的。老太太在外头跟主儿，家里就剩下铁某夫妻度日。《进化报》
【工码儿】	工钱。工资。	零钱小费，原为手艺行之外找，因为从前的工码儿太小，不得不讨个喜欢钱儿，还得活头儿作的迎人，顾主才能另外破费。《燕市丛谈》/杨媒笑道："我这儿年轻的最多，反

		正工码儿大，我先听听，您上头打算每月花多少钱呢？"李启说："工饭钱现洋六元少不少？"《花鞋成老》
【公请】	大家出钱请客。	谁要敢在里头住一夜，想吃那儿，大家来个公请。《白话聊斋·狐嫁女》/ 既然认为真事，只好就是大家公请吧。《白话聊斋·狐嫁女》
【公喜／恭喜】	工作。	人家又问他："公喜？"这下子把他给公住了，张口结舌，要答对，干答对不上来，也就不知道公喜俩字怎么讲，当时急了一身臭汗。旁边有人又给他解释道："问您在哪儿当差，做甚么事情。"《土匪学生》/ 人家问他贵公喜，他说是候补守备。《鬼吹灯》/ 我问他在何处公喜。他说："没出息。低微行（音杭）当儿，在汽车上司机。"《益世余谭》/ 后来有人问他恭喜，他说在兵部，问他甚么乌布，他说某司掌印。《酒之害》/"您那儿老爷在那衙门恭喜呀？""在吏部当差。"《燕京妇语》
【公爷】	对公爵的尊称。	曾几何时，而清室墟矣，公爷逝矣，赃款罄矣，后嗣不肖，府第卖矣。《益世余谭》/ 去年某公爷长砍头疮，十几个大夫都没瞧好，后来我这位妹妹，去了十几荡，就给瞧好啦。《小额》/ 文宅请的是四位堂客，一位是沂公爷的福晋，一位是法尚书的少奶奶，一位是福都统的夫人，一位是宝提督的弟妇。《苦女儿》/ 实告诉你说，我们府里的事，都得由着公爷吩咐，可是公爷，又受祝管事的挟制。《阜大奶奶》
【公中佐领】	请代佐领原大多为世袭，如果犯罪或无子嗣，从旁人中选，叫公中佐领。	因为他管的那一旗出了一个公中佐领的缺，正堂请着病假呢，让他拣选。《小额》/ 小花墙子门楼儿，一进街门，有一个小影壁，上头也挂两条儿门封，一条儿是公中佐领，一条儿是补用印务章京。《苦女儿》

【恭本／公本】	循规蹈矩。	今天一听他爸爸这通儿教训（他爷爷要早有教训，他爸爸还不遭这场儿事呢），他倒很以为然（认可啦），登时连连的答应，说："是，阿玛自管放心，从此我恭本当差就是了。"《小额》／可不要那些个又{叉}把扫帚的簪子，也别留孩儿发。公公本本的，光梳个元头，带点儿小花儿，也不妨动作，也不招人笑话。《演说·劝旗人妇女当习工艺并改良头脚》／有两位恭本当差的，都是规规矩矩。就是他，小辫儿打紧，发头卖项，晃悠着一个土匪脑袋。《土匪学生》／要说小文子儿的媳妇，虽然是仓花户的女儿、库兵的儿媳妇，打扮的倒还恭本。《小额》
【拱嘴双皮】	猪耳朵。	兼卖下水（即五脏），如心头肝肺，大小肠肚，以及拱嘴双皮（即耳朵）。《燕市丛谈》
【勾兵】	因为有关系而叫来兵。引申为叫来帮忙打架的人。	敢情这个挨打的，是巡视南城赵都老爷的外甥（哈哈，说句迷信话，额家是走字儿哪）。打完了，人家勾兵去啦，我们傻瓜是的，还坐的那儿听呢。《小额》／有一天，四十儿同着两个碎催逛东岳庙，跟一个姓王的呕了点气，两方面势不相下，彼此这们一勾兵。《土匪学生》／话不投机，当时起打。该铺倚仗人多，把总爷推翻揪倒，饱以老拳，头破血出，鼠窜而去。该铺因战败老总，非常高兴，铺掌正要论功行赏，不料某甲勾兵前来复仇，一路叫骂，蜂涌而至。《益世余谭》
【勾场】	为做过的错事找理由解释。	鲁鸣才又连喝了几杯，酒已有八成，温爷不跟他提这回事啦，他又勾场说。温爷又灌了他几杯，这家伙酒已够了九成，叹了一声说道："你老人家猜一猜，尤家杀人放火的真凶，到底是谁？"温爷说："我如何能知道。"鲁鸣才说："我倒知道八九成，实对你老人家说了罢，这个人占八成是吴三。"《酒之害》／

		何氏没话儿找话儿,撒开了一勾场,自己苦这们一解脱,把不好儿直往别人身上推。《过新年》/ 如今他虽出了门子,好在是本城。又听说翼老大爷,常不在家,没有多少人口,自己何妨去勾勾场。《评讲聊斋·胭脂》
【勾串】	勾结,串通。	刻下新任来到、旧任未去之际,而各乡盗匪土棍,竟与县署差役合为股分公司,勾串抢掠、分脏交易。《余墨》/ 子良让从人回避,掏出一封匿名信来,大致说,家人盛虔,勾串劣绅贺世采、刑房侯瑞,诈敲南乡赵家五千多银,内里头还牵连刑名桂老夫子。《张文斌》/ 我既是把你约来,还能勾串外人,坏你的事不成?《评讲聊斋·画皮》/ 佛教人听着,今有洋奸细黑李老勾串江常两县土匪,定日来攻州城,并有西安吴知县替他们作内应。《衢州案》
【勾搭连环】	勾搭。	那郑恒因为自己没有本事,从前也跟他搭过伙计,两个人有些个勾搭连环的事情。《语言自迩集》
【勾手】	联手(干坏事)。	咱们两个人一勾手,反倒吃他一下子。《杂碎录》/ 跟绅士勾手,也很干点鬼鬼祟祟的事情。《忠孝全》/ 要说打鼓儿的这行,讲究卖起卖落,要是遇见败家产,他们算是喝了蜜啦。跟底下人一勾手,简直的没完。《一壶醋》
【钩心 / 钩儿心 / 勾儿心】	尔诈我虞的心机。	可想彼时人的心肠,大约于今不同。论到作事上,不用说绝不会用钩心,也不懂大金磅是好东东,错非如此,焉能非等长寿哪。《演说·人到五十古来稀》/ 拜把兄弟换兰谱,彼此是钩儿心,你看我有几个钱,我看你有点儿势力,外话叫作套吃高打。《回头岸》/ 平常待理不理儿,今天特别待遇,脑筋稍敏

		捷一点儿的，总要照影子，一定这里头，是有甚么勾儿心。陈憨子哪有那宗脑子呀，听见酒就有点没命。《赵三黑》/ 要同直率人换心交朋友，您有了错儿，他必肯直说，别拿勾儿心的人当自己。《演说·交友》
【钩子】	眼线。	带着一个钩子（眼线叫钩子），我还记得是个卖花生果的（该处管落花生叫花生果），叫作王铁柱儿。《赵三黑》
【狗】	像狗一样巴结权贵。	本府乐太尊，是大帅的近人，脾气最狗，外带著是狗而且贪。《一壶醋》/ 要讲究狗事，先得长两只狗眼睛来。你要瞧这个人将来有起色，暂时虽然没事，趁着这当儿，你就狗起活儿来。《怪现状》/ 有一天老姑太太回到娘家，周家男妇老少（倒不是大小方脉），自周道台以次，自然有一番欢迎招待，不必细说。何氏更比别人狗的邪气。《过新年》/ 敢则手里拿着一个垫子，是给张氏铺上，恐怕冰了他。你瞧这分儿好意，这分儿狗，真能狗出圈儿去。这叫四眼儿迈炭盆，狗过了火啦。这们一狗，把张氏所狗的过意不去。《杂碎录》
【狗泥混】	无赖。	别以为野台子戏没有是非，敢则也有混腥子、无来由、狗泥混等等，在妇女队里找毛病。《杂碎录》
【狗碰头】	最便宜的棺材。	茵陈花板也是他，狗碰头（北京最次的棺材，俗名狗碰头）也是他。《姑作婆》/ 亲家老爷，你这是怎么了？幸亏是这个红柏的棺材，要是狗碰头（北京至次的棺材，俗名狗碰头），你这一脑袋（姜长家也真会耍骨头），棺材许散啦！《库缎眼》/ 现下这些个带着口气儿要享幸福的苦哈哈，可别等他到了哈哈笑，教他享狗碰头的幸福啊，善人。《演说·一见哈哈笑》

【狗食盆子】	卑鄙,卑鄙小人。人品不好。	现在拧了,帮着人家贴靴,拿周廉打糠灯。您瞧这群人,有多们狗食盆子。《过新年》/ 这衙门里,官儿是个老好子。就是帐房儿的小张儿,是一个狗食盆子,非把他除了不行。《张文斌》/ 小铁一想,舅舅虽然狗食盆子,舅母对待不错。《势力鬼》
【狗事】	像狗一样地巴结人。	人家是现任的职官,咱们是开剃头棚儿的,齐大非吾偶也(苗大爷真能混转一气)。知道的咱们是瞧外甥女儿去,不知道的,说咱们狗事去啦。别瞧咱们营业低微,人格不低微。《库缎眼》/ 大凡上赶着走亲戚,拉拢着认本家,总都是看着人家有钱有势前去狗事。混到泼大水、拉洋车,甚至于要小钱儿,真正的亲戚本家,他都躲着你,恐怕你张嘴,他还上赶着认你?《花甲姻缘》/ 醉郭是长安路出身,钻营狗事那是专门学,藩台有一个得意小跟班儿的,叫作马宝卿,他联络上了,两个人先是口盟,后来换帖,吃喝不分,近的邪乎。《小蝎子》
【狗印子】	跟狗肉作坊借钱,用死狗还账。	北京有一宗药狗的。每到冬天最多,药狗的有二,一为偷儿所为,一为奉狗肉作坊的差遣(一般穷人,先使狗肉作坊的钱,叫作狗印子。随后应下交多少条狗,这宗人跟检穷的搭着,这个药死,那个就买)。《社会见闻·药狗》
【狗蝇胡子】	稀稀拉拉的几根胡子。	要说希四的打扮儿,可真够个部属司员的派头儿,有四十来岁,白净子儿,小颧骨儿,尖鼻子儿,新留的几根黄狗蝇胡子,两只小三角儿眼睛(好孩子核(音壶)儿),戴着一副墨镜,身穿月白洋绉大衫儿,套着蓝纱的坎肩儿,穿着一双武备院儿的官靴,手里摇着一把团扇,来到上房。《小额》/ 但见这小子有五十岁,几根狗蝇胡子,小眼睛儿,

		小颧骨儿，小尖鼻子儿，两个扇风耳朵，一乐好像夜猫子，要配个尖纱帽翅儿，简直是审头的汤老爷。《张二奎》/ 吴监督分着博士顶，穿着西装，披着一件大衣，小三角儿眼睛，尖鼻子薄片子嘴，几根狗蝇胡子，说话的声儿，像秦腔小花脸刘义增。《董新心》
【够奔】	直奔。	小额吃完了早饭儿，带着一个童儿，得意扬扬的够奔十刹海而来。《小额》/ 各人披在身上，提着衣包够奔升平澡堂，进到里面，上了优等房间，脱衣大洗。《花鞋成老》/ 谁知说话第二天，成老便把洋车雇来，同定李姑娘够奔火车站，复又乘火车够奔张家口，没有多大工夫已然到站。《花鞋成老》/ 端阳节后一日（初六），记者闷闷不乐，带着儿女辈出齐化门，买舟迳奔二闸。《余墨》/ 张寿在后头跟着，一直的迳奔玉家而来。《张和尚》
【够程度】	人品好。	小额这几家儿得意的亲友，先头啦也说过，没有一家儿够程度的。《小额》/ 有一辆拉面大车，上头坐着两个人，因为下雨，车上人一支伞，骡子眼岔了，就惊下去啦。把两个人，摔下一个来，由脚上就轧过去了。多亏巡警，跑过去把车揪着，算是没碰别人。这个巡警，实在够程度。《进化报》/ 见了外人说起话儿来，光说这个机关怎么腐败，内容有甚么毛病，主要人有甚么私弊，同人怎么不够资格。一言抄百总，就是他一个人儿够程度，其余全不是东西。《张文斌》
【够资格】	人品好。道德高尚。	赵姐一述说周家的事情，凤仙听着倒很叹息，一点儿趁愿的意思没有（凤仙到底够资格）。《过新年》/ 中国下等人，就欠教育，何为法律，那叫公德，一概不懂。沾官面儿的人，往往借着官势欺人。被欺的主儿，要是有个门子，又能假借势力挟制官面儿。现

		在军界势力盛，多有借着军界势力欺人的，而军界也肯为人利用。日前某处军人大拆油盐店，就是这宗德行，甚至于借着外人势力欺负同胞。万总归一，叫作不够资格。《余谈》／有了钱，在家是耀武扬威，一呼百诺。没有钱，是挑是寻非，摔砸打骂，不用说共和大民国，他够不上资格，就是平常黎民的资格，他也够不上。《社会见闻·为一圆胞妹骂胞兄》
【孤红契】	买卖房屋契约已经由官府盖章，成为正式契约。	你找拉纤的很容易。早半天儿都在茶馆儿里头。你倒个茶隔着桌儿听罢，讲究甚么成三破二，谁家是孤红契，谁家是白头字儿。又甚么重卖盗典咧，对房对租咧，山讲究一气，那都是拉纤的。《杂碎录》
【孤老】	嫖客。	"大热的天气，夜里不得睡觉，做甚么起这们早呀？我上来看看。"就便问满孤老，"今天早晨用甚么样菜饭，好让伙计给你老预备去。"《讲演聊斋·细侯》
【姑爸爸】	姑姑。	我我明白啦。他要是死了，姑爸爸（下等旗人有这个称呼）你说好不好？《鬼吹灯》
【骨立】	①结实。②刚硬。	①彼时天已大黑，仗着有电光，骡子也真骨立，一里来地，说到就到。《理学周》／遂迈步走进庙内，见两边儿的配房，也都七扭儿八歪，破烂不堪，惟正中五间大殿，虽然也老的不象样儿啦，木架儿却还骨立。《张铁汉》／我那个大黑骡子骨立，老爷子那辆大鞍儿车也闲着，用我那个骡子，套那辆大鞍儿车得了。《过新年》②春爷说："他招了没有呢？"快嘴说："小伙子倒是真骨立。"《麻花刘》／姓王的一骂，四十儿喝令，八道棍儿齐下。姓王的倒是真骨立，打到了儿，骂到了儿。《土匪学生》

【骨头】	无赖。	你想人家要运动当选,得费多少金钱,还得费多少手续?你任事不费,坐在家里,老虎吃鹿——死等儿,老太太抓末会——稳得,你够多们便宜啦!将来这一开会,不用说别的,每月先得他四五百元,吃甚么不香啊(这块骨头)!《理学周》/你不交朋友还行吗?现在处世,社交为第一。联络社交,就得吃喝嫖赌(好骨头)。《理学周》
【鼓盖儿】	一种面做的北京小吃。	至不能为是鼓盖儿、双麻儿(这都是点心名儿,专为供娘娘预备的)。《二家败》/有一种供娘娘用的东西,俗名叫鼓盖儿,拿到娘娘的某家内,取其鼓壮之义。《演说·说种牛痘再续》/好在胡门虽厉害,门坎儿最矮,容易打点。之尤有一间小财神洞儿,按初一、十五,烧三注草香,供上三碗炉食饽饽,或两个鸡子儿、三块豆腐干儿、五个鼓盖儿,求他甚么,他也能替支使着。《讲演聊斋·胡大姑》
【固山】	旗。满语。	自前清进关,就有旗兵跟随。定鼎后,所有征战的旗兵,才定八旗满蒙汉二十四固山。《演说·旗族今昔之感言》/从先旗人的婚制最严,不必说不跟汉人结亲,汉军旗人要说满、蒙旗人的姑娘,满、蒙都不给,说汉军固山头儿窄(固山头儿者,旗头儿也。窄者,道路窄也。甚么道路窄呢,就是作官当差的道路)。《益世余谭》
【故故典儿／故故典子】	说头儿。故事,典故。	煎炒馆子,卖给打官司的,是狠心加倍算钱,官司即或不赢,他们先闹个肚儿肥是真的(好德行);倘或要是赢了,那简直的没完!这里头的故故典儿,千奇百怪,一时也说不尽,从先是这样,如今也好不了一大些个。《方圆头》/女家送亲,请谁谁不敢去,还是苗氏御驾亲征。来到这里,很闹了些个

		笑话儿。一切的故故典儿，也不在《送亲演礼》之下。《库缎眼》/ 我就知道他叫绝户孙，敢则还有这们些个故故典儿哪。《杂碎录》/ 听说福八聊开过宝局，当时故故典子很多，也无须多叙。《忠孝全》
【刮搭脸】	沉下脸。	王小峰登时把脸一刮搭，另换了一副面孔，好在还没大发作。《势力鬼》/ 桂氏说："您别生气了大兄弟，我回头说他就是了。您不进来坐着啦？"说着把脸一刮搭，回过头就骂崇儿。《鬼吹灯》
【刮钢儿】	做买卖时，损不买东西的人。	他语言之间，总是反对共和，又甚么"大清国二百余年，深仁厚泽，不能从此就完了。"说的一般愚人，点头咂嘴儿，很表同情。友人在那里站了一会儿，他又刮上钢儿了（生意损人叫作"刮钢儿"）。《益世余谭》/ 借着上修身堂，指槐说柳，刮上钢儿啦。《小世界》
【寡妇钱粮】	寡妇可以领丈夫生前一半的钱粮。	车氏说："好啦，你先支给我一个月盘川。"二奎子说："先给你半份儿，怎么样？"车氏说："你当我这儿关寡妇钱粮啦？拿半分儿打发我！少一两都不行。"《连环套》
【挂不着】	挂不住。难堪，恼羞成怒。	当着人面子，小铁可真挂不着了，登时脑口也迸起来了。《势力鬼》
【挂不住】	难堪，恼羞成怒。	仲英一听女人的行为，有点儿吊死鬼兄诈尸——挂不住了，借着乱际儿，溜之乎也。《搜救孤》/ 姐妹四个都冲着令月笑，倒闹的令月有点儿挂不住，遂把脸一沉，说："姐姐们这是怎么啦，别起哄啊，我多会儿说过瞎话呢？"《李傻子》/ 临走的时候儿，冲着人家点了点狗头，说："劳你驾。"蔡君是个狂士，这些个事情，满不往心里去。单四有点挂不住，要搁在平常，就凭这手儿活，单四又得足骂他一顿，如今王小峰在病中，单四倒不肯了。《势力鬼》

【挂椿／挂桩】	埋伏监视。盯梢。	若是县官真出票,在梅宅挂了椿,武爷也不必派人访拿了。《讲演聊斋·田七郎》／张头儿肚子里,给媳妇儿挂上椿啦。《讲演聊斋·佟客》／立刻到李申门外挂了椿,然后叫门。《评讲聊斋·崔猛》／门口儿站着便衣侦探,挂上椿似的。《讲演聊斋·伍秋月》／正在这个当口儿就听有人打门的声音,敲得很急。连锁登时吓得面如土色,体似筛糠,悄默声儿的,告诉杨爷,说:"可了不得咧,官人跟下来咧(大概早挂上椿啦)。"《讲演聊斋·连锁》／陈头儿忙向大了使了个眼神儿,大了心里已然明白,心里说,这不是吃圈子,就是架秧子,也许是给谁挂上桩啦。《杂碎录》／还有一宗侦探,在门外巡风访查,起名儿叫作挂桩。或是扮个外乡人儿,或是装作要饭儿的、作小买卖儿的,这都有点儿心思。惟有带着几分探侦像儿挂桩,简直是给人送信儿哪。《杂碎录》
【挂队】	停工。	无论怎么忙,决不肯挂队(还是瓦匠)。《评讲聊斋·嘉平公子》／他家中就指着这辆车,车一歇工,牙就挂队。《马车王》
【挂火】	①害臊。脸皮薄。②生气。	①这是有志向的人下棋,轮到铁脖子不要脸、不挂火之流,一下就是四五十盘。《演说·象棋》／丁爷想着总是年轻的人儿好挂火,所以拉不下脸来接银子。《讲演聊斋·丁前溪》②要说钟厚这个人,原是诚实忠厚的好人,上了几岁年纪,就是有点嘴碎,并且好胜(老年人都有这宗毛病),说起话来,老提胜仗不说败仗,并且最爱挂火。槐良跟他一要话,气的老头子须眉乱炸,说是:"好孩崽子,你跟我耍起话来了。我非管教管教你不可。"《孝子寻亲记》／那天普二爷没跟你说。一来这样朋友,二来叫春英听着,必要挂火儿。《春阿氏》

【挂劲】	①起劲。较劲。赌上劲了。②起急，冒火。	①当志强进学之初，刀架子小崇也挂了劲啦，说："人家中文秀才，我不许中个武秀才？"《土匪学生》/听说有某中级阔人儿，一夜的功夫儿，居然输了五万之谱，自己一挂劲，过两天还要捞捞呢。《益世余谭》②听说寻殴的军人，系某巨公的便衣护兵。要说这点势力，较比瞿子玖的轿夫，有过之无不及。从先瞿子玖还有点护犊子，某巨公负中外之望，尊重法律，爱国爱民，听见这件事，一定要气的了不得。听说警厅殷先生，对于这件事也很挂劲。《余墨》/你若是说老了无能，老帮子一挂老劲，先跟你拍一顿老腔儿，你是听不听？《演说·老健春寒秋后热》
【挂牌】	①任命官员的公告。②医生在自己的诊所挂上招牌，表示开始正式行医。	①研究甚么呢？没有别的，无非是谁得了缺了，谁得了差使了，谁又挂了牌了，谁跟藩台有渊源，谁又跟首道有拉拢，谁跟首府近来又套近。《白公鸡》/内无资斧，外无奥援，冒冒然分发出去，在省城一蹲，总也不给你挂牌，不用说一年半载，便是一两个月，你就得流为乞丐。《北京》②那天去了一个姓胡的，是姑娘的堂舅（俗称叔白{伯}舅舅），虽不挂牌，也略通医道，时常也给人开个方子。《余谈》/当大夫没有三辈子财主，不是绝户，就出浪荡子弟。所以他宁可受穷不挂牌行医。《一壶醋》
【挂钱】	贴在门楣、屋檐上的一种剪纸。上边贴住，下面悬空，所以叫挂钱。	从先各商家，每逢火祖的圣诞，各铺户门前，悬贴四张五色挂钱，上写"恭庆火神"四字。《余谈》
【挂误／罣误】	清白却受牵连。	你要是知情不举，罪加一等。再一说，将来要是发觉，碰巧许跟着挂误。《怪现状》/你先别哭。是档子挂误官司，不至于抵偿。《苦鸳鸯》/假如日后露了马脚，你受点科罚还

		不冤，我偺大年纪一个老婆子，图着甚么来？犯不上与你吃挂误。《北京》/ 且说胭脂由初审之后，才知道杀人者并非鄂秋隼，无故的遭这们一场罣误，细想人家有多冤。《说聊斋·胭脂》/ 无故来场儿罣误官司，浑身是嘴也没的可说。《说聊斋·董生》
【挂心】	担心。	让您挂心惦记着。《杂碎录》/ 阜大少一听话里有话，也就讪讪的答道，都好，叫您挂心，说着走出屋外。《阜大奶奶》/ 这两件事满算解决了。哥哥您就不用挂心了，我这就给范老师写信去。《过新年》/ 老兄这样挂心，我很感激，兄弟是有怀必吐。《一壶醋》
【挂帐子／挂幛子】	红白事或生日时，亲友们送整匹绸缎、布料，挂起来，上面写祝词或怀念文章。	王明说："接三咱们得挂一块帐子呀。"王小峰连连的摇头，说："散了罢。要是亲家办生日，可以给他挂一块红库缎的帐子。如今他也死了，你三妹夫的差使也完了，没有那们些帐子给他挂，送四色官吊完了。《势力鬼》/ 北京有种至上当的玩艺儿，莫过于"饽饽桌子"。皆因这东西关乎满洲的礼俗，遇着白事不能不如此，这个意思，也就跟挂幛子差不多儿啦（同是废物），所以内城的"满洲饽饽铺"才有呢。《燕市积弊》
【拐棒子】	脾气怪。	再者，玉格儿那孩子那个噶牛脾气，这句话还得我先告诉明白了他。就是那个丫头，也是他娘的个拐棒子。《儿女英雄传》
【拐子】	脚腕子。	洪头儿揪砍头荣拐子，就地儿一拉，将刀脱出带。《杂碎录》/ 就觉着拐子让人家揪住，让人家往起一扳，转弯儿一拧，这个乐儿大多了。《杂碎录》/ 瘸着个拐子奔过去一瞧，连影儿都没了。《麻花刘》/ 一伸手，把詹生的拐子揪住，使劲儿一拧，就听詹生嗳哟嗳哟的学猴儿叫唤，一支脚站立不住，栽倒在地。《何喜珠》

【拐子手】	①拐骗人的人。②骗子。	①却说这个王十八，本是南京的拐子手，专在淮河一带，给贼船揽私买卖。《评讲聊斋·庚娘》②那天是早局，可巧碰见槐亚强先生了。自然得让一让啊。可倒好，一让就依实（本来是一把子拐子手吗）。《二十世纪新现象》
【关闷子】	故意不说，让人着急。	有法子你就说罢。别关闷子啦。《张二奎》
【官摆俗摆】	宴会有官府的摆法，有民间的摆法。	要讲官场宴会的仪注，十分的讨厌。讲究官摆、俗摆，圆桌子论桌缝儿送酒，送箸。《二十世纪新现象》
【官代书】	在县衙门替人写讼状的人。由县官进行考试，合格者发给印章一枚，上部刻县官的花押，下部刻代书的姓名。讼状的末尾，要盖上代书的印章。没有印章的讼状，县衙门不收。	彼时虽没有律师，可有讼棍写呈状，也不用买状纸，可得找官代书先生，这点儿不用紧自细说，就算把呈子递上去啦。《评讲聊斋·曾友于》
【官吊】	丧礼时送的一般礼物，如纸钱、蜡烛等。	如今他也死了，你三妹夫的差使也完了。没有那们些帐子给他挂，送四色官吊完了。伴宿出四吊钱的分子，完事大吉。《势力鬼》
【官客】	男人。过去买东西，男顾客在店里接待，叫官客。	第二地方儿窄小，娶亲的官客就去两位得了，我想就是我跟舍弟去很好。《姑作婆》/棚里头东西各摆四席，董家送亲的官客，让在东边，万家送亲的官客，自然是在西边了。《张文斌》/这天到了李家开吊的日子。所有远近本家，亲戚朋友，街坊邻舍，来的官客、堂客很多，非常的热闹，还有李家那些无赖子弟，从头几天，就听见这里有日子开吊发引啦。《李傻子》

【官茅司】	官家盖的厕所。	北京俗呼官厕所为官茅司。《社会见闻·误会》
【官身子】	给官府做事的人。	咱们住的地方儿弯远,你纳又是官身子,那里听得见呢?《语言自迩集》
【官司】	此处指吵闹。	善大爷刚才听见老王说"还是那个姓连的",是以为是青皮连哪,所以气往上撞,打算出去揪着他,就是场儿官司。《小额》
【官司口】	打官司时常用的手段,颠倒黑白,避重就轻。	后来老爷子生了气啦,要管教他。他拿手这们一搏,碰了他(音贪)一下儿,后来他倒吓的了不得(真是官司口)。《小额》
【官私面儿】	官面、私面。官府和私人。	夏侯敦各处一求朋友,费了好些个事,又出来几位字号人物,官私面儿这们一揉,给人家请的外科接骨匠,两个多月才好。《土匪学生》
【官医院】	1906年8月,清政府设立的医院,西医大夫基本上是从日本回来的留学生,中医大夫则是经过考试录取的。由国家拨款,看病全部免费。民国初年,还延续了一段时间,但是收挂号费。由于经费少,管理不善,官医院设备简陋,大夫盛气凌人,病人多有抱怨。	日前连接不平鸣来函,历举内城官医院之黑暗,及御前侍卫处者吞款等事,嘱记<者>于《余墨》中代为宣布。《余墨》
【官印】	大名。学名。	从先姐丈的官印,不是叫秉直吗?《花甲姻缘》/老兄的官印,我已然上了册部了。《怪现状》/店家说:"官印是如敬,对不对?"《回头岸》/对李憨云说:"请问老爷,您贵姓李,官印憨石吗?"《怪现状》/王恩说:"我

		是你儿子，你就叫我名字，也没有甚么的。"王小峰说："你是当科员的人了。（这伙家要得科员迷）怎么好叫你的官印？我叫你阔山得了，叫号反正没大小儿。"《势力鬼》
【棺材穰子】	老人，快要死的人。	近隔壁住着邻居，年已六十多岁，姓解名星，性情慷慨，说话嘴又直，故此方近的人，都不愿理棺材穰子。《杂碎录》/上至汽车穰子（不像我，棺材穰子），下至胶皮团长，没有一位说，所入足抵所出的。《益世余谭》
【鳏过（儿）】	光棍儿。单身汉。	大凡居家若是兄弟都是鳏过儿，到{倒}不至犯心，那不谁养活谁，也多不计较。《评讲聊斋·曾友于》/我想你一个人儿，我也是鳏过汉儿，要是不疵嫌我，咱们两个，就在一块住着。《评讲聊斋·梅女》/你今年也老大不小的啦。打会子鳏过儿，不是常法。《讲演聊斋·毛狐》
【馆】	家庭教师的工作。	善全说："他不是见天四下儿钟下馆吗？横竖也快啦。"《小额》/在乡下这个馆地，也就算够瞧的啦。上馆之后，东家待遇也很优，学生也很聪明。《赵三黑》/后来有人给玉如荐了一个馆，是本城绅士家，早晚两馔，每月六金（二十年前，这算是极阔的阔馆）。早晨上馆，晚晌回家，拢共一个学生，自己也不耽误用功，倒是不错。《库缎眼》
【馆东】	聘请家庭教师的人。	快炮吴说："一个穷念书的，奶奶的挟他作甚么？"赛武大说："我的大爷，你这又绕住啦！他虽穷他馆东不穷呀。把他挟走了他家里如何能答应？陈财主自然得想法子。"《赵三黑》/至于当馆东的，无论几个孩子在一块儿念书，老愿意人家夸他的孩子。《张文斌》

【管凉不管酸】	只管表面，不管内容。	更有各种礼货，大半管凉不管酸，既是酬应亲友，自无打退之理，就便知道成色劣，又向何处去说？《都市丛谈》/诸位的差使也要紧，地面的治安也要紧，人命也要紧，三方面都得顾着，那才对呢。要是管凉不管酸，那就不对了。《益世余谭》
【贯老姓】	满族旗人通常以名字的第一个字作为姓，所以父子不同姓。有些汉族旗人向满族学习，舍弃自己的姓，后来恢复，叫贯老姓。而满人向汉人学习，找一个姓作为自己的姓，子孙同姓，也叫贯老姓。	听人说，自改建民国，人家贯的是老姓，可是满洲姓氏谱里，也没有王佳氏呀。究竟这个王老者，是否旗人，咱们不必考查，也没有甚么关系。《势力鬼》/西城关姓，旗人贯老姓者也，兄弟同居另过。《益世余谭》
【灌米汤】	说好听的话。吹捧。	曹大娘本来是贪便宜的小人，翁氏一灌米汤，把个曹大娘乐的要飞。《苦鸳鸯》/填不满接待董爷，非常的客气，说了好些个官场话，无非是借重老兄诸多帮忙。足这们一灌米汤，董爷还是照旧进行办事。《董新心》/本县温大令，撒开了一捧绅士，连灌米汤，带戴高帽子，这些个绅士们一吃翅子席，很得滋味儿，大家都吃乐了（德行）。《方圆头》
【光景】	看样子。	两样儿东西，光景是五两多哪。《春阿氏》/据他说，不是他媳妇害的，光景她这位小婆婆儿，不是好东西。《春阿氏》/光景是今儿晚上来看我的病。《语言自迩集》
【广】	打。	说急了，关上门，广他一顿（土话管打人叫广人）。《二十世纪新现象》/我听腻了，拿枕头打你，抡耳光子广你，拿手指头拧你，拿指甲掐你（两口子对阴），当时虽把老婆舌头治回去。《演说·说老婆舌头》

【广土】	广东出产的烟土。	他有一个专门的能耐,就会拿秧子,吃小哥儿,大烟得抽四两广土{土},久站前门西啦,跟额家是世交。《小额》/ 当时要了点儿什锦包儿,鸭汤沃了两个果儿,又跟柜上要了一两广土烟(倒没要黑土烟)。《怪现状》
【逛啦】	修脚修破了。澡堂行话。	修破了叫逛啦。《燕市丛谈》
【归】	还。	这们着吧。三义家那笔钱,不是应下六月归吗?由那笔钱上扣得啦。《小额》/ 先写一年吧。到了一年我归的了更好,归不了再商量。《胶皮车》/ 您那笔账不忙。掌柜的说了,早晚有钱您给归上得了,不拘日子。《麻花刘》
【归道山】	去世。	病了几个月,居然竟归道山。《花甲姻缘》/ 荫青先生感时慨世,抑郁不安,于民国四年竟归道山。《益世余谭》/ 开释后归家,白天不敢出来(怕遇见熟人),抑郁烦闷,饮食减少,一个多月,居然归了道山。《益世余谭》
【归掇】 guīzhe	归着。收拾。整理。	别瞎聊啦!正经把稿子归掇归掇,先发一点。《北京》/ 我去啦!事情已然说定,教我后天上工,因为我的零碎东西也得归掇一天。《北京》
【归老包堆】	说到底。	昨儿夜内,墙上不插几根木头角子,爬着上墙跳出去,那里去找现成的梯子呀?归老包堆,在县里当分苦差使,无非混个孙九的兄弟。《杂碎录》
【归了包堆】 guīlebāozuī	①说到底。②一共。	①归了包堆才多们大,这们早就知道要男人。《白话聊斋·胭脂》②归了包堆不到一千块钱,又盖房子又置地,居然就像世家一样。《白话聊斋·王成》

【归总】	统共。	大家一研究彼此算是透了光儿啦,他全是指着房契借的,归总一处房,那里有这些套房契呀。《连环套》
【鬼吹灯】	瞎说,骗。	细一核计,姑无论东西的好歹,反正他拿加二佣(这是公道的),再要赶上冷热货儿,往往他也发个小财儿。要不然,五马换六羊,跟你裹乱,老娘儿们不会打算盘,就受他的鬼吹灯。《燕市积弊》
【鬼脸儿】	面具。	今天这章演说,题目是假脸。阅报诸君,必然疑惑我说的是玩耍的隔面具哪(俗名鬼脸儿)。其实并非是那宗物件。《演说·假脸》
【贵上】	对对方主人或上司的尊称。	老弟,你回去告诉贵上。见了他别动声色,听听他说甚么,你给我送个信,这们办罢。《怪现状》/金三诈告诉家人,说是贵上回来,就提我姓金,顺德人氏,明天上午,让他在府上候一候,我跟他有要紧的话说。底下人连声唯唯。《方圆头》/谢桂笙接过看了看,才知这人是直隶公署庶务科科长余小梅君,忙忙还了一礼,凄凄惨惨的答道:"我是一时气愤,多有得罪,既承贵上关顾,请到房内一谈。"《新黄粱梦》
【贵县】	上司或平级官员对县官的称呼。	朱瞎子这套话,说的军师邓冷笑了两声,说:"贵县(拿起上司的口吻来了)这话说的很可笑了。让我们秉公认真调查,兄弟们既受大帅的委托,自然是要秉公,也自然是要认真的。这话不必贵县说呀。"《怪现状》/谈了几句寒暄,屠大令忽然问道:"贵县投送公文的马夫,一共有多少人?"这话突如其来,李大令当时一楞,说:"子翁这话从何说起?"《赵三黑》
【贵治】	您管辖的地方。	兄弟们来到贵治,叨蒙指示周详,逾格招待,高情雅谊,我们是感激不尽。《怪现状》

【跪堂官】	给堂官跪着诉说委屈，类似现在的"上访"。	老妇说："我明儿个跪堂官去。"胖子说："很好很好。就请你跪去。你就是跪大总统，无非是他。"《益世余谭》/ "放吧，不过啦，出了蘑菇啦。"大伙儿说："怎么回事情？"小李说："三甲喇全斌佐领下兵，因为上回挑缺没传他，跪了堂官啦。"《小额》
【滚单】	在通知上开列需要审阅文件人的名单，按人名传送。阅后，在自己的名字下写上"知"字。	恰巧真定府前站的差官，已经见着滚单，接到文书。《讲演聊斋·公孙夏》
【滚刀筋】	没有廉耻、胡搅蛮缠的人。	姓田的那个人本是个滚刀筋。见他要走就转过笑脸儿来说：刚才我不过是说玩儿话。《语言自迩集》/ 洪头儿听他说话，所透着是蒸不熟煮不烂的滚刀筋。《杂碎录》
【滚起来】	厮打起来。	谁家要有这两位夫人儿，不用想有个鸡吵鹅斗，作爷们的心里一痛快，无论干甚么也得发财。就怕你不让我，我不让你，没事诚心斗闷子，把男人挤兑得王八二挣，顾了这头，顾不了那头。虽说算不了甚么大事，能够叫你不心静，没老得顶着个雷，不定那会儿就滚起来。《白话聊斋·萧七》/ 不管你有多大势力，真得说是有犯必惩，坐汽车的与拉车的，要滚起来，也得按照法律同科。《白话聊斋·辛十四娘》
【滚上蛋】	厮打起来。	倘或都不显原形，在我街门外头滚上蛋，被过路的瞧去，我这儿成了北伐队的支部啦。《评讲聊斋·胡四姐》
【棍徒】	恶棍，无赖，流氓。	后来许三叫来几个棍徒，将游客打了一顿，又作好作歹的一说合，用硬打软熟和的法子，将那个游客劝走。《杂碎录》/ 自改变国体以来，很有些个棍徒，想组织这宗营业，情愿多拿捐项，前后在警厅递禀。《益世余谭》

【锅伙儿】	①临时一同工作的人住的地方。②一起吃饭、工作的伙计。	①虽说同住一个锅伙儿，各人的卖项可不得一样。《燕市丛谈》②头儿立刻传出话去，告述外边锅伙儿，赶紧打梆子下高。《讲演聊斋·保住》
【锅贴（儿）】	嘴巴。	[自找吃锅贴]有一年青妇人手领一小孩在庙游逛，不料忽来一少年男子，拱手一稽："嫂子，您好。"该妇人一看，并不相识，过去就一锅贴。《北京画报》/借着打煞的话，打了鸿渐几个锅贴儿。《讲演聊斋·张鸿渐》/上得堂来，不问青红皂白，先来了五十锅贴儿。《张二奎》
【锅子】	火锅。盒子铺冬天卖什锦火锅，有白菜、粉丝、酱肉等。火锅装上炭，生着了，盒子铺的小徒弟给挑着送来。	到了初一那天，赊了几斤羊肉，叫了两个锅子，打了二斤烧刀子，反正是一死，先足吃足喝，赚个肚儿肥，再说新鲜的。《益世余谭》/二两银子换了三十几吊，叫锅子两吊六百钱（如今锅子至贱的五吊八），买了二斤羊肉一吊三百八（如今够买半斤的），酸菜等等花了多少钱，还剩了多少钱。《曹二更》/少时锅子送到，姐妹俩说话的功夫儿，全都齐了，锅子也扇上啦。《曹二更》/明天请你吃锅子，羊肉酸菜驴肉丸子，我全带来啦。《忠孝全》
【果局子】	水果店。	所有各样南鲜，都由北京的果局子买。《燕市丛谈》/所以节之前后几天，诸如点心铺、果局子，格外透忙。《燕市丛谈》
【果席】	带果子的宴席。	按旧规矩，总送人家靴帽尺头。如今没那些事，也得送人家一桌果席。《势力鬼》/一年的礼物也见不少，鞋帽、果席、饽饽、茶叶票，简直的成刀（不像我当票子成刀）。《曹二更》

【果子】	水果。	这个给买一包饽饽，那个又给买了些个果子，这个就问"阿玛好点儿没有？"那个又问"老爷子吃药怎么样？"《小额》/正这儿说着，来了两个帮忙助善的（好俊善事），一个是卖果子的小秦，一个是帮看街的小邓。《五人义》/毕爷怕他禁不住空心酒，连忙递给他一个果子，四姑娘一手抱着住猫，一手接果子，往嘴里就吃。毕爷心说，给什么吃什么，总是好打点（比又要吃又抗头的硬赃官，容易说话）。四姑娘三口两口把个大梨吃完。《讲演聊斋·狐梦》
【果子面】	通常是打卤面和水果。	早晨足吃一顿，借着张罗，晚晌再饶顿果子面，四吊钱准保够本儿(说这话就缺德)。《花甲姻缘》/照例周家阖宅老少的生日，除周道台的生日每年是搭棚办事，贺寿的亲友也多，其余自大姨太太以次，向来早晨是备几桌席，晚晌是果子面。《过新年》
【裹秧子】	①裹乱。掺和进去找麻烦。②乱闹。	①他们既是亲的热的，与咱们俩人何干？咱们哥儿俩又没嫌隙，犯的上跟他们裹秧子吗？《说聊斋·江城》②没事弄点子狐朋狗友跑到家里来裹秧子，闹得姑子不得睡，和尚不得安，吃喝完了，大家扔下一走究竟倒是有甚么用处！《说聊斋·马介甫》/景爷心里怀著鬼胎，听著格外显著乱，只得勉强敷衍，跟著大家裹秧子。《说聊斋·阿霞》/他们既是亲的热的，与咱们俩人何干？咱们哥儿俩又没嫌隙，犯的上跟他们裹秧子吗？《说聊斋·江城》裹秧子，常在道上讨钱。《旧京通俗谚语》
【过】	①做买卖的时候交钱，叫"过钱"。②交往的程度。	①额大奶奶说："是啦，这个事就仗着您了。用多少钱，您说吧。"胎里坏说："这也先不要哪，您多咱听见东家有信出来啦，再过钱

		不迟。"《小额》/旧日托人情，是事情响了再过钱。如今是先钱后酒。《怪现状》②虽然亲戚没断，也就是过一个分子跟拜年就是啦。《小额》
【过班】	官吏因保举或捐钱而升官。	小鬼周自到河工，混了个挺好，赶上和龙开保，居然过班知县。《白公鸡》/福八聊一想，自己当这个掌事领催，虽然不少抠钱，究竟不算甚么高兴事，给儿子捐个佐杂，对了劲过班就是知县，一来改换门庭，光宗耀祖；二来自己就是老太爷啦。《忠孝全》
【过不着】	①没交情。②用不着。	①譬如遇见过不着的，赶紧这就搭在一边儿，言其："都是个中人，谁不能拿谁当空子，没花的只管拿几吊，既弄事还能不交朋友？"《都市丛谈》/腰里带着几十吊票儿，出城听戏，一个人儿闷得慌，遇见熟人，揪着人家就请听戏。其实过不着，大爷高兴吗。如今拧了，遇见过的着请的主儿，我能躲着他。揪着跟躲着一比较，可就天地悬隔了，这是实话。《王遁世》②王头，咱们一个衙门当差，可过不着这个样子。《永庆升平前传》
【过的多】	交情好。	少大爷，你要问甚么事呀？哈哈，事儿可不大，按说值不得一来，交情过的多。《小额》/铁王三说："兄弟这分意思，我是感激不尽。究竟花了多少钱，你倒是告诉我呀！"范三说："你不用打听了，哥儿俩过的多。"铁王三说："就说过的多，哥哥娶二房，也没让你花钱的。"《铁王三》/塔三爷还要给钱，噎膈李说："亲家你这是瞎闹。咱们过的多，用钱的时候儿，我找你要去。"《鬼吹灯》/你听明白了，我可不是跟你要甚么，亲戚过的多。《方圆头》/咱们哥儿俩过的多，有交情，我不敢说怎么，伙计们辛辛苦苦的，兄弟一定是要酬谢。《怪现状》

【过钩／过沟】	承上启下。评书行话。	昨天说的这段儿书,是一直叙下去的,在评书行叫作过沟。不说人家听不明白,细说又没有意味。《评讲聊斋·阿绣》/ 这段书前九篇,说的是蛙神强与人结婚,算是造因。从此已后,都是结果。昨天的书,是承上启下的文字,在评书行的先生们调侃儿,这叫过沟,论正意是过钩,也可做勾字写。皆因先生们忌讳钩字,所以改用做沟,就是由彼岸登此岸之意。《讲演聊斋·青蛙神》/ 因为甚么缘故呢?皆因这点儿书,在评书行老先生们的行话,叫做过沟。马杆儿一错,壁纸掉在里头(这是评书先生们吗?算命的先生),据□想过沟两个字,好像是过钩的意思。《讲演聊斋·王桂庵》
【过哈哈】	开玩笑。	哥儿俩怎么过起哈哈来啦?《谢大娘》
【过簧】	想办法和人认识,搭上关系。	再说霍桓,虽是知识未开的幼童,敢情见着美色,自己也知道爱慕。这就是孟子说的食色性也。又说知好色则慕少艾,这也是天地生物自然之理。不过不能像纨绔恶少,硬追着人使像儿过簧。《评讲聊斋·青娥》/ 要能想法子过簧答话,那不能黏个沿儿。我替推车的尽点儿义务,替换替换他,也是我的造化呀。《评讲聊斋·瞳人语》/ 可惜他们不用人,想必怕我跟他们那里的美人儿过簧说话。《评讲聊斋·劳山道士》
【过罗】	筛选。	人家汉人下小考,县考过一回罗,府考又过一回罗。到了院考,八百多口子,才中上十几个,真比选状元还难。《过新年》/ 最好有一个法子,未曾考试之先,先过一回罗,凡是报名的主儿,先出题让他作一篇论,不必限定,学文理通顺,没有别字,然后再口试一回,言语明白,通达事理,然后才准入考,否则不准考试。《贞魂义魄》

【过卖】	店伙计。	过卖放下走开，邢爷这才往对面桌上一看。《讲演聊斋·老饕》/正要叫过过卖来，自己也另要熟菜。《讲演聊斋·老饕》大奶奶心想：怪不得不上酒铺儿喝去了呢。过卖不伺候这一手呢。《评讲聊斋·乐仲》
【过命】	同生共死。	为我的事情，你跟人惹气，按说我应当感激你。不过咱们俩的交情过命，我的事情就是你的事，你的事就是我的事，用不着感激。《麻花刘》/兄弟，你我是知己至交，患难的朋友，咱们两个人过命。《铁王三》/死鬼三哥我们是口盟，哥儿俩吃喝不分，简直过命的交情。这个事我不是应当的吗？《鬼吹灯》
【过玩笑】	（他们的关系）可以互相开玩笑。	王大狗子跟田先生俩人，素常又过玩笑，死说活说的，算是四百五十两答应啦，还得先过二百银。《小额》/尤勇说："我给您扛。"毛豹说："兄弟咱们不过玩笑哇，扛甚么呀？"《小蝎子》/咱们爷们儿俩不过玩笑，你别占我的便宜呀。《王有道》
【过意】	在意。	"您知道啦，我们哥儿几个是为好，别说这点儿事，不怕您过意的话，三头六臂，红黄带子，霹雷闪的事情，这个兄弟都了过。"《小额》/咱们哥儿俩，先喝咱们的。我淡然大哥，爱说什么就说什么。咱们初次相会，市隐大哥，可不要过意。《春阿氏》/就是她不听话，我心里不痛快，不怕姐姐过意，养儿子不容易，养女儿也不容易。《春阿氏》
【过阴】	活人的魂儿离开肉体，到阴曹地府去。	你们知道电灯靠不住，就应该多预备洋蜡，放在手底下。花钱跑这里过阴来了。《余谈》
【过枝子／过支子】	①养子。②民人加入旗籍。	①他说我是野种、外秧子、过枝子。《大樱桃》/田氏求人给他说媳妇儿，因为他这宗缺德的脑袋，又是个过枝子，有钱的主儿，固然是不给啦。《大樱桃》②从先，民人都爱入个旗门儿，为的是挑分钱粮（行话叫过支子）。《二十世纪新现象》

H

【哈哈】	①乐子。②玩笑。	①您猜胎里坏跟饿膈冯两个人编的是甚么套子，告诉您，哈哈大啦。《小额》②五娘令月说："将来这屋有了小孩儿，看你往那里去躲？"原是一句哈哈话儿。《李傻子》/前些日子，见京话报上说过一次闷葫芦罐，虽是个哈哈话儿，其中的滋味，就算让这位老先生咂慕透了，还是越想越有理。《演说·我要买闷葫芦罐儿了》
【哈幺】	赌钱输了。	既是棒赌输赢，往往本柜亦开"哈幺"（本柜输钱谓之"哈"）。《都市丛谈》
【哈吧】 hǎba/hàba	两腿叉开。	曹大令哈吧著就进来了。你猜怎么回事情，闹了一裤子屎溺。《驴肉红》
【还】	针锋相对地说。	善大爷是一瞧见小额，气就往上撞，又当着明五爷，不好说甚么，听了小额这一套，任甚么也没还出来，楞了会子，就说了一句："得了，甚么也不用说啦。"《小额》/就见这个女子，一听这片话，当时直会没还出话儿来，说："你把那面镜子递给我。"《评讲聊斋·阿绣》/清禄让老婆子损了一通儿，也没还出话来。《双料义务》
【还崩子】	收人家的礼物后，马上回送礼物。	这是还崩子回敬哪。《讲演聊斋·寄生》
【还魂纸】	用烂纸做的纸。	就以中国的盒子菜说罢，始终不改用还魂纸。何为还魂纸呢？就是乱七八糟的污秽烂纸，重抄出来的。《社说·中国无商战》

【孩儿发】	刘海儿。	可不要那些个又{叉}把扫帚的簪子，也别留孩儿发。公公本本的，光梳光梳个元头，带点儿小花儿，也不妨动作，也不招人笑话。《进化报》/惟近闻京中女学生，虽日渐文明，独装饰一节，比先前更觉奢华，穿的衣服，非常的华美，辫子梳的非常的松，孩儿发真能够齐眉。《进化报》/雪白的脸膛儿，留着一层孩儿发，直像个哈吧狗儿脑袋。《杂碎录》
【海】	非常多。大量。	此外大鹰獾狗，玩儿线枪，骑快马，玩禽鸟，养活鱼，以及蛐蛐儿（就是蟋蟀）、鹌鹑、斗鸡等等，他是无一不爱，样样全有把式，银钱糟踏的就海啦。《二家败》/稍微知道羞耻的孩子，不肯磨假，怕憨蠢，捏着鼻子，见天去海念。海念完了，海背，海背熟了，先生海夸，海夸了，海讲，海讲了，海作，海作了，海考，海考了，海中。《进化报》/您别拘着啦，大家都放开量用罢。有的是东西，调侃儿说海着哪。《旧京通俗谚语》
【海灯】	佛前供养的灯，由施主出钱买油。	灯这宗玩艺儿，除去佛前的海灯、死人的闷灯、抽雅片的烟灯，这三种灯是白天点，其余的灯，都是天黑了才点。《演说·难看的电灯》
【海海茫茫】	不注意小事。大大咧咧。	大声又一信任他，更喝了蜜啦。借着新闻，竟弄敲诈的事情。大声是个海海茫茫不求甚解的人，信服上这个人。《怪现状》/日子长了，蔡公虽是海海茫茫的人，也就瞧出来啦。《贺新春》
【海活】	没有根据的瞎编。	原文既是信笔编造，您也不必当真的瞧，别看是一种模子活，骨子里可比海活有劲。《说聊斋·巩仙》/海活，言其没根没绊儿。《旧京通俗谚语》
【海里摸锅】	大海捞针。	自有你父亲之后，就不通信啦。也不知在那里住，海里摸锅，写信往那里寄呀。《金永年》

【海龙儿】	大辫子。	暗暗的一看小女婿子，盘儿尖（模样儿好），海龙儿（大辫子，还□剪发哪），一点儿也不念咋。《杂碎录》
【海拿儿】	没有固定目标，乱抓人。	一不知此人的像貌，二是此人无一定住址，万一来搞海拿儿，把同名同姓的拿来，那又添了一重麻烦。《杂碎录》
【海下去】	说书的术语，意思是说到别处去。	那位说你是说书呀，还是批俗语儿，对，差一点儿又海下去。《评讲聊斋·香玉》／我信口儿胡诌，多说了几句闲话儿，占了半版多的地位，按评行的行话，小名儿就叫海下去咧。《讲演聊斋·王者》／有才听老妈妈儿乏上贫口，心说：我别招老人家岔话了，赶紧说正经的吧（我也怕海下去，找不着姥姥家）。《讲演聊斋·云翠仙》
【害口羞】	见着生人，因为紧张、害羞说不出话来。	他呢，也是这一方的老陈人儿，你也不用害口羞。《讲演聊斋·邵女》
【憨蠢】	①寒碜。难看。②脸面上难看，丢人。让人丢人。	①最要紧的是得有好原质，胎骨儿生来的好，再加修饰，那是更好啦。要是长了一个姥姥不疼舅舅不爱的脑袋，修饰出血来也不成，越修饰越憨蠢。《麻花刘》／我们这个姑爷您瞧罢，台面儿就不憨蠢，性格儿也好，总算我长住了眼睛啦。《刘军门》／塔三爷仗着少年练过，身体健壮，病了三四个月，还能上茶馆儿喝茶，可是瘦的憨蠢。《鬼吹灯》／他本是个水蛇腰，一穿西服，这分儿憨蠢。《董新心》②这把子碎催又捧了会子小额，甚么这场儿官司难为您啦吧，又甚么这不算憨蠢啦吧，改日还要给您压惊啦吧，说了些个淡话。《小额》／姑娘气的浑身上肉跳，说："父亲，您大概是痰迷心窍，无故起这宗念头。您还见人不见人了？难道说您不怕憨蠢吗？"狗爷说："你真正傻孩子！锅里又不煮

		憨蠢！跟你说罢，把你姑姑挤走，家业不归咱爷儿们了吗？"《姑作婆》/ 吴八儿跟官人都认识，特意要个面子，要求就在二老虎的门口儿示众十天。三步半的街坊，这不是憨蠢人吗？《张二奎》
【含糊】	不厉害。	要说陈财主家里，作活的长工，也有个三四十口子，有二十多杆快枪，十几杆来复枪，还有十几杆火枪。就说含糊点儿的老砸儿，也真不敢来。《赵三黑》
【含忍】	默默忍受。	我想我是个黑人，事事都含忍着。《杂碎录》
【喊堂】	茶馆儿要关门，让客人离开，高喊"梆子下来啦"。	由六七点钟起，又热闹一阵，至到喊堂。什么叫喊堂呢？质言之，就是茶馆儿下逐客令。柜上喊一声："梆子下来啦。"这就叫作喊堂。《王小六》
【汉勺子】	做官的汉人。	从先管着作官的汉人叫汉勺子，管着满人叫作在旗的，管着蒙人叫达子。《演说·豆皮》
【汉仗儿】	①身材。②好小伙子。	①他生来得安静，学问渊博，行动儿，汉仗儿，都出众，差使上又勤。《语言自迩集》/ 起初我见他的时候儿，待人儿很亲热，又很爽快。相貌又体面，汉仗儿又魁伟，伶牙俐齿的，真会说话儿，我看着很羡慕他。《语言自迩集》②汉仗 han-chang-'rh，好小伙儿。《语言自迩集》/汉仗 han chang，身材，好人。《语言自迩集》/ 这秀才是个小汉仗儿，相貌倒很秀气，为人谦恭和霭，又是文武全才，真是没有人不佩服他。《语言自迩集》
【汉军】	八旗中由汉族人组成的部队。	从先旗人的婚制最严，不必说不跟汉人结亲，汉军旗人要说满、蒙旗人的姑娘，满、蒙都不给，说汉军固山头儿窄（固山头儿者，旗头儿也。窄者，道路窄也。甚么道路窄呢，就是作官当差的道珞）。《益世余谭》

【蒿子灯】	阴历七月十五，小孩儿把香火头粘在蒿子上，叫做蒿子灯。	看着不像电灯，亚赛七月十五的蒿子灯（北京七月十五，小儿用香火头，黏于蒿子上，叫作蒿子灯），又像火虫儿的尾巴，这分难瞧就不用提啦，真没有三号煤油灯亮。《益世余谭》/除去总统府、国务院不算，人家另有电灯房，其余各机关商界等等，每到晚晌，一律全是蒿子灯。《余谈》
【好饼】	好东西。	我说句话，大妹妹你可别恼，他就不是好饼。《谢大娘》/崇儿这孩子，简直是支炉儿烙剩面——不是好饼。《鬼吹灯》/一个当老砸儿，还有甚么好饼？《赵三黑》/费范跟盛虔，原就不是好饼。《张文斌》/这个家伙，我瞧着就不是好饼。《王有道》
【好交】	喜欢交朋友。	麻花刘素来好交，左近的街坊，也去了好几家儿。《麻花刘》/大声是个好交的人，如今这个小伙儿丰姿秀美，举止文明，大有爱慕之意，当时一谈，十分的投缘。《怪现状》
【好劲】 hǎojìn/hǎojie	感叹词，相当于"好！"	"希四老爷来啦（好劲！这样儿的多来几个，额家就快啦！）。"《小额》/城上的炮队，也摸不清敌人在那里，也测量不出远近来，反正架炮往外打就完啦（倒没架炮往里打）。后来听说，一个洋兵也没打死，附近居民的屋房，全给打塌了。（好劲！）《五人义》/六扇门儿里头的人……答应道："谨遵少爷的命令，小的知道，少爷要送他，特来伺候。"马二夸子说："好劲！我回头重重的赏你。"《大劈棺》
【好练儿】	技艺高的人。	现在售艺之王雨田，即是"开路会"中的好练儿，一旦归入生意，其苦也就不问可知。《都市丛谈》
【好情好理儿的】	好好儿的，乖乖的。	依着我的主意，好情好理儿的跟人家一走儿，把你搁在甚么地方儿，就看你的造化如何。《杂碎录》

【好说不好听】	丢人。	我们是好人家的儿女，弄这个好说不好听的事情，我们爷们要知道，我也是活不了。《连环套》/我知道身临切近，所以极力劝他，衬早儿远避嫌疑，免得蜚言逆语，好说不好听。《春阿氏》
【好喜】hàoxī	喜欢。	我一生一世，盘球、地球、踢石球，我是全不好喜。要讲踢皮球的话，我是那时玩儿，那时高兴。《讲演聊斋·汪士秀》/这位李二爷，就带着个老家人过日子，性情虽然古怪，别的全不好喜，惟独一样儿，可是最爱念书。《李傻子》
【号房】	在传达室当差的杂役。	两位上了车，号房头前引路。《怪现状》/号房往头里跑，悯人让家人把号房叫住。《怪现状》
【号书】	山东人当私塾先生，要给每个学生在红纸上写"某月某日入学大吉"几个字，让学生夹在书里。	一俟过了元旦，选择吉日，就可以号书。那位说甚么叫号书哇？这件事您同从过山东老夫子的人打听去，大概都知道。只要新请一位先生，或是过完年，头天开学，自然学生们先拜圣人，然后给老师行礼，礼毕递上束脩贽敬。这位老师教学生各拿一本书来，先生裁出几张红纸，每学生亲笔给写一分，就是"某月某日入学大吉"几个字儿，递给学生，夹在书本子里头，这就名为号书。别省的老师，多没有这件事。《讲演聊斋·房文淑》
【号注】	赌场中记录押宝者的名字和赌注数目的人。	局中司事各有专责，类皆量材器使：挡横者名为"看案子"，号注者称为"活儿行"。《都市丛谈》
【喝冬瓜汤／喝东瓜汤】	说媒。	孙四哈哈一笑，说："我喝碗冬瓜汤吧。"（北京土话，管说媒叫作喝冬瓜汤。质言之冬瓜汤就是谢媒的酒席。）《花甲姻缘》/海关李家的大少爷，又断了弦了。活该还是婚姻，这碗冬瓜汤我算喝准啦。《花甲姻缘》/原来

		头天博二太太走后，富二先生就回来了，富二太太把要喝冬瓜汤的话，对富二先生一提，富二先生很赞成。《曹二更》/跟主东一说，这位也愿意喝这一碗东瓜汤。《评讲聊斋·梅女》
【喝了药水儿】	糊涂。	别人随了可以呀，你是个世家出身，你怎么也喝了药水儿啦？你年轻轻儿的，中个进士也就很好啦。正应当好好儿当当差使，以求上进。要立学会也可以，立个讲学会，研究研究中国的理学，朱陆如何异同，王阳明知行合一是怎么回事。那我也很赞成呀。《王有道》
【喝锡拉／喝锡蜡】	①别人发财，也跟着得点儿微利。②受到牵连。	①听说该部党员，约有十数万人，大头目钱也搂足啦，死都不冤啦。小兵小将儿的，攀龙附凤，跟着喝锡拉可真不值。《益世余谭》/喝锡拉，我没图仨，也没图俩。《旧京通俗谚语》②前见警察向各巷铺住户，送一传单。大略说"有放双响起花者，在违禁之内，罚金五元，游街示众十五日"等语。以鄙人所见，此事在防不胜防之间。如只禁止放，不如禁止卖，似尚未昭公允。此后可以禁止售卖双响起火，也就没有因为祭神游街的了。如此办法，可怨京货双响制造的不精，外来的双响，就跟着喝上锡蜡喽。《演说·说年底违禁物》
【喝雅酒】	喝酒时不划拳。	咱们还是喝雅酒儿吧，划拳原没多大意思。《说聊斋·娇娜》
【喝杂银的】	下街收购宝石等贵重东西的人。	现在北平市的人民，可谓穷到极点，所以打鼓、喝杂银的买卖才应运而生。《燕市丛谈》/既是打鼓下街，又非喝杂银的可比，喝杂银的吆喝玉石宝石，或者许不要铁炉子。《燕市丛谈》

【合把】	成为一伙儿。	平则门里头，后大坑地方，有几个著名的匪棍，平日就在那一带，成天际起哄，合了把。《进化报》/贾二从先跟他念过书，人面子上，不能不叫他老师，说："您别嚷。"沙秃子一阵冷笑，说："老二你也来啦？好呀，你们合了把啦。我别嚷？我嚷定啦！"《董新心》
【合不着】	犯不着。	伊太太说："大哥儿呀，咱们跟他合不着，好鞋不沾臭狗屎。只要是告了饶儿，明儿个有人带他来赔个不是，就得啦。"《小额》/反正都是一死，打起就不该藏躲。已然对不起国民，何苦又作这宗对不起鬼的事情？钱财让人挤净了，真许往外一轰儿。到那个时代，人财两空，身败名裂，可真有点合不着。《益世余谭》
【合该】	该着。	合该，合该，想不到这样裂口子的娘儿们，也有遇着吃生米的时候儿。《讲演聊斋·王大》/小宋说："是甚么病症呢？"陈翁连连的摇头，说："也是合该的事情。他有个同学上美国有事，他一定要跟人游历去。我想到外国游历一趟得点经验，也是好的。前些时接了一个电报，小儿自不小心，同着人练习海水浴，竟自淹死啦。"《理学周》/我他妈着了凉，算是合该。《春阿氏》俗语说：是婚姻棒打不回。记得前年春天，我同姐姐提过，所说的那家，就是张家的这位少爷。你瞧年纪也配合，相貌也配合，合该是婚姻不是呀？《春阿氏》
【合婚】	算算男女双方的命是否适合结婚。	先是媒人说亲时，李某持庚帖（就是八字帖）赴四牌楼某卦棚合算。该星士云，系属福德上等之婚，且女命极佳，有助夫兴家之象。现因家庭革命，痛恨星士冤人。李某携同甲妻，寻至该星士卦棚，大骂不休，且欲起诉。

		鲁仲连辈出而排解，令该星士退还合婚礼资，始作罢议。《益世余谭》/卢绅士见刘张两家皆都愿意，也不用合婚，过八字帖儿，一娶一聘，全凭媒人几句话啦。《杂碎录》
【合局】	符合格局。合式。	从前住的房子，如今盖成五间出廊、两边配房，居然改成挺合局的一所住宅。《评讲聊斋·锦瑟》/清禄急于成立研究所，各处一扑房子，附近这把子拉房纤的，听见这个信，都想着要发这笔洋财，带着清禄各处这们一瞧，清禄跟着这群人，东一荡西一荡，跑的浑身臭汗，嘘嘘带喘，总没有一处合局的。《双料义务》/居师傅说："据贫僧看贵宅，处处合局，老前辈布置周到。《讲演聊斋·僧术》
【合局面】	合局。符合格局。合式。	可巧有一处房，坐落正在大街上，并没有押租倒价，外带着很合局面，略一修理就行。《双料义务》
【合字儿】	江湖人称同道中人。	票友一入此途，便自居为"我是合字儿"，那怕当日在一个把儿上消遣，再想请他决计不行。《燕市丛谈》/他们家要有红、白事，都得设斗，所来的"合字儿"亲友（本行），都得念念"抬料词儿"，什么"三十六天罡"，"七十二地煞"，共合一百单八首"抬料赞儿"，硬说洪武爷封过张、李二老，叫他们"赶上吃"（到那儿吃那儿）。《都市丛谈》
【河漂子】	淹死的人。	把他扔在水里去，当作一个河漂子，没主儿认尸，自然也就掩埋啦。《杂碎录》/河漂子一经相验，还瞧不出模样儿来吗？《杂碎录》/实不相瞒诸位说，在下只见过河漂子男仆，女仰，两手两脚俱向前。《讲演聊斋·吕无病》

【盒子】	①烟花。②同"盒子菜"。熟肉。	①提溜起皮包来就是新世界，高兴就是中央公园、城南游艺场，瞧完了盒子，赶到新明大戏院去，还要听听小梅的《上元夫人》。《花甲姻缘》②从先我听父执苑先生说过，从先在后门里内务府某宅教馆，该宅有一位老姨太太，自己可吃素，时常在猪肉铺叫盒子喂狗。《余墨》
【盒子菜】	熟肉铺把各种熟肉，清酱肉、酱肘子、猪头肉、猪肚、猪肝、酱口条等装进有九个格子的食盒中卖，叫盒子菜。也可笼统把熟肉叫做盒子菜。	老者说："那们你打他二百钱的去。给我带点儿盒子菜来。"《小额》/善全又问伊老者："您喝酒不喝？我给您打去。"伊老者说："那么你打二百钱的去，带上包盒子菜。"《鸡屎德子》
【盒子铺】	熟肉铺。	到了初三一早，外头叫门，盒子铺取锅子来了。又待了一会儿，羊肉床子又取羊肉钱来了。《益世余谭》
【贺排】	请各会的头儿来看彩排。	无论甚么会，先是私自排练，练成了之后，必得贺排，才能出来走会。何为贺排呢？就是下帖请九城各会的执事人，来本会指教会规。《演说·走会》/当年最出名者，南城为栗十、徐三、徐四、王天禄，西城为二瑞子、疯瑞子、玉四、大萧。此等玩艺又为"厨茶行"人所喜，如车子营、黑窑厂、鞭子巷等处，都在早年贺过排（不贺排不能加入香会）。《都市丛谈》
【黑】	偷偷儿留为己用。	二老虎给了吴八儿五十两银子，吴八儿先黑起三十来。《张二奎》/每月二十两银子（他先黑起十两来），也合三十多块哪。《连环套》
【黑白钱】	黑钱、白钱。小偷儿。	此人方才同我对了个盘儿，可惜我不很亮他。这小子贼眉鼠眼的，我怕是个找家儿，又想黑白钱的人，没这样长袍短褂的。《讲演聊斋·佟客》

【黑不提白不提】	什么也不说。	过完了这堂，黑不提白不提，就把大车王给攒起来了。《小额》/ 第三天一清早，马车王还没起来呢，来了几个官人，堵窝的掏，把老先生就拴了走啦。黑不提白不提，在步军统领衙门一收，俗名叫作包封票。《马车王》
【黑杵／黑楮】	收不该收的钱。	这些仆人们并不懒惰，必然是夫人儿督催得严，可称清门（与使黑杵无关）静户，过日子人家儿喽。《成仙》/ 久慕郎君是清门望族（可不是没使过黑杵），打算同你附为婚姻。《讲演聊斋·萧七》/ 同黑杵票友，一路习气，满心要挣钱，又故意拿乔。《讲演聊斋·公孙九娘》/ 也许凭相如，不肯在茶馆明说，同黑杵票友一个心理。《讲演聊斋·红玉》/ 实在不得了的时候，宁可使黑楮，也万不肯明出大卖。《演说·德寿山》
【黑档子米】	在仓里干活、登记等人员串通起来，造假文书，冒领俸米。	后来小额这档子官司，钱是朦到手啦，原打算再扑这档子，没想到他们仓上，因为打黑档子米，闹了一个廷寄，正身儿的花户，小韩三儿跟林五儿，全都进了部啦，他老先生也躲啦，这回事也就搁下啦。《小额》
【黑红撬／黑红鞘／黑红屑】	两根小秫秸棍儿，一根上面刻黑道，一根刻红道，摆赌局的人藏起一根，抓住一根，让参加赌博的人猜抓住的是哪根。	至前门大街一带都有许多明黏子赌场，如骰子宝、菱角判儿、黑红撬、六地儿、汪干条（即三根签儿）等等，无非腥赌诳人。《燕市积弊》/ 要说旧日生意冤人的小赌博儿，遍地皆是，类如抓梨膏、打马尾罗儿、转火、菱角绊儿、押诗条子（又叫作猜五度）、倒十点儿、打棋式、抓茶碗、押红鱼、黑红鞘、押六地儿、押骨牌、套三根签儿、抓红卷儿、抽签子，五光十色，门类甚多，一时说也说不尽。《益世余谭》/ 旧日北京，每到年节，有些个冤人的玩艺儿（平日也有，少），类如抓茶碗、转火镰、押红鱼、黑红屑、骨牌宝、三根签儿、打马尾罗儿（赢糖），五花八门，一时不能备述。《益世余谭》

【黑货】	鸦片。	在郑州贩过黑货，同伙犯事，他逃回北京，勾串赌匪陈某等等，组织过游行赌局，曾被报纸揭载。《余墨》/你看近年贩运黑货的，真可称是陡然而富。旁人看着眼黑，也改行作这宗生意，依样也发起家来。《演说·尚黑》/安内马将军胡同住户程文氏因闻土客冯某运黑货有利，乃背其子将子典出一千二百元以作资本事，被他子查知劝阻。《北京画报》
【黑蟒】	黑鞭子。	每人一根黑蟒（黑鞭子俗话叫黑蟒），在这里轰拦闲人。《怪现状》
【黑门坎儿】	捕快。	托伙计借了一身儿随时的衣服，头上脚下，也都不同了，居然将当黑门坎儿差使的恶习一变。《杂碎录》/六兄弟，你可究竟欠阅历。你可那里晓得，山沟儿里的老黎民，最恨我们黑门坎儿的人。《讲演聊斋·红玉》
【黑票】	表面上是票友，暗地里收钱。	还有一宗黑票，是当初也曾耗过财，也买过脸，学了一肚子的玩艺儿，到处也颇有人欢迎，无如老先生有老先生的苦处，你说见了帖不出去，未免得罪朋友。真出去走一天票，还得架架弄弄，不能穿破旧衣裳，假装着不带穷气，不论家里怎么难过，虽然没揭锅，若是见了同票的弟兄，说您早起吃的是甚么？答曰，吃的是甚么甚么。……这才说出黑票的大义，是子弟的外表，生意的内容，说明了就是不露名的要钱。《演说·票活》/花姑子说的，今天准来。人家必是交友圆信，决不能闹甚么恶者，必是风雨勿阻。奈因这是黑票，以不让人知道为妙。《评讲聊斋·花姑子》
【黑钱】	晚上偷钱包的小偷。	白昼绺人之财物者，名曰"白钱"；夜晚偷窃者，名曰"黑钱"；所谓"智儿钱"者，是以

		骗术诈取，尤使人防不胜防。《都市丛谈》/这个黑钱贼，必然白天踩好了道，来窃取来了。《讲演聊斋·申氏》
【黑土】	鸦片。	爱听戏你出去听戏去，听腻了咱们这里有大烟，我新煮的一点黑土，你尝尝。《小蝎子》/当时要了点儿什锦包儿，鸭汤沃了两个果儿，又跟柜上要了一两广土烟（倒没要黑土烟）。《怪现状》
【黑影儿下来】	天黑了。	直等到黑影儿下来，也不见个人影儿回来。《杂碎录》/天气已然黑影儿下来。《杂碎录》
【黑早】	早上天还没亮。	听见那个信，第二天一黑早，赶紧的进城。《小额》/但是我此刻太饿了，由黑早就起来，只喝了两碗豆腐浆。《北京》/一个网篮一个竹箱，黑早就走啦（奔车站）。《余墨》/你不还，明儿个一黑早，我是上你家里取去。《杂碎录》
【很】 hèn	太。不很：不太。	北衙门我不大很熟，让他们转求别人。《小额》/民间所用碗盏家伙，通通叫作'客货'，搁抱一百多年也不大很值钱。《燕市积弊》/将走有限的道儿，不很乏歇他作什么？《孝子寻亲记》/提的也不是外人，是他远本家的一个侄女，也念过两天书，学问可不很深。《王遁世》
【横打鼻梁（儿）】	担保，保证。	你说甚么？你不用横打鼻梁，自充好老婆尖儿。《春阿氏》/霍筻听姚伯伯过来，横打鼻梁了事，赶紧答应遵命。《讲演夜谈·霍筻》/连锁说："这件事，你依从了我，可与你有些不利。事后必有一场大病，你也不必害怕，决计要不了你的命。可是二十几天的罪，你可得受的料哇。"杨爷横打鼻梁儿，说："我含乎不了。"《讲演聊斋·连锁》

【横骨头】hènggútou	不服软儿、不低头的劲儿。	你别不要鼻子啦。谁说教谁烂嘴,谁再理谁,谁没有横骨头?《杂碎录》/他不理咱们,咱们就流血,反正是一个死,有横骨头没有?《回头岸》/哈哈,这个东西,实在可恶,既是自己没有这个横骨头,就不该作这宗事,等到这个时候,胡拉乱扯,那算甚么英雄好汉。《何喜珠》
【横横儿的】hènghèngrde	横。	这次您跟他横横儿的,让搬也得搬,不让搬也得搬。《苦家庭》/兄弟,你外头要账,只管跟他们横横儿的。就便打死两口子,全有我呢!我豁出一年高墙去(宗室),也就完了。《麻花刘》
【烘笼儿】	用竹皮编成的大窟窿筐一样的用具,倒扣在炉子上,可以烘干衣服。	家中洗凉衣裳,或给小孩子烘烤衣物,就有用烘笼儿的。《演说·说防火患》
【红】	①便宜。②赢。	①听说大刀王不算暗赚,酬劳金就是五百,这下子使着了。这小子瞧出红来了,跟着就给寒露儿提亲,提的是他外甥女儿。《二家败》/有一个茶座儿,拿着一个表要卖,老杜瞧出红来啦,三两五钱银子留下啦。《王小六》/汪大头瞧出红来啦。《汪大头》②他叔叔叫阿林部,一听侄儿被人打死,续娶的媳妇,居然替夫鸣冤,官司打红了,又得这些个家产,又难受又喜欢,把李二妞接到家中相认。《驴肉红》
【红白口(儿)】	喜事、丧事的时候。	孙氏娘家的父亲,叫作孙胖子,是个久站红白口的厨子头儿。《势力鬼》/愚按"酒钱"之说,当初必是出于自动,因为各行实心任事,故于正项外借作酬劳,不想久而久之,竟自视为成例。最难者莫过于红白口儿,不如意,然恶语相加,究竟以多少为够,又难说定。《都市丛谈》

【红虫子】	孩子。	就是你们,添一炕红虫子,早起就嚷:"爸爸,饿。"《杂碎录》
【红点子】	任命官员时,在候补官员的名单上,在要任命的官员名字上点上一个红点。	真有候补一二十年,没见过红点子的。没见过扎委,那里见红点子去。《白公鸡》/哥哥到省好几年,就瞧过两回红点子(这是官场的行话。得差使总得下扎委,扎委上有红点子,所以管得差使叫见红点子,可不是心红热)。《怪现状》/这小子好些年没见着红点子,忽然摸着印把子,苦这们一搂。《贺新春》
【红顶子】	俗称,一、二品官员官帽上的饰物叫红顶子。	他说这个人必戴红顶子。这个人说:"现在是共和时代,那里戴红顶子去?"《余墨》
【红黄带子】	指宗室和觉罗。宗室佩带黄色带子,觉罗佩带红色带子。	您知道啦,我们哥儿几个是为好,别说这点儿事,不怕您过意的话,三头六臂,红黄带子,霹雷立闪的事情,这个兄弟都了过。《小额》
【红货】	珠宝。	要说金柜呢,不过是学化金,卖包页,收买红货金珠,包打簪镯首饰,没甚么多大意思,所以能赚钱的,就仗着后柜办捐。《燕市积弊》/我们有个红货行的朋友,人极忠厚,物价所值,决不能昧着良心少给价儿。《阜大奶奶》/一想他是贫寒人家儿,没见过红货。我得拿珠子往外诓。《讲演聊斋·邵女》
【红炉】	做烙、烤食物。	万某有一分红炉的手艺。《余墨》/一种大茶馆儿,叫作窝窝茶社,里头有搬壶(就是那把大铜茶壶),柜上带红炉,菜也齐全。一种叫二荤铺,有带红炉的,有不带红炉的。《王小六》/饽饽铺的买卖,柜上原没手艺,所学不过就是包包儿,装匣子,打打蒲包子,所有的货物,都归红炉做。不管多阔的饽饽铺,离开红炉就算不行(没的卖)。《燕市积弊》/"缸炉"地道是擦案子面,多咱红炉上也不用沾{念"展"}布,都是零碎擦完

		了案子往缸坛儿里一扔，等到一发，就做"缸炉"，外带着单挂一层皮，所为漂亮，除此之外，倒没别的。《燕市积弊》
【红棚】	为办喜事搭的大棚。	大爷周孝回到家中，知道凤仙母子也搬了，家尔{里}出了两条人命，当时非常的着急，没停住脚，赶紧来到红棚，跟亲友、本家周旋了一番。《过新年》/ 杜生与卢绅士翁婿二人，迎接县官进内，见红棚尚未拆去。《杂碎录》
【红契】	有官府盖章的文书。	其次他联络感情，在持有免票之人，虽不以红契自居，究竟比客坐儿与蹭戏，硬正的多多。《演说·免票》
【红着心】	一门心思。	王明有个同学的派了高等小学校长，特约王明担任教习，每月二十来块钱，王明红着心要考文官，要一担任教习，功夫就耽误了。《势力鬼》/ 过了些时，杨子林又催玉岩，斟问款项。玉岩是红着心作买卖，说款项已齐。《鬼社会》/ 姑娘还红著心作这个那个哪，招的女仆们暗笑《杂碎录》/ 你们看，这里俨然是个宝局，咱们红着心跑来，与市上那群赌鬼有甚么分别？《北京》
【后半截儿】	再婚的妇女。	原来噎膈李由上海汉口，很挣了几个钱。在这此地租了几间房，又说了一个晚婚，北京的土话，叫作"后半截儿"。《鬼吹灯》/ 本来他这小杂货铺儿，八年也赚不了二百银子。他说回来，那是腥架子，把铺子倒出去，又剩了五十多两银子，弄了一个后半截儿（就是后婚儿），跑前门外头开烟馆去啦。《连环套》
【后口儿】	事儿还没完。	敢情还有后口儿呢。吹出风来，说冬天办喜事（必是取佐领太太），还得二百（拿克扣

		众人的兵饷，自己娶媳妇，真是众朋友帮的）。要二百，就给二百，拉后勾儿，又要二百，这位俊老爷，真有点儿贪得无餍。《进化报》/ 若说不出所以然来，指不出实地儿来，吞吞吐吐，又留着往回耙的后口儿。这路笔墨，直像是又怕吃又怕烫，那不如不说。《演说·莫谈国事》
【后身】	后边。指处所。	存某因为此时奇怪，随跑赴醇王府后身派出所报告，经巡官唐古色带警。《演说·鬼混》/ 我有个亲戚，在炮局后身住。《曹二更》
【后尾子】	结束之后，后来。	单说此案的后尾子，刘老者带着刘子华、骆小泉回去之后，赶紧央求媒人，前去到张家二次提亲。《杂碎录》
【厚撒】	大棉袄。澡堂行话。	大棉袄叫厚撒。《燕市丛谈》
【厚味】	味道油腻、厚重，和清淡相反。	为甚么阔大老都爱长痔疮呢？这里头颇有原因。第一，每日竟吃厚味。第二，永远老不活动。《二十世纪新现象》/ 素日又好吃厚味，借因由就是中风。轻者闹个半身不遂（医书上叫作偏枯）。《过新年》/ 还有一宗却病法，少吃厚味、水族类（如鱼虾蛤等）。《演说·春风吹倒人》
【候】	付。	遇见爱应酬的知县，还要请他吃顿饭，碰巧车钱人家也候了。《忠孝全》
【候乘】	主人送客人出门，如果客人是坐车的，主人说的客气话。	候乘候乘。《燕京妇语》
【候店】	等待审问的人住的地方。	唯独从先各州县，有待质所一种办法（俗名叫做候店）。要是圈在这里头，十年八年，官想不起往外提，没人补呈子，简直的同永远监禁一样。《讲演聊斋·细侯》

【候饭】	做客时赖着不走，等着吃饭。	彼时有个穷亲戚，时常在舍下候（上声）饭，吃完了还得借两吊，习以为常。直闹了一年多，我们本家儿倒没嫌腻，老王会气的得了结胸啦。《二家败》/钱借不到手，我候（上声）顿饭罢。要说这位汪亲家，真不是候饭的人。《势力鬼》/有王监生在世，不过是小来着，候（上声）顿饭哪，借个三吊两吊的、一两八钱的，萤火之光，没有多大亮儿。《谢大娘》
【候帐】	付账。	酒饭乃是陈头儿候帐。《杂碎录》/那天无意之中，在酒铺遇见曹二格，已然成了半大老头子啦，叙起话来，原来是故人，一往情深感慨系之，那天他还直要候帐，颇有故旧的意思。《曹二更》
【胡吡】	胡说。	李二妞说："你这又是跟谁呀？"驴肉红说："我跟皇上。他是皇上，我是太上皇。"李二妞说："你别胡吡啦！让人听见是怎么回事情？到底跟谁呀？"《驴肉红》
【蝴蝶儿】	马褂。澡堂行话。	马褂叫蝴蝶儿。《燕市丛谈》
【糊食】	一种用于超度亡灵的蒸食，也叫荷叶千层饼。供在灵柩之前。放焰口时，由和尚撕碎了，往下扔。	这个讲杠，那个就讲焰口带糊烧活，稍带脚儿定了份糊食（就是施食饽饽）。《鬼吹灯》
【虎】	装腔作势，吓唬人。	他们这一堆，也不知道我姓周的是怎么个人儿，整年吃赌饭儿，凭他们几个死狗腿子，还虎的住我咧？《讲演聊斋·王大》/不能看见门，就给虎回去。《讲演聊斋·王者》/该局有个年轻的漂亮小伙儿，这分傲晓自若，就不用提了，跟他说话，他都不爱理。记者那天还架弄着一身库缎，他居然如此对待（足见人家不是库缎眼），遇见乡下老儿，不定怎么虎了。《余墨》

【虎拉车】	苹果的一种。	虎拉车原是一宗果品，比沙果子味甜，比苹果香味又次。每到秋令，此果初熟，外挂一层嫩霜，颜色娇红可爱，吃到嘴里，芳脆溢于齿颊，故俗名叫虎拉车。《演说·虎拉车》
【虎猎拉／虎列拉】	霍乱。	谁若不信此话，就请看医术，就知道曼青胡说，给人家造虎猎拉的爬豁子。《演说·秋老虎》／现在天气渐热，简直是虎列拉的制造场。《余墨》／他们本院儿街坊，夏天得霍乱（偏不说虎列拉），是记者给蒙好了的。《库缎眼》
【虎人】	充有钱有势、有才等骗人。	寄语药行诸位先生，既讲外表，门面自然是得修，可别竟拿门面虎人。《益世余谭》／这群人们，没事吹鬼，借着丁家的字号虎人，没事谈起话来，三句话离不开丁家，见了面儿互相吹牛。《方圆头》／王小峰说："先吃西药罢，随后我再吃汤药。人家赵先生有两下子，错过了，就常上总统府啦？"单四说："你别听他总统府，那是虎人哪。那家伙我瞧着也是硬生意，也许在总统府里抬尿桶。"《势力鬼》
【虎事】	用假的吓唬人。	以言语拍人，叫作虎事；以妻子骗人，叫作打虎。《益世余谭》／常言说："咬人的虎儿不露齿。"就是这个意思。往往见一宗人，"杀三剐俩"整天挂的嘴上，其实更是虎事。《麻花刘》／王有道常听这个管学官谈理学，也学了点子口头禅，没事也拿理学朦人虎事，张嘴儿是克己复理，闭嘴儿是致良知，高视阔步，道气扑人。《王有道》／差人过去一路大嚷，说："你一个打鱼的儿子还念文章哪？惊了大老爷的驾，是你担的起呀？是我担的起呀？趁早不准念了！再念我把你锁走，见大老爷去！"差人在隔壁虎事，子英听了个挺真，心说："这群东西们，实在混账。"《一壶醋》

【虎头拍】	威吓人的话。	"事到如今我也没法子啦。我的功名要紧，一切的事情我也都知道啦。我这就见总办去，应该如何办理，请总办示下。咱们爷儿俩交情干交情的，公事干公事的，干你的这宗事情真太悬啦。我也真救不了你啦。话也说完了，你歇着你的去罢。我这就上总办那里去。"郎才这一套虎头拍闹的，孙子游登时不得主意，楞了。《二十世纪新现象》/如今这些个该帐的，群起革命，瞪着眼睛要自己关钱粮。二奎子始而一路虎头拍，大家要跪堂官，二奎子不了啦。《连环套》
【护觉】	在睡梦中被弄醒，发脾气。	又怕把人家姑娘吵醒了，万一他再护觉，还不定有甚么咧子哪。《评讲聊斋·青娥》/自己听他还打鼾声，要将他唤醒，又怕他护觉闹气。《讲演聊斋·白莲教》
【护身皮儿／护身庇儿】	能保护他的，类似现在说"护身符"。	三节两寿，也真追往，所为的是，有一个头疼脑热、闪腰岔气的事情，好有个护身皮儿。这是小额的心工儿。《小额》/你的护身庇儿可是走啦。《说聊斋·邵女》
【花鼻梁儿】	小丑。戏剧中丑角在鼻子上画块白。	好在而今的报混子，拿着挨骂也不当事，一来就把花鼻梁的耍出来，遇见不爱惹闲气的人，见了这样东西，谁不远行几步啊？《演说·说纪念》
【花脖子】	对某事一知半解，却自以为特别懂。	这其中也有许多毛病，虽不是拿假货冤人，可是专做（念"奏"）花脖子（不行家不力笨）。《燕市积弊》/要说是冤人哪，也并没卖假货；要说不冤人呢，也算不大诚实。俗说，"贪便宜买老牛"，实在是花脖子自找。《燕市积弊》/贵人蹲着吃饭，硬说是猴相（"侯"借音），岂非人嘴两张皮？那还抬甚么呢！不论怎么说，我反正不相（行话我是"朗不正花脖子"吗），我知我这辈子犯招说哪！《燕市积弊》/别听说名高好题诗，这路诗只能蒙花脖子假高眼。《讲演聊斋·骂鸭》/要是妄作聪明臆

		说杜撰，朦白帽盔子行啦，花脖子都朦不下去。《忠孝全》/ 眼睛有不开半开的分别，就仿佛花脖子也有真假。《社说·半开眼》/ 他说，瞒不了您，您是久惯的老行家。说这两句话，专拿花脖子与假花脖子，花脖子是大略晓得两三成，假花脖子是不知道这样儿，还要胡批混讲。《演说·卖舌头》/ 所谓花脖子者，此人于上下等社会之事，你说他不知道，说起话儿来，也有个一知半解。若往深分里一追，简直全没他什么事，可又以不知为知，故此美其名曰花脖子。《社说·拿花脖子》/ 花脖子，受骗不觉得。《旧京通俗谚语》
【花茶铺】	有女艺人演出的茶馆。	花茶铺纯粹是茶馆惟{性}质，所恃者就是票价低廉，特邀各档男女杂耍每日登台献技，如坤书大鼓、戏法相声、单人演唱、巧变丝弦等等。《燕市丛谈》/ 现在北平的各茶楼，即是仿照花茶铺，无如近于落子馆，可又与落子馆的作法两经。好在津埠花茶铺是多的，外带著家家起满坐满。《燕市丛谈》
【花丛】	妓女界。	吾人偶涉花丛，无非借以消遣，不必吹毛求疵。《白话聊斋·瑞云》/ 昨天所说詹生，头次身入花丛，被姚爷摆弄了个不亦乐乎，处处透怯，仿佛成了傻老啦。《何喜珠》/ 在北京满汉人员，五品以上者，从不敢涉足花丛，深惧言官弹劾，偶有冶游之举，必微服隐姓，从不敢明目张瞻，大逛特逛也。《益世余谭》
【花丢丢】	漂漂亮亮。	告诉你家大爷，□□我回来啦。不但回来，还给他带来一个花丢丢的婆娘（这是藏夫人吗？高老爷），给公子带来一位绝色的美人儿回来。《评讲聊斋·陈云栖》

【花盒】	烟花。	星期六、星期天，有八埠名花歌唱戏曲，是日晚间加添新式花盒。《演说·城南游艺园》/ 我以为是怎么新鲜呢，敢则是也放花盒。《演说·这也叫竞争》/ 经理人彭君秀康，曾于今年在园内大放北京花盒，所为广招游客。彼时所放的花盒，所有的烧花灯彩以及文武掉儿，不是被风吹坏，就是药线不灵，故此游园来宾，大有不满意处。《演说·游园花盒记》
【花户】	仓花户。在仓里从事体力劳动的仓役。但因可以贪污、冒领，通常都非常有钱。	当仓界全盛时，花户身后等（给花户当参谋的叫作身后），肥马高车，盖房置妾，其富埒于王侯。《益世余谭》/ 要说小文子儿的媳妇，虽然是仓花户的女儿、库兵的儿媳妇，打扮的倒还恭本。《小额》/ 没想到他们仓上，因为打黑档子米，闹了一个廷寄，正身儿的花户，小韩三儿跟林五儿，全都进了部啦，他老先生也躲啦。《小额》
【花界】	妓女界。	那年他办赈捐，约请花界演唱，大尽义务，募了一千多块钱，尽入私囊。《余谭》有家眷的和尚，都算是好修行人，还有穿着方外衣服，居然在花界中大游大逛的哪。《演说·花和尚》/ 清禄最反对逛花界，谁要一提小班儿二字，他跟这个人，仇敌恶战，手枪炸弹，流血相见。《双料义务》
【花镜眼圈】	老花镜。	你们到书房将我花镜眼圈取来。差役答应跑进书房将镜子取来。《讲演聊斋·石清虚》
【花盆炉子】	铁炉子，像两个花盆扣在一起。	万不能紫檀八仙桌前摆一个花盆炉子。《杂碎录》/ 只要穿衣镜前边不能摆花盆炉子，就算是见过时{世}面。《杂碎录》/ 我倒有个妄想，盼着洋炉子与花盆炉子，价钱不相上下，红煤与煤核儿也都一样的价钱，穷苦人或不至受了煤气。我说还差一点，苦人蒸窝窝头，还透点费劲，只好等着人家洋炉子改良，苦人的造化就来喽。《演说·三毒》

【花说柳说】	花言巧语，用尽办法，让人相信。	头天晚上，底下人回去一说，怎么小额带出话来，官司怎么有信完，怎么托的孙先生，一五一十的说了一遍。希四一听，心里说："这是一个机会，我明天得去。"所以希四一早就跑了来啦。见了额大奶奶，这们一路花说柳说。《小额》/ 蒋统领见了汪抚台，一路花说柳说，汪抚台倒直奖励。《二十世纪新现象》/ 乌公忍不住气，遂厉声道："你不用花说柳说，阿氏头上的伤，是哪里来的？杀人的凶器，怎么在你屋子里藏着呢！"《春阿氏》/ 牛成儿一路花说柳说，吴能手一想，去不了一两天不唡，莫如先谋上事要紧。《杂碎录》/ 马二娘是拿定主意，任凭他花说柳说，算你白说。《讲演聊斋·蕙芳》
【花头】	①有意思的情节。②带花边、图案的广告。	①前天说到王生一生气，直仿佛要开戏迷传，其实戏上的喜怒，也全是揣情摹理编造出来的。所以离不开人情，并非说书故意的加花头。《评讲聊斋·锦瑟》/ 聊斋原文没有，就说"惊怛"，咱们不用加花头，干脆就是太师爷拉啦，小名又叫傻下来啦。《评讲聊斋·续黄粱》②报子上下还镶两张花头，写着朝顶进香等字样。《演说·走会（续昨）》
【花烟馆】	有妓女的烟馆。	那位说：这是续黄粱的曾爷吗？不，抄带家眷的花烟馆哪。《评讲聊斋·续黄粱》
【猾串子/滑串子】	狡猾。	猾串子，嘴里猾顺。《旧京通俗谚语》/ 你虽是乡下脑袋，外带着滑串子。《白话聊斋·辛十四娘》
【画稿】	主管官员在公文稿上签字，表示认可。	总办兼着好几个差使，不常到局，不过画稿画行是他的责任。《白公鸡》/ 老三当骁骑校，给堂官办班儿递缮牌打道画稿，常上堂官宅，本旗堂官的门上也就是这路情形。《苦女儿》

【画葫芦儿】	赌钱时赢钱。	柜上赢钱为"画葫芦儿"（五十吊为一个），输钱叫作"掌地儿"，那怕案子上多一吊（即本柜所赢），也得"掌"四十九、画一个"葫芦"，合着上边儿赢五十，下边儿可输着四十九，明明自己冤自己，硬说那叫取吉利儿。《都市丛谈》／画一个葫芦儿就能回来（案子上赢钱名为"画葫芦儿"，够五十吊钱画一个，以此递推）。《都市丛谈》
【话套子】	编的让人上当的话。	这两片嘴一片舌，说的刘翁很是点头咂嘴儿。田婆子一瞧刘翁进了话套子，心说有边儿。《杂碎录》
【话言话语】	话里话外。	此人姓冯，向来机警，他听陈总办的话言话语，早测透来意。《怪现状》／我听他们话言话语，影影抄抄，尤大爷是他们害的。《酒之害》
【坏骨头】	心术不正。	申大哥，无愧乎你外号儿叫申公豹，你也是有点坏骨头。《董新心》／婆媒子一瞧耿太太的神气，心说有边儿。这回坏骨头总算不白掏，乘着他没准主意，就给他个就罐打水呀。《杂碎录》／刘爷今天管教他这一顿，固然是大快人心，可是这个楼子惹的也不小。刀伤常那小子，坏骨头大了，况且他是二玉子的亲戚。《麻花刘》
【坏醋】	坏事。	这可是坏了醋啦。《评讲聊斋·胡四姐》／一席话把个张福喜说的满脸绯红，由红变紫，一时紫涨面皮，心中料想，此时再要用话搪塞，恐怕把他招恼，事情一定得坏醋，莫若老老实实告诉了他，大大往他嘴里一抹蜂蜜。《玉碎珠沉记》
【欢龙】	像龙一样上下翻滚。指特别折腾。	夏侯敦中年得子，非常的高兴，自幼儿溺爱娇惯，把孩子养活的欢龙一个样。《土匪学生》／这一正月，简直把个懒老婆给闹的欢龙一般。《演说·懒老婆菜》

【换个过儿】	站在对方的立场上。	如今一分家业,让他全给攘啦。我跟着他受这宗罪,换一个过儿,要是带着明远过日子,管保是有名有利。《高明远》
【换帖】	拜把兄弟。正式结拜兄弟时,给其他人写着自己姓名、年龄、生辰八字、籍贯等的帖子。	这把子碎催都跟小文子儿是换帖,所以管小额的夫人儿叫奶奶。《小额》/我真爱惜哥哥,咱们先口盟得了,过两天咱们再正式换帖。《麻花刘》/第二天曾一鸣来到,一定要跟董爷换帖,还要把王刘石三人加入。三个人倒都认可,董爷说:"拜盟换帖,原是社会的陋习。我辈相交,在乎精神性命,何必在乎这宗形式?"《董新心》/前任县官小舅子,都与侯大户换帖。《杂碎录》
【荒速】	慌忙,匆忙。	无论本家亲戚,受完了头就得甩拜礼,也有拎{给}荷苞的,也有给银钱的。这次何氏来的荒速,甚麻也没带。《过新年》
【荒信儿】	不确切消息。	我在茶馆里听了个荒信儿,荒信儿可是荒信儿,我想多少总沾点儿边儿。《旧京通俗谚语》
【慌疏】	慌忙,匆忙。	我实不知您今夜办喜事,来的慌疏,也没带添箱。《白话聊斋·狐嫁女》
【黄磅子儿】	小钱,即铜圆辅币。	本报每张卖诸位一枚铜子儿。除去脚力三成多,纸印工六成多,每分赚不了一个黄磅子儿。《讲演聊斋·阿霞》/遇着识字捧场的,值您一个黄磅子儿。《讲演聊斋·武孝廉》
【黄病】	黄疸病。	我那年闹黄病,不是他瞧好了的吗?《小额》
【黄布匾】	用黄布做的匾。	瞧香、顶神等事,在前清时代,就为国法所禁(康熙《圣谕广训》内,就有禁止顶神的条例),不过相沿日久,无人过问。遂至黄布匾、报恩单,随便来来。《益世余谭》/无论亲族人等借贷,他打一悬黄布匾的名辞,是有求必应。《一壶醋》

【黄带子】	指宗室。宗室腰中系黄色带子。	包子蒸过了火啦，有几个张嘴儿的，富某开口就骂（黄带子脾气吗），徒弟说了不少好话，直叫三老爷。《益世余谭》/本县要出了二位议员，如同出了两位宗室，可是专制时代的黄带子。如今的黄带子，拉胶皮的很多，入了辕儿，龙性可也就差了。《忠孝全》/在下去夏也曾要说这段。后因来函烦的别段，所以没说。今天就说这一回（可不是我怕黄带子）。《评讲聊斋·崔猛》
【黄金大塔】	指窝窝头。	乞巧的典故，原是有钱的人，才找这们个乐儿。家庭是儿女成群，不至于现奔黄金大塔。《演说·乞巧》
【黄毛儿】	小钱，即铜圆辅币，10个黄毛儿等于1个铜元。	如今马观察一说，倒提补他的醒儿啦，心说："这也倒有理。就便把他弄的枪排了，两个黄毛儿我也落不着呀。《张文斌》/一块钱也换一百四十多枚哪。一说就拿一块济贫，舍的吗？为两个黄毛儿，还要起革命呢。《益世余谭》/就是出俩黄毛儿的分子（没听见说过），也是人情，你还能把人驱逐出棚吗？《花甲姻缘》
【黄皮子报】	民间翻印的邸报（当时的官方报纸），封面、封底是黄纸。	那天将放下缺来，万飞云就进了来啦，原来他看见黄皮子报啦。《张文斌》/书房里虽有分报，我向来不瞧（旧日黄皮子报，也真没大瞧头儿）。《王遁世》
【簧】	骗人的说辞。	先闹了二十两，过了没有几个月，又来这们一手儿，反正是另有一套簧，也不必细说，又闹了三十两去。《连环套》
【恍】	引诱。	谁叫你见面，就拿银子恍人呢？《讲演聊斋·田七郎》/我不免用银子，恍他一下子。只要他留下，我就有法子啦。《讲演聊斋·王桂庵》/少妓见老道不近人情，心里当然不大乐意，连这们个破老道都惊不动，细想还能恍别人吗？《白话聊斋·巩仙》

【谎皮流儿】huǎngpíliūr	说谎成性。爱说瞎话的人。	他女人是让他气死啦（必是有心胸的），略{撂}下一个孩子，今年十六啦，喝，他这位少爷比他还亡道，真是神偷一支梅（真正的遗传性），那一溜儿街房都让他偷的怕怕儿的，外带着是谎皮流儿，连他爹都教他冤的大头蚊子似的，所以那一带的街房，有房都不敢租给他们。《小额》/你这孩子，简直的成了谎皮流儿咧。《讲演聊斋·张诚》
【灰心损肝】	心疼。	挣钱既不容易，花着亦必灰心损肝。《燕市丛谈》
【回】	底下人向上报告。	宾主正在谈话，家人上来回，说："毛二爷来啦。"《过新年》/回老爷的话，小的们不敢无故欺负本家，霸占产业，皆因这是绝户产，他们既然无嗣，又不过继，还不明白着他们没安好心，要把银钱带着一走儿吗？《李傻子》
【回回手（儿）】	多给点儿钱。	十四五里地，给我三百钱，你老跟他说说，再回回手得了。《和尚寻亲》/我们这们大远的出来，为的是甚么？明白人不用细讲，光棍怕掉过儿（整本大套的生意口，真给委员现透了）。要说十两银子不少，别屈财神爷的心，我们只当多讹他点儿。管家替我们说句好话，让他老先生再回一回手儿。《一壶醋》/这四吊是给我们的？少当少赎哇，是怎么着？别加呀，本宅大喜的事情，没有您不圣明的。您跟本家儿说说，再回一回手儿。《张文斌》
【回绒】	平绒。	张氏说："要甚么鞋呢？"四十儿说："回绒双脸儿鞋。要绿皮脸儿。"《土匪学生》/那天王有道穿的是，旧紫宁绸皮袄、驼色琵琶襟马褂儿、青回绒双脸儿棉鞋，还是绿皮脸儿，戴着一个蓝毡了帽头儿，还带着红穗子。《王有道》

【回事】	地位低的人求见地位高的人时说的话。	善大爷拿起信来，将要拆，就听门口儿直嚷，说："回事呀，回事呀。"《小额》/ 此时仆人回事，说差役已将周学颐传案。《杂碎录》
【回头人儿】	再婚的妇女。	若说个回头人儿，又怕遇着打虎的。《讲演聊斋·细侯》/ 他是回头人儿。《讲演聊斋·霍女》/ 您这儿只要不嫌是回头人儿，再破个百八十两的，我准保给您一说就成。《讲演聊斋·霍女》
【回子绒】	平绒。	善合是穿一件浅竹布衫儿，套着紫氆本缎坎肩儿，回子绒双脸儿鞋，库金口，拿一把十六根南矾面儿的扇子。《小额》/ 岳魁一瞧他爸爸，穿着一件灰色洋褡裢老羊皮袄，外套蓝毡子琵琶襟马褂儿，旧缎小帽儿，回子绒半旧的棉鞋。《忠孝全》/ 孔爷一瞧，四十儿这身儿衣裳，是香色夹袄，红青对襟马褂儿，绿皮脸儿回子绒鞋。《土匪学生》
【毁活】	祸坏。	十几岁的学生，整天听这个，简直毁活孩子。《益世余谭》
【毁人炉】	指赌场。	[可算有势力的毁人炉] 东城总布胡同住户某姓（姑存道德）向以唱大鼓书为生，并可招至私宅，所以认识些大人物。现又在家中设赌毁人。《北京画报》/ 耍钱场中，甚么人都有。遇见高手艺的，砸锅卖铁也说不上不算来。其中又夹杂着嫖字儿，岂不是双料儿的毁人炉吗？《演说·人之患》
【会】	①一种民间自助的储蓄组织。例如十个人，一人一个月存一百，则每月有一千，由抓阄儿决定，这个月谁用这一千块钱。抓会：去会里抓阄。②集饮食、演出为一体的传统活动，在庙里举办的叫庙会。③找	①善金说："你为甚么不跟了去呢？"善全说："我不是抓会去了吗？"《小额》/ 现在社会上最盛行者，就是"钱会"，无论男女老少，差不多人人都要加入，所为用备缓急，法至良，意至善也。《燕市积弊》②四十儿这次办事，夏侯敦好热闹儿，约了几档子会，是中幡、跨鼓、石锁、少林棍、开路、狮子、坛子、秧歌，未曾发轿先过会，招惹的人山人海一般。《土匪学生》/ 恰巧庙外来了一档子香会，景爷心中直念佛，说只要他一瞧会，

		我可就挤过去啦。《讲演聊斋·阿霞》③因为本号有存的布匹，托他给会个主顾。《杂碎录》
【会帖子】	每年二月起到十一月，每月存一小金钱，到年底可以领取过年用品。记录交款的存折叫"会帖子"。	每年印出若干的会帖子，以二月为始，至十一月为止，不带加会。与猪羊面等会帖子有加会的小有不同。《演说·蜜供》
【浑坛子】	不明事理的人。	说的话是非常的透亮，行出事可是个大浑坛子，不但行事糟糕，他还有一样儿最不体面的，是疑心太重。《杂碎录》
【浑天地黑】	不清楚社会上的事。	摆斜荣说："得啦，祥哥，您都瞧我啦。这个兄弟的话呀，是才出萌儿，浑天地黑，茶馆儿短喝两回大茶，简直他全不懂的。祥哥也别生气啦。"《小额》/ 记者那时候是浑天地黑，我也要跟他进去，他说："少爷你可别打栅子（打栅子是本地一句土话，等于北京的打哈哈起哄）。你就远远儿的瞧着得了。《赵三黑》
【混】	胡乱。	自己看着这点儿账目，心满意足。又有些个不开眼的人这们一捧臭脚，小额可就自己疑惑的了不得啦，胡这们一穿，混这们一架弄，冬天也闹一顶染貂皮帽子带带，也闹一个狐狸皮马褂儿穿穿。《小额》
【混孙】	小混混儿。	玉亭要拴笼子，这就有几个混孙（没有多大能为，跟着里头混饭儿吃，调坎儿叫作混孙）闻风而至，于是就组织起活儿来。就是这分笼子，就二百多银。《人人乐》/ 比如说，有一班以造改共和为名目，满是一腔的私心私利，也跟着真正伟人钜子里头打着旗号，充当混孙，得空之时，以扰害人民为儿戏，凡是这样的人物一旦身亡，也要享受人间血食。呵呵，那岂不是真正先烈之中，也出了混孙么？《演说·双十节感言》

【混腥子】	不干正经事，到处混饭吃的人。	主人送完了酒，首座下来又回敬。您别瞧这些个腐败猫儿腻，没在官场当过混腥子碎催的，简直的摸不清。《白公鸡》/ 别以为野台子戏没有是非，敢则也有混腥子、无来由、狗泥混等等，在妇女队里找毛病。《杂碎录》
【豁鼻子】	揭发秘密。	论理今天的书，应该接续着滔滔不断。把棋局的事情，给棋局豁豁鼻子。《讲演聊斋·连锁》/ 在下借这点儿书，要形容形容，本来不难，何苦再豁鼻子。《讲演聊斋·吕无病》/ 记者对于商家的好坏，从未说过一字。因为处在这个年月，能够支持着，就算不易。即或稍有缺欠之处，也不便给人家豁鼻子。《演说·说开票》/ 这两天的书，信口瞎咧咧，近于开搅逗哏，外带连发代卖，通俗说这叫"豁皮子"。有人说，人都说"豁鼻子"，你为甚么说"豁皮子"呢？您想"豁皮子"的意思，是如同皮儿里包藏着甚么好好歹歹的东西，用刀子把他豁开，大家就都可以看见啦。若是豁了鼻子，连上膛也瞧不见。《讲演聊斋·书痴》
【豁事】	挑拨，使坏，坏人家的事。	你要支使他，让他作甚么事，他是一点儿记性没有。传个话，豁个事，学个舌，那是他的专门。《过新年》/ 一定他得青酱高（醋啦），不定跟胭脂说些甚，反倒给我豁了事。《白话聊斋·胭脂》/ 如果不错，无非落个给人豁事的口毒。《讲演聊斋·老饕》
【活儿行】	赌场中记录押宝者的名字和赌注数目的人。	局中司事各有专责，类皆量材器使：挡横者名为"看案子"，号注者称为"活儿行"。《都市丛谈》
【活局子】	骗局。圈套。	老张说："我留了他半天，他一死儿的要走（碰巧啦，还是你们俩编的活局子呢）。"额大奶奶一听，立刻慌啦，说："别加呀。你瞧老仙爷刚给治的好点儿（皆因是治的好点，

		才要走呢），这是怎么说？千万可别走，您要行好，行到了儿。"《小额》/王九赖甩了一套赞儿，王氏直点儿陪礼认错，王九赖是得理不让人，假秀才作好作歹，王九赖又往回拉，两个人是定妥了活局子来的。《铁王三》/围观的人，口里纷纷议论着，也都散了。旁人的话说的是甚么呢？他们自然有说伯雍办的对的，也有说多事的，也有说："两块钱那里花不了？竟被他们骗了去。他们简直是活局子，成心弄这把戏骗人的。年青好义的人一定会上他们的当。"《北京》/这鬼，真是鬼透啦。八成儿就是活局子的事儿。《讲演聊斋•长亭》
【活落船儿】	活话儿。	你别跟我来活落船儿呀。《怪现状》
【活门儿】	纳妾时约定可以和妾的娘家亲戚往来。	说的时候儿，有媒人没有？有婚书没有？是活门儿，是死门儿？《讲演聊斋•霍女》/但不知这春梅，买的时节是死门活门儿。《讲演聊斋•邵女》/我将来把你卖个好地方儿，留个活门儿，我还许瞧你去。《刘阿英》
【活头儿】	手艺，活儿。	零钱小费，原为手艺行之外找，因为从前的工码儿太小，不得不讨个喜欢钱儿，还得活头儿作的迎人，顾主才能另外破费。《燕市丛谈》
【活托儿／活脱儿】	简直就是。	秧子有的是财，被老哥儿四个，能给忙合的神昏心乱，花个七千两万的，银子一出手，活托儿秃尾鹰，直不如大大的打个水漂儿。《演说•说秧子》/雪白的一个脸皮儿，只是胖些，那脸蛋子一走一哆嗦，活脱儿一块凉粉儿；眉眼不露轻柱，只是眉毛眼睫毛重些。《儿女英雄传》
【活糟心】	糟心。	栈房里要这们乱，年轻没把握的要住店，那不是活糟心吗？《鬼社会》

【火房子】	最下等的旅店，经常是乞丐的住所。中间有一个火坑，人围在周围烤火取暖。	虽然知道有几个同乡在这里落户做买卖，又不知在哪里住。没法子，只得投一个火房子住下。《香粉夜叉》/ 二次回京，长了一身贵恙，在火房子里住了半年，居然没烂死。《余墨》/ 无论是那一朝的服色，万不能披着大偏衫，抱着沙锅上堂。您要瞧见这宗打扮的知县，那是火房子里头唱戏哪。《杂碎录》/ 有人说这大冷的天气，身上又如此的单寒，有其在火房子里忍着好不好呢？《演说·活商票》/ 弹琴的地方，火房子小店儿里，是不能弹的。《演说·清高》
【火匣子】	简陋的棺材。	"我的宝贝哟，你可坑死我啦！"老太太这一哭，直好像火匣子将钉上的声儿，招得徐爷也哭了，翁氏彆{憋}不住也哭了。《苦鸳鸯》/ 王氏这一哭，直仿佛火匣子将钉上的声儿，招的铁王三也掉了几点眼泪。《铁王三》
【伙友】	伙计。	敬告该铺长，劝劝伙友们，总要和气为本，慈善不慈善，倒是瞎说，别把顾主全得罪，是要紧的。《益世余谭》/ 论起柜上的伙友，任甚么也不会。《燕市积弊》/ 再遇上这个年月，米粮昂贵，用着九个伙友，全要吃饭挣工钱，买卖一个接不上气，还愁不关门吗？《演说·死店活人开》
【霍乱季儿】	流行霍乱的时期。	霍乱季儿，打了一阵子快勺子。《小额》/ 曹立泉本来针法有两下子，赶上霍乱季儿，买卖算是来了，由一清早说起，就有人请他扎针，一直到半夜，简直的不歇台儿。《曹二更》/ 在某庙赁了两间房，门口挂了两块匾，屋里挂了四条《铜人图》，买了几包"霍香正气"，弄了几个三棱子针，苦这么一扎，及至霍乱季儿闹完，他除去房钱、伙食之外，剩了一百多两。《燕市积弊》
【霍弄】 huòneng	和弄。挑拨。	四爷跟五爷（周信、周礼），因为一笔钱，动了回刀（好热闹）。孙二聊、毛二爷、蒋忠蒋大爷，跟着里头直霍弄。《过新年》

J

【鸡吵鹅斗】	乱吵乱闹。	谁家要有这们两位夫人儿，不用想有个鸡吵鹅斗，作爷们的心里一痛快，无论干甚么也得发财。就怕你不让我，我不让你，没事诚心斗闷子，把男人挤兑得王八二挣，顾了这头，顾不了那头。虽说算不了甚么大事，能够叫你不心静，没事老得顶着个雷，不定那会儿就滚起来。《白话聊斋·萧七》
【鸡零狗碎】	指小混混儿。	就凭这群鸡零狗碎，他们还能算的了一回！别看趁火打抢，那不过是吃熟。《白话聊斋·乔女》
【鸡猫子喊叫】	形容难听。	又搭着他说话，鸡猫子喊叫，满脸的毛病，一嘴的零碎儿，没有不多瞧他两眼的。《土匪学生》
【鸡屎】	无赖。	人性好点儿还遮一丑，人性再鸡屎，越发的糟心。《说聊斋·邵女》/ 就说他们这群鸡屎，再借给他个胆子，他也不行。《说聊斋·乔女》/ 无论你们大爷怎么鸡屎，光棍说不出没理的话。《说聊斋·阿霞》
【鸡屎派】	无赖的做派。	一瞧青皮连要得（音歹）苦子，喝，七言八语的全来啦，一闹这个鸡屎派，甚么他的话啦，我的话啦，第老的年轻啦，老哥儿们都瞧我啦，伊老者这个时候儿，是气的连话都说不上来啦。《小额》
【鸡头鱼刺】	小角色，不重要的人。	那一天，这把子碎催，又约了点子鸡头鱼刺，弄了些辆车，把小额接出来。《小额》/ "让老爷子带着你出名，下帖请客，把你这群朋友，甚么鸡头鱼刺全约上。"四十儿说："你

		先别骂人。我的朋友都是鸡头鱼刺。"张氏说："怎么着，这群人里头，还有好东西是怎么着。"《土匪学生》/ 就凭这们个鸡头鱼刺，也费这们大的事情，真透着有点儿小题大作啦。《杂碎录》
【鸡一嘴鸭一嘴】	你一句我一句。贬义。	善大爷才待要答话，喝，就瞧这把子碎催鸡一嘴鸭一嘴，乱乱烘烘这们一路山跳动，闹的善大爷张口结舌，要说，直会说不出一句来。《小额》
【积作】	积德。	有其那们，积作积作儿女，好不好？《旧京通俗谚语》
【激烈】	态度不好。	咱们千里为官只是为官，千里为财只是为财，你可千万别激烈。《苦家庭》/ 谢秋岩这个人，虽然耿直，并不激烈，也不矫情，对于贫富人是一律平等待遇：你比我强，我也不谄媚你；你不及我，我也不跟你耍派儿。《王遁世》/ 要说凤仙素日最有涵养，跟谁说话，永远没有急言急色。今天听何氏这套混账话，是真有点儿冒火，所以绷了脸啦。虽然绷脸，可也没大激烈。《过新年》
【激桶】	可以吸水、喷水，用来防火。	开张的那天，搭棚挂红，高悬国徽，电灯有八百多盏，门口儿摆激桶，柜上放一个留音机。《益世余谭》/ 晚间厨房不戒于火，阖宅底下人一路大救，虽然没有水龙激桶，离着井近，盆子罐□一路大泼，也搭着火不甚大，就算当时扑灭。《酒之害》
【急崩崩】	发火。	我是跟你凑着玩儿哪。我特意的斗你两句，瞧瞧你有斤秤儿没有？你要是史麻子的鼓，一来一急崩崩，我可怎么交你呀？《杂碎录》
【急战】	急脾气。急匆匆。着急。	本族里有急战的，揪着王九赖，说："九老爷子，银子多咱放呀？"《铁王三》/ 这位太爷，怎么这们急战哪？《一壶醋》/ 我又不是承办领催，也不是司务长，你问我行吗？你怎

		么这们急战哪？明天准放。《铁王三》/仙湖夙日胆量最壮，今天又是急战，不等渔夫搭跳，胁下夹住秋月，右手扶刀柄，将身一纵，早跳在□吴船之上。《讲演聊斋·伍秋月》
【急战斋】	急脾气，要求马上就见到结果。	挤兑女人的，也有来个急战斋的。《演说·冬防吃紧》/公子早派下人把这屋先给收拾好啦。谁想孔先生急战斋，立刻拉着自己而来。《讲演聊斋·娇娜》/别替本报鼓吹了，招呼急战斋红眼。《讲演聊斋·小翠》
【几几乎】 jīj īhū	几乎。	饿膈冯缺底也倒出去啦，剩了几个钱儿，心里一懊，撒开了这们一荒唐，后来闹了一身大疮，几几乎没把老先生烂死。《小额》/温都司说："让亲家老爷惦记着。说起这场病来，实在想不到，几几乎没有死啦。"《库缎眼》
【几哈阿库】	满语，没有钱。"济哈"，满文为jiha。汉义为"钱、铜钱"。"阿库"，满文为aku。汉义为"无，没有"。	您要跟找似的，溜杵格念，几哈阿库。你还是瞧我这们聊斋，一个月才三十枚铜元。《讲演聊斋·长亭》
【挤热羊】	羊群为了取暖，往一块儿挤。形容人使劲往里挤。	记者在前门东站，购买环城车票，但见有好几十口子，在那里挤热羊呢，售票处围了个风雨不透。挤了两回，简直的挤不上。《益世余谭》
【记怀】	记仇儿。	得啦，你还记怀我吗？谁让咱们两个有交情呢（要没交情就该倒煤油啦）。《评讲聊斋·香玉》
【技勇兵】	经过训练，有作战技能的士兵，清代多指会使用火器的士兵。	他的侄子，也是个孤苦伶仃的苦孩子，送了回技勇兵，因为身量太小，验缺的时候，就没能拿上。《春阿氏》/因京城警察，正在初创之时，便就着旧时捕务，斟酌损益，把翼下的技勇兵，编成队伍，打算人渐次改良，以为扩充警察的预备。《春阿氏》

【系上扣儿】 jìchàngkòur	有了疙瘩。	这们一挡驾不要紧，心里一定是别拗的慌，有这们一来，简直的就算系上扣儿啦。《白话聊斋·辛十四娘》
【忌门】	正月初一到初五，女性不能去别人家。	"我们敝国到了年下娘儿们还有忌门。""甚么叫忌门？""由正月初一到初五这五天里头，街坊和亲友家的姑娘、娘儿们，彼此都不能上谁家里去，这就叫忌门啊。""这是甚么意思啊？""这五天是新年新节的，要是娘儿们甚么的上人家里去，人说是不吉祥。"《燕京妇语》
【济良所】	妓女救助所。1906年由外城巡警总厅督同绅商设立，1913年由京师警察厅接管。所内开设国文、道德、算术、美术、绘画、体操、音乐等课程，每天学习6小时。同时也教授绣花、缝纫、烹饪等生活技能。如果有人愿意娶她们，可以申请。双方见面满意后，男方需要有三家店铺作保。警察厅批准后，发给婚书。	后来这个女革命党，入了济良所啦（革命党入济良所，实在是骇闻的事情）。《怪现状》／这房子设过济良所，住着不吉祥，所以出这宗逆事。《益世余谭》
【祭刀】	指被杀。	记着那年，很遭了一回危险，差点儿没让师兄们祭了刀。《王有道》／最后东城某坛上，把他抓了去。他真急了，他说："你要把我祭刀，我是干脆死。要照这们稿，将来我也是饿死。莫若你们给我个爽快的罢！我是豁出去了！"《五人义》／五月十七烧完了洋楼，北京也立上坛了。师兄们到各处，搜寻教民。有钱的拉到坛上罚办，没钱的就拿他祭刀。《五人义》

【寄籍】	清代科举每府都有固定名额，所以考生要回原籍考试。如果在寄居地考，要办理寄籍手续。但寄籍名额非常少。	原籍浙绍，寄籍北京。《白公鸡》/ 原籍江苏，寄籍北京。《张文斌》/ 托克托城，有一个摆钱摊子的，人都叫他钱摊子赵，原籍大同，寄籍托城，世傅摆钱摊子。《益世余谭》
【加庙】	除固定庙会外另外增加的庙会。	阴历二十五日为东岳庙加庙之期，正值微雪初晴。《益世余谭》
【加一】	月息一钱，即每月10%的利息。	西皇城极角儿，住着个放阎王账的妇人，姓张。平日放赈{账}，非有引见人不借（是放账的，都是这样），是加一钱，九出，外带着平头还不够。入的时候，是加一戥子，少一分一厘不成。《进化报》/ 利钱呢，照例是加一，你使钱又跟别人不同啦，也不跟你要八分，就算七分钱得了。七的七，五七三两五，每月利钱是十两零五钱（好家伙），你愿意不愿意？《胶皮车》
【加一八分】	每月18%的利息。加一，月息一钱，即每月10%的利息；八分，月息八分，即每月8%的利息。当时清朝政府规定，月息最高为三分，即3%。	单说他所放的账目，都是加一八分。要是一分马甲钱粮，在他手里借十五两银子，里折外扣，就能这辈子逃不出来。《小额》/ 放印子的，专吃劳动界，见天零归，利钱很大。比方借十吊，每天打四百，一个月完，合十二吊钱，常说加一八分，这够上加二钱啦。《益世余谭》/ 因为他放加一八分的阎王账，因此都管他叫阎王玉子，又叫作二阎王。《麻花刘》
【加一钱】	10%的利息。	胖子说："原说的是加一钱，后来落到八分，二年多没给利钱。"《张二奎》
【挟磨】	折磨，给人气受。	周廉瞧这宗神气，知道他们结合团体挟磨人，理他们也不好，不理他们也不好，莫若走为上策。《过新年》/ 我们孩子竟跟着垫踹窝。我骂他，还是便宜他。再说，哥哥有甚么话，你朝着我说，您别挟磨您兄弟。《苦家庭》

【挟肉墩／架肉墩】	绑票。	单说得海同快炮吴有一次在梁山附近（倒是老绿林窝子）陈财主家，挟了一个肉墩。挟肉墩者，绑票之别称也，又叫作请财神，又叫抱元宝。《赵三黑》／请财神、绑票、架肉墩等事，日有所闻，黎民之涂炭，已不堪言状。《益世余谭》
【枷号】	枷号，是让人带枷示众。一般是一、两个月，重者三个月，三个月以上者极少。被枷号人，如果是轻罪，晚上可以回家。枷号的场所不定，如果是官员，可能在吏部前，如果是僧侣，可能在庙宇前。	京城各饭庄饭铺，已经出过告示，不准卖堂客饭座儿。如要有借座饭庄，办喜庆事，跟白事开吊的，总得预先报明警区，奉准后才敢卖呢。不然是枷号铺前示众。《进化报》／似这类无知的匪棍，就是把他在犯事地方枷号起来，别人自然也就敛迹啦。《进化报》
【家场】	只在家里行，一到外边就发怵。	说你是家场不家场，说你是外场也不外场，一味的就是嘴上刻。《白话聊斋·辛十四娘》／好在有蔡子明一个本家的兄弟，虽然不是土匪，也是土匪边儿上的恍恍，不够外场，也比家场分量稍大点儿。两个人海聊一气，颇不寂寞。《土匪学生》
【家家儿】	人家儿。家庭。	以鄙人这个家家儿说：初九不论多大雨，也能出去乐一天。我直会没出门儿，把登高的乐趣，变成熬睡一场。《演说·梦里登高》／常听俗语说："一辈作官，十辈擂砖。"轮到人家某太史的家家儿，居然如此，其余不如某太史，后人结了完了的，更不知有多少。《演说·太史第》／凡是人口众、弟兄多的家家儿，要找不犯心的，恐怕很少很少。《演说·中外习惯的关系》／真要娶过来，先得雇丫头、老婆子服侍。就凭您这个家家儿，漫说一座杂货铺，再有座金店，还怕给闹亏空了呢。《杂碎录》

【家人】	家人和主人说话时自称。	小白说:"那天家人在院前喝茶,遇见一个同乡的姓秦叫秦升,正是院里朱师爷的爷们。家人那天还会了他一个茶钱,他跟家人很要好。"《怪现状》/ 子英说:"张二会有这样孝心!你在那里遇见他啦?"赵顺说:"家人在四牌楼迤南遇见他了。他现在总理衙门帮厨,知道老爷的景况,让家人先带这一两银子来。改日他还要来呢。"《一壶醋》
【家项儿】	妻子。	头些日子,他妈还托我给他提个家项儿哪。《杂碎录》
【家秧儿】	没见过世面,见到外人就不知道如何是好。	爱说爱笑,很透外场(不像我,家秧儿)。《白话聊斋·胭脂》
【夹把子】	可以插在腰间的尖刀。	单刀、夹把子,快的钝的,大概拿过来一瞧,就知道那把刀的好歹身分儿。《杂碎录》/ 一瞧,是一把短夹把子。《杂碎录》/ 老冯弄了把夹把子,掖在衣襟底下,出离冯家村,直奔曾家来打群架。《评讲聊斋·曾友于》
【夹脚】	麻烦。	哥哥这两个月,也有点儿事体夹脚。《小额》
【甲喇】	满语,参领。一旗下面有几个参领。	青皮连瞧了会子,知道是还没放呢,就进了衙门,走在头甲喇院子里,遇见一个熟人,姓春。《小额》
【甲喇厅】	栅栏。清代北京夜间胡同口用栅栏挡住,不能通行。	内城有甲喇厅(俗称扎拦),每到夜间,由扎拦达查夜,按照本管地段,彼此互通声息。《燕市丛谈》
【假父】	干爹。	您瞧那一班拜门墙、认假父、昏夜乞怜、钻营谄媚的大运动家,一瞧见大伞要落,立到就择干净儿,真跟这把子碎催可以画一个等号儿(有过之无不及)。《小额》
【假高眼】	自以为是内行。	却说这位真爷,爬窗一瞧,母亲带来这个姑娘,比云栖还体面许多(难得母子全是假高眼),自己心中,犯了掂夺{掇}。《评讲聊斋·陈云栖》/ 别听说名高好题诗,这路诗只能蒙花脖子假高眼。《讲演聊斋·骂鸭》

【假花脖子】	一点儿都不懂，却假充内行。	市井人群，一论到交易，你说出大天来，也是买的没有卖的精。打算买便宜，请问一天过多少高眼，东西买到手内，不后悔的是傻老，后悔的是半开眼儿。买打眼的东西，还要拿着他说事的，是假花脖子。若是宗赖货儿，讲究对付着倒换出来，赔工夫不赔本钱，这才是真花脖子哪。《社说·拿花脖子》
【假柯子／假棵子】	装模作样，虚情假意，充好人。	要来句谦虚不受的话语，一想："不对，人家怜惜我，别闹假柯子，假不指着，莫如实受的为是。"《杂碎录》／赵华臣拉着小额的手，假装着急心疼，咳声叹气，闹了会子假客气（俗话是假棵子）。《小额》
【假客礼／假克理】	①显示自己懂得礼节、大义，是正人君子，其实是假惺惺。②装模作样，假装懂得很多。	①佩华说："四狗儿，你说，你父亲主谋讹诈刘德明，这话可当真吗？"四狗儿说："一点儿不含糊呀。"王有道说："好孩子，你真能妄口拔舌就结了。"王四狗儿说："得了。爸爸事到如今，你就别犯假客礼啦。不是你出的主意，是谁出得主意？"《王有道》／岳魁来到这里，自然是娇客的资格啦。人家是特别的优待，岳魁还犯假客礼，一定要自起火食。《忠孝全》／赶到要是安上（江湖坎儿管吃饭叫安），您瞧罢，真是狼餐虎咽，风卷残云，筷子能开仗，就短了摘下腔子往里倒了。直吃的天昏地暗，猫狗伤心，本家儿跺脚，厨子咧嘴。您就瞧个痛快劲儿，决不装假。捏酸加醋、假客礼，那是一点儿没有。《刘军门》／我一见假柯子、假克理，我就火冒钻天儿吗？《旧京通俗谚语》②孙二聊给周道台看了看脉，闭眼睛摇脑袋，犯了会子假客礼，随后说道："嗳呀，老爷这病，实在是中风呀。"《过新年》
【假母】	不是亲生母亲。如养母、继母等。	细侯听假母说到此处，说："母亲不必多说，岂不闻一马不备双鞍鞯，烈女不嫁二夫郎么？"《讲演聊斋·细侯》／此时秋华也不分

		辩，站起身形，跟随他假母一同入了后柜。《讲演聊斋·考弊司》
【假票子】	当时的银票是各家金店、钱铺自己印制的。假票子就是假银票。	从先年轻的时候儿，专一竟使假票子，后来闹的也薰（去声）啦。眼时在西直门外头开了一个小烟馆儿。《小额》/作假票子也分两种，甲种是画活，干拿笔描的，讲的是手艺。乙种是板活，调坎儿叫作飞蝠子，又叫作灯虎儿。《益世余谭》/想造假票子的名目向有两种：有软活，有硬活。软活是用笔描画，硬活是照样仿刻图章，一切"家伙"（称假图章为"家伙"），全跟真的一样，不过都是薄片儿，用的时候，把儿是用紫胶现安。除去这两种之外，有种挖补，其挖补之法，是用真的改成。《燕市积弊》
【假撇清】	说自己是清白的，其实是假的。	得咧，依我说，你别假撇清咧。既是犯了罪，就论不得贞节。《讲演聊斋·伍秋月》
【假招子／假着子】	假惺惺的。	人家左翼倒多关点儿呀（也不尽然。按现在说，还有不到一两六的呢），咱们算丧透啦。一少比人家少一二钱。他们老爷们也太饿啦，耗一个月，关这点儿银子，还不痛痛快快儿的给你，又过平啦，过八几的。这横又是月事没说好（月事是句行话，就是每月给堂官的钱，照例由兵饷里头克扣），弄这个假招子冤谁呢！《小额》/老张说："老爷子要走啦。"额大奶奶又给磕了三个头。待了一会儿，王香头把眼睛一睁，说："好乏，好乏，刚才老仙爷说甚么来着（别闹假着子啦。说甚么，你还不知道是怎么着）？"《小额》/打起办一切的事情，为国吧，为民吧，为前途吧，为社会吧，全是假着子。他就为的是与他有便宜，与他有利益，四个字的考语，叫作个人主义。《进化报》
【架忙子】	想帮忙，实际上添乱。	皂隶在旁架忙子帮喘，一助堂威。"快说！快说！再不快说可就打你啦。"《杂碎录》/这宗

		好汪汪的狗，就跟好造谣言的人是一个样，专能起哄，有一点儿影响，一个人一提倡，大伙儿跟着乱架忙子说了个有鼻子有眼儿，您要问他怎么回事，他还说是人家都那们说么。《孝子寻亲记》/哥哥兄弟吃万分的委屈，今儿个谁要是说甚么，可全说我哪啊。这就有架忙子的，在旁帮腔，说："大爷您经管放心，我这位哥哥是宽宏大量的人，万没有不赏咱们哥儿几个脸的。"《演说·俗语感言（续）》
【架弄】	①为了充有身份而装扮。为了充门面而装扮。贬义词。②吹捧怂恿。③弄。	①自己看着这点儿账目，心满意足。又有些个不开眼的人这们一捧臭脚，小额可就自己疑惑的了不得啦，胡这们一穿，混这们一架弄，冬天也闹一顶染貂皮帽子带带，也闹一个狐狸皮马褂儿穿穿。《小额》/噎膈李那天，也架弄一身官衣儿，戴着五品蓝翎，在棚里是张罗一气。《鬼吹灯》/你说见了帖不出去，未免得罪朋友。真出去走一天票，还得架架弄弄，不能穿破旧衣裳，假装着不带穷气，不论家里怎么难过，虽然没揭锅，若是见了同票的弟兄，说您早起吃的是甚么？答曰，吃的是甚么甚么。《演说·票活》/只好说他姓太，也不是真在内廷值班。不过捐个太医院行走的虚衔，好壮门面，又搭着家中原有些财产，撒开了一架弄，冬天总穿狐狄皮袄，真能九月初就穿出来（那是庚子的财主）。《讲演聊斋·某太医》/汽车马车包月人力车一架弄，立刻好像十大名医。《讲演夜谈·霍筠》②要说这把子亲友，有周道台活着，专能架弄周廉，真能把七少爷捧的云眼儿上去。现在拧了，帮着人家贴靴，拿周廉打糠灯。《过新年》/王二又被吴刘二人一架弄，少年无知的人，还架的住勾引鬼儿缠绕吗？《杂碎录》/往往见一宗器小易盈的人，稍微得点意，立刻就趾高气扬，目空全球（倒没目空八大行星），再有人一架弄，

		更了不得呀。《王小六》③周义架弄这个一汪水儿，已经何氏认可。《过新年》/先将侯大户放在棉被当中，然后一裹，这叫大卷活人。卷好了侯大户，又将少妇架弄出来，也是一样的卷起。《杂碎录》
【架弄不住】	扛不住。	就凭这两个人的架骨儿，足可以挺几十板子。怎么一登高跷，就架弄不住了呢。《杂碎录》
【架圈子】	设圈套。	敢则你还会勾串老鬼，架圈子吃事讹人哪。《讲演聊斋·王大》
【架秧子】	投富家子弟所好，哄骗他出钱。	何为架秧子？如赛走车马，行香走会，立票房，当把儿头，花多少银钱，所为好这们个乐儿。这就有人夸车赞马，说戏词讲工尺，秧子要练开路，立时有人找来秤杆，捆上鞋底子，就教给他先练筛糠儿。说话明天就走会，就能给秧子扮个大头鬼吗？《演说·说秧子》/每逢到了花界赌场，仲芝充那个财主秧子，贺世赖父子充那个捧财主架秧子的，反正他们父子是一文皆无，竟吃仲芝，稿了没有半年，现银子已然花完。《回头岸》
【架衣／驾衣】	杠夫、执事夫穿的服装，长到膝盖，叫做"中褂"。杠夫穿的是大襟的，执事夫和鼓手穿的是对襟的。衣服底色为深绿色，上面印着车轮图案，表示灵车。如果用两班杠夫，则一班穿绿，一班穿深蓝；如果用三班，则一班穿绿，一班穿深蓝，一班穿青色。下身一般是土黄色套裤或灰色套裤。杠夫：出殡时抬棺材的人。执事夫：仪仗队。	送匾的是二十四个鼓手，都穿的是绿架衣，剃头，穿靴子，一架黄亭子（匾搁在亭子里头），旗锣伞扇，执事鲜明。《小额》/本家儿外赏过街烂的靴子，可也有驾衣在身，下边光着脚的。《演说·说殡》

【架招】	挑眼。江湖黑话。	黄生一听,原来是大舅爷架了招啦(就是挑眼)。《讲聊斋·霍女》
【尖】	①真。江湖黑话。②漂亮。江湖黑话。	①他们那是腥的,咱们那是尖的。你没听说吗?"腥加尖准没完"!《铁王三》/有一个卖药的摊子,是个四十来岁,外路口音的人,摊子上悬着块布匾,上写"专治五膈七噎,水臌杂痨,一切疑难等症"。彼时正在圆粘儿(生意人设法招徕人,调坎儿叫作圆粘儿),虽然也是春点(生意口叫春点),听着好像有两句尖的(真的叫尖,假的叫腥)。《鬼吹灯》②一瞧还是那几位女客,称得起是粉白黛绿,一位比一位长的盘儿尖。《说聊斋·萧七》
【尖局】	①好看。②让人瞧不出破绽的骗局。	①过门之后,仔细一比较,果然二大伯子尖局,如今听丈夫说,他不但中了秀才,还娶了个好媳妇,长的非常美貌。《讲演夜谈·霍筠》②只可还用变戏法儿的手段,不但不露旋儿,还得叫本家儿不醒攒儿,才算尖局呢。《讲演聊斋·邢子仪》老杨听朱氏问到说:"甚么词儿?"这才说:"我几乎忘下这件事。你附耳过来。必须用如此这般的说章儿。你想尖局不尖局?"《讲演聊斋·邢子仪》
【捡穷的／检穷的】	捡破烂儿的。	每逢使狗印子的,总是俩人,一个药狗,一个装作捡穷的,专买死狗,往作坊里交。《益世余谭》/北京有一宗药狗的。每到冬天最多,药狗的有二,一为偷儿所为,一为奉狗肉作坊的差遣(一般穷人,先使狗肉作坊的钱,叫作狗印子。随后应下交多少条狗,这宗人跟检穷的搭着,这个药死,那个就买)。《社会见闻·药狗》
【简简决决】	简单明确。	不但我说的,不能像别人儿说得成片段儿,而且一连四五句话就接不上了。还有个怪处儿,是临说话的时候,无缘无故的怕错,不

		敢简简决决的说,这么样,可叫我怎么说呢?《语言自迩集》/简简决决的 chien-chien-chüeh-chüeh-ti,简单而果决地。《语言自迩集》
【简直】	①实在。②直接。③简单地。简短。	①伊老者让这块料这们一软白子,简直更说不出甚么来啦。《小额》②我想,不如简直的告诉他,若打算甚么事,你转托别人,不用倚靠大人咯,好不好?《语言自迩集》/这扇子不好简直的给他,就搭赸着放在桌子上,不言不语的走开了。《语言自迩集》/第二天法本听见恩客有病,忧闷得很,简直来告诉老太太。《语言自迩集》/这几天有闲工夫,大可以逛逛崇文门外的卧佛寺,或是宣武门内西单牌楼迤西,城隍,再不然来个野意儿,简直出永定门,过铁桥迤南,茶棚里坐乐坐乐,瞧瞧赛跑车马的,□□呢。《演说·亡国奴的故事》③咱们说书是越抄近儿越好,简直的说,娶过来了。《杂碎录》
【见苗儿】	天花出来了。	王秀才说是天花,吃下一副药去,就真见了苗儿啦。《二家败》
【见小】	①没见识,心胸窄。②爱占小便宜。	①额大奶奶记念前仇,打算一文不给。倒是额少峰说:"不可,不可,人家到这步光景,那咱们不是见小啦吗?"《小额》②这家伙一定是金三诈了,他此来大概没有好事,好在这个人见小,架不住一点小便宜,他就乐的要飞,明天他来,我自有对付之法。《方圆头》
【江湖坎儿】	江湖黑话。	同着朋友吃饭、听戏,永辈子没掉过楚("掉楚"是句江湖坎儿,就是花钱)。《小额》/今天没这个功夫,咱们改日再安(江湖坎儿管吃叫安)。你们就照着我的话办,一点错儿也没有。《鬼吹灯》/您不用春了,大哥满钻悉了("春"是"说","钻悉"是"明白了"。这都是江湖坎儿)。《小蝎子》

词条	释义	例句
【将】	刚。	过了两天，庄爷将起来，家人拿上一个手本来。《白公鸡》/ 兄弟，你太言重了。这不过将有这们个信，还不定怎么样呢。《白公鸡》/ 二少爷周悌，将要给大爷周孝磕头，何氏说："且慢，还有你三姨娘哪。你七兄弟也那们大了，他跟我们处于平等的地位。我们既然受了头，焉有不给他叩头辞岁之理？"《过新年》/ 昨儿报纸登载，教育部将下教令，不准教员兼他项职务，恐其精神旁分，不能专心致志。《益世余谭》
【将才】	刚才。	将才因为您送出人来，不得说话儿，我才等了一会儿。《杂碎录》/ 将才我上荣家去，我大嫂子打发我来，告诉您一件要紧的事情。《杂碎录》/ 大奶奶你不要误会，将才没说吗？我跟凤仙无仇无恨，我们井水不犯河水。《过新年》/ 将才我一提，郑老伯就直跟我犯肝气，你说下的去下不去？《小蝎子》
【将久】	将来。	我见着驴肉红的女人啦。好亡道小媳妇儿啦。有他在著，将久是楼子，常言说的好，"斩草不除根，萌芽又复生。"《驴肉红》/ 他的意思，郑家必得求人，反正求谁也不成，将久还得求到他手里。俟等求到他手里，他有要求的条件。《小蝎子》/ 光棍不吃眼前亏，字号不是一天两天闯出来的，一下儿今天栽在这个人手里，将久怎么再好吃这碗饭呢？《何喜珠》/ 我们县太爷又有话，将久您的官司完啦，只要认得我们，比甚么都强。《杂碎录》
【姜店】	干果铺。	糖炒栗子，原是一种食物，从前非到中秋节后，决不能添栗子锅。凡炒栗子之家，无非就是干果子铺（内城呼为姜店）。果子市遂亦炒卖，必须等到价值稍平，才用大筐箩在大街出摊儿。论到一般干果铺，都是迎着头子就卖。《燕市丛谈》

【僵棒儿】	不会人情世故的人。	善大爷原是个僵棒儿，虽然嘴里这们说着，脑筋立刻可就绷起来啦。《小额》
【僵豆／僵斗】	僵。	倘若老丈人，把我们那一口子，楞口聘出去，我可透着僵豆。《评讲聊斋·凤仙》／当初你们弟兄交好，好还是打好上来。彼此一闹僵斗，倒让别的朋友们瞧着笑话。《杂碎录》
【讲究】	议论。	王三说："我早晨也没上衙门，我上扎二老爷那里出分子去啦。听见人讲究。"《小额》／记者时常出外，在火车上听人讲究，每逢跳火车遭险的，大半是乡人居多，并且都是带辫子的。《余墨》／众街坊散去，麻花刘回到家中，大奶奶跟杨氏正讲究这回事呢。《麻花刘》
【讲演所】	对民众进行普及教育的场所。开始是热心人士设立的，后来也有公立的，属于教育部。讲员有专职的，有临时请来的。	京师模范讲演所，开办五年于兹，日起有功，成绩昭著，论者谓该所无愧模范二字，诚非虚语也。《益世余谭》／京师模范讲演所开五周年纪念会，于十一月三十日招待女宾，十二月一日招待男宾，并有特别作法讲演，一切情形，已见前日《余谈》。《益世余谭》
【糙稠麻子】	密密麻麻的麻子。	脏得看不得，一只眼，还是斜着，又是糙稠麻子，满下巴的卷毛儿胡子，咬着舌儿。《语言自迩集》
【交派】	吩咐。	玉老爷的交派，说是奉堂谕，无论甚么人，不准进去瞧看，衙门里头的人，有敢使一个钱的，要是查出来，立刻的交刑部黑发。您瞧这不是一面儿官司吗？《小额》／郎提调交派现奉总办交谕，刻下风干物燥不可焚烧，所有烟土，搀杂石灰煤油在城外刨坑掩埋。《二十世纪新现象》／头天曹猴儿交派下来，预备刀叉匙三样。《理学周》／大老爷交派，没有法子。《小蝎子》

【浇裹】jiáoguo	花费。	送三的时候儿，壅途塞巷，热闹非常。听说这分烧活，浇裹了一百多两。《过新年》
【娇客】	嫁出去的女儿一家人。女儿、女婿、外孙、外孙女等。	您跟我们老爷年长，大姐夫是娇客，就这们坐得啦。《土匪学生》／岳魁来到这里，自然是娇客的资格啦。《忠孝全》／姑奶奶请娇客入宴吧。《讲演聊斋•蕙芳》
【胶皮】	人力车。	当时雇了一辆胶皮，言明南池子下车，铜板七枚。《势力鬼》／前晚由社归家，在琉璃厂东口，租了一辆胶皮，车行甚迟。《余墨》
【胶皮团】	拉洋车的。或拉洋车这一行。	为在这块儿跟我常见，也犯不上加入胶皮团哪。《说聊斋•葛巾》／现在是人心险诈的时代，汽车穰子还有骗人的呢，何况胶皮团。再一说，胶皮团遭骗，进穿堂门儿、转影壁，也是常有之事。《余谈》
【焦香】	焦黄。	却说莺莺在家，这一天叫红娘拏镜子来照脸，见脸上焦香的，叹说：这都因为这些天没有见他的面儿！哎，这么牵肠挂肚的很难受。见天的叹息不绝。《语言自迩集》
【嚼穀（儿）】jiáogur	日常开销。	那还怎么活着呀？只好敷衍对付，凑嚼穀儿吧。《讲演聊斋•细侯》／莫若你跟我上外头过日子去，省得我来往奔驰，并且我在外面住着个店，也是一份嚼穀，有那笔钱，足可养活了你。《花鞋成老》
【嚼舌根板子】	就一件事没完没了地说。	说书的不必用笔嚼舌根板子，也不必来回的磨豆腐。就是磨出豆腐浆来，应该谁喝呀？说书竟图多占行数儿，不给人家真正的书听，那都叫作下不去。您瞧我有多么爽快，不但不磨豆腐，都快磨出渣来啦。《杂碎录》
【狡赖】	抵赖。	郭二自知不能狡赖，当时画了供招。《杂碎录》
【狡展】	狡辩。	罗张氏供说："民妇不知道甚么是苏麻子。就听说有王麻子、汪麻子、旺麻子，还有说相声儿的张麻子，他还会插腰哪，就是不知道

		有这们个苏麻子。"范公听妇人说话狡展,冷笑着说:"你不知道这个苏麻子么?本县倒得与你讲说。"《杂碎录》/ 金老虎还要狡展,范公说,现有你的凶器为证。《杂碎录》/ 如果能将姜氏抬到堂上,验明审讯更好。一则免得被告狡展,且可免隐藏灭迹再酿出意外之虞。《评讲聊斋·仇大娘》/ 敢则不但老丈人晓得我的行业,连他都说得出地儿来,我再狡展,也是白饶。《讲演聊斋·萧七》/ 李大已然魂散魄飞,到了营务处,也不便狡展,只可画供。《讲演聊斋·九山王》
【脚驴(子)】	出租让人骑的驴。	一想别紧自耽误,忙给了烟钱,出离了烟馆,雇了一头脚驴,骑上飞也似的扑奔东村,在妓寮下处打听了会子。《杂碎录》/ 第三天不敢苦走了,雇了一头脚驴子,就是骑着驴,两条腿都是疼的。《苦鸳鸯》/ 那时除骡车驴车之外,还有一宗脚驴子。各门脸上,以及单排楼、四牌楼等处,都是驴站。顺治门到前门,前门到哈达门,还有对槽驴,骑一荡也就在一百钱(和铜元一枚)。这是下等代步。《演说·生活程度》
【叫查把儿 / 叫插帮儿】	找茬儿。	大概他嫌我贫穷,打这儿斗话,若是言差语错,借此为由一叫查把儿,就许来个自由离婚。《杂碎录》/ 这几个人进门张嘴儿找自己的孩儿,分明是叫插帮儿、抓落儿打架,要抢人。《讲演聊斋·陈锡九》
【叫横】 jiàohèng	犯混,跟人挑衅。	小连还要叫横,有一位帮办领催姓祥,是个摔私跤出身,外号儿叫楞祥子,一瞧青皮连这分儿不说理,真气急啦。《小额》/ 怎么说呢,农工商界,人家不穿大氅。商界虽有穿大氅的,人家不至如此叫横。《益世余谭》/ 穿大氅队内,仁人君子、慈善大家很占多数,可是另有一宗人,一披上这件虎皮,立刻就叫横。《余谈》

词条	释义	例句
【叫街】	沿街叫喊乞讨。	这种讨饭的化子，在下真没见过。回想四十年前，北京盛兴一种叫街的狗男女，颇相类似，只是仅吹竹筒子叫喊，间有擂砖的。《讲演聊斋·甄后》/自去冬以来，北京方面，要饭的穷人，较前格外的增多。也有沿门乞讨的，也有叫街擂砖的，也有追车的，也有坐着喊的，也有放鹰的（穷妇坐在一旁，撒出孩子来，追人要钱。在他们穷坎儿，叫作放鹰）。《益世余谭》
【叫局】	叫妓女来陪。	不一时，所叫条子陆续着都来了，有肥有瘦、有高有矮、有南有北。一个个虽具几分姿色，不过仗着一身衣裳，满脸脂粉，堆成一个人，勉强只说是粉白黛绿罢了。他们一个个都挨着叫局本人坐下。《北京》
【叫渴】	喝酒或吃咸了以后口渴，想喝水。	牛成儿甚么也吃不下去，竟剩了叫渴啦《杂碎录》/吴能手本是酒后叫渴，足往下一润，到了要睡的时候，还要给他涮壶、沏新叶子哪。《杂碎录》/心火也走上来了，吃也吃不下去啦，一个劲儿的叫渴。《苦鸳鸯》
【叫起儿】	①清朝皇帝召集大臣议事。②召集人叫大家开始干活儿、行动。	①皇上并没问，也没叫起儿问话，令其明白回奏，只好听着吧。《评讲聊斋·续黄粱》/此案若不得真象，如何定案？现在舆论是这样攻击，若不见水落石出，本部的名誉，自此扫地。昨日叫起儿，上头曾问此事，我当时无话可答，只好支吾搪塞，口奏了一回。《春阿氏》②仆人不好细告述大家，只好说："你们少操心吧。"那时他叫起儿："咱们就动手儿。"《讲演聊斋·连锁》
【叫条子】	叫妓女来陪。	汪爷心中一机灵，心说：莫非他们还要叫条子吗，还是预备写账呢？《讲演聊斋·汪士秀》/不一时，所叫条子陆续着都来了，有肥有瘦、有高有矮、有南有北。一个个虽具几分姿色，不过仗着一身衣裳，满脸脂粉，

		堆成一个人,勉强只说是粉白黛绿罢了。他们一个个都挨着叫局本人坐下。《北京》
【叫歇儿】	让休息。	就连写花名的,写在半半落落的,都不知因为甚么叫歇儿。《讲演聊斋·保住》
【觉乎(着)】	觉得。	额大奶奶赶紧让老婆子倒漱口水,跟着就问小额说:"你心里觉乎着怎么样?"小额说:"冷的倒好点儿。打昨儿晚上,脊梁上有点儿痒痒,眼时不但痒痒,觉乎着疼的厉害。"《小额》/何氏过去摸了摸脑袋,说:"老爷心里觉乎怎么着?"周道台摇了摇头,又点了点头,心里有话说不出来。《过新年》/阿林觉乎有点不得劲,干渴的要死,要喝茶家里没茶。《鬼吹灯》
【轿车】	骡子或马拉的有车厢的车。	贺喜的亲友络绎不绝,马车、汽车、脚踏车、大轿、轿车、大鞍车,直摆了一条胡同子,就短了坐飞行艇来的呢。《过新年》/张福喜连忙上前陪笑说道"我们是体面人,请你们稍候一候,我把轿车套上几辆,一同坐着车,可以赏我们这个情儿的。"那个禁军点头说道"那就快去套。"张福喜一听,遂把府内看马圈的头目喊过来,套上五辆轿车。《玉碎珠沉记》
【轿屋子】	在府邸外面存放轿子的屋子。轿夫也住在里面,随时准备主人出门。	没有人管账,摆斜荣荐了一个老西儿来,姓张,叫转心张,从前在某王府轿屋子里宝局上管账,竟往腰柜里顺钱,让人家给辞出来啦,跟小荣是个联盟。《小额》/操是业者,或假王公府第,或以大员的轿屋子为名,此外还得疏通地面,所谓"瞒上不瞒下",以免被抄。《燕市积弊》
【较证】	争辩。	让你开了左鼻子右窗户,你还敢较证吗?《杂碎录》

【教散馆】	自己招学生，教私塾。	你要念书，我给你荐一个先生。人家可不是教散馆，人家也不指着教书，在家里教着几个弟男子侄，还有两个亲戚。《土匪学生》
【教习】	教师。	话要简决为妙，王香头闹了十四两银子（初等学堂的教习，上一个月的堂才挣十四两银子。人家上两堂老仙爷，就闹十四两，真比当教习的强的多），坐车回家吃香东西去了。《小额》／曾记前清己亥年九月，记者正在大学堂肄业。有位外国教习，是位著名的天文大家。《益世余谭》／玉岩说："我先在学校当教习，处的不甚相得。有人介绍到直隶徐水县当科长，所以把教习辞了。自入民国以来，当教习我是头一回作事。《鬼社会》
【接】	隔。"隔"北京音为jiē。	王小峰本来好吃，又舍不的钱买肉，好在接不了三二天，孙胖子必送他两碗肉吃，因此感激的了不得，所以对待孙氏，偶然比钱氏还强。《势力鬼》／本来接着一堵墙，听了个闷真。《过新年》／从此他接不了五天，总要来一荡。《王遁世》／诸君不信，请您注意报纸的《京闻》，接不了几天，准有这们两档子。《余墨》
【接安】	地位高的人接受地位低的人请安时，要双手相扶，或做出扶的姿势，叫接安。	玉大姑娘上前一打门环，儿媳文氏走出，将门开放，一瞧是大姑奶奶，连忙请了一个蹲儿安。口中说道："姐姐好！怎么这些日子总没回来？"说着把身子往旁边一闪，那玉大姑娘拿出那大姑奶奶的身分，一面接安一面抹头向成老说："老太，走吧，到了姐姐家里啦。"《花鞋成老》／凤仙请了一个安。要搁在从前，何氏必要还个半截儿安。那天连接安也没接，居然"属羊灯的——点了点头"。《过新年》
【接辈的人】	隔辈人。	老爷大喜了，咱们有了接辈的人啦。《势力鬼》
【接斗儿】	为了拍马屁，接着人家的话说。	毛二挑着头儿，孙二聊贴靴，蒋忠帮腔，周义跟着起哄，拿周廉一打哈哈。其余的几个

		亲友，都是仰仗周家的，跟着旁边儿凑趣儿、拾笑儿，接个斗儿。《过新年》/此时小鸽子，立刻也会接斗儿，帮腔。《讲演聊斋·鸽异》
【接骨丹（儿）】	可以让后面的事情顺利进行的办法。	这个丫鬟知道主人的脾气骄傲，怕没接骨丹儿，在一旁也直替米爷说好话儿。《评讲聊斋·神女》/黄金百两，论数目实在不少。奈因米爷一定不收，到闹得这位傅公子，一点接骨丹儿没有。只好含羞带悔的，把金子包袱拿上，告辞而去。《评讲聊斋·神女》/公子一瞧，是一点接骨丹没有。要走也不敢走啦。《讲演聊斋·吕无病》/万一闹决裂了，他从此不登门儿，可是一点接骨丹儿没有。《讲演聊斋·长亭》
【接三】	人死三天后，亡灵要被神接走，所以，要举行仪式，亲友吊唁，吹奏鼓乐，焚烧纸糊冥器等。	小额他阿玛死的时候儿，这位六老太爷，因为送信儿送晚啦，接三的那天，大这们一闹丧，躺的月台头啦，不让送三。《小额》/德舅爷跑前跑后，又忙着印刷讣告，知会亲友；又忙着接三焰口，首七念经，以及破土出殡等事情。《春阿氏》/接三那天晌午，将摆上大鼓，有一个请大夫的，直着眼睛就往里走，外头就响鼓。《曹二更》
【揭过去】	过去了，不再提了。	这当儿关钱粮的，你出来我进去，一阵乱烘，这个岔儿也就揭过去啦。《小额》/母亲那方面儿，咱们哥儿俩，给母亲替他二人，陪个不是，也就算揭过去了。《小姑毒》/他不过是要骨头，弟妹也骂了他们了。这也倒好，他也就不来了，这篇儿揭过去就完了。《麻花刘》
【街房】	街坊。	伊老者说："他今儿早晨没去。他给他们本院儿街房送殡去啦。"《小额》/其甲对景伤情，坐在屋中大哭之下。街房过来相劝，问他为甚么哭。《余墨》/本院有个街房，姓德，外号人称狗蝇德子。《花鞋成老》

【街溜（儿）】	整天在街上逛荡的人。	她父亲原先本是个街溜儿，窝娼聚赌，贩卖大烟，无所不为，曾被官府抓过几回，饱尝些日子铁窗风味。《香粉夜叉》/如今钱粮没了，翻脸便要骂旗人。但是你也不过是个街溜光棍，放几个印子钱，欺负无能老实人，混一碗饭吃。《北京》
【结】	保证书。	反正学里得照旧花，人家廪保出结，管你中不中呢，那张结就值的多。《二家败》
【结胸／截胸】	中医指心口发堵的病。	彼时有个穷亲戚，时常在舍下候（上声）饭，吃完了还得借两吊，习以为常。直闹了一年多，我们本家儿倒没嫌腻，老王会气的得了结胸啦。《二家败》/耿老者让坏包气的要得截胸，舌头也短啦，疾差点儿没上来。《回头岸》
【截搭题】	科举考试中，把经书语句截断，再混搭在一起，作为题目。	周道台摸不清甚么像儿，说："老夫子看着怎么样？"宋仲三哈哈大笑，说："东翁，这头篇截搭题是我给他改过的窗课。二篇也很好，诗也不错，这一次一定的准中。"《过新年》
【截袍】	上半身和下半身用不同的料子制成的长袍。	脑袋上头发有限，勒着一个假辫子（可不是留学生）（好孩子核儿），身上穿一件春罗截袍，是托天扫地（不是借的，就是买现成的），两支倒倒子脚，外带着挺大，穿两只大紫蝠子履鞋，带一副茶碗大小的假墨镜，拿一把旧团扇，一步三摇，迈方步又迈不好。《小额》/后来走到六条口儿上，遇见一个卖菀豆的，穿着旧两截袍，一步三摇，吆喝"干的香，赛榛穰"。《余墨》
【截心】	隔心。	咱们三个人，原本不截心。这如今我替你们换了盅儿，比儿女姻亲，还要多亲近。换盅儿这是老礼儿。《讲演聊斋·萧七》
【解】	从。	解那天说起。《旧京通俗谚语》

词条	释义	例句
【借话（儿）骂人】	借着说别的事情，拐着弯儿骂人。	"再一说，让外人谈论，你忘恩负义，贪财卖把兄，总是骂你狼心狗肺不是人行。"急呼说："得了，田大哥，你别借话儿骂人哪。"《怪现状》/ 宋仲三说："这个中风的症候，非同小可。真得找个高明人看看。寻常矇{蒙}事的乏大夫（这叫"当着和尚骂秃驴"），可瞧不了这宗症候。"孙二聊知道他是借话骂人，斜楞着小母狗眼儿，瞪了他一眼，也没言语。《过新年》
【借因由】	因为这个。	素日又好吃厚味，借因由就是中风。《过新年》
【隔壁儿】jièbièr	隔壁。	可巧隔壁儿有一个街房，姓怀，住的是额家的房子。《小额》
【斤饼斤面】	一顿饭要吃一斤饼、一斤面，指饭量大。	也有拉不上洋车的，竟找同乡，斤饼斤面的肚子，谁也养活不起，回家又没盘川。《余谈》/ 侯三又能聊，他家里有大院子，搭了一个棚，请这一百轮子，吃了一顿浇汤儿面条子。您想都是斤饼斤面的肚子，今天还不撒开放量儿吃呀。《董新心》
【今日之下】	今天。	但分他不瞎摸海，何至于有今日之下？《库缎眼》/ 咱们要是以金钱为重，以义气为轻，何至有今日之下？《一壶醋》/ 劣兄今年活了八十七岁，再三年就九十岁的人了，天下十七省，不差甚么走了一大半子，也交了无数的朋友，今日之下结识得你这等一个人物，人生一世，算不白活了！《儿女英雄传》
【今一天】	今天。	今一天我才知道，敢则从前我所作所为的，全都不是人行呕。《评讲聊斋·曾友于》/ 今一天我们也不是被谁所约，被谁所请，不过如同过排一排，随意消遣，互相同乐。《评讲聊斋·刘夫人》

【金杵子／金楚子】	七品顶戴。金顶子。	那天原请的是便章，他偏戴着一顶青呢秋帽，拧着一个金杵子（就是金顶儿）。《怪现状》／陈立才那天也拧了一个金杵子（北京旧日土话，管金顶儿叫"金杵子"。《董新心》／那天送匾，小额跟小文子儿父子都是靴帽袍套，小额闹了一个六品顶戴，小文子儿也拧了一个金楚子，喝，那一天好不热闹。《小额》
【金顶儿／金顶子】	七品顶戴。	那天原请的是便章，他偏戴着一顶青呢秋帽，拧着一个金杵子（就是金顶儿）。《怪现状》／您别瞧金顶子白顶子亮白顶子，三节两寿，跪下就磕头。《库缎眼》
【紧毛】	害怕。	这群碎催一见善大爷，个个儿紧毛，全都有点儿怵岔儿，谁也没敢道解（不是在人家门口儿，拍人家的时候儿啦）。《小额》／还没到台阶儿跟前，一抬头必是看见蝇刷儿了，所以不往前走，反倒退了两步，大概有点儿紧毛。《评讲聊斋·画皮》／心里一高兴，指头上的劲头儿，未免重了一点儿。袖子往下一脱落，连忙一抬胳膊，袖子没挂着船帆，腕子正碰苇棍，船轻水多，立刻船身一歪，好像西瓜皮儿舀凉水，一撇儿一咧儿的，歪了两歪。这一下子，胡来可紧了毛啦，连忙用两手，把小船扶住。《讲演聊斋·白莲教》／"报与王爷你知道，山下来了许多兵，请旨定夺怎么了（这成了双锁山啦）。"李大一听此言，心中有点儿紧毛，连忙说："你们快请护国大将军。咱们那位能用的军师。"《讲演聊斋·九山王》
【紧痰】	中风。	这宗症候，西医叫脑病，俗说叫作紧痰，其实就是中风。《库缎眼》
【紧自】 jǐnze	一个劲儿地。	我那边儿耳目过多，万不能够在这儿久待，要是紧自一磨烦，难免人家说短道长。那们一来，未免可就安了眼啦。《说聊斋·葛巾》／无如盘川早就花完。本来就指当当过，一个

		行路有多少带的,紧自当还有个不完的吗?《说聊斋·葛巾》/ 我受的是甚么样儿的刑法,也不便紧自重絮,我这些伤痕,你还瞧不见吗?《张铁汉》/ 章儿虽多,紧自说也未免讨厌,就等着五天头儿上,瞧审案去。《杂碎录》
【尽溜头儿】	尽头儿。	我照着告诉的话,找了去,走到尽溜头儿,噶拉儿里头,才看见他的房子。《语言自迩集》
【尽着】 jǐnze	紧自。一个劲儿地。	王氏又把持权利,立妾这节,又难办到,只好过继儿子罢,心里不愿意二秃子,搁不住王氏尽着说。铁王三一想,王氏既愿意,反正是他的亲侄子,过继就过继罢。《铁王三》/ 瑞氏亦叹道:"二爷的话实在不错。作老家儿的,没有法子,睁半只眼,合半只眼,事也就过去啦。年轻的人儿,都有点火性。尽着碎卿咕,他们小心眼儿里,也是不愿意。本来那位亲家太太,就是这么一个女儿,要让她知道,怪对不过她的。"《春阿氏》
【劲儿味儿的】	神情。	再瞧人家这分儿劲儿味儿的,实不拿朋友待我。《讲演聊斋·田七郎》
【劲啦味啦的】	神情。	我们俩倒是郎才女貌,可惜月下老儿配错啦。将才我瞧他跟我说话,那宗劲啦味啦的,似乎类乎,跟我有意。《驴肉红》
【京钱】	清代中央户部铸造的铜钱一般叫做京钱,成色好,价值高。	我给了他一百京钱,我说"您请吧"。《二家败》/ 后来店里的帐目,王三满搂在身上,余外又送了如海两吊京钱,给他雇上车,两个人洒泪而别。《回头岸》
【京卿】	京城大官。	三姑奶奶为人谨慎,向来不爱多说话,给的是某京卿的少爷。《过新年》
【经理】	经营。	你不用为功名发愁。你瞧咱们家,不算怎么阔,要说这三顷来地儿,又有盛氏媳妇会经理,日子是一天比一天宽绰,足可以不穿着饿着了。《评讲聊斋·陈云栖》

【精爽】	精神好。	再说我母亲今天有些不精爽,就便去也得过两点才能出门哪。《讲演夜谈·霍筠》/在下明知对不过阅报诸君,可是写这一版,约一千余字,精爽的日子,尚不至吃力。《讲演夜谈·尤大鼻》
【竟管】	尽管。	你的主人,倒是因为甚么毒打使女?你竟管实说,与你无干。《杂碎录》/你竟管放心,若是拿不住他,他进门必将砍头荣害死,炕上的那两个也就完啦。他必不忍害你。因为你给他开街门的时候,你作出那一种神气儿,就是保你命的宝物。《杂碎录》/奉告他们,咱们都是自己,你别竟管你们,你也管管我们呀。《益世余谭》
【镜子】	眼镜儿。	差役答应跑进书房将镜子取来,老爷戴上,往石头窟窿里一瞧,隐隐看见有几个细道儿。《讲演聊斋·石清虚》/程老夫子一摸,谁说是没戴着呀。听见门生进了学,乐的真连北都不认识啦。戴着镜子,还找镜子。这都是邪怪的事情。可是人到真喜真急,往往有这宗毛病。《张文斌》/西洋人除去眼睛有病的,没有戴镜子的。乍到中国的外国人,看见戴镜子的如此之多,他总说是中国人眼睛大半有病。《益世余谭》
【镜子里】	看得见,却无法保证成功。	镜子里,荐事由儿不定准。《旧京通俗谚语》/文官考试,是镜子里的事情。准考的上吗?《势力鬼》
【究竟】	①终究,毕竟。②还是。	①额大奶奶把小额的官司,怎么托的人,怎么花的钱,怎么老没信出来的话,跟小文子儿说了一遍。究竟父子的情分,小文子儿听了,心里也是难受。《小额》/究竟他是中国同胞,借着外人势力欺负同胞,不但对不起良心,也对不起上帝。《余谭》/姑无论开奖有弊无奖,就说没奖,应下三年还本,四年

		也没还。这不是冤人吗？好在一样儿，不还本还继续开奖，究竟比招信股票强的多。《益世余谭》②日前因事在乡间住了两天，非常舒服，新近得了两句诗，是"入市心肠窄，居乡天地宽"。究竟我是要死了是怎么着，连我也摸不清。《余谈》
【究情】	追究。	二弟呀，这凶首你不必究情了。《讲演聊斋·成仙》/是她不是她，我也没瞧见，望求大人作主，究情个水落石出，叫她招出实话来，给我们春英报仇。《春阿氏》/反正是冤人的玩艺儿，究情就糟。《演说·卖兔者言》
【究真（儿）】	较真儿，认真。	你要跟我究真儿，我又没看见过那个客人。《杂碎录》/你先不要毛脚鸡似的，这事我不过猜想是他。究真那天没看真切，倘或不是人家，如何是了呢？《花鞋成老》
【酒串皮】	喝酒后脸红。	这点儿书是形容干双璧是书呆子学生，可不是酒串皮的醉鬼。《评讲聊斋·阿英》/那位说，你是为甚么腺的呀？我是酒串皮。《评讲聊斋·姊妹易嫁》/尚秀才心说：莫非我同惠哥做的勾当，他都晓得么？立刻脸红耳热，好像酒串皮似的。《讲演聊斋·巩仙》
【酒膈】	因为酗酒而得的病。	塔三爷素来好喝酒，见天以酒度命，吃饭就是那们回事。如今又加着气，更吃不下去啦，自己竟懊喝。一来二去，就入了酒膈一派，不喝酒不行，喝下去更难受，吃甚么咽不下去。这宗症候，叫作胃炎。《鬼吹灯》/杨顺的父亲从前在范宅当厨子，人很朴诚，后来得酒膈死的。《张文斌》
【酒幌子】	借酒撒疯。	我喷凉水惹的祸，撞在兄弟酒幌子上。兄弟必要拿捏我一手儿，那们一来，你可跟哥哥犯了心啦。《杂碎录》/李顺一瞧，这位六老太爷喝了个酒气喷人，舌头都短啦，知道是又碰的酒幌子上啦。《小额》/仲纯那天借着

词条	释义	例句
		机会，也劝了孟纯一回，无非劝他少喝酒，别骂人，不可轻诺寡信。这三宗毛病，小则得罪人，大则有杀身之祸（实话）。仲纯说的原是良言，没想到正碰在酒幌子上。孟纯当时把醉眼一瞪，说："老二，哥哥喝酒不是一半天了，你没看见我卧房那副对字吗？'从来名士多酖酒，未有诗人不爱花'，喝酒是名士风流。"《酒之害》
【酒腻子】	贪杯的人。	李大太太这一闹，旁边儿那几个酒腻子，是街坊家的煮饽饽——不知是甚么馅儿，又不好搭碴儿。《李傻子》/ 乐爷乃是时常在外面同一把酒腻子打连恋。《评讲聊斋·乐仲》
【酒钱】	给饭馆以外的服务人员的小费。	零钱小费近于奖赏，而酒钱的名目等如酬劳，故凡以人力挣钱者，差不多都有这项收入。虽说没有一定的数目，外带着给少了还是不行，连到{倒}枵{马}桶的，下雨都得给酒钱。《燕市丛谈》/ 现在诸事力求改良，自与从前迥异，只有土车、倒枵子、挑水、送报人等，多少还得给些酒钱。《燕市丛谈》
【酒头鬼儿】	酒鬼。	驴肉红是个酒头鬼儿，赚几个钱，就为喝酒。《驴肉红》
【酒糟儿】	酒鬼。	这位此公，一定请春爷吃饭，却之不可。这位又是个酒糟儿，一直腻到掌灯才散。《麻花刘》/ 酒越喝的动，早晚能把个好人，变成酒糟儿。《演说·火车头（续昨）》
【旧锅（儿）粥】	以前干的行当、行为。	花了不到半年，银子就花净啦。你说干甚么去？左不是再吃旧锅儿粥。《杂碎录》/ 听说如今的小钱摊儿，他们拾起旧锅粥来，又往外顶着使。《益世余谭》/ 又想起旧锅儿粥来咧。《讲演聊斋·云萝公主》/ 从那一天起，甚么烟哪酒哇，又拾起旧锅粥来了。《演说·捧斋（续前）》

【就便】	即便,就算。	就便把他弄的枪排了,两个黄毛儿我也落不着呀。《张文斌》/ 就便打死两口子,全有我呢! 我豁出一年高墙去(宗室),也就完了。《麻花刘》/ 就便这回害不死,他们是一计不成又生二计。《鬼吹灯》/ 一则离着好几里地无人去买。就便有人出城,那时已然上门,也是买不成。《演说·中外商战的比较》
【就馆】	当私塾先生或师爷。	秋岩先在道台衙门就馆,后来道台丁忧,本省张学台,佩服他的诗词,约了去当清客,相处非常浃洽。《王遁世》/ 我有一个门生姓高,号叫子星,现在邯郸就馆。《方圆头》/ 这个师爷姓黄,六十多岁,衣履俭朴,说话诚实,没有就馆游幕的恶习。《一壶醋》
【就罐打水】	就势儿,借着这个机会。	婆媒子一瞧耿太太的神气,心说有边儿。这回坏骨头总算不白掏,乘着他没准主意,就给他个就罐打水呀。《杂碎录》
【就棍打腿】	就势儿,借着这个机会。	偷着让李顺上赵华臣家里还去过一荡,李顺就棍打腿,说他有个相好的在南城当衙役,花俩钱儿可以先买个舒服,还朦了十五两银子去(额家算全遇见好人啦)。《小额》/ 二小本来能喝,狗爷倒不能喝。今天狗爷要灌二小,二小就棍打腿,不醉装醉,狗爷倒真有几成醉意。《姑作婆》/ 在他的意思,以为一提立人,大奶奶一定反对,然后就棍打腿,他再提过继的事情。《搜救孤》/ 后来因话儿提话儿,提到凤仙,何氏就棍打腿,给凤仙一路老砸。《过新年》/ 今天老爷炸了,谁不就棍打腿的报报警呀?《讲演聊斋·田七郎》
【就坡儿下】	借机会下台。	总算他行! 事到如今,我也闹不出甚么来了,莫若我就坡儿下,来个安礼儿。《铁王三》/ 子英赶了一天衙门,乐太守传话,请保大老爷赶紧上任罢,子英就坡儿下,登时就

		禀辞。《一壶醋》/ 既然你老先生是为祖先的事迫不及待，我们把这祖饯酒席暂行搁起，做为将来接风酒就是了（这叫就坡儿下）。《讲演聊斋·细侯》
【就式儿／就势】	顺便。	我搀着你点儿，就式儿去给我父亲请请安去。《评讲聊斋·乐仲》/ 这么着罢，前边找座茶馆儿，或是酒铺儿，咱们吃点儿甚么，就势歇息歇息。《杂碎录》
【拘缕儿】jūliur	头发脏得一缕一缕的。	好在头发也顺流，不是卷毛儿，不像干草似的，又不打拘缕儿。《杂碎录》
【拘着】	客气。拘束。	您别拘着啦，大家都放开量用罢。有的是东西，调侃儿说海着哪。《旧京通俗谚语》
【局面】	体面。	他既是没有现钱，我又没银子，并非我耍的不局面。咱们只可是改日再聚吧。《讲演聊斋·任秀》/ 凭这们挺局面的人儿，敢则是干这个行当儿的呀。《讲演聊斋·云萝公主》/ 挺局面的人家儿，焉能说翻了就起打？《说聊斋·邵女》
【局面人（儿）】	体面的人。	这老苍头儿景爷是局面人儿，想着也许同主人有个认识，不然同自己是熟人儿，现在上了年岁，认不清楚了。《讲演聊斋·阿霞》/ 从前局面人听戏，都找下场门，或是靠大墙，因为池子里都是怯八艺，都讲人挤人。《演说·北京戏界的进化》
【局气】	大方、公道。	咱们可不许玩儿不局气，偷瞧我的牌。《讲演聊斋·张诚》
【局头】	赌场头儿。	中华领土是日见缩小，往后打算抱着盆儿掷，人家还得抽头儿哪。抽来抽去，就算是个硬插杠儿的大局头，真正本地的局头，你在局外看门，还不定要你不要你哪。《演说·东拉西扯》

【局诈】	赌场设圈套诈骗。	后来毛二爷跟人家勾{勾}着，使了一个局诈，圈弄周信推牌九，一夜的功夫儿输了六千多银。《过新年》
【捐弄】	把钱花在不该花的地方。	北城有住户某甲，素日有戏迷之称，手里有几个钱，全捐弄听戏了。《余墨》/现在有一宗改良的围脖儿，是用洋毡子改的。原是铺炕所用，有明公一出高主意，一块洋毡子打四条儿，两头儿用绳子系几个网子扣儿，各种颜色全有，往脖子上一围，两头儿一搭拉，这是改良的围脖儿吗？简直是满街市上跑活炕沿哞。我们中国人爱洋货，也犯不上这们捐弄啊。《演说·夸洋货》
【卷包儿老会】	把东西都偷走了。	内右四区募警张忠，日前把同事李某的东西，如棉袄、棉裤、大氅、坎肩、镯、表等物，来了一个卷包儿老会，没等口号，他老哥就开了正步啦。《益世余谭》/那天早晨，他老先生不辞而别，临走倒是没白走，茶壶茶碗，笔筒砚台，两套古文一套唐诗，连傅先生借给他那床被子，卷包儿老会，全给罄了走啦。《酒之害》/往各屋里翻箱倒柜，苦一路折腾，稍微看着值几个钱的东西，闹了个卷包儿老会，都给架弄起来，一声呼哨，走出门外。《张铁汉》
【撅】	让人难堪。	三丁儿跟寒露儿一商量，寒露儿说："这是撅咱们一下子。咱不能输这口气。破二百顷地，跟他们干干。"《二家败》/上次我姐姐出阁，咱们就算让他给撅啦。这回咱们该撅他啦。《二家败》/我明白这个事啦。这是周占魁这小子冒的坏，诚心撅我。《驴肉红》
【撅叫】	一面搬起患者的上身，一面叫。当时的急救办法。	今天应该接着说，李大奶奶怎样忙着撅叫，或怎么张罗停放起来，才透着圆全。《讲演聊斋·李伯言》

【军罪】	充军。	原来赵六从先在小额这块儿当过俩多月的碎催，后来因为群架打死人，闹了十年的军罪，新近回来的。《小额》
【均杵】	分钱。江湖黑话。	自己一想，合该财虚，这二两没到手，先遇着个均杵的。《讲演聊斋·巩仙》/咱们爷儿俩均杵得了（均杵是句行话，就是分钱）。《王善人》
【俊】	夸奖，尊敬。	二爷，哥哥我俊你（俊当夸字讲，又当敬字讲，前些年的土话）。《郑秃子》/老兄弟要念书，这是很好的事情，我很俊他（土话管捧这个人，叫俊这个人）。《土匪学生》

K

【卡疙疸儿】	上锁。	伙计等他二人爬将起来，还没站稳哪，这就出线纫漂儿，卡疙疸儿，两个人全都项挂铁练，拉进下处屋内。《杂碎录》
【开】	①逃跑。②写。③哄骗人多花钱。	①谁知道这个后半截儿是武松的朋友，专门打虎，趁着郭老西儿不在家，闹了一个卷包儿会，开下去啦，郭老西儿回来，瞪了眼啦。《连环套》②咱们也别抬杠，您把坐号开明白了，赶紧打发人瞧瞧团子去。《过新年》③兄弟你这是开我（北京土话，给谁出主意多花钱，叫作开谁）。《双料义务》/满生一听，心想：你分明是又要开我，看见我还有银子呢。《讲演聊斋·细侯》
【开宝】	摇色子、开宝盒。	冬令煤市街万花香茶店，又来了一个坐物（坐物是开宝的行话，上宝开几，下宝还几，叫作坐物，又叫作爬子）。《余谈》/近与赌徒麻德子、瞪眼梁、小金等等，组织了一个巡回赌局。该局没有定所（这宗赌局，民国元年，就有人办过。记者在《卫生报》编辑时，于新闻中登载过两次，警察注意，该局即无形解散），在海甸成两天，就许挪到东窑，由东窑就许奔外馆，永定门外也许成两天。按开宝的行话，叫作大转四门，他这是大转赌局。《益世余谭》
【开灯】	指抽大烟。抽大烟时点烟灯。	仇满说："不错，我抽大烟，现在我横竖不抽了。"牲命说："是呀。在这里你倒想抽呢？人家也得让你开灯呀。你倒是不抽大烟，你见天喝泡儿了没有？"《怪现状》/跑到租界里，找了个早年相熟家内，开灯过了一回烟瘾，然后回店用饭，稍事休息。《新黄粱梦》

【开耳朵】	开眼。	因为你说的话太大一点儿，所行教你开开耳朵。《杂碎录》
【开放】	指发薪。	中央各部院机关薪水，除财政、外交、交通、陆军各部每月尚可准期开放，总稍迟滞，多则不过一月。《益世余谭》
【开付】	付。	当时两个人把洋车钱开付了，一同迳奔市场。《怪现状》/王典史又赏了四名马队，每人十两银子，来回盘费归徐爷开付，马队乐不可支。《苦鸳鸯》/一切帐目，教长随向柜上去开付，连酒席带车饭钱，共用了一百余元。《北京》
【开锅儿烂】	皮开肉绽。	范公若一味专用刑求，比如把侯大户与张氏拿来，一进门儿，就来个开锅儿烂。两个人熬刑不过，把实话供招。这宗审案，可就成了《施公案》啦。《杂碎录》/我们在外并没作甚么犯法之事，怎么一进门儿，就来个开锅儿烂哪？《杂碎录》/到了北衙门，一进门儿就是开锅儿烂（就是挨打）。《小额》/马车王这场儿官司，不但劳民伤财，丢人现眼，还掉了俩牙（开锅儿烂打的），给说合人又磕了一路头，自然照旧赶车。《马车王》/一个按着，一个用手举着个竹板子，照定屁股，一呀、一呀的就量上啦。古梅生是没容见好啦，来了个开锅儿烂。《讲演聊斋·公孙夏》
【开花帐】	做假账。	你要能给带到鲁王府，我给你二两（好大赚儿！比开花帐还饿）。《讲演聊斋·巩仙》
【开豁】	痛快。	只要我心里头一开豁，连药碰巧了都省下啦。《讲演聊斋·霍女》
【开缺】	免职。	诸位看见吗？督军免了职，也任命将军。省长开了缺，也任命将军。步军统领卸了任，也任命将军。大凡调剂人、敷衍面子，都要给一个将军。《益世余谭》/先照章把缺给他

		们派署，勒很快戒。要是逾限不戒，再给他们开缺。《进化报》
【开帖子】	开钱票。	按外省的杂货铺，可比北京带油盐的粮店还阔呢。不但全卖，外带还开帖子（就是钱票儿）。《评讲聊斋·阿绣》
【开腿】	溜了。	假秀才跟倪红，见事不祥，人家早跷啦，二秃子也躲啦。本族的几个人，知道没有甚么利益，也就开了腿啦。《铁王三》／单说那王四跟在闻鹿台的身后，来到店外，闻鹿台往四下看了看没人，方才向王四低声说道，这小子我可交给你啦，千万别叫他明白了，半路开了腿。王四说您放心，反正看住了他，您就快去快来，说着转身进入店内。《玉碎珠沉记》
【开正步】	溜走。逃跑。	老焦一想，自己也在祸首之列，待着也没有好儿，敛把敛把，开了正步啦。《搜救孤》／记者原打算看个水落石出，收原结果。后头来了一辆老虎车，呜呜的直叫。打头我嘴损，我真怕应誓，所以我也开了正步啦。《益世余谭》／出了祝家胡同儿一瞧，该车渺如黄鹤，敢情他开了正步啦。由大吉巷到祝家胡同，算起来不到二里地，他老哥闹了三十枚，不辞而别，总算是能打快勺子。《余谈》
【龛儿】	关系。有关系叫"有龛儿"，有关系但不给办事，叫"白龛儿"。	那个说："瞧这方向儿，准是得罪人啦。人家那头儿龛儿准不小。"《小额》／这个春将官，真有两下子，大概他的龛儿硬。《麻花刘》／一想错非找个龛儿硬正的宅门子，了不了武宅的势力。《讲演聊斋·田七郎》／今儿个是官事官办，别管你有甚么龛儿，我们是概而不论。《旧京通俗谚语》
【坎子上】	看门的人。赌场行话。	局中司事各有专责，类皆量材器使：挡横者名为"看案子"，号注者称为"活儿行"，监视输赢者叫作"看堆"，往来拿钱者谓之"传

		递儿"，写帐、瞧票子者称为"先生"，开宝者称为"宝官儿"，经理银钱者名为"抱篇儿"，拦门者叫作"坎子上"。《都市丛谈》/听他这一套咧子，比戏馆子的坎子上骂蹭戏，不在以下。《演说·劝业场游记》
【砍黑草】	剃头。行话。	这分臭转谁受的，砍你的黑草去罢（砍黑草是句行话，就是剃头）。《库缎眼》
【砍头疮】	带状疱疹，中医称"缠腰龙"。	去年某公爷长砍头疮，十几个大夫都没瞧好，后来我这位妹妹，去了十几荡，就给瞧好啦。《小额》/他姓荣，外号儿叫砍头荣，因为长过砍头疮。《杂碎录》/他爸爸，是专门祝油科，善治疗毒恶疮疑难大症。某人的搭背，某人的砍头疮，都是他爸爸治好的。《忠孝全》
【看案子】	看着赌场，制止纠纷的人。	局中司事各有专责，类皆量材器使：挡横者名为"看案子"。《都市丛谈》
【看不过眼儿】	看不过去。	后来越嚷嚷的越邪行啦，连他都听不过眼儿去啦，说："詹音们派人瞧瞧去（詹音是句清语，就是章京），甚么人这们喧哗？"《小额》/拉车的不说好话，起来他先叫横，好像他摔人有功，总得给他加钱才对。友人老实，倒没说甚么。巡警看不过眼儿了，敬了他两个嘴吧。《余墨》/一同送嫁妆的，还有三个人。库缎眼仅着拍马屁，那三个人看不过眼儿啦，说："还不走呢，人家这就要发轿了。"催了两遍，库缎眼才走。《库缎眼》
【看堆】	在赌场中监视赌徒的人。	局中司事各有专责，类皆量材器使：……监视输赢者叫作"看堆"。《都市丛谈》
【看方向】	看样子。	看这方向，山内一定也有居民。若是在船上等人下来，此地没有船只，可不定得到那一天。《讲演聊斋·夜叉国》

【看佛敬僧】	看在长辈或地位高的人的面子上才对某人客气。	在表面上说,应当敬重孝义,过去见见贾氏,何况又是县官提议,大可以看佛敬僧。《杂碎录》/见了那个娘儿们,您不用多闲话。俗语说看佛敬僧,好罢歹罢,已就是这样亲戚,还有什么可说呢。一来给我妹妹作脸,二来儿女亲家,总是越和睦越好,图什么闹些生分,犯些口舌呢?《春阿氏》/他原是个丫头出身(那们你是小子出身),这几年美的可也太不像啦。有老爷活着,看佛敬僧,谁也不肯。现在没有老爷了,不把他打发啦,就是看着死鬼老爷的面子。《过新年》
【看街的】	街兵。在街上巡逻,维持治安。	小额一瞧,原来是他们本段儿看街的瞎王。《小额》/正这儿说着,来了两个帮忙助善的(好俊善事),一个是卖果子的小秦,一个是帮看街的小邓。这两个人向来是那一带的催碎,听见这个信,都来混饭儿吃。《五人义》
【看妈】	专门看孩子的保姆。	大爷跟前没甚么,二爷跟前一个儿子,叫作常保,三爷也跟前一个儿子,叫作常山。常保六岁,常山五岁,都是看妈、奶妈看护。《搜救孤》/寒露儿到了七八岁上,虽然把奶断啦,还有四个看妈轮流著看护。四个看妈每人一月二两银子工钱,管吃管穿。《二家败》/安爷抱着回到家中,赶紧雇奶子找看妈。《评讲聊斋·花姑子》/老身是个做娘的,眼看着焉能不着急,故此命他阿保(就是看妈儿)赴各处寻觅疡医。《讲演夜谈·霍筠》
【看塔】	吃窝头。	每日他夫妻二人,是酒儿浆儿、肉儿面儿,换着样儿吃,就给老头子看塔(北京土话,管吃窝窝头叫看塔),饱不饱不管。《社会见闻·车儿忤逆》
【看座儿的】	戏院里管倒茶、找座的人。	德寿山刚一上场,看座儿的就把茶壶、茶碗全拿走啦。《演说·德寿山》

【康了】	不行了。	转眼之间,到了乡试揭晓的日子,谁知道秀才康了,又落孙山。《过新年》/ 公母俩兴高彩烈,以为孩子是必中无疑啦。谁知道秀才康了,竟落孙山。《二家败》
【扛杈】	做妓女的后台。	缘某御史在某妓院扛杈,而所识之人是日随他客去逛南顶,致触某御史之怒。《燕市丛谈》/ 其领家之扛杈者,为某八聊。《燕市丛谈》
【扛枷】	清代在刑罚之外,让犯人在城门、寺庙前等地方戴着木枷示众。	那一天又到钱粮头儿上啦,说句迷信话吧,也是小额活该倒运,他手下有个跑账的小连,外号儿叫青皮连,没事竟耍青皮,有二十多岁,小辫顶儿大反骨,有几个小麻子儿,尖鼻子,闻点儿鼻烟儿,两个小杈{颧}骨儿,说话发头卖项,凭他一张嘴,就欠扛俩月枷,借着小额的势力,很在外头欺负人。《小额》/ 那宁生到此,也说不上算来啦,遂说:"诸位不用这样相待,我宁某是个好汉子,敢作敢当,有甚么罪名我一个人担,还能杀了发魂,腔子扛枷吗?不过就是个死,也就完了。"《劫后再生缘》
【扛起来】	拿起架子来了。	你这们一听,自然就要求他配啦,赶到您一求他配,他又该扛起来了,甚么"我们不愿意给人家配药"啦,又甚么"都让生意人给闹坏了"吧(这就叫作生意口)。《小额》
【考古】	康熙皇帝有遗训十六条。雍正皇帝时,让人做了注释,叫《圣谕广训》,刊行全国。每条注释有一千多字。童生县考、府考后,要默写《圣谕广训》中的一条,叫做"考古"。	覆试之后,高高的取了一个第三。考古也取上啦。《过新年》

【颏拉嗉／颏拉膆】héle sù	喉结。	他手下有一个管账的先生，姓孙，有四十来岁，近视眼，大颏拉嗉，未曾说话先乐，那一肚子坏就不用提啦。该账的没有一个不怕他的。《小额》/ 玉岩一瞧这个人，有三十多岁，细脖儿小脑袋儿，大颏拉膆（俗称喉骨为颏拉膆），绿脸堂儿，黑嘴唇，小眼睛儿，搧风耳朵，有点水蛇腰。《鬼社会》
【磕打牙儿】	不断地说。	往后有个言差语错，就免不掉人家拿着我的短处磕打牙儿。《杂碎录》
【磕头碰脑】	到处遇见。	两气夹攻，所以今年的穷人，比往年加增数辈｛倍｝，大街小巷，磕头碰脑，叫花子成群，看着实在令人难过。《余谈》/ 从先饭馆儿，也没有如此之多，近来了不的啦，您不信到前门外看看，磕头碰脑都是饭馆儿：闽菜豫菜，江南春济南春，就短了库伦春啦。《王遁世》
【可了儿】kě liǎor	可惜了儿，可惜。	冯先生说："给他托官司，让他出来呀。"胎里坏说："嘿，这个官司谁弄的了哇？"冯先生说："可了儿你唉。你还要吃这个呢，你别骂我啦。"《小额》/ 小额说："哼，可了儿花啦这些个钱，念了好几年的书，连个药味都写不上来，怎么好？"《小额》
【……，可是……】	……，还是……	某甲说："这两天开呢，可是推呢？"他说："也开，也摇，也推。见天四五十口子，倒是很热闹。"《余墨》/ 如今我们国家，是专制呀，可是共和呀？《益世余谭》
【可是】	确实。	吉春瞧的原是不错的喽，可是他的内科很有点拿手，我们是知道的，要说他的外科么，好像稍差一点，并且他也爱用热药。《小额》/ 这个脓塞子可是不出来不行。要让他出来，有善恶俩法子。《小额》/ 小学教员每月的薪金，连抽半枝也不够。可是教员挺臭的嘴，也不配抽那宗贵烟，抽了也怕折福损寿。《益世余谭》

【可是……，还是……】	……，还是……	据我想，从先必是受过害（费话），后来所以人家不敢惹。可是让人家欢迎好呢，还是让人家不敢惹好呢？《余墨》/ 反对研究会，可是出于本心，还是受了什么人的指使呢，速来回答。《新黄粱梦》
【可是……，可是……】	是……，还是……	这个先生，可是出马的呢，可是相好有交情呢？《一壶醋》/ 请问诸君，这些个事，可是文明可是野蛮？就是善能雄辩者，也说不出是文明来罢。《余墨》/ 心里犯犹豫，可是回衙门好哇，可是回孟癞子的学房好呢？后来细一想，赵玉那孩子，还在孟家寄放着，总是回到那里为是。《酒之害》
【克】	去。	伊太太说："你们大奶奶怎么没跟克呀？"楞祥子说："他那儿动的了身呢？打头有您孙子孙女儿们。"《小额》/ 这么一为不要紧，把李憨石吓的没敢往里走，来了个死胡同儿，他又回克啦。《李傻子》/ 王二接着屋子说到："有人来了。我这就上克。"《苦女儿》
【克力脱】	眼镜牌子。	谁想经姑娘一抹吐津，直比白昼戴了一副克力脱的镜片，还觉得力，远远看见城墙上的砖缝儿，连某窑烧的字号，都如在目前。《讲演聊斋·伍秋月》/ 三个人都戴着克力脱的金丝眼镜儿。《怪现状》
【刻】	刻薄。	说你是家场不家场，说你是外场也不外场，一味的就是嘴上刻。《白话聊斋·辛十四娘》/ 林三眼走后，这些个看家的长工，因为他素日待人过刻，打算借着乱际儿，寔行瓜分的政策，大家一研究，倒是全场一致，没有不赞成的。《孝子寻亲记》/ 昨闻学界人云，通俗薪金，有发给六七成现洋之说，其言果真，亦未免太刻。《益世余谭》
【刻话】	刻薄的话。	本来小刘儿一走，他就摘心，换姑娘一死，要说他所不动心，作小说的，也不敢说那宗

		刻话，反正也有点儿难受。《连环套》/ 原来有一天他在衙门，某次长跟他说了几句话，且这儿就美起来了，居然不理凡人。您说够多们邪行！将来他死的时候儿，似乎讣闻上，还得带上曾与某次长交谈，以显荣耀。这并不是记者说刻话，这类人未必没有这宗思想。《小蝎子》
【刻苦】	①苛刻。②节省。	①有一个大老官，天性吝啬，带{待}底下人非常的刻苦。《笑林·多活一岁》② 咱们家的日子，总算还不难过，虽说俭是美德，然而也得量势作事，不可过于刻苦，况且年轻的人儿，更当活泼兴趣，发展灵机，照你这么成天低着脑袋竟跟书扎上啦。还怕变成书呆子呢！《李傻子》
【啃】	吃。	他准答我一顿烂肉面的人情，过两天我还许啃他呢（骨头）。《余谈》/ 当差使我不成，我不够哥哥那宗资格，坐吃山空啃哥哥，我居心也不忍，我打算作个小买卖儿。《苦哥哥》/ 那天主人是懊心，来宾是真啃，倒也有个意思。《刘军门》
【坑子】	贼巢。	离着坑子老远，连个差使影儿还没看见哪，这就嚷"拿"。《杂碎录》/ 少爷你要去你可在后头。到了坑子（贼巢叫坑子），你可别往头里抢。《赵三黑》/ 昨天同这县里当差的打听，说前几天官人到那庙里去抄坑子，一个儿也没得着，大概全都四散奔逃了。《张铁汉》
【空杵】	白白花钱。	要说准能断过去未来，知吉凶生死，那满叫虎事。这个神仙咧，那个铁嘴咧，拿钱给他送去，那真叫空杵。《鬼吹灯》/ 自己的事情，自己知道，也就不必找他相了。他说的还没我知道的详细呢，掉这宗空杵作甚么！《鬼吹灯》

【空行人儿】	不拿东西的行人。	还告诉你新鲜的，你那点破的烂的，都不用打算拿走。空行人儿，给我走着！越走越远哪。《苦家庭》
【空码儿】	不是这个行当里的人。江湖黑话。	按说吃金的虽是江湖，空码儿也得有个客气。谁知曾某以新贵自居，跟老合就这们大大咧咧，好像他是照顾主儿，见了卖卜的应当如是，不然怎么说他是空码儿哪。《说聊斋·续黄粱》/景爷一听，满春满点，知道女子决非空码儿。《说聊斋·阿霞》
【空子】	①机会。②外行。看上去容易上当的人。江湖黑话。	①不论甚么事，预先拿话勾引你。把你的主意套了去，然后远远儿的观望着，瞅你的空子，稍兜屁股将。《语言自迩集》②干这行儿要是得个外号儿，分外还得有个吃香哪。遇见一个好空子，真能由他发财致富。《白话聊斋·胡四相公》/是这宗卖野药的总有几个同党的人给他贴靴，行话叫拼粘子。正旁边鼓吹，这药怎么好，他卖了去怎么见效。空子（外行叫空子）真能掉杵（杵就是钱）。《益世余谭》/搁在前几年，我真能对着那位速报老爷（没听提）咬牙发很{狠}的起个誓。这几年不成喽，并不是不□起誓，何必当空子呀。《演说·逛东岳庙》/这几位一窝蜂似的，蜂拥而出，星士一瞧，白巴结了半天，一个没落点，可称流杵格念，自己到成了空子啦，只好认年子不正啵。《评讲聊斋·续黄粱》/空子，终年受冤，心服口服，永远信到底。《旧京通俗谚语》
【口大口小】	有势力的人，没理也有理。没势力的人，有理也没理。	他不敢往真地儿上说，打算口大口小，叫咱们打一面儿官司。《讲演聊斋·田七郎》
【口底嗉】	从过手的钱财中偷偷儿扣留。	口底嗉，不吞一万，也吞八千。《旧京通俗谚语》

【口号】	训练时的口令，借指为叫人干某事的话。	使女见亭溜无声，往外一看，敢是雨过天晴，忙转身回去，一叫口号。甚么口号哇？说来呀，别误了吉时。《杂碎录》/忽听素仙说："你回来。"李憨石本是赌气的要开跑步，听见素仙这句口号，立刻腿不由己，来了个向后转，立正，听候素仙的命令。《李傻子》
【口话（儿）】	有暗示的话。	大家一听有活动口话儿就好办啦。《评讲聊斋·乐仲》/一块魔一瞧苟庄自己递口话儿，心里说：是了就是了。绷老了就不好办啦。《大劈棺》
【口颊春风】	指善意的语言。	老叔顺使，口颊春风，可以给他吹嘘吹嘘。口缺是不敢望的。《怪现状》/记者先问道，他说不晓得，我不恼他，后来他冲我一乐，未免缺德。口颊春风，不费之惠，何乐而不为？《益世余谭》
【口口舌舌】	口舌。	譬如要是搬过去，难免就有口口舌舌。《白话聊斋·乔女》
【口盟】	口头认了把兄弟，没有举行仪式。	诸位瞧见啦没有？这是口盟的把兄弟！《小额》/死鬼三哥我们是口盟，哥儿俩吃喝不分，简直过命的交情。《鬼吹灯》/忽然来了一个姓杨的，天津口音，三十多岁，高身量，白净子，自称与仲臣同事，并且是口盟，奉主人委托进京有事。《益世余谭》/本县的书役人等，不是跟他换帖，就是跟他口盟，所以一只虎横行霸道，没人敢摸。《进化报》
【口气】	口风。	先还疑着盗收珠簪复给送还的事，或系玉英所为，也曾屡次拿话探试，并没得有一些口气。《传奇小说·六月子》
【口羞】	不好意思说。	小姐心中想念父母，又在人生面不熟的地方儿，未免有些口羞。《讲演聊斋·邢子仪》

【扣】	不客气地用话压下去。	何氏原不是真醉，故意的借着酒说话，一来是试探，二来是蛊惑。没想到让凤仙给扣两句，自己很觉着不是劲。《过新年》
【扣乘扣乘】	耽误您乘车了。客气话。	他倒跳下马车来了，跟我拉不断扯不断的说话儿，跟班儿的也下了马车啦，连赶车的都给我请安，后来他连说磕头磕头，我说乘扣乘，五十多岁上车还挺俐罗，真是修来的。《势力鬼》
【扣盖儿】	下定决心要干某事。	临完对着母亲说了句潦亮话："妈，就不用演说啦。不让我嫁范郎，那一时门儿外头锣鼓儿一响，我豁肚子行不行？"耿太太一听姑娘的话，所透着扣盖儿，心说："有咧，架不住长长的功夫、耐耐的性儿，给他个天天儿劝，见要他心眼儿一活动，可就好办啦。"《杂碎录》/大奶奶跪在地下，一瞧丈夫今一天，这叫扣了盖儿啦。《讲演聊斋·佟客》/我并没同他抬杠呕气，他居然同我扣了盖儿似的。这一程子，简直的不回家来咧。《讲演聊斋·邵女》/我想翅子、海参都吃饱了，苏造肉上来，未定准吃。无论好歹，也就混过去了。没想到这位臬台扣着盖儿等吃苏造肉。《苏造肉》
【扣锅】	指完蛋了。	这位政客，十分烦闷。现在安福部扣锅，汪某远扬，某政客不但安然无事，现在投机活动，前途很有希望。《益世余谭》
【扣环】	认定。一定要干到底。	秦英听见这个信，勾起前场，又要上河南。如海夫妇再再的拦劝，费了好些个话，老头子扣着环要去。《回头岸》/这小子谋当儿子没当成，这们些年不死心，张翁这分家产，他所扣了环啦。《张和尚》/我们父子等着同赴鹿鸣哪（扣环非中举人不可）。《刘阿英》/如今看见这乘轿子，他是扣着环要坐轿子。《怪现状》

【扣着食】	为大吃一顿，上一顿故意没吃饱。	毛豹说："拿饭来我吃呀！"（要唱"落马湖"）尤勇说："你将才这一要像儿，吓了我一身毛病，你敢情是扣着食哪。我告诉他们了，回头咱们吃鸡蛋炒馍（河南管饼叫烙馍，就是鸡蛋炒饼），你瞧好不好？"《小蝎子》/今天大喜的日子，先不提这个，天也不早啦，摆晚席要紧（这小子扣着食哪）《贞魂义魄》/清禄要了三个大菜，大家都楞了。李所长跟他最熟，当时说道："老清呀，你扣着吃食哪？《双料义务》/闻人生心说：八成儿这是请吃上馆饭来啦，连忙说："可以，可以（病秀才大概也正扣着食哪）。"《讲演聊斋·考弊司》
【扣子】	说书的关键处。评书或鼓书中的悬念处关键处。	有人说，你书还没说呢，倒先都评出来，那还怎么留扣子呀。《评讲聊斋·阿绣》/因昨天的扣子，赶到此处没法结束，所以才叫顾奶奶唱了两句浣花溪，无非是斗哏而已。今天说明白了，免得大家摘毛儿。《评讲聊斋·续黄粱》
【窟窿桥（儿）】	不可信的，骗人的。	几个月的教潮，好容易有了头绪，头一个月就是窟窿桥儿，往后还有准儿呀？《余墨》/况且此时的中国，讲究起各式各样，是直跟着东西洋屁股后头哼哼。人家也好，真拳儿也有，窟窿桥儿也来一个。就有得了便宜的，就有骑上瞎马的，不论怎么机灵，身子是已然掉在井里，再顾耳朵这不是多余吗？《演说·借镜》/袁大总统，本是位英明智勇之人，居然会上了这么一座大窟窿桥儿，坐了十来天的虚名儿皇上。《演说·纪念日之感言》/你别听哥哥弟弟叫的亲热，早晚让你骑上瞎马。你当是让你走平道哪。那敢则好。让你走着走着，自己上窟窿桥儿。《演说·民国四年的盼想》/窟窿桥，简直没准根。《旧京通俗谚语》

【苦】	死气白赖。形容程度高。	人家作官的，敢则不是一样。不专是能刮地皮、苦害百姓，会真有仁义道德的。《杂碎录》/上截身子在地下苦一折饼，嘴里说，饶命饶命。《杂碎录》/这一份儿苦麻烦，急的胎里坏是起火冒油。《小额》/当差的回话，说是开不开。曹猴儿说："开不开，拿锥子挖那个塞子得了。这把子东西们太笨了。"曹猴儿正在苦作情，陪客里头有一位胡连长，当时放声大哭（奇）。真是一鸣惊人，举座骇然。《理学周》/孙子游跟郎才说："要撤我的差使，咱们是一锅儿熬，谁也跑不了。"郎才也抓了，苦跟吴世仁一说，算是没撤。《二十世纪新现象》/往往见奶妈子上街，专在铺户门旁闲坐，苦跟掌柜的瞎聊。《演说·说奶妈子》/院上有一个朱师爷，跟朱瞎子是同省，可不同县。朱瞎子婉转周折，跟朱师爷苦套联络。《怪现状》
【苦拔苦掖/苦巴苦曳】	拼命辛苦（干某事）。	为父母的，自己眼瞅着孩子们，原不过盼着能够配个好对儿，才把苦拔苦掖的心肠，也就完了。《语言自迩集》/如果真有多大输赢，或者还算是个乐儿，最可怜不过是苦巴苦曳，你可耍的是那一门子？《白话聊斋·赌符》/既是一个苦拉子、无能为、穷棒子骨，又何必苦拔苦曳要娶女人。《白话聊斋·王成》
【苦拉子】	苦人。	既是一个苦拉子、无能为、穷棒子骨，又何必苦拔苦曳要娶女人。《白话聊斋·王成》
【苦其马子/苦其码子】	穷苦的人。	好在一枚铜元一支，物虽不美，其价甚廉，搁在嘴里一样冒烟儿，谁还管他是甚么味道，苦其马子也能过瘾。《燕市丛谈》/每年一到正月十九，游人异常踊跃，高等者或放堂，或出善会，苦其码子只好摸摸石猴儿，中等人稍有余资，还可以打打金钱眼。《都市丛谈》

【苦情】	①悲惨。②厉害：形容程度高。③诉苦、抱怨。	①大拴子一说怎么他大舅母竟哭，怎么托了好些个人，花了好些个钱，官司可老没信完，说了个挺苦情。《小额》②主人看着又可笑又可气。后来借着一件事情，说了个骂假道学的笑话儿，骂的还是苦情，招的哄堂大笑。《王有道》③[加酒税与国课无补]前登酒行苦情一节，还不甚详细。《本京新闻·京话日报》
【苦条子】	说悲惨的事，让人同情。	耿太太听姑娘的话口儿，仿佛是要蹿，接连着又使苦条子。《杂碎录》/耿太太拿苦条子一打姑娘，想着铁心人也该有个活动气儿。《杂碎录》/照你这们一说，我还得赈济你呀，你这不是苦条子吗？告诉你说，两千块钱，少一仙都不成。《小蝎子》/本来人家是好人，姨奶奶也是受刑不过才逃命，其中并没有别的。这是段苦条子，咱们不能给人胡添彩，血口喷人，死了要下拔舌地狱的。《忠孝全》/将过了新年，就说打粥，好像这道苦条子上的太早。《演说·打粥》/这段儿书，虽是家庭故事，近点儿苦条子。《讲演聊斋·段氏》/你想这一程子，借款是借不出来啦，南北统一不能一时解决，库伦的事也不能立刻肃清，我再拿这苦条子的信一磨烦，岂不是诚心让诸位心里不痛快吗？《讲演聊斋·细侯》/直到这两天的书，都是苦条子。《讲演聊斋·任秀》
【苦子】	苦头。	我想前场那回事，要没有二叔，我们爷儿们苦子可就大了。《胶皮车》/我要跟他来个武力解决强硬手段，大概许不行，碰巧闹个眼前苦子。《苦鸳鸯》/穷人借本谋生，明知道是苦子，不能不使。《益世余谭》/苦子乐子，本是两件事，如何说是一样呢？《春阿氏》

【库兵】	在库当差的兵。	后来给他儿子办了一份库兵，花了五千五百多两银子。后手啦，老头子死啦。小额当了三年的库兵，算是好，没出多大的吵子（贼星发旺），家里的钱是挣足啦。《小额》/ 旁边有一个拉车的，知道他的历史，说此人叫小长，黄旗满洲人氏。有他父亲在世，保过库兵，放过阎王账。《余墨》
【库缎心】	势利眼。看见穿库缎的人就巴结。	作买卖的，万不可眼皮子往上翻，倘或应了俗说的那两句话："洋绉眼，库缎心。"□掌柜的看出你这种毛病来。《演说·说商眼》
【库缎眼】	势利眼。看见穿库缎的人就巴结。	记者前著一种小说，其名为《库缎眼》，在某报逐日登载。该小说之内容，系保府李某，待遇出阁两女，嫌贫爱富，怪像万千。阅报者咸谓记者笔墨太刻，形容过火，不料如今居然有库缎眼第二发现，其鄙陋无耻，较诸库缎眼，有过之真无不及。《益世余谭》/ 大李五之为人，向来趋炎附势，爱富嫌贫，因此大家送了他一个外号儿，叫作库缎眼。从先有洋绉眼之说，现在洋绉有点过景，库缎时兴，所以管他叫库缎眼（按说应该叫铁机缎眼）。《库缎眼》
【夸兰达 / 夸阑达】	满语，旗人管本旗参领叫"夸兰达"，也是对一般比较高层的官员的称呼，如同汉人叫"大人"。	"这两天没活，我们牛录上有一个拨什户缺（就是领催），大概这两天夸兰达验缺，我也得练练箭哪。"《小额》/ 两位印务都站起来啦，说："三奶奶，你何必多这个礼。"桂氏说："我有件事情，求二位夸兰达（清语管参领叫夸兰达）分心。"《鬼吹灯》/ 不大工夫，把阿氏之母阿德氏，带到案前跪下，眼泪在眼眶里含着，望上叩头道："夸兰达恩典。替我们母女报仇。"《春阿氏》/ 文光道："夸兰达明鉴。阿氏死在狱里，论理不该当我领。我既领了，就算对得起她了。"《春阿氏》/ 堂官夸兰达的月事（月事者，陋规之别名也）又扣个几

		分，满刨净了，剩个一两七钱多银子。《连环套》/ 这是石爷说的吗？我们旗的夸阑达犯贼疑子呢。《讲演聊斋·武孝廉》
【快班（儿）】	捕快。	三十年前，记者在山东随任，彼时范县出了一个案子，是快班头目刘瘌子（可不唱老声）卖放了一个要犯，事情发觉，刘瘌子远扬。《益世余谭》/ 他兄弟牛三，在县里当快班儿的老总。《胶皮车》
【快镜】	照相机。	吃亏当时没有快镜，要是有快镜，照下一个像来倒是很有意思。《曹二更》/ 要照这们着，我倒有一个主意。以后各报馆访事员，都带着快镜，跟留音机器就行啦。《进化报》/ 那不是不伦不类吗？让外国快镜照上，早把他拿回本国陈列去咧。《演说·眼镜》
【宽章】	宽衣。	那天请的是便章，小鬼周向首道说道，"大人，可以宽章吧（就是让他脱马褂儿）。《白公鸡》
【款式】	大气、高贵的式样。	别瞧人家行业微，家里也很款式。《评讲聊斋·胭脂》/ 子仪雇四脚驴，先到这所房子，看了一看，别提多款式啦。《讲演聊斋·邢子仪》/ 即或在衙门住，也诸多的不便。在外头预备公馆，就得个款式的地方儿。《怪现状》/ 次日孔生同公子到闲院中，看了看房舍，虽没有当日单公子宅中款式，也将就够住的了。《讲演聊斋·娇娜》
【馈杵 / 匿杵 / 窥杵】	让人送钱。江湖黑话。	不论你说哪样儿，他跟你陪哪套；反正求财、谋事说日子，月令、终身说后来，把你拍个势不有余的，还得馈杵（送钱），想想这笔钱花的冤不冤哪！《燕市积弊》/ 任甚么还没说呢，这所为点着圆上粘子好馈杵。《评讲聊斋·柳生》/ 那金红又时常同客人给师傅白云鹏匿杵。匿杵者，即敲财。敲财者，

		即要钱之谓也。《白云鹏》/毛先生使上卖野药儿窥杵的门子啦。《讲演聊斋·毛大福》/你所说窥杵的门子，在情理之内（也是一位江湖道的老前辈），其中另有一层天理循环报应。《讲演聊斋·甄后》
【坤班儿】	只有女演员的戏班。	这个又说："你们都没猜对。一定拐到上海排女戏去啦。现在坤角儿吃香，坤班儿女孩子，大半都是拐的。"《铁王三》
【阔手】	老手。	砍头荣是久惯诱卖妇女的阔手。《杂碎录》

L

【拉茶壶】	戏院里管倒茶、找座的人把茶壶收走。	两个人听戏，给了他十枚茶钱，还不满足，这还不提，这壶茶将渴了两碗，他就要拉茶壶（他们行话管收茶壶叫"拉茶壶"）。在他的意思，这壶茶如同供神一样，摆一摆就拿下去才好，可是争上茶钱没够。《益世余谭》
【拉翅（儿）】	旗人妇女头上的饰物，里面有架子，外面糊上青缎子、青纱等，再插上首饰，像帽子一样戴在头上。拉翅分小拉翅、大拉翅。小拉翅只是一个横条，两端像鸟的翅膀一样垂下。大拉翅比较高，就像电视剧《还珠格格》中格格们头上的饰物。	旗族妇女，梳大拉翅，后垂尺长燕尾，好在是身量高的人多。……一改民国，有将双翅削去的，在头顶上盘作一团，较起真来，并不是清宫另有旨意，不许旗族妇女梳大拉翅儿。《演说·时派样》／那天姑娘穿的是大红单衬衣，梳着大拉翅儿的头，朱唇浓抹、铅粉轻匀，倒也很大气；四位放定的倒直夸。《苦女儿》
【拉抽屉】	说了不算。	要这们行的话，已然脱口而出。他会能拉了抽屉，立时爬房，比朝出暮改，还透着快行。《演说·拙老婆巧舌头》／黎泽福道，"你别放屁拉抽屉遮羞脸啦，请问你们二位，还能离开一天呀。"玉蚨道，"嗳，少这么说，离开离不开，碍得着你吗。"《阜大奶奶》
【拉荡儿／拉蹚儿】	治病故意不给人治好，让人一趟趟地看病，好赚钱。	要说当大夫里头，那一份种种的怪现像，真是一言难尽（品学兼优的高明老先生们可别挑眼）。头一样儿，讲究拉荡儿，应该五荡好，总想着多拉人两荡（您听听这种心术）。

		《小额》/ 有力之家，挣他几个钱原没甚么，可是也不该拉荡儿（如今不拉荡儿的又有几个）。《曹二更》/ 俗语有云，"医生有割骨之心"，言其既当大夫，就有救人的心，给人治病，很{恨}不能一付药就好（可别拉荡儿）。《益世余谭》/ 可还要趁此拉个下荡儿，说："你总得定个日子，咱们两个人，会合会合。"《评讲聊斋·胭脂》/ 一个不见效，兄弟心中已是不安，而且与名誉有疑，说兄弟好拉蹚儿。《讲演夜谈·孝女》
【拉风箱】	喘。	谁知后这个拉车的，既聋且老，上头拉风箱（喘），脚底下绊蒜。《益世余谭》/ 吴能手见牛成儿走着道儿拉上风箱啦，心里倒替很难过。《杂碎录》/ 此时伊老者气的坐在那儿，嗓子眼儿拉风箱。《鸡屎德子》
【拉篙带舵】	拉扯上别人。	好朋友的话，不能拉篙带舵。《评讲聊斋·青娥》/ 一来我没哭的没叫的，走遍天下端个碗，"此处不留人，还有留人处"。我决计不能拉篙带舵，跺跺脚尘土不沾，咱们好离好散。《讲演聊斋·甄后》/ 无论锉骨扬灰，好朋友决不拉篙带舵。《白话聊斋·折狱》
【拉胳膊扯腿的】	拐着弯儿的（亲戚）。	新帘子胡同的阿三老爷，从先是本旗的印务，现任左翼某旗副都统，专能卖缺，外号儿叫阿大价儿，是一门拉胳膊扯腿的老姑舅亲。《小额》/ 顶有一位二舅太太，是一门子拉胳臂扯腿的远亲，外号儿叫臭嘴二舅太太。《过新年》
【拉官纤】	给买官卖官拉纤。	前门外施家胡同的赵华臣（金店的东家，素日结交几位汉官，专拉官纤，他有一个专门的能耐，就会拿秧子，吃小哥儿，大烟得抽四两广土，久站前门西啦，跟额家是世交）。《小额》/ 闷的慌，他还能唱曲儿解闷儿，专

		能谄媚奶奶、太太、姨奶奶。碰巧了，他还管托人情、拉官纤，三节两寿到宅里拜节，十两八两的得赏钱。《过新年》
【拉官司纤】	给打官司的人找关系，从中收钱。	酒醋局希四爷（刑部候补员外，神机营营务处的委员，素来以拉官司纤为生，无论谁，都讲使钱，沾手三分肥，六亲不认，有名儿的白脸儿希，是小额的一个口盟把弟）。《小额》/ 久拉官司纤的，常有这宗德行，准知道打官司的这家托着别人呢，又一求他，他也并不推辞，等到人家的人情响啦，他也出来啦。不但是拉官司纤的有这宗德行，就是拉官缺纤的，也常有这宗德行。《小额》/ 新近又拉官司纤来着，被人告发啦。《进化报》
【拉后勾儿】	事情没完。还要继续要好处。	要二百就给二百，拉后勾儿，又要二百。这位俊老爷，真有点儿贪得无餍。《进化报》/ 武爷一听，这分明叫拉后勾儿要钱。《讲演聊斋·田七郎》/ 那是我们编辑员拉后勾儿的辞儿。《讲演聊斋·佟客》
【拉老婆舌头】	传闲话，挑拨是非。	梦见甚么说甚么，尽拉些个老婆舌头，太多嘴了罢！《语言自迩集》/ 这个傻大姐儿，虽然缺心眼儿，拉老婆舌头，他是专门。《过新年》/ 这小子连蹬带踹，一拉这个老婆舌头，少奶奶们还都信服他。《过新年》
【拉拢】	①瓜葛。②拉关系。	①过了没有一天，就见龚二手指上，把那个戒指带将出来，小虎看见，觉着有点诧异，心说莫非这龚二与这个姨奶奶有甚么拉拢吧。《皋大奶奶》② 大凡上赶着走亲戚，拉拢着认本家，总都是看着人家有钱有势前去狗事。混到泼大水、拉洋车，甚至于要小钱儿，真正的亲戚本家，他都躲着你，恐怕你张嘴，他还上赶着认你？《花甲姻缘》

【拉面儿】	给双方面子，从中调解。	有好朋友出来一拉面儿，无非是为甚么说甚么，谁还能撒泼打滚的不答应吗？《演说·俗语感言》/咱们这么办，也别管拉面儿的是朋友，是冤家，先叫他们了会儿说，过天我再替那些位字号朋友说事。《演说·游园花盒记》/莫若给你们拉个面儿，你倒看看行不行？《白话聊斋·萧七》
【拉篷扯纤】	拉纤。	这个人姓田，行二，尽给人家拉篷扯纤。《语言自迩集》
【拉皮子】	①在己方不利的情况下，厚着脸皮，打圆场。②硬逼着或求着人家同意。	①刘狗子那天，多喝了几盅，胡这们一吹，越说越离光，后来被人撅了一通儿，他也真会拉皮子，跟人家一认哈哈，也就完了。《回头岸》/"来罢，老头子。诸位帮个忙儿罢。"兵丁听周有道说话拉皮子，大家一笑，说："您拿不动，我们可以帮着。"《杂碎录》/不过他是老官场油子，自己能拉皮子。当时没乐挤乐，干笑了两声。《一壶醋》②孙小山跟人家拉皮子，请安磕头，一定求人家作媒。《小世界》/连拉皮子带讲理，只要人一到家，何愁生米做不成熟饭哪。《杂碎录》
【拉舌头】	①替人说。②传闲话，挑拨是非。	①人家小两口儿都不说，我不能不替拉舌头。《讲演聊斋·王桂庵》②暗暗嘱咐寄生，千万少拉舌头。《讲演聊斋·寄生》
【拉丝】	①写文章、说书时，故意啰嗦。②故意拖时间。	①解老者虽比不了金眼雕，老年人结实，能走远儿，几十里地的路程，还能走三天三夜吗？况且是说书的嘴，就是笔写也是一个样，说话就到，还省得拉丝哪。《杂碎录》/这点儿书，你做甚么这们拉丝费话呀？《讲演聊斋·成仙》/这段成仙说到今天，已然快二十天啦。所说的全是周生打官司，成生交友仗义，并没提到仙字，好像我故意拉丝。《讲演聊斋·成仙》/在我由一个风字儿，就说了八百多字，并非我好拉丝，皆因这路

		不近人情的事，实在不易著笔。《讲演聊斋·红玉》②这不是他在屋里，故意儿的拉丝打扮吗。《讲演聊斋·佟客》
【拉丝调线】	磨蹭，故意拖时间。	满生说："明天准见就是。"说完不好再拉丝调线，抹身形往街东走去。《讲演聊斋·细侯》
【拉晚儿】	①人力车在晚上拉人拉货。②晚上不睡。	①假令下午放学之后，他要蒸锅白薯卖一卖，闹辆洋车拉个晚儿，你还能干涉他吗？《益世余谭》/听说北城有一位现任副都统恩大人，穿着一身官棉袄，孩子整天打粥。还有一位世袭公爷拉晚儿（带灯），其余可知矣。《余谈》/又某小学的教习，放学之后拉个晚儿（拉晚儿是胶皮界的名辞），及某区巡警，辞差拉车。《余墨》②但说升儿，夙日知道主人是惯爱拉晚儿，放夜游子。《讲演聊斋·龙飞相公》
【拉下长脸儿】	拉下脸。	只要是不犯法，能拉的下长脸儿来，编套词儿数来宝，也能混两顿窝窝头吃。《演说·大雪》
【拉药斗子的】	药铺店员。	拉斗子的先生们（药铺站柜的，叫作拉药斗子的）就应该有分怜悯心，和平对待，似乎才合理。《益世余谭》
【拉着溜儿】	一个接一个。	吴厚跑在前面，一拉风门儿，四个人拉着溜儿进来。《杂碎录》
【拉着皮脸】	厚着脸皮。	大家一想也是，不去是不行，没法子，拉着皮脸见人家去罢。《粉罗成》/那时谢桂笙，早把衣服都预备好啦，一见乐行走入，遂笑道："瞧瞧，这一理发，少了十岁似的，快把衣服换上吧。"闹得张乐行，反倒害起羞来，说不得，拉着皮脸，把衣服披在身上，众多丫环，帮着扯袖，帮着扣钮，不到一刻，扎辫停当，刚要坐下喝碗茶，压一压心火。《新黄粱梦》

【啦】 la	处所词；边儿。"东边、西边、南边、北边"，北京有人说成"东啦、西啦、南啦、北啦"。	记者前晚，由前门回家，雇了一辆胶皮，走在东四牌楼南啦，车上灯被风刮灭，我让他点上，他说那边打上油再点。《益世余谭》/ 我走到衙门西啦，正遇见许允修许二先生，他上刑房找人，我跟他到了刑房。《酒之害》
【来不来】	动不动。	况且别人都没动静儿，你来不来的先这么怕，这样儿那样儿的防备着，还有个汉子的味儿么？《语言自迩集》
【来派】	来头。兆头。	王先生一听，说："嗳呀呀，您这个病，来派可不善哪。我先给您诊诊脉吧。"《小额》/ 肚子有石头这么硬，嘴里流黏涎子，这是夹气伤寒的来派。《语言自迩集》/ 一听来派儿透硬，也就忍了肚子疼啦。连忙算了算帐目，把铺子一收，就算落了人财两空。《评讲聊斋·锦瑟》
【来人儿】	中介。说合人。	完了，大车王出来，来人儿带着，给人家登门磕头，让人家教训大儿子似的数落了一顿，算是完事。《小额》/ 此时王大爷，好像旅馆招待主顾的伙友，又像上活的来人儿。《评讲聊斋·画皮》
【赖皮丢】 làipídiūr	没脸没皮。	一旦你过了门，他可是夹板儿套脖子，生添一口人，连奔吃带奔烧，满打我赖皮丢似的跟过去，帮着一尽洗洗涮涮的义务，好了落个直棍儿，心里有个不愿意，冲着丈母娘一掉脸子，吃饭真得打脊梁骨上下去。《杂碎录》
【拦……清谈】	打断一下。客气话。	"老哥儿们别乱，我拦诸位清谈。我请问您哪，善哥，倒是怎么着？"《小额》/ 先生我拦您清谈。我病了好几个月啦，米汤对敷着喝两口，别的所咽不下去。还好的了好不了？《鬼吹灯》/ 别忙别忙。我拦诸位清谈。今天没有外人，都是自家自己，里码子一顺子。《土匪学生》

【拦门墙儿】	做人做事的一般限制、规矩。	咱们可是一块喝呀,你别回头说,你有甚么拦门墙儿。《讲演聊斋·田七郎》/ 你既是就酒馆子来找我,多半儿你好喝盅儿。我也没甚么拦门墙儿,你这们办,咱们两个人儿,投缘对劲,可总得喝会子。《讲演聊斋·双灯》
【懒凳】	放在门洞里的长凳。	门外左右懒橙{凳}上(大门外的板凳,俗谓之懒橙),常有男女仆人闲坐,哄着少爷小姐,说说笑笑,兴高采烈。《益世余谭》/ 徐爷远远看见门口有拴马椿子,门洞有懒凳。《讲演聊斋·驱怪》
【懒老婆菜】	切成丝儿的咸菜。	北京油盐店内,卖一种咸菜,是用腌萝卜,切成细丝儿,卖给人家食用,一名碎菜。为何又叫作懒老婆菜呢?因为买这宗咸菜的,买到家内省的切,拿起来就吃,懒人所为省事,妇人又有老婆之徽号。《演说·懒老婆菜》
【懒驴愁】	鞭子。	你要是不找人疼,诚心犯别扭,你瞧见墙上挂着的懒驴愁了没有,那就是你的对头。《苦鸳鸯》/ 赵阎罗既然摆列出许多刑具,还能说说算了吗?这才抓起懒驴愁来,蘸了点水,照定姜氏,就是几鞭子。《评讲聊斋·仇大娘》/ 李瘸子用懒驴愁把金红打了个皮开肉绽、鲜血横流。《白云鹏》
【烂】	"乱"的音变。	正这儿说着,就听门口儿门环子"拍拍拍"拍的烂响。《小额》/ 有他们花的,就得有咱们花的,不然的话,给他搅个烂七八糟,谁也别打算心静。《阜大奶奶》
【烂好人】	没有是非,对谁都好。	妹丈,你这个人是个烂好人(这是我们彭二哥说我的话),拿谁都当好人。拧你两句,你不认识东南西北(我还不至于这样儿)。固然是待人宽厚好哇,你要知道慈悲能生祸害。《张文斌》/ 不过他那个脾气,是个烂好人,拿钱不当钱,好交穷朋友,没事瞎耗费钱。《势力鬼》

【烂酸梨】	形容被打的惨样。	你们别说啦。再说我成了个烂酸梨啦。《白话聊斋·胡四相公》/你满打替你主人遮掩，卖一通儿，那叫帮腔的上不了台，打你个烂酸梨似的，你主人还给你预备养老院吗？《杂碎录》/小蝎子说："让谁给收拾了？"孙二狗说："就是毛豹那小子，他把我打了个烂酸梨似的。这还不要紧，他还把您骂了个不吐核儿。《小蝎子》
【狼】	坑害。	遇见吃秧子的，想法子狼他行啦。真朋友他们不懂交（浪荡子弟照例如此）。《二家败》/他这路东西最灵，惹翻了他。不但犯骚，还许变着方法儿吃我狼我呢。《讲演聊斋·毛狐》/这件事在武爷虽是好意，究竟是财大气粗的哥儿派。这要遇见打算狼他的，可就行啦。《讲演聊斋·田七郎》/你养的这样好女儿，得着谁，吃谁狼谁，要谁的命。《讲演聊斋·湘裙》
【捞毛虎】	妓院杂役。	一个捞毛虎，也要洋绉、库缎往身上招呼。《白云鹏》/几个捞毛虎一齐说道："喝！好香，好香。"《白云鹏》
【捞毛将】	妓院杂役。	[新娘子不嫁捞毛将]新人见新郎貌丑，并嫌他营业下贱，一直闹了一夜。天明把媒人找来商议退婚。《北京画报》
【劳动】	让您劳动。客气话。	额大奶奶也给他还了个安，说道："这又劳动您哪。"《小额》/王英说："既然如此，明天我要送你一程。"铁王三说："那也不敢劳动。你给我照料家务，我就感恩不尽了。那们我可就不套虚了。"《铁王三》/芥舟说："屡次劳动老弟，我心中不忍。"《王遁世》
【劳动家】	体力劳动者。	前两年论电车的，多以劳动家的生计为前提，说北京地方的穷人，就剩了这一线吃饭的生机，要一修上电车，岂不全得挨饿么？《演说·电车》

【劳金】	雇主给的工资。	前几年学的买卖，都吃上劳金啦。《杂碎录》
【牢眼拉】	死在狱中。	敢则这个姓满的，在湖南遭了一场人命官司，卡在监牢。他是外乡穷秀才，一点儿照应没有。不到几天的功夫，连饿带受刑，已然牢眼拉咧。《讲演聊斋·细侯》/不因着你，何致这样，依我说孩子怪苦的，临到从牢眼儿一拉，更显得可怜了，究竟怎么件事，始终我心里糊涂。《春阿氏》
【老】	①死。②老于世故。	①你想父亲老的时候儿，你虽然五岁，我可是二十多啦。《评讲聊斋·阿英》②过了两天，车氏带着孩子回家，二奎子还提溜着心，怕车氏另有甚么发作，谁知道车氏来的更老，一切举动如常，仿佛行所无事。《连环套》
【老……师付的】	跟……学的。	离城二里来地，有一个地方儿，叫作柳林，让他们在那里等候。咱们在柳林相会（老《雪杯圆》师付的）。《大劈棺》/我家有八旬老母，无人侍奉（老《渭水河》武吉师付的），等着我卖菜回去，买杂合面儿蒸窝窝头呢。《益世余谭》/幸喜遇见老实角儿，堵气子人家让位不坐（老八主贤王师傅的）。《益世余谭》
【老帮子/老梆子】	对老年人的贬称。	蔡老帮子说："有话讲在当面，千万不可有意外。"《白话聊斋·瑞云》/嫁个年轻的，熬着生儿养女，嫁个老帮子，早晚一当寡妇。《演说·说妾》/可怎么脾气改的这们样的左性了？大概是受了这个老梆子的鼓惑，他今天才要起夫妻革命。《评讲聊斋·青娥》/善老太太不提世职还好，一提世职，算是刀对了鞘啦。桂氏心说："这个老梆子多嘴多舌。没有世职，还没有这个事呢！"《鬼吹灯》
【老碴儿】	以往的那件事。	至于怎么走路费劲，不用我细说。你就想想庚子那年的老碴儿就知道了。《评讲聊斋·阿英》/不想张铁汉初次上宝局就赢钱，吃出

		这个甜头儿,耍上瘾来啦,到了第二天,还想着老碴儿呢,心说今天我一个人儿去,多少赢点儿,小花着也方便呀。《张铁汉》
【老陈人儿】	老人儿,很早就在这儿的人。	这位王三,有六十多岁,是本旗的一个老陈人儿,旗下那本老账,人家算吃透啦。《小额》/他呢,也是这一方的老陈人儿,你也不用害口羞。《讲演聊斋·邵女》
【老父台】	绅士、有功名的人对本县县官的称呼。	台下立起三四个绅商,向范公说道:"老父台如此厚爱百姓,倡立义塾,更是一县子弟之福了。"《杂碎录》/詹生对宫知县说道:"小侄到此,有一件事情来请教。不知老父台可以说了顿开晚生的茅塞不能呢?"《何喜珠》/郭翰林跟王大令的房师是同年,他得称郭翰林"老前辈",郭翰林称他为"老父台",这就是人敬人高的事情。《方圆头》
【老根人家】	有根底的人家。	虽说没同本人商量,从来都是先嫁由父母,况且又是老根人家,还能讲自由结婚吗?《评讲聊斋·姊妹易嫁》/现在能讲究作针线活上中的妇女,虽不能说是无有,在百人之中,能有二十位就算是老根人家的好手。《演说·冬至日长添一线》
【老公祖】	绅士、有功名的人对县官的称呼。	公子进来,冲定县官,恭恭敬敬的,打了一躬,说:"老公祖在上,生员孙麒参见。"《讲演聊斋·吕无病》/老公祖多在意,早为一方除害要紧。《讲演聊斋·邢子仪》
【老官儿】	老头儿,家里的男主人。	且说北京东城,有一个旧家,金张门第,世代簪缨。老官儿当过将军,已然故去,少弟兄三个同居。《搜救孤》/在宣武门内安福胡同租了一处大房,置买一套洋式桌椅,门前安上电灯,屋中安上电话,厨子老妈,车厂马号,应有尽有,无不齐备,要由外面一瞧,就知是位新得事的大阔老官儿了。《新黄粱梦》

【老好子】	老好人。	这衙门里，官儿是个老好子。就是帐房儿的小张儿，是一个狗食盆子，非把他除了不行。《张文斌》
【老合】	江湖艺人。江湖黑话。	江湖艺人对于江湖艺人，称为"老合"，敝人曾听艺人老前辈说过："能给十吊钱，不把艺来传；宁给一锭金，不给一句'春'。"由这两句话来作证，江湖的老合们，把他们各行生意的艺术，看得有泰山之重。《春点》/别瞧二爷凤日不谈治病，敢则朦吃朦喝有胆子，真是老合的□子。《讲演夜谈·霍筠》/王生听这话突如其来，以为道士必是老合，不用说是个饿盘儿的，不然恐怕点不住我。《白话聊斋·画皮》
【老虎摊（儿）】	卖假古董的摊子。	听场内人说，各贷全是实在价钱，决不能像老虎摊似的，满天要价，就地还钱。《演说·劝业场游记》/《老虎摊儿》原先琉璃厂有摆摊儿的买卖，原叫"货摊"（俗称"老虎"者，言其最能吃人）。此等买卖，实在是一宗大生意，所卖的无非是些个铜器、瓷器、木器、锡器、并各种玻璃镜子，可称得起擦干掸净，整旧如新。凡铜盆、铜炉，或用水银擦亮，或用颜色溜〔镏〕金；滑石的搬指、图章，做成旧玉一样；甚么水火壶咧，夹板儿咧，马鞍子咧，一时都说不完。究其〔起〕真来，一样值钱的没有，要摆在街上，一看绕眼争光。《燕市积弊》
【老会】	创建年头久的会。	要照他这宗议论，是作官的就没有好人啦，都是害国害民搂钱老会，那还了的？《王遁世》
【老家儿】	一般指父母，如父母不在，也可指长辈抚养人。	这年月就是那个事。女人孩子至重，老家儿不是东西，我劝大叔不必生气。《回头岸》/北京的习惯，三十儿晚晌，讲究辞岁。阖家大小聚在一堂，作晚辈的，要给老家儿磕

		头。《过新年》/唉,这也能竟怪年轻的不好,都是他的父母老家儿不明白,不懂教育儿子的道理。《演说·劝旗人激发天良》
【老块块子】	对老人的蔑称。	因为有个老块块子在,诸多掣肘,而今老帮子虽然死去,心里反倒为了难啦。《说聊斋·乐仲》
【老了】	过头了。	一块魔一瞧荀庄自己递口话儿,心里说:是了就是了。绷老了就不好办啦。《大劈棺》/后来有一个十七八的孩子,说:"先生,您给我七吊钱,我拉您去怎么样?"我一想,小孩儿倒很公道,我别绷着了,绷老了,雨再一大,块半钱也得算着,当时认可上车。《益世余谭》/阁下要是把事情弄老了,那可就全不好办了。《二十世纪新现象》
【老妈(儿)】	老妈子。女仆。	在宣武门内安福胡同租了一处大房,置买一套洋式桌椅,门前安上电灯,屋中安上电话,厨子老妈,车厂马号,应有尽有,无不齐备,要由外面一瞧,就知是位新得事的大阔老官儿了。《新黄粱梦》/车氏三天五天不回来,二奎子带着小老妈儿一吃一喝,孩子是由性儿一花钱,加着人情分往,连吃带穿,就说他放账承办带出赁布棚,也够他受的。《连环套》/瞧这个小老妈儿,原质倒是不错,不过欠人工就是了。好好儿的刷洗刷洗,很有两眼。可惜了儿这们一个俊人物儿,配了这们一个麻颏。这真邪行。《连环套》
【老妈妈论儿】	民间流传的没有科学道理的说法、规矩等。	这里头有两个原因。第一,我们掌柜的恐怕姑老爷看着难受,第二,有这们一个老妈妈论儿,没过门的妻子死啦,要是让姑爷看见,女家儿犯连儿四的重丧。《大劈棺》/老妈妈大全,第一章第一节所载的老妈妈论儿,就数过年的时候迷信事最多。《演说·旧新年之迷信》

【老妈妈律儿】	民间流传的没有科学道理的说法、规矩等。	近见北京人家，到了正月二十五日，颇有许多的穷讲究。不往外借东西，不往外送吃食，简直的说罢，叫作许进不许出，也不是谁，留下这们个老妈妈律儿。《演说·说添仓》/ 打算嫁娶两事简便，先要把老妈妈律儿抛开，这才能行哪。《演说·聘女感言》
【老满（儿）】	把话说满了，没有回旋余地。	可是在额大奶奶头啦，应了个老满儿，打算是瞧事作事，遇机会下嘴。《小额》/ 濮大听霍二爷把话说得老满，不敢当人驳正，容这两个人进去。《讲演夜谈·霍筠》
【老米树】	①指旗人钱粮。②指能依靠他生活的人。	①北京的旗人，别以为有钱粮，有差使，有官作，就是万年不倒的老米树啦。那主意可就打错了。《演说·劝旗人妇女当习工艺并改良头脚》/ 各营武官，把这个钱粮，只当是可以死吃一口，也不看看咱们这棵老米树，已经叫老米虫子给咬干净了，还指望著一年两季收成吗？《来函·京话日报》②头两天我瞧去，有一点病不重呀。怎么说死就死呀？这下子干了，老米树倒了，每月短进还几百块。《势力鬼》/ 还有檀柘寺的大青二青，和尚们拿他们当棵老米树。《演说·卢师山》
【老米嘴】	原意是不善斗的蟋蟀。比喻窝囊、不能干的人。	所像个斗虫，再由对面细看，咳，可惜这个胎骨儿，敢则是个老米嘴。……蟋蟀生来是老米嘴，就是个无用之虫。人若生来也是个老米嘴，一样是能吃能喝不能干。《演说·老米嘴》
【老排子】	对老年人的蔑称。	成年后只要一发迹，当然要躲著老排子。《都市丛谈·实事白话报》
【老千儿】	当时纸牌中的一张，脸是红色的。	兰氏是连烫带磕，瓢儿就算开啦。鲜血一流，直像个活老千儿。《评讲聊斋·锦瑟》/ 本来老太太，家里还供着老千儿哪。《杂碎录》
【老抢儿】	强盗。	当时没等下床，在床上就跪下啦，说："老老老砸儿太爷，饶我的性命。"这个老砸儿倒乐啦，说："他奶奶的，谁是老砸儿呀？" 陈杏

		链自知失言，说："我错我错。我不该叫您老砸儿，我叫你老抢儿得了（还是一个样）。"《赵三黑》/ 有家儿姓傅的，是个大财主，为人最啬刻，大斗小秤，重入轻出，不懂得甚么叫爱群（当老抢儿的也用上新名词啦）。《张铁汉》
【老丧】	老人去世。	我成家的时候儿，人家是二十斤酒、二百包茶叶、四块分子、两块拜礼，这又是个老丧，太淡薄了，似乎太难。《势力鬼》
【老实角儿/老实脚儿】	老实人。	瞧你这个人儿很像个老实角儿，你如果把交给你金首饰的这个人儿指给我们，那不我们办他，把你放了都可以。《讲演聊斋·毛大福》/ 武承休同田七郎，说了几句话儿，见七郎是有一句说一句（跟我一样，离不了原文，俗语说："灶王爷上天，有一句说一句"，这话我信不及，恐怕没那们些功夫），说得全是老实脚儿的大实话，一定是个诚实好人。《讲演聊斋·田七郎》
【老头票】	日币。	这老头二字，系属某国的一种币制的代名词。不过他的代价，较袁头加贵而已。或有人说，我明白了，大概就指得{的}是俗说的老头票。但是老头票在本市里，向不多见。《燕市丛谈·袁头与老头》
【老台】	老哥或老弟。	这个文范氏，也是个女混混儿。刚才一照面儿，我就亮她。嘿，老台，走着，走着，到公泰的话，我再细细的告诉你。"《春阿氏》/ 有问钰福的道："老台你那红儿呢？怎么没提了？"《春阿氏》/ 大哥、九爷、老台，俺们哥儿几个轻易遇不到一块儿，走罢，咱们喝会子去。《演说·茶社》
【老天扒地】	形容很老。	你向来是最孝顺的，忍心看你奶奶老天扒地的受罪吗？《都市秽尘》
【老乡长】	对同乡的尊称。	老乡长这次出京，大帅那里没有两封信吗？《一壶醋》/ 老乡长，咱们都是为方子傍{旁}儿（旗人），非亲则友。《一壶醋》

【老严儿】	严丝合缝。	往上一瞧，嗳哟，怨不得呢，上头砌了个老严儿，没有出气儿的地方，真得改一改良。《进化报》
【老窑】	妓院。	时常在花界走走，因为逛老窑，结交了一个河工总办的家人。《白公鸡》
【老谣】	谣言。	不用说刨著银子，那不刨出一口大空缸来哪，腌咸菜使也是好的。您乘早儿别说这宗老谣。《杂碎录》/大略的一提，不想甘大爷把头摇了两摇，说这话可真透着荒唐老"谣"。《评讲聊斋·阿英》/火神爷这件事满是老谣，溯本穷源，还是自不小心。《余谈》/又甚么烈女不嫁二夫啦，妇人从一而终啦，那全是老谣冤人的玩意儿。《刘军门》
【老爷】	平民对县官的称呼。	老爷的明鉴，那儿那们巧，见天见有卖人的。《杂碎录》
【老鹰】	上面有老鹰图案的洋钱。	鹰有反正之分，正鹰洋曰老鹰。《社说·哭洋钱》
【老砸儿】	强盗。	单说巨野县地方，与曹州府相近，向来为老砸儿的渊薮。记者在该处待了二年，该处人民的性质，记者是知之最悉。在普通的议论，都说曹州府的人，生来爱当强盗。这话未免过火，可是该处强盗也很不少。《赵三黑》/兄弟你在政界，我说句话，你可别恼。现在作官，等于老砸儿。有几个有人心的？《王遁世》/滕县那个刘东翁，打上人老讲一千，所以叫作刘一千。就是老砸儿强盗，到他们手里，打你个死去活来，不招他也得招。《酒之害》
【老凿子】	认死理的人。	如果处处真实无妄，即是失败的老凿子，都说作事须循天理，出言要顺人心。《燕市丛谈》
【老斋】	对世事一窍不通的人。	芥舟这个人，除去读书作诗之外，一无所知，白面卖几个钱一斤，他都不知道。让他

		买一包花椒，他许上颜料铺买去。北京的土话，真正大老斋。《王遁世》/老兄，你太雏了。北京城的土话，你简直是老斋吗！吃咱们这碗饭，就仗着苦联络。《理学周》/旧日谓不下茶馆儿者，为书呆老斋（老斋者，不通外场之名称也）。《益世余谭》/及至到在那里，这一人开发戏价，外给茶钱四吊。看座儿一想，这位必是老斋。因为给茶钱如此之多呀。又一想，他不能有别的意思呀？必是老斋没听过戏，何妨再挤一下子。《社会见闻·好喝酒的请看》
【老着脸子】	厚着脸皮。	日前天桥某落子馆去一某甲，年约廿多岁，因其羡慕桑蕙芳，无法与之接近，俟该伶临下台之时，某甲将炮台烟一盒，老着脸子愣掷于该伶衣内。《北京画报》/戏何以名为半班，因为人数不多，谁都能装扮几样角色。忽而老旦，又改了须生，上一场唱花脸，二场就改扮丫环，祭台之时，一样是扭扭捏捏，老着脸子足一招说："外带着轻易不误场。"《演说·半班戏》/各戏园内，各卖艺场中，预先造出一种凭据，交给外人手中，再拿到戏馆或卖艺场内，就能一个老钱不花，老着脸子一坐，小名儿叫作白看白听，你说这东西有多硬正。《演说·免票》
【乐白了】	被人笑得尴尬不安。	要在如今必敬一阵肉梆子（巴掌），大家一乐，把耿老者乐白了。《回头岸》/徐堃言还未尽，刘二跟牛四，和着声儿一阵哈哈大笑，把徐堃也乐白了。《苦鸳鸯》/楞刘一骂狗，招得一群底下人全乐了。四位放定的太太也都抿着嘴儿直乐。这们一乐，把阿氏给乐白啦。《苦女儿》
【了】 liǎo	①解决。 ②顺手抄走。	①您知道啦，我们哥儿几个是为好，别说这点儿事，不怕您过意的话，三头六臂，红黄带子，霹雷立闪的事情，这个兄弟都了过。《小额》/老雍明知阿辛走失已经十年，不容

		易寻找了。于是下堂之后,就托出本铺的伙友合商界同人,把顾老头子约到一个饭庄子上,打算了这件事。《评讲聊斋·乐仲》②狗头群儿闹了个眼光着儿,了起一小块儿银子来,有二钱多,烟土也没买成。《小额》
【了不了】liǎobuliǎo	①解决不了。②受不了。	①各部里是挺熟,有甚么了不了、挠头的事情,王三一出来,就得活。《小额》/息事宁人谁都愿意。人怎么宁,事怎么息,得有一个正当的解决。敷衍了事,模模糊糊,了不了这个事。《张文斌》/傅公子一面走着,一面自言自语的说:"这一件事,这们看起来,我是了不了喽。"《评讲聊斋·神女》②武爷了不了这路私料子的暴酒,赶紧抓起筷箸,要就点儿菜。《讲演聊斋·田七郎》
【了局】liǎojú	①应付。②了解,掌握。③把事情处理完。	①范家穷的已然不得了局,你别听俗语儿那们说"穷不扎根儿,富不长苗儿",那都是宽心丸儿的话。《杂碎录》②您别瞧这个上下车,这是北京人的专门学。上车讲究飘洒,下车讲究俐罗。这手儿活,扬子江流域的朋友,有点儿不了局。《鬼吹灯》/家中只余二三亩地,刘妪坐吃山空,终非了局,因将地亩折与族人,进京寻子。《益世余谭》③他若是草草了局,拿着我们家人当作谋杀亲夫的凶犯,我们有我们的官司在。《春阿氏》
【了事】liǎoshì	①调解。②解决麻烦。	①当初调人了事的候,政府是满应满许,财政部既用盐余担保,教育部又布告各校,说每月二十五号准发,信誓旦旦,铁案难翻。《余墨》/因为各请各友,所为面儿上好看,词是给人了事,至此谁也不能退缩,该摊多少钱,无非就听一句话,竟有六桌便席的请儿,每位硬摊九吊多——彼时便席才卖十五吊,每桌倒坐八九位,若以钱数计算,一桌就是六七十——连酒、饭、零钱等等,全都算上,每桌也过不去三十吊,所余之钱,都

		归于何项，谁也不肯详细调查，至到罗柰都有人要，细情也就不必再问啦。《都市丛谈》②黄庄儿是个小村子儿，也没有稍门，更没有围子，马队把村子一围，步队进去，足可以了事。《赵三黑》/一定要寻找个场面，要个过节儿（孙老太太满懂外场话），又没人过来，扑着了事。《讲演聊斋·碧碧》/我当时很着急，可胆大作了个主意，从相好的那块儿，浮摘了四百两，先交给人家了事去啦。《小额》
【了事的】	店铺经理。	贾掌柜的一个人在家，一闹这宗没影儿的迷，越想越生魔，自己无精打彩的到了铺中。饭后没事，同了事的谈起家中没人的苦楚。了事的一听，说："这是你的家务事，我们不能替您了。总是乘早儿再续一位内掌柜的。既能替您看家，又可以生儿育女。"《讲演聊斋·细侯》/铺子里外，连了事的、带跑外的、甚么瞭高儿的、管账的，甚至个徒弟打杂儿的，都各存个心眼儿。《演说·统一感言》
【了手】	（困苦的事，什么时候）到头儿。	了手，通俗说何年是个头儿。《旧京通俗谚语》/革命以后，桂花的父亲死了，家里日月本来不富裕，自丈夫去世，更是柴米无着了。娘儿两个，天天在穷愁里活着。一日黄氏走来，帮助他娘儿俩一些柴米，他们娘儿俩很感激的。"姐姐，你们娘儿俩老这样，也不是个了手，怎的也须想个长策。"《北京》/我怎么见了他就没有脉了，照这们稿下去，我何时是个了手，莫若我来个悬梁自尽。《美人首》/天天儿要过日，打会子闹会子，也还得吃饭呀，我是招苏无归，一个官版儿没有，这可不是个了手，想到这儿，一阵的急燥，越想越没路儿，一个人儿信步走去，也不知是南北东西。《张铁汉》

【累不来】	累不了。	"赶明儿个,让你阿玛把差使辞啦,就得了。他这们大岁数儿也累不来啦,不用殴这个气啦。"《小额》
【累恳】	让……受累。客气话。	恒爷说:"大奶奶,这又累恳你。"《小额》/ 恒爷说:"累恳大奶奶半天。"伊太太跟少奶奶一齐说道:"您也不是吃饱啦没有?"《小额》/ 这又叫二弟费心,我们家的事,都累恳您啦。《春阿氏》/ 累恳您了。《燕京妇语》
【擂砖】	多为青壮年,往往脱了上衣,在街上一边用砖打自己的胸,一边乞讨。	这种讨饭的化子,在下真没见过。回想四十年前,北京盛兴一种叫街的狗男女,颇相类似,只是仅吹竹筒子叫喊,间有擂砖的。《讲演聊斋·甄后》/ 一辈作官,十辈擂砖,没等到子孙现丑,自己就要上锤了。《井里尸》/ 我们打一面儿官司,你使了牛二多少钱?你给牛家当走狗。你一辈作官,辈辈擂砖。《胶皮车》/ 这位仁慈的县太爷,辈辈儿怎么不作官,决不像那宗要钱不顾民命的知县,他是净等着十辈子擂砖哪。《杂碎录》
【棱缝(儿)/楞缝儿)】	错处,问题。	明中是探丧,暗中是访事,拿话逗逗他们,瞧出点棱缝儿来,然后把快嘴刘调出来。《大劈棺》/ 到在那里,瞧出点儿楞缝儿,出头给他们说合说合。《讲演聊斋·吕无病》/ 万一要有一点楞缝儿,你就只管努力进行,我花掉了脑袋都不二楞。《说聊斋·邵女》/ 谁想婉儿回去,一说维礼的光景,并没有一点楞缝。《井里尸》
【冷庄子】	平时不准备菜肴,有人预定,才采购、做菜的饭店。	我搬到北京开个包办酒席的冷庄子,也是个谋求生计的好买卖。《讲演聊斋·阿稚》
【愣儿巴睁】	发愣。	说罢,把碗拿起来,出门而去,把常爷闹的愣儿巴睁,心说这算怎么一回呀。《说聊斋·葛巾》

【离光】	离谱儿。	真是室家无恙,喜溢门庭,这真是普天同庆的事情(说的也太离光啦)。《铁王三》/亲宾人等壅途塞道,说有两混成旅,那叫离光,也足有一营。《益世余谭》/刘狗子那天,多喝了几盅,胡这们一吹,越说越离光。《回头岸》
【离鸡似的】	瞪着眼睛。	就在这个功夫儿,就瞧起外头进来一个人,两只眼睛离鸡似的。《小额》
【礼拜】	礼拜天。	今天也算乡下老儿进皇城,头一遭,偏巧那天赶上礼拜,真是红男绿女,奇装异服,士女如云,非常的拥挤。《怪现状》/这日乃是礼拜,大总统停止办公。《新黄粱梦》
【里头】	指宫里。	明天进里头,告诉提督祥大人一声儿,让他给办得啦。《小额》/一个人总是跨八百多处官衔,清早还得进荡里头(北京城俗语,管紫禁城叫里头,如唐宋称天子为大家之类),总然想着诸事,认真尽心,精神也不给劲哪。《二十世纪新现象》/本馆同人,进里头有差,走在贞度门地方,看见有四位护军,都穿着蓝色操衣,青布操靴,在门罩子底下,大炕之上,三梭七饼,大上梁山。咳,现在禁止赌局,有多严呀。内廷禁地,居然就这们随便赌赌,实在不成事体。《进化报》
【里外辙】	应该靠哪边走。当时的交通法规规定大车、排子车靠左边行走,对人力车没有明文规定。	独怪这位团员长了个怯头怯脑,搭拉着一条亡国国粹,拉上车在马路上横走,里外辙都不懂的,他可会干这宗事!《益世余谭》
【里折外扣】	左扣右扣。借高利贷时,通常只给95%或者更少,还要扣除当天或当月的利息。	单说他所放的账目,都是加一八分。要是一分马甲钱粮,在他手里借十五两银子,里折外扣,就能这辈子逃不出来。《小额》/蔡公的房子卖了一万九千两银子,底下人跟拉房纤的一搭窝,高银子楞抵换松江,平头也不

		足，里折外扣，蔡公实到手不过一万七千多银子。《贺新春》
【里子】	配角。	无论多好的角色，能够甚么也落不下，平常一个二路里子，有时也能大发其财。《燕市丛谈》
【力把儿勺子】	外行，对某方面一窍不通。	王先生这们一路胡稿，好在额家都是力把儿勺子，听他这话，就深信不疑。《小额》
【力笨儿】	最初，管山东学徒叫"小力笨儿"，后来泛指学徒，引申为外行、笨。	山东的人，在北京某铺中学买卖，只要是年纪不大，便管着他叫小力笨儿。《演说·豆皮》/惟独这东洋松，可真倾的人不少啦，稍一力笨儿，就得上这个脱。《燕市积弊》/当时把这件事对王大可一说，王大可说："大哥，您怎么行家说力笨儿话？旗人不挺好惹的。他见了本县都不跪，有官司都得归省城理事分府，跟寻常的民人不同。他跟您又没有多大仇，他也许不认识您。"《驴肉红》/前两辆已然走过去，第二车的牛腿有点儿瘸，又搭着赶车的力笨一点儿。《讲演聊斋·阿稚》/这两天的书，诸位看着好似说的磨烦，其实不能不这们说。即如毛大跳墙这一节，不能不说他是力笨儿。真要把他说成飞檐走壁，采花淫贼一路，老卞也决计追不上，开门出来就跳墙跑啦。《评讲聊斋·胭脂》
【立规矩】	旗人家习惯，媳妇在长辈面前只能站着。	何氏自有一番欢迎招待。几位少奶奶，都在旁边侍立（旗人家的风俗，当着长辈，媳妇们都得立规矩），谈了几句闲话儿。《过新年》/都是一家人，你不用这们立规矩。《讲演聊斋·王成》
【连三并四】	接连不断。	紧跟着又出了一种女报，内容也还不错。连三并四的出了几种报纸，打动了一般热心志士。《怪现状》

【帘子脸儿】	形容说拉下脸就拉下脸。	这位给他两吊钱的茶钱，当时满面笑容，说："谢谢先生。"笑容未敛，又跟那位要，那位给四枚，立刻巴搭一下子，帘子脸儿就撂下来了，脑袋一歪，闲话就上来了。《势力鬼》
【联盟】	把兄弟的把兄弟。	是一个被革的首领，素来不安本分，插圈儿弄套儿、抢人、打群架，无所不为，是小额的一个联盟把弟。《小额》／我当刘财主是谁？原来是我一个联盟的把兄。从先他在省城院上当武巡捕，保的候补守备，跟提稿师爷张九芝是换帖，九芝我们是把兄弟。《新侦探》／当年结交的朋友，有同盟的，有联盟的。《讲演聊斋·大力将军》／大约总有多一半儿，同我是世交的，其余多是口盟联盟。《讲演聊斋·公孙夏》
【敛把／敛吧】liǎnba	收拾到一起。	老焦一想，自己也在祸首之列，待着也没有好儿，敛把敛把，开了正步啦。《搜救孤》／他一瞧小额遭官司，他自己疑惑着准跑不了他，敛吧敛吧，碓房借了二十两银子，了人家一个驴，老先生就开下去了。《小额》／小沈也没家眷，于是乎两个人敛吧敛吧，连东西带钱，横竖有个一千多银子的事由儿，二公就起了黑票啦。《小额》／更有一宗正打虎的，又专吃外乡人。过门之后，一家子全跟来了，吃了个落花流水，临完了敛把敛把一跑儿。《余墨》
【脸皮宽】	认识的人多。	因为不常走路，又搭着武爷脸皮宽，认识的人多，不断沿路遇着朋友，所以才走得这们慢。《讲演聊斋·田七郎》
【脸热】	不好意思拒绝别人的请求。	那年他当赈捐局提调，办文案没人。因为兄弟擅长刑名，一定约兄弟帮他。彼时有人约兄弟上河工，他一定约兄弟，甚至于跟兄弟换帖，兄弟脸热，没法子，帮他罢。《白公鸡》／临走的时候儿，脸一红向我说道："久

		仰大名,慷慨好交,小弟才敢启齿,恳借番佛一二尊,改日奉赵,决不食言。"说着,深深的一揖。记者是个脸热的人,他张了会子嘴,不好拒绝,两尊虽然没办到,我借给他一尊。《余墨》
【脸善】	心软。	员外凤日脸善,又搭着那天回到家中偷着告述安人,在没人的时候儿,细问女儿,在邢子仪家中有甚么情形没有。《讲演聊斋·邢子仪》/子英向来心热脸善(这四个字就是受坑的张本。要打算存财,非心冷脸硬不可。记者从先就受这宗大害。近来挨坑挨怕了,我也有点儿改变宗旨。可是后改变的究竟不行,一阵一阵的还犯本性),无论亲族人等借贷,他打一悬黄布匾的名辞,是有求必应。《一壶醋》
【脸水】	洗脸水。	少奶奶给婆婆请安,张罗着换衣裳、装烟、倒茶、打脸水。《小额》/我给你们沏茶打脸水去。《讲演夜谈·霍筠》/跑堂的赶紧就打脸水,然后沏上一壶茶。《说聊斋·乐仲》
【脸硬】	可以拉下脸拒绝。	在您的跟前再多尽点儿孝,自然而然的就发生了感情。再说您又是豁达人,万不能独跟他那们脸硬。《说聊斋·阿霞》/子英向来心热脸善(这四个字就是受坑的张本。要打算存财,非心冷脸硬不可。记者从先就受这宗大害。近来挨坑挨怕了,我也有点儿改变宗旨。可是后改变的究竟不行,一阵一阵的还犯本性),无论亲族人等借贷,他打一悬黄布匾的名辞,是有求必应。《一壶醋》
【练家子】	有武功的人。	邢爷既是练家子,即便躺下,按□腰眼儿一按劲,拧身儿就应当站起来。《讲演聊斋·老饕》/大爷过去照定前胸,就是一熨斗,张铁汉虽然是个练家子,无奈是冷不防,烫的张铁汉倒吸了一口气,自已低头一看,在胸前给烙了一朵花儿。《张铁汉》

【恋了盆儿】	有了感情。	在一块儿待了小二年子,彼此全都恋了盆儿啦。《说聊斋·王桂菴》
【凉带儿】	夏天用的带子。	要说岁数儿,有五十上下,白净子儿,大眼睛,戴着墨镜,长四方脸儿,小黑胡子儿,头戴纬帽,三品顶戴花翎,身穿黄葛纱袍儿,翡翠凉带儿,戳纱的活计,佩带着对儿表,脚下穿着武备院儿的缎儿靴。《小额》
【两把儿头】	旗人妇女的发式。把头发分成两把,左边一把,右边一把,绕在扁方儿上。后来也有人管拉翅叫"两把儿头"。	供桌的大像,皆是古装,因□□个时代,作官儿的,文职戴纱帽,武职顶盔贯甲,所以各司口儿里,看不见个梳两把儿头的。《演说·逛东岳庙》/您看旗装改良,比汉装容易多喽。再说就是大两把儿头(就是大拉翘儿),如今的旗头,大的真没有王法啦。《进化报》
【两便】	各自结账。	小额说:"回头都让我吧。"明五爷说:"那不行。今天都得让我。"后来还是善大爷说:"彼此都两便了吧。"这才彼此的坐下。《小额》/就听那边儿跑堂儿的嚷道:"找补张爷茶钱,两便啦。两便啦。"《王有道》
【两道子】	指行二的人。	他伸了两个指头,又伸了三个指头,随后说道:"品字儿(土话管行三叫品字儿)倒不常去,两道子(行二)是见天露。这块事仗着他扛着呢。"《余墨》/"三姨太太,您这句话没有呀?三姨太太称呼了也不是一天半天啦,难道说如今取消了不成?有老爷在世,您就称三姨太太,这还是两道子",说着伸了两个手指头,"是他提倡的,老爷认可的。"《过新年》
【两截大褂／两截褂】	上半身和下半身用不同的料子做成的大褂。	就见那边儿坐着一个喝茶的,穿著一件破两截大褂儿,挺长的头发,一脸滋泥,坐在那里咳声叹气。《白公鸡》/二人正说得高兴,只听楼梯乱响,走上一人,手提一个包袱,穿一件春罗两截大褂,足下两只云履,脖颈之后,搭拉着一条松辫,年约三十左右,见了淡然在此,忙的请安问好。《春阿氏》/彼

		时是四月的天气，穿的是两截大褂儿，笑嘻嘻的进了衙门。《忠孝全》/后来走到六条口儿上，遇见一个卖菀豆的，穿着旧两裁褂，一步三摇，吆喝"干的香，赛榛穰"（北京卖菀豆，讲究吆喝"赛榛穰，干的香"）。《余墨》
【两经】	两样。	现在北平的各茶楼，即是仿照花茶铺，无如近于落子馆，可又与落子馆的作法两经。好在津埠花茶铺是多的，外带著家家起满坐满。《燕市丛谈》/你们的事情，我也不管，惟独我这个堂客，跟别人两经，这些个丑事，我简直管不着。《连环套》
【两日酒】	婚礼第二天，新娘娘家人要到新郎家来，新郎家举办酒席接待。	宋仲三一哭，招得凤仙直掉眼泪，把周廉的委屈也勾起来啦。何氏在里头屋大放悲声，简直的不像两日酒，好像接三。《过新年》/头几年敝亲某姓家娶媳妇儿，两日酒那天，厨房差点儿没着火，新人有个小姑子一害怕，抽起肝疯来啦，还去了一块马表。《花甲姻缘》/如今都是当日酒，拜完了天地就下地，倒是简单扼要，没有麻烦。谅之有两家陈亲戚，还主持两日酒下地，谅之倒脱了俗啦。《花甲姻缘》
【两头儿大】	法律规定只能有一个妻子，但在特殊情况下，可以娶两个妻子，叫"两头儿大"。例如，兄弟二人，只有一个男性后代，兄和弟各迎娶一个妻子。哥哥为他娶妻生的孩子，继承哥哥家的财产，弟弟为他娶妻生的孩子，继承弟弟家的财产。	女儿要是做为寄生的二房，来个两头儿大。只要女儿认头，也为甚么使不得的？《讲演聊斋·寄生》/遇见巧嘴的媒人，也能叫他坠入彀中。分明作妾，硬告诉他说两头儿大。等到生米做成熟饭，嫡庶照旧要得分清。满打真是两头儿大，小名儿也叫哄神赚鬼，后进庙的终是师弟，先进庙的到了是师兄。《说聊斋·邵女》

【两头儿麻】	中间人把双方都骗了。	还告诉您一样儿，这档子官司，我也都听明白啦，虽然不是奏案，可也是王爷的上交，并且又分的是铁脸儿玉的手里。一说儿就出来，真不容易（这叫两头儿麻）。《小额》
【亮】	认识。江湖黑话。	这四个凶恶棍徒，你亮他们不亮呀？《讲演聊斋·王大》/"咱们谁亮他，趁早儿说出来。"……"我亮他，这不是那个田七郎吗？"《讲演聊斋·田七郎》/且说买棺木的家人，听小堂客儿的话，是亮自己（家人是官人改造儿），自己也不便不认。《讲演聊斋·荷花三娘子》/我既亮他，万一他一亮我，恐有性命之忧。《讲演聊斋·云萝公主》/也不用周有道作眼线，因为班头亮侯大户的盘儿。《杂碎录》/你们二位，跟贾老爷多年，大概飘儿商德赤字儿，你们准亮他吧。《讲演聊斋·贾奉雉》/至于你说你穷，我一睁眼早就亮你。《讲演聊斋·薛慰娘》/此人方才同我对了个盘儿，可惜我不很亮他。《讲演聊斋·佟客》
【亮杠】	轿子、棺材等停下。	马路章程上，有当中不准亮杠的一条儿。新近本馆访友，走在后门外，桥儿北边儿，看见马路当中，亮着个六十四人大杠，三十二人小起儿。《进化报》
【亮盒子摇】	打开天窗说亮话。	"冯大嗓儿，罢了，真有你的（一对儿狼狈），既然如此，咱们哥儿俩，爽得亮盒子摇。"就把怎么想法子，借着托官司，干他一下子一颠儿核桃的话，一五一十，细说了一遍。《小额》/他既知道了，我莫若亮盒子摇，跟他实话实说，事情倒好办。《小蝎子》/你诚心装傻是怎么着？跟你亮盒子摇罢，我不提，伙计们得喝盅酒。《大劈棺》

【亮情】	①说清楚在哪儿行人情。②说自己对别人的好。	①此时毛先生跟随着到了班房门口儿，悄没声儿的说："回去想着给洪头儿道乏。"满生晓得这是亮情的话，连忙答应着出了县衙。《讲演聊斋·细侯》②你先别亮情，谁家养活小孩儿，都得这样。《讲演聊斋·房文淑》
【亮张】	开张前两天，开门让人参观，亲戚朋友送花篮等。	上次巡回赌局，就是记者极力提倡，始终也没开幕。这次他们又组织（可不是上次的人物，上次有某宗室等等），偏巧记者又得着信啦，这总算是活该。既然提倡于前，还得赞成于后。至于该局何时亮张，记者得着信，还要尽鼓吹的义务呢。《益世余谭》/这一天正念到高兴之处，口闻异香满室，非麝非兰，薰人脑髓，好像香水厂子亮张。《讲演聊斋·甄后》
【撩】	激人上火。	砍头荣一瞧见刀，心里本就有气，再听洪头儿连敲带撩，给说了个小钱不值，说："头儿，你不用上损，事到而今的话，总怨我交朋友不真。也好，那把真刀不该折脱儿。"《杂碎录》
【撩边儿】	沾边。	这话乍听起来，好像也撩边儿。若往深分里一想，四个字的考语，近于闹财。《演说·再说良改》
【撩脸子】 liàoliǎnzi	甩脸子。	故此我回来，告诉了他个信儿，倒说我坏了他的事咯！望着我撩脸子，好叫人亏心哪！《语言自迩集》
【潦亮话】	正气凛然的话。	临完对着母亲说了句潦亮话："妈，就不用演说啦。不让我嫁范郎，那一时门外头锣皷儿一响，我豁肚子行不行？"《杂碎录》
【料估】	猜。	我一料估，就不行。《旧京通俗谚语》
【料其】	料着。	小额说："咳，料其他们飞不了多高儿，进不了多远儿。你们放心吧。味儿事。"《小额》

【料子烟】	假烟。	遇见卖料子烟的啦。《讲演聊斋·邢子仪》
【撂台】	不管了,不干了。	就见阿英坐在对面,眯嘻眯嘻的乐,也不说去,也不打发人过去回覆,来了个硬撂台。《评讲聊斋·阿英》
【撂灶王封儿】	当时风俗,腊月十三要看善扑营要摔跤。	到了二十三,讲究看善扑营的贯跤,俗说叫撂灶王封儿。《演说·年例》
【咧咧斜斜】	东倒西歪,走路不稳的样子。	嗳呦一声,摔倒在地,好容爬起,咧咧斜斜,往外便跑,一不留神又被屋门坎儿拌住。一个根头,由门内栽至在台阶底下,登时晕将过去。《错中错》/一句只说了半句,开腿往前行走,咧咧斜斜,连头都没敢回。《错中错》
【咧子】 liēzi	闲话,骂人,发泄不满。	又怕把人家姑娘吵醒了,万一他再护觉,还不定有甚么咧子哪。《评讲聊斋·青娥》/满打蹲了,不过摔上两句咧子,我一抹稀泥,也就完了事啦。《评讲聊斋·嘉平公子》知道是位官僚,料想有点势力,这通儿咧子(咧子是句土话,就是连挖苦带吓虎的意思),他算受了。《张文斌》/听他这一套咧子,比戏馆子的坎子上骂蹭戏,不在以下。《演说·劝业场游记》
【裂锅】	决裂。	既混到一块儿,彼此都得有个担待,一来要是一挑眼,即是有意跟我裂锅。《说聊斋·阿霞》
【裂口子】	爱骂人。	合该,合该,想不到这样裂口子的娘儿们,也有遇着吃生米的时候儿。《讲演聊斋·王大》
【临完(了)】	①快完的时候。②完了以后。	①那天一共是九道西菜,没有一道成东西的。面包好像黑面饼,临完了还上了一碗咖啡,喝的嘴里,好像暑汤,也不是甚么东西弄的。《理学周》②老成,我瞧你这两天,老蹲在家里不出门,《探母》有话,为甚么愁眉不展、闷闷不乐的?走吧,出去遛哒遛

		哒，散散心，咱们远了也不去，今天隆福寺，小小绕个湾，临完到六路居喝个酒儿，你说好不好呢？《花鞋成老》/更有一宗正打虎的，又专吃外乡人。过门之后，一家子全跟来了，吃了个落花流水，临完了敛把敛把一跑儿。《余墨》/
【淋】	吃醋。	既能到书房跟大爷去聊天儿，还能怨大奶奶的淋吗？（淋者，醋也。）《说聊斋·邵女》
【论】 lìn	算亲属关系，排辈份。	由马公那们论，菊如管王有道也叫大舅。《王有道》/参见了史氏，让他叫史氏二婶娘。又参见了邹氏，让他叫邹氏小二婶娘。又让长宝给他磕头，叫他哥哥。吴八儿论着是个表叔啦，刘二刁也给他磕了个头。《张二奎》/若按年谊论，你是我世仁兄，若论亲戚你是我义姐丈，咱们还是论亲戚的为是。《花甲姻缘》
【零钱】	小费。	这种僧人是先钱后酒，经价非得先付不可，要不然他们不来念。一耽延再念就不灵啦。好在是零钱一概没有，类如斋钱衬钱，星斗交汤，以及挑儿钱等等，全都一包在内。《说聊斋·章阿端》/别瞧零钱挣得多，对于饭座还得周到。至于说给零钱超过饭账，究竟有无其事，实非吾人所知也。《燕市丛谈》彼时便席才卖十五吊，每桌倒坐八九位，若以钱数计算，一桌就是六七十——连酒、饭、零钱等等，全都算上，每桌也过不去三十吊，所余之钱，都归于何项，谁也不肯详细调查，至到罗菜都有人要，细情也就不必再问啦。《都市丛谈》
【零碎儿】	①零碎东西。 ②脏话。 ③废话。	①朋友，拿好了你的零碎儿，其实这很算不了甚么大事，谁让你们哥儿几个，在眼皮子底下弄这个事呢。又赶在例头儿上，没别的，屈尊屈尊。《评讲聊斋·续黄粱》/北京讲究多少抬嫁妆，一个果盘两花瓶也算一抬，其

		实更是空儿事。下州县没有那些个零碎儿，手使物件之外，讲究陪送多少只箱子。《方圆头》②我们营里人说话，都有这宗口头语儿，就是我们长官说话，也带这个零碎儿。《势力鬼》/我们这位老把兄说话老带零碎儿，把兄可不要见笑。《孝子寻亲记》/这个后来的老砸儿，比先前那个和气，口里也比那个干净，说话也没那些零碎儿。《赵三黑》③这小子满头是汗，进了门儿，又摇头又摆手，耍神儿耍像儿，弄了好些个身段作派。随后说道："这个事悬透了，嗳呀呀，别提啦。"桂四说："怎么回事你就说罢，没这些个零碎儿。"这其中必有卖底的，我要打听出个人来，我非把他砍了不可。《五人义》
【领催】	旗里最下层的官员，六品。	他那个账局子，就在他外书房。每月钱粮头儿上，喝，手下的碎催可忙啦，一人一个小绿布口袋儿（许是作帽子剩下的布），一个油纸摺子，拿着对牌（借账的把钱粮由领催手里，对过跑账的，立一个木头牌子，一劈俩瓣儿，跑账的拿一瓣儿，领催拿一瓣儿，每月凭这个牌子取银子），往旗下衙门、护军营衙门，这们一取钱粮包儿。《小额》/据他说，是某旗的领催，还是个帮办的领催，交了车他还放钱粮去哪。《余谈》/乌公道："你是那一旗的人？"文光道："领催是镶黄旗满洲，普津佐领下人。"《春阿氏》
【领家（儿）】	老鸨。买小女孩儿，养大，让她当妓女赚钱的人。	我这一个人，也决不是吝啬的人。就说你们领家儿的，还能白白的撒手放你走吗？《评讲聊斋·嘉平公子》/这样的屋子便是妓女的一个领家住的，他们的生活已可想见了。《北京》/看完这段新闻，细想这些个领家儿的，那一个没有杀孩子的心。《演说·珍珠花》/大概都是作娼妓营业的。内中大概有领家，有跟人，有姑娘，因为天气尚早，还没到班子去。《北京》

【领略】	教导。	二十岁的人，心里还没个准谱儿吗？话的话可是领略你，别不开窍儿，本县听你个脆报儿。《杂碎录》/耿夫人明是对着范公说话，暗中却是领略陈福。《杂碎录》
【领招】	吸引人的目光。江湖黑话。	先将金老虎带上来，所为领招，领招者，引领人的眼光是也（县官的夫人还会调侃儿哪）。《杂碎录》
【溜边儿】	遇见麻烦事，往后躲。	李顺还要跟他说话，春子已竟出去啦。你猜这叫甚么，这就叫溜了边儿。《小额》/赶到你遇见糟心啦，他属黄花儿鱼的，就该溜了边儿啦。做人交朋友，有名的疏亲慢友，短礼缺情。《麻花刘》
【溜场儿下】	悄悄溜走。	一惊动他就得蹽辕子，莫若一声儿别言语，给他一个溜场儿下。《白话聊斋·胭脂》/两位外客踪迹皆无，这节倒不算怎么稀奇，就许在黑暗时溜场儿下啦。《白话聊斋·劳山道士》
【溜杵不掉】	不花钱。江湖黑话。	四位非常之渴，慢慢的溜达到前门，找一个茶楼品茶，连吃瓜子儿带抽烟，五吊多钱，人家张社员给的，清禄反正是溜杵不掉（溜杵不掉是句生意话，就是一个钱不花）。《双料义务》
【溜沟子】	拍马屁。	老婆子贴靴，愣说晋生叫爸爸呢。这沟子算是溜着了，把个铁王三乐的，前仰儿后合，咧着嘴傻笑。《铁王三》/碰巧这个馆就许吹台。为饭锅问题起见，就不能不溜沟子。《张文斌》/普通人的德行，照例是趋炎附势、锦上添花，敬光棍、怕财主，捧臭脚、抱粗腿、贴靴、捧场，溜沟子、拍马屁，这些个事情，记者是饱尝滋味。《过新年》

【溜溜斋】	溜溜食。饭后走走，好消化。	前天闲假无事，又值风日晴和，吃完了早通儿，已然不能弯腰，若不溜溜斋去，未免也有碍卫生，于是乎才往土地庙走走。《演说·琼林宴》
【溜门子／蹓门子】	上门行窃的小偷儿。	这个贼字，得按广义解释，别按狭义解释。"偷鸡盗狗""挖窟窿""溜门子"，固然叫作贼，这还是小贼。《益世余谭》／甚么叫"贼走了关门"呢，就是平日对于门户毫不注意，等到溜门子的进来，大偷一通儿，主人知道啦，这才想着关门。《余谭》／学溜门子，还能拜老师吗？由溜门子吃出甜头儿来，就能进化到跳墙，一层一层的进行。《演说·冬防吃紧》／无奈这个少妇，是自己进到内宅来的，有些犯疑影，怕是女蹓门子的。《讲演聊斋·霍女》
【刘二哥】	死。	大概再耽延个三五天，就汗呜呼哀哉、伏维上飨、无常、羽化、圆寂、眼儿猴、咯儿屁、皮儿啦、吐啦、刘二哥啦（费甚么话哪。简直的全是文野相杂，死了的代名词）。《评讲聊斋·花姑子》／要是不把他打发出去，这会儿你早就刘二哥啦。《说聊斋·邵女》
【留分儿】	留地步。	你不知道，这样儿软的欺、硬的怕的东西跟前，若给他留点分儿，他更长了价儿了！《语言自迩集》／你说他是谁！了不得，有名儿的利害人啊！从不给人留分儿，与他不相干的事还可以，略有一点儿妨碍他的地方儿，不拘是谁，叠着劲儿，必要站住理、得了便宜才歇手。《语言自迩集》
【留一面儿】	留一条路。	你这个人糊涂。这个主意，正是为你好，这是给你留一面儿。《怪现状》
【留音机】	留声机。	开张的那天，搭棚挂红，高悬国徽，电灯有八百多盏，门口儿摆激桶，柜上放一个留音机。《益世余谭》

【流光锤】	女流氓无赖。	不知这路流光锤的妇人，万不可跟姑娘常在一块儿，素日再要大方不拘，与作姑娘的很是无益，没事儿随便信口开合，最易跟他学坏。作父母的一不留神，从这儿就能一六伸七。胭脂要不遇见王氏，决计招不出那们大的乱儿来。《白话聊斋·胭脂》
【流蒿子】	流眼泪。	再说这位姑娘，一瞧刘爷这一流蒿子，直好像隔墙探丧哪。《评讲聊斋·阿绣》/你不用尽着哭。你姐姐半疯儿，没事惯流蒿子，她是吃多了撑的，跟她学甚么！《春阿氏》
【流口辙】	顺口溜。	这病是由一口闷气所得（废话。刚遭完了官司，自然有闷气），两胁膨胀，吃东西不香，心里发堵，嘴里发苦，脑袋发晕，眼睛发努，一阵冷一阵热，一阵舒服，一阵难过（倒是挺好的流口辙）。《小额》
【流水分子】	随的一般的最少的份子。	我们饭东，也不是从那儿找来的，这们个酒囊饭袋，几天没吃饭了？跑到这儿开斋来啦。这要是流水分子，趁早儿可别请他呀。《讲演聊斋·田七郎》/再说姑奶奶家有事，跟流水分子不同，前三后五，总得张罗一气才对。《土匪学生》
【流血】	动手打架，非流血不可。	毛二爷这句话把老夫子问住啦。宋仲三当时粗脖子红筋，跟毛二爷要流血。《过新年》/侯三说："老二你先别起急，有话好说。"贾二说："没那功夫跟你好说，今天咱们就是流血。"侯三说："好呀，你要跟哥哥流血。"《董新心》/听说心爱的虫儿跑了，踩脚捶胸，如丧考妣，进起来跟某甲要流血。《余墨》
【六陈行】	粮食店。六陈：包括米、大麦、小麦、大豆、小豆、芝麻等六种可以久藏的粮食。	杂粮店称为"六陈行"。《燕市积弊》

【六地儿】	在一张纸上画六个格子，写上"一、二、三、四、五、六"，让参加赌博的人把钱押在格子上，然后在一个小盒子里放进三个色子，摇，如果其中一个色子上数目和押中的相同，就赢同样数目的钱，两个相同，则双倍，三个相同，三倍。但因为色子里面有水银，摆赌局的人想扔几点儿就几点儿，所以，一般人赢不了钱。	至前门大街一带都有许多明黏子赌场，如骰子宝、菱角判儿、黑红撬、六地儿、汪干条（即三根签儿）等等，无非腥赌诳人。《燕市积弊》／要说旧日生意冤人的小赌博儿，遍地皆是，类如抓梨膏、打马尾罗儿、转火、菱角绊儿、押诗条子（又叫作猜五度）、倒十点儿、打棋式、抓茶碗、押红鱼、黑红鞘、押六地儿、押骨牌、套三根签儿、抓红卷儿、抽签子，五光十色，门类甚多，一时说也说不尽。《益世余谭》
【六扔】	扔：扔东西扔一下那么远。就像说"一箭远"，是射一箭那么远。"六扔"就是扔六下那么远。"六扔多远"是当时形容非常远的说法。	合日本卖仁丹的一比较，差的许比六扔还远。《演说·说工商的知识》／二龙坑的恩宅（是位老宗室，世袭奉恩将军，从先开宝局，是小额六扔多远的一个舅丈）。《小额》／你又不是他亲娘舅，六扔多远出九服的亲戚，算不了一回事啦。《五人义》
【六扇门儿】	衙门。	原来毛豹他父亲从先也在六扇门儿里头，已然得了老总（该处管班头叫老总，可不是丘八太爷），因为看破当衙役没好处，把老总让给别人。《小蝎子》／此公有四十多岁，高身量儿，柿饼子脸，说话歪着个脑袋，撇着个嘴，争上茶钱，闲话论套，大有六扇门儿里官人的神气。《益世余谭》
【笼人】	吸引人。	这个地方儿，最容易笼人的眼光，所为说话儿的时候，人家好瞧他，他也好就式答腔。《杂碎录》

【笼统／拢统／拢通】	笼络。	起初是他说的，愿意把女儿给我。敢则是笼统住了，要暗杀我。《讲演聊斋·长亭》/ 事情得自己去办，不可受别人笼统。《井里尸》/ 我陪着小心应酬着他，然后瞧他喜爱甚么，我就用甚么拢统他。《讲演聊斋·田七郎》/ 这可得怨您兄弟，并不是我们哥儿们。谁拢统了他啦？《评讲聊斋·仇大娘》/ 王氏很明白这个意思，撒开了拿话一拢通。《白话聊斋胭脂》
【笼子】	乐器等演出需要的全套东西，乐器、杂物等。	大家竟哄他，赌气子不去啦，回到家中，自己打算要组织分笼子。《人人乐》/ 玉亭要拴笼子，这就有几个混孙（没有多大能为，跟着里头混饭儿吃，调坎儿叫作混孙）闻风而至，于是就组织起活儿来。就是这分笼子，就二百多银。《人人乐》
【拢对儿】	挑拨离间。给人制造矛盾。	你瞎目合眼的，难道还有甚么人给咱们两口子拢对儿吗？《评讲聊斋·瞳人语》/ 这一封信，原来是阴人拢对儿，给三下里捏合上，他在一旁瞧哈哈儿笑。《演说·说骗》
【楼库】	纸糊的房屋楼阁，办丧事时烧给死者阴间用的。	送三焚车马，送库烧楼库，劳民伤财，无一益有百损，日前《余谈》中，业已细说，兹不多赘。《益世余谭》/ 现时只有些旧日的苦人，净吃办红、白大事——可是要饭的穷人仍旧守着老规矩——要说不用他们呢，一来也是苦人一线的生路；二来照料门口儿，人来客到的，免得冷冷清清；花钱儿又不多，甚么看彩绸咧，拿楼库咧，亦仿佛有用。《燕市积弊》
【搂】	打算盘。计算。	红铜脸盆能使十年八年，破了还能卖钱，您要细搂算盘，究竟那个上算。《演说·洋货不如国货》/ 傅老头子也约两天红棚，来上几场儿赌局，不但看棚显著热闹，从中还可

		抽俩头儿钱,可称是三全齐美。这个算盘,是怎么搂着怎么合式。《张铁汉》
【搂包儿】	站在路边揽活儿的临时搬运工。	听说被害的已不堪枚举,有人说这路贼,是搂包儿改造,不知真假。《本京新闻·本京白话报》
【搂包儿匠】	站在路边揽活的临时搬运工。	你瞧我将来够怎么个角儿(也不过是误国秧民的搂包儿匠),就凭我的八字相貌,能够到的了大位吗?《说聊斋·续黄粱》
【搂鸽】	停在自家屋上的别人家的鸽子。比喻只能白瞧着,不是自己的。	王小峰说:"文官考试有多少人哪?"王明说:"至少也有几千人报考。"王小峰说:"你那不是搂鸽——白垫吗?"《势力鬼》
【搂览】	揽。	头天晚上,王大狗子一听见这个信,赶紧告诉他老婆子到额家搂览这回事。《小额》
【搂头】	劈头盖脸。	就是他们,别叫他们跑了。说着一齐动手,这个拿大杠子搂头就打。《张铁汉》/可以,你吃到我这块儿来啦。顺手举起木棒,搂头就是一下子,正打在田婆子的耳门子上。《杂碎录》
【炉食饽饽】	专门祭神或给亡者上供用的未蒸熟的饽饽。	原来这档子仪注,老张是以资熟手,早打发人都备办齐啦,是一份钱粮,一股高香,三碟儿炉食饽饽,一块新白布手巾,温了一盆净水,在东间儿屋子里都设摆好啦。《小额》/逢年按节,供三碗炉食饽饽。《评讲聊斋·阿绣》/仙家是有求必应,得教人升官发财。谁要烧股香儿,供三碗炉食饽饽,许块黄布匾,就保佑谁。《讲演聊斋·毛狐》/好在胡门虽厉害,门坎儿最矮,容易打点。之尤有一间小财神洞儿,按初一、十五,烧三注草香,供上三碗炉食饽饽,或两个鸡子儿、三块豆腐干儿、五个鼓盖儿,求他甚么,他也能替支使着。《讲演聊斋·胡大姑》

【炉食供】	专门祭神或给亡者上供用的未蒸熟的饽饽。	如果病好了，上三碗炉食供，或鸡子豆腐干烧酒。《讲演聊斋·褚遂良》
【炉药】	香灰。	日前本报《社会现状》栏内，登载《粗心害子》一节，系土城住户秦某，因伊子凤儿患病，由土城庙求了炉药一包，令其妻与凤儿冲服。伊妻一时粗心，竟将家存耗子药，与伊子冲喝，当时翻滚喊叫，移时毙命。《益世余谭》/ 这些个药味，让拿阴阳瓦焙啦，香油挑上。又开了一个吃药的方子，是七个红枣儿，七个藕节儿，俩秋梨，十个草节儿，一两白糖，两包炉药（炉药就是香灰），匀两回吃。《小额》
【路菜】	路上吃的菜。	刘军门这次行路，也没带行灶，也没带路菜。军门是真饿啦，让当差的问问柜上，有甚么吃的。《刘军门》/ 二老虎要了半斤热汾酒，有孙知州送的路菜，店家又配了四样菜，也还可口。《张二奎》/ 梁材在店里已经叫厨子把老爷的晚饭备妥，又给老爷煮下羊肉，打点了几样儿路菜，照旧有他店里的顿饭饼面。《儿女英雄传》
【露白】	钱财让别人看见。	洋钱回头又露了白啦，未免的招人生气。《双料义务》/ 走在半路上让别的军队给劫了的有两个，坐在火车上自己露白，掏出洋钱来过风。《二十世纪新现象》
【露露意思】	显示自己。	再一说逛花界讲究衣裳，打扮出来一像八义，不必说姑娘儿，连随活的都瞧不起。相形之下很觉难过。既要逛就得露露意思。于是乎两个人这们一置行头。《二家败》/ 今天特意穿着军衣来，奉天人有话，要露露意思。《势力鬼》

【露苗儿】	①刚开始出现。②"露了苗儿",出现。	①庚子义和团一露苗儿,那时候儿举国若狂,都说中国这就快强啦。《王有道》/现在霍乱病又有点露苗儿,始而保府、京南一带,刻下已传到北京。《益世余谭》②官人始而不应,继而银子露了苗儿。这才点头应允。《讲演聊斋·成仙》/两个人一瞧银子露了苗儿啦,连忙说您这银子,我们得给您托科房先生,刑名师爷去。《讲演聊斋·田七郎》/姚爷一瞧,知道这四位是等过儿呢,遂从身上掏出十六吊钱票儿来,笑嘻嘻的递过去说道:"没别的,我这儿有点小意思你们几位带着雇个车吧。"四个人一瞧,露了钱苗儿啦,忙说:"这算甚么,再说詹老爷的事情,我们还不应当效力的吗?"《何喜珠》
【露槂/露旋儿】	露馅儿。	真要净指名姓吓怕,没点儿真功夫,早晚露槂。《讲演聊斋·骂鸭》/只可还用变戏法儿的手段,不但不露旋儿,还得叫本家儿不醒攒儿,才算尖局呢。《讲演聊斋·邢子仪》
【乱儿】	乱子。	昨朝话表本府守备老爷,听说知府衙门里,炸了监,这个乱儿可真不小,连忙率领兵丁,直往府衙而来,按下慢表。《劫后再生缘》
【乱际儿】	乱的时候。	过这两天乱际儿,咱们就办。你瞧好不好?《张文斌》/趁着乱际儿给他个开正步,倒是主意。《孝子寻亲记》/二奎子本来乱箭攒心,又一听这档子逆事,当时目瞪口呆,直点儿的发愣。小刘儿借著这个乱际儿逃之夭夭,小两口儿回家过好日子去啦。《连环套》
【乱了营】	因惊慌、愤怒等众人大乱。	他跟额家底下人说:"你们还不打主意哪?回头一会儿是准抄家来。我刚才听见人说啦。"喝,这几句话不要紧,可就乱了营啦,里里外外阵一{一阵}的大乱。《小额》/当时街上三个一群儿,五个一伙儿,议论纷纷,简直的乱了营啦!《五人义》

【抡】	乱花钱。	原来急呼自打入报馆,每日花天酒地,足抡一气。《怪现状》
【抡官马】	在几个孩子家轮流住,让孩子供养。	即便打点儿粮食,也不够吃的,何况生添两口人呢。可又说不上不养活来。只好一个月分为两半月。说北京的土话,这叫"抡官马",俗语儿说:"养儿别养两,养两抡官马。"《讲演聊斋·贾奉雉》
【抡虚子】	耍地痞手段。	小长年轻的时候儿,一身青洋绉,引类呼朋,到处抡虚子(抡虚子是北京土语,当闯光棍讲),专一欺负小本营业人。《余墨》/ 照直说成老身上有衣、腰中有财,又道是"钱是英雄胆,衣是镇人毛",便在新街口一带足这们一抡虚子。《花鞋成老》
【轮子行儿】	赶车的行当。	单说这位王先生,就在小额的房后头住,原先是个赶车的出身(有轮子行儿卒业的文凭)。《小额》/ 天有七点多钟,上来一拨子投票的,原来就是轮子行儿的老哥儿们。《董新心》
【罗菜】	宴席上的剩菜。	因为各请各友,所为面儿上好看,词是给人了事,至此谁也不能退缩,该摊多少钱,无非就听一句话,竟有六桌便席的请儿,每位硬摊九吊多——彼时便席才卖十五吊,每桌倒坐八九位,若以钱数计算,一桌就是六七十——连酒、饭、零钱等等,全都算上,每桌也过不去三十吊,所余之钱,都归于何项,谁也不肯详细调查,至到罗菜都有人要,细情也就不必再问啦。《都市丛谈》
【罗圈儿安】	转着圈儿给大家都请了安。	摆斜荣跟小脑袋儿春子又给大家伙儿请了个罗圈儿安,说:"老哥儿们多分心啦,我们走啦,一半天见。"《小额》/ 透着外场的,冲着劝架的人,请个罗圈儿安,或是作个转身儿揖,可不能鞠个罗圈儿躬。《演说·说打架》

【罗圈儿揖】	转着圈儿给大家都作了揖。	临走还闹外场，给大家作了一个罗圈儿揖，说："劳诸位驾，我下参儿了，姓常的算栽了。刘哥咱们再见。"《麻花刘》/自己跟过去一瞧，还有甚么水烟庄的皮掌柜的、鼻烟庄的闻掌柜的、糖姜庄的辛掌柜的，还有几位说不上来的，见了面彼此一路罗圈儿揖，然后让坐叙茶。《评讲聊斋·乐仲》/老叟对徐爷说："这些位都是小女的伯叔，贤婿请来见礼。"徐爷连忙做了个罗圈儿揖，说："叔叔、大爷有礼。"《讲演聊斋·萧七》/王龟斋冲定大众，做了个罗圈儿揖。《讲演聊斋·仙人岛》
【萝卜花】	一种眼病。眼睛中长着结晶一样的东西。	这位儿妇，原是一只牛子眼，一只萝卜花。《讲演聊斋·甄后》
【落场】	行的礼节不行。	在凤仙的意思，反正应有尽有的过节儿，我不落场，无论你们怎么样，不跟你们一般见识，后会有期到了算。《过新年》/说话是干干脆脆，极其响亮，行事是样样儿不落场，事事要露露头角。《春阿氏》
【落地的】	一出生就是。	大姨太太张氏，是位本京人，娘家是落地的宦裔。《过新年》/单说他有一个世交的大哥，此人姓国，名叫国文（地理他哥哥），是一个落地的世家，现当某部的主事，彼时国史馆正开保。《一壶醋》
【落炕】	病重卧床不起。	又过了一个月，大业所落了炕，大器打口仆人往回寻找可弃。《讲演聊斋·云萝公主》/他是血心热胆的人，我也得拿血心热胆待他。再说他的娘现在只会哭，他已然落了炕，我不在跟前，谁服事他呢？《北京》
【落忙】	忙活。	要不因为你，我们哥儿几个，谁远路风程的跟你们这儿落忙啊。《杂碎录》

【落乡】	到偏僻的乡下居住。	东直门外大金庄北，住户万姓，系汉军旗人，原住城里，后因家贫，所以落乡。《余墨》/ 姑娘，我小老儿姓张，名叫张乐世，乡亲叫顺了嘴，都叫我张老实。我是河南彰德府人，在东关外落乡居住。《儿女英雄传》
【落子馆】	唱落子的地方，兼为女艺人拉客。	落子馆卖的是女生意，方近一带须有下处，醉翁之意不在酒。《燕市丛谈》/ 现在北平的各茶楼，即是仿照花茶铺，无如近于落子馆，可又与落子馆的作法两经。好在津埠花茶铺是多的，外带著家家起满坐满。《燕市丛谈》
【落作】	婚礼、葬礼前一天，雇的厨师事先来准备。	原定是十五的吉期。十四那天，厨子就来落作，来了些个亲友街坊，大帮其忙。在北京习惯，办事头天，至近亲友讲究来吃落作饭，又叫作吃油渣儿。《刘军门》
【律】	过滤，指审问。	叫伙计先将麻子脸儿与那个小辫儿打紧的带进来，先律他一个过儿。《杂碎录》/ 此时尚早，不如先律他一个过儿，回去时候，也有个交代。《杂碎录》

M

【麻】	说假话或装假样子吓唬人。	由炕席底下掏出一根腰带子来,"给你这个死去吧,倒不用拿死麻谁。"《评讲聊斋·锦瑟》/ 孟某当时告辞,说:"我还是国务院有事呢（先拿国务院麻事）。"《怪现状》/ 洪头儿将妇人麻住,又催着他进屋里去。《杂碎录》/ 叫他乘早儿滚出大名府的边界,万事全休。如其不然,咱们讲不起一□群殴,把他碎咧。你们几位想,他是个念书的人儿,连氏是个老娘儿们,这一麻,可就麻跑了他啦。《讲演聊斋·段氏》/ 你是跟谁呀？咱们的话,得说全是棍子棒子,谁不能薰谁雄谁？讲究麻着木着花薰着的话,可别错翻了眼皮,到底是怎么个碴儿？《讲演聊斋·阿霞》
【麻辫子】	一种刑具,用麻绳做成,专门勒脑袋。	用麻辫子把脑袋一箍,揪住往上一提溜,立刻就能挺起腰板儿。《白话聊斋·胭脂》/ 幸而没有麻辫子箍脑袋,用扁担轧,真果是官法如炉就结啦。《讲演聊斋·钟生》/ 衙役答应,立刻把锁盘好,把两个贼,搭在锁上,用麻辫子箍上脑袋,在脊梁后□着。另有两个人,抬过一根木杠来,放在腿湾子后头,来回一轧,轧的两个贼狼嚎鬼叫起来。《讲演聊斋·陈锡九》/ 脑袋上用麻辫子一拧,往柱子上一勒。《杂碎录》
【麻刀】	帮助别人,徒劳无功,还有点儿麻烦。	近两月以来,鄙人的境遇非常之坏,好心好意给朋友管事,无故能闹一脖子麻刀。《燕市丛谈》

【麻儿】	什么。	过节先得人民富足,有节有年,小本营生也多卖些个钱。您别看年节算不了个麻儿,若有节年,能给市面上点缀许多好景象,他就不透出那们穷飕飕的。《演说·点染年华》/ 别人许让他朦过去,他也不打听打听,我是干麻儿的。他以为我的眼睛也揉沙子哪?《杂碎录》
【麻烦】	找麻烦。吵闹。	赶到出门口儿一瞧,原来是这老少两块料。上次因为挑小缺儿(就是养育兵),就麻烦过两回善大爷,也认得他们。《小额》/本馆友人,走在东安门里头,看见有两个拉人力车的,彼此玩笑。该处守望巡警,上前拦阻(够程度)。两个人不服,可就麻烦起来啦。《进化报》/不但咱们旗如此,各旗多半都是这样。你跟我麻烦不着。《益世余谭》
【麻花儿】	油条。	麻花儿,俗名又叫油炸果,面里没有礬碱,简直的不能起发。《演说·祸从口出病从口入》/ 北京外城管着油果子叫"麻花儿",内城叫"油炸",外省有叫"果子"的,有叫"油条"的。《燕市积弊》/煎饼这种食物,差不多人人喜吃,可是吃法不得一样。要按普通吃法,无非就是卷麻花儿(即油炸鬼,外省叫作果子油饼)。……北平阔人又另一吃法,不过可得现吃现摊(离着煎饼铺远可办不到),摊得了除去卷麻花儿之外,加以黄酱、青蒜、酱肘子,吃到嘴里真另一个味儿。《燕市丛谈》
【麻颏】 máké	一脸麻子的人。	瞧这个小老妈儿,原质倒是不错,不过欠人工就是了。好好儿的刷洗刷洗,很有两眼。可惜了儿这们一个俊人物儿,配了这们一个麻颏。这真邪行。《连环套》

【麻雀】	麻将。	老爷们闷的慌是下棋（彼时麻雀还没流行，所以拿著围棋消遣。要搁在如今，就找地方儿打四圈去了），下完了棋是大开研究会。《白公鸡》/处在二十世纪，生存竞争的时代，你老哥居然不会打麻雀！实在危险（不会打麻雀会危险，实在奇谈）！连麻雀都不会打，你怎么够国民的资格呀？《理学周》
【麻雀牌】	麻将。	比时麻雀牌还没输入。要搁在如今，一定是内外两场麻雀。《过新年》/黄震球发完了脾气，然后追上来，进门就叫："抬桌子，拿麻雀牌。"《鬼社会》/虽然是小玩艺儿，总算赌钱，好像干涉一下子才对。可是话又说回来了，成千动万的麻雀牌，干涉不了，小赌博儿也就随他去罢。《益世余谭》
【麻事】	说假话或装假样子吓唬人。	林豹老羞成怒，喝了个大醉，弄了把青字儿（就是刀），堵着门口儿一骂，非把林三眼砍了不可。林豹原是麻事，林三眼不了啦。后来有人出来说合，林三眼咬着牙，给了林豹三两银子。《孝子寻亲记》/第二是借着死吓唬人，外话叫作麻事。乍一麻，人家还怕，日久天长，一闹薰啦，再说，也就不新鲜了。《孝子寻亲记》/黄生一见绛雪有气，本来不过是麻事的着儿，赶紧往回里拉，笑嘻嘻的凑到绛雪跟前。《评讲聊斋·香玉》
【马吊】	明代一种赌博的牌，后来演变成纸牌。	就见梅女由袖子口儿掏出一个木匣儿来，放在桌上，封爷打开一瞧，是一分马吊的筹码。《评讲聊斋·梅女》
【马队】	骑兵。	原来这位六老太爷，是小额出五服的这们一个老祖儿，今年有六十多岁，年轻的时候儿，摔过几年的私跤，后来在神机营当一份马队，在南苑喝醉了骂帮操，让人家给驳啦，差一点儿没把底饷闹丢啦。《小额》/功夫儿不大，忽见尘头起处，马蹄一阵乱响，头里就来了五六十名的马队。《库缎眼》

【马封(子)】	由人骑马送的公文。	官场往往用马封由驿站递信,早晚倒还寄的到。《贞魂义魄》/ 据职道想,此次匿名信,无论何人所为,必系勾通该县驿站马夫,私拆马封,将匿名信投入其中。《赵三黑》这当儿陈杏筵把黄包袱打开一瞧,里头有十几个马封子,内有本县呈五大宪的详文。《赵三黑》/ 朱师爷当晚给朱瞎子写了一封信,用了一个马封子,加紧递去。《怪现状》
【马后】	唱戏时,增加一些情节、台词,延后结束。引申为故意拖时间。	昨天的书,阅报的诸君往往以为在下故意拉着多说,仿佛马后似的。《评讲聊斋·青娥》/ 毛豹说:"兄弟你先喝茶,我收拾收拾,咱们这就走。"尤勇说:"哥哥您可马前哪。"毛豹说:"你别弄行话了,又马前了,还马后哪。你要催我可不去了。"尤勇说:"得了哥哥,我不敢催。"《小蝎子》
【马甲】	骑兵,又称骁骑。	单说他所放的账目,都是加一八分。要是一分马甲钱粮,在他手里借十五两银子,里折外扣,就能这辈子逃不出来。《小额》/ 为什么彼时粮店碓房,这么爱赊账呢?皆因彼时一个马甲应领五石斗五米,价儿是贱的,铺家存多了,怕落个后悔,故此求着主顾赊,好多给您送货。《讲演聊斋·邢子仪》
【马牢子】	马夫。	这宗陋风是甚么呢?就是晚晌行路必要高声歌唱。这宗坏习惯,不但如今为然,从先尤甚。最可恶的是有一般溜马的(俗称马牢子),每到晚间,拉着些匹牲口,在甬路上(彼时未修马路)横行,嘴里是胡唱一气。所唱的腔调,与旧日出大差犯人上车的腔调画一个等号儿。《益世余谭》/ 门口儿有拴马椿,有马牢子把马接过来,拴在椿上。《讲演聊斋·田七郎》
【马前】	唱戏时,取消一些情节、台词,提前结束。	少儒听周善人说话溯本穷源,十分的着急,说:"周伯父,您就马前着说啵,别拉四至儿啦。我母亲倒是在那里啦,干脆说罢。"

		《孝子寻亲记》/ 闲话取消，马前开书。《张二奎》/ 狗爷说："姑娘我是不相了，我打算马前抬亲怎么样？办完了我的事情，再办舍妹的事情，你看怎么样？"《姑作婆》/ 临走的时候儿，刘军门再三叮咛，说："姜先生你要马前才好（刘军门大概唱过戏，不然怎懂得说马前呢）。"姜登朝说："晚生诸事就绪，一定要早去的。"《刘军门》
【马钱】	出诊费。	王先生连连的说道："应当，应当（回头两吊四百马钱，也是应当）。"《小额》/ 扎完了，给了两丸药，连药钱带马钱两块多。《连环套》/ 请大夫的街坊回来报告，说是牛先生今天很忙，明天过午准到。把堂号拿来了，马钱是二十四吊。《一壶醋》/ 预先言明，到病家只要开了方子，就得给马钱。皆因马得喂草料。请主儿应许明白，这才挂上号，一问马钱，出门不论远近，十吊老制钱。《讲演聊斋·某太医》
【马上】	现在。	马上的中国，与雨景儿重阳不差甚么的。《演说·梦里登高》/ 细想起来，马上抽大烟的，不是拿钱找罪受吗？《演说·雅片之害》/ 第二宗是钱荒。就以马上钞票说，这几天价码儿直溜，闹的市面很有怨言。《演说·说荒》/ 马上北京地方，空间之地日见其少，又搭着生齿日繁，房价增贵。《演说·说房捐》
【马是得】 mǎshìdé	喝得醉醺醺。当时有一种洋酒，牌子是"马德士"。有个评书段子说，一个人喝醉了，大着舌头说，还要喝"马，马士德"。所以，管喝得醉醺醺叫"喝了一个马士德"。也写作"马是德"。	到了晚上，毛春子喝了个马是得，弄了把白条子，堵着门口儿，这们一大骂陈友谅。《小额》

【玛父】	祖父。满语。	由我大玛父（玛父是句清语，就是祖父）说起，世代作官。《人人乐》
【杩子房儿/码子房儿】	家中的厕所。	杜姐看出情形，张罗收拾床帐，把杩子房儿应办的，全部备妥，这才退下楼去。细侯让满生先生歇下，然后自己又下楼去了会子，上楼进了杩子房儿。《讲演聊斋·细侯》/满生往里间房一瞧，绣幕低垂旁边有镜台等类，后面另有一个小门儿，大约是码子房儿。《讲演夜谈·细侯》
【买贵的】	自找苦吃。	趁早儿说，别买贵的，好好照样赔上一份，咱们是万事皆休！《何喜珠》/在大堂别买贵的。《杂碎录》/你犯了事啦，你可别买贵的。《杂碎录》
【买理卖理】	不讲理。	金柏见曹氏说话买理卖理，也就不理他了。《家庭魔鬼》
【买卖地儿】	买卖人。	姓雍的本是买卖地儿，可并没打过官司，一见戴红缨帽儿的，不由得就傻了。《评讲聊斋·乐仲》/见面一问，果然此人从前是买卖地儿出身。《评讲聊斋·刘夫人》/许老二虽是买卖地儿，没见过这路玩艺儿。况且人家是白给，自己不好说不要。真要多拿，既没用处，也拉不下脸来。《讲演聊斋·齐天大圣》/在乡下地方儿，以为魏爷是个买卖地儿了（比瞎打混吃香），上京的叫做京官儿（可没有印结银子），在本初既然是有志气生利的人，也都敬重他。《讲演聊斋·双灯》/四个人的外装儿，打扮的都像买卖地儿。《杂碎录》
【买死儿】	清末借高利贷时，因为发旗饷的日子不固定，所以说好固定钱数，不论什么时候发，都还这么多。	听说近日更新鲜了，皆因放饷没准日期，改名买死儿。比如先使十吊铜子儿，那天领下饷来，还现洋一元。《讲演聊斋·王大》

【迈门子儿】	结婚初夜怀孕生的孩子。	所抱的这个小孩儿，正是自己的迈门子儿。《讲演聊斋·王桂庵》
【卖底】	揭底。出卖情报，告密。	赛武大有一天，在一个下等地方儿抽烟，可巧快炮吴也去啦，由这们他跟快炮吴有个认识儿。于是他就这们一卖底，情愿作一内应。《赵三黑》/这小子满头是汗，进了门儿，又摇头又摆手，耍神儿耍像儿，弄了好些个身段作派。随后说道："这个事悬透了，嗳呀呀，别提啦。"桂四说："怎么回事你就说罢，没这些个零碎儿。"这其中必有卖底的，我要打听出个人来，我非把他砍了不可。《五人义》/当时向乃青说道："眼前有一档子俏事，我卖这个底，可不能白卖，我得使个几百块钱，我才干呢。"《怪现状》
【卖派】	卖弄自己的本事、学识等。	既是铁片子货，洪头儿未免的一卖派，说"喝！我当是甚么宝贝家伙呢，闹了半天，敢则是不要紧的铁片子。"《杂碎录》
【卖缺】	卖旗里空出来的职位。	新帘子胡同的阿三老爷，从先是本旗的印务，现任左翼某旗副都统，专能卖缺，外号儿叫阿大价儿，是一门拉胳膊扯腿的老姑舅亲。《小额》/登八旗的事，不是扣饷，就是放帐，再不然卖缺、吃空头，没有一件干净事。《演说·旗下老爷们请放心》
【卖山音】	也说"卖山嚷嚷"，为了让某人知道而到处说。	家里是没人管事，光棍子一个人儿可怎么混到这儿，不时的使人风示，说俗话就是卖山音，把自己的心意传给黄英。《说聊斋·连城》
【卖舌头】	用舌头挣钱。如说书、唱曲等。	卖舌头，并不是真把舌头割下来卖给谁，是说仗着舌头作买卖。如说书、唱曲、相面、说相声、登台之演说家，其次则说媒拉纤等事，那一样儿不用舌头是不行的。《演说·卖舌头》

【卖味儿】	装模作样。假装。	这原是陈头儿卖味儿，给要钱的人听，仿佛是多熟，其实是触腔派。《杂碎录》/嘴里还卖着味儿说，把他们哥儿两个约了来，因为不要紧的一挡子案件，回头当堂打个质对，这儿屈尊两天，全是我的照应。《杂碎录》/再提几位人物字号朋友。我们是联盟、口盟、一个坐儿。当初他甚么甚么事情是我给他办的，半薰半说半卖味儿，所透着一百多不含糊。《演说·说土棍》
【卖薰鱼的】	卖猪头肉的。	那天要跟卖薰鱼的（北京卖猪头肉的，叫作卖熏鱼的）赊一个双皮（就是猪耳朵），人家说前欠不清，莫开尊口。《社会见闻·哭猪头肉》
【卖一通儿】	充好汉在酷刑下也不招。	你瞧见啦，不说就打。要打算卖一通儿，那倒是现成。《杂碎录》/你满打替你主人遮掩，卖一通儿，那叫帮腔的上不了台，打你个烂酸梨似的，你主人还给你预备养老院吗？《杂碎录》/您可得豁出去，要大卖一通儿。反正您说甚么，我们先写出您的草供，回头县官审您，爱怎么供就怎么供。《杂碎录》
【蛮子】	缠足的妇女。	缠足的妇女，俗语说，叫作蛮子，又叫作小脚儿，往普通冠冕点儿说，叫作汉妆打扮儿。《演说·缠足叹》
【满】	①发堵。 ②全。	①富二先生因为生了这一口气，心里总觉发满，从此饮食减少，渐入痨症。《曹二更》②三丁儿说："孩子，你说怎么办就怎么办。我满听你的了。"《二家败》/现在另是一幕啦，从先那套，是满得取消，现在得说新鲜的。《董新心》
【满打】	即便。	满打就是那们回事，而今可也说不来，于是勉强把大门开开。《说聊斋·小谢》/至穷不过要饭，至病不过死，都卖了又当，怎么样哪？满打就入了胶皮团，问心决不抱委屈。

		《说聊斋·葛巾》/一旦你过了门，他可是夹板儿套脖子，生添一口人，连奔吃带奔烧，满打我赖皮丢似的跟过去，帮着一尽洗洗涮涮的义务，好了落个直棍儿，心里有个不愿意，冲着丈母娘一掉脸子，吃饭真得打脊梁骨上下去。《杂碎录》/满打知道我们小姐的姓氏，谁还指望人给供个长生禄位牌吗？《杂碎录》/你满打瞧见我们，也作为是没看见。《杂碎录》/满打老早的撮出去，作老家儿的又有甚么便宜！《白话聊斋·胭脂》/稍有知识的，满打要造谣言，也比这个高一点。诸位请想，一个最下等的动物，岂有口吐人言之理？《余谈》/这一门聊斋，无非菜马上的飞金，是个配搭儿，骆驼下颏，搭拉嘴儿，潮银子搭个戥儿，满打一个月登个十天八日的，也决不至掉报。《评讲聊斋·刘夫人》
【满应满许】	满口答应。	找噶其浑一商量，噶其浑满应满许。《杂碎录》/春爷当时一求松爷，倒是满应满许，应下这就去。《麻花刘》/二伕子来到衙门跟钱串子一谈一死求，钱串子追求他那没过门的妻子，钱串子是满应满许。《大劈棺》/这几位亲戚一听，乐得两面儿做好人呢，满应满许。《讲演聊斋·段氏》
【蔓儿】	会的标志。	旗子上、笼子上都要安上四个字，类如"国风雅颂"、"醒世金铎"之类，就是本会的字号。调侃儿说就叫"蔓儿"。你要不贺排，蔓儿出不去。别名儿叫作"母会"。《演说·走会》
【慢搭拉音儿】	慢条斯理，拉着长声儿。看不起人的样子。	你要闹身破烂儿你试试，立刻白眼相加。那分慢搭拉音儿，真令人难过。再说穿身阔衣裳，遇见亲友，他都能先招呼你。《益世余谭》

【慢答音儿】	不马上回答。	夙昔讲帮扶人的人，都快自顾不假了。苦朋友里头有这宗事，就有凑不出钱来的，帮也不好，不帮也不好，只好就来个慢答音儿。《演说·票话》/ 阜大少从外面进来，照例上前请了个大安，然后问道："您这向好哇？"罗白氏慢答音儿道："我倒好，你同你们玉姑娘好哇？"《阜大奶奶》
【猫屎小角儿】	不重要的角色。	无论前清无论民国，一起初是霹雷厉闪，待不了多少日子，变成雾散云消，抓两个猫屎小角儿一搪塞，反正小官儿倒运就完了。《余墨》/ 我在革命队里混了这二年，不过是猫屎小角儿，竟当了碎催啦，总也没得着好事。《怪现状》
【毛】	①惊惧，不安。②没认真准备地告状态。③头发。④害怕。	①用手按了按，小额直嚷，说："别按啦！好疼，好疼！"额大奶奶也毛啦，说："这个可怕是个搭背（谁说不是呢）？"《小额》/ 大家哄堂一笑，倒把董爷乐毛啦，说："方才不是说亚飞的弟弟，不是他胞弟吗？"王五洲乐的直拍巴掌，说："新心你别往下说了，不是他胞弟，这是一个姑娘儿。"《董新心》/ 单说岳魁。送三回来，腿疼得要死，哎呦荒天不能下地。福八聊毛啦，当时要给他画一画。原来福八聊会祝油科，平日专用油给人画病。《忠孝全》/ 毛太太一听，心里反到毛起来啦，想着八成儿他们与乱党有关系，打算把我的孩子，也勾进他们党啦。《评讲聊斋·姊妹易嫁》②老顾出了雍家，赴县毛了一状。《评讲聊斋·乐仲》/ 我要等曾孝先□，那我就输了面儿啦，莫如我先毛一状，瞧一瞧这个官儿，怎么判结。《评讲聊斋·曾友于》③把个毛氏喜欢的，直打蹦儿（也不怕碰了毛）。《讲演聊斋·段氏》/ 凡是作姑娘的出门子，就是活白了毛，也脱不开这件事情。

		《杂碎录》/伍保见这个少年揪着一个老者的毛儿，大打嘴巴。《金永年》④这狼见毛先生不毛了，慢慢的往前走了□步，把嘴中衔的这个手巾包儿，吐在当地。《讲演聊斋·毛大福》
【毛包】	急躁。容易发脾气。	只要你不冤我，晚点儿我也将就啦。不过我是毛包的脾气，咱们两个人，混了这们好几天了，莫不成你好不知道吗？《讲演聊斋·阿霞》/你只当疼苦我，要不出去见他一见，看那样子，一定要闹毛包，摔砸还是小事，得罪了詹爷，倒是个麻烦。《何喜珠》
【毛包花脸】	指俞派武生。俞菊笙（1839—1914），京剧武生演员，名光耀、玉笙，字润仙，外号毛包。比喻容易发脾气的人。	有时得充毛包花脸，瞎炸一气。《益世余谭》/大爷是个浩浩落落的人，大奶奶是温柔忠厚的人，二爷是书呆子带财迷，三爷是个毛包花脸，心里没甚么。《搜救孤》
【毛儿咕唧】	惊惧，不安，害怕。	刚一进门，就听门房齐声一喊，倒把詹生，闹了个毛儿咕唧。《何喜珠》/该铺伙计徒弟们，就竟害怕（也不怕甚么）（怕鬼）。现在虽有一两个月，大家还是老那们毛儿咕唧的。《进化报》
【毛儿匠】	妓院里的杂役。	如今不论资格，自要有钱，就可以随便唱戏，那怕是个毛儿匠过个散生日呢。《演说·唱大戏》
【毛咕】	不安、害怕。	小宋说："虽有几家提亲，总没妥当。"陈翁一听，忽然哈哈大笑。陈翁这一乐不要紧，小宋所毛咕啦，心说："这位是有症候。这大下雨的，这不是搂子吗？"《理学周》/比听见拉驴儿来接他家走，还透毛咕。《评讲聊斋·画皮》/心说：这可不是老师点化的吗？我要一毛咕，有多叫人瞧不起呀。《讲演聊斋·贾奉雉》

【毛伙】	妓院里的杂役。	翻回来再说乐不够,这天到三合下处去算账目,进门不见玉蚨,当时闹了一怔,忙向毛伙问道,我们姑娘上那儿去了。毛伙道,吃过午饭,说是进城上菩萨庙烧香去,直到这会没有回头。《阜大奶奶》/ 一僧一道,僧名法广,老道名叫冯道龄,在排七妓女王喜福屋中,大显神道,用搬运法将王喜福的戒指盗去,经毛伙追赶,将这二位佛门弟子请往本泛去了。《本京新闻·北京白话报》
【毛伙计】	妓院里的杂役。	把地方叫进来,又叫了两个毛伙计帮助。《杂碎录》/ 且说满生,来到贾寓门口儿,恭恭敬敬的一喊回事,从院中出来一个毛伙计。《讲演聊斋·细侯》
【毛将】	妓院里的杂役。	日昨黄花苑□顺下处有毛将吴云,不知因何与游客口角起来,吴云情急打伤游客。《北京画报》
【毛姜】	办事不稳重。	季英因为闹病,这些个事情,他是莫明其妙,今天这才了然。当时气的乱哆嗦,奔过去敬了文氏两个嘴吧,打的大家一楞儿(讲究毛姜吗)。《搜救孤》/ 同学中有位姓廖的,同周昆玉是同里相居、同师学艺、发孩儿弟兄,从心里喜爱周生的才性,就是也怕他这个毛姜的脾气。《讲演夜谈·周琰》/ 毛先生本是毛姜脾气儿,遇着这路紧毛的事,自然是三步当做两步走,两步当做一步行,急急忙忙往前赶。《讲演聊斋·毛大福》
【毛了烟儿】	吓得惊慌失措。	青娥姑娘一觉睡醒,觉着旁边有鼻息直吹得慌,而且出入气儿挺匀。心里一机伶猛一睁眼,见窗户上有个大窟窿,窗前的月影,由窟窿射进光儿来。这一下子,青娥也毛了烟儿啦。《评讲聊斋·青娥》/ 他听你扣了盖儿,所毛了烟儿啦。《讲演聊斋·霍女》

【毛毛腾腾】	办事不稳重。	假如长官一说话一起棚儿，属下的便也是毛毛腾腾。《演说·两京兆注重实业谈》/毛毛腾腾，着三不着两。《旧京通俗谚语》/大拴子说："我还冤您吗？……"说完了，毛毛腾腾的站起来就走啦。小额还要跟他说话，大拴子早没了影儿啦。《小额》
【毛钱儿】	铜圆辅币，1917年开始发行。十个小钱等于一个铜圆。	大块儿的，早年叫作洋钱，而今叫作银币，小块儿的，俗叫毛钱儿，而今叫作辅币。《演说·涞水币》
【冒场】	唱戏的时候，不该出场的时候却出来了。	没分八字儿，就说客套，透点儿冒场。《讲演聊斋·邢子仪》
【冒而不登／冒儿不登】	冒然。突然。	谁不认识谁，冒而不登的就去提亲，我想这事未必准行。《白话聊斋·梅女》/冒儿不登的，也不是怎么股子劲儿，伟人又不伟人啦。伟人又变了国贼啦。《演说·伟人与国贼》
【冒坏】	出坏主意，或干坏事。	二姨太太何氏，给凤仙冒坏冒不动，后来一变方针，改为柔媚为手段，极力跟凤仙要好。《过新年》/孙二聊专给何氏当参谋，可又兼着给秦氏当顾问。(两头儿冒坏，地道汗{汉}奸。)《过新年》/我明白这个事啦。这是周占魁这小子冒的坏，诚心撅我。《驴肉红》
【冒猛(儿)】	①突然。②冒失。	①他昨天冒猛到家，看见我们大主人病故，他一急，才说出前些日子，在某处遇见的老道，说他兄长，有性命之忧，教与他一个小小的法子，在床上挖一土井，宽约一丈，深约七尺，将尸放在井中，好在不用口衔糯米灯心，也不用七七四十九日，只要过七天能保复活。《讲演聊斋·伍秋月》/再说与本宅主人夙无来往，小子冒猛的前来，要见员外，大约是黄鼠狼给鸡拜年，没安着着{衍字}心眼儿。《讲演聊斋·骂鸭》/前几天

		就听说本庙中有失脱饷银的一案，今天冒猛儿的来了这们个瞎子，所以都围随着瞧着。《讲演聊斋·王者》②老夫有一言，千万可别嫌我冒猛。《白话聊斋·萧七》
【冒猛子】	猛然。	在阅报诸君，冒猛子一瞧，仿佛有一点眼生，若是再往下阅，即知内中比喻。《演说·羊羔虽美众口难调》
【幺饼】	银元。	就说北京城里头，给银币起的名儿，其说不一。管着一圆钱叫作一块，甚么番佛一尊、弯搭拉、一元大武、幺饼、你的人儿、我的人儿、一条龙、北洋的、造币的，种种的名目，总而言之曰银圆。《社说·哭洋钱》
【没的事情】	没影儿的事。	话没说完，就瞧二爷善全气哼哼的起外头进来，说："这都没的事情，真得儿可恶。简直的太不讲理啦，没是生非吗？没骨头都到家啦。"《小额》
【没缝儿下蛆】	找茬陷害。	知道县里的差人，不是好惹的，万一来个没缝儿下蛆，这项人甚么屎不拉呀，只好把姑娘儿们叫出来见见。《杂碎录》
【没根基】	做事不顾体面。	按岁数儿说，赵大快奔五十了，狗爷才三十来岁，他妹妹也就在二十来岁。虽说是继弦，一大居然大二十多岁。打起作这门亲，就叫作没根基。《姑作婆》王二痰迷，时常前来照料，应名是照料，简直的犯没根基，来到吃喝还不算，临走还要借两吊，这些个事，也无须一提。《贞魂义魄》/李先生是吃完早饭来，在这里吃晚饭。李先生犯没根基，他总来的早，赶上早饭。《二家败》
【没骨头】	不要脸。	话没说完，就瞧二爷善全气哼哼的起外头进来，说："这都没的事情，真得儿可恶。简直的太不讲理啦，没是生非吗？没骨头都到家

		啦。"《小额》/ 他又一瞧玉如，立刻笑容儿又没了，绷着个驴脸，瞪着刺猬眼睛说道："这是你大姐丈。你听说丁百万家呀，就是他们家，竟牲口有一百多。本城还有四五个买卖，好事业了。我一到他家，我心里就痛快（你那叫没骨头）。"《库缎眼》/ 咱们说句歇口语罢："往外婆家偷烟袋——没骨头算到了老老家啦。"《铁王三》
【没落儿 / 没落子】	没着落。	再说一家多少口子人，专指着一个人挣钱，要是弄钱的人一死，这一家子都睁着眼没落儿。《演说·劝旗人妇女当习工艺并改良头脚》/ 把大拴子也带了去啦（也真得请请大拴子，不但小额得请他，编小说的还要请他，因为一没落子，大拴子就出了世啦。临完了，不请请儿他下得去吗）。《小额》/ 按说多少得赏点儿喜钱，既没落子，只好脱俗儿。《说聊斋·小谢》/ 大哥，你这个人太忠厚了。你住庙没落子的时候儿，他心里怎么没你呀？《王遁世》/ 只要你不嫌我是穷小子，没准落子，我还有甚么不愿意的。《讲演聊斋·武孝廉》
【没脉】	吓得要死。	张头儿站在外屋地下，所没了脉啦。《讲演聊斋·佟客》
【没那们八宗事 / 没有那们八宗事】	根本没有那样的事。	叫真儿说，没那们八宗事。《花甲姻缘》/ 都说黄酒铺甚么会作酒（由坏作好），其实没那们八宗事，往外零卖对点儿倒是有的。《燕市积弊·黄酒铺》/ 想必找事的地方，当初就没有那们八宗事。《杂碎录》
【没神儿】	没精神。	又瞧老头子，起昨儿回来透着没神儿，又怕窝作出病来左难右难，忽然想到说，我先把老头子支了走，回头再说别的。《小额》

【没是生非】	无事生非。	话没说完，就瞧二爷善全气哼哼的起外头进来，说："这都没的事情，真得儿可恶。简直的太不讲理啦，没是生非吗？没骨头都到家啦。"《小额》/ 这把子人都是父母月儿的日子，那个年头儿吃喝又贱，吃饱了喝足了，没事生非，找着岔儿满世界招说。《土匪学生》
【没影响】	没影子的事。	天霸跟普武二位不是把兄弟吗。后来天霸投降施公，就把绿林的义气忘了。不是把两位盟兄给害了吗。虽然是□小说上的掌故，大概也不能没点影响。《怪现状》
【眉眼儿】	眉目。	我若断不出个眉眼儿来，怎么对的起小民？《杂碎录》/ 无论甚么事情，头一拨儿眉眼儿总真一点儿。《理学周》
【媒人】	中介。	一听良宅雇人，媒人就先不管，就是介绍谁也来不来，大家送了他一个外号儿，管他叫试手儿姨太太。《双料义务》
【煤毒】	煤气。	二人这再不醒，那除非是受了煤毒啦。《杂碎录》/ 近见各报所载，煤毒薰人的新闻，接连不断，差不多那一天都有。起初还以为外省人不知煤毒的利害，或乡下人初到京，在家睡惯了热炕，到京住锅伙，晚上也要燃火（烧炕），故此煤毒薰人的事情常发生于作坊头子、洋车厂子等类的地方。《演说·煤毒可怕》
【门斗】	清代学校杂役。	奈因原告儿没指出鄂秋隼的住址。好在他是秀才，教官的门斗，可以知道他的住址。于是找了门斗一问，知道住的不远。《评讲聊斋·胭脂》/ 曹福的表兄在学里当门斗，转求学师向孟纯求情，孟纯关着教官的面子，又给县里去信，算是把两个人开释了。《酒之害》

【门里出身】	家里就是干这个的，所以懂门道。	他是个少爷班子，新官到省，一切的手续，及谒见上宪的礼节，人家是门里出身，并不外行。《一壶醋》/ 毛豹是门里出身，练的功夫也不错，有个十几口子到不了跟前。《小蝎子》/ 门里出身，美其名曰父传子。《旧京通俗谚语》
【门脉】	门诊。	富二先生早晨给人看门脉，他在旁边下真心听，半年多的功夫，居然有点意思。《曹二更》/ 可是单有一拨儿爱找他瞧的（大半都是活腻了的），抽冷子也真有给人家朦好了的时候儿。因为他门脉是六百钱，比别人贱点儿（图贱买老牛）。《小额》/ 少俞你别说这话。瞧门脉人家给钱不给呀？"黄少俞说："看门脉是得给钱呀。票活可也不少，一早总瞧七八十号。《张文斌》/ 那一天都瞧些号门脉，也有请出马的。《讲演聊斋·长亭》
【门票】	印着店铺字号、地址及商品介绍等的纸，通常是大红的，捆在蒲包上面。	主人为心愿舍药，每付药他们要两枚茶资（其实一付药连门票带纸，使不了一个子儿）。《益世余谭》/ 正在这个时候儿，又接着一个怪物传单。门票形式，横排五五个大字，是"修养安乐馆"，旁边五个大字，是"灵气感应术"，上头又有两行小字，是"神秘派不用药"，下头有两行小字，是"哲学真理，治病妙法"。《余墨》/ 这茶瓶上所贴的门票字号，以至商标茶名住址等类，全是五色石印，写画无不精细。《演说·说工商的知识》
【门庄大夫】	家庭医生，按月收钱。	这位王大夫，是这里的门庄大夫。甚么叫门庄大夫呢，就是包月的熟主顾。有病就找他，外带是一叫儿就来，三个院子有病全都找他。《搜救孤》/ 这位孙先生是周家的门庄大夫，有病总是找他。《过新年》

【门装瞎子】	到固定人家去卖唱或算命的盲人。	甚么叫作门装瞎子呢？就是专走门子的瞎子。《过新年》
【门子】	诀窍。	这是武大爷吗？卖野药儿窥杵的门子。《讲演聊斋·田七郎》／若用评词说法儿，由五官上一形容，实在看着透厌烦，而且不加个趣话儿，也没意思。说评的用石韵赞儿，都是这个门子。《讲演聊斋·考弊司》／及至要换骰子咧，也不知怎么，会把门子弄左咧。《讲演聊斋·任秀》
【闷灯】	一种煤油灯。四方的，铁皮，只有前面镶着玻璃。为去世者点的灯。	灯这宗玩艺儿，除去佛前的海灯、死人的闷灯、抽雅片的烟灯，这三种灯是白天点，其余的灯，都是天黑了才点。《演说·难看的电灯》／晚间电灯不及灵前闷灯。《余墨》
【闷葫芦罐儿】 mènhúlu guànr	扑满。磁存钱罐儿。	木先生就是小妇人的闷葫芦罐儿，就仗着他攒提息。《杂碎录》／果真要有个闷葫芦罐儿呀，可攒着，趁早儿自己摔。《演说·我要买闷葫芦罐儿了》
【闷头】	不显露财富。	丰爷一听老头子这话口儿，心说：这个老帮子，八成儿没安着好心眼儿，也不是怎么瞧出我一谱儿来，把我当了闷头的财主秧子咧。《讲演聊斋·薛慰娘》
【闷真】	非常清楚。	就听隔壁周家热闹啦，又是送报条争钱的声儿，又是乐的声儿，又是亲友道喜的声儿。本来接着一堵墙，听了个闷真。《过新年》
【朦背了】	蒙晕了。	因为他又会瞧病，又会算卦，又会画两笔画儿，又会圆光扶鸾（倒是普通科学），又能谄媚又能拍，所以把小额家里上上下下全给朦背啦，大家敬的他真如同圣人一般（伏地儿的）。《小额》／这场演说，不但把这萃绅董让他虎住了，连吴刺史跟董爷，都让他给朦背了。董爷自打听了他这场演说，更加三成佩服。《董新心》

【猛住】	一时想不起来。	周某听见有人叫他，出来一看，并不认识，说："您贵姓？"找人的这位说："喝，您许猛住啦。也搭著咱们爷两个有好几年没见啦。"《杂碎录》/不错，仿佛还在那块儿见过似的，我将才也猛住啦。《杂碎录》/姑娘真把他猛住啦！他自己一提，姑娘才知道他是王九赖。《铁王三》/却说安爷因花姑子这身穿章太华丽，所以当时猛住，及至一听说话，方才看明。《评讲聊斋·花姑子》
【眯嘻眯嘻】	嘻嘻。笑嘻嘻的样子。	就见阿英坐在对面，眯嘻眯嘻的乐，也不说去，也不打发人过去回覆，来了个硬撂台。《评讲聊斋·阿英》/这都是你一套话惹出来的，你也这么帮着劝劝。怎么袖手旁观的又眯嘻眯嘻的笑起来了呢？《儿女英雄传》
【米星疙疸儿】	鸡皮疙瘩。	前几天听见有甲乙二人讲说，救国□金，办好了能延国祚，办不好，能促国寿。我乍听此话，会□一身的米星疙疸儿。《演说·扑满》
【秘密】	关系亲密。	平常他这份儿德行，就不用提啦，可着衙门里头，没有不骂他的，就有一位老爷，跟他是秘密。《小额》/后来跑到王氏娘家，那一溜儿细一寻问，才知道两个人是多年秘密，想着早晚宿介住在王氏家中，我把他们两个人，一齐拿住。《评讲聊斋·胭脂》/两个人的感情是情投意合，非常的秘密。《海公子》
【蜜里调油】 mìlitiáoyóu	形容关系特别好。	如今社会上，一来就换帖，两来就口盟。平常是呼兄唤弟，密{蜜}里调油，亚赛一个妈妈养的。《小额》/刀伤常这小子，甚么东西？他要有好心才怪呢。你说他偏跟他蜜里调油，有多们邪行。《麻花刘》/要说许义，从先很疼过槐良，爷儿两个真是蜜里调油，如胶似漆，后来因事闹崩啦。《孝子寻亲记》/今天跟这个好的蜜里调油，明天就又跟那个好的更亲密。《评讲聊斋·香玉》

【面嫩】	①长得年轻。②脸皮薄。	①当时几位少奶奶，这个装烟，那个倒茶，这个说："三太太倒胖了。"那个说："三姨娘倒面嫩了。"这个又说："三姨太太不像三十多岁的，也就像十八九的。"《过新年》②因此借那块石头，作了一个见面答话的由头。谁想安公子面嫩心虚，又吞吞吐吐的不肯道出实话。《儿女英雄传》
【面子药】	药面儿。	王先生想了一想，拿起笔来，又开了一个面子药的方子。《小额》
【灭灯】	①不再发脾气了。②不再兴奋了。	①陈氏得着这个信，当时灭灯，也不哭也不骂了。《赛刘海》/等到把爷们闹死，或是把差使弄丢了，不然就是把儿子闹死，反正把糟心逆事闹出来，立刻灭灯，他比是人老实。《赛刘海》/胡四又炸啦，狗爷怕胡四真勺他，一回头瞧见愣李三，说："三兄弟你得保护着我点儿。"愣李三一说："我保护你?我这儿还瞥着要敲你哪！你可是我姐夫！我向理不向人。"狗爷一听灭了灯啦。《姑作婆》②原来道台的西隔壁，也住着一家儿姓周的，是某汉军旗的一个掌事领催（有克扣军饷毕业的文凭），家里孩子也下小考，是西收字儿四号，所以送错了（你瞧这个巧）。周道台也愣了，老夫子也灭了灯啦。《过新年》
【灭血心】	昧良心。	大人提到这里，卑职才敢说。卑职在京当差的时候儿，就派人接过他老人家（这话有点灭血心）。《回头岸》
【民党】	主张民权，反对专制政府的政党。	大声原是民党，跟某革命钜子又是至好，自然短不了暗通消息。《怪现状》/革命以后，他在南城一带也很出风头的，有时自己说是民党，有时又说自己是稳健派。其实他的材料，究竟有限，或者因为时运不济，终没抖起来。《北京》

【民妇】	已婚妇女和官员说话时的自称。	邢单氏听范公说话有因，忙回禀说："民妇必要成全义女张素娘的苦志。"《杂碎录》
【民女】	未婚妇女和官员说话时的自称。	民女逃在义母家内，待民女有如亲生。《杂碎录》
【民人】	①人民。②不是旗人的人。	①你是公事，本县也不是私事。本县职在保民（对），你倚势欺压本县的民人，本县不能答应。《益世余谭》/你想想，你父亲带兵出来，保护何金寿，那人民岂有不恨的？所以不管三七二十一，闹了个玉石不分，也给污害在那儿了，这个仇人不是别个，就是民人。我问你，民人众了，你拿谁当作是你杀父的仇人哪？《劫后再生缘》②在下是个民人，弟兄三人，就属在下顶小。《进化报》/从先，民人都爱入个旗门儿，为的是挑分钱粮（行话叫过支子）。《二十世纪新现象》/北京城的人，有个独门儿本事，专能苦中作乐，无论平时多们困苦，一到节年，都要吃点喝点儿。这个风气，旗人最多，不要强的民人，往往也有传染的，那管他死在眼前呢，先得想法子过节要紧。《演说·中秋》
【明一天】	明天。	那不他们把我留到明一天我再走呢，先得打这们一夜的野盘儿呀。《评讲聊斋·青娥》/明一天是七月初九。《评讲聊斋·神女》
【明黏子赌场】	公开的赌场。	至前门大街一带都有许多明黏子赌场，如骰子宝，菱角判儿，黑红撅，六地儿，汪干条（即三根签儿）等等，无非腥赌班人。《燕市积弊》
【模子活】	根据原本改写的。	原文既是信笔编造，您也不必当真的瞧，别看是一种模子活，骨子里可比海活有劲。《说聊斋·巩仙》

【摩托车】	汽车。	摩托车的司机匠,警察厅取缔的很严,非经考试合格,□有司机证书,不准充当司机。《演说·机车司机》
【磨车】	反复说。	就以木器说,□式桌椅何等的价钱贵,怎样的不延年,别位先生已然说过好几次,我也不便来回的磨车,既知道他□贵又摆不长,为何会全爱买他呢?不过是喜欢他做的工精而已。《演说·洋货不如国货》
【磨豆腐】	反复说。说废话。	说书的不必用笔嚼舌根板子,也不必来回的磨豆腐。就是磨出豆腐浆来,应该谁喝呀?说书竟图多占行数儿,不给人家真正的书听,那都叫作下不去。您瞧我有多么爽快,不但不磨豆腐,都快磨出渣来啦。《杂碎录》
【磨对】	讨价还价。	问了问价值,是净擎六百两,市平松江现银,少了不卖。李三看着可心,又磨对了磨对。中人花销归卖主,李宅净拿六百两。《讲演聊斋·薛慰娘》/ 只要沾着这一面儿的事,舍得破钞花钱,可也是零碎代销,也不花钱买妾,也不上挂灯下处住局,俗名儿叫钻狗洞子。奈因彰德府地面,不同北京,外乡吃这路饭的很少,只好在五里三村儿,找那不正经的妇女,同人现磨对,遇有贪便宜的,他就可以偷个一次两次的。《讲演聊斋·霍女》/ 也许人家新来乍到的,故意拿脾气试探我呢。将来过长了日子,也可以再往下磨对着办。《讲演聊斋·霍女》
【磨烦】 mòfen	有人想这么干,有人想那么干,各说各的道理。	小额又要叫小文子儿拿车接去,正在磨烦的时候儿,天也就在一点多钟,就听门口儿直嚷"回事",底下人跑上来说:"徐老爷来啦。"《小额》/ 聋老头子揪住少儒一死儿的不答应,少儒跟他讲理,他是非让赔驴不可,两个人磨烦了半天,毫无结果。《孝子寻亲记》

【磨害／魔害】	缠住人没完没了地提要求。	烦你暂且替我尽点儿义务，陪侍郎君，一年后我就不磨害你啦。《评讲聊斋·香玉》／那们好中的举人？那们好点的翰林？吃完了花净了，也是魔害。老人家，我瞧着将来是麻烦。《库缎眼》／二大妈，丁儿害您，曹立泉没害您哪。人家这个作徒弟的总算不错了，您别魔害人家了，您这不是对不起我吗。《曹二更》／这些穷本家的侄子，都看着段老头儿是财主，没有不魔害的。《讲演聊斋·段氏》／娘家又没人常来魔害，连追往亲戚的分资都省下啦。《讲演聊斋·霍女》
【磨腻／抹腻】	文雅、好看。	洋货是格外显着干净磨腻，土货是格外的显着含糊，中国人无论怎么爱国，还能够好恶拂人之性吗？《演说·利权外溢》／我一生就喜欢人干净抹腻，穿上戴上我决不心疼。《说聊斋·邵女》
【磨头／抹头】mòtóu	转身。	李二妞答应了一声，磨头进去，把门就关上啦。《驴肉红》／这个驴走着走著就站住，一打他，他磨头往回里走，把个少儒急的浑身是汗，偏巧走在一个窄沟子里头，这个驴又不走啦。《孝子寻亲记》／福八聊应了一声，搁下东西，磨头又跑啦，一气儿跑到四牌楼，赶上那里义和拳杀人。《忠孝全》／傻佟连说："我去我去。"抹头就要走。子英说："大哥您回来。"《一壶醋》
【磨坨子】	缠上（某人）。	公子一听米爷不管，爬伏地下，抽抽答答的哭起来了。米爷一瞧这个样子，是犯磨坨子。再说不知道是甚么大事，起心里越发不耐烦起来。《评讲聊斋·神女》
【磨袖口儿】	指伏案写字的人，包括作家、记者等。	写字出身，名曰磨袖口儿。《旧京通俗谚语》

【蘑菇】	①麻烦。②找麻烦的人。	①"放吧，不过啦，出了蘑菇啦。"大伙儿说："怎么回事情？"小李说："三甲喇佐领下兵，因为上回挑缺没传他，跪了堂官啦。"《小额》/ 李二妞是个精明的女子，知道要出蘑菇，当时再三的苦劝丈夫。《驴肉红》/ 无根之言，是于意会之中造作出来的，人若听信此言，跟着满嘴一扑噹，不定出甚么蘑菇。《演说·洋谣言》②前天来的那两块狗蘑菇，今天又回来啦，坐在那儿一死的起腻，我说看看去，许出条子没回来，他就立刻猴儿花又炸起烟儿来了，这怎么办呢？《何喜珠》/ 我们招谁惹谁啦？碰着你这么一块蘑菇。《讲演聊斋·王大》/ 要是一点儿德行不留，即便有也不是好蘑菇。《说聊斋·乐仲》
【抹不丢的】	因犯了错儿、贫穷等不好意思见人。	其实请了他，他是真为难。不去罢，以后见了面儿抹不丢的。去罢，穿甚么去呢？《演说·出份子》
【抹车】	说书时东拉西扯，拉长时间。	这点儿书要是诚心抹车，真能多说半个月。《说聊斋·胭脂》
【抹孤丢】	因犯了错儿、贫穷等不好意思见人。	遂照这话对乔母一说，乔母倒闹了个抹孤丢，想着挺好的一件事，竟会作了个大瘪子。《白话聊斋·乔女》
【抹身】 mòshén	转身。	莫如我躲一躲儿，一抹身走出小院儿，真生照旧不动。《评讲聊斋·陈云栖》/ 詹生正在看得出神，见何喜珠一笑，又听见他借着《西厢》句字，俏骂了一句，抹身往西边走来，詹生此时身不由己，来了个山东儿要账，定后跟，这才追上前去。《何喜珠》/ 看罢，抹身仍然退回屋内。《花鞋成老》
【抹身形】	转身。	连锁把话说完，□手绢儿，擦眼泪，一甩袖子，抹身形往外就走。《讲演聊斋·连锁》

【抹子脚】	讽刺裹得不太小的小脚儿。前面是尖的，像抹子。	这位王香头有四十多岁，身量是挺高，大柿饼子脸，……是个汉装，两只抹子脚，横着量有四寸，说话粘牙倒齿，很有点儿妖啦妖气的。《小额》/说完迈开大抹子脚，飞跑出去。《讲演聊斋·窦氏》
【末天】	最后一天。	昨儿个是哈辅元的末天吗（哈辅元是个说评书的，能说济公传跟永庆升平）。过了这两天随缘乐，还是双厚坪过来。《小额》
【殁生儿】	墓生。遗腹子。	后来这个小堂客，怀了身孕，又过了好二年子，才添了这们个殁生儿。《讲演聊斋·湘裙》
【莫吉格】	满语。下层办事人员，跑腿、通知事情的人。	正这儿说着，就见莫吉格小李起外头跑进来说：《小额》/"二舅您好呀，您怎么知道啦？"又听一个老婆嗓子的人说道："我将才听见莫吉格小宫说的。（莫吉格是句清语，就是传事人。）《过新年》/马爷当过莫吉格。《讲演聊斋·毛狐》
【嬷嬷爹】	奶妈的丈夫。	家中有一个厨子，叫作陶顺，是孟纯的嬷嬷爹，夫妻二人，都在这里。《王遁世》
【母狗眼儿】	小而圆的眼睛。	原来是一个十六七岁的孩子，一身土黄布裤子、汗衫儿，散着裤脚儿（搁在这时候儿总算维新），长的前廊后厦的这们一个脑袋，太阳上两块大疤瘌，两只母狗眼儿，俩个扇风耳朵，瞧那样儿就不像好孩子。《小额》
【母会】	没经过行业认可的会。	旗子上、笼子上都要安上四个字，类如"国风雅颂"、"醒世金铎"之类，就是本会的字号。调侃儿说就叫"蔓儿"。你要不贺排，蔓儿出不去。别名儿叫作"母会"。《演说·走会》
【母钱铺】	不挂幌子的钱铺。	若是出票子不挂幌子，不论怎么样的殷实，他家出的票子，市面上多不愿行使，硬给他起个特别名称，叫作母钱铺。《演说·钱幌子》

【木】	僵。	范公借着看公事为由，省得木在堂上。《杂碎录》/吴老太太一肚子闷气，正没地方发散哪，这才来了一通儿直言奉上，把两个说合人给木在门口儿外头啦。《杂碎录》/把那差役给木在那里，半天才说道："没见过这样的人。"《北京》
【木裙子】	指柜台。	要没三冬两夏的火候，这条木裙子穿的了穿不了？《演说·热天的苦乐》/俗言作买卖的人，只要上柜台，栏柜的别名，就叫木裙子。《演说·木裙子》
【木头】	骨牌。	各色都有行话（行话就是调坎儿），纸牌叫作叶子，骨牌叫作木头，骰子叫作豆儿。《益世余谭》
【木头裙子】	指柜台。	因为我也吃过几天卖买饭，并且还不是捐班，实实在在身临其境的，穿过两天木头裙子，不敢说懂得商情，大略说凡是我干过行当儿，恒是总不算外行吧。《演说·奸商》
【沐恩】	武官对上司说话时的自称。	李太尊到任的时候儿，赵游府得海，远接五十里，见面跪倒，口称大人，自称沐恩。《张文斌》/家人伺候老爷好几年，沐恩托福，很沾过老爷的光。《一壶醋》/沐恩叩谢大人的恩典。《孝子寻亲记》
【募警】	新招募的警士，处在培训阶段，还没成为正式警察。	内右四区募警张忠，日前把同事李某的东西，如棉袄、棉裤、大氅、坎肩、镯、表等物，来了一个卷包儿老会，没等口号，他老哥就开了正步啦。《益世余谭》

N

【拿不出套裤去】	遇事就往后缩，没出息。	拿不出套裤去，即是怵窝子。《旧京通俗谚语》/ 松海哼了两声，又咂了咂嘴儿，摇了摇脑袋（穷毛病倒不少），说道："我真拉不下鼻子来。"贾氏说："你简直的拿不出套裤去。去一荡有什么？周济算着，不周济散着，他还能把你发了是怎么着？"《苦家庭》
【拿不准铊】	拿不定主意。	王爷一想，自己也有点儿拿不准铊，究竟倒是学甚么好哪？《白话聊斋·劳山道士》
【拿毛】	抓住人家辫子，指找茬儿。	那一天他们再跟您这们大咧咧的，我们可要跟他讲究讲究。说翻了，左不是拿毛滚蛋。《评讲聊斋·曾友于》/ 有几个火性爆的，听他半路儿改了宗旨，不知是段太太，怎么把他疏通好了，立刻瞪眼要拿毛打架揍他。《讲演聊斋·段氏》/ 眼看中国就要属人家管啦。咱们当局的人，还拿上毛不撒手哪。《演说·茶余客话》/ 他说的话，如同句句是真，说出谁要带出不相信的样子，恨不能这就跟谁拿上一毛。《演说·两种谣言》/ 说话总讲横着出来，走到哪儿也免不了拿毛。《旧京通俗谚语》
【拿上】	掌握住。让人信服。	直睡到金针刘来，还没醒呢。喝，金针刘这一说到那儿应到那儿，可真把额家给拿上啦。他这一来到，真如同敬天神一个样。《小额》/ 塔三爷说："说的倒是对呀。您别称呼我老爷呀！"噎膈李说："平摆着你是四品官吗，怎么不称呼你老爷？"塔三爷原不信服这些个，这几句话算是给拿上啦，心说："怪

		呀！我家里的事情，他怎么说了个活眼儿见呢？别瞧他们生意搁念，倒也有两下子。《鬼吹灯》/ 原来这个管学官是徐荫轩中堂的门生，中堂最好谈理学，他是迎合老师的意旨，所以也好谈理学；甚么程朱啦，王陆啦，李二曲啦，吕新吾啦，很能说两套，中堂所让他给拿上啦。《王有道》/ 只要他爱听甚么，你碰着他心眼儿说两句，就能把他拿上，从此就拿这个人当好人，其实这个人才不是好人呢。《酒之害》
【拿秧子】	哄骗富家子弟的钱。	何为拿秧子？比如有几个帮闲派，整天际陪着秧子打恋恋。这群人给他个套吃高打，摘摘借借，越套越深。秧子只要不醒腔，真能吃一辈子。若教秧子明白过来，小名儿就叫拿滋。《演说·说秧子》/ 金店的东家，素日结交几位汉官，专拉官纤，他有一个专门的能耐，就会拿秧子，吃小哥儿，大烟得抽四两广土｛土｝，久站前门西啦，跟额家是世交。《小额》
【那不】 nǎbu	哪怕。	总要想法子跟荣殷氏说几句话，那不瞎说会子呢。《杂碎录》/ 除去真下不去的，没有法子不能不扣除，但分诗文全篇，那不是胡说白道呢，照例全送院考。《过新年》/ 依我说少绷行市，见利就走。那不多赶蹚呢。《讲演聊斋·老饕》/ 棺材匠是怎么说怎么办，那不说把活人入了殓呢。《评讲聊斋·乐仲》/ 大凡居家若是兄弟都是鳏过儿，到｛倒｝不至犯心，那不谁养活谁，也多不计较。《评讲聊斋·曾友于》/ 倘或像那年的正月十二，那不在街门上多顶块石头，一家子倒是先有吃的呀。《演说·买官米》/ 要能想法子过簧答话，那不能黏个沿儿，我替推车的尽点儿义务，替换替换他，也是我的造化呀。《评讲聊斋·瞳人语》

【那块儿】něikuàir	哪儿。	不错,仿佛还在那块儿见过似的,我将才也猛住啦。《杂碎录》
【那块儿】nèikuàir	那儿。	要说他的心思,不但多心凤仙母子,且大少爷周孝那块儿,他就多心。《过新年》
【那么】nènme	那边儿。	自打挂五色国旗之后,我就没上八大埠溜达过。人家新阔人儿,是挂五色国旗以后,开始才往那么溜达。《忠孝全》/往那么瞧瞧克。《燕京妇语》/我不肯马上就往那么走,可是知道它在不很远的地方等着我呢。《月牙儿》
【那们】nènmen	①那么。现在北京人仍说"那们"。②那儿。	①"伊爷那们大的岁数儿,你打了人家俩嘴吧,你还把人推躺下。大伙儿劝着你,你还不答应,你要反哪是怎么着?"《小额》/火车站、市场等处,虽有白钱的像片儿,此辈行踪诡秘,化装无定,比我穿的还阔,谁能那们注意。《益世余谭》②金针刘因为反正也是往那们去,所以并没拿捏,当时慨然的应允,说是午后准到。《小额》
【那们着】nènmenzhāo	①那么。②那样。	①额大奶奶原是个没有主意的人,一听老张说了个天花乱坠,赶紧说道:"那们着,你就请吧。回头我再告诉老爷。"《小额》/你说没有功夫,那们著学满文当当差,就有功夫了吗?《演说·学生劝学生》②小地方人,专有这宗德行,见人他可说不出话来,专能偷着瞧人。等到人走了,头这们着了,脚又那们着了,惯会瞎议论。《库缎眼》
【纳着性儿】	耐心地,小心地。	息氏听婆婆这是抓词儿,只好再纳着性儿说:"婆母请想,儿媳常听人言,'朝朝防火,夜夜防贼',修理墙垣是防患未然的好意。"《讲演聊斋·太原狱》
【奶地出家】	幼年出家。	从前的右僧庙,要分作两种,奶地出家是奶地出家,半路出家是半路出家,各归一门儿,丝毫不容含混。《白话聊斋·胭脂》/我

		这把弟是被弟妹挤兑的，中了心病，才想这路主意。不然谁肯富老道（奶地出家，可不知是被谁挤的）。《讲演聊斋·成仙》
【奶奶】	①妈妈，旗人用语。②对年轻媳妇的称呼。	①姑娘说："你瞧，偏巧今儿个奶奶带老王跟三爷出门儿啦。秃儿跟我来，让你奶奶给爷爷弄饭去吧。"《小额》/奶奶阿妈，生我三个人，就这么一个妹妹，她若有何心事，不妨投她的意，也是应该的。《春阿氏》/我的奶奶、妈妈、母亲、娘，您这是怎么了？《鬼吹灯》②上岁数儿的问那个年轻的，说："大奶奶，怎么你关钱粮来啦？"《小额》
【奶胖子】	乳房。	大奶奶一生气，照着胸口就烙了去啦。一下子正烙在奶胖子上，呲啦一声，把个小姨奶奶，烫的呲牙咧嘴，哭都不敢哭。《评讲聊斋·续黄粱》
【南边根儿】	祖辈是南方人。	我说去去没甚么。您虽是南边根儿，大概不常同南边人在一起，不明白他们的脾味。《僻巷丐话》
【难买难卖】	纠缠不清。不让步。	你们哥儿俩既说到这儿，咱们是船家烧纸为何来？丢了急的说快的，也不用拉丝，也不用带垛，更过不著拿肫（钝）刀子锯扯人，事情只要平复啦，谁也不是难买难卖。《杂碎录》/好朋友可是一说一了儿，没有难买难卖的。《杂碎录》
【馕搡】	使劲往嘴里塞。贬义词。	就是供甚么样儿的珍馐美味，谁见灵魂儿来受享了么？也还是活人儿馕搡罢咧，死的人，有甚么益处啊？《语言自迩集》
【挠】 nāo	捞，用不正当的手段捞取钱财。"跷丫子"，逃走。	一边儿烧着烟在那里等候，把一两烟膏烧成泡儿，自己装在小铜盒子儿里（这点儿起色），随后又要了一两（他算挠着了）。《怪现状》/反正变兵是跑了，土匪也跷了，抓几个时运背的穷混子请下香炉来（俗话管割

		头叫请香炉）。《二十世纪新现象》/快嘴刘得了赏钱，人家早跷啦，王典史让店家把他找到。《苦鸳鸯》/主人损了他几句，以为他就跷啦。谁知道他居然不跷，吃上翅子还是没完，一箸子赶一箸子。《王有道》/原来是周义的小妾一汪水儿，趁着乱际儿，把秦氏的箱子，给拧了锁头啦，贵重的物件搜罗殆尽，由后门儿跷下去了。《过新年》
【挠（儿）】 nāo(r)	走，逃走。	都跟前没有甚么，那还好办。这个冤种一死，驴的朝东，马的朝西，各自一挠儿，倒还干净。《过新年》/我这个首座，要是被大家公举的，或是我运动来的，实在办不下去啦。我也不必维持现状了，扔崩一挠儿，也没有甚么的。《过新年》/厅里传家属领尸，奎四眼儿搂把搂把早挠啦，二样儿也不知道下落啦，谁领尸呀？《连环套》
【恼撞】	恼怒。	我同你妹妹商量商量，打听她那宗性情，若这么早说人家儿，恐怕好犯恼撞。《春阿氏》/常禄道："我妹妹很明白，应该也不致恼撞。难道女儿人家，在家一辈子不成？"《春阿氏》
【脑后摘筋儿】	武术的一种招式，趁人不备，从身后打。	御史虽然不掉空杵，有事可以封奏，跟谁不来，就许给个脑后摘筋儿。《说聊斋·续黄粱》
【脑筋】	①脑子里。②脑上的青筋。	①诸位要把这副对联印在脑筋才好。《益世余谭》/乡下人脑筋简单，当时信以为真，说甚么听甚么。《方圆头》/带着病干活儿，脑筋短不了乱，脑筋一乱，就短不了出错儿。《酒之害》/手艺行儿把这项人印入脑筋，往往相空一齐拿。《燕市丛谈》②"勾大哥，不可作这宗事。"勾一贵一听，立刻脑筋乱蹦，说："你不要管我的事，你要管我的事，别说我不认朋友。"《何喜珠》/只急的脸也红啦，脑筋也紫啦。《评讲聊斋·画皮》/且

		说魏爷听人家说，愿把妹子给自己，无如与人两相比较起来，人家阔得很，所以不敢答应。又舍不得推辞，立刻脸到红啦，脑筋也紫啦。《讲演聊斋·双灯》/请问老先生，大黄跟大（待）黄，既是两样，大夫跟大（待）夫，也是两样了？"说的这位先生，脸也红了，脑筋也绷起来了，忙忙的告辞而去。《余墨》
【闹财】	地下埋着财，到了该让人发现的时候，会有特殊的现象出现。	常听老人讲究，地下要是埋着财，到了该发现的年代，他能闹一气。俗说叫作闹财。《双料义务》
【闹了归齐】	闹了半天。	刚才怎么回事呀？他就跳下骡子来，说不用提啦，站岗的犯狗。咳，闹了归齐，敢情是人家巡警犯狗（哼，黑狗白脖子，哈哈）。《进化报》/就听说北京透乱，呵呵，京城听说外边乱，外边听说京里乱。闹了归齐，全部不乱。《演说·说张军纪律严明》
【闹米汤】	说让人心里舒服话。	孙子游一听郎才这套话，不由得心惊，准知道这档子戏法儿是瞒不住啦。要等人家明说就不新鲜啦。莫若先宣布还好点。登时带笑开言说是："义父要不提，我正要回禀您哪。"郎才说："得了你，别跟我闹米汤啦。我要不提，你要说才怪呢。"《二十世纪新现象》
【闹魔】	闹。不乖。	你可吹了灯，省得福儿睡不着闹魔。《讲演聊斋·红玉》/你要跟你叔父去，可不许撒娇闹魔。《讲演聊斋·湘裙》
【闹手】	扎手。不好对付。	大鼓锣架一瞧这个方向，知道症候有点儿闹手，朦了三四荡马钱，也没敢贪功，就算推啦。《小额》/尤二刁的儿子叫尤勇（倒不是逃兵），也在班儿里当官人，见他爸爸愁眉不展，知道有甚么闹手的事情。《小蝎子》/槐良骑的这个驴是非常的闹手，走了二三里

		路，好几回差点儿没摔下来。《孝子寻亲记》/俟等有了机会，把几个闹手的，位置个升官发财的道路，自然就不再闹了。《评讲聊斋·续黄粱》
【闹油】	不安。心神不定。	东屋内剩下姑娘一个人儿，又遇见白天之事，心里闹油。《杂碎录》/刘子固被仆人这一篇话，说的心里也闹起油来啦。《评讲聊斋·阿绣》/刘爷一见，自己也闹上油啦。不知跟人家说甚么好啦。《评讲聊斋·阿绣》/邓爷听他一面说，一面心里透着闹油。心说：八成儿这个小姑娘儿们，在某村安下锅，要揍我吧。《讲演聊斋·房文淑》
【内府】	内务府。	可是生人很少，反正是那把子书腻子占多数，内中废员也有，现任职官也有，汉财主也有，长安路的也有，内府的老爷们也有。《小额》
【内监】	太监。	我刚才上我三爹那儿去啦。我三爹听府里张内监说的，小连打的那个姓伊的他儿子，敢情在府里教书。《小额》
【能为】 néngwéi	能耐。	我跟他闭了眼啦。他有能为，把我发啦。我有能耐，砍完了他，我给他抵偿。《小额》/就说汉军旗人，因为他们作官的道路窄（因为道路窄，所以汉军旗人有点能为的多。满洲人作官道儿宽，倒把他们害了，到了如今，还没有汉军人道路宽呢）。《曹二更》/至于北京方字旁儿的先生们，稍有积蓄的、有点特别能为的，暂且不提。冗弱的主儿，就指着两块中国票度命，按月准放都不够，一说七八个月不关钱粮，简直的要命。《余谈》
【泥腿光棍】	无赖。	无如单有一宗无来由的泥腿光棍，他总忘不了旧日的恶习。《演说·说土棍》
【拟陪】	候补。	他有个姨奶奶的兄弟，叫小刘三，在他宅里管事，应了一号儿买卖，四百银把打四的拿

		了拟正啦（要说那时候佐领的价值比如今还公道），打头的倒闹了个拟陪。《小额》/ 拟陪的，是谁啊？《语言自迩集》
【拟正】	正式补缺。成为正式的。	这当儿，他有个姨奶奶的兄弟，叫小刘三，在他宅里管事，应了一号儿买卖，四百银把打四的拿了拟正啦（要说那时候佐领的价值比如今还公道）。《小额》是啊！昨儿拣选的，把我拟了正了。《语言自迩集》/ 正黄旗满洲拣选骁骑校，一共是两个缺。……听说把次序在后的某某二人，倒拿了拟正啦。《进化报》
【你我他三】 nǐwǒtāsā	指说话不用"您"，没礼貌。	票子联这们一冷笑，说："老大，你别这们你我他三（萨，平声）的。听我告诉你，咱们是本旗本固山（音赛），你阿玛我们都是发小儿，我们一块儿喝茶的时候儿，那还没你呢，知道啦？"《小额》
【逆事】	倒霉事。	正这儿说着呢，没想到又出了一件逆事。您猜是甚么事情？原来是小脑袋儿春子起外头荒荒{慌慌}张张的跑进来啦。《小额》/ 家里遭这宗逆事，还犯戏迷哪。《张二奎》/ 告诵没有工夫。不是不能分身，就说家中出了逆事。《说聊斋·乐仲》
【溺疼】	溺爱。	张翁就跟前这们一个孩子，未免溺疼，给他找了一个学房念书。《张和尚》
【拈拈转（儿）】	一种食物。	昨天门外，有吆喝卖拈拈转儿的。听说此种食物，是用新麦子炒到八成熟，上磨一磨，落下来的麦子面，全是两头尖的小圆条儿。再上笼屉一蒸，然后用酱油醋拌着吃。《演说·拈拈转》
【蔫蔫的】	①悄悄儿地。②老实。	①赛武大溜到外头，蔫蔫的把大门开放，二反又来到里面。《势力鬼》②本来曹立泉蔫蔫的很能聊，学的又不错，倒是很有人欢迎。《曹二更》

【蔫土匪】	不爱说话的人。	"坐吃山空是不行的。你们倒有个正经主意没有哇？"王恩是个蔫土匪，一声儿不言语，竟瞧王薄。《势力鬼》
【年伯母】	对同年母亲的称呼。	秦氏一死儿的不走，后来有周廉同年的夫人儿，给年伯母前来请安，秦氏才走。《过新年》
【黏嫌】	说话不清楚。	景爷已然是醉啦，嘴里说的话透着黏嫌，舌头透短。《讲演聊斋·阿霞》
【捻子】	①用纸捻成一个空心细管，捅到伤口中去，把脓吸出来。②使坏。③灯捻。	①这个脓塞子可是不出来不行。要让他出来，有善恶俩法子。恶法子，得下捻子，动刀子、镊子，可是来的快点儿。《小额》②你瞧，这必是二爷的捻子。他诚心起哄，跟我不来。《双料义务》/这一恨非小，钱锈跟总办又是亲戚，待了几个月的功夫，借着一件公事，使了个捻子，把冯先生就给革啦。《小额》③按学理说，羊烛当心的捻子，从先多用灯草，近来多用棉花，里头有点水分，行路走的急，空气一荡压，街上又有风，所以灯苗儿先绿后灭，这是常有之事。《鬼吹灯》
【念杵】	没钱。江湖行话。	没钱叫念杵，没吃饭叫念嗿。《燕市丛谈》
【念嗿】	挨饿。江湖黑话。	两个夜叉，依旧对徐爷伸手，徐爷一瞧，嘴里急得直嚷，妙已齐，念嗿喽。《讲演聊斋·夜叉国》/位位如此，我们这群吃谁去呀（敝亦念嗿一分子）？《讲演聊斋·大力将军》/经了姑娘的昭路把合，柴爷这个人万不至于念嗿。《讲演聊斋·邵女》/没钱叫念杵，没吃饭叫念嗿。《燕市丛谈》
【念了张年儿】	没命了。江湖黑话。	他只要这们一伸手，敢报就得念了张年儿（姑娘儿生前许唱过落子，不然他怎么会春点哪？念了张年儿即是没了命啦。）《白话聊斋·聂小倩》
【念撒】	衣裳不好。江湖行话。	撒是衣裳，念撒是衣裳不好。《人人乐》

【念喜歌儿】	①婚礼时乞丐在内外说合辙押韵的吉祥话，等赏钱。②说好消息。贬义。	①常大弟，你再给我几个钱，门外念喜歌儿的，又来了两个。《春阿氏》／现时只有些旧日的苦人，净吃办红、白大事——可是要饭的穷人，仍旧守着老规矩——要说不用他们呢，一来也是苦人一线的生路；二来照料门口儿，人来客到的，免得冷冷清清；花钱儿又不多，什么看彩绸咧，拿楼库咧，亦仿佛有用。就有两样弊病，实在不可人疼。头一样儿，跟念喜歌儿的勾着捣乱，你这儿越忙，他是越嚷嚷，要饭〔的〕他管，念喜歌儿的他还"均杵"（分钱），自然是不管，每因为这点小事儿净吵螺丝。《燕市积弊》②没事你念喜歌儿，让我到县。没等我去，人家传下来啦。《家庭魔鬼》
【念秧（儿）】	①哄骗人。②拐着弯儿说。	①《聊斋》所说的"念秧儿"，那不过是行路的害处，这种生意与念秧儿却有不同。《燕市积弊》／一个妇人陪着和尚过了好几个月，一旦决裂，竟至成了一起奇案。这其间必有缘故，大概是念秧局诈之类，不知是谁骗谁呢。《北京》②第二天厚格跟我直念秧儿，说是："真怪事，我临睡觉，穿得好好儿的衣裳，半夜里都散开了。"《都市秽尘》
【念语】	哑巴。江湖行话。	哑巴叫念语。《燕市丛谈》
【念昭】	盲人。江湖行话。	瞎子叫念招。《燕市丛谈》／这书要按照《济公传》，永庆升平，住店吃饭的套子，再一使马四远的念昭，咱就不用说书咧。《讲演聊斋·王者》
【念子曰】	绕着弯儿说一大套好像有道理的话。	开完了方子，他也不说他给您配，他跟您念子曰，甚么这些个药味要紧啦，您找熟药铺得啦，招呼不用真药啦，一闹这个江湖套子。《小额》／车行快到前门，他跟我念子曰，他说："昨天把脚磨了，四牌楼这蹦子不近哪！"《鬼社会》

【鸟奴】	养鸟的人。贬义。	北京这宗茶馆儿，是个含垢纳污的地方儿，上中下流社会都有，尤以下流社会最占多数；类如鸟奴、土匪、拉房纤的，五行八作。《王有道》/日前与友人有约，定于东四牌楼天宝茶馆相见。该馆内容，与旧日无异，而鸟奴尤占多数。《益世余谭》
【尿遁/溺遁】	借口上厕所而逃走。	后来南城的官人下来啦，这是咱们俩人说，我瞧见事情不好，尿遁里我就溜啦。《小额》/你真借溺遁挠啦？《汪大头》
【捏酸假醋】	装模作样。	财政困难，工商凋残，旗饷无着，教薪积欠，一般土著人士，饥肠久素，馋涎欲流，酒席筵前，无怪乎筷子开仗也。虽然，记者宁愿与筷子开仗者同席，不愿与捏酸假醋之官僚阔人相遇。《余谈》/所赶办不及了，饭庄子现叫几桌都行。再一说预备十桌，要来了十五桌客，改头换面，添添换换，准能拉的出十五桌来。厨房跟本家再有交情，那更容易办了。海碗肘子海碗鸡，拿下去一拆，那里头就有了文章啦。越是阔家儿办事越好办。摆上真吃的少，一位位捏酸假醋，就是那们回事。《铁王三》
【捏酸拿糖】	装模作样，装好人。	凡是不受规则的妇女，面儿上都有点儿假惺惺，见人永远是捏酸拿糖，走道儿真能目不斜视。《说聊斋·乐仲》
【捏窝窝儿】	事先做手脚。	捏窝窝儿，惟恐知底弦儿。《旧京通俗谚语》/不知此等公话，内中黑幕很多，在事实上无非就是盖面儿，明知某人反对甚力，预先必得捏好了窝窝儿，惟恐某人一经反对，必有大大的不利，暗中先把〔他〕安置妥协，他人即无法再事阻挠，无论如何反对，当亦无效。《都市丛谈》

【捏着鼻子】	勉强。	老张也说："少大爷也给老仙爷磕个头吧，好让老仙爷赏药。"小文子儿满心不愿意，没有法子，捏着鼻子磕了三个头。《小额》/福八聊那里知道这些个事一定让他一同过去，他又不好实说，只得捏着鼻子，来到西花厅。《忠孝全》/满打娶过来，捏着鼻子吃两顿窝窝头。《杂碎录》
【乜贴】	心愿，意图。伊斯兰教用语。"没安好乜贴"，即没安好心。	问明白了全都记在心里，敢情他没安好乜贴。《白话聊斋·胭脂》/春爷到底是忠厚人，以为是镇台又跟他好啦，谁知道他没安好乜贴。《麻花刘》/他简直黄鼠狼给鸡拜年，就没安着好乜贴。《连环套》
【拧】 nǐng	①不是这样。②错。	①要按其理说，就应该借事招摇、揽权纳贿啦，这位文管家可拧啦，多一步儿也不走，奉公守法，谨慎小心，外带着非常的耿直，阖府里当差使的，没有不爱他的，可是没有不怕他的。《小额》/这宗议论，野茶馆儿倒听的著，您要到了青云阁、劝业场，就又拧了。《余墨》/要说这把子亲友，有周道台活着，专能架弄周廉，真能把七少爷捧的云眼儿上去。现在拧了，帮着人家贴靴，拿周廉打糠灯。《过新年》②眼瞧着端上三碗面来，我心说：这不是打卤，一定也是炸面。及至吃到嘴里，拧啦！敢情面里头拌的是黑糖，这不是诚心玩笑吗？《演说·灶王爷诉苦》/善大爷说："这必是府里头车来接我来啦。"善二爷要出去，大爷说："不用，我去瞧瞧克得啦。"赶紧来到门口儿，这们一瞧，哈哈，拧啦，原来不是府里头车接来啦，敢情来了一群土匪。《小额》/安某夫夫妇，知道是药弄拧了，关着亲戚的面子，无可如何。《余谈》

【拧岔儿】 nǐngchàr	不对。	额大奶奶瞧这个方向，又有赵华臣昨天说的"徐吉春外科差点儿"那句话，知道这剂药有点儿拧岔儿，赶紧跟小额商量，让小文子儿找赵华臣，求他请金针刘去。《小额》
【拧秤】	犯拧（nìng）。	女郎倒也没拧秤，遂与戚生苟且成婚。《说聊斋·章阿端》/ 慕生见老头儿不拧秤啦，撒开了又一夸白姑娘。《说聊斋·白秋练》
【拧了锅子】	不是这样。	去岁老和尚一圆寂，换了一个新方丈，就拧了锅子啦。《伶人热心》
【拧绳儿】	拧nǐng着疼。	羊肉片儿、烧刀子，外带灌满嘴凉风，回家肚子拧绳儿，一弯腰往外掉烤肉。《演说·登高》/ 又觉着肚子难受，直像拧绳儿，仿佛这就拉才好哪。《杂碎录》/ 忽然外头有人叫门，原来是西隔壁煤铺酸掌柜的，半夜里上吐下泻，肚子拧绳儿疼。《曹二更》
【拧（了）勺子】	不是这样。	粮食涨价不过一时。可是当道就禁止粮食不准出境啦。如今可拧了勺子啦。不但大灾，粮食仍是外运，要说出禁止，那算纸上谈兵。《演说·米贵如珠贫苦该死》/ 张铁汉自从来在监里，他是一心无挂碍，所认了命啦，心说反正脑袋掉了，不过是碗大的疤拉，发会子愁也是白搭，索性成天的唱唱咧咧，如同没事人儿一样。甄醉仙可拧了勺子啦，是一天到晚，哭哭啼啼，嗳声叹气，本来就瘦，被这一折磨，这两天儿更成了人灯啦。《张铁汉》/ 还有洋人的优点，让中国人一仿效，马上就拧勺子，真是可怪。《演说·中洋魔》
【牛脖子】	倔，谁说也不行。	自家兄弟何必这个样儿？里外又有甚么讲究？这也值当的犯牛脖子。《白话聊斋·成仙》/ 成生还是牛脖子，怎么说也不一块儿走。《白话聊斋·成仙》/ 你哥哥就是这种脾气。人家来赔不是就得啦，他老是犯这道牛脖子。《小额》/ 王小六犯牛脖子，一定不回来。《王小六》

【牛狗车】	指汽车。	这宗车怎么叫牛狗车呢？非用真正牛狗，因为放出那宗怪响，有事像是狗护食的声音，有事又像是牟儿牟儿的牛叫。此车以声得名，故此呼为牛狗车。《演说·说牛狗车》/每到晚间，门外常停闯死人不偿命的牛狗车，一来就是十几辆。《益世余谭》/再一说啦，讲廉耻，爱名誉，怕唾骂，这三样，总占个优字儿罢。你一注意这三样儿，马车也坐不上啦（牛狗车我不敢说），番佛也没那们些个啦。《演说·劣胜优败》
【牛录】	佐领。满语。	本牛录下（牛录就是佐领）听说有狠好几个缺，你为甚么不传他挑缺呢？《益世余谭》/福寿亦喝道："你是哪一旗哪一牛录，同文光甚么交情，大人问你呢。"普二又结结巴巴的说道："我是镶黄旗满洲普津佐领下人。"《春阿氏》/这两天没活，我们牛录上有一个拨什户缺（就是领催），大概这两天夸兰达验缺，我也得练练箭哪。《小额》
【牛子】	一种眼病，眼球上的白色凸起物。	身量儿不很高，有五十来岁，赤红脸儿，小黄胡子儿，左眼睛有个牛子，小尖鼻子儿，一张薄片子嘴，一嘴的黄牙板子，外带着挺臭。《小额》/眼睛中的热泪，往外直流，流得止不住，又拨开一瞧，比上昨天晚间，在灯光之下，更显着大了许多，简直的是要起朦，又像牛子似的。《评讲聊斋·瞳人语》
【牛子眼】	一种眼病，眼球上的白色凸起物。	这位儿妇，原是一只牛子眼，一只萝卜花。《讲演聊斋·甄后》
【拗别】	不顺从。	自己也不敢拗别王生，只好出去叫人，一会儿叫来三四个男仆，将尸身解将下来，就给兰家抬送过去了。《评讲聊斋·锦瑟》
【努伤】	因用力过度而受伤。	你们快不要动了，招呼努伤着。《讲演聊斋·大力将军》

【暖洞】	为种植蔬菜和鲜花而挖的地窖，里面有火炕，在火炕上铺土，种植。	该处有些个赶档子卖鲜货的（黄瓜、香椿等等，该处薰货暖洞甚多），四条黄瓜一块钱，少了不卖。《余谈》
【挪搔窝子／挪搔窝儿】	小孩儿生后第一次去姥姥家。	仙赐稍大点儿，千万到镇江来一荡，做为住老老家，通俗说"挪搔窝子"。《讲演聊斋·霍女》/慧儿一幌儿也这们大啦，没住过老老家哪。莫如我带上姑妈子，做为挪搔窝儿好不好？《讲演聊斋·长亭》
【女座儿】	妇女专座。	东楼上有一个男子，站起来冲着西楼点手儿（西楼是女座儿），又是说又是笑，当时这个乱，就不用提啦。按天桥社会最为复杂，该处戏园虽卖女座儿，而高尚女座儿很少，所以土匪胆敢随便起哄，小马五儿也敢倚疯撒邪。《益世余谭》

P

【趴虎儿】	马趴。	当时又有个和尚，是个一只虎，也跑来看莺莺，不料被斧子头儿绊了个大趴虎儿。《语言自迩集》
【爬房】	反悔。	要这们行的话，已然脱口而出。他会能拉了抽屉，立时爬房，比朝出暮改，还透着快行。《演说·拙老婆巧舌头》/他该钱不还，应下把女儿折给我，如今又爬房。这个郑婆子，狡诈万分。《和尚寻亲》/三姐话既然说出来了，也不好驳回，刚一打噜喽儿，想法子推托，说人家是不走外会的（那成了砂锅居啦），尚爷已经看出这个意思，是有点儿要爬房。《评讲聊斋·胡四姐》
【爬灰头】	和儿媳妇通奸的人。	谁打他啦？你个老爬灰头！《郭孝妇》
【爬豁子】	揭人的短处。	以上所说的各处热闹，有新的，有旧的，有旧而改良的，有拉长儿的，有打快勺子的。其中的好坏，今天是过年的头一篇演说，暂且不便爬豁子，各热闹的处所，逛者是有目共赏，日久方知。《演说·说年》/就以张勋谈话一栏说，其中是造作，是谁亲耳所闻的？若一爬豁子，里头漏项很多。《演说·青菜政策（续前）》/这些地方，我们看出来，不能替老前辈爬豁子，也只好圆全着办。《讲演聊斋·贾奉雉》
【拍】	用大话吓唬人。	又有一个山东儿，刁着个大烟袋锅子，直拍一个穷人（大概也是为账目）。《小额》/青皮连说："不是。您听见他这一套啦没有？拍上我啦。姓连的没受过这个。"《小额》/以

		言语拍人，叫作虎事；以妻子骗人，叫作打虎；这些个小虎都不提，单说大虎。《益世余谭》/王有道说："菊如，还有句话，我告诉你。以后你见了我也不必给我请安。咱们是道不同，不相为谋。从此断绝关系。"说罢一阵冷笑。菊如原是个少年血性的人，本来因为时事，就气了一身肝气。如今被王有道这一路大拍，直气的浑身上肉跳。《王有道》/老姑太太是个爆烈分子，说话讲大拍大咬。《过新年》/勾一贵一听这人说出来的话，所透着横，先把他的气焰给压了下去，吓得立刻不敢作声，朱二一瞧勾一贵，叫这个人给拍回来啦，觉着有点含蠢，说不上不答碴儿来啦。《何喜珠》/这就吃个拍劲儿，拍上就拍上啦，拍不上，再另说新鲜的。《旧京通俗谚语》
【拍老腔儿】	用长辈的口气说话。	你不用跟我拍老腔儿（也得有人听呀），稿交情套话，干脆说，乘早儿□哪。《讲演聊斋·黎氏》/王氏一瞧来的这位，虽是老前辈的资格，原来不拍老腔儿，很是谦和。《讲演聊斋·武孝廉》/第二天晌午，果然王七猴儿来到，喝了个醉醺醺的，进了门儿就拍老腔儿。《谢大娘》
【拍事】	吓唬人。	门仁刚要问师傅是沏茶□是叫饭去，见师傅满面怒容，用手拍着桌子，说："你这个徒儿也是一个不正经干的东西！"门仁一瞧，师傅这话透儿拍事，赶紧说："怎么啦？你老人家这样动怒哇？"《讲演聊斋·白莲教》
【拍网子】	胡吹自己有钱有势有门路，以此骗钱。	心里说："这个拍网子算打上了。"《小额》/心说：这是拍网子呀。这还有交情哪？心里干着急。《胶皮车》
【排了】	枪毙。	他在台上，我倒不怕得罪他（得罪他许把你排了）。《酒之害》/后来车氏解到清苑监狱，为首起哄炸监，让人家给排了。《连环套》/又待了没有几天，倒是有信啦。那位说了：

		"许把赵得海排了罢？"告诉您说，不但没排，外带着放啦。《赵三黑》
【排枪】	枪毙。	我算计着这个被告儿，所得担个大不是。不能照王琴斋排枪，也得照陈澜生下狱。《益世余谭》/ 佩华说："怎么办呢？反正连他带他儿子，一块儿排枪得了。"彼时安民公所的权利很大，要排一个人，真跟抹个臭虫一个样。《王有道》
【派子】	①作法。②派头。	①如今作官跟从先作官不同，你虽然作过官，那都是旧官僚的派子，如今好些个使不上的。如今新官僚是另一个派子。《怪现状》②同席的几个劣绅，还有俩破秀才，大家对于高明远，无非是捧场拍马，钱迷另换了一副神气，对于高明远，也不称呼老兄啦，把老师的派子拿起来啦。《高明远》/ 他的笔底下很富丽，大有墨卷的派子。《过新年》
【攀个大】	不好意思，硬以长辈的身份。谦语。	我跟你们攀个大说，二叔怎么个为人，你们还不知道吗？《胶皮车》/ 我攀个大说，你这孩子太谦啦。我有一言，可不知道当讲不当讲？《张文斌》/ 贤契（要论爷儿们），我跟你攀个大。咱们三生有幸，一见如故。《理学周》
【盘川】	盘缠。	徐堃说："这二两银子，老娘留着当盘川罢。"《苦鸳鸯》/ "我去不成，莫若打发门上打杂的王三去一趟，多给他点盘川钱，自然就可以成了。"《劫后再生缘》
【盘儿】	脸。江湖黑话。	暗暗的一看小女婿子，盘儿尖（模样儿好），海龙儿（大辫子，还□剪发哪），一点儿也不念咋（还会调侃儿哪）。《杂碎录》/ 也不用周有道作眼线，因为班头亮侯大户的盘儿。《杂碎录》/ 一瞧还是那几位女客，称得起是粉白黛绿，一位比一位长的盘儿尖。《说聊斋·萧七》

【盘儿尖】	长得好看。江湖黑话。盘儿脸。	暗暗的一看小女婿子，盘儿尖（模样儿好），海龙儿（大辫子，还□剪发哪），一点儿也不念咋。《杂碎录》/ 甚么叫作"盘儿尖"哪？这是江湖的黑话。"盘儿尖"，那就是模样儿长的好。《永庆升平传》/ 一瞧还是那几位女客，称得起是粉白黛绿，一位比一位长的盘儿尖。《说聊斋·萧七》
【盘子】	脸。江湖黑话。	有一种叫清倌，光卖盘子，不留住客，于身体一点关系没有。《北京》
【盼想】	盼望。	只是此时我不回家，我们那一口子还不定怎么盼想我呢。《讲演聊斋·成仙》/ 再说何线娘，那天自打发王三去后，终日盼想回音，一天见王三从外面进来，何线娘一看喜之不尽，忙问："你见着宁公子没有？"《劫后再生缘》
【抛费】	挥霍浪费。	他赔本儿全是他自己糊涂，自己抛费了，没别的。《语言自迩集》/ 他本有万数两银子的家当儿，因此全抛费得干干净净儿的了，竟是一心的满处儿去搜罗。《语言自迩集》/ 我有匹大草驴，借给你驼了去，底下可别再抛费了。《语言自迩集》
【抛闪】	大便。江湖黑话。	抽个冷子起不俐罗，还爱往床上抛闪（江湖调坎儿管出大恭叫抛闪）。《大劈棺》
【跑海车】	在大街上跑来跑去揽客的车。	看见这辆空车，当时问道："把式有买卖没有？"赶车的说："那块儿？"曹立泉是气糊涂了，说："拉我回山西罢。"赶车的说："城里跑海的车，不拉出外。"《曹二更》/ 你要不答应，反正东城西城，你也没说明白，捣乱的时候儿再说（旧日跑海车的，却有这宗毛病）。《回头岸》
【跑合儿】	牙子，买卖的中介人。	要是再接着水商拉珠子□，一形容揉儿行、跑合儿的弊病（倒不是倒把做行市，买空卖

		空），未免又得多说个三五版。《讲演聊斋·夜叉国》/ 这丫鬟一听，抿嘴一笑儿，心说："这件事要不做脸，本家就打算破这个数儿。如今全递过去了，没口缝儿，八成儿是诚心打落吧。"《评讲聊斋·凤仙》/ 咱们可是这们说，出手儿不算（那成了跑合儿的咧）。《讲演聊斋·娇娜》
【跑头子货／跑途子货】	跟人私奔的女人。	既然落了个跑头子货，也难免男人生疑。《杂碎录》/ 一个跑途子货，弄回来倒是个老虎。《杂碎录》
【跑账的】	替放高利贷的人要账的人。	他那个账局子，就在他外书房。每月钱粮头儿上，喝，手下的碎催可忙啦，一人一个小绿布口袋儿（许是作帽子剩下的布），一个油纸摺子，拿着对牌（借钱的把钱粮由领催手里，对过跑账的，立一个木头牌子，一劈俩瓣儿，跑账的拿一瓣儿，领催拿一瓣儿，每月凭这个牌子取银子），往旗下衙门、护军营衙门，这们一取钱粮包儿。《小额》/ 你是账局子跑账的？《麻花刘》
【炮燥】	因为热，心里燥。	一会儿的时候儿，又热起来了，人人都受不得，我炮燥的出了一身透汗。《语言自迩集》/ 炮躁的 p'ao2-tsao4-ti，有如我被火烤着。《语言自迩集》
【烹】	吓唬。	曾爷本打算用大话把贼烹回去，这群人说："事到如今，你还□你这一套专制派哪。你往那里走？"。《评讲聊斋·续黄粱》
【捧臭脚】	拍马屁。	自己看着这点儿账目，心满意足。又有些个不开眼的人这们一捧臭脚，小额可就自己疑惑的了不得啦，胡这们一穿，混这们一架弄，冬天也闹一顶染貂皮帽子带带，也闹一个狐狸皮马褂儿穿穿。《小额》

【捧圣】	拍马屁。	但是缙绅这宗东西，跟报纸不同，是宗捧圣贴靴的玩艺儿（如今报纸怎么没有捧圣贴靴的呀）。您不信，细考查旧缙绅。各属风俗，好的多，坏的少。《益世余谭》/一旦把事情弄糟了，不但反对的主儿抱怨他，就是素日捧圣的主儿，反过嘴来，也是抱怨他。《大小骗》
【捧事】	拍马屁。	后来庙侯无法，把旧朋友全请在一处，足吃了一顿，不让称呼他庙侯二字，改称侯二哥，众人也都捧事，居然就改了称呼。《杂碎录》/给徐爷弄了身儿马褂儿战裙，居然军官的样子。马队也能捧事，居然以徐大人呼之。《苦鸳鸯》/记者有一个老同学姓奎，生平也善于贴靴，外号儿叫"捧事奎"，见了谁捧谁，检直指着捧事吃饭。《王遁世》
【捧斋】	在理教举办的活动，教徒都得去参加。	他说今天有咬儿。我说甚么叫咬儿呀，他说今天有个斋口儿，在裴家街。说到此句，我这才明白，敢则是捧斋。遂问此公说道："天这们大旱，就是捧斋不自，你吃的下去吗？"《演说·白肉足用》
【碰脆儿】	脆脆地撞上。	准知道地爷跟火爷一碰脆儿，五大洲是同归于尽。《益世余谭》
【皮带】	轮胎。	走在后门，忽然大响一声，直仿佛炸弹，我当是有人炸我呢。后来一想，我这个脑袋核儿不配呀，谁跟我呕这个闲气呀？当时车也站住啦，说："先生，您请下来吧。"原来是皮带放了炮啦。《益世余谭》
【皮儿了】	死。	前天听人说，还没下落。八成儿小子皮儿了吧。《讲演聊斋·白莲教》/大概再耽延个三五天，就许呜呼哀哉、伏维上飨、无常、羽化、圆寂、眼儿猴、咯儿屁、皮儿啦、吐啦、刘二哥啦（费甚么话哪。简直的全是文野相杂，死了的代名词）。《评讲聊斋·花姑子》

【皮酒】	啤酒。	去年有人送给兄弟半打皮酒，他们说是德国老牌子的，我也老没喝。《理学周》/曹猴儿说："先别斟哪！我告诉你们开皮酒了没有，你们怎么又弄黄酒哇？"当差的说："是皮酒呀！"曹猴儿说："皮酒作甚么往酒壶里灌呀？"《理学周》
【皮局】	皮货店。	听说，此公还是皮局的老板，闹了一身军衣，心想听个蹭戏，没想到闹了出《盘关》，跟着就来出《活捉》。《益世余谭》/昨接多事人来函，大致说前门西皮市长泰皮局大赌特赌，警士置若罔闻，恳为登报等情。《余墨》
【皮科(儿)】	笑话。	无非是陈谷子烂芝麻，眼前的事故由子，全是无影无形的老婆舌头。皮科儿笑话儿、謷人词俱全。《杂碎录》/陈子云说皮科儿，斗笑话儿，把这个岔儿也就揭过去啦。《王遁世》/小蝎子儿始而还拘泥，如今见醉郭竟皮科笑话儿，也就随随便便了。《小蝎子》/这个店大姐，还有这些个皮科哪。《和尚寻亲》
【皮里抽肉】	一天天瘦下去。	原文说是"肌革锐减"，即是眼见的皮里抽肉。既然一天比一天瘦，再一耽误，小命儿就许拉瓜。《说聊斋·婴宁》
【皮面】	信封正面。	看见桌上放着一封信，拿起来一瞧，皮面下款，写着由筹安会事务所发。《怪现状》/接过信来一看，皮面上写着：面呈天津县正堂公展。《春阿氏》
【偏】	吃。	你就请用吧。我们是早偏啦。《评讲聊斋·青娥》/茶我是偏过多时啦。《说聊斋·霍女》
【偏饭】	谢谢您的饭。吃完饭后，客人对主人说的话。	腮漏王又过来一敷衍，说是"诸位用的当啦？"大家说是"偏饭偏饭"。《二十世纪新现象》

【偏过您】	吃过了。	"啊，你们早吃了饭了？""早偏过您了。"《燕京妇语》
【偏您饭】	谢谢您的饭了。吃完饭后，客人对主人说的话。	恒爷说："大奶奶，偏您饭啦。"少奶奶说："您用的当啦？"《小额》
【偏您了】	我们吃好了。客人对主人说的客气话。	辰："我偏您了，您慢慢儿吃。"丑："我也偏您了。"《燕京妇语》
【片儿饽饽】	荷叶饼。卷烤鸭吃的薄饼。	即如这个白吃猴，但凡能在老便宜坊定烧两只吃，就不费这功夫去偷鸭子了。再说偷到家，要说烧就烧，想清蒸就蒸，也没有那路手艺，连毛儿也摘不好。谁家也没那路镊子，即便有人给他做熟，甜酱虾油调货也不齐全，至到片儿饽饽都没处烙去。《讲演聊斋·骂鸭》
【片子】	名片。大多是红纸、白纸或其他颜色也有，一般三寸长，正面印名字，背面印地址。	少妇忽掏片子一个（系胡鸿立三字），向老妇说道："请您分心。能派交通部主事最妙。否则电报局差使亦可。事成之后，必有相当酬报"云云。《益世余谭》/前天一早，记者将起来，老婆子拿上一个片子来，说是有个陈先生拜访。一瞧片子，是陈友文，字彬生（湖南岳州）。《余墨》/赶紧让二爷拿信纸，又写一封回信，余外拿了一个片子，把信封好，拿着信来到门口儿，一瞧，原来是赶车的王二。《小额》
【瓢儿】	脑袋。	顺手抄起饭盆，连肉带汤照定妇人打去，一下子满招呼在妇人的脑门子上，兰氏是连烫带磕，瓢儿就算开啦。《评讲聊斋·锦瑟》
【票】	不成了。	霍爷的晚饭，本就票啦。后来一吓心火上来了，也不知道饿了。《评讲聊斋·青娥》/霍筠报小考，简截说，又票回来啦（这是菜行分儿没买上）。《讲演夜谈·霍筠》/这一合，咱们的财可要票。《讲演聊斋·段氏》

【票儿】	钱票。	那天阅兵，他非要五百吊钱票儿不行，还得老票儿，现钱条子外带着不成（您说够多们可恶）。《小额》/ 当下伯雍下了车，教车夫把行李搬到门洞内，然后递给德三一张五吊钱的票儿，德三千恩万谢去了。《北京》/ 桂氏给了崇儿十五吊新票儿，他贴换了二十吊小存。《鬼吹灯》
【票房】	票友排戏的地方。	有人喜爱唱曲唱戏，约集同人，找处房子，每日排演，房子名叫票房。《演说·票活》/ 都门称客串为"走票"，故客串排演之地为"票房"。……票房之首领称"把儿头"，主任办事人称"治事底"，一应规矩，颇与内行相仿佛。《都市丛谈·票房》
【票活】	义务干的，不收钱。	穷人有病，不过没钱请医吃药，可是遇见慈善人，给他白瞧（医家的行话叫票活），再送他点药。《益世余谭》/ 给人作事，不挣钱，不受谢，起名儿叫作票活。《演说·票活》/ 少俞你别说这话。瞧门脉人家给钱不给呀？"黄少俞说："看门脉是得给钱呀。票活可也不少，一早总瞧七八十号。《张文斌》/ 挂牌之后，买卖很兴旺，一天竟门脉，除去票活之外，总瞧个一二十号。《曹二更》/ 兄弟，你满交给我了，我给您请票活厨子，不要工钱，外带出分子。《曹二更》
【票纸】	纸币，钞票。	加之米粮增价，票纸跌落，寒风凛列，告贷无门。《益世余谭》/ 长子当科员（每月一百多块），次子当小学教习（拢共二十多块，五成票纸，高兴俩月不放），三子当巡警（月饷九块，七成现洋，三成票）。《益世余谭》

【撇兰】	朋友一起吃饭，饭钱大家摊。在纸上画一丛兰花，有几人吃饭，便画几片花叶。在叶子根部写上不等的钱数，一片叶子上的钱数为零。然后盖上根部，让大家挑选一片叶子，写上自己的名字，饭后，按根部上的钱数出钱。	世俗吃公东，有一宗抓大头，又有甚么撇兰，都是这种的意思。《益世余谭》
【撇酥儿】	哭。江湖黑话。	说着语带悲音，简直的要撇酥儿（撇酥儿是句江湖坎儿，就是哭）。《白公鸡》/ 听得声都要走，便有些意意思思的舍不得，眼圈儿一红，不差甚么就像安公子在悦来老店的那番光景，要撇酥儿！《儿女英雄传》
【撇外股儿/撇外股子】	向着外人。	即便大奶奶撇了外股儿，也不能这样惨无人道。《白话聊斋·成仙》/ 按说王氏既有外心，应当跟他仇深似海喽，谁知不但不撇外股子，反倒发生许多感情。《白话聊斋·胭脂》
【撇斜】	①说闲话。②吹嘘，不着边际。	①"你这就是多礼，别人都不接，单接他作甚么？离着这们近，还拿着姑奶奶的脾气，真要是那个势派儿也可以，跟我似的，混的都快吃不上饭啦。还要派头儿呢？"王小峰闹撇斜，二贵听不上。《势力鬼》/ 这件事情要搁在不贤良的妇人，一定要闹两句撇斜，说两句雁儿孤话，他可不管丈夫受得受不得。《家庭魔鬼》②这一下子全知道我来了，这下子糟了心啦。昨天他们说了，要开会欢迎我，中国人欢迎完了，外国人还要欢迎。你说这事麻烦不麻烦？谁稀罕他们欢迎，他们偏要欢迎。你们爱欢迎就欢迎罢（你瞧这个撇斜）。《海公子》

【撒芽淋】	喝茶。澡堂行话。	就以澡堂子说，搓澡叫垫板儿，又叫大活，修脚叫小活。沏茶大喊"搬一个"，茶叶叫芽子，喝茶叫作撒芽淋。《燕市丛谈》
【频口／贫口】	让人生厌的老一套话。	错非在席排子后头墩过几天，您决说不上这套频口来。《讲演聊斋·胡大姑》/ 其中红楼美姬，不但姿态妖娆，并且是琴棋书画，都有一技之长（大概不会作小说），不像咱们前门外八大胡同的姑娘，见面的话，甚么老没来、别闹、哎哟、骨头、明天同了来，那套贫口，实在令人肉麻。《何喜珠》
【平】	①专门称银两的衡器。②用平称银两。	①那一天是四月初五，青皮连晃晃悠悠，来到旗下衙门。可巧那天是堂官过平（瞧事），定的是辰时到署。《小额》②砍头荣接过来，问了问数目，说是一百四十两。砍头荣说，我也不用平啦，反正我是过路财神。《杂碎录》
【坡下】	乞丐对管理他们的人的称呼。	田二是本村的一个团头，家中也是母子二人。大凡当团头的，俗语叫作杆儿上，与《红鸾喜》金家是一样儿的官衔，管理要小钱儿的乞丐，化子管着他叫坡下。《杂碎录》
【破】	豁出去拿出。	他将才说了伤了堂，要跟你抠一抠，破几个铺子要跟你干一干。寒露儿说："好哇。我破几顷地跟他玩儿一玩儿。"《二家败》/ 他就是上告，治晚兄弟破上他几个钱，也就万事大吉。《驴肉红》
【扑】	①上赶着追。②到处奔走寻求。	①这个娘儿们到是很扑王生。《评讲聊斋·锦瑟》②你只要愿意早娶，我先给你扑个十两八两的。《杂碎录》
【扑虎儿】	往前摔倒，双手着地。	照定男女就是一刀，差点栽了个大扑虎儿，又一瞧床上任人没有，姚安心说，这必是眼离啦。《说聊斋·姚安》/ 黑大汉栽｛栽｝了个扑虎儿。《杂碎录》

【扑罗】	原意是鸟努力扑腾翅膀，想飞起来，引申为努力地找。	剩我一个人儿，也好出去扑罗点儿事情。《杂碎录》
【扑忙子】	到处瞎跑，乱求人。	也有不度德不量力，犯议员迷，单独进行，自己想复选当选的，势力既不雄，财力又不厚，瞎扑忙子，临完了也归于无效。《董新心》／扑忙子，整天瞎撒羊头。《旧京通俗谚语》
【铺垫】	用钱买通。	头一样儿，里头得铺垫好啦，先买个舒服是真的，然后慢慢儿再想法子。您想是不是（拉官司纤的老手）？《小额》／我跟他一说，他直推辞，好容易我央求他，让他在里头给铺垫铺垫，算是搞明白了，一千三百两银子，人家给了去。《小额》／铁王三二年多没来信，人人都说他死啦。王九赖又来讹了一回，王英是跟他闭了眼啦，抱了一个宁堵城门不堵阳沟的宗旨。素日他县里都很熟，早都铺垫好了。《铁王三》
【铺伙】	铺里的伙计。店员。	前天邻人某君，赴东四牌楼饽饽铺买点心，看见一个老媪，是大家女仆的样子，在那里买油糕。铺伙向老媪说道："这五斤油糕，都是喂猫的？"《余墨》
【铺腾】	乱花钱。	后来回到庙中一瞧，秋岩给的这包银子，原来是五十两。上次李禄的三十两，还没花完，又有这五十两，虽够不上小康，这个节倒是很舒服。要在早先，芥舟又该铺腾起来了（北京土话管胡花钱叫"铺腾"，就是铺张的意思）。《王遁世》
【铺眼儿】	小铺子。	字号铺儿，讲点公德人道，遵古炮制，按方配药，还不大差离格儿。字号儿铺眼儿，只知获利，不管害人，实在可怕。药铺营业，关系人命。《益世余谭》

【铺叶子】	摆摊卖膏药。江湖行话。	撒膏药，调侃儿叫撒叶子，摆着卖叫铺叶子。《演说·说卖药》
【铺掌】	店铺掌柜。	房东没法子，只好在县衙立了案，寻访这位铺掌。《讲演聊斋·细侯》
【蒲包儿】	店铺包水果、点心、熟食等是用蒲草编成的草片儿，所以蒲包儿指一包儿水果或点心、熟食等。	比方送人一百包茶叶，提溜着个小蒲包儿，很觉着不好看。《益世余谭》/ 大糖梨那天提溜一个蒲包儿，无非是缸烙、糟糕等等。《麻花刘》/ 彼此谦让，谁也不肯先行，车子由说："你们都不走，我走，不是别的，我这儿还拿着两个蒲包儿呢！"《新黄粱梦》/ 当时把蒲包儿打开，岳魁一瞧，丸子炉肉，肥嫩后腿儿羊肉，还有几块冻豆腐，一子儿腌韭菜，还有两棵酸菜。岳魁点了点头说："倒真买了个全。"《忠孝全》
【普里普儿的】	能扯上关系的几乎全部。	昨儿晚上，要早睡来着。只因亲戚们，普里普儿的都在这儿会齐儿，我怎么撂下去睡呢？《语言自迩集》/ 普里普儿 p'u3-li-p'u3-'rh，全部，整族；指人或指物。《语言自迩集》

Q

【欺乎】	凑到。	说话还爱欺乎的人跟前儿，吐沫星子，践{溅}人这们一脸。《过新年》/臭嘴二舅太太欺乎到凤仙跟前，嘴里这宗味道，扑人鼻观，把凤仙薰了一个倒仰。《过新年》
【齐各碴儿】	齐齐的。	使刀一搪，我们家兄的枪尖儿，齐各碴儿的，折了一节儿去了。《语言自迩集》
【齐官儿】	小偷儿头儿。江湖黑话。	官人一找白钱头儿（小绺头儿叫齐官儿）东西就能找回来。《益世余谭》
【齐集】 qíjí	整齐。	他居然会装听不见（实在够大员的程度），竟跟几位章京瞎聊别的，甚么"今天不算很冷"啦吧（者），又甚么"操演的还齐集"啦吧（是），没话儿他这们找话儿（这点儿起色）。《小额》/单说贾二一瞧外四区的票纸，非常的齐集，不但没有废票，票数大致都差不了多少。《董新心》
【齐截】	齐。	明儿天濛濛亮儿的时候儿就要起身，你预备的东西都齐截了么？《语言自迩集》/琴童回禀说："小的都弄齐截了。"《语言自迩集》
【齐开/其开】	相当于"……半天"，形容次数多，时间长。	"我们家并不是说了不算的人家儿，叫您只管把裤子先给我，决不食言。"刘爷一想，三番两次，这丫环来回跑了个齐开，总是有个面子。《评讲聊斋·凤仙》/次日没有准地儿投奔，想了个其开，这才想起砍头荣。《杂碎录》
【棋分儿】	棋艺。	按准棋分儿说，他得让庄爷五著儿。《白公鸡》/因为他棋分儿还好，所以还倒不嫌他。《贺新春》

【旗人】	旗人和官员说话时的自称。	小额唯唯的答应,甚么夸兰达恩典啦吧,旗人不敢啦吧,说了个一大啰{啰}车。《小额》
【旗头儿】	旗人妇女的发式。也指拉翅。	尤可怪者,有一位旗装的少妇,梳着旗头(俗呼两把儿头),可穿著一双洋式皮鞋,大摆大摇,自鸣得意,招得逛庙人等没有不多瞧两眼的。《益世余谭》
【旗头座儿】	旗人妇女戴拉翅时,在头顶盘的发髻。	福二奶奶从上房内迎出,梳着一个旗头坐{座}儿,鬓上插着一朵白鲜菊花身穿一件半新不旧的青洋绸软夹袄,青洋绸散腿夹裤,足登一双旧色绣白花改良坤皂鞋。《七妻之议员》/一瞧这位二奶奶,有三十上下的岁,法国皂、洋儿的、青虚虚的一张脸,并没擦粉,两道立眉目,七八分人才,这著旗头座儿,贴着两贴太阳膏。《连环套》
【旗下】	①指旗人。②旗里。	①从先他爸爸放阎王账,专吃旗下,外带着开小押儿,认得几个吃事的宗室,交了两个北衙门站堂的,喝,那字号可就大啦。《小额》②阿林志在四方,旗下当差,觉着没有甚么意思。后来咨取侍卫,马步箭冠场,补授三等侍卫,又荐升二等。《鬼吹灯》/就说这台戏好几百银,这也就是那个年月,旗下有粥,可以办的动。要搁在如今,旗下老爷们,不必说粥,喝凉水都费事啦,还送戏哪!《搜救孤》
【旗下衙门】	各旗自己的衙门。	他那个账局子,就在他外书房。每月钱粮头儿上,喝,手下的碎催可忙啦,一人一个小绿布口袋儿(许是作帽子剩下的布),一个油纸摺子,拿着对牌(借账的把钱粮由领催手里,对过跑账的,立一个木头牌子,一劈俩瓣儿,跑账的拿一瓣儿,领催拿一瓣儿,每月凭这个牌子取银子),往旗下衙门、护军营衙门,这们一取钱粮包儿。《小额》

【旗饷】	旗人的粮饷。	呜呼！财政困难，工商雕残，旗饷无着，教薪积欠，一般土著人士，饥肠久素，馋涎欲流，酒席筵前，无怪乎筷子开仗也。《余谈》
【起病】	祝贺大病痊愈的宴席。	亲友知道小额病好啦，大家都要给小额起病。小额因为病刚好，精神没大十分复元儿，都一一的辞啦。《小额》/邵女见今天柴爷，既给大奶奶起病，一定是要住在上房。《讲演聊斋·邵女》/俟等过十天八日，夫人病好，你口备酒席，做为给他起病。《讲演聊斋·邵女》
【起翅】	鸟飞离巢。比喻离开。	这位当家的必是外场，不然他们的钱虽冲，势力究属差的多，一个廷寄，就得起翅。《说聊斋·续黄粱》/"我住家有门，开铺有板儿，犯不上跟你在这儿熬着。"说罢，意思就要起翅。《说聊斋·霍女》
【起打】	从。	起打这位三姑爷搬进来，就算过这里日子，吃喝不算，零钱都跟这里要。《双料义务》/起打你入学校，我攻{供}给你多少钱啦。《势力鬼》
【起根到稍儿】	从头到尾。	民女姓张，名叫素娘，起根到稍儿的一说，由与刘家结婚说起，直到此时来作证据的话，一句也没奔瓜，说了个清清楚楚。《杂碎录》
【起根儿】	从根儿上说。压根儿。	我起根儿脸软，你是深知道的，人家这么样儿的着急，跪着哀求，怎么好意思叫他没趣儿回去呢？因为推脱不开，所以我才应承了。《语言自迩集》/这段儿书，本是蒲先生借书讽世，纯乎是假的。就以白翁说，起根儿就没有这们个人，何况他做的梦呢。《评讲聊斋·梦狼》/像我们读书明理的人（尊驾还读书明理呢？别骂人啦），起根儿就不信这个。《大劈棺》

【起黑票】	溜了。	一查点行李没动,一点银子没有咧,才知道八成儿这小子是起了黑票咧。《讲演聊斋·任秀》/ 这位堂客说:"那们我就跟你走得。"小沈也没家眷,于是乎两个人敛吧敛吧,连东西带钱,横竖有个一千多银子的事由儿,二公就起了黑票啦。《小额》/ 老曹说他不听,爷儿俩又抬了几句杠,第二天老曹一声儿没言语,一黑早起了黑票。曹立泉知道他爸爸走,并不拦阻。《曹二更》/ 这个贾举人,也不是怎么第二天就起了黑票,给鞋底子磕了头,扰下去咧。《讲演聊斋·贾奉雉》
【起活(儿)来】	……起来。	这就找裱糊匠糊棚,撒帖子请人,讲轿子搭棚,叫厨子备酒席,喜事就算办起活儿来,二小帮他倒是足催一气。《姑作婆》/ 剩下当中这路儿人,也有点知识,也有点势力,地方上也熟,财迷心盛,又有些个党羽,反正三年一挡子买卖,抄手就稿起活儿来。《董新心》/ 后来他说:"我给您倒一辆罢。"我没言语,他以为我默许啦,当时他就倒起活儿来。《鬼社会》/ 消停了没有两天,叮叮当当,又凿起活儿来,比从先吵的还厉害。《益世余谭》/ 旁边儿这些虎狼,可真乐啦,假装看热闹,直点儿往前凑,越凑圈儿越小,抽冷子你碰着他一点儿,或是他看那个闹乏啦,就张牙舞爪的吃起活儿来。《进化报》
【起脊梁骨下去】	比喻吃饭时心里非常不舒服。	你没见大哥这些时,受的这宗气吗。吃饭都得起脊梁骨下去。我又该受罪啦。《势力鬼》
【起脊棚】	丧礼时,要搭大棚接待亲友,叫"丧棚",行话叫"白棚"或"全棚"。丧棚分两种,一般的叫"平棚",讲究的叫"起脊棚"。	当时拿起笔来,并没照大鼓锣架那们作派(比大鼓锣架程度高,够上起脊棚的资格啦,哈哈),一挥而就,刷啦一个方子。《小额》/ "办事跟办事不同。茵陈花板也是他,狗碰头(北京最次的棺材,俗名狗碰头)也是他;六十四人杠大换班也是他,八个人一提溜儿,两个人穿心杠也是他;搭起脊大棚

		也是他，支个布帐子也是他；五个和尚，光头儿三也是他，十五众儿音乐焰口也是他。这里头分别大啦，倒是怎么办呢？"《姑作婆》/ 李家搭的是起脊棚，丁家是钟鼓二楼，过街的牌楼。《二家败》
【起乱棰/起乱捶】	戏剧中锣镲敲出的急急的声音。形容人躁动不安、慌乱、着急。	北京人还有这们一点儿毛病，越是手里有一张票的人。他比别人透着用钱，由腿上就起乱棰。真论以手内存个几千几百的主儿，人家心里自有主张，反倒听听儿再说，眼光儿看的远。《演说·太平洋》/ 政局七乱八遭，报纸一经登载，多数人看见，心里就要起乱捶。《演说·莫谈国事》/ 洪头儿心里，此时起了乱捶，心里说："莫非有人给透了风声，砍头荣知道信儿啦"。《杂碎录》/ 且说丫头这们一死，大爷吓的没了脉。大奶奶虽横，敢情他也起了乱锤。《白话聊斋·辛十四娘》
【起满坐满】	坐满了。	好在津埠花茶铺是多的，外带著家家起满坐满。《燕市丛谈》/ 只有一家小饭铺，……原卖一毛的卖八仙，总计减去一成多钱，立刻就卖的起满坐满。《燕市丛谈》/ 甚么义德馆、荣盛轩，座客都是起满坐满。《燕市丛谈》
【起毛】	害怕。	登时吓得体似筛糠，心是突突的乱跳，又一想别起毛，我要该当喂老虎，那也没法子。《讲演聊斋·贾奉雉》
【起那们】	①从那时候起。②从那边儿。	①今年小额的生日上，他老先生来了一荡，吃了三天，临走要借五两银子，小额没敢驳回。起那们就老没来。《小额》/ 后来于大头死啦，小弟兄争家产，他给人家当参谋，两头儿冒坏，被于二头敲了一顿（该）。起那们就吐血，几天的功夫，居然就死了。《刘军门》②起那们他回了趟山东老家，又上了趟清江浦。《麻花刘》

【起腻】	呆在某处不走，让人讨厌。	前门西啦一带，不认识他的真少少儿的。整天的在那里起腻，妓者大家又送了他一个外号儿，叫小秀儿。《小额》/ 本地有些个吃荤饭儿的败类秀才，常川在这里起腻，写呈子不算，还管拉官司牵{纤}。《小蝎子》/ 两个人整天在茶馆儿起腻，遇见打官司的，就是他们的半碗儿饭。《方圆头》
【起贼尾子】 qǐzéiyǐzi	做贼心虚。干了坏事，怀疑别人知道了。	在那里待了二三年，后来给人包治打胎来着，打死了一口子，本家儿倒没不答应，自己起了贼尾（音以）子啦，收拾了收拾，半夜里就起了黑票啦，二次又逃回北京。《小额》/ 本来人家是饶了他了，他自己起贼尾子，恐怕把他枪毙，弄出好些人来，苦这们一求，佩华跟芝山、菊侪商量说："咱们把这个人情搁在大家身上。芝哥跟菊弟以为怎么样？"《王有道》
【起子】	宽刀。澡堂行话。	宽刀叫起子。《燕市丛谈》
【气儿】	生气。	青皮连把老者推倒，他还直不依不饶。这个时候儿，大家伙儿把老者搀起来，可全都气儿啦，说："小连，你太过分啦！"《小额》
【气里食】	生着气吃饭。	一会儿晚饭，也给你开在外院儿，省得闹个气里食。《讲演聊斋·邵女》
【气热】	一时热心肠，过后就没有劲头了。	说起嘴热之人，就听他遇事能说，可就是不能办。气热是只要热气冒完，人也就随着打蔫儿。情热是人生孝悌和睦，皆出于天真正理。若是非理自由，及随时恋爱，结果落个始乱终弃。那怎么对得起情字呀。《演说·天热与人热》
【气椅儿】	因为害怕、生气等，一屁股坐在椅子上。戏剧曲行话。	这一天猛孤丁旨意下来，曾爷见了邸抄，就哆嗦成了一团啦。这要按戏台上，无非来个气椅儿。《评讲聊斋·续黄粱》/ 勾雄说："你不用打我，打我你也打不出大头菜来。你怎

		么不打王猛呢？打王猛就吃不着变蛋啦。"说罢哈哈大笑。徐堃登时闹了一个气椅儿，板子也撤了手啦，勾雄趁空儿也跑啦，徐堃气的坐在那里发楞。《苦鸳鸯》/秦英一见儿子，心里一阵难过，来了一个气椅儿。《回头岸》
【汽车穰子】	指坐汽车的人。	其实不怨人家，明知道给了钱，我就不该下车。现在是人心险诈的时代，汽车穰子还有骗人的呢，何况胶皮团。再一说，胶皮团遭骗，进穿堂门儿、转影壁，也是常有之事。他们既常遭骗，也可以骗人。《余谈》/改建共和，都说生活程度增高。政学军警各界，挣钱总不够花的。多挣多花，少挣少花，不挣不花（费活{话}）。上至汽车穰子（不像我，棺材穰子），下至胶皮团长，没有一位说，所入足抵所出的。《益世余谭》/你是没看见大姑老爷哪，真是福随貌转，又白又胖，现在汽车也坐上了，很够个汽车穰子的样儿。《势力鬼》
【千里风】	羊耳朵。	无论供甚么肉，撤了供也是人吃，何况聪明正直之谓神？千里风（羊耳朵别名）、俏冤家（猪耳朵别名，见《两般秋雨庵随笔》），两样食品，全给上了供桌。《演说·祭财神》
【牵联／牵连】	也写成"牵怜"，关照。	这是王二爷王二兄弟，这是载大哥，甚么彼此多牵联，多照应，又甚么没讲究咧。往后多亲近咧。《杂碎录》/没甚么说的，远啦近啦的话，您多牵连点儿罢。《土匪学生》
【签帖子】	说明签内容的签书。求签时，签上有号，然后按照号查看签书上的内容。	偏巧签帖子上，有一个刘字儿，他说是城隍爷显圣让他听刘瘸子。《余墨》/福八聊送至前门外，在瓮圈儿老爷庙烧了一股高香，求了一签，偏巧这是个下下签，福八聊拿着这个签帖子，泪流满面，向岳魁说道："孩子，

		少爷，你可要多谨慎哪，这里的签灵着的呢。"岳魁说："你别弄这宗穷迷信啦，签帖子都是人作的，趁早儿你回去吧。"《忠孝全》
【签子】	小纸条儿。	左边儿另飞了一个签子，是"外定双子"，右边儿写着是"每位茶票七百文"。《小额》
【前半路儿】	前半生。	他那位原是我家乡的老前辈，前半路儿很有名望，如今年纪大了，衰迈了好些，真是物理循环，在所不免！《语言自迩集》
【前拉后撤】	以前说过的话，后来又否定。	您别带"都"字儿。您这个说话，老是前拉后撤，糟心就在这点儿。《过新年》
【前廊后厦】	前奔儿后勺儿，额头和后脑勺都突出。	原来是一个十六七岁的孩子，一身土黄布裤子、汗衫儿，散着裤脚儿（搁在这时候儿总算维新），长的前廊后厦的这们一个脑袋，太阳上两块大疤癞，两只母狗眼儿，俩个扇风耳朵，瞧那样儿就不像好孩子。《小额》/这孩子有二十多岁，长了个兔头蛇眼、鼠耳鹰腮，生就前廊后厦的脑袋（是房子值钱），说话还有点儿结吧。《鬼吹灯》
【前三抢（儿）】	开头儿卖弄自己才能的行为，但不能持久。	何氏张罗给老头子沏茶打脸水，前三抢儿倒是不错。《忠孝全》/哥哥如果不出气，要打，打我，这本是了事的前三抢儿，就便在车辙里，三车巴刀棍，两车劈柴，凭这们一道叫，也就了啦。《评讲聊斋·曾友于》/近日跟我学的，有个前三抢、八面锋儿的啦。《讲演夜谈·霍筠》/虽说是光脚不怕穿鞋的，可得看着势派儿行事，真要赶掳急了，就许打个前三抢儿，来个开门儿笑。《演说·俗语感言》/过去前三抢儿，嚷嚷完了，比大妞儿还老实呢。《旧京通俗谚语》
【前途】	对方；有关系的另一方。	他老先生混了没有两月，弄了一档子现像，闹的前途直跟我不答应，谁让我是介绍人哪？《益世余谭》/曹大娘说："爽得你们娘

		儿俩今天商量明白了，是怎么样干脆一句话，我好答复前途。"《苦鸳鸯》/ 过了两天，丁爷送信，说是前途仰慕清门令德，非常欢迎，这件事就算定规啦。韩太太亲自前来放定，看见午贞，疼爱的了不得。《花甲姻缘》
【前栽儿】	往前栽倒。	一下廊檐台阶儿，宋仲三说："东翁请回罢。"这句话没说完，周道台闹了一个前栽儿。《过新年》
【钱狠子】	吝啬的人。	要是丈夫有钱，自己不骄不傲，上至家长，下至子侄，均有骨肉相近相亲意思，作事又不是钱狠子。《演说·丈夫有钱妻子贵》/ 你老说你哥哥是钱狠子、看财奴，不懂得交朋友。你哥哥要照你一样，早就受了穷啦。《家庭魔鬼》/ 谁知娘家这位母亲，素日是个钱狠子，不但不肯怜恤，而且颇不耐烦。《白话聊斋·乔女》
【钱会】	一种民间自助的储蓄组织。例如十个人，一人一个月存一百，则每月有一千，由抓阄儿决定，这个月谁用这一千块钱。	现在故会上最盛行者，就是"钱会"，无论男女老少，差不多人人都要加入，所为用备缓急，法至良，意至善也。《燕市积弊》
【钱粮】	①清代旗人的粮饷，包括钱和米。每月发一次银子，三个月发一次米。②烧给神仙的黄钱、纸糊的元宝等。	①要说他的财主，每月的钱粮包儿，真进个一千包儿、两千包儿的。《小额》/ 岳魁把羊眼儿一瞪，把蛤蟆嘴一撇，说："散了吧，又改良啦，别弄这个新名词啦。这些个话，我比您懂得，贪小利又受大害了。那么您克扣钱包子哪？'不克扣钱粮包子，就给你捐官了。'作甚么呀这是，这些个费话我不爱听，趁早儿少说。"《忠孝全》②原来这档子仪注，老张是以资熟手，早打发人都备办齐啦，是一份钱粮，一股高香，三碟儿炉食饽饽，一块新白布手巾，温了一盆净水，在东间儿屋子里都设摆好啦。《小额》

【钱粮包儿】	发钱粮时，银子装在白布袋里，上面写着名字。	要说他的财主，每月的钱粮包儿，真进个一千包儿、两千包儿的。《小额》
【钱粮头（儿）】	发钱粮的日子。	每月钱粮头儿上，喝，手下的碎催可忙啦，一人一个小绿布口袋儿（许是作帽子剩下的布），一个油纸摺子，拿着对牌（借账的把钱粮由领催手里，对过跑账的，立一个木头牌子，一劈俩｛两｝瓣儿，跑账的拿一瓣儿，领催拿一瓣儿，每月凭这个牌子取银子），往旗下衙门、护军营衙门，这们一取钱粮包儿。《小额》/ 这个小茶馆儿正在衙门的南边儿，每到钱粮头上，一清早喝茶的大半都是等着关钱粮的人。《苦哥哥》
【钱零儿】	八旗发的钱粮中的钱。	你大哥这分钱粮，我也没独吃呀。你每月给我一块票呀？钱零儿你才给我两吊。《益世余谭》/ 这些个先生，都是旗下办饷的人们，在那里一半吃饭，一半算那本屈心账（空头怎么分，钱零儿怎么克扣）。《余墨》/ 要搁在如今，吃死鬼总比别人吃的欢，钱零儿也比别人克的多。《人人乐》
【钱帖子】	各商号自己开出的帖子，只可以在自己商号兑换现钱，不能在市面流通。	现钱我这里可没有，钱帖子行不行？《二十世纪新现象》
【钱桌子】	钱铺。	共和之先，北京各钱店任意发行钱票。彼平时钱桌林立（旧日北京管钱铺叫钱桌子），市面流行的钱票，五花八门，奇巧古怪，甚么样的票子都有。《益世余谭》/ 譬如一家，祖传父，父传子，子传孙，无论是卖盆儿，是卖瓢儿，就是银楼缎号大钱桌子，也是一理。只要是下辈传留，历代居积的家私。《演说·扑满》

【懒人】	欠打的人。讨厌的人。	两个拉车的,有一个懒人儿,一死儿不走,说:"我打你,我骂你,我有不是,我也不打你,我也不骂你,我就是不走。"《进化报》
【羌帖】	俄国卢布的俗称。	王生当是要点羌帖、老头票哪。《评讲聊斋·锦瑟》
【枪排】	枪毙。	依着营务处总办暴观察,就把他们枪排了就完了。《怪现状》/说话那分神气烘烘,简直的欠枪排。《一壶醋》/走走,你同我上后援会,找这个魏仁三去,叫他也把我用枪排了吧。《新黄粱梦》
【戗棍儿】	用来戗东西的棍子。	再瞧□班殿前的石碣,在后面顶着戗棍儿。《演说·逛东岳庙》
【戗盘儿】	相面的一种。	世上有种相面,调坎儿说叫"戗盘",可并非专在北京城内,凡是中国地面全有这宗生意。《燕市积弊》
【强令着】	强逼着。	额大奶奶是怕小额窝作出病来,强令着让小额带着小文子跟小富、德子上阜成园听戏去。《小额》/子言又极力奖誉,夸说市隐先生如何能饮,强令着先尽三杯。《春阿氏》
【抢席(儿)】	宴席时,没事先安排座位,客人自己找座位坐。	咱们也不用人陪着,就做为头桌缘饭,外带不用让,抢席儿一坐。《讲演聊斋·霍女》/大家抢席而坐,一面喝着,才谈起霍女的来踪。《讲演聊斋·霍女》
【瞧方向】	看样子。	顺便报告大爷一件事,现在二老爷跟三老爷要把坟边那两块地卖了,大概快停当了,就留八亩地让我们种。大爷请想,我家里七八口人,八亩地够干甚么的?瞧这方向,卖完了地,他们又该锯树啦!《鬼社会》/[看方向]看样子如还说:"你们老爷在家,你给我回声儿,就说我来了。"赵旺楞了一会儿说道:"在家不在家,我可不敢说(爷在家不在

		家，门上的会不敢说，明明的撒谎），屈尊大老爷，暂且坐一坐儿，家人给您瞧瞧去。"当时给如海倒了一碗茶，又把水烟袋拿过来，点了根纸煤子，随后这才进去。如海这里抽着水烟，心里暗暗的盘算说："瞧这方向，一定是在家呢。回头见了他，我先跟他来温和的。"《回头岸》
【瞧事作事】	见机行事。	这位温大令既是你的表兄，算起来都是自己人，我必然给他设法，碰机遇瞧事作事，大小必然有他个差使就是了。《怪现状》
【瞧我】	看在我的面子上。	一瞧青皮连要得（音歹）苦子，喝，七言八语的全来啦，一闹这个鸡屎派，甚么他的话啦，我的话啦，第老的年轻啦，老哥儿们都瞧我啦，伊老者这个时候儿，是气的连话都说不上来啦。《小额》
【瞧香】	跳大神儿。	瞧香、顶神等事，在前清时代，就为国法所禁（康熙《圣谕广训》内，就有禁止顶神的条例），不过相沿日久，无人过问。《益世余谭》
【巧当儿】	巧机会。	后来出了这档子上吊的事情，算是得了个巧当儿，把他们放出来啦。《小额》/那年义和团一起来，小鬼德子算是赶上巧当儿了，那一阵子城里头大杀教民，他逃在西什库大楼避难，居然把这劫躲过去了，破城之后，胸前挂着个大十字儿戴着个洋帽子，抖了一阵子。《瞎松子》
【巧言儿】	歇后语。	他一知道树后头有人，从此还不定来不来了呢。莫如今儿就是今儿啦，来个"小鸡子吃黄豆——急弩儿"，"小杠房儿的酸梅汤——急战斋"吧（黄爷心里一急，急出两句巧言儿）。《评讲聊斋·香玉》

【俏不瞒乖】	不需要瞒着。	咱们今天爽得闹个亮盒子摇，俗语有云"俏不瞒乖"，咱们爷儿俩就不用提了。《怪现状》
【俏事】	好事。	再说这位王亲家，也是属凤凰的，无宝不落，素日瞧着额家有钱，总想法子要吃一口（好亲家），好容易遇见这当{档}子俏事啦，真是肥猪拱门。《小额》/ 当时向乃青说道："眼前有一档子俏事，我卖这个底，可不能白卖，我得使个几百块钱，我才干呢。"《怪现状》/ 想不到马二混这个小子，会遇见这们俏事。要凭这孩子，怯头怯脑的，不用说是这们体面的，就连人家那两个丫头都配不过。这就是"巧妻常伴拙夫眠"。《讲演聊斋·蕙芳》
【俏冤家】	猪耳朵。	无论供甚么肉，撤了供也是人吃，何况聪明正直之谓神？千里风（羊耳朵别名）、俏冤家（猪耳朵别名，见《两般秋雨庵随笔》），两样食品，全给上了供桌。《演说·祭财神》
【切近】	靠近。	我知道身临切近，所以极力劝他，趁早儿远避嫌疑，免得蜚言逆语，好说不好听。《春阿氏》/ 这件事实在没有身里切近，我也摸不清。《春阿氏》/ 老卞是腿脚迟慢，不然毛大还上不去呢。此时已经追到墙根切近了，举刀照毛大的拐子就剁。《评讲聊斋·胭脂》
【茄子】	骂人的话。发誓时常说："如果不……，是个茄子。"	谁再忍心作强盗，他是个茄子。《杂碎录》/ 主人来到，说："老父台大驾光临，实在是蓬荜生辉！"醉郭说："你先别转，谁转文谁是个茄子（好官话），怎么样你说罢！"《小蝎子》/ 牛总爷搭了话啦，说："老父台您怎么又转上了？"醉郭说："唉！牛大哥，有你的，你在这儿等着我呢。得了，我是茄子好不好？你是倭瓜。"《小蝎子》

【且脊梁骨下去】	比喻吃饭时心里非常不舒服。	三姑爷今天这顿饭，跟大姑奶奶那天一个样，真且脊梁骨下去。既然拿起筷子来，又不好走，这分难过，就不用提了。《势力鬼》
【怯伙儿】	女仆的丈夫。	按从前北京当女仆者，工价极廉，人亦勤谨，而怯伙儿（即女仆之夫）又非常专制，稍不如意便接回家。《燕市丛谈》/ 所难得者，本人无论多时髦，结果总要回家置地，怯伙儿虽然专制，到时候反能坐享其成。《都市丛谈》
【怯勺】	没见过世面，什么都不懂的人。	孔雪笠喝茶偷茶碗，成了马四远的怯勺了。《讲演聊斋·娇娜》
【怯头怯脑】	没见过世面，土里土气。	想不到马二混这个小子，会遇见这们俏事。要凭这孩子，怯头怯脑的，不用说是这们体面的，就连人家那两个丫头都配不过。这就是"巧妻常伴拙夫眠"。《讲演聊斋·蕙芳》
【侵头排子】	在人前不敢说话的人。	冯生真能连大门不出，好比上炕认得媳妇儿，下炕认得鞋，果然就像侵头排子一样。《白话聊斋·辛十四娘》
【亲家阿妈】	亲爹（qìngdiē）。满族旗人对兄弟姐妹配偶的父亲的称呼。	一时常禄回来，说姑爷回到家去，很是喜欢，亲家阿妈、亲家额娘等，都问奶奶的好。《春阿氏》
【亲家额娘】	亲娘（qìngniáng）。满族旗人对兄弟姐妹配偶的母亲的称呼。	一时常禄回来，说姑爷回到家去，很是喜欢，亲家阿妈、亲家额娘等，都问奶奶的好。《春阿氏》
【亲戚理道的】	是亲戚，关系近。	咱们这样亲戚理道的，你可总得把他约来，我见识见识。《评讲聊斋·嘉平公子》/ 孩子是个书呆子，现在变成穷秧子啦。你们亲戚理道的，我可不该这们说。《杂碎录》
【亲钱】	自己的钱。	及至长大，到了自己能挣钱之时，所花所用，才说叫作亲钱。言其是己身挣了来的，己身花。……公钱是正大光明来的，私钱是

		黑暗贪诈来的。这两宗钱，只要是本身弄了来的，不拘是正用，不拘是浪费，皆可谓之亲钱。若是拿人家的钱随便花花，可就说不到亲钱。撰句文说，那叫慷他人之慨。《演说·亲钱》/ 天天派我给他们预备酒，一位位的可又不拿亲钱，叫我出来当高买。《讲演聊斋·贾儿》/ 不但真定府所派的仪仗执事没有了，就连自己的亲钱所置的车马轿，也都踪迹不见。《讲演聊斋·公孙夏》
【亲上作亲】	夫妻双方原本是亲戚。	娘家姓倭，他父亲当二等侍卫，跟伊府上是亲上作亲。《小额》
【亲迎】	新郎坐着轿子去迎亲。	按北京谢妆、谢亲，也是新郎当日往新妇家去一次。说到亲迎，可是新郎坐着轿子去，等着新妇上轿，一同回来，就为亲迎。《评讲聊斋·姊妹易嫁》
【勤行】	跑堂的，旅店杂役。	我还不是本学儿的勤行，在这里是替人看房的。《讲演聊斋·细侯》/ 俗说"酒吃过卖，事办来人"。这话诚然不错，即以北平的茶饭馆说，当然都有跑堂人，名为勤行。《燕市丛谈》
【青酱高】	吃醋。因为酱多了太咸，所以加醋。	一定他得青酱高（醋啦），不定跟胭脂说些甚么，反倒给我豁了事。《白话聊斋·胭脂》/ 一则大奶奶有点怕好儿，二来也是宽宏大量，假如这事要换个别人，说甚么也得青酱高（醋）。《白话聊斋·萧七》/ 要是一死儿的非此不可，王生必以为是青酱高（醋啦）。《白话聊斋·画皮》
【青皮】	流氓。	那一天又到钱粮头儿上啦，说句迷信话吧，也是小额活该倒运，他手下有个跑账的小连，外号儿叫青皮连，没事竟耍青皮，有二十多岁，小辫顶儿大反骨，有几个小麻子儿，尖鼻子，闻点儿鼻烟儿，两个小权{颧}骨儿，说话发头卖项，凭他一张嘴，就欠扛

		俩月枷,借着小额的势力,很在外头欺负人。《小额》/ 崇儿说:"大大大叔您别骂人哪!"大恩子说:"骂你是便宜你。"崇儿说:"那那那们不便宜我,还还还能把我枪排了吗?"大恩子说:"你这孩子说话,怎么这们青皮呀?我找你姑姑去。"《鬼吹灯》/ 詹爷蹭过去,俯身爬在帘子缝上,往里观看,见两个青皮光蛋的打扮,一个在床上躺着,一个在地下椅子上坐着,正同何喜珠打闹。《何喜珠》
【青子】	修脚刀。澡堂行话。	修脚刀儿叫青子。《燕市丛谈》
【青字儿】	刀。江湖黑话。	曾成本来扑了他去,一见有刀说:"好小子,你真敢亮青字儿。我不摘你的瓜,我把你瓜钮儿,给你摘了下来。《评讲聊斋·曾友于》/ 你硬敢亮青字儿窥瓜儿吗?《讲演聊斋·张鸿渐》/ 林豹老羞成怒,喝了个大醉,弄了把青字儿(就是刀),堵着门口儿一骂,非把林三眼砍了不可。《孝子寻亲记》
【倾】	坑人。	姑娘,你差点儿把我倾死了。《杂碎录》/ 惟独这东洋松,可真倾的人不少啦,稍一力笨儿,就得上这个脱。《燕市积弊》
【倾蹦拐骗】	坑蒙拐骗。	再一说,如今这班小五义,我真不了,将出萌儿,就讲究倾蹦拐骗,外带着朦。小五义真能吃老五义。《怪现状》
【清倌儿】	只卖艺,不卖身的妓女。	论到书画琴棋,无一不精,而且吐尤其余事,这年刚才十四岁,还是一个小清倌儿。《白话聊斋·瑞云》
【清门儿】	只卖艺,不卖身。	彼时大道上正兴姑娘儿串店唱曲儿,或弹琵琶,或抱弦子。那里头分两派。一派仅止串店唱曲儿,别的不应酬,叫作清门儿(可不是清客串儿,是投义务稿子不索酬劳)。一派是全管,你买甚么,他卖甚么(可不是杂

		货铺儿），叫作混门儿。《二家败》/ 只要你不跟我要甚么（清门儿），我要再拿你的东西，那可实在的对不过。《评讲聊斋·凤仙》
【清水脸儿】	没有化妆。	见由门外进来一个十六岁的大姑娘，生的十分美貌，可并非仗着梳洗打扮的抬眼，脸上没擦着胭脂粉，是个清水脸儿。《讲演聊斋·蕙芳》
【清头】	明白。	仙湖一听，本来仓猝之间，兄长万不能清头，只好当着家中众人，从头至尾，述说了一遍。《讲演聊斋·伍秋月》/ 我是新排乍练，工尺还不清头哪。《讲演聊斋·连锁》/ 无原无故，无头无尾，怎么讲了这些不清头的话，叫我怎生答复，我是你好友卢聿文，不要认错了哪。《新黄粱梦》
【清醒白醒】	冷冷清清。	尊驾这们个财主，有得是地亩财产。花上几两子，大概算不了甚么。要就这们清醒白醒的，有甚么趣味，是甚么新婚的样子呀。《评讲聊斋·庚娘》
【清音】	①红事、白事时吹奏的音乐。②指清音吹奏人。	①小时就听音乐细奏，吹的是送子的曲牌子（北京习惯，新人吃子孙饽饽的时候儿，鼓手吹的那段清音，牌儿名叫送子）。《姑作婆》/ 过了夜内十二点，还有送娘娘。满街上一敲这个磬，这个说招大了。讲究的主儿用清音送驾。《二家败》②再一说起脊大棚，钟鼓二楼、过街牌楼，送殡要全堂幡伞，满汉全分执事，鞯马单钩周狗、膺狗骆驼、松狮松亭松鹤松鹿，四十八个鼓手，外带二十四个清音。《驴肉红》
【清吟小班（儿）】	上等妓院。里面的妓女通常都有才艺，只陪着客人喝茶、饮酒、弹唱，不卖身。	这话不但不通而且迷信，姚爷要是热心爱国，不入安福党，就是开过清吟小班儿的房子，他买过来作公馆，也打不了祸首呀。《益世余谭》/ 我过年给家慈办生日，我还打算借座清吟小班儿呢。《理学周》/ 庚子后一兴

		清吟小班，又改称芳名，由芳名又改称姑娘儿，由姑娘儿又改称小姐，最时髦者称为先生，可不知是否拉着马竿儿。《燕市丛谈》
【情热】	出于天性的热心。	说起嘴热之人，就听他遇事能说，可就是不能办。气热是只要热气冒完，人也就随着打蔫儿。情热是人生孝悌和睦，皆出于天真正理。若是非理自由，及随时恋爱，结果落个始乱终弃。那怎么对得起情字呀。《演说·天热与人热》
【请财神】	绑票。	单说得海同快炮吴有一次在梁山附近（倒是老绿林窝子）陈财主家，挟了一个肉墩。挟肉墩者，绑票之别称也，又叫作请财神，又叫抱元宝。《赵三黑》/请财神、绑票、架肉墩等事，日有所闻，黎民之涂炭，已不堪言状。《益世余谭》
【请大安】	一般请安，右腿并不着地，只是做出跪的样子。请大安，是右腿真的跪在地上。	照这样的病症，兄弟可也治好过几位。（来回都由他说，所以说大夫口无粮斗。）兄弟尽心竭力就是了。周孝当时给二聊请了一个大安，说二哥多分心就是了。《过新年》/他倒瞧见我啦，司机的扳住闸，他居然下了车啦，叫了我一声岳父，给我请了一个大安。《势力鬼》/"我谢谢玉老爷"，说着接过钱来，请了一个大安。《双料义务》
【请儿】	请客。	今儿个无论怎么说，就是说出油漆大门来，也是我的请儿。《杂碎录》/晚晌是我的请儿。《杂碎录》
【请姑娘拜姐姐】	亲戚往来，带着礼物去，带着礼物回。	亲戚本家不及朋友，走亲戚讲究一盒来一盒去，北京俗话叫作"请姑娘拜姐姐"。《双料义务》
【请香炉】	砍头。	反正变兵是跑了，土匪也跷了，抓几个时运背的穷混子请下香炉来（俗话管割头叫请香炉）。《二十世纪新现象》/这档子事情，要是弄歪歪了，真许请香炉。《王小六》

【罄】	拿走。	他把张秃儿灌醉,把一个白布口袋、四块现洋,他给罄了走啦。张秃儿醒来,不见钱跟口袋,姨父也不见了,铺子还跟他要饭钱。《余墨》/他那知道小于更会玩儿,罄了他这五十两银子,回家吃香东西去啦。在家里住了十几天,这才起身,二奎子那里知道影儿。《连环套》/他虽然挨了一顿臭揍,洋绉大衫跟扇子他还没忘呢(他忘了倒不要紧,我忘了就算落了场啦),瘸着个拐子奔过去一瞧,连影儿都没了。暗中交代,早让瞧热闹儿的人给罄了走啦。《麻花刘》
【穷坎儿】	乞丐。江湖行话。	自去冬以来,北京方面,要饭的穷人,较前格外的增多。也有沿门乞讨的,也有叫街擂砖的,也有追车的,也有坐着喊的,也有放鹰的(穷妇坐在一旁,撒出孩子来,追人要钱。在他们穷坎儿,叫作放鹰。饶跟人寻钱,还拿人比兔儿,够多可恶)。《益世余谭》
【屈量】	少喝点儿。	得啦,都知道您能喝,您冲着我。咱们一说儿,您屈点儿量,行不行?《杂碎录》
【屈枉】	冤枉。	二妈说的,实在要把我屈枉死。《春阿氏》/我想官衙门里,原是讲理的地方,还能屈枉人吗?《春阿氏》/姓周的这一场屈枉官司,是九死一生。居然昭雪了,自然得阖家感念姓成的把弟。《讲演聊斋·成仙》/秋月姑娘儿是因为自己的事,遭了屈枉官司,又受狱卒的凌虐,登时又急又气,央求妇人把自己带去。《讲演聊斋·伍秋月》/你这一场屈枉官司,好容易有了正儿,你怎么不肯走哇?《评讲聊斋·崔猛》
【屈心】	亏心。昧着良心。	胎里坏说:"是,是,我今天一听见,到如今心里还堵的荒哪(屈心、胡说,他)。"《小额》/到了如今,记者要说一个好名的没有,

		未免屈心、造孽、得罪人、挨骂，反正贪利的多，好名的少就结了。《益世余谭》/ 后来大家拿他起誓，说谁屈心让谁遇见老赶。您就知此公的人缘儿怎么样了。《苦鸳鸯》
【屈须】	钩子。	里间门框上，钉着一个大屈须，挂著一条锈锁练子，一个破纸灯笼。《杂碎录》/ 把周方氏锁上，那一头儿往屈须上一扣，也用锁一卡。《杂碎录》
【取灯儿】	火柴。	人家许三爷瘦的，远远儿的一瞧，直像一堆取灯儿上安著个干羊头。《杂碎录》
【取事】	占便宜。	大凡这类的小人，都讲究捧臭脚、抱粗腿、敬光棍、怕财主、贴靴、并粘子、拜把兄弟、认干亲，平常没事的时候儿，奶奶长、阿玛短叫的震心，狐假虎威、狗仗人{势}、无非是跟嫖、看赌、白吃猴，从中的取事，赶到楼子一出来，您瞧吧，属狗的，打胜不打败，一个个儿躲躲闪闪，全不露面儿啦。《小额》/ 倪红本来不是真正交朋友，就为挑拨你们内哄，他好于中取事。借给你钱劝你雇打手，您算他是甚么心思？《铁王三》/ 侯廪生是头一个反对的，本来他是个吃荤饭儿底子，借着办学为名，从中取事。《董新心》
【去心】	①在意。②放下。	①漫说没鬼，即便有鬼，也不去心。《说聊斋·章阿端》②要瞧六姐这种举动，真跟男子差不多。徐爷是越想越不能去心。《说聊斋·萧七》
【圈弄】	诱使，骗人上钩。	后来毛二爷跟人家勾{勾}着，使了一个局诈，圈弄周信推牌九，一夜的功夫儿输了六千多银。《过新年》

【全靠人】	也叫"全活人",指父母公婆丈夫都在世的女人,最好还有孩子,兄弟姐妹。过去结婚,要请全活人来铺床,吉利。	敢是下轿之时,已有全靠人给点上长命灯啦。这都是老年的妈妈论儿。《杂碎录》
【全可人】	也叫"全活人",指父母公婆丈夫都在世的女人,最好还有孩子,兄弟姐妹。过去结婚,要请全活人来铺床,吉利。	您先别铺啦。还是等等儿全可人吧。《说聊斋·双灯》
【拳踢脚打】	拳打脚踢。	日前下午,某乙不知因为甚么,将这个没爹没娘四五岁的侄女,拳踢脚打,登时气闭,待了一个钟头,才缓过来。《余谈》/赵某拳踢脚打,杜大从旁叱骂,逼令上驴,杜氏语不成声。《益世余谭》
【缺】	空出的职位。工作位置。	那个说:"这两天没活,我们牛录上有一个拨什户缺(就是领催),大概这两天夸兰达验缺,我也得练练箭哪。"《小额》/庚子年前,户部衙门,有一宗库兵的差使。这宗兵缺,是旗人专利。《益世余谭》
【缺分】	在这个岗位上可以得到的钱。相当于现在的工资。	朱瞎子倒是买一回缺,缺分也不见很好。《怪现状》/不然有这们好的缺分,我真运动运动。《苦鸳鸯》
【雀蒙眼】	夜盲。	民国的事情,是雀蒙眼瞧会,一挡{档}子不及一挡{档}子。《益世余谭》/你瞧天也不早啦,这时候你还回得去吗?难道你不雀蒙眼吗?《评讲聊斋·阿英》

R

【然也没然】	理也没理。	大家伙儿说完了,连善大爷然也没然,摇头晃脑的得意洋洋的去了。《小额》
【攮】	向空中撒。	自打李二瓜子一死,二格是无拘无束,为所欲为,跟寒露儿拼着这们一攮钱。《二家败》/素来这两块料,有钱就知道胡花混攮,受冤不受敬,认假不认真。《二家败》/咱们是亲的热的,好话不听,我就没有法子啦。钱攮净了,没落子的时候儿,可别找兄弟。《双料义务》
【嚷嚷动了】	大家都在说。	正黄旗满洲,拣选骁骑校,一共是两个缺。按说是应该拿次序在前,当差年陈的呀?没有。听说把次序在后的某某二人,倒拿了拟正啦。……这几天,喝,该旗嚷嚷动了。说是副堂祥伯泉大人,把缺给卖了,一百二十两一个,堂官要一百,跟班的二十。《进化报》
【让】	抢着结账。	载大哥老是搂抽子碰柜的脾气,谁给不是一个样吗?我再一让,反倒透着饶一面儿。载大哥既然给啦,他们二位也不用让啦。《杂碎录》
【让我】	让我结账。	小额说:"回头都让我吧。"明五爷说:"那不行。今天都得让我。"后来还是善大爷说:"彼此都两便了吧。"这才彼此的坐下。《小额》/春爷说:"我也饿了,咱们闹两壶酒怎么样?"快嘴一听,欢迎之至,且心缝儿里都是乐的,说:"要喝今儿个得让我。"春爷说:"你别捣乱,我先说的就得我给钱。"《麻花刘》

【让帐】	抢着付钱。	吃饭的倒是不差往来,并没见一位女客让帐。《白话聊斋·梅女》
【饶一面儿】	白费力气、钱财没用。	载大哥老是搂抽子碰柜的脾气,谁给不是一个样吗?我再一让,反倒透着饶一面儿。载大哥既然给啦,他们二位也不用让啦。《杂碎录》/二位可别饶一面儿,实话实说,别让好朋友费吐沫。《杂碎录》/要打算翻这个供,除非铁打的金刚,铜铸的罗汉,受的了那跪锁轧杠子的刑法,如若受不了,还得照旧画供,岂不是多饶一面儿吗?《张铁汉》/得了,别要菜啦。母子之情了,散了罢。母子之情,就不该害人家。要说让他念兄弟之义,倒可以行。母子之情这句话,趁早儿不用说。别多饶一面儿。《高明远》
【绕着扣子】	想不明白。	在旁观人瞧着,实在是他们弟兄,自己绕着扣子呢。然而他们自己孩子不省悟,你说是活该家败不是?《演说·兄弟争房》
【绕住劲】	一时想不明白。	"这笔钱原是牛二爷赶着借的。世交好街坊,又有赵先生在头里。我们也跑不了,还要抵押品吗?"赵秃子一阵冷笑,说:"我的大嫂子,您绕住劲啦。现在国家跟外国借款,都得有抵押品。"《胶皮车》
【绕住了】	一时想不明白。	塔三爷说:"有这等事?难道说,你三姐他不管吗?"大恩子说:"三哥,你是树林儿里放风筝——所绕住了。三姐要不知道,崇儿也不敢办哪!我爽得说了吧,他们娘儿俩一定是打成一片,安心要把阿林害死,所为的是这个世袭。《鬼吹灯》/老梅,你绕住了。中国的警章,不是就为咱们穷小子设的吗?《益世余谭》/老兄,你绕住了,照你说的这个办法,是英雄豪杰所为。他们要有这宗思想,他们还不干这宗招说的事哪。《益世余谭》/快炮吴说:"一个穷念书的,奶奶的挟

		他作甚么？"赛武大说："我的大爷，你这又绕住啦！他虽穷，他馆东不穷呀。把他挟走了他家里如何能答应？陈财主自然得想法子。"《赵三黑》
【热】	爱，热恋。	我不能像香玉似的，要是热上人，连性命都不顾。《评讲聊斋·香玉》
【热决】	立即执行死刑。	要不是武昌起义，现在谁还不是满清的臣民？说句毁谤话，那还了得，立刻拿交刑部，碰巧就许热决。《益世余谭》／这个桂四，是北套里著名的土匪。素日所行所为，那一样办真了，都可以热决。说如今的话，真欠枪毙。《五人义》
【热客】	和妓女相爱的嫖客。	他疑惑我热客，打了一天的吵子啦。《杂碎录》／前外柏顺胡同妓女情楼，前日假赴女浴所洗澡为名，竟与其热客偕逃。《北京画报》／燕家胡同合和下处妓女玉宝，有热客德二，相识八载，报效钱财甚多。《北京画报》／他托名住家主儿，分明是不上捐的暗娼。你问我，你必是他的热客喽。《讲演聊斋·连锁》
【热刺忽拉】 rèlehūlā	发烫的那种热。	尚爷正在热刺忽拉，这一来岂不是活要命。《白话聊斋·巩仙》／孔生就觉热刺忽拉，又揉了一圈儿。《白话聊斋·娇娜》
【热闹扣子】	说书中的吸引人的地方。	小额这档子官司，倒是个引子，热闹扣子，都在小额瞧病上呢。《小额》／闲话是说完了，该说正经的啦。两字的批语（开书），您往下看这回吧。是又热闹，又惊人，实然是个好扣子。《劫后再生缘》
【热人儿】	情人。	"坟里埋的这个是他父母哇，还是妻妾呢？"下人们说："听说是他的热人儿。"《讲演聊斋·连锁》／难道酒饭能白扰贾家吗？这是要我的热人儿掏腰包呢。《讲演聊斋·细侯》／

		从前近邻的那个陈生，知道是这们件事，越恨景爷，到处一造谣言，硬说自己的热人儿，怎么被景爷给笼络去啦？《讲演聊斋·阿霞》
【人吃马喂】	家里的人要花钱，马也需要喂，形容家中开销大。	人吃马喂，言其嚼谷特大。《旧京通俗谚语》
【人灯】	瘦得皮包骨。	甄醉仙可拧了勺子啦，是一天到晚，哭哭啼啼，唉声叹气，本来就瘦，被这一折磨，这两天儿更成了人灯啦。《张铁汉》/就怕是过于劳心，再不知自为保养，没钱的时候儿，亚赛铁铳子。有了钱，折腾的赛过人灯。可有一样儿省事，将来追影的时候，省得传真家给他画胡子。《演说·再说福禄寿财喜（三）》
【人荒子】	长得特别难看的人。	你照镜子瞧瞧你的骨格、尊容，气死大老妖，不让人荒子。《大劈棺》/人荒子，相貌必然出色，脑袋前出廊后出厦。《旧京通俗谚语》
【人敬人高】	尊重别人，别人也会尊重自己。	范夫人对待女宾又比范公近乎一层，向各座位前全都万福了万福，这是人敬人高的法子。《杂碎录》/现在讲究平等，咱们是人敬人高呀。《谢大娘》/郭翰林跟王大令的房师是同年，他得称郭翰林"老前辈"，郭翰林称他为"老父台"，这就是人敬人高的事情。《方圆头》
【人来疯】	越当着人越闹。	社会上单有一宗人，他一个人儿上那儿去，受人家欺负，他是挺而受死，越人多他越叫横。这一宗叫作狗仗人势，又叫作人来疯。《双料义务》
【人情货】	因人情而来的。	从前进这衙门，就是人情货来的，满汉不通，官事不懂（有好哥哥就得），简直的连一句正经话都不会说。《小额》/一个姓孟，一个姓石，两个人都是人情货来的。《和尚寻亲》

【人汤锅】	整死人的地方。	从先的营务处，有名儿的森罗宝殿，又叫人汤锅，收拾一个人，真跟抹个臭虫一个样。《怪现状》/ 不怎么宝局，叫做人汤锅呢？《讲演聊斋·云萝公主》
【人心】	酬劳。	药钱多少的话，您自管说。只要我好啦的话，加倍的必有人心。《小额》/ 俗言说得好，"人在人心上"。没钱力儿，得有个人力儿。你进来这们几天，我们上上下下，处处替你铺垫，劳神费话，赔钱受累，谁见着你甚么啦。《讲演聊斋·伍秋月》/ "伙计们要跟掌柜的讨几个赏钱。" 荀庄说："行，行。事情完了，我必有分人心。"《大劈棺》/ 官司完了，有人心没人心全在乎你啦。《杂碎录》
【人阵似的】	大家乱嚷嚷。	就听得门口儿嚷嚷成一个人阵似的，可也听不出是甚么事来。《小额》/ 我到后院儿小解，听见那院里，又是哭又是喊，闹了一个人阵似的。《大劈棺》/ 这件事要搁在寻常堂客身上，当头人让官人带走了，就得哭个人阵似的。其实哭也瞎掰，是官司也得打。《小蝎子》
【仁台】	仁兄或贤弟。	仁台现在高中，用钱的地方很多。《谢大娘》/ 老仁台呀，一分家产都被你吃完了。《苏造肉》
【忍】	临时凑合睡一会儿。	天有五点多钟，小额吃完了头煎，一阵恶心，又全吐出来啦。稍微的忍了会儿，晚上的二煎，也没吃多少。《小额》/ 别嚷，别嚷，老爷整闹了一夜，刚睡着。太太也是刚忍一忍儿。《小额》
【忍肚子疼/认肚子疼】	认倒霉。	所花的银子，只好忍个肚子疼吧。好在我的凭，没勒令交出来，也许能用他借两钱儿。《讲演聊斋·公孙夏》/ 一听来派儿透硬，也就忍了肚子疼啦。连忙算了算帐目，把铺子一收，就算落了人财两空。《评讲聊斋·锦瑟》/ 西城锦什坊住户杨宅，有使名唤平儿，

		年十七岁，于昨早偷了主人金镯子一对、衣服多件，潜逃无踪。杨姓因为名誉收{攸}关，未敢声张，只好认肚子疼吧。《北京画报》/忍肚子疼，不能当众宣布。《旧京通俗谚语》
【忍事波罗蜜】	还是忍忍好。	我一告述你，你立刻就这们生气，这个年头儿，忍事波罗蜜。《讲演聊斋·邢子仪》
【忍着】	临时凑合着。	光棍子爷儿俩眼时在烟馆里忍着哪。《小额》
【认定死扣子/认定死扣儿】	认定了要干的事，别的不考虑。	单说幸福，若认定死扣子要享，就凭这宗年头儿，世界上那有好多幸福啊。《演说·幸福解》/我在暗地里也时常劝解，谁想她认定死扣儿，横竖心里头别有所属，说出油漆来，也不肯从。《春阿氏》/王氏因丈夫不肯把女儿闺秀同内侄结婚，偏偏没有相当的人家儿，又加上女儿是认定了死扣子，闹得堪堪要成痨病，王氏是只有这们一个闺女，焉有不疼的。《讲演聊斋·寄生》
【认扣子】	认死理。	为这个事要是认扣子着急，似乎也有点儿犯不着。《白话聊斋·胭脂》/再说这位宋爷，既是世家，何至见着这们一个堂客，就这们认扣子。《评讲聊斋·嘉平公子》/这个堂倌一瞧这个书呆子，是认上扣子咧。《讲演聊斋·细侯》
【认死扣子】	认死理。	认死扣子的脾气，怕你不死心，才告诉你妾身已有了人家儿，自然你也就没有法子了。《评讲聊斋·阿绣》/从头至尾细细的一说，老太太才知道这孩子不枉认了会子死扣子，居然把这女子带到家来，可称有志者事竟成。《评讲聊斋·阿绣》/安爷只可引逗孩子，做为解闷遣兴，人情相思的事，最怕认死扣子，就能要了命。《讲演聊斋·云萝公主》

【认头】	不得已而同意。	我瞧这件事,咱们得来个安礼儿,您把他约到家中请他喝酒,跟他来个苦肉计。他是个外场朋友,一定认头打官司,您想这个主意怎么样?《小蝎子》/曹大令到这个时候儿,知道难讨公道,可是也不能就认头。《驴肉红》/某中级阔人儿,要是慨捐五万元,各界怎么欢迎,灾民怎么感激,不必说功德,买个名誉也是好的。君计不出此,朴{扑}克收拾他五万,他甘心认头。这宗人谓之丧心病狂没有肺,不亦值乎!《益世余谭》
【任甚么没（有）】	什么都没有。	伙计说:"铜子儿,你也没瞧见过吗?"两个人,没有"有"回答上来,低着头就走了。《进化报》/当晚洋兵进城,他也很害怕,不知城内有甚么埋伏。其实任甚么埋伏也没有。《五人义》/李秋雯一面擦抹着眼泪,一面到外边茶桌一看,任甚么东西也没有,遂把殿帘打开,向外叫道,谁在这屋里值班,快快进来个人,少王爷要吃茶呢。《玉碎珠沉记》
【扔崩／扔蹦】	形容一下子走了。	我这个首座,要是被大家公举的,或是我运动来的,实在办不下去啦。我也不必维持现状了,扔崩一挠儿,也没有甚么的。《过新年》/这件事你明白了罢,非扔蹦一下子不行。《谢大娘》/我代{带}着侄女扔蹦一走,人不知鬼不晓,倒是干脆的事情。《谢大娘》
【日月（儿）】	生活。	我们家日月儿窄,在这住不起啦,可就搬远了,从此音信不通。《评讲聊斋·阿英》/张志儒自打父亲一死,日月儿也很不好,下了两回小场儿,文章虽好,无奈老不会进学。《孝子寻亲记》/可是日月一天不如一天,只好是把祖遗的田产,零碎裁着卖吧。《评讲聊斋·乐仲》/再加上这位富爷,非嫖即赌,所以日月一天比一天透窘。《评讲聊斋·姊妹易嫁》/景爷也无法分辨,可是自从休妻

		之后，家中内助没人，一晃儿到了四十岁，连糟心带懊恼，日月一天比一天不如，把房子也租出去了。《讲演聊斋·阿霞》/ 提起家当儿、日月儿、吃喝儿，别的全是吹，敢说人家八辈儿五都没瞧见过窝窝头。《杂碎录》
【日昨】	昨天。	日昨友人自京北怀柔县来京，提起一段买草的公案，实在令人佩服。《益世余谭》
【揉】	不提了，压下去。	大家都赞成把官司揉了好。《评讲聊斋·仇大娘》/ 吕军门虽然心里不愿意，究竟是个作大员的，面子总要顾的，当时自己引咎，安慰了刘公一番。这件事稀哩糊涂就算揉啦。《姚三楞》
【揉儿行】	珠宝行。	要是再接着水商拉珠子□，一形容揉儿行、跑合儿的弊病（倒不是倒把做行市，买空卖空），未免又得多说个三五版。《讲演聊斋·夜叉国》
【揉儿铺】	收购金银、珠宝的店铺。	从此开了个揉儿铺，带捐柜的金店决不买空卖空。《讲演聊斋·成仙》/ 如今一听，心说：怪不得那位娘子说呢，敢情人家知道行市（不但能开揉儿铺，还能倒买秀才）。《评讲聊斋·神女》/ 这一天看见这只珠花，一定要叫我摘下来，说拿到甚么揉儿铺，也不是按多少换，可以合多少银子。《评讲聊斋·神女》
【肉梆子】	鼓掌。	巡警大声嚷道："你扰乱秩序，逞凶打人，跟我走，我给你找个地方。"拉他就往外走。他并没抵抗，跟着人家就走啦。巡警往外一啦{拉}他，楼上下不约而同，敬了一阵肉梆子（巴掌），算是给他开了一个欢送会。《余墨》/ "他这是要演说。"当时还敬了他两声肉梆子。《铁王三》
【肉报子】	大家的口头传述。	穷苦人家儿用点儿棉花线，真够三尺三的逛{桄}儿，其实买别的东西也不见得便宜，不

		知线{桄}儿一长，肉报子自然的快了，就便赔钱，内中也有个背拉儿。《燕市积弊》
【肉传单】	大家的口头传述。	众人议论了一下，各自归家，对着亲亲友友的又一说古，直像是带腿的告示，一传十，十传百，越传越多，肉传单撒出去，都惦记着瞧活雷公。《杂碎录》
【肉蛋】	被绑票的人。	照例挟肉蛋，是把这个人眼睛蒙上。有个特别的帽子，好像鹰帽子一个样，带上这个帽子，是昏天地黑。拉着他绕几个湾子，就能不辨东南西北。并且还不一直的走，必要来回绕道，让他摸不清远近。其实几里地，就好像几十里地似的。记者也没当过肉蛋，也没挟过肉蛋。不过从先在曹州随任的时候，时常抓获老砸儿，我这是听他们说的。《赵三黑》
【肉杠】	肉铺。	净肉杠跟油盐店，就好几大块。《燕市丛谈》
【肉症】	甲状腺机能亢进。	这个人得过一回馋痨，转过一回舌化，现在又有点肉症的来派（肉症是宗病，食肉不已，转眼就饿）。《回头岸》
【如心】	如意。	就有一样儿不如心，自从湘莲的父亲故后，娘儿两个是坐吃山空，因此日子是越过越窄。《杂碎录》／简单言之，就得让他如心如意，大趁心怀，自然勿药有喜。《王遁世》／有甚么不如心的，至于寻死，是人家儿对不起你呀？《春阿氏》／总算是本县的一家富户，虽然是个财主，就有一样不如心，哥儿四个全没儿子。《李傻子》
【入扣子】	上心。入迷。	也不知甚么时候他看上了人家，外带着还是挺入扣子。《白话聊斋·胭脂》／因为庄王孝母，时常办完了国事，把外边有趣味的事情，对着老太太背述颠末，日子一长，老太太会入了扣子啦。《演说·说评书也当改良》

【入辕儿】	当拉车的。	本县要出了二位议员，如同出了两位宗室，可是专制时代的黄带子。如今的黄带子，拉胶皮的很多，入了辕儿，龙性可也就差了。《忠孝全》/ 还有一位世袭公爷拉晚儿（带灯），其余可知矣。今年如此，来年可知。碰巧到了来年，哈哈，我也许入辕儿。《余谈》
【软白花】	说软话。	你不用跟我闹这宗软白花。你当我是三岁五岁的孩子哪。《讲演聊斋·阿霞》
【软白子】	说软话。	你不用跟我来软白子，咱们娘儿俩今天就是官司。《曹二更》/ 伊老者让这块料这们一软白子，简直更说不出甚么来啦。《小额》/ 槐良说："你不用费话啦。你把包袱搁下，腰里的银子给我留下。咱们万事皆休。如若不然，我是要你的性命。"少儒一见槐良变脸，是又气又恨又害怕，自知势力不敌，又不敢发作，登时眼泪在眼圈儿里乱滚，勉强带笑说道："好大哥，你别取笑啦。咱们走罢。"槐良把两只蛇眼一瞪，说："少儒，你不用跟我动软白子，快快儿的把银子拿出来。《孝子寻亲记》
【若果】	如果。	若果能够诚实勤劳，走在地球边儿上去，没有混不了的事，没有处不了的人。《张二奎》/ 若果掏出良心来办事，官办也好，绅办也好，商办也好，官绅商合办更好。《益世余谭》/ 如《战宛城》一剧，原非专门淫戏，演唱存乎其人，若果稍加改良，亦颇可观。《余谈》

S

【洒狗血】	演员过火的表演。	奈因鄙人做事，是羊毛性质（就是票友），永久是仅着量儿洒狗血。《讲演夜谈·尤大鼻》/这孩子抱着还哭呢。如今这一躺在当院，自是越发哭喽。加着劲儿的，一起嘎调（人家孩子是挣命劲儿。这可不算洒狗血），究竟小孩儿的气脉微，喊了两嗓子，笨就鼓啦，立刻塌调。《讲演聊斋·吕无病》
【洒薰香】	散发流言、假消息。	小红儿在监里头一洒这个薰（去声）香，楞说："听见信啦。小额这个官司有信要完。"《小额》/托人来央求你，至不能为，所没法子啦，满世界给你洒薰香，撒开啦破坏你。《进化报》/只要他一出这个机关，就破坏这个机关，或是破坏主要的人。第一是布散流言，俗话叫洒薰香，第二是写匿名信，第三是发报诬蔑。《张文斌》/你要是把他得罪了，专能给你洒薰香。《双料义务》
【撒】	衣裳。江湖行话。	撒是衣裳，念撒是衣裳不好。《人人乐》
【撒村】	骂人。	北京人管着说骂人的话，叫作撒村。《演说·村话》
【撒开了】	没有顾忌，没有限制。没有节制的。	胎里坏孙先生，一听说小额遭啦官司，地宫里就没安着好心，原就打算吃一下子。额大奶奶撒开了这们一求他，哈哈，胎里坏是更得了意啦。《小额》/将才从门前经过的那个书生，你撒开了瞧人家，你认得他吗？《杂碎录》/本县温大令，撒开了一捧绅士，连灌米汤带戴高帽子，这些个绅士们一吃翅子席，很得滋味儿，大家都吃乐了（德行）。《方

		圆头》/ 翁氏撒开了一灌。曹大娘每常是二两酒量,今天喝了有六两,已然人事不知。《苦鸳鸯》/ 先说游艺园,戏楼并不坚固,撒开了卖票,焉得而不坍塌？《余谈》/ 今天可得着机会啦,撒开了给库缎眼一贴靴。《库缎眼》/ 前天这朋友,他嫌屋子冷,院子有煤,老先生自己动手,撒开了这们一添,他可又不端出去。我有心要拦他,我怕他多心,说我啬刻,舍不的煤了。《益世余谭》/ 为朱相国生光的话头儿,撒开了一捧查孝廉。《讲演聊斋·大力将军》
【撒泼打滚】	躺在地上又哭又闹。	王生说我并没要他那个人,你们问他那个姨奶奶去。众邻人真就一问,这位姨奶奶是撒泼打滚的一哭,要了命也不出门。《评讲聊斋·锦瑟》
【撒网】	找借口让大家出钱。	周老者六十多岁,是一位老拔贡,作过一任训导。因为同城有个教谕,借着祭圣人要请分子撒网（北京土语,假着一件事情请分子,所为搂钱,其名词叫作"撒网"）。《理学周》/ 赶上同城教谕借着丁祭要撒网,令尊跟他起冲突,一怒辞官。《理学周》/ 小载给他出主意,让他借着挂匾请一个分子,俗名叫作"撒网",曹立泉很以为然。《曹二更》/ 那老太爷打幌子,不然就是借着老爷撒网敲竹杠。《回头岸》
【撒嘴网】	用言语找大家要钱。	范公夫妇两下里一撒嘴网,就听见台下一片声音,要笔的,要纸的,这就大写之下。《杂碎录》
【三鼻子眼儿】	管闲事。	三鼻子眼儿,何必多言。《旧京通俗谚语》
【三哥】	给人往家挑水的。当时北京要买水喝。	倒水的不排行在三,可管着他叫三哥。《演说·豆皮》/ 挑水的三哥进来倒水,倒完了水,他在院子站着窃听官事。《五人义》

【三尖儿】	旗人妇女后面头发梳成燕尾形。因为那时妇女不常洗头，为避免头发弄脏衣服，经常在脖子上围一块三角绢子。	小文子儿的媳妇，虽然是仓花户的女儿、库兵的儿媳妇，打扮的倒还恭本，……身上穿着浅色的竹布衫儿，脖子上围着一块三尖儿粉红的绢子，上头绣的是龙睛鱼，……《小额》
【三节两寿】	三节，端午节、中秋节和春节。两寿，孔子生日和老师生日。以前，三节两寿时，要多给老师一个月的薪水。通常泛指节日和生日。	三节两寿，也真追往，所为的是，有一个头疼脑热、闪腰岔气的事情，好有个护身皮儿。这是小额的心工儿。《小额》/ 闷的慌，他还能唱曲儿解闷儿，专能谄媚奶奶、太太、姨奶奶。碰巧了，他还管托人情拉官纤，三节两寿到宅里拜节，十两八两的得赏钱。《过新年》
【三青子】	混，混人。	紧跟着，又说了些个三青子的话。伊老者是真忍不住啦，说："诸位不用拦他，我瞧他有甚么像儿。"《小额》/ 内有一人用手一推，而打鼓人认为耍三青子，谁如{知}这话甫及出口，三人以为不是好话，误将三青子的俗语竟自错解为绿头巾，因将打鼓人大打而特打。《燕市丛谈》
【三孙子】	骂人的话。	你也该与你那群忘八蛋、三孙子、人牙子、皮条匠、鸡毛蒜皮把兄弟说一说。《北京》
【三小儿】	师爷、账房先生等的仆人。	若是不当着老爷太太，见了甚么厨子、打杂儿的、跟班的、赶车的、三小儿，嗳呦，他可就爱说着哪。《演说·说奶妈子》/ 他爸爸从先偷过鸡，他当三小儿出身。现在虽然有几个臭钱，我瞧不起他。《刘军门》
【三爷】	指官员的姑爷、舅爷和少爷。	恰巧遇着抚台衙门的三爷、勇爷、二爷（可不是抚台的兄弟。三爷者，姑爷、舅爷、少爷也。勇爷者，姨奶奶的弟兄，因为这个字像形，似舅非舅，写出来比舅字儿窄点儿。二爷者，老爷太太各有用项的红人儿）。《评讲聊斋·神女》

【三一三十一】	大家均摊。	起初亲友出头给他们说合,让他们三一三十一,他们不认可。打了二年多官司,耗费了七八千块,还归到三一三十一。《铁王三》/我早先就有这个心,因为我一个人的财力不足,既是大众同是一个心理,我就领头出主意去办,拿钱是三一三十一,四一二十二,每人均摊均散,还告诉大家一个放心,目下虽然每人拿出个千儿八百的去,将来必能十倍百倍的利息赚了回来。大家一齐说道,那不更好了吗?《玉碎珠沉记》/今天咱们是公事,谁也不请谁,该多少,咱们是三一三十一。《双料义务》
【散交】	一般朋友。	弟兄们很不错,散交就很好,何必换帖呢?《怪现状》
【散了】	①算了。②辞了;解雇。	①狗爷说:"我们这位姑奶奶,你这位嫂子,脾气太别扭,大概善说是不行。"二小说:"不行就散了罢。"《姑作婆》/本县遭大令是个老官场,还知道敷衍面子,请新议员吃饭,还约小宋作陪。小宋再三的辞谢,他就散了(这次不请自登门请了)。《麻花刘》/"您只管放心。您就是走个三十年、五十年……"三丁儿说:"散了吧,先生。我今年五十多啦,我要走三五十年,我还回的来呀?"《二家败》②原来陶厨子跟急呼感情最恶。因为挑剔饭食,急呼骂过陶厨子,大声几乎没把陶厨子散了,所以今天陶厨子借端报复。《怪现状》
【散生日】	不是整数的生日。	如今不论资格,自要有钱,就可以随便唱戏,那怕是个毛儿匠过个散生日呢。《演说·唱大戏》
【散学】	办私塾,招学生来学。	教散学不要紧,甚至于还教专馆,这不是误人子弟吗?《苦鸳鸯》/这一来人家也就说了,但分手里有钱,谁肯教这个散学?《一壶醋》/满生这学馆还是真不错。早年外省教散学,

		不同如今学堂,都离不了背打念三字。满生虽然从前是教大学馆的先生,俗语儿说:"入行三天没力笨。"《讲演聊斋·细侯》
【嗓膈眼子】	嗓子。	我待你这个样儿,你还掐我的嗓膈眼子。《杂碎录》/我要不说,真觉着嗓膈眼子里憋的慌。《杂碎录》/那妇人道:"月亮爷照着嗓膈眼子呢!人家大师傅甜言密语儿哄着他,还没说上三句话,他就把人家抓了个稀烂,还作践他呢!说得他那么软饽饽儿似的!"《儿女英雄传》
【丧透了】	丧气透了。	人家左翼倒多关点儿呀(也不尽然。按现在说,还有不到一两六的呢),咱们算丧透啦。一少比人家少一二钱。他们老爷们也太饿啦,耗一个月,关这点儿银子,还不痛痛快快儿的给你,又过平啦,过八几的。这横又是月事没说好(月事是句行话,就是每月给堂官的钱,照例由兵饷里头克扣),弄这个假招子冤谁呢!《小额》/福八聊揪着岳魁的手,眼含痛泪说:"少爷,你这一走,我又放心又不放心。"岳魁说:"有甚么不放心的,朝您这一哭,就丧透了。"《忠孝全》
【丧嘴】	骂人的话。一说倒霉的事,就真会发生。	他说中国亡快了(如今这们糟,都是他丧嘴说的),全要随外国啦(你倒想随呢,人家也得要你呀)。《王有道》
【扫听】	①听。②打听。	①将窗纸抠了一个小窟窿儿,曲一目往屋里偷瞧,一面用耳音扫听着身背后,怕有淫贼的余党。《评讲聊斋·阿绣》/因话提话儿,话里套话的,察言观色一扫听,我足可晓得个八九不离十儿。《讲演聊斋·胡大姑》②当命手下心腹,到各处扫听,当时把张福喜一切行为,探得清清楚楚,立刻回报。《玉碎珠沉记》/你老找谁?扫听谁?《讲演聊斋·细侯》

【扫营儿】	把所有的东西都搜罗一遍。	洪头儿一扫营儿，见没甚么可拿的。《杂碎录》/ 他预先告诉白眼狼把厨房点着火光一起，左右近邻是一阵人乱，方近有两家儿财主头两人早挑啦，剩下几家儿破落户，借着救人一路扫营儿。《孝子寻亲记》/ 白日足热了一天，盼到前半夜，好像有点凉快气儿。累的乏乏儿的，还不睡呢，蚊虫飞来，足一吃不心疼的民膏民脂，□虫也是随来随走，连吃二水儿带扫营儿，就能□□虎子。《演说·岂能尽如人意》
【色汤草】	纸烟。江湖行话。	纸烟叫色汤草。《燕市丛谈》
【啬克子】	小气鬼。	万家是啬克子出身，轿夫头儿一讨稳轿钱，给人家拿出四吊钱来。《张文斌》
【杀家达子】	自相残杀。	"这次同室操戈不要紧，我们家闹了一个弟兄反对，虽然说桀犬吠尧，究竟是自相残踏。现在两个孩子都没回来，究竟是死是活，得不着信。"说着掉了几点眼泪。我说："老先生不必伤心。大概过两天，令郎们也就回来啦。"老者叹了一口气，说："我并没哭儿子，我哭的是大局。国民负有当兵的义务，战死疆场，原算不了甚么，可看跟谁打啦。这宗杀家达子的事儿，可真有点不值。"《益世余谭》/ 后来我们地边子歪脖儿树上吊死一个无名男子，外州县的德行，您是知道的，家里有点过活儿，要是出点逆事，官人吃上那还有完哪（实话）。况且我们族中有两个当狗腿子的借事生端，这们一杀家达子，这档子官司非五百银子不成。《孝子寻亲记》/ 在中国里作买作卖，看见谁一生财，这就红眼，就来个杀家达子的手段，苦打对仗，临完是项关了门为止。《社说·中国无商战》/ 有这们辣的手段，何不叫东西两洋尝尝呢？叫他们也来几口新鲜滋味，也叫他

		们知道咱们是属甚么的,不比杀家达子强吗?《旧京通俗谚语》
【杀冷子】	寒冷。	再说天乍杀冷子,挖窟窿捣洞,是那样好年头□断不了的事呀。《评讲聊斋·青娥》
【杀里】	欺负自己人。	这宗人是说横话不行横事,在外头受人坑,在家里专能杀里(北京土话管欺负自己人叫作杀里)。《家庭魔鬼》
【沙板儿】	民间私铸的假钱。	从先行使大钱的时候,就有一般奸民,铸造私钱,名之曰沙片儿,又叫沙板儿。《益世余谭》/再一说,制钱永远足数,一色青铜钱,一个沙板儿没有。《益世余谭》/彼时要换好钱骨力票子,一两合十三吊来钱,要换沙片儿小存(旧日土话管小沙板儿叫小存),足可以换十七八吊。《鬼吹灯》
【沙片儿】	假钱。	从先行使大钱的时候,就有一般奸民,铸造私钱,名之曰沙片儿,又叫沙板儿。《益世余谭》/要给现钱,他总是给沙片儿、小钱儿(彼时大钱换十六吊沙片儿,可以换十九吊五)。《双料义务》/到了光绪年间,钱法愈坏,私铸愈多,有一宗薄沙片儿,比水上漂的个儿大,可比二路儿净又小,彼时市面上尚能行使,后来改铸铜币,官场收买当十大钱。《演说·涞水币》
【沙片钱】	民间私铸的假钱。	公估局发卖铜元,价值不公,本就不能流通市面。如今改了章程,仿照平耀局的办法,更成了一个虚设,市面上的铜元,还不多见。奸民照旧偷运,周转不开,沙片钱慢慢的又出来了。《本京新闻·京话日报》/正月里的报价,彼此吃了沙片钱的亏,两个折一个,再除了京报房的扣头,每三十张报,我们只得三十六个大钱。《看报的同志台鉴·京话日报》

【沙子灯】	一种玩具。一个圆筒，上面画着人物，里面盛着沙子，外面安着纸做的人物的头和四肢。利用沙子漏出形成动力，使得圆筒转动，四肢活动。	宋仲三是竟摇脑袋，周道台是竟点脑袋儿。（一个摇脑袋，一个点脑袋，成了沙子灯啦。）《过新年》
【沙子井】	沙子井里的沙子捞也捞不干净。指捞不回来。	我输了三百多吊啦，我得捞捞。（别捞了，沙子井。）《过新年》
【傻老】	傻子，容易上当受骗的人。	就说人家这点药儿，可比香灰好的多。香灰是冤傻老的钱，人家这是真治病。《说聊斋·葛巾》/ 如今的社会少年，比五六十岁的更诡，看见上岁数儿的是傻老，每见岁数相等的就是秧子。《演说·讲金少梅》
【筛糠】	哆嗦。	想着真要放到这里一炸，岂不皮肉全焦了么？登时吓得体似筛糠（可不是开路的花着儿），立刻声音都差了，爹妈的哀号。《评讲聊斋·续黄粱》/
【晒】	爽约。	我听说高公子叫去陪酒，您这个约会儿就算晒啦。《白话聊斋·梅女》
【山】	大。程度高。	你找拉纤的很容易。早半天儿都在茶馆儿里头。你倒个茶隔着桌儿听罢，讲究甚么成三破二，谁家是孤红契，谁家是白头字儿。又甚么重卖盗典咧，对房对租咧，山讲究一气，那都是拉纤的。《杂碎录》/ 你不用山诈，太爷来到这儿是赏脸，花一个大就是财神爷，谁敢不服，先拆你们的忘八窝。《杂碎录》/ 伙计听吴头儿吹了个滴溜儿圆，外带着山响，恐怕头儿吹脱了节，赶紧用话岔他。《杂碎录》/ 大概许是原业主，不然就一进门就山嚷一气，没人敢跟他反对啦。《评讲聊斋·锦瑟》/ 这几个人不知这是甚么事，

		吓得狼嚎怪叫的山嚷，说冤死我喽。可冤屈死了我喽。《评讲聊斋·胭脂》
【山嚷怪叫／讪嚷怪叫】	大嚷大叫。	北五省总算走偏了的混混儿，真没吃过这苦子，立刻疼的山嚷怪叫。《讲演聊斋·云翠仙》／姑娘儿说，划拳可不大好，打头先得讪嚷怪叫，一嚷必要惊动四邻，莫若咱们俩猜子儿吧。《说聊斋·双灯》
【闪黏儿／闪粘儿】	躲得远远的。	秧子可不能永久是秧子，久秧必穷，由穷才增些知识。当初傍他的那一群，自然也就闪黏儿。《演说·说秧子》／你今年前半年敢轻财尚义，到了下半年，就许抱上沙锅，轮到你落了品，当初那些沐恩之人，溜边儿的溜边儿，闪黏儿的闪黏儿，既有这样的前辈之戒，不如留着钱预备后来。《演说·打把式(续前)》／既然打算结为秦晋，为甚么又这们闪著粘儿哪？《说聊斋·白秋练》
【善虫子】	借口办慈善，从中贪污。	质言之，就是有行善的，就有借着慈善敛财肥己的，旧话叫作善虫子（言其他专吃善事）。善虫子三个字是个腐败话了，如今是改良维新的年头儿，这宗人不能叫善虫子，可以叫他善微生物。《益世余谭》／这是博士说的吗？不，替广泽王爷捧场的善虫子说的。《评讲聊斋·神女》／只要办一宗善举，便离不开一种善虫子。何为善虫子呢？这宗人是仗着人家办慈善事，他在里头生财，以慈善事变为他的饭锅。……若真把善虫子除去，只好是自己拿钱办事的大善人，自去经手来办。《演说·善虫子》
【善会】	寺庙举办祭祀活动时，为让施主捐款而举办的宴席。	每年一到正月十九，游人异常踊跃，高等者或放堂，或出善会，苦其码子只好摸摸石猴儿，中等人稍有余资，还可以打打金钱眼。《都市丛谈》／鄙人在山东随任的时候儿，亲眼得见，这位教谕奇想天开，他打算把剩下

		的肉,作几碗汤水菜,撒帖子普请绅商,简直要请个善会。文庙请善会,没听提过!《理学周》
【善说】	心平气和地说。	那天跟二小提到此节,狗爷说:"我们这位姑奶奶,你这位嫂子,脾气太别扭,大概善说是不行。"二小说:"不行就散了罢。"狗爷说:"好,我宗旨已定,散了行吗?我跟他善说不行,我可要动压力啦。"《姑作婆》
【晌午错】	过了中午。	郑恒直睡到响午大错才醒,就赶紧的先瞧米,那儿还有一点儿呢?《语言自迩集》/往外看一看,才晌午错,等了半天太阳平西了,回头听了听钟,怎么不响?《语言自迩集》
【晌午歪】	过了中午。	"嘿,小常,你还等着是怎么着?上回说过平,就闹了一个响午歪。瞧这方向,又不定多早晚儿呢。我是不等啦,晚上到拨什户家里关去得啦。"《小额》
【上床】	因为忌讳死在家中,临终时移到殡仪馆的床上等待死亡。也比喻临终。	我前夫很感念侯员外,临上床之时留下的遗言,说难得侯员外如此义气,教我嫁他报恩。《杂碎录》/这位先生的卦灵的狠。前次我们亲戚问病,先生说不出十天,果然八天就真上了床咧。《讲演聊斋·妖术》/平生积蓄的金钱,存在铁柜里还不放心,半夜里挖地窖,把金钱全窖将起来,不到临危,不告述儿子钱在那处存着。真到上床之时,心里可是明白,嘴里已然不能说话。《演说·护身佛》
【上岗儿】	上座儿。	额大奶奶让他上坐,香头王也不谦让,居然的上岗儿上一坐。《小额》/坐在上岗儿上,撇嘴咧嘴。《评讲聊斋·续黄粱》/红口白牙在上岗儿落坐,吃完了一抹嘴,你凭甚么呀?《演说·火车头》

【上梁山】	有一种梁山纸牌，108张，上面画着梁山好汉，所以管打这种纸牌叫上梁山。后来，也泛指打纸牌。	原来大姨太太张氏，同着二姨太太何氏，带着少奶奶们，正在大上梁山。家人们往里一传信，当时牌局也停了。《过新年》/ 昨晚上在班儿上，溜溜儿上了一夜的梁山（找宋江去啦），今儿所以晚了。说完了，很面有得色。您猜上梁山是怎么回事，就是斗牌。呕，是了。奉劝该管堂官，嘱咐嘱咐他们，别让他们都上梁山了。《进化报》/ 此时牛氏是吃完饭，又要赴隔壁上梁山去。彼时不兴麻雀扑克吗。《讲演聊斋·张诚》
【上圈子】	设圈套。	这位知道士给谏，这是下借字儿上圈子的事，不能不给去这荡。《讲演聊斋·小翠》/ 当时把霍女让到家中，究竟心虚，怕遇上人家上圈子，故此打算斟问斟问。《讲演聊斋·霍女》/ 你是这一方的财主吗，倘或被人家上个圈子套子的，你有点儿招架不住。《讲演聊斋·霍女》
【上哨】	上游。	反正上哨的冰干净，下哨的不但肮脏，还有缕子。《演说·说冰窖窖货》
【上手儿】	手铐。	吴总办把上手儿给他们戴上了。《怪现状》
【上堂】	上课。	据记者想，只要他上堂不误，对于教授合法就得。《益世余谭》
【上体】	神灵附体。	西城花枝胡同，住着一位某衙门笔政老爷，续娶了一位夫人，娘家姓刘，专会顶香。有个妹妹，也会上体。听说见天在家，姐儿两个不是你顶上香啦，就是我上了体啦。《进化报》
【上下手儿】	手铐、脚镣。	且说武爷见田七郎，带着上下手儿，大瓣项锁，唏哩哗啦的出来。《讲演聊斋·田七郎》
【上学】	老师上课。	你告他，早晨来的信，我已然知道啦，求他多多的分心。这儿有一封信，还有一个片子，你一并交过他，就说明天再放一天学，我后儿个上学就是啦。《小额》

【上眼】	看。	如今我把题目写出来，请您上上眼。《益世余谭》/新人下地，亲友一上眼，说是六十多岁的人，简直的不像，也就是四十多岁的样子。《花甲姻缘》/杨氏一听，当家的也当上差啦，心里倒也欢喜。又一上眼，见麻花刘又白又胖，举止动作，直仿佛脱骨换胎，居然又是一个人了。《麻花刘》/话说是交代明白啦，这可用着那句生意口啦，诸位，上眼吧（这份儿贫）！《张铁汉》/这段神女，是缓脉的玩艺儿。好像多年的陈绍，越咂滋味儿，越有劲儿。由此往下一天比一天可瞧，诸位您就上眼吧。《评讲聊斋·神女》
【上样】	像样。	您道小额的家里头，虽然是匪类出身，可还有三家儿半上样的亲友，可都是他上赶着跟人家走的。《小额》/这是小额的几门子上样的亲友。听听这些位的历史，就知道这些位亲友的程度了（真正高亲贵友，他也不配认得）。《小额》/今年十七岁。上样人家儿，真有好几打，上赶请愿，要把姑娘给与他家，就短了跪门了，李爷都不愿意。《花甲姻缘》
【上药】	捧场，夸奖。	俗说当面夸好捧场说话的人，叫作给他上药。《演说·上药》/当面说几句淡而不厌的上药话，不但能止听者的恶嫌，且可与说话的有莫大的利益。《演说·上药》/说话既是得奇得门，岂知不因此得个一官半职呀。此皆是由会上药的好处。《演说·上药》/四十儿打完了这场儿官司，花了好几百块钱，夏侯敦见了儿子，不但不教训，反倒哈哈大笑，直给儿子一上药，四十儿胆子更大了。《土匪学生》
【捎】	赌资。江湖黑话。	大家因我没捎，王李又做为借给我一串，也按这样利息。一会儿李信带上捎溜走了。《讲演聊斋·王大》/没带捎，我敢张罗赌吗？

		《讲演聊斋·任秀》/ 水旱马头上，多有这路吃喜儿的。咱们事不宜迟，得把捎给运过来。不然早晚还得被他们算计了去。《讲演聊斋·任秀》
【烧半冷皂】	觉得可能以后会用上人家，预先就拉关系，送礼。	还有一宗烧半冷皂（半冷皂名辞特别）。甚么叫烧半冷皂呢？这个人是个有用的人，暂时我可用不着他。我可别冷淡他。没事的时候儿，就得渐水。闲时置下忙时用，赶到有用着他的时候儿，再求他也就容易啦。这叫烧半冷皂。《怪现状》
【烧刀子】	烧酒。	到了初一那天，赊了几斤羊肉，叫了两个锅子，打了二斤烧刀子，反正是一死，先足吃足喝，赚个肚儿肥，再说新鲜的。《益世余谭》
【烧活】	纸糊的、烧给死人用的东西，如车、轿、日用品等。	其烧活亦殊特别，除原则楼库外，糊有汽车、人力车各一辆，且糊有住宅一所。《益世余谭》/ 普三爷前前后后里里外外，总办丧仪，足催一气，除去不管倒泔水桶、取烧活、拿执壶，剩下全管。《忠孝全》
【烧喇嘛】	站起来了。	后来这出新武戏开幕，一耍真刀真枪，这些位看戏的先生们，属烧喇嘛的，全站起来了（喇嘛圆寂，照例用火焚化，往铁椅子上一放，用火一烧，热气一憋，死尸一定站起来，所以北京有这宗俗语）。《益世余谭》/ 这位皇上，没说御爱{卿}免礼平身那一套，可是烧喇嘛啦（站起来了）。《评讲聊斋·续黄粱》/ 要说还没说，老者烧喇嘛就站起身来。《白话聊斋·梅女》
【烧冷皂】	觉得人家以后会得势，预先就拉关系。	在他没事的时候儿，感情也容易联络，也有功夫儿跟他流通。赶到一日他往起一抖，你不必求他，自然他惦记着你。这叫烧冷皂。《怪现状》

【稍根儿】	赌资。	您猜怎么着？不但没挣下来，反把自己带的稍根儿与盘费钱全都没啦。《演说·迷信的可怜》
【勺口儿】	厨艺。	托我代为道劳，又夸赞姐姐好勺口儿，做的样样儿得味儿。《讲演聊斋·萧七》
【少大爷】	大少爷。	俺的少大爷呀，你怎么病到介个样儿了呢？《讲演聊斋·寄生》／到了第二天早晨，四位太太起来，漱口梳洗已毕，把点心吃完，又待了会子，眼瞧着要吃早饭啦，还没见少大爷过来问安，未免有些纳闷。《李傻子》／你们不是同着少大爷出城啦吗？怎么你一个人儿回来啦？《小额》
【少爷班子】	当官的子弟。	子英的令尊是位两榜，作过山西知府，他是个少爷班子。《一壶醋》／从先也是个少爷班子，有分家业，都被他花光了，可并不是吃喝嫖赌。《麻花刘》／夫妻二人，一位是阔少爷班子，一位是世家小姐，谁干过这个事情？《一壶醋》
【哨】	往后退。	少爷，你属驴车的，往后哨呀，让你哥哥在头里。《鬼吹灯》／我告诉你们老弟兄们说吧，要到了我作了宰相的时候儿的话，他们这一群攒馅包子——晚出屉的小兄弟儿们，真得驴车——往后哨哨儿（这是曾孝廉吗？成了土虚子了）。《评讲聊斋·续黄粱》
【潲水】	给钱。	甚么叫烧半冷皂呢？这个人是个有用的人，暂时我可用不着他。我可别冷淡他。没事的时候儿，就得潲水。闲时置下忙时用，赶到有用着他的时候儿，再求他也就容易啦。这叫烧半冷皂。《怪现状》／素日跟额家走的亲热，没为别的（为甚么），就为节咧、年咧，有个大事小情儿的，贪图他进点儿贡，潲点儿水，平常吹了个咿嘟嘟唔嘟嘟的，"有甚么事都有我呢"，所以小额平常真拿这几家儿亲友当作护身佛一个样。《小额》

【舌头精】	花言巧语。	能把好事说成坏事，坏事说成好事。张夫人听田婆子这套舌头精，脸上早带出一种神气儿。《杂碎录》
【舍脸】	不要自己的面子。	细想嫖赌两患，有一样儿，都不是好来派，何况此公嫖赌双行，手内又紧，还要舍脸借钱。《演说·人之患》
【设摆】	摆设。	原来这档子仪注，老张是以资熟手，早打发人都备办齐啦，是一份钱粮，一股高香，三碟儿炉食饽饽，一块新白布手巾，温了一盆净水，在东间儿屋子里都设摆好啦。《小额》/ 棺木前面，放着供桌，供桌上面，设摆着供器，高烧一对素烛，焚起一炉檀香，两旁沾着几个执事人。《新黄粱梦》/ 这才命人设摆茶点，时外面已交十点一刻矣，茶点用毕，宣告散会。《七妻之议员》
【身后】	已退职的老花户，给现任花户出谋划策，怎么贪污，也分一份儿钱。引申为在后边出谋划策的人。	原来小额的儿子，早就成家啦，娶的是仓上的身后王大狗子的女儿（方以类聚，物以群分），赶上住娘家，没在家。《小额》/ 当仓界全盛时，花户身后等（给花户当参谋的叫作身后），肥马高车，盖房置妾，其富埒于王侯。《益世余谭》/ 这是侯廪生的用意，他兄弟作缺，还是他身后办事。您想他在劝学所当身后（老花户师傅的），陈立才一当劝学员，本州刺史又是填不满，这个地方的教育，也就问可知啦。《董新心》/ 小蝎子儿虽然比他爸爸狠，公事没他爸爸熟，田瞎子虽然眼睛看不见，公事最熟，给他儿子一当身后，老爷儿俩是一个整。《小蝎子》
【神像儿】	神色、行为。	善全一瞧这个神像儿，知道是有甚么事，也没敢细问。《小额》
【甚么像（儿）】	怎么回事。	大家正在纳闷儿，就见王九赖来到桌前，把眼镜儿摘了，冲着大家鞠了一躬。大家不知道甚么像儿，内中有两个稍明白一点儿的，

		说："他这是要演说。"《铁王三》/就便崇儿回来，阿林不回来，让人瞧着，也透不出甚么像儿"来"。《鬼吹灯》/宋老夫子看了一遍，连拍桌子带搔脑袋。周道台摸不清甚么像儿，说："老夫子看着怎么样？"《过新年》/这一捣乱，把平得山给愣在那儿，不知是甚么像。《玉碎珠沉记》/富二太太急了，也没告诉富二先生，来到德顺木厂，进了门儿连哭带闹。老曹摸不清头脑，直给富二太太作揖。博氏也不知道甚么像儿，给富二太太请了一个安。《曹二更》
【升降梯】	电梯。	新世界内，日前升降梯的蓟门未闭，游客不知遂踏入门内，一步登空，摔了个活来死去，其危险尚不止此。《演说·新五雷阵》
【生虎子】	没经验的新手。	来的是个生虎子，进了门儿一瞧，新人喝醉了，擦胭抹粉，睡了个挺香，装新的衣裳也穿上啦。黑天没日，也没细瞧，七手八脚，把曹大娘扔在轿子里，抬起来就走。《苦鸳鸯》/久惯跟门子的油子，你们家人多事累，人家不干。新上来的生虎子，能洗能作，不错，留下吧。《连环套》/单说学徒之时，生虎子徒弟，敢则难处最多。《演说·说商眼》/轮到商业这一层，虽然瞧着便宜，可是不敢入步。一入股儿，就被人拿上生虎子。进到铺子内，大家足一应酬财东，甚么大掌柜的、二掌柜的过来跟你顺情说好话。《演说·供母财神》
【生簧】	演戏。故意作出的假样子。	今天别出去，这许是老太太生簧哪。《杂碎录》/我将过了树林子，就瞧见这小子贼头贼脑，在何家门外生簧哪。《杂碎录》/宝二爷一瞧这宗神气，当时生簧。《二十世纪新现象》

【生意口】	做买卖或骗人时说的使人相信的一套话。	有一个卖药的摊子，是个四十来岁，外路口音的人，摊子上悬着块布匾，上写"专治五膈七噎，水臌杂痨，一切疑难等症"。彼时正在圆粘儿（生意人设法招徕人，调坎儿叫作圆粘儿），虽然也是春点（生意口叫春点），听着好像有两句尖的（真的叫尖，假的叫腥）。《鬼吹灯》/ 我有甚么不好处，你们只管降我的灾（到了儿离不开生意口）。《白话聊斋·胡四相公》/ 小关因为在北城居住多年，亲友最多，他让某甲系上孝带子，假充怯口（某甲专能学山东话），到各亲友家告帮。这告帮的生意口，说的还是很熟。《余墨》
【圣诞节】	孔子的生日。	八月二十七日，是周朝孔子的诞辰。……今值民国七年，国会提案之中，居然议出圣诞节，再由大总统公布命令，凡各机关均于二十七日放假一天。《演说·圣诞节》
【盛价】	对对方仆人的称呼。	这人站起身来，说："不劳盛价费事，小人已然用足。"《讲演聊斋·大力将军》
【盛支架子】	大摆架子。	越是平日气焰，盛支架子的，越见阵仗就和气。《评讲聊斋·柳生》
【剩饭手】	只配吃剩饭的人。笨人。无能的人。	刘妈原让刘二说二百银，刘二误会，闹出一个二十两来。刘妈这个气大了，心里说："我们这口子，真正的八义，天生的剩饭手，连俩个炒肉都不配吃。《连环套》
【失照】	没瞧见您。客气话。	小额说："同着希四兄弟出前门，倒是有这们回事，实在的没瞧见兄弟，失照，失照。"《小额》/ 你有个一时失照，吃上苦子就不轻。《演说·说防贼》/ 听见问他认得不认得，黑大汉冷笑了一声，说："失照啦。"《杂碎录》/ 这么看起来，马上穿大氅与坐汽车的，你一失照，还不如那两个穿缎靴的人有根呢。《演说·说大氅》

【师老爷】	对老师的尊称。	今天老爷（府里的口气，要是有少爷，本府称呼王爷为老爷）请客，说是请师老爷作陪。《小额》/ 老哥儿俩正在闲谈，张宅的门公来到书房回话，说府上大少爷，前来找师老爷。说是有一个姓陈的，在家里等着师老爷有话说，请师老爷回去。《王遁世》
【师婆儿／师婆子】	巫婆。	又一石子落将下来，只听叭的一声，正打在师婆儿的心口上。《白话聊斋·胡四相公》/ 话表张爷这们一说，把个师婆子也给问住啦。《白话聊斋·胡四相公》
【虱子袄儿】	过错。	把重罪过儿全搁在我身上，你脱虱子袄儿。《杂碎录》/ 侯员外看见你的女人不错，要害了你，把虱子袄儿披在许虎儿身上。《杂碎录》
【施食饽饽】	一种用于超度亡灵的蒸食，也叫荷叶千层饼。供在灵柩之前。放焰口时，由和尚撕碎了，往下扔。	这个讲杠，那个就讲焰口带糊烧活，稍带脚儿定了份糊食（就是施食饽饽）。《鬼吹灯》
【施送】	施舍。	很配了点子治霍乱、治跌打损伤的药，在家中施送。《小额》
【施医院】	外国人开办的慈善医院。贫民看病不花钱。	听说郭君，由双旗杆施医院请了一位英国大夫藩君，中国大夫李君，前去相验（中国是仵作验尸，外国是大夫验尸）。《进化报》
【十八子儿】	用十八颗圆珠串成的饰物，通常用香木制成。	小额穿的是汤绸大衫儿，夹纱坎肩儿，二钮儿上挂着伽蓝香的十八子儿，摇着一把潮州扇儿，翡翠的搬指儿，四镶云儿紫宁绸的蝠子履鞋，蛋青串绸的套裤，打着把旱伞。《小额》
【十分十沿儿】	十成。	因为中国人惑于习惯，不到危急多不请西医，非等到十分十沿儿，才请西医一撞。《燕市丛谈》
【时道】	时髦。	前天偶游东安市场，看见三五翩翩少年，都是金牙博顶（博士项），衣履鲜明而且时道，

		襟沾花露，香气袭人。《益世余谭》/ 这是吴将军说的吗？现在时道人儿画策哪。《讲演聊斋·大力将军》
【时派】	时髦。	自打清禄一死，玉氏跟大姑娘，都改了时派的装束。《双料义务》/ 别看他打扮的时派，绿衣青裙，蘑髻革履，问他胸中真有什么学识，会什么工艺，除却用许多妆饰品，代消洋货之外，自己能兴出一样儿中用的物品，请问中国而今的妇女之中，有几个人哪？《演说·华洋妇女之比较》
【实意（儿）】	真心真意。	铺盖先赁他一分儿，东儿也不用跟厨子搭窝，更不用肉底卧苍蝇，不如给他个实意儿清茶恭候。真正亲友捧场，何在乎吃上一顿呢。《杂碎录》/ 我瞧他倒是实意跟我交朋友，人家既是实心实意，我疑惑人家，那就不对了。《麻花刘》
【实意（儿）候】	真心实意。实在的。	老者一闪，这小子来的力猛。小说家有云："说时迟那时快。"整扎在丁狗子腮梆子上（该）。李三猫是实意儿候，把腮梆子扎了个窟窿，扎的丁狗子汪汪直叫，当时一阵大乱。《库缎眼》/ 贾氏磕头是实意儿候，范公夫妇可要有个谦虚。《杂碎录》/ 我们的意思，可是实意儿候，愿意从良跟着你们走，可不知道你肯要我不要。《评讲聊斋·嘉平公子》/ 进门实意儿候，不斗经纪，照定冯氏就是一刀。《评讲聊斋·曾友于》/ 廉公子本来走得饥是饥、渴是渴，摸不着一点凉水儿喝（学生不会唱这一套）。如今见人家是实意儿候，只好先混个肚儿圆，看甚么话是回头再说。《评讲聊斋·刘夫人》/ 廉公子见人家慕家弟兄把妹子送上门来，既是实意儿候，令人碍难推辞，只好遵命。《评讲聊斋·刘夫人》/ 冯相公是实意候，扑上自己啦。《讲演聊斋·红玉》

【拾笑儿】	赔笑。为了拍马屁，人家笑，他也跟着笑。	其余的几个亲友，都是仰仗周家的，跟着旁边儿凑趣儿、拾笑儿、接个斗儿。《过新年》/王氏是久经大敌的老手，知道人家孩子害臊，也不便深分往下赶房人家，自己一笑儿，胭脂也趁势拾了一个笑儿。《评讲聊斋·胭脂》/大家这们又说又笑，水仙端着酒盅儿，无非拾笑而已。《评讲聊斋·凤仙》
【食亲财上黑】	贪婪，爱占便宜。	二爷周悌，虽然叫周悌，他真对不起他这个名子。这个人食亲财上黑，（好德行）认得钱不认得爸爸（好孩子）。《过新年》
【使捻子】	使坏。	喝，这一恨非小，钱锈跟总办又是亲戚，待了几个月的功夫，借着一件公事，使了个捻子，把冯先生就给革啦。《小额》/且慢，这件事不是那们办，就是小蝎子儿使的捻子，谁瞧见了？他这层是另一问题，先救人要紧。《小蝎子》
【使圈活儿】	设计骗人。	其实咱们姐妹们，无话不说，你有这个意，先说得啦。也不是不可以商量，何必使圈活来套我们？《都市秽尘》
【使账】	借高利贷。	要说放账、使账的这门科学，在下也没研究过，大概听说有死钱，有活钱，有转子，有印子，名目很多。反正没有杀孩子的心，不用干这个（实话）。《小额》
【世袭佐领】	佐领一职，有的是世袭，叫世袭佐领。不是世袭的，叫公中佐领。	这孩子到有点造化，无愧乎是世袭佐领的少爷，方面大耳，够个四品官的资格。《势力鬼》
【似披虱袄】	好像穿着长了虱子的衣裳，难受。	原来那天是善大爷请客。小额一瞧，登时似披虱袄、如坐针毡，走不好，不走不好，那一份子难受，真是有地缝儿都要钻了下去。《小额》/郎才这几句话，说的孙子游似披虱袄、如坐针毡，当时急中生巧，说是："义父，你老人家老是性急，您要不问我，我正要回禀。"《二十世纪新现象》/"徐先生是乡

		试是会试？"咳，这句话不要紧，闹的徐堃脸上一红一白，登时似披虱袄、如坐针毡，这分难受不用提了。《苦鸳鸯》
【事故由子】	①事情发生的缘由。②事。	①无非是陈谷子烂芝麻，眼前的事故由子，全是无影无形的老婆舌头。皮科儿笑话儿、瞽人词俱全。《杂碎录》/酒胡就将周某怎怎么么的事故由子一说，陈头儿听一句记一句。《杂碎录》/作小说一换头儿，总要添上篇子引场词，这些个事故由子，不论是填词、作诗，在下还不至于不通。《杂碎录》/他不言语，其中必有事故由子。《杂碎录》②别管洪头儿押解差使，在半道儿上出甚么事故由子，这点儿书仿佛是不要紧。《杂碎录》/此时江氏听到丈夫说的这些个事故由子，真是闻所未闻。《杂碎录》/这段成仙说到今天，已然快二十天啦。所说的全是周生打官司。成生交友仗义，并没提到仙字，好像我故意拉丝。其实按官事套子，应说的事故由子还多的狠呢。《讲演聊斋·成仙》
【事情根子】	①聊旁人的闲话。②对身边的事知道得很清楚的人。	①敢则单有民间议事处，出不了三个地方儿。一是茶馆，二是酒肆，三是烟馆。只要凑上几个人，不定说甚么那，小名儿叫事情根子，比老郎神还要多三出戏。《杂碎录》②我知道他最是事情根子，张家养汉，李家作贼，他最有调查。《刘瘸子》
【事由（儿）】	①职业，工作。②家当。③事情。	①打官司打的就是钱，再说，哥哥素日的事由儿，谁不知道？这场儿事又是个上交。《小额》/曹五也进了京啦，帮着曹三在窖上作买卖，事由儿总算不错。《曹二更》/彼时乃是民国二年，侯老三已然三十有六啦！因为前八年事由不济，穷愁满面。把人的姿色老去一半，虽系而立之年，像已到不惑之境！《七妻之议员》②这位堂客说："那们我就跟你走得。"小沈也没家眷，于是乎两个人敛吧敛吧，连东西带钱，横竖有个一千多银子的事由儿，二公就起了黑票啦。《小额》

		③忽从外面进来一个人，好像是个长随的模样，对李憨云说："请问老爷，您贵姓李官印憨石吗？"傻爷一听这个问法儿，知道他不认识本人喽，心说我就愣说我是，看他有甚么话说，遂说："不错，我就是李憨石。"这人立刻请了个安，又请问老太爷的名号履历，李傻子见事由儿来的别致，心说必有点儿缘故，好在李憨石的父亲，是李傻子的族叔，所问的这话，却都答得上来，遂将憨石的父亲名号官阶同这人说了一遍。《李傻子》
【侍卫】	清朝，皇帝的保卫人员称侍卫，分为四等，一等侍卫是三品官，二等是四品，三等是五品，另有所谓蓝翎侍卫是六品。侍卫最初只从上三旗的皇族子弟及旗员中挑选，康熙二十九年（1690）也开始从汉人武进士中挑选。侍卫又分一般侍卫、乾清门侍卫和御前侍卫。一般侍卫把守故宫的大门，还有一些，是保护膳房、茶房及上驷院的，即养马处和养鹰、狗处的。乾清门侍卫是把守乾清门等内宫门的，只有上三旗的人才能担任，所以，地位要比一般侍卫高。御前侍卫是皇帝的贴身警卫，是从皇族子弟、蒙古王公和乾清门侍卫中挑选出来的，地位更高。	娘家姓倭，他父亲当二等侍卫，跟伊府上是亲上作亲。《小额》日前连接不平鸣来函，历举内城官医院之黑暗，及御前侍卫处者吞款等事，嘱记＜者＞于《余墨》中代为宣布。《余墨》/上屋里住着一个姓春的，是个大门上的侍卫。《麻花刘》

【是……，可是……】	是……，还是……	在威权之下，叫作没有法子，只准说好，不准说不好。表面虽然贴靴，背地里未尝不嘈嘈。如此看来，是当面贴靴好呢，可是背地里嘈嘈好呢？《益世余谭》/ 是由药行商会打了知啦，可是不约而同呢，真是百思不得其解。《益世余谭》/ 试问这些个贴靴的主儿，究竟是瞧出好来啦，可是随便拍马呢？《益世余谭》
【收桌儿】	结束，最后。	早年七月十五，东便门外二闸，是收桌儿的日子。可是今天非常热闹，到晚间有放河灯的，至于京城各大庙宇，糊法船，办盂兰盆会，念经超度九幽孤魂。小孩儿们点香簇莲花灯，似这类的风俗，鄙人早演说过了。《演说·七月十五》
【手彩儿】	主要用手的功夫变的戏法。引申指骗人的把戏。	沙秃子说："不行不行，这次投票算是无效，非推翻了不行。"吴监督说："沙先生，你得心疼兄弟，这次选举，兄弟暗垫了两千多块钱，真要推翻，这不是害我吗？"沙秃子说："那我不管，我非起诉不行，我是一齐告。打听打听，我是作甚么的。这些个事情，都是我行剩下的，跟我弄这个手彩儿，可以，倒是行。"《董新心》/ 原来孙子游跟张德胜办的手彩儿早被贝顺包探的清清楚楚。孙子游没巡警局的时候，贝顺早把一切的情形报告郎才。《二十世纪新现象》/ 这小子也不是作了甚么手彩儿，你瞧何大哥成了傻子啦。《杂碎录》
【手灯（子）】	手提煤油灯。	各府第住户所挂的檐灯，出门如厕，所用的手灯及旗人迎娶之灯笼，全是牛羊角所制。《杂俎·羊角灯》/ 此时丫鬟已然给翠仙行完礼，两个提着手灯子（可没有大灯子）头前引路。《讲演聊斋·云翠仙》
【手底下】	功夫。	原来石孟二人不睦，石教习手底下实在比孟教习强。《和尚寻亲》

【手里素】	没钱。	再要是手里素，想他不定怎么万虑交攻哪。《演说·秋声感言》
【手里托着的】	有把握。	他今年进了学，过年的举人，是手里托着的事情。《过新年》／东翁不必着急，秀才是手里托着的了。《过新年》
【手黏】	有偷东西的习惯。	偏巧遇见这位嘴乱的，一听是给某人荐事，在旁就这们一句，他都好，就是手黏。《演说·嘴乱》
【手捧子】	手铐。	我带着手捧子，怎么开药方子呀？《杂碎录》／有人说了，现在是金子时代，身上总得有点金玩艺儿，才算阔呢。要照这们说，记者早晚要是发了财，我闹一付金手捧子戴。《益世余谭》／有金子都这们花了。我要有金子，我打个金手捧子戴。《怪现状》
【手术】	①手法。②技术。	①广安门内教子胡同住户徐秀山，系拆白党徒，久在庙会施其拆白手术，勾引妇女。《北京画报》／老亲家总得研究新官僚的手术，那才行呢。《怪现状》／这叫又养汉又撒清。这些手术是那个野汉子给你出的高招儿？《讲演聊斋·太原狱》②揣其原因，一由于司机人手术不良，二由于人民没有知识，不知躲避。《益世余谭》／再一说，救火的汽车，何等重要，官雇的司机人也应当比寻常司机人手术高强才对，谁知道手术更劣。《余谈》
【手素】	手头没钱。	该妓非同他从良不可，无奈吴某现在手素，不能如愿。《北京画报》／程大爷知道申海手素，又送了申海三十两银子。《感应篇》
【手头儿素】	手头没钱。	整天无所事事，恨不能甚么下来吃甚么，可又手头儿素，没那么大来龙儿。《旧京通俗谚语》
【首领】	首领太监。一般七品或八品。	王太监（是一个被革的首领，素来不安本分，插圈儿弄套儿、抢人、打群架，无所不为，是小额的一个联盟把弟）。《小额》

【受不得】	①了不得。②受不了。	①这群小子们，是狗仗人事。小额这二年也足的受不得，上回也是，因为要账，他手下的也不是那一个狗腿子，楞给人家堂客一个耳瓜子，临完了，还要攒人打人家爷们。《小额》/ 您听，不是刚且王中堂那里来，就是还上李尚书那里去呢，反正竟捡好听的说，仿佛他忙了个受不得似的（其实在家里闲了六天啦）。《小额》②仲芝："老李你行个好行不行，告诉你说罢，我瘾的受不得了，你给借分烟家伙，闹点烟行不行？"《回头岸》/ 一会儿的时候儿，又热起来了。人人都受不得，我炮燥的出了一身透汗。《语言自迩集》
【受话】	别人的讽刺挖苦都能忍受。乖乖地听教训。	张王李三位社员，连损带挖苦，也真够他受的。他有一样儿好，专能受话，只要不花钱就得。《双料义务》/ 就算是孝子，碰巧了就许不受话，跟你来个硬脏官，你说一句，他说一句，好像开了言词辩论。《白话聊斋·乔女》
【兽医椿子】	兽医院。	却说山东东昌府，有个姓卞的，做的生意，可是医业，并不治人，专治牛病，大概与兽医椿子差的多。因为兽医，写善治骡马大症，没写治牛。《评讲聊斋·胭脂》
【书记】	办理文书的人员。	对过儿影壁上，贴着一张该学堂年考的榜，榜上有两个别字。其实我看出来不言语，倒没有事了。无耐记者是个直脾气，有怀必吐，见到了就说。我跟该堂长一说，让他赶紧粘改，免得贻笑方家。当时他很抱愧，说是书记写错了，他没细瞧。《余谈》
【书扣子】	说书中的悬念处、关键处。	旧历年前，正赶上各报照例停版，余下这才说了个书口子。前天本报出版，也不能来个蹲儿猛子。《杂碎录》
【书腻子】	整天泡在书馆里听书的人。	可是生人很少，反正是那把子书腻子占多数，内中废员也有，现任职官也有，汉财主也有，长安路的也有，内府的老爷们也有。《小额》

【输差】	把任务弄砸了。工作出了岔子。	后半路叙到同保正等押解各犯回衙,半路输差,这一大段,很是离离奇奇。《杂碎录》/ 除噶杂氏未获,共拿住人犯五名口,有保正等三人一同押解到县,半途输差受伤,实在是小的等无能。《杂碎录》
【输眼】	走眼。	刘爷一想,我是本东家,要不指出来,可透点儿输眼。《评讲聊斋·阿绣》/ 偏巧这位瞎摸海的老太太输眼,才误其终身。《讲演聊斋·云翠仙》/ 一瞧这个情形,知道八成儿无效(那是兑现团员)。昨天自己的孩子,有点儿输眼。《讲演聊斋·考弊司》
【输嘴】	嘴上服软儿。认输,服了。	砍头荣见噶杂氏输嘴,这才叫他自己脱下衣裳。《杂碎录》/ 无如那个恶妇,爬伏地下,决不输嘴。《杂碎录》/ 噶氏见吴桃氏输嘴,脸上又变过点好样儿。《杂碎录》
【熟和】	熟识。	人家请客,他竟唱闯宴,真吃真喝,来的熟和极了。《苦鸳鸯》/ 他本是山东生人,本地话说的挺好,当时假充熟和,说:"张大妈,我搀你老回家罢。《酒之害》
【熟客】	经常来的嫖客。	这才冲着嘉公子点了点头儿,好像出局上买卖,遇着熟客的妓女似的。《评讲聊斋·嘉平公子》/ 这一段书,从开篇直到今日,好像丝调小曲儿所唱的妓女熟客。《评讲聊斋·嘉平公子》
【熟脸儿】	熟人。	来到门口儿一瞧,就瞧过来几个人,都是翼里当差使的,还有两个熟脸儿,说:"额爷,屈尊屈尊您吧。这是官差,没法子。"《小额》
【熟盘儿】	熟人。	街邻道坊的,全是熟盘儿,一个被他瞧明白了,明天他点名儿一告,虽说官司打不到那儿,究竟不大好见人。《评讲聊斋·胭脂》
【熟药铺】	①老在那儿买药的药铺。②化妆品店。	①开完了方子,他也不说他给您配,他跟您念子曰,甚么这些个药味要紧啦,您找熟药铺得啦,招呼不用真药啦,一闹这个江湖套

		子。《小额》②惟独有一行专讲究装潢的，就是香货店（又名熟药铺），可为中国各行皮毛之冠，诸如阳高粉、玉露霜、嫩面光、锡盒儿皂，以及金花粉泅，全都有个式样。《燕市积弊》
【署】	临时代理。	伙计说："你老这一年缺，署的好吧。怎么不剩两方银子？"《白公鸡》
【署缺】	临时代理官职。	先是先生由劳绩班知县分发贵州，署缺二次，因与上宪不合，竟赋《遂初》。《余谈》/候补一二十年，连个红点子没见过的多着呢，一说就得缺署缺，谈何容易。《怪现状》/第一清苑县不归京兆尹管，他怎么会派你上那里去署缺呢？再一说，既然署缺，你焉有不带我上任之理，还有一节，死鬼阿妈既然不让你去，大概是去不的。《忠孝全》
【数嘴】	数说自己的错误。	见天两顿黑窝窝，照着贼犯这们一收拾，立刻全老实了，大人长老爷短，甚么叫甚么，苦苦的这们一哀求，自己直数嘴。《怪现状》
【刷】	①写字像用刷子刷似的，形容不是认真写的。②告。	①当时拿起笔来，并没照大鼓锣架那们作派（比大鼓锣架程度高，够上起脊棚的资格啦，哈哈），一挥而就，刷啦一个方子。《小额》/当时提笔一挥，刷了五封信。《赵三黑》/当时提笔一挥，刷了一个方子，说："这个方子是尽力而为。吃下去见好，叨天赏我信，不见好是另请高明。"《一壶醋》/当时提笔一挥，刷了一个单子，头里还有几句脉案，似通非通的，好在还没有别字。《张文斌》/丁凤说："你先别乱，我先给你刷个呈。"《白公鸡》/当时提笔一挥，刷了一个单子，头三味就是附子、肉桂、干姜，跟着就是五味子、人参、于术等等。《曹二更》②老先生给人家这们一包治，讲下的一百两银子，有一个船上的伙计小沈，给拉的纤。药吃下去，胎

		没下来，人死啦。某绅士家在州里，把他老兄就刷下来了。登时拿到当堂，打了二百嘴吧，就给收起来了。《小额》/ 抚台向来信服庄爷，因为庄爷在院上当过文巡捕，办事十分谨慎，接著这个揭禀，自己很纳闷儿，心说庄爷很明白呀，不能如此吧，可是该管道府既然把他刷下来，又不能不理。《白公鸡》/ 允中则不然，他是遇事敢言，无论宫廷朝，谁都敢搬一下子。后来得罪某领袖军机，撒出几条走狗来（转文说，叫作嗾使），联衔递了一个折子，把允中刷下来了，说他招摇受贿，毁谤宫廷。旨意下来，把允中闹了一个革职，外带着发往新疆。《花甲姻缘》/ 二奎子要哭也哭不出来啦。孩子将搭出去，审判厅的承发吏来了。原来是众债权人把他老先生刷下来了。《连环套》/ 这把子人心满意足，以为钱又到手啦。没想到刘德明把他们刷下来啦。《王有道》/ 老顾是隔些天，一补呈词子，呈词是一次比一次的话儿紧，连雍爷的这位续夫人，全给刷下来啦。《评讲聊斋·乐仲》
【刷牙子】	牙刷。	就以洋刷牙子、牙粉说罢，硬说洋牙刷子，有益卫生。《演说·外国驴》/ 先把火盆放在屋里，跟手儿就拿漱口盂儿、刷牙子、刮舌子。《白话聊斋·娇娜》
【耍单儿】	只穿着单衣服。	他夫妻二人，是皮袄棉袍儿穿着，让老头儿耍着单儿，冬天老头儿屋内，连一个香火也没。《社会见闻·车儿忤逆》
【耍狗熊】	扛枷。江湖行话。	插个圈儿弄个套儿，五十吊钱耍狗熊（社会土话，管扛枷叫耍狗熊）。《二十世纪新现象》
【耍骨头】	耍混，耍贫嘴，或巴结奉承人。	"我的乖乖宝贝儿，难为你这一天，你渴不渴呀？饿不饿呀？乏不乏呀？热不热呀（倒合辙押韵）？你下这一天场，真把我想死啦（屈心胡说他）。好孩子，你真要把秀才中了，

		可真要把我乐死。"何氏耍骨头，凤仙在一旁抿着嘴儿笑。《过新年》/ 大奶奶说："兄弟你别来鲁的。他不过是耍骨头，弟妹也骂了他们了。这也倒好，他也就不来了，这篇儿揭过去就完了。《麻花刘》/ 先头啦，听见票子联耍骨头，恐怕善金脾气暴，跟他打起来。后手啦，听见伊太太让善全拿三吊钱，又瞧善全没进来，赶紧自己进去，拿了三吊，让老王给拿出去。《小额》/ 您想咱们弟兄们是作甚么的，跟咱们弟兄耍骨头，那不是耗子舔猫鼻梁子，自求其死吗。《胶皮车》/ 这小子又是个咬舌子，专爱耍骨头。《五人义》
【耍话】	耍贫嘴，挖苦人，甩闲话。	邹氏拿乔（拿乔可就别打厘啦），说："娘啊，我可不上轿。"他有一个二舅母在旁边儿搭了岔儿啦，说："孩子，你不上轿怎么着，没有地方给你找汽车去。你别耍菜啦，上次的轿子，你都坐了，这次你又不坐了。你不坐我坐。我也得够资格呀？"二舅母一耍话，邹氏绷不住又乐了。《张二奎》/ 白头儿说："都认识你，好哇。锁着你满街上一走，谁不多瞧你三眼哪。那你真成了林三眼啦。"白头儿一耍话，招的大家乐了一屋子。《孝子寻亲记》/ 蒋忠说："我要是没押注楞讹押注，让我死在我儿子头里。"蒋忠一耍话，招的大伙儿都乐啦。周义说："蒋大哥，你也得有儿子呀。"蒋忠说："我没儿子还没爸爸吗？"《过新年》/ 老顾说："我没叼他甚么呀。"果老板说："老爷子，你别耍话。是让你松松口供。"《评讲聊斋·乐仲》
【耍货】	玩具。	所有耍货、豆汁、气球、空竹、朴朴登儿，可谓应有尽有。《燕市丛谈》
【耍排子】	摆谱儿。	可惜这郑恒偏是个没出息儿的人，成天家尽是耍排子摆架子，极会装模作样的。《语言自迩集》

【耍油】	耍滑。	女仆是向不归大爷管,大奶奶一病,越发的耍油,甚么张妈李妈小王妈儿,大家真能结了团体,白日跟金氏敷衍个面儿,一到晚晌就奔下房儿,柴爷打算要喝点儿茶,连个伺候的都没有。《说聊斋·邵女》
【摔簧】	演戏。故意做出的假样子。	周善人说:"我们同师太太一路逃难,如今中途失散,实在抱愧无地,罪该万死。要是寻不着师太太,我是一定不活着。"要说周善人这话,并不是摔簧,拿死麻人。《孝子寻亲记》/林三眼叹了一口气说:"李二爷,我这场儿官司,真是没有的事情。我家业烧抢一空,无缘无故又遭这宗冤屈事。我一文没有,李二爷,你是知道的。等我拨云见日,官司完结,无论如何为难,我兄弟必有分人心就是了。"李二哈哈一笑说:"老林,咱们不过摔簧。你官司屈不屈,上了堂说去,你跟我们交带不着。"《孝子寻亲记》/就便崇儿回来,阿林不回来,让人瞧着,也透不出甚么像儿来。北京的俗话,这就叫作"摔簧"。其实他那点行为,邻里共知,摔簧也是瞎摔,发生不出甚么效力来。妇女们往往有这宗毛病,不但妇女,寻常人也爱犯这路毛病。其实他一摔簧,人家早明白啦。不摔簧还好,他一摔簧,如同告诉人家一个样。这宗人我见多啦,两个字的考语,就是"糊涂"。《鬼吹灯》
【率料子话】	直说。	你们错翻了眼皮啦,硬打软熟和是怎么着?要打算赔不是,那是你们自己去,我认得你们是谁呀?率料子活{话},我简直的伺候不着!《小额》/率料子话说罢,这个缺我打算换几个钱使,这次还是格外克已从廉,准有一千块钱就行。《怪现状》
【摔私跤】	八旗中军队有专业摔跤手。不是官方摔跤手的,叫摔私跤。	小连还要叫横,有一位帮办领催姓祥,是个摔私跤出身,外号儿叫楞祥子,一瞧青皮连这分儿不说理,真气急啦。《小额》/听说这

		个醉鬼，是个摔私跤的，手底下所以有两招，时常喝醉了，满街惹事。哈哈，这回可惹在岗子上了。大概决意轻办不了。《进化报》/ 原来赵爷攒了二三十口子摔私跤的，都在门口儿听信呢，并且拉了一车八道棍儿来（从先外场打群架，讲究使八道棍儿），专等着收拾人哪。《姑作婆》
【摔赞（儿）／甩赞儿】	甩闲话。	不想绛雪抗头，摔了几句赞儿，先挠下去啦。《评讲聊斋·香玉》/ 周有道吓了一惊，将要说话，被差役一揪，"你快走罢。既然招认了，就没有那们些个费话啦。在大堂别买贵的。"差人摔着赞，将周有道拉将下来。《杂碎录》/ 王九赖甩了一套赞儿，王氏直点儿陪礼认错，王九赖是得理不让人，假秀才作好作歹，王九赖又往回拉，两个人是定妥了活局子来的。《铁王三》/ 原文说是"颇有怨怼"，心里也就不问可知，没事儿就跟七姑娘摔赞儿。《说聊斋·萧七》
【甩拜礼】	晚辈行完拜见礼后，长辈要给钱或东西。	无论本家亲戚，受完了头就得甩拜礼，也有铃{给}荷苞的，也有给银钱的。《过新年》
【涮金作】	镀金的店铺。比喻只是表面上好。	您说必能维持中交票，说了半天，到底维持的怎么样啦？细想起来，敢情全是涮金作。《演说·好俊维持票价》/ 你不用跟我闹涮金作、灌米汤，我懂得这个。《金永年》
【涮嘴儿】	闲聊。	这边儿越发的显著自由，成天际一点儿事情没有，不是打牙，就是涮嘴儿，甚么张嫂李嫂、春香腊梅，吃饱了大家吵著玩儿。《说聊斋·章阿端》
【双脸儿鞋】	鞋面儿用左右两块布做成，在中间对接，类似毛窝。	伊老者穿一件青洋绉大衫儿，套一件蓝夹纱坎肩儿，青洋绉套裤，青缎子双脸儿鞋，拿一把黑面金字的扇子。《小额》/ 张氏说："要甚么鞋呢？"四十儿说："回绒双脸儿鞋。要绿皮脸儿。"《土匪学生》

【双麻儿】	一种点心。	至不能为是鼓盖儿、双麻儿（这都是点心名儿，专为供娘娘预备的）。《二家败》
【双头人儿】	双簧。	一个弹弦子，一个唱古人词，所唱的腔调，有东南西北城之分。也有坐在场面桌后，照着书本子唱的。故此叫作双头人儿。《演说•双头人》
【爽得】	索性。	又过了两天，爽得连饭也吃不下去啦。《白话聊斋•胭脂》／既然如此，咱们哥儿俩，爽得亮盒子摇。《小额》／我哥哥现在闹痢疾，爽得过些时，大哥你听我的信得了。《姑作婆》／周廉信已写完，才打发人要送，偏巧范郎打发人给送了封信来，特约周廉早晚到家，有要紧的事情。周廉说："这倒巧啦，爽得回头去一荡得了。"周孝说："自己去一荡更好。"《过新年》
【爽性】	索性。	现在明局虽然取消，暗中赌风较前尤盛，公家虽怕蠹国病民，无奈人民旧习难除，爽性又多出一种打牌。《燕市积弊》／明天起来爽性叫我们老头子把你送回家去，你看好是不好？《错中错》／爽性再拿四双袜子，每人给你二十块钱就不用找啦。《花鞋成老》／送我更好，爽性叫官家评评理，我是长门长孙，为甚么不给我钱花？《阜大奶奶》
【水】	①诘问。套口风。②钱。	①县官儿连水带拍，把个张福问的三心二意。《杂碎录》／霍士端一听，老朱这是水我的词儿。《讲演聊斋•霍女》②局里的来水，娘儿两个吃三成。《杂碎录》／素日跟额家走的亲热，没为别的（为甚么），就为节咧、年咧、有个大事小情儿的，贪图他进点儿贡，溮点儿水。《小额》／你赶紧的催水要紧。《小额》／皆因六扇门儿的朋友我认识许多位，他们催水的门子我听都听俗咧。《讲演聊斋•细侯》／太监一听，这小子催上水咧。《讲演聊斋•巩仙》

【水会】	民间消防组织。	琉璃厂商务印书馆日昨上午九时□不谨慎，忽由上层冒烟，幸有消防预防商团及各水会速来相救扑灭。《北京画报》/ 他老人家一去，不大要紧，该铺可就，着起活儿来，又搭随员，这们一狐假虎威，更了不得啦。多亏消防队、巡警、水会等，一路使水大打，算是把他老人家，打的桃之夭夭啦。《进化报》/ 公兴永油盐店后院儿厢房，也不怎么着起来了。该铺一喊，巡警到了，待了不大功夫，右翼枪队也到啦。跟着水会也来啦。大家手忙脚乱，一路乱救，方才扑灭，算是就烧了两间厢房。《进化报》/ 北京从先有几座杂耍馆子，以鄙人赶上的说，如东四牌楼，有泰华、景泰两处，外城有天乐、庆春、同乐轩等处。现在泰华已改了水会，景泰已然有名无实，外城有的以变为戏园。《演说·说杂耍儿》
【水礼儿】	礼物，只是东西。为和"干礼儿"（钱）区别。	桌上现放着一柄折扇，原是写出来，预备到衙门后送人的水礼儿。《讲演夜谈·梨花》/ 佐领俊桐，出学的时候，因为满汉字上有限，……让他再行学习一年。新近限满，通融好了，准其本人管理啦。喝，将一下马，就跟牛录上，要二百银子（□子不大），给他送一身袍褂靴帽去（水礼儿），不答应，到了儿如数奉上，方才完事。《进化报》
【水钱】	赌场赢钱的人给赌场人的钱。	所恃者无非就在"水钱"（即"头儿钱"），能够补助多一半，即便不输不赢，净抽"水钱"也能"包堆"（名为"水钱幺儿"）。《燕市积弊》/ 这些朋友，至菲也讲赌个千儿八百两的，所有的费用，小弟备办，应得的水钱，统归你老兄。《讲演聊斋·丁前溪》
【水钱幺儿】	赌场赢钱的人给赌场人的钱。	所恃者无非就在"水钱"（即"头儿钱"），能够补助多一半，即便不输不赢，净抽"水钱"也能"包堆"（名为"水钱幺儿"）。《燕市积弊》

【水头儿】	水果有水分，好吃。	这梨真好吃，又甜又香，又有水头儿。就有一样儿，价钱比别人大一点儿。《评讲聊斋·种梨》
【水月电】	电石灯。	手底下一慌，把桌案上的蜡灯碰倒，几乎倒在帐子上，连忙扶起蜡台，洒了一身的蜡油，把手也烫了，好在点的是真正四川白蜡，没什油毒，不然怎么说是富绅呢？要搁在而今时代，或安电灯或点水月电，决不至有这宗危险。《讲演聊斋·邢子仪》
【睡虎子】	瞌睡虫，睡着了的人。	每到夜间，白蛉子与臭虫，居然结合团结体，大开欢迎会，足这们一吃睡虎子。《演说·再说半夏》
【顺】	顺手牵羊地拿点儿。	没有人管账，摆斜荣荐了一个老西儿来，姓张，叫转心张，从前在某王府轿屋子里宝局上管账，竟往腰柜里顺钱，让人家给辞出来啦，跟小荣是个联盟。《小额》
【说不上不算来】	不能反悔。	驴肉红跳脚儿一骂，周占魁到了这个时候儿，也说不上不算来了。《驴肉红》/俗语云："杀人得闹两把血。"空心毒咱们不干。实在没法子啦，可也说不上不算来了。《董新心》/我们可也不借着势力去欺负人，也不去没事找事，也不去贱招，要是无事生非的找在我们头上来，那可是说不上不算来啦！《何喜珠》/要钱场中，甚么人都有。遇见高手艺的，砸锅卖铁也说不上不算来。《演说·人之患》
【说不着】	不需要说。	大姑奶奶给的是某藩台的少爷，二姑奶奶给的是某将军的侄子，都随任在外，脾气秉性如何，暂时说不着。《过新年》
【说岔了】	在谈话中产生矛盾而吵架。	偏巧有一个该账的姓春，叫毛春子，素日最不说理，从先就闹过好几次吵子，这天跟小文子儿又说岔了，登时有人给劝开啦。《小额》

【说大话使小钱（儿）】	嘴上慷慨，实际吝啬。	说大话使小钱，乃是抠门儿一份子。《旧京通俗谚语》/一时高兴，他就胡许愿，说完了人家还记得，他早忘了。外带着说大话使小钱儿（更不是毛病），听他说上非常慷慨，行上事啬刻无比，除了喝酒他舍的花钱，此外是一钱如命。《酒之害》/无奈他这个人是假慷慨真吝啬、说大话使小钱儿这们一个人，这四十块钱就很难为他了，算是还给玉岩钱了回行，敷衍亲戚的面子。《鬼社会》/钱氏娘家虽开钱铺，钱倒是有，就是舍不的花，钱大使这个家伙，是竟说大话使小钱儿。钱氏的哥哥叫大头钱，挺大的脑袋，更不花冤钱（真对不起他这个脑袋）。《势力鬼》
【说到归齐】	总而言之。	说到归齐，还是谣言大全，万不可信。《余谈》/他作甚么跟陈先生过不去呢？因为陈先生是陈三荐来的，害陈先生即就是害陈三，将来还得陈财主拿票儿赎人，说到归齐，还是害陈财主。《赵三黑》
【说的那儿，应的那儿】	说到做到。	蒋氏说："可是有一节，咱们说的那儿，可得应的那儿。"何氏说："那是自然呀。口是心非，那还成了人啦。"《过新年》
【说古】	说故事、经历等。	对着亲亲友友的又一说古，直像是带腿的告示，一传十，十传百，越传越多。《杂碎录》/我告诉你，让你跟别人说古去。《杂碎录》/多少学这们一点能耐，回到家去，也好说古。《白话聊斋·劳山道士》
【说合了盖儿】	说妥了。	刚才大人告诉福夸兰达说，让各甲喇放吧（因为兵丁跪堂官，倒是瞎事，碰巧啦，月事说合了盖儿啦）。《小额》/申公豹又勾上两个赴省控告的绅士，大家打成一气，算是说合了盖儿了。《怪现状》

【说话答理儿的】	有说有答的。	两个说话答理儿的，不到半里地远，来在破庙以前。《杂碎录》/两个伙计一听，齐说"行啦"，说话答理儿的来到荣某门前。《杂碎录》/两个人说话答理儿的到了庙门口儿。《讲演聊斋·王大》
【说章儿】	①说话的方式、内容。②说头儿，说法儿。	①洪头儿看吴桃氏的神情，良心还没有泯灭，遂即改了说章儿。《杂碎录》/要论动上说章儿，还能说的过范夫人吗？《杂碎录》/范公又与众绅士谈了几句，无非是些可听的说章儿。《杂碎录》②寒露儿的天花，已然出齐。要按小儿出痘这门，很有些个说章儿，讲究发热三日，起胀三日，灌脓三日（俗说灌浆），结痂三日，一共是十二天。《二家败》/单有一种轻诺寡信的人，你托他甚么事，他没有办不到的，事到临期，不是另有说章儿，就是给你个面儿不照。《演说·信用谈》/老杨听朱氏问到说："甚么词儿？"这才说："我几乎忘下这件事。你附耳过来。必须用如此这般的说章儿。你想尖局不尖局？"《讲演聊斋·邢子仪》
【司机】	开车。	我是不会司机，我要是会司机，我早给汽车上司机去啦。《益世余谭》
【司机的】	司机。	这两万块钱。有甚么益处？不过多消点儿洋货，养活七百多位司机的，多闯几个人，完了。《益世余谭》/居然我就买了一架极大的汽车，又雇了一名司机的。《演说·梦坐汽车》/汽车上司机的、两旁站着的，都是丘八太爷。《库缎眼》
【司机人】	司机。	再一说，救火的汽车，何等重要，官雇的司机人也应当比寻常司机人手术高强才对，谁知道手术更劣。《余谭》/第二雷是甚么？就是在街市上闯乱子的汽车，就有闯了人他一

		跑儿的，就有跑不开，把司机人带区的。《演说·新五雷阵》/ 岌岌乎人车相撞，幸司机人眼明手快，立将机关收住。《演说·补说汽车》
【司里】	布政使一级的官员对上司说话时的自称。	大帅暂且息怒。这件事情，司里有个见解。《赵三黑》/ 司里听他们所说，都狠有理，还是大帅拿主意。《益世余谭》/ 范氏口供，我们也打听不着。司里也下过谕，不准官差皂隶透出消息。《春阿氏》/ 这事据司里想，应当分两层办法。《赵三黑》
【私酒】	偷着酿不交税的。	他娘家妈是个背私酒的，外带着在仓上扫米（您听听这出身就不错），后来嫁了大车王为妻，跟前三四个孩子，一个个的都跟小反叛儿似的，整天的滚车辙，竟跟那一溜儿街房家孩子打架。《小额》/ 私酒因为没上过税，就为私酒。《演说·说官卖》
【私料子】	私酒。偷着酿的不交税的酒。	老私料子，这东西专往脑袋上攻。《杂碎录》/ 我今儿个要不给你掏个洞儿，叫你卖私料子，你也不认得我是谁。《评讲聊斋·青娥》/ 武爷了不了这路私料子的暴酒，赶紧抓起筷箸，要就点儿菜。《讲演聊斋·田七郎》/ 我这一程子一喝私料子，就犯这个病。《讲演聊斋·巩仙》/ 你明天务必取一瓶白酒来，可要真正南路老白干，不要加四六的，也不要私料子。《讲演聊斋·贾儿》
【私挮儿】	摔私跤的。	我们这口子，同他是老布库（可全没入过东西营，想必这就叫私挮儿）。《讲演聊斋·阿霞》
【撕掳】	分解清楚。	要是撕掳开了，乃受赂一个受字，必是如何大家说数目，老顾如何争，有枝添叶，就是一篇。《评讲聊斋·乐仲》
【死对儿】	死对头。	谁要看着不平，以为我欺侮他，我这把刀就是谁的死对儿。《杂碎录》

【死就】	完全死了。	你瞧这个样子是死就了,即便捞上来,也未必救得活了。《讲演聊斋·细侯》死了,死了,死就了。莫若一死,也就完了!《永庆升平传》
【死抠儿】	非要弄明白。	要知道古人说的话,还是犯不得死抠儿。比如说假衣于春,是假衣于春昼啊,还是春夜呢?《演说·立春》
【死了经儿/死了精儿】	死心。没希望了。	请问母亲,一个女儿应当许几个人家儿?咱们要给谚声谚语添材料儿,这叫"老太太的唧儿,死了经儿"罢。《杂碎录》/原文说"每系念之,若无由通",暗含着就算死了精儿啦,鲁王那是多大势力,秀才能够惹的起吗?无非干瞧着巴达嘴。《白话聊斋·巩仙》
【死门(儿)】	纳妾时约定不可以和妾的娘家亲戚往来。	老两口子贪财,卖了几十两银子,讲明死门,把曾爷带到顾家,先给顾秀才磕头行礼,然后拜见夫人。《评讲聊斋·续黄粱》/连氏相中了两个,说妥价钱,死门儿,均有该女父亲自出笔写卖字儿。《讲演聊斋·段氏》/但只一件,叫我不放心。怕是你们细侯这孩子,到了贾宅跟人调猴,所以我给你们做情了一个死门儿。《讲演聊斋·细侯》/说的时候儿,有媒人没有?有婚书没有?是活门儿,是死门儿?《讲演聊斋·霍女》
【死树】	光听,不说话。	且说董生,因为试探佟爷,是否真通剑法,信口把自己所学的功夫,从头至尾略说了个大概。谁想佟爷是死树(干听儿),外带好像乍开耳朵似的。《讲演聊斋·佟客》
【死羊眼】	倔,不肯通融的人。	就凭六姐那个人儿,决计不是死羊眼。《白话聊斋·萧七》
【死硬】sǐying	死心眼儿,不善于交际。	无论怎么死硬的人,他也必有几家亲友。《燕市丛谈》

【四方马褂儿】	长度宽度一样的马褂儿。	周克昌还是那个破大衫儿，上头套了一个旧四方马褂儿，进了书房就跪下磕头。《白公鸡》/ 他这个马褂儿是四方马褂儿去瘦，袖子可又短了，外带着没有领子（旧日讲戴卷领儿）。《董新心》
【四方脑袋】	不圆滑的人。办事丁是丁，卯是卯。	他是实事求是，含糊一点都不行，因此大家送了他一个外号儿，管他叫"四方脑袋"（比尖脑袋总够资格）。《方圆头》/ 硕卿说："你太四方脑袋啦。这是天经地义的事情，姐姐没有个不认可。你还问甚么！"《花甲姻缘》/ 记者办事，向来是四方脑袋，虚应故事，我就不会。《益世余谭》/ 后来又一转想，别犯四方脑袋了，新得差使，薪水不能下来，现在是正渴着呢。《过新年》/ 他虽然竟吃人，他还竟说四方脑袋的话，人家要约他逛花界，他把小圆眼睛儿一瞪，胖脸单子一搭拉，引经据典，议论就来了。《双料义务》
【四孤钱粮】	鳏夫、寡妇、孤儿（十六岁以下）和孤寡老人的钱粮，为一般士兵（三两）的一半，每月一两五钱银子。	他每一个佐领下，要几分四孤钱粮（鳏、寡、孤、独谓之四孤，这四项空头最多，真的很少），作为办公费。说是办公，也是给他们家办私。《余谭》
【四合房儿】	四合院儿。	原来伊老者住的是个四合房儿。伊老者带着善全、善合住上房的东间儿，伊太太带着姑娘住上房的西间儿，大爷大奶奶住东厢房，西厢房是厨房。《小额》/ 从先要是拿钱当好的，不用说别的，小四合房儿，能够抠个五处六处的，何必受这宗罪。《王遁世》
【四间】	四间房。当时步军统领衙门有五间牢房。监口、三间房、四间房、女监（关押女犯人）、科神堂（关押轻微罪犯人）。	上了堂，没容我大舅说话，就打了二百嘴吧，打的顺嘴流血，还掉了俩牙，任话没说，就收了四间啦。《小额》

【四六加开】	"四六夹开",把话说清楚。	有甚么证据,你今一天到得说个四六加开。《讲演聊斋·阿霞》
【四围】	周围。	您这疙瘩,用花椒泔水先洗洗,然后用这个膏子药和面子药上在四围,当中贴这个膏药。《小额》/他的头发四围薙得精光,只留一个刘海顶,手内还提着一个黄雀笼子。《北京》/本府的人,一见火起来,都来救命。宁生等人,也都假装救火的,在四围帮着捣闹。《劫后再生缘》
【四五子】	酒。四加五等于九(酒)。	陈头儿见三个人全被四五子困住,这才假装出恭,来到门房儿。《杂碎录》/有几个来宾相陪,王九赖喝了个大醉。四五子入肚,又有一挑眼。《铁王三》/轮到喝酒,原是吃饭的前引之物。小饮几杯,可以借酒谈心,越喝越对劲,可以仗四五子的力量,不定交到多深,不然怎么说:"酒逢知己千杯少"呢?《演说·火车头》/小韩这节,也搭着挂了点儿四五子(酒九同音),公然硬说她是打野鸡的定了。《旧京通俗谚语》
【松心赌儿】	以玩儿的心态赌博。引申为以轻松的心态干。	我就给你办理好啦。就等着□进场,塌塌实实的往卷子上一写,得中不失为功名,不中不失为商贾。给他个松心赌儿,只当在场里□他一荡。《杂碎录》
【悚】	①因害怕而服软。②骂人的话。不贤惠、不听话、没出息。	①后来吹出风来,跟钱锈要拼命。钱锈又悚啦(这块料),倒托出人来一说合。《小额》/他既悚了,咱们穷寇莫追。《铁王三》②我告诉您诸位,我皆因听这个悚女人的话,这场儿官司把我小子给惩治苦啦。《小额》/你这块悚料,不能够跳墙,你就找地方儿藏起来得了。《大劈棺》
【送库】	人死后,给他烧纸糊的生活用品。	接三那天晚晌,也来了些个人,伴宿那天还念了一棚经,下午送库倒也热闹,送殡也有

		十几个街坊，较比从前挂匾来的人，可就相差悬殊了。《曹二更》/ 大恩子给请了两档子文场（五虎棍、开路的家伙），送三、送库、送殡，都有文场助威（外场人家，都讲请文场家伙送殡，其实无味之极，不如军乐清雅。可是军乐得花子儿，文场家伙是尽义务），又请了一档子在理的水壶会。《鬼吹灯》
【送三】	接三那天日落后，由鼓乐引路，女眷送到大门外，男性亲友执香、提灯，给亡人的魂灵送行。出门向西，把纸糊冥器送到某处焚化。	小额他阿玛死的时候儿，这位六老太爷，因为送信儿送晚啦，接三的那天，大这们一闹丧，躺的月台头啦，不让送三。《小额》/ 人民遇有送三送库等事，均须赴该所焚化。《益世余谭》/ 文光坐在屋里，不便答言，拿了现穿的衣服，要到德家送三去。《春阿氏》
【苏拉】	内务府或王府的杂役。	这一天这个巩老道，到了鲁王府，进了阿斯门，到了回事处，来见大詹沿（鲁王府，彼时□了这们称呼，我满汉合璧说着，所谓热闹），刚要上台阶儿，回事处的苏拉就瞧见啦。《讲演聊斋·巩仙》先到了自己敬事房儿，有许多苏拉，给他打脸水沏茶。太监说："我先吃点儿暑药吧。"苏拉答应。《讲演聊斋·巩仙》/ 我在苏拉处当差，我不管回事。你要找人，你奔回事处去得了。《回头岸》
【俗啦】	……烦了，……腻了。	洋酒我是喝腻啦，黄酒怕动湿气，白干喝俗啦，有茵陈，喝一点儿才好。《库缎眼》/ 皆因性情耿直，永远不懂得应酬钻干，所以一个护军参领，就老了隐啦。不然副都统早当俗啦。《小额》
【诉苦穷儿】	哭穷。	梁有才回到家中，对着翠仙撒开了一诉苦穷儿。翠仙给他个任凭你花说柳说，满叫白说。《讲演聊斋·云翠仙》

【素儿／素子】	盛酒的器皿，可以烫酒。	子英向来酒量颇豪，饭馆子的酒，能喝五个中素儿，就说一个不到十四两，也总有四斤多酒。《一壶醋》／当时又催着斟酒。当差的拿上一把锡拉酒素子来。《理学周》／人家都吃完啦，他还没喝完酒呢，添这个，要那个，换个热素子吧，再来个炒肉吧，倒不要俩，炸碟馒首吧，来碗热汤吧。《二家败》
【酸款】	迂腐。文人、世家子弟摆架子。	李统领说："别弄这些个酸款啦。咱们痛豁一气吧。奶奶的我打个通关。"《白公鸡》／最怕这宗二三路的世家，没有那们大势派，可有那们大酸款。那分讨厌，简直的要命。《双料义务》／王景云说："干娘要能设法维持，我是感恩非浅。如此干娘请上，受我一拜。"谢大娘说："你这是要唱那一出？别弄这宗酸款啦。"《谢大娘》
【算那棵葱】	算什么东西。	假秀才说："这话又说回来了，眼睛里既没有族长，还有我吗？"王九赖说："你算那棵葱？"《铁王三》／吴二说："这话又说回来啦，他眼里没有你老人家，他眼里还有我吗？周占魁说："你算那棵葱（正本大套的法门寺），我且问你，你认识他不认识他？"《驴肉红》
【随】	跟……走，跟……学。	他说中国亡快了（如今这们糟，都是他丧嘴说的），全要随外国啦（你倒想随呢，人家也得要你呀）。《王有道》
【随菜随饭】	主人不另外准备招待客人的饭，主人家吃什么，客人吃什么。	从先星期日子我休息，总要单吃点好的。如今随菜随饭，他老人家还抱怨呢。《势力鬼》
【随茶随饭】	主人不另外准备招待客人的饭，主人家吃什么，客人吃什么。	没有钱的日子，跑到亲友家起腻不走，亲友家一留，岂不省一顿儿吗？好在随茶随饭不挑眼，那不白水儿熬地瓜呢，也啃两碗。《讲演聊斋·阿霞》／既是岳父这们疼我，我再要走，未免不讨疼啦。得，就是。你可别费事花钱，咱们随茶随饭，我是不走的了。《讲

		演聊斋·长亭》/ 咱哥儿两个，今晚尽量一醉，明天可就是随茶随饭了。《讲演聊斋·娇娜》
【随活】	在妓院当妓女的随从。	且说光绪初年，前门外八埠中，有个当随活的阎妈，人都称他为乐不够，与其夫某极不相能，以法律手续，双方离异。《阜大奶奶》/ 总统便是掌班，各衙门和国会便是随活，大了。《北京》/ 是由逛花界联络朋友，不在赈捐局当委员，如何能有钱逛花界，碰巧许在花界随了活啦。《白公鸡》
【随溜儿】	随大溜儿。	又得听人家两嗓子："随溜儿走哇。别挤呀。《益世余谭》/ 亲家太太，我看你们这里都是这大盘头，大高的鞋底子。俺姑娘这打扮可不随溜儿，不咱也给他放了脚罢？《儿女英雄传》
【随任】	跟随做官的亲属到他的任职地去。	大姑奶奶给的是某藩台的少爷，二姑奶奶给的是某将军的侄子，都随任在外，脾气秉性如何，暂时说不着。《过新年》/ 二奶奶成氏，娘家爸爸作过粤海，放过织造，自幼儿随任，书倒念了不少，能写能算，能说能道。《搜救孤》
【随时】	当时流行。	托伙计借了一身儿随时的衣服，头上脚下，也都不同了，居然将当黑门坎儿差使的恶习一变。《杂碎录》
【随在】	到处。	前清时代，北京赌风甚盛，窝窝洞儿的暗局，随在皆是。《益世余谭》/ 老弟，你是少见多怪。如今政学各界，这宗丧心病狂的人，随在皆是。《怪现状》
【碎催】	跑腿儿的，狗腿子。贬义。	他那个账局子，就在他外书房。每月钱粮头儿上，喝，手下的碎催可忙啦，一人一个小绿布口袋儿（许是作帽子剩下的布），一个油纸摺子，拿着对牌（借账的把钱粮由领催

		手里,对过跑账的,立一个木头牌子,一劈俩瓣儿,跑账的拿一瓣儿,领催拿一瓣儿,每月凭这个牌子取银子),往旗下衙门、护军营衙门,这们一取钱粮包儿。《小额》/护兵与赶马车的,无识无知,原不足责,最可恶的是他们的主人,素日要不倚势欺人,手下的碎催,也万不敢如此叫横。《余墨》/姚爷点头会意,遂向厅外说:"门房来个人呀!"碎催一听,立刻走进屋内说:"姚爷您有什么吩咐?"《何喜珠》
【碎嘴子瓢】	漏勺。船夫行话。	多是一腔子的迷信,万不敢得罪龙王,不但遇着风浪要烧香许愿,连说话都有好多的忌讳。比如看书,要说翻篇儿,翻字嫌忌讳,改为转过来,管着漏勺叫碎嘴子瓢。《讲演聊斋·汪士秀》
【损根子】	骂人的话。	损根子,你是多咱进来的?《白话聊斋·胭脂》
【损条子】	损。挖苦人的话。	你说这话不行。照顾一个大钱是财神爷,花钱不听损条子,我到你们柜上问问去。《双料义务》/这俩块料,简直是当着和尚骂秃子,徐堃干听着不好搭岔儿。这事要是遇见我,我先敬他们两酒壶,大骂一通儿。学我不教了,就是弄出刑事来,豁出三个月苦力去了。坐的那里听损条子,我真受不了。我是个伧子,这个事办的到。《苦鸳鸯》/这家伙一开损条子,倒把刘氏给损乐了。《酒之害》/这一通儿,连激发带损条子,把吴桃氏说的恨不能有个地缝儿钻进去才好。《杂碎录》
【缩缩儿秘】	承诺了的事又反悔,假装没承诺过。	敢情人家孩子会转轴儿,极至当面一问,满没那们八宗事。只顾了林生缩缩儿秘,孟氏的田产一概全完。《白话聊斋·乔女》

【所】	完全。	倒是善金大爷后起来的，皆因是心里有事，前半夜所没睡。《小额》/ 大凡吾人处事，绝不能所不说假话。可要有取意，或与事有益，若非万不得已，故意说假话，被人考察出来，虽不肯明明指破，已后人就不相信了。《评讲聊斋·阿英》/ 两个人要是所平了等啦，整天在一块儿待着，够资格的还好（够资格的又有几个），不够资格的，谁不忿谁，无论那一行，那都是定而不可移的道理。《二家败》/ 从这天起，素仙就把李憨石给拘留起来，这位憨石也好，就仿佛住老老家似的，死心塌地儿的，所不打算走啦。《李傻子》
【所行】	索性。	今儿个所行跟你道回字号，狐群狗党我是满不在乎。《杂碎录》/ 因为你说的话太大一点儿，所行教你开开耳朵。《杂碎录》/ 所行这们办，给他个一不作二不休。《杂碎录》/ 所行咱们到了酒铺儿里头歇会子，歇过乏再走。《杂碎录》

T

【塌服】	从心里服。	到了年底，走一荡天差，七天回家一瞧，里里外外是焕然一新，灶王心里很是塌服。《演说·敬灶与祀灶说》
【塌调】	嗓门儿低了。	这孩子抱着还哭呢。如今这一躺在当院，自是越发哭喽。加着劲儿的，一起嘎调（人家孩子是挣命劲儿。这可不算洒狗血），究竟小孩儿的气脉微，喊了两嗓子，笨就鼓啦，立刻塌调。《讲演聊斋·吕无病》
【胎里红】	富家子弟。	有钱的子弟，俗谓之胎里红。《演说·瞎》／总统是胎里红出身吗？古时候还有乞丐作皇帝的呢！《北京》／混事原作非坏名词，言其一个人生于世上，除去胎里红之外，不能不维持自己的生活。《燕市丛谈》
【台面儿】	给人整体印象，包括长相、举止等等。	我们这个姑爷您瞧罢，台面儿就不憨蠢，性格儿也好，总算我长住了眼睛啦。《刘军门》／姑娘台面儿不错，听说脾气秉性也好，也就得了。何必这们吹毛求疵啦？《张文斌》／小孩儿台面儿还挺好，没有胶皮团的习气。《益世余谭》
【抬】	抬杠。	"老弟，你老是这宗脾气，现在这个时候儿，满茶馆酒肆儿里说这些个谈话作甚么？"王有道说："我跟他舅舅有交情，我才说呢。"两个人那里小抬着，菊如等大家已然站起来了。《王有道》／那天夫妻二人，虽没起冲突，暗含就算小抬着。《一壶醋》／岂非人嘴两张皮？那还抬甚么呢！《燕市积弊》

【抬夯儿】	一起喊。打夯时大家一齐高声喊叫。	要是每人一句,我全写出来,真能六七篇子,作小说的,实在拉不下脸来那们写,写出来也实在的难瞧,莫如一抬夯儿,可棚的人全是这一句。《杂碎录》
【抬肩儿的】	抬东西的搬运工。	就是明天搬罢,你全不用管啦。窝脖儿、大车、抬肩儿的(倒是搬家的行家)我全有人。《刘阿英》
【抬石头】	费用平摊。	住店吃饭,咱们娘儿俩抬石头,你看怎么样?《苦鸳鸯》
【抬眼】	让人觉得好看。	见由门外进来一个十六岁的大姑娘,生的十分美貌,可并非仗着梳洗打扮的抬眼,脸上没擦着胭脂粉,是个清水脸儿。《讲演聊斋·蕙芳》/这屋子欠修饰,过几天糊糊顶棚,买对盆景儿,换个新帐子,你再瞧就抬眼多啦。《讲演聊斋·黎氏》
【太难(了)】	不合情理,不应该。	凤仙姑娘到咱们家也十几年啦,七少爷都这们大了,大家还叫他凤姑娘,未免的太难。《过新年》/实缺府、道,真有认字不多的(说不认字,未免太难)。《益世余谭》/徐二说:"咱们改吃烙馍得了。"当时把伙计叫到。徐爷说:"大米饭我们不吃了。"伙计说:"怎么样不吃了?大米饭不吃也得算钱(整本大套的《刺巴杰》)。"徐爷说:"这也太难了。"《苦鸳鸯》
【太守】	明清两代,对知府的尊称。	正这儿说着,曹太守来到。《怪现状》
【太太】	奶奶。旗人的叫法。	秃儿听见太太回来啦,一死儿非过上屋来不行。《小额》
【太阳糕】	一种点心。	太阳糕,原是一宗供用的食物。每年旧历的二月初一,各巷皆有卖的。你听,太阳糕来太阳糕,住户家买了来,所为先供太阳,然后撒供下牙。……京内各蒸锅铺卖太阳糕,

		糕上还插个面蒸的小鸡儿，糕面皆印红色小鸡一只，相传太阳里有鸡。《演说·太阳糕》
【太爷】	平民对县官的称呼。	太爷想情细侯是本处红姑娘，有的是公子王孙的阔客，商人焉能指得出来?《讲演聊斋·细侯》/ 如今跟我父亲回家，未免辜负了义母待我的恩义。要在义母家内住居几天，然后回家，也不伤我亲生父母之心。叩求太爷作主。《杂碎录》
【痰迷】	痴呆症。引申为糊涂。	过了两天，车氏带着孩子回家，二奎子还提溜着心，怕车氏另有甚么发作，谁知道车氏来的更老。一切举动如常，仿佛行所无事，老奎倒很感激车氏(真正的痰迷带傻瓜)。《连环套》/ 董二爷一瞧这个来派，真有点儿急啦，直叫大奶奶，说："嫂子你快来罢，我哥哥不是撞客，就是痰迷。"董爷说："你休得胡说，我没有病。"董二爷说："你又哭又乐，还说没有病。"《董新心》
【汤根儿】	熬汤的材料。	还得有点儿高汤，或用燕窝，或用鸡心鱼肚，去了汤皮儿，倒了汤根儿，单用那点汤心儿。《讲演聊斋·霍女》
【汤皮儿】	汤上面漂着的油。	还得有点儿高汤，或用燕窝，或用鸡心鱼肚，去了汤皮儿，倒了汤根儿，单用那点汤心儿。《讲演聊斋·霍女》
【汤心儿】	去除汤皮儿、汤根儿后的汤。	还得有点儿高汤，或用燕窝，或用鸡心鱼肚，去了汤皮儿，倒了汤根儿，单用那点汤心儿。《讲演聊斋·霍女》
【堂客】	泛指妇女，多指已婚妇女。过去买东西，男顾客在店里接待，叫官客，女顾客要请到店后面接待，叫堂客。	年青的堂客，要是把头梳小了，本人儿先觉着不得样儿，就是傍{旁}人瞧着也要乐。《进化报》/ 娘儿两个一哭，惊动了一位街坊家的堂客，前来相劝。这位堂客姓曹，人称曹大娘(可不是曹大姑)。《苦鸳鸯》/ 吃酒的两位堂客，一位是新人的娘吴氏，一位是新人的舅母。《过新年》

【堂翁】	州、县衙门内佐杂（做辅助工作的小官吏）对州、县官的称呼。	旧日佐班称呼州县，各省大同小异，有称"宪台"的，有称"州尊"的，有称"堂翁"的。《忠孝全》/ 那位此公发了言啦，说："堂翁喜欢下棋呀。庄爷当时一愣（旧日典史称正印官为堂翁），庄爷听他的口气就知道是个佐杂。《白公鸡》
【堂谕】	正堂的命令。	玉老爷的交派，说是奉堂谕，无论甚么人，不准进去瞧看，衙门里头的人，有敢使一个钱的，要是查出来，立刻的交刑部黑发。您瞧这不是一面儿官司吗？《小额》/ 沈元清连声答应，随即办了堂谕，贴在壁上。《春阿氏》
【堂长】	校长。	前清末叶，记者正开报馆，有一天赴某学堂访友，堂长把我送至门外。《余谈》/ 无奈侯先生现兼着高等小学堂长，还有团练的事情，公务甚繁，也恐怕忙不过来。《董新心》/ 这位堂长把他们让到堂长室暂坐。《怪现状》
【堂罩】	灵堂里棺材上的罩。	和尚们去后，周孝把丧事的计画跟姑太太一提，打算是搭头号月台，堂罩要新的，景泰兰的五供儿，三个院子起脊大棚，立头号大幡。《过新年》
【糖嗓儿】	哑嗓子。	黄白脸堂{膛}儿，长眉毛，高鼻梁，大眼睛，说话有点儿糖嗓儿。《杂碎录》/ 这个老婆子是本宅文太太的陪房，人称张姐，在老爷太太跟前是一个大红人儿，简直的是文宅的大了（句）是的，凡事总拿多一半儿主意，外带着恃宠而骄，主意多胆子大，很有权力，说话是一条糖嗓儿。《苦女儿》
【趟子车】	有固定路线的马车。从终点站到终点站来回走。像公共汽车的路线。	回想我祖国，就以北京论，有没有这样的公车？我想了半天，没想出来。有了，只有那跑海的趟子车。《演说·说公共街车》

【掏阴】	背地使坏。	瞎松子说："希二这小子，我们俩素来就不对头，你说这话对□儿。"花鞋文子说："这全是希二的坏。"松大奶奶说："文子，你干爹这个脾气，你别掏阴儿。"瞎松子说："人家孩子说的是实话吗，你怎么说他掏阴哪。"《瞎松子》
【掏阴面子】	表面和善，心里坏。	贾克理掏阴面子，一声儿也不言语，竟在旁边陪笑儿。《汪大头》
【掏帐】	借债。	自从我们那一口子死后，掏了点儿帐，总也没拽出来。《讲演聊斋·毛狐》
【逃席破座】	逃席。从宴席上逃走。	皆因兄弟同诸位是初会，又同徐老伯近着一层，那有逃席破座的呢？《讲演聊斋·王桂庵》
【桃面票】	寿桃、寿面的礼券。	奉告诸君，以后要给人礼物开票，首先注意他有无地址，如其无有，自己可以代他填写上面，以便使受礼人易于查找，不独桃面票为然，席票也是一样。《燕市丛谈》
【讨糊脸／讨虎脸】	自讨没趣。	人家连我都要不认识咧，乘早儿你就不必讨这路糊脸咧。《讲演聊斋·连锁》／众位老哥儿们，人家既不让管，你们诸位也不用讨虎脸啦。众位有公的治公，有事的治事。《小额》
【讨愧】	惭愧。	何氏心中讨愧，登时躺下装睡。《过新年》／大春子这当儿颜色都转了，出了一身透汗。吴瘸子让他答辞，他又害怕，又难受，又讨愧，脑筋一乱，腿一软，当时跪下啦。《五人义》／青山道："干妈，这是小僧一点诚意，干妈只管收下。小僧办事自要出口，绝不食言。"王铁嘴道："既这样，恭敬不如从命，那我就讨愧收下了。"《北京》
【讨礼】	地位高的人给地位低的人行礼。	何氏又给凤仙请安，说是"讨妹妹礼"。朱秦二氏，也给凤仙请安，谢了讨礼。《过新年》

【套白狼】	用绳子套住脖子，抢劫。	原先都说你是好人，谁知道你是打闷棍、套白狼的一类。《杂碎录》/ 要是照这们稿下去，再过两天，四牌楼当中就该放响马，前门大街也快打闷棍、套白狼啦。《益世余谭》
【套吃高打】	用甜言蜜语哄骗人上当，找人借钱，不还。	外话叫作套吃高打，平常甜言蜜语，亚赛一个妈妈养的。一旦挣上权夺上利，跟仇敌一个样，翻脸若不相识，谁都憋着害谁，不必说寻常人。《回头岸》/ 何为拿秧子？比如有几个帮闲派，整天际陪着秧子打恋恋。这群人给他个套吃高打，摘摘借借，越套越深。秧子只要不醒腔，真能吃一辈子。若教秧子明白过来，小名儿就叫拿滋。《演说·说秧子》
【套裤】	套在裤子外面，只有两个裤筒，上面用带子系在腰里。	伊老者穿一件青洋绉大衫儿，套一件蓝夹纱坎肩儿，青洋绉套裤，青缎子双脸儿鞋，拿一把黑面金字的扇子。《小额》/ 你给我作一双雪青洋绉单套裤。《燕京妇语》
【套拉拢】	套近乎。	这个李承恩，今天突如其来，打著少王爷的旗号，向我套拉拢。《玉碎珠沉记》/ 若是乘人丈夫不在家，故意净往人家套拉拢去，那路朋友，成爷大概也早就不理他。《讲演聊斋·成仙》/ 素不相识，到底因为甚么跟我套定了拉拢了呢？《评讲聊斋·神女》
【套礼】	在某一场合，固定送的礼物。	主人一听是套礼，也就不瞧礼单啦。不过给二三百钱小礼儿（小礼儿就是赏钱）。《二十世纪新现象》
【套听】	想办法打听。	这就有好事的，到富宅门房儿串门子，套听怎么件事。《讲演聊斋·邢子仪》
【套虚】	玩儿虚的。	铁王三说："那也不敢劳动。你给我照料家务，我就感恩不尽了。那们我可就不套虚了。"《铁王三》/ 得，那们我也就不套虚了。《双料义务》

【套子】	骗人的方法。	刘二跟他女人，原是研究好了的套子，刘二一来接，刘妈这就假装归着东西，二奎子傻下去啦。《连环套》/ 您猜胎里坏跟饿膈冯两个人编的是甚麽套子，告诉您，哈哈大啦。……这回胎里坏一找他，两个人打算搭窝，要吃小额一嘴。《小额》
【踢土儿】	鞋。江湖黑话。	这一程子又闹病，身体减瘦，所以鞋也大啦，才被宿介爬下一只去。人家孩子要像我这两只踢土儿似的，宿介也就不爬了。《评讲聊斋·胭脂》/ 鞋子，江湖术语叫"踢土儿"。《春点》
【提不到】	不应该提。	这个年月，托人情就得钱，可是有限的事情，我先给垫上啦。按说提不到，这是话说的这块儿啦。《小额》/ 富二先生说："既然这样，我可就谢谢了。"老曹说："提不到谢字儿。"《曹二更》
【提不着】	不用说。	本家亲戚不及朋友。这话您猛一听，又似乎不对，其实确有道理。朋友是以义合，本家亲戚是法定的，对劲也是他，不对劲也是他。再一说东拉西扯的亲戚，投门认户的本家，那更是趋炎附势，鸽子往旺处飞，对劲不对劲，更提不着了。《花甲姻缘》/ 后来见着王秀才的兄弟，人称王老虎，三丁儿给老虎下了一跪，应下病好之后，重礼相谢。王老虎说，都是老街旧邻，相谢不相谢，倒是提不着。《二家败》
【提署】	步军统领衙门，负责京城保卫、治安、市容等等，在帽儿胡同内。1924年撤销。	到了了如今，北京地面可热闹了。巡警之外，又有警备队、马巡队、提署的游缉队、戍卫司司令部的军队、宪兵营不提，军警都察，还有各处侦缉探访。《余墨》
【提息】	体己，私房钱。	木先生就是小妇人的闷葫芦罐儿，就仗着他攒提息。《杂碎录》

【体己】	私房钱。	上回书也说过，春香手里有点儿体己红货，老王给出主意，变卖了些个钱，把隔壁的一处房子留下。《苦家庭》
【添仓／填仓】	正月二十五日。传统风俗这天饮食要好。	俗传正月二十是小添仓，二十五是大添仓。在北京方近居住的人，已演成牢不可破的饮食风俗，在有钱之家，每天是肥酒大肉习以为常，到添仓日，饮食比平常日子再好，那即是肥上加膘。若是下等人家，每日每餐朴俭，到了添仓日，能闹顿薄饼，就算是饮食幸福。《演说·说添仓》／今天是填仓的日子。你说不填一下子罢，仿佛是对不起这张嘴。平常日子还讲究吃吃喝喝哪。大填仓的日子，反倒变为胎里素，请想那有多冤！《演说·说填仓》／以今天说，是正月二十五日。俗说今日是填仓，以《北京岁华记上》考察，就与现在不同。书上说，今日人民购造肉食，有亲友至家，则令其饱食而去。鄙人生在北京五十余年，每到填仓日，只知有钱人的家内大吃一顿，还是吃薄饼的居多。《演说·赛吃》
【添箱】	出嫁时，亲朋送的礼物。	我实不知您今夜办喜事，来的慌疏，也没带添箱。《白话聊斋·狐嫁女》
【甜不唆】	有点儿甜味儿，但不好吃。	最可气是见天眼瞧着煎炒烹炸，苦巴苦泄{曳}的混了一年啦，临完弄股子关东糖应酬我，甜不唆的吃了净犯恶心。《演说·灶王爷诉苦》
【填还】	①还报，报答。②把钱物给不应该给的人。例如女子出嫁后"填还"娘家。	①这全是上辈子坑过你父亲的，使过你们乐家门子的。所以这一辈子，才变为奴婢、牛马，前来填还你父亲来的。《评讲聊斋·乐仲》②该宅宅有一位老姨太太，自己可吃素，时常在猪肉铺叫盒子喂狗。老师的两馔，倒是

		草草而而已。待老师不及待巴儿狗，该宅的家风教育可知。后来苑先生教了不到三个月，把馆就辞了。这宗事情，层见迭出，不足为奇。老官儿当牛马苦掖，抠来的造孽钱，姨太太在家填还猫狗。填还猫狗还算不错呢。《余墨》/谁要说他娘家不好，跟这人是仇敌恶战，有钱总填还娘家。《刘军门》/好在生来是秧子的资格，该填还李四，一定填还李四，该填还张三，一定填还张三。《演说·说秧子》
【填陷】	顶罪。	要不亏吴知府代为昭雪，差一点儿把小孩儿填了陷。《白话聊斋·胭脂》/前清时代，督抚一被参，总要特派大员察办，封门调案卷，弄好些个瞎事，暗中事体儿说好了。反正有那两句死套子，"查无实据，事出有因，惟察有候补典吏某人声名平常"，云云。弄两个乏佐杂一填陷，天大的事情，大能化小，小能化无。《益世余谭》
【填站笼】	一种刑罚。让人站在只能站着的木笼子里。	按阳律你就应该枪毙，填站笼都算便宜你。《谢大娘》/来呀！把他给我填了站笼！《张二奎》/赵傻子是个脑筋简单的人，自己一想，不要就不要了，只要不填站笼，我就念佛。《张二奎》
【挑费】 tiǎofèi	费用。	北京街市上，净业人力车一项，就得出产一万二千元，才够车夫的挑费。《演说·替人力车发愁》/都说吃喝太贵，一天的挑费全靠在买主身上，岂知多作一笔流水，何愁找不出挑费。《燕市丛谈》
【挑光子】	用刀子插在自己身上乞讨。江湖黑话。	这位志士挑光子之后（生意人用刀子放血要钱之类，调侃儿叫挑光子、挑清光子），志士挑完了光子，听人说去到劝业场楼下，某钱摊上足说一气，意思要借吊数来钱。《演说·新旧纪念观》

【挑笼子】	厨师上门给人家做饭，要挑着做饭的工具。	错非你提说，我还真想不到这些地方儿（没挑过笼子，也没请过局）。《讲演聊斋·连锁》
【挑钱粮】	旗人选拔士兵，当了士兵就有钱粮。	"兄弟，你爱住多住几天，你要回京，我送给你盘川。你哥哥临死留下遗言，在此地置茔地，不回京啦。"二奎子一听，登时愣了，说："那有不进京的道理？孩子将来挑钱粮怎么办哪？"《连环套》/ 们不遵守学堂的规则，不但革退学生，有钱粮的，革退钱粮（你怕甚么？拿甚么吓吓你），没钱粮的，永远不准挑钱粮（嗳哟，陈根儿就为钱粮吗？）《进化报》
【挑缺】	旗人选拔士兵或基层官员补上空缺的位置。	本牛录下（牛录就是佐领）听说有狠好几个缺，你为甚么不传他挑缺呢？《益世余谭》/ 人家好容易放学啦。上回放学，您说带我听戏，归齐那天挑缺，说去又没去。咱们爷儿俩今儿去吧。《小额》
【挑牙虫的】	骗子。假装给人看牙，从牙上挑出小虫子来，其实是预先准备好的。	这个又说："你们都没猜对。一定拐到上海排女戏去啦。现在坤角儿吃香，坤班儿女孩子，大半都是拐的。"那个又说："大概是遇见挑牙虫的啦！"这下子远啦，你言我语，信口开河。《铁王三》
【调处／调楚】	调解。	现在争家产的案子，往往入这个套子。前几年某都统的三位少爷，争夺家产。每人都请了两三位律师，直打了二年多的官司，临完了还归调楚。《铁王三》/ 两个人的家业也完上来啦。再挤也没有油啦，让他们找人调楚，算是闹了个平跤，谁也没输，谁也没赢。《二家败》/ 这件事莫如请出几家至亲至近的人来，给两造一调楚，把家产分做多少分，按人分散，大家想怎么样？《讲演聊斋·段氏》/ 先问龚二此事是否愿意自行调处。《阜大奶奶》

【调和】	调味料。	铁王三也不能拒绝,只得先摆八桌。赶紧告诉厨房,买肉添鱼,找补调和,马前暴作罢。这个事要搁在北京,好办的多。头一样儿买肉方便,鱼床子上有发得了的海味。《铁王三》/做菜全凭调和,要是没有高白酱油、香料、料酒、鸡鸭汤,天大本领的厨师傅,做不好。《讲演聊斋·夜叉国》/子明置办调和,反正离不开香料、白酱油、酒等等。《苏造肉》
【调侃儿/调坎儿】	江湖行话。	按评书行中的调侃儿,叫做海下去咧。《讲演聊斋·细侯》/这段书前九篇,说的是蛙神强与人结婚,算是造因。从此已后,都是结果。昨天的书,是承上启下的文字,在评书行的先生们调侃儿,这叫"过沟",论正意是过钩,也可做勾字写。皆因先生们忌讳钩字,所以改用做沟,就是由彼岸登此岸之意。《讲演聊斋·青蛙神》/所卖的药品,大半是松香膏药、切糕丸,叫真儿说全是搁念(江湖朦人,调坎儿叫搁念),卖的就是那套生意口。《益世余谭》/作假票子也分两种,甲种是画活,干拿笔描的,讲的是手艺。乙种是板活,调坎儿叫作飞蝠子,又叫作灯虎儿。《益世余谭》/各色都有行话(行话就是调坎儿),纸牌叫作叶子,骨牌叫作木头,骰子叫作豆儿。买者一调坎儿,他立刻就拿出来。《益世余谭》
【调香】	请会来演出。	早年七月十五,庙里多要办盂兰会,烧法船,必要请几档子会,或那庙里开光,也要请会。这都叫作调香。《演说·走会》再续)/凡走调香会,都得分出档子来,中幡打头,开路打二,五虎棍打三,秧歌打四,石锁小执事打五,其余如双石、口子、什不闲、狮子、杠箱、跨鼓等会,都得挨班次序,不能随便乱走。《演说·走会》

【跳动】	说江湖上的那套话。吓唬人，拉关系，说和。	善大爷才待要答话，喝，就瞧这把子碎催鸡一嘴鸭一嘴，乱乱烘烘这们一路山跳动，闹的善大爷张口结舌，要说，直会说不出一句来。《小额》/ 当时直叫单四，说："四兄弟，糟心啦。你给了一了吧。"单四爷倒是有两下子，当时劝了这里，又劝那里，苦这们一跳动，倒都给劝好了。《势力鬼》/ 这就有作好作歹的，假装着拉架相劝，把吴能手劝开，大家又跳动了几句。《杂碎录》/ 那群人听我一跳动，真就把家伙抛啦。《杂碎录》/ 跟王老好儿有点头哈腰儿的认识，过来一跳动，说："王大爷怎么回事情？"《胶皮车》
【贴换】	换。	看着成把弟出家，虽然颇好，只是自己尘俗念切，恨不得立刻把模样儿贴换回来。《讲演聊斋·成仙》/ 桂氏给了崇儿十五吊新票儿，他贴换了二十吊小存。《鬼吹灯》
【贴靴】	给卖东西的人当托儿，哄骗别人买东西。因为不好也说好，引申为吹捧。	呆鸟原打算买便宜，外带着多了还是不要，及至买到家中一用，这才看出是黄铜，所幸者尚有东西在。此等事非纯粹骗人可比，故名"贴靴"，不知售物者与摆摊儿人确系一事，且妇女多为摆摊儿者所雇，专欺哄外乡人。《都市丛谈》/ 小额问了会子赵六的事情，捧了他两句。赵六也直给小额贴靴（贴靴是句土话，就是捧场的意思）。《小额》/ "他的笔底下很富丽，大有墨卷的派子。过年不但中举人，后年的进士也跑不了。写的又好，翰林那是准的。"宋仲三一给徒弟贴靴，周道台乐的手舞足蹈，小胡子嘴儿也撅起来啦。《过新年》/ 中国大小商家，也不是不知道有这们一宗商战，因为是能说不能行（那还战甚么战哪）。这话可并不是小看自己国的商家，给洋贩子贴靴。不信我就说几样儿，就知中国商战如何。《社说·中国无商战》

【铁铳子】	也写作"铁冲子";身体强健的人。	就怕是过于劳心,再不知自为保养,没钱的时候儿,亚赛铁铳子。有了钱,折腾的赛过人灯。可有一样儿省事,将来追影的时候,省得传真家给他画胡子。《演说·再说福禄寿财喜(三)》
【铁杆(儿)庄稼】	指旗人的钱粮。	铁杆庄稼万万年,给个神仙不换。《演说·西江月》
【铁杆老米树】	指旗人的钱粮。	祖上再是随龙来的,开国的功勋,世袭罔替的铁杆老米树,到时候银米均给送上门。《演说·好吃懒作》
【铁机缎眼】	势利眼,看见穿铁机缎的就巴结。	从先有洋绉眼之说,现在洋绉有点过景,库缎时兴,所以管他叫库缎眼(按说应该叫铁机缎眼)。《库缎眼》/这宗生意人,向来是铁机缎眼(比库缎眼还王道),瞧穿章儿说话。《忠孝全》/唯独我这个人,跟库缎眼是两路(你是铁机缎眼),人家混穷了就另眼看待,那叫甚么骨头,那宗人不算东西。《势力鬼》
【铁线】	铁链。	此时孙九,早把铁线拿在手里,堵洞门儿一站。《讲演聊斋·红玉》
【铁准】	绝对。	要是一个弄老啦,定了案,铁准是永远监禁,不用打算出来啦。《小额》
【听不过眼儿去】	听不过去。	后来越嚷嚷的越邪行啦,连他都听不过眼儿去啦,说:"詹音们派人瞧瞧去(詹音是句清语,就是章京),甚么人这们喧哗?"《小额》
【听不上】	听不过去。	王小峰闹撇斜,二贵有点儿听不上,说:"父亲,你趁早儿不必说这个话。你忘了我姐姐乍一过门的时候,你还自己接她去,你说过三个女儿里,就是大女儿有造化,派头儿就来的大吗?"《势力鬼》/大奶奶蒋氏,所听不上啦,借题发挥,一宣布何氏的丑历史,何氏登时脸红啦。《过新年》

【听提】	听说。	范三说："哥哥待我有好处，我该哥哥那笔钱也没还呢，咱们算两折。你瞧好不好？"铁王三说："没听提，我简直不认可。"《铁王三》/ 范希琼除却八股试帖之外，谋生计的事情，叫作满没听提。《杂碎录》/ 既然伸手接钱，就算生意。生意人永远讲究谁给谁踹，又甚么慈善性质啦，又甚么医生有割股之心啦，满没听提。《一壶醋》
【听玩艺儿】	听戏曲、曲艺等。	伊太太说："早回来啦，你们老太太也家克啦吧？"祥子说："还没家克哪。我扎二婶儿再三的直留，晚上在那儿听玩艺儿。"《小额》
【通杆儿】	通夜。	七月十五晚间，和尚上了座，大家连数带唱，好歹把一台焰口赶完，万不会来个通杆儿。通杆儿者，一夜是也。《演说·法船》
【通信】	结婚一两个月前，男方要通知女方结婚的日子，送鹅、酒、喜饼、茶等礼物。	应该择定某月某日放定，又想著过礼、通信，以及搭棚、讲轿子、印帖子、请亲友、找厨子预备东儿。《杂碎录》/ 过了放定，转过年来，七月通信，八月就娶。《过新年》/ 常言说的好，有钱办的称心事，放定带通信，跟着这就抬亲。《酒之害》/ 于是就有某家，愿意把女儿许配乐家，这就放定、过礼、通信，简断截说，就算娶过门来。《评讲聊斋·乐仲》
【同】	带。	你把我同了去，不知成不成？《讲演聊斋·伍秋月》
【同案】	同一榜当的秀才。	同榜进的学叫作同案，彼此称呼是案兄案弟。《中国魂》/ 原来悯人也是个秀才，跟悲天是世兄弟，又是同窗，又是同案，两个人非常的对劲。《怪现状》
【同谱】	把兄弟。	曹太尊说："老哥跟庄以临是同谱吧？"小鬼周说："提起我们换帖来，也倒是个是笑话儿。"《白公鸡》

【同情】	想法一样。	老者这们一犯酒糟儿，招了一大圈子人，点头咂嘴儿的，很表同情。《小额》/ 当时全场一致，大表同情。《过新年》/ 姬生听夫人表了同情，心中越发喜悦。《讲演聊斋·姬生》
【同靴】	嫖同一个妓女的嫖客。	这个边务局的局长，跟芜芬是至密，两个人是同靴。……照例同靴这一道，都讲吃醋，惟独芜芬跟某局长两个人，不但不醋，处的还是很密。《二十世纪新现象》
【同学的】	同学。	这天刘爷往朋友家贺喜，遇着几个同学的。《评讲聊斋·阿绣》/ 幼年在乡塾念书，许多同学的，谁要得罪着他，催爷是扬拳就打。《评讲聊斋·崔猛》/ "你干不干？"同学的说："也可以罢。"《双料义务》
【铜】	钱。	和尚察交签帖，这就要铜。我说只要财神□到的时候瞧我一眼，修庙都是我的愿心。《演说·求财》
【童儿】	少年仆人。	见天也上甚么通河轩啦、福禄轩啦听听书去。后头也跟着一个童儿，提溜一根仙鹤腿的水烟袋，大摇大摆，学着迈方步又迈不好（何苦），没事也带副墨镜。要是不摸底的，真疑惑他是卸了任的府道。《小额》
【筒子上的】	只剃头前面的部分。清代男人头前面的部分需要剃掉。澡堂行话。	剃头的一部分，叫作筒子上的。《燕市丛谈》
【头(儿)钱】	赌场老板和杂役从赌赢了的人赢的钱中按比例抽取一定的钱。	闻每日所抽头钱，约五六十吊之谱。《余墨》/ 所恃者无非就在"水钱"（即"头儿钱"），能够补助多一半，即便不输不赢，净抽"水钱"也能"包堆"（名为"水钱幺儿"）。《燕市积弊》
【头啦】 tóulou / tóula	前面，面前。	他准知道小额这场儿官司厉害，一时半会儿够出来的。可是在额大奶奶头啦，应了个老

		满儿，打算是瞧事作事，遇机会下嘴。《小额》/ 小额他阿玛死的时候儿，这位六老太爷，因为送信儿送晚啦，接三的那天，大这们一闹丧，躺的月台头啦，不让送三。《小额》
【头桌】	新婚夫妇一起吃的第一顿饭。	咱们也不用人陪着，就做为头桌缘饭，外带不用让，抢席儿一坐。《讲演聊斋·霍女》
【投簧】	对路。	许老二一瞧，知道必是药不投簧，放声大哭。《讲演聊斋·齐天大圣》/ 这自然有人出主意，请医调治，无如医药罔效，越服药越不投簧，才渐入膏肓。《讲演聊斋·荷花三娘子》/ 朱爷见药真投簧，可称是一则以喜，一则以惧 / 喜的是人参汤一吃下去，立刻见效，惧的是真要吃常了，那得多少钱哪。《讲演聊斋·霍女》
【透】	显得。	大头于把一切的事情，对于二一说。于二听着很透乱的慌，自己恐怕回去学说不明，他又不会写字，让他哥哥写了一个节略。《铁王三》/ 周道台那天高兴，多喝了两盅，话很透多。《过新年》/ 彼时那个玩意儿乍兴，倒也很透新鲜。《过新年》/ 草根树皮不必提，贵重药品，价值格外增高。即以羚羊角而论，一日千里，贵的真透邪乎。《余谈》/ 张铁汉说："我昨儿个晚上回来，掖在炕席底下一包洋钱，你看见了没有？"杜氏说甚么洋钱？我没瞧见，张铁汉听杜氏说没瞧见，可真急啦。"说甚么，你没瞧见？这话真透点儿新鲜，那是人家的钱，托我今天给朋友带了去的。"《张铁汉》
【透了光儿】	被骗的双方一通气儿，明白了骗局。	大家一研究，彼此算是透了光儿啦，他全是指着房契借的，归总一处房，那里有这些套房契呀。《连环套》

【透神气】	神色上露馅。	明天老爷见了朱老爷，行所无事，千万可别透神气。《怪现状》
【透膛】	开诚布公。	简直说句透膛的话，凡是死吃爸爸一嘴的孩子们，无论生在甚么时代，不久的也是完了完。《演说·太史第》
【透像儿】	心里的想法在脸上显露出来。	后来我们这位亲戚，因为这位先生一听知柏地黄丸很透像儿，也照了影子啦，把我找了去，直追问这回事。《小额》/子英是个直筒的脾气，表里如一，心里不愿意，脸上很透像儿。《一壶醋》/子良一听，这才知道他是跟马观察一块儿来的，心里虽不愿意，表面也还没透像儿，这便是子良有涵养的地方儿。《张文斌》
【透着】	显得。	赶到送三的时候儿，可真透着火炽。《花甲姻缘》/就凭这们个鸡头鱼刺，也费这们大的事情，真透着有点儿小题大作啦。《杂碎录》/大略的一提，不想甘大爷把头摇了两摇，说这话可真透着荒唐老谣。《评讲聊斋·阿英》/他们这些姑娘一个一个的走出来，你得朝着他们先请安，后来个举手礼，然后爬在地下，再来个三跪九叩，这些礼节交代完啦！喝茶有礼，吃饭有礼，睡觉有礼。总而言之一句话，处处所透着有礼就结啦！《何喜珠》
【秃失儿】tūshi	尖的变秃了。	敢则鞋底子冲里，有一层秃失儿钉子，肉脚往钉子上一造，疼的是滋牙裂嘴。《杂碎录》
【秃尾巴鹰】	放债收不回来。	我跟你二叔今年的运气糟透了，作买卖赔钱，放帐竟秃尾巴鹰（北京土话，管放帐放丢了，叫作秃尾巴鹰）。《鬼社会》/人家当初的算计，无一处不是"有靶儿的烧饼"，放秃尾巴鹰，那得几儿呀？《演说·统一感言》

T 477

【秃尾鹰】	放债收不回来。	秧子有的是财,被老哥儿四个,能给忙合的神昏心乱,花个七千两万的,银子一出手,活托儿秃尾鹰,直不如大大的打个水漂儿。《演说·说秧子》
【图片】	介绍信。	陆军部向有外郎一项差使,是由各旗要人,在该部考取。现在听说又要考啦。已经给各旗行文,咨取能写清汉字的,到部考试,可是总得有本佐领图片才成哪。《进化报》
【图书】	图章。	连东西一齐封好,打了图书,就叫人送到信局子里去,嘱咐他就寄到京里去,越快越好。《语言自迩集》/ 三四岁时候,就用银子制成小图书,刻上"爱国"两个字,叫他带在身上,讲明了爱国的意思,把爱国的根子,已经种在他心里了。《本京新闻·京话日报》
【徒罪】	徒刑,关起来做苦工。	就在这当儿,可巧他们那一把子碎催,甚么摆斜荣啦、花鞋德子啦、小脑袋儿春子啦、假宗室小富啦,听听这把子的外号儿,那一个不欠二年半的徒罪,晃晃悠悠的全到啦。《小额》
【土】	烟土。	昨儿个让他出城买土去啦,这才知道钱粮短了二钱多。话您可听明白啦。可不是说大哥克扣啦。《小额》
【土包】	地痞。	若是门外有些个土包胡唱,那还算是清门静户吗?《杂碎录》/ 这是知县问案吗?不是,土包逞能哪。《杂碎录》
【土包虞子】	地痞。	我们那一条胡同,不是甚么安静地方儿,有好几个土包虞子,浪荡恶少,来调戏小妇人。《评讲聊斋·胭脂》

【土瞥子】	对乡下人的蔑称。	乡下土瞥子进城打官司，要是住在官司作坊，简直的没完。官司完不了，让作坊也给吃爬下啦。《谢大娘》/ 咱们是田间土瞥子，借着这个机会，正可以开开眼，长长见识。《理学周》
【土孤丁】	坟头。	保人是由五十年前，就进了土孤丁以内，房折子已成具文，那只好在审判厅里见喽。《演说·说房捐（续昨）》
【土棍】	地痞流氓。	有本地土棍见尉迟兄忽然作起大买卖，土棍前去讹诈银两，尉迟兄不服，故此被土棍寻衅殴伤。《杂碎录》/ 有一个不识名的土棍，无故跟小的寻隙，我们两个人打到河边上，他跳了河啦。《刘军门》/ 前清时代的土棍，在民国叫作光蛋流氓。《演说·说土棍》/ 在左边那个，一张黑黄脸，配着他鼠目狼腮，一望便知是个地痞，穿著打扮带着一身土棍的恶习。《北京》
【土混混儿】	混混儿。	"嘿，老帮子，你今儿个可输昭。你也不把合把合，月昭路招合，我是干嘛儿的？咱们水贼不过狗刨儿，我给他掇破啦，再瞧他有甚么高着儿。"那位说："丰爷怎么成了土混混儿啦？谁叫他跑到这土地来了呢。"《讲演聊斋·薛慰娘》/ 正要说话，听见街上嚷闹起来。敢情是土混混儿打架，骂的难解难分。《演说·哭了半夜》
【土界】	下等流氓。	所为土界也者，即是下等流氓。《燕市丛谈》
【土客】	烟土贩子。	[安砍伤土客投案] 安内马将军胡同住户程文氏因闻土客冯某运黑货有利，乃背其子将子典出一千二百元以作资本事，被他子查知劝阻。《北京画报》

【土里刨粮食】	种地。	嘿，你瞧，这雪下的有多是劲哪。听"土里刨粮食"的人说，明年的庄家，真许有一场收成，这场雪的好处，至无能为以，还说去些个冬瘟哪。《演说•雪景儿》
【土虚子】	混混儿。	那位说："这也是聊斋吗？那儿呀，土虚子改良的票友儿。《评讲聊斋•刘夫人》/ 我告诉你们老弟兄们说吧，要到了我作了宰相的时候儿的话，他们这一群攒馅包子——晚出屉的小兄弟儿们，真得驴车——往后哨哨儿（这是曾孝廉吗？成了土虚子了）。《评讲聊斋•续黄粱》/ 到了宝局门首，见门外有条破板凳，坐着几个大土虚子，也有闻鼻烟儿的，也有闻磨云散的，绿的黄的，抹了个满脸都是。《张铁汉》/ 这是巩老道说的吗？土虚子稿外场哪。《讲演聊斋•巩仙》
【土黏子】	摆地摊儿赌博的人。	有清时代，北京有一种土黏子，终日盘踞街市，诸如菱角心（腥宝），骰子宝，黑红撬，汪干条（即三根签儿），以及转火镰，猜五度，押红鱼，二十一地儿的骨牌宝等等，凡是赚人的玩艺儿，都归土黏子一类。《都市丛谈》
【吐口话儿】	吐口。	只要您一吐口话儿，说话就是银子。《杂碎录》/ 记得前年夏天，我碰过阿大姐的钉子，那时有挺好的人家，她不肯吐口话儿，她说跟西院玉吉，已经有人说着呢。《春阿氏》
【吐啦】	死。江湖黑话。	伏维上飨，无常、羽化、圆寂、眼儿猴、咯儿屁、皮儿啦、吐啦、刘二哥啦（费甚么话哪。简直的全是文野相杂，死了的代名词）。《评讲聊斋•花姑子》/ 不想自入春以后，杂灾缠身，真有耍皮儿、吐啦、眼儿猴的行市。《讲演夜谈•尤大鼻》/ 道爷敢情在屋内羽化，俗说就是皮两张，调侃儿就叫吐啦，说官话是仙逝，说土话叫作眼儿侯，不说伸腿瞪眼丸，就说打了老鸹。通俗说是湾回去啦，稍文明点儿说是与世长辞。《白话聊斋•巩仙》

【吐天哇地】	昏天黑地。	您要是一照面儿就损，甚么抽大烟不够程度啦，不够人格啦，将来是抽死啦，简直是废人啦罢，不及禽兽啦罢，说了个吐天哇地。您还说哪，您是热心为好。《进化报》
【团头】	管理乞丐的人。	田二是本村的一个团头，家中也是母子二人。大凡当团头的，俗语叫作杆儿上，与《红鸾喜》金家是一样儿的官衔，管理要小钱儿的乞丐，化子管着他叫作坡下。《杂碎录》/据说是巡捕长，还有几个土匪，诈称公所的侦探，来到刘家，说是奉公所差派，搜拿团头刘某。《王有道》
【托大】	不谨慎。	急呼说："散了罢，你拿着我不放心。"大声说："也好。交给你罢。你给收着得了（这就叫作托大）。要的时候儿，我可是跟你要。你可别给弄丢了。"《怪现状》
【托底】	清楚底细。	这些个事我全托底。我们有个街坊，也在阎王玉那里跑账，跟刀伤常是换帖。《麻花刘》/听说他有些个历史，丁爷满托底，所以他不大了。《花甲姻缘》/万飞云又跟劣绅勾上啦，反正府衙门的公事，他都托底。《张文斌》
【托活】	骗人的勾当。	即便得不了长生术，多少也得小有传习，那怕就是眼目前的托活，凑合着也可以到处蒙事。《白话聊斋·劳山道士》
【托枪儿的】	在妓院里抢妓女。	妓馆里有一路土匪，抢妓女，叫做夺狐，又名为托枪儿的。《讲演聊斋·巩仙》
【托天扫地】	大褂长得下摆能碰着地面。	脑袋上头发有限，勒着一个假辫子（可不是留学生）（好孩子核儿），身上穿一件春罗截褂，是托天扫地（不是借的，就是买现成的）。《小额》/吴八儿那天，也戴了顶官帽儿，拧了个金顶儿，穿了件对襟的四方马褂儿，托天扫地的一件紫袍子，打扮起来，整本大套的《马大江海》。《张二奎》

【脱懒】	偷懒儿。	到了府门头儿,所用的人,程度似乎比这路乡下老妈子高点儿,也是各有各习气,并且是互相推诿,事事有权限,人人脱懒。《讲演聊斋·钟生》
【脱虱子袄儿】	扔掉麻烦。	你不想想,一个锅里抢马勺,会一点儿义气全没有怎么着?把重罪过儿全搁在我身上,脱虱子袄儿。《杂碎录》
【驼轿】	用两头骡子抬的轿子。	这天忽然仇禄,坐着驼轿,回到家中。《评讲聊斋·仇大娘》/仇福正在门口儿捡砖头儿摆院墙哪,见驼轿中坐的正是兄弟,好生喜欢。《评讲聊斋·仇大娘》/你就找店里掌柜的,给预备驼轿牲口盘川。《李傻子》
【驼钱驴】	只知道苦挣钱的人。	大凡这路自由的妇人,遇见这样驼钱驴的丈夫,决计没散儿。《白话聊斋·胭脂》

W

【挖杭】	袍子上的皮袖头儿。	这件蓝宁绸子袄,是四团龙花样。最可笑的是,带着两个挖杭(挖杭是清语,就是旧日袍子上的皮袖头儿),也不是那里湾转来的两只皮鞋。《董新心》
【哇】wa	"个"e的音变。"五个""六个"北京话发音为"五哇""六哇"。	"有几个缺呀?""有六哇缺。"《燕京妇语》
【娃子】	砍下的大白菜又长出的新菜心。	及至立春后一生娃子,更觉其味较苦,其所以然之故,就在贪贱买老牛。《都市丛谈》
【歪盔子】	借口。	老爷派役,抓个歪盔子,将张绅士的家人拘来两个,然后如此这般的一审问,此案就不难水落石出了。《杂碎录》/因为小杨子太利害,时常夹制主人,每年所得的旗下赃款,比主人还多,更有些不干净的话,英信没法子治他,才抓了一个歪盔子,下这个很{狠}手。《本京新闻·京话日报》
【外彩(儿)】	红包儿。	这宗稳轿钱,是轿夫一点外彩。甚么叫稳轿钱呢?言其女家儿花这笔钱,求他们慢慢的走,姑娘在轿子里稳当一点,所以叫作稳轿钱。要说这笔钱,就是轿夫的竹杠,相沿已久。《张文斌》/素日义父对我说过这局子里的差使原是苦事,竟指着薪水简直不够喝凉水的,非想法子弄点外彩儿不行,弄甚么事有你呢。《二十世纪新现象》/去年关说一两件事情,还得点外彩儿,今年糟透了。《怪现状》/三宗要紧的事,就是得预备下拜年

		的票子。票子新旧，好在是一样的行使，唯独拜年用的外彩儿，仿佛新的就显着是样儿吗。《演说·说贺年》
【外场】	①社会上混的那一套。②外场人，懂得人情事故的人。	①善全善二爷，本来心里嘴里全没有，外场又一点儿不通，让票子联这们一拍，简直的气糊涂啦。《小额》/ 只好远远儿的站着说："撒开，撒开（外场了事派儿）。"《讲演聊斋·碧碧》/ 要说孙胖子说的这一套，真是尽理尽情，别瞧他穿油褂子挟刀勺，很通外场。《势力鬼》/ 王老好儿一想，人家给我们摆请儿，是捧我们，我得有个面子（别弄外场了）。《胶皮车》②这位王亲家太太是个大外场，虽然厉害，可是懂里懂面儿，说话倒很爽快。《小额》
【外场人儿】	懂得人情事故的人。	原来他哥哥叫大小（他兄弟许叫三小儿），是个外场人儿，虽然没念过多少书，人倒有点儿血性（因为没念过多少书所以有血性）。《姑作婆》
【外道（儿）】	和女性有不正常的关系。	这个和尚又吃大烟，又有外道，你抓个不守清规的错缝子，就说要撵他出庙，然后再说别的事。《阜大奶奶》/ 每月所关月俸，除去饭食银，甚么人情咧，分往咧，剃头打辫子啦，再有点儿外道儿，简直就没钱啦。《进化报》/ 不用说他必是有了外道儿，不定在那又勾上一位，所以他才要离婚。《说聊斋·阿霞》
【外道天魔】	神神鬼鬼的事。	虽然是有枝儿添叶业{衍字}儿，可都是社会上实有的情形，决一点儿外道天魔没有。《小额》
【外官场】	外地官场。	堂翁一向在京供职，没在外官场待过。外官场就是这宗德行，这一省是如此，别的省也强不了许多。《一壶醋》/ 到了南阳，同城文武如何迎接，如何接任，又如何拜同城，那都是外官场照例的套子，不必细说。《刘军

		门》/ 从先有人说过，外官场候补人员如同地狱饿鬼一个样。《白公鸡》/ 这当儿车上的客已然下来啦，奔过来叫了一声"恩人老父台"，深深的请了个大安（按外官场规矩，不到屋里不能行礼。现在既非官场，北京又兴请安，子英又是旗人，所以人家行这个礼）。《一壶醋》
【外话】	在家外边说的粗俗俗语。因为粗俗，不能在家里当着长辈、女人和孩子的面儿说。	就说这件事，跟您说句外话："黄雀儿的母子——很算不了麻儿。"《小额》/ 我跟三哥说句外话："粮食店搬家——斗是我的。"《铁王三》/ 明是给他说情，暗含着给他直砸，外话叫"倒托儿"，倒把他的劣迹说了说。《一壶醋》/ 说句外话，一则不能替化棺木，二则也不能就来个地套儿呀。凭三个手指头作生计，真是不容易呀。《演说·两面言》/ 说句外话，那得几儿呀？他就万想不到，看信者当作一段笑话儿。《演说·匿名信》
【外撇枝儿】	向着外人。	嘿，得，好朋友，说句怎么的话罢，这件事情，满听你的招呼，有时要外撇枝儿，向着连二的话，你尽管吐沫唾我。《春阿氏》
【外事】	外面有女人。	没事同着本旗几个无二鬼逛个下处，钻个暗门子，时常的半夜三更才回家。甚至于就住在外头，车氏问他上那儿去啦，他老说衙门官事忙。您想车氏是个外场家的姑娘，甚么不懂得，也就知道他是荒唐。照例地球上的堂客，爷们有外事，没有不犯醋劲的。《连环套》
【外秧子】	养子。	他说我是野种、外秧子、过枝子。《大樱桃》
【弯搭拉／完达拉】	onedollar 的音译。美元。	嘴里直嚷苦力苦力，快快，弯搭拉有没有（这是聊斋吗？我又想起庚子的真事来了）？《评讲聊斋·刘夫人》/ 再者而今既讲信教自由，那一教里若没有弯搭拉，可怎么砰耙扑

		啊。《演说·说信教》/ 就说北京城里头,给银币起的名儿,其说不一。管着一圆钱叫作一块,甚么番佛一尊,弯搭拉,一元大武,么饼,你的人儿、我的人儿,一条龙。北洋的、造币的,种种的名目,总而言之曰银圆。《社说·哭洋钱》/ 想了半天,有法子啦。来个□世的主义,到觉不错,于是倾家荡产,典老婆卖孩子,借了一百多块完达拉,买了一件顶好的皮袄。《演说·寓言》
【玩(儿)鹞鹰】	不干正经事,游手好闲。	您猜青皮连那儿完{玩}儿鹞鹰去啦?《小额》/ 他那里玩鹞鹰去啦?《大劈棺》
【晚晌】	晚上。	到了初二那天,由一清早,我就仰观天象,一直到晚晌,也没信儿撞。《益世余谭》/ 除去总统府、国务院不算,人家另有电灯房,其余各机关商界等等,每到晚晌,一律全是蒿子灯。《余谈》/ 昨夜晚晌,我在各处哨探,遇见你在树林之内短叹长吁,自言自语,我方跟下你来了,来到这里。《永庆升平传》/ 当天晚晌卢聿文,便请洪大声到醉琼林吃便饭。《新黄粱梦》
【晚席】	晚上的宴会。	原来伊太太是给本甲喇骁骑校扎二老爷家里作满月去啦。伊老者这回事在棚里就听见说啦。因为是不放心,没等坐晚席就回来啦。《小额》
【亡道】	厉害。	嘿,大兄弟,您听听,够多们亡道!简直他这不是要反吗?《小额》/ 第一先说卷款潜逃,较比盗贼可亡道。多了盗贼能防,这类人不能防。《益世余谭》/ 衣、食、住为人生三大要素,这是人所共知的话啦。据记者说,住还在其次,这个食比甚么都亡道。《益世余谭》/ 四十儿被大家旁敲侧击,连损带挖苦,真是似披虱袄,如坐针毡。心里这分难过,直比刀子扎亡道。《土匪学生》

【王八二挣】	可怜的样子。	谁家要有这们两位夫人儿，不用想有个鸡吵鹅斗，作爷们的心里一痛快，无论干甚么也得发财。就怕你不让我，我不让你，没事诚心斗闷子，把男人挤兑得王八二挣，顾了这头，顾不了那头。虽说算不了甚么大事，能够叫你不心静，没事老得顶着个雷，不定那会儿就滚起来。《白话聊斋·萧七》
【往前走】	寡妇再嫁。	我儿子早死啦，媳妇也往前走啦。《和尚寻亲》
【妄口拔舌】	胡说八道。也写成"妄口八舌"。	桂氏当时倒炸啦，说："我行为怎么不好啦？得这宗病你还要妄口拔舌。我心又偏啦？那们你的心不偏？"《鬼吹灯》/"老爷不用听爱（二）姨太太的，'六十六'啦，'掉一块肉'啦，这都是爱（二）姨太太说的。他说他替人家发愁，他倒说人家替他发愁，老爷不用听爱（二）姨太太的。"傻大姐儿还要往下说，何氏气的脸早紫啦，说："丫头，你气死我啦。你真能妄口拔舌。"《过新年》
【望看】	看望。	我今天倒是望看望看你，老哥没有别的说得{的}。《汪大头》/昨天有一个绥远的朋友，因公进京，到舍下望看，记者治酒款待，谈起该处，一切情形，较比记者在该处的时候儿，是大不相同了。《益世余谭》/友人苏芰香，供差天津，前天因事来京，至舍下望看。《余谈》杨媒一瞧是他，遂笑说道："喝！老太吗？少见哪！听说你发了财啦。今天想起什么上我这儿来了？"成老答道："特来望看望看你。"《花鞋成老》
【微菌】	细菌。	搭着中国的风俗，有真就有假，起初是热心公益，后来发现些个义务微菌（这个微菌，石炭酸可杀不了），打着公益义务的幌子，是无所不为。《怪现状》
【微然】	稍微。	话不可重叙，这一夜的功夫儿，小额发了两阵昏，额家上上下下又是一夜没睡。到了第

		二天早晨，小额微然的好点儿。《小额》/ 徐爷一见夜叉，肯用自己的面包，微然放了点儿心。心说只要肯受贿赂，就可以保得住我的性命。《讲演聊斋·夜叉国》
【为人】	和人搞好关系。	明是给他说情，暗含着给他直砸，外话叫倒托儿，倒把他的劣迹说了说。足见素日不为人，遇见事情也是麻烦。《一壶醋》
【尾顶尾儿】	前后距离很近。	素娘虽然在后面追，究竟是个女子，万不能追个尾顶尾儿。《杂碎录》
【委怜】	冤。	再想起这宗糟钱，花的有多么委怜。《社说·哭洋钱》
【委窝】	找个地方呆着。	再说张讷，也是未成丁的小孩儿，追了会子，不但老虎的踪迹全无（一边儿委窝去了），风定尘息，日光照常复明，不由放声恸哭起来。《讲演聊斋·张诚》
【委窝子／偎窝子】	早上不起床，在被窝里呆着。	每天在店中一住，阿绣是夜夜儿过来，老在四更多天起来就走（到{倒}是不委窝子）。《评讲聊斋·阿绣》/ 初次在人家寻休儿，不好委窝子，连忙起床。《讲演聊斋·白莲教》/ 窦爷虽是招赘东床驸马，破题儿第一夜，不便惹人憎嫌，苦委窝子，只好也随着穿衣下地。《讲演聊斋·莲花公主》/ 姑娘儿照旧起身下床，魏爷也不能再偎窝子（取被褥的等着哪吗），也得陪着起来。《讲演聊斋·双灯》/ 一日之计在于寅，清早别委窝子。《旧京通俗谚语》
【位的位】	每位。	近来作小说的，位的位都是饱学名家，各有各的说法。《杂碎录》/ 凡在警界当差的朋友，位的位都知道这层难处。《白话聊斋·胭脂》/ 借此说事，大概位的位，总要自挖腰柜的，万不能像前清办的国民捐，与某项慈善会，发起人就卖两片子好嘴，净瞧着别人往外

		捐钱。《演说·江皖赈灾会》/所来的六部九卿也有，翰詹科道也有，位的位没有直着腰儿的。《评讲聊斋·续黄粱》
【位置】	安置。	俟等有了机会，把几个闹手的，位置个升官发财的道路，自然就不再闹了。《评讲聊斋·续黄粱》/小省分为安徽省、贵州等省，拢共不到几十县，可是分发各省的候补县，至少也有一千八百（从先江南省候补县，有五千名之多），您想那里有这些个差缺位置他们？《怪现状》/他求悯人位置他一个司事的（无耻之极）。司事要是不成，堂役他都可以担任。《怪现状》/有我们两个人一辞职，他总可以位置两人。《怪现状》
【味儿事】	小事，不值一提。	小额说："咳，料其他们飞不了多高儿，迸不了多远儿。你们放心吧。味儿事。"《小额》咳，味儿事，咱们哥儿门的话，当差也吃饭，不当差也吃饭。《春阿氏》/天大的事，有地大的一块银子就成，别说您这个事情，再比您这个事大的事情，都是味儿事。《孝子寻亲记》
【味气】	气味。	监里头那种味气，小额平常如何受过这样儿罪孽，立刻鼻涕眼泪，哼哼嗳哟，简直的要死。《小额》/您要到中厕里头一瞧，那分肮脏，简直的睁不开眼，下不去脚。那分味气，称得起味压江南。《余墨》/一瞧这个白炉子，火苗子虽然红啦，屋里味气还是很大。《鬼吹灯》
【文场】	①丧礼上用的以打击乐器为主的民间乐队。②伴奏。	①大恩子给请了两档子文场（五虎棍、开路的家伙），送三、送库、送殡，都有文场助威（外场人家，都讲请文场家伙送殡，其实无味之极，不如军乐清雅。可是军乐得花子儿，文场家伙是尽义务），又请了一档子在理的水壶会。《鬼吹灯》②不是说段小说儿，

		就是讲些戏曲,再不然就把他五位令正聚在一处,饮酒谈天儿,喝的醉薰薰儿的,甚么吹吹笛子品品箫,以至弦子胡琴儿,随意的消遣。也仗着天资聪敏,干甚么就像甚么。有时高了兴,叫媳妇儿们当文场,他就唱起活儿来。《李傻子》
【文面儿】	文官们。	大帅很作情他,所以文面儿都不了他。《白公鸡》/ 这个老头子,非常之贪,爱财如命,文武两面儿,一切的差缺,没有不卖的。武面是中军参将拉纤,文面儿是首府拉纤。《一壶醋》
【稳轿钱】	给抬新娘轿子的轿夫的红包儿。	这宗稳轿钱,是轿夫一点外彩。甚么叫稳轿钱呢?言其女家儿花这笔钱,求他们慢慢的走,姑娘在轿子里稳当一点,所以叫作稳轿钱。要说这笔钱,就是轿夫的竹杠,相沿已久。《张文斌》
【窝脖儿】	歪着脖子扛东西的搬运工。	就是明天搬罢,你全不用管啦。窝脖儿、大车、抬肩儿的(倒是搬家的行家)我全有人。《刘阿英》
【窝儿忿】	窝儿里斗。家庭里的纠纷。	家产人家声明不要,算是达他们目的啦,这群人又起了窝儿忿啦。《过新年》/ 其次自己人与自己人商战,比窝儿忿稍强。《社说·中国无商战》
【窝儿老】	不会和外人打交道。	窝儿老,外场事一概不懂。《旧京通俗谚语》/ 他就是一道箍儿、窝儿老,就不懂得交好朋友。《杂碎录》/ 再说交朋友,宁交土匪,不交书呆子、窝儿老。高等土匪,真有里有面儿。《二十世纪新现象》
【窝窝】	窝囊;窝心。	给他当属员,真有点儿窝窝。《一壶醋》/ 这宗社会、这宗人心、这宗德行,年月怎么想好的了!可是好人跟着受罪,未免窝窝。《益世余谭》/ 挣了会子钱,一点幸福没享。土话有云:可实在窝窝。《益世余谭》/ 要说二

		奎子这荡探兄,可真窝窝透啦。《连环套》/也是我艺高人胆大,一时疏忽。真要阳沟里翻船,可透窝窝。《赛刘海》
【窝窝茶社】	大茶馆儿。	北京有宗旧式茶社,俗名茶馆儿。大茶馆儿名窝窝茶社,稍次者,名为二荤铺。《益世余谭》/一种大茶馆儿,叫作窝窝茶社,里头有搬壶(就是那把大铜茶壶),柜上带红炉,菜也齐全。一种叫二荤铺,有带红炉的,有不带红炉的。《王小六》
【窝窝洞儿】	狭小简陋的房屋。	前清时代,北京赌风甚盛,窝窝洞儿的暗局,随在皆是。《益世余谭》/大宝局虽然没有了,窝窝洞儿的私局,随在皆是。《益世余谭》/该教习不赌难受,晚上下了堂,竟上窝窝洞儿里头耍去。《进化报》/远远看着姑嫂二人进了家门,赶紧抽身回去,找了个窝窝洞儿一耍。《杂碎录》
【窝窝头】	窝头。	不像我,听见这声我就发愁。不是别的,我得给他们奔窝窝头去。《铁王三》/下一路儿的人,一来莫名其妙,二来窝窝头还奔不上呢,那有功夫儿管这个事。《董新心》/在一般外省先生们,借着共和机会,进京发财,每月挣得来花的去,多花几元原无不可,一般失业的旗民人等,窝窝头本来奔着费事,再让他多拿房钱,实在是苦人所难。《益世余谭》
【窝窝头会】	临时慈善组织。	友人程启元创办□米面票,始而在果子巷某粮食店□面五千斤,当年冬令放完了完。后来颇有慈善家赞襄此举,捐款者既众,购面自然增多。因与鄙人商办,定名曰临时窝窝头会,复恐领得面票苦人,住居道路遥远,故在各城分买玉米面,改票施放,所为取面方便。《演说•说善举》/每年到了冬天,官家要开粥厂,慈善家要舍棉衣,热心志士要组织临时窝窝头会。《益世余谭》/北京临

		时窝窝头会,由大善士程启元发起于前,各善士赞成于后,成立数年于兹,救活穷人无数。程君为商多年,所有积蓄,悉数捐助各项慈善,论者谓程君为商界之杰,洵非虚誉也。《益世余谭》/今明又有临时窝窝头会在第一舞台演唱义务夜戏两晚。《讲演聊斋·姬生》
【窝作】	因窝火发不出来(而生病)。	又瞧老头子,起昨儿回来透着没神儿,又怕窝作出病来左难右难,忽然想到说,我先把老头子支了走,回头再说别的。《小额》/额大奶奶是怕小额窝作出病来,强令着让小额带着小文子跟小富、德子上阜成园听戏去。《小额》/头一次没进学,我还哭了一鼻子。老爷子怕我窝作出病来,百般的劝我。《一壶醋》
【卧水鱼儿】	剃头、刮脸时用的刷子。澡堂行话。	水刷子叫卧水鱼儿。《燕市丛谈》
【乌布】	差事。满语。	人家这当儿是堂官的乌布啦,大概也不出马啦。让保儿拿我一个片子,套车接去得啦。《小额》/后来有人问他恭喜,他说在兵部,问他甚么乌布,他说某司掌印。《酒之害》/过了两天,衙门堂期,张公约他谈了两句,跟着就派了他一个乌布。《王遁世》/听说新近法部各堂宪,下了一张堂谕。说所有本衙门的人员,有抽鸦片烟的,限三个月,一律断净。如有阳奉阴违,不肯断的,要是查出来,一律的开去乌布。《进化报》/也许皆因前次帮印的乌布,没放他,他给换了地方儿啦。《讲演聊斋·武孝廉》/单说温大肉,在赈捐局当提调,乌布是不小。差使很清闲,每月一百多块钱薪水,倒也狠舒服。《怪现状》
【乌金行】	捡煤核儿的。	这孩子居然弃了乌金行,改为伺候书房啦。《杂碎录》

【乌里乌秃】	①糊里糊涂。②不凉不热地耗着。	①毛爷因当初应过人家，并且吃过两次知，还能算吗？立刻给县官写了封信，官司就乌里乌秃抖绳放啦。《评讲聊斋·姊妹易嫁》②莫如我把这官司，给他乌里乌秃的。《讲演聊斋·红玉》
【乌秃】	开水不热了。引申为不凉不热地耗着。	你要是老没信，跟你这们乌秃着。《小额》/披阅那件，不怎么说"宛平县的官司——乌秃着"，多是这宗手彩儿。《讲演聊斋·李伯言》/如变通旗制处，筹划八旗生计处，那一处不以乌秃为宗旨。《讲演聊斋·太原狱》
【巫二鬼／无二鬼】	无赖、破落子弟。	你是自找受蹩，放着自己的营业不好好儿的干，成天际跟一把子巫二鬼一块儿打联联。《旧京通俗谚语》/无奈小人的性质，是饱暖生淫欲，饥寒起盗心，没钱固然他不安分，有钱他更不安分（实话），没事同着本旗几个无二鬼逛个下处，钻个暗门子，时常的半夜三更才回家。《连环套》/市隐道："不是我一人这样说，您问淡然，那日普云楼上，我见过普云一面，看他那举止动作，听他那说话口气，决不是安分良民。记得喝酒时候，淡然好言劝他，他是极口辩证，死说是传闻失实，并没那么宗事。其实是贼人胆虚，越掩谕越真确，越粉饰越实在。连一丝一毫，也欺不得人。"淡然亦连说不错，又说普云为人，是个小无二鬼。《春阿氏》/这个一块魔，我们俩却有个认识儿。这小子是个土匪无二鬼，又好喝又好耍，没事找事，遇事生风，外带着是天不怕地不怕，甚么事，他都敢作。《大劈棺》
【无可儿无不可儿】	无所谓。	小额一想也是，又开了个八两的果席票，打发小文子儿给送了去啦。徐吉春倒是无可儿无不可儿的，笑嘻嘻的收下啦。《小额》

【无可如何】	无可奈何。	当时额家的婆媳,被王亲家太太这们一劝,也无可如何,自好先打点睡觉,明儿个再打主意。《小额》/俗语说,儿女情长,英雄气短,闹得卢聿文无可如何,只好淡淡说道,此事莫忙,须要从长计议。《新黄粱梦》/伯雍说:"兄弟的学业,荒疏久了,以后还望多多指教。"伯雍自称兄弟,邹科长似乎有点不愿意,却也无可如何。《北京》
【无来由／无赖尤】	无赖。	俗语有云:"英雄爱好汉,孟良爱焦赞,无来由专交不要脸。"《董新心》/别以为野台子戏没有是非,敢则也有混腥子、无来由、狗泥混等等,在妇女队里找毛病。《杂碎录》/奉告有房的主儿,要招同院的街坊,总要多多注意,宁可让房闲着,少进两块都可,无来由的街坊,千万可别租,弄出原故来,可就晚啦。《益世余谭》/假如要换个无赖尤,宁可被擒,也不肯松手。《白话聊斋·胭脂》
【五脊六兽】	形容生气、难受的样子。	这路人外带著没法儿讲理,把柴爷气的五脊六兽。《说聊斋·邵女》/五脊六兽,比作折受难堪。《旧京通俗谚语》
【捂辫顶儿】	因为害怕牵连自己,不照面了。	想不到咱们白看了一夜,敢则登空啦,姓杨的这小子,是捂了辫顶儿啦。如今只好说抱了秃瓢儿了吧。《讲演聊斋·邢子仪》/官司赢了(那得多咱哪),你瞧罢,全出来了。一个不得劲,全捂辫顶。《二十世纪新现象》/皆因外头嚷嚷,小额要抄家。是小额的余党,全要严拿,所以全捂了辫顶儿啦。《小额》
【兀凳儿】 wǔdèngr	大方凳子。	二奎子坐在一个兀凳儿上,脸儿朝北跟刘二说话,刘二脸儿朝南,刘妈绕到二奎子身后头,冲着刘二伸了俩指头。《连环套》
【务上】	崇文门税关。	二老爷(不称我们老爷,居然称二老爷,这是当家人机伶权变的地方)上了务啦(旧日崇文门税口,叫作务上)。《回头岸》

X

【西望长安】	不怎么样。借用李白的诗句"西望长安不见家"造的歇后语,"不见家"的谐音是"不见佳"。	两首近作,妄拟杜体。虽然西望长安,聊且稍抒积闷。《搜救孤》/ 茶叶真好也还可以,其实西望长安,卖的就是那分扬气。《益世余谭》/ 八九岁即出来充当桌面,虽能目言眉语,然而长相儿可有点西望长安。《阜大奶奶》/ 说起天文学的高奥,好像外国天文家,比中国天文学高出头地,真要较起真儿来,您猜怎么样?无非是半句唐诗,"西望长安"。《演说·滑稽天文》
【稀】	不够意思。	俗语有云"嫁鸡随杂,嫁狗随狗",既许给姓范的,再嫁姓周的也未免太稀。《杂碎录》
【席排子】	正式听众席位。	错非在席排子后头墩过几天,您决说不上这套颅口来。《讲演聊斋·胡大姑》
【席票】	送礼用的一桌饭的礼券。	奉告诸君,以后要给人礼物开票,首先注意他有无地址,如其无有,自己可以代他填写上面,以便使受礼人易于查找,不独桃面票为然,席票也是一样。《燕市丛谈》/ 甚么叫席票呢,就是出分资所用的那个寿桃面等等的单子,美其名叫作席票。《演说·席票》
【媳妇(儿)哥】	媳妇。暗示丈夫怕媳妇。	从先有个朋友说过,媳妇儿哥要犯醋劲,最有个意思,要是不吃醋,那就麻烦啦(这真是阅历之谈)。《连环套》/ 在锦州住了几年,媳妇儿哥也死啦。本地有一个卖驴肉的李和尚,看著他不错,把个二女儿给了他啦。《驴肉红》/ 毕先生连晚饭没吃,就关上二门。这就叫闭门家中坐,净等媳妇哥。《讲演聊斋·狐梦》/ 年终要是回荡家,媳妇哥必要诉诉苦。《燕市丛谈》

【媳妇儿大哥】	媳妇。暗示丈夫怕媳妇。	往往有一宗暴发富儿，不懂规矩的人家儿，忽然得了一官半职，自己以为是"开水浇坟——沏了祖啦"，不怕上头还有祖父祖母在堂，他居然就称老爷，媳妇儿大哥就称太太。《过新年》
【喜欢】	高兴。	今天瞧见公公不喜欢，心里犯想说，每天老头儿回来，瞧见孙子，必要斗会子。《小额》/凤仙听见儿子进了学，自然也有一番喜欢。《过新年》/连锁见杨爷央告上了，自己稍有些回心，脸上的神色，还是不喜欢。《讲演聊斋·连锁》
【戏差】	公差调戏犯罪妇女。	昨天的书，说的是公差调戏犯罪妇女，衙门行话叫做戏差。《讲演聊斋·伍秋月》
【戏头】	招揽顾客、观众。江湖黑话。	生意场向来讲究圆粘儿，调侃叫作戏头。因为怕人看不见，不得不用戏头冤人。《燕市丛谈》/既是打算吃生意饭儿，离开戏头就叫不行。《燕市丛谈》
【戏座儿】	看戏的人。	头里坐桌儿上忽然来了五位戏座儿。《小额》/上星期下午，被友人拉赴华乐园，强迫看剧。是日天气甚热，戏座儿又多，戏园子不讲卫生，进空气的地方儿又少，将一进去，炭酸气扑人鼻观。《余墨》
【细狗】	猎犬。	走狗就是而今的猎狗，俗名叫作细狗。《演说·过河拆桥》/头前有黄鹰、细狗、大骆驼，出齐化门到海慧寺停灵。《阜大奶奶》
【细微】	贵重。	还有人说，乐{药}铺是一本万利，大秤买了来，小戥子儿卖出去，获利不止十倍。这还说的是寻常草药，细微一点的药，更没有考究了。《益世余谭》
【细细腻腻儿的】	精细，一丝不苟。	你先等等儿，所行把这件事情，办细细腻腻儿的。《杂碎录》

【瞎话流舌】xiāhuàliúshé	满嘴瞎话。	我要对你瞎话流舌,咱们娘儿两个,就算白认得啦。《杂碎录》
【瞎聊一股烟】	嘴上说说而已。	甚么叫天理,那又叫良心,又甚么交情咧,让人家唾骂咧,那全是瞎聊一股烟儿的事情。《怪现状》
【瞎摸海】	①没脑子。②瞎蒙。	①三头还在筐子里,看见他爹妈一走,哇一声哭了。二奎子说:"咳,你们倒是把孩子提溜出来呀,瞎摸海吗?"《连环套》/孝廉吩咐仆人快备酒饭,下人跑到屋门口,喊了一声摆一桌酒哇(不合举人公的家规,足见这位先生是瞎摸海)。《讲演聊斋·大力将军》/我身分比他们大的多,也跟他们这群苦小子,一块儿瞎摸海去,不丢了我的身分了吗?《进化报》②周孝说:"二弟,你也通医道呢。你先给看看脉好不好?"毛二爷说:"我那不是瞎摸海吗?"《过新年》
【瞎扑】	到处乱找。	但是这些个药味,奇巧古怪,很难搜寻,真难为大拴子,满世界这们一瞎扑,到了掌灯的时候儿,居然把药味都办齐啦。《小额》
【瞎事】	现在北京话说"瞎乎事儿",装装样子。	那一天是四月初五,青皮连晃晃悠悠,来到旗下衙门。可巧那天是堂官过平(瞎事),定的是辰时到署。《小额》/要搁在寻常的堂客见了二位,必得更要哭一场,弄好些个腥架子,大奶奶是个够资格的人,没有那些个瞎事。《王有道》/如今都是当日酒,拜完了天地就下地,倒是简单扼要,没有麻烦。谅之有两家陈亲戚,还主持两日酒下地,谅之倒脱了俗。本来都这个岁数儿,还弄这宗瞎事作甚么?《花甲姻缘》/竟为他弄瞎事,我劝过他多少回。《杂碎录》

【下不去】	①让人不能忍受。②说不过去。	①周礼、周义对待凤仙母子，比别人尤其的下不去。不但不称呼姨太太，连凤姑娘也不称啦，居然均大叫凤仙。《过新年》②至于看报这节，记者吃报界，要说不爱看报，未免下不去。《余墨》/ 看了这个，人家又拿那个，那分周旋和气，来的邪行。不买透着下不去啦，记者没法子，花了二十块钱，买了一个表。《益世余谭》/ 瑞珊看到此处，方知乌珍早把此案原凶调查清晰了。因问道："你可有些下不去。我们把此案查明，诚心敬意来报告，你如何明知玉吉，却又隐瞒不说呢？"《春阿氏》/ 老大，你也二十多了，多少也念过两天书，你这宗行为，自己想想，下的去下不去。由今天说起，可不准如此啦，听见了没有？《忠孝全》/ 若是敞开儿不理，未免又觉着下不去。《讲演聊斋·夜叉国》
【下参儿】	行礼。	为我的事情，哥哥兄弟赏脸助威，我这儿下参儿了。《郑秃子》/ 来吧，王大哥、少爷爷儿俩过来给牛二爷下个参儿吧（下参儿是土话，就是行礼）。《胶皮车》/ 临走还闹外场，给大家作了一个罗圈儿揖，说："劳诸位驾，我下参儿了，姓常的算栽了。刘哥咱们再见。"《麻花刘》
【下场】	下场门，从观众的高度说，在舞台右侧。	去岁友人在歌舞台下场看戏，有一肩章五六六军人，在脑后喊好儿，声浪直达友人耳鼓，差一点没给震聋了。《余墨》/ 那天人上的很多，先奔下场，连小池子儿带大墙，人都坐满啦。《双料义务》/ 从前局面人听戏，都找下场门，或是靠大墙，因为池子里都是怯八艺，都讲人挤人。《演说·北京戏界的进化》
【下处】	①三等妓院。②休息的地方。	①燕家胡同合和下处妓女玉宝，有热客德二，相识八载，报效钱财甚多。《北京画报》/ 那一天寒露儿住在某下处，第二天困眼朦胧的

		回到店中，李二瓜子说："姑爷，你烦恼啦？"《二家败》/无奈下处的牌子，从前只有甚么堂名，如今是某某茶室，还是不带姓，唯独三等小下处，有写某姓的。《评讲聊斋·嘉平公子》/娼妇里头，分门别类的甚多。有明娼，有暗娼。明娼是有照像片，在捐局中上过捐的，察其年岁相符，身量合式，上了捐册，然后娼妇自量资格，是进小班子呀，是入茶室，是入三等下处，从此也有许多称呼。《演说·说暗娼》/门框上首钉着门牌，上写五等小小下处。《杂碎录》②将车赶到下处，伙计们出来，见头儿办了差使，大家七手八脚，将差使搭进了下处，打发车回去。《杂碎录》/借该铺作了一个外赈房儿。说外赈房儿好听，一半是烟牌俱乐部，一半是拉官事纤的下处。《忠孝全》
【下等社会】	①人格低下。②底层社会。	①下等社会人（这个下等的解释，可不以穷富论，专以人格程度论）向来有一宗恶习，每到戏园、饭馆等处（等处就全有啦），必要跟卖座、跑堂的闹脾气。《益世余谭》/窑伙一瞧朱二同勾爷二人这个打扮，有点下等社会土匪的模样，不敢怠慢。《何喜珠》②所问者都是下等社会，如何能够降格屈从？《白话聊斋·胭脂》
【下高】	从高处下来。	头儿立刻传出话去，告述外边锅伙儿，赶紧打梆子下高。《讲演聊斋·保住》/眨眼之间，上边的木匠都下了高。《讲演聊斋·保住》
【下街】	到街上叫卖。	菠菜这种东西，分三样种法：常年都有的，是园子货，又叫"水捆儿"；清明前后下街的，才是"干菠"哪；另有一种又短又细的，叫"火焰儿"，在"干菠菜"以前他才出来。《燕市积弊》/殊不知好菜决不下街，即下街亦系市上之所剩，打开盖头一看，就知道他是哪路东西：凡抱头、紧叶、分量沉，必是窨菜；

		叶松、发空、分量轻者，即是专为下街。青菜以油盐店为大宗，价钱当然要贵，下街货的价钱虽然稍贱，好歹可是两拿着。每值冬令，白菜下街，买主儿千万不可图贱。《都市丛谈》
【下井投石】	落井下石。	及至患难的时候，不但不赴汤投火，外带着是下井投石。《小额》/ 不久差使撤净，墙倒众人推，前日拍他马屁的，今日都要下井投石。《鬼社会》/ 下井投石者有之，受恩反噬者亦有之。《益世余谭》
【下泼子酒／下坡子酒】	①酒鬼。②酗酒。	①姬生是下泼子酒，接过来一气饮干，一会儿连赶三四盅，忽然一拍桌子（大概要算一回），说："我学生奈何做贼？"《讲演聊斋·姬生》/ 还有以酒撒风的，生来是下坡子酒，见了酒不顾命，闹出各样的现象。《演说·火车头》②学生想着在朋友家庆贺，不该喝这样的下坡子酒，不如乘着夜静回家，省得明天被人当面笑话。《杂碎录》
【下三】	下三滥。	西城兵马司住户陈户，前用钱买一下三住户女儿为妾。《北京画报》/ 要按表面说，这些个人总算下三无耻到了家了罢。《董新心》/ 梅女生前是何等人物，焉能跟下三一个样？《白话聊斋·梅女》
【下哨】	下游。	反正上哨的冰干净，下哨的不但肮脏，还有缕子。《演说·说冰窖窖货》
【下水】	当妓女。	上月姓许的挤兑我下水，我决意不出来。《杂碎录》
【下小考】	考秀才。科举制度规定，读书人首先要"进学"，通过考试后进入县学或府学学习，叫生员，即我们平常所说的秀才。	旧日旗人下小考没有县考，比上汉人，总算便宜的多。《过新年》/ 这些个事且不说，继厚那年下小考，中了一个第三。《王遁世》/ 后来弟兄一同下小考，如芝进了学，仲芝县考都没考上，老头子这才知道他不用心读书，大闹了一阵。《回头岸》

【吓的没脉】	吓死了。	且说丫头这们一死，大爷吓的没了脉。大奶奶虽横，敢情他也起了乱锤。《白话聊斋·辛十四娘》
【吓唬】	吓唬。	还告诉您说，这档子官司真得抓早儿想主意，可不是我吓唬您。《小额》/第二是借着死吓唬人，外话叫作麻事。乍一麻，人家还怕，日久天长，一闹薰啦，再说，也就不新鲜了。《孝子寻亲记》/我也不能那们管他，反正一打两吓唬。他要告妈妈状来，您可别听他的。《曹二更》
【夏景】 xiàjin	夏天。	那个洋行的，有了洋式桌椅，而附带的一切点缀，无论冬景用的，夏景用的，也差不多，都是洋货。《演说·提倡国货》
【仙】	分钱。英语 shilling 的音译。	原卖一毛的卖八仙，总计减去一成多钱，立刻就卖的起满坐满。《燕市丛谈》/就以前两天的行市说，每斤售大洋三毛二仙。《燕市丛谈》
【先生】	①对不卖身、有才艺的妓女的称呼。②赌场的账房先生。	①庚子后一兴清吟小班，又改称芳名，由芳名又改称姑娘儿，由姑娘儿又改称小姐，最时髦者称为先生，可不知是否拉着马竿儿。《燕市丛谈》②局中司事各有专责，类皆量材器使：挡横者名为"看案子"，号注者称为"活儿行"，监视输赢者叫作"看堆"，往来拿钱者谓之"传递儿"，写帐、瞧票子者称为"先生"。《燕市积弊》
【闲杂儿／嫌杂儿】	闲话。	倘若街头路脑，或是在那儿会到一块，他要犯两句闲杂儿，我可用甚么话对答他呀？《评讲聊斋·姊妹易嫁》/米爷一听这套闲杂儿，知道姑娘儿是动了真气啦。《评讲聊斋·神女》/有才说："你问问你们掌柜的，谁吃饭下把抓呀？"伙计才想起，是自己忘记预备啦（我方才就没提这几样儿吗），连

		忙说:"梁先生,你老别放闲杂儿。我们拿你这屋子当了过日子人家儿了,送菜不带话,不敢预备零件儿,怕挑眼说是打发祭席。"《讲演聊斋·云翠仙》/无病一听这派嫌杂儿,是所冲自己来的。《讲演聊斋·吕无病》
【显魂】	出现。贬义。	新近在前门外碰见他了,戴著染貂皮帽,穿著新式大氅,挂着托利克的镜子,口含雪茄烟,手上戴著两三个金戒指儿,也拿著根打狗棒,吃的脑满肠肥。竟在新世界、游艺园显魂,中央公园、东安市场也去。《益世余谭》/现在交拿之安福祸首,能否悉数拿获,将来如何惩治,系属另一问题,姑且不论,就说这次封产严拿,大人先生们,也就很不是面子啦。您别瞧不是面子,运动好了,过后儿没事,照旧出来显魂。《益世余谭》
【县考】	考秀才,民人要进行三级考试,县考(在县里考试)、府考(在府里考试)、院考(由朝廷派学政到府里再考);旗人要在本旗参加考试(相当于府考),然后院考。	旧日旗人下小考没有县考,比上汉人,总算便宜的多。《过新年》
【现】	现眼,出丑。	听说有一天何氏生了点儿气,心里觉着堵的慌,把他请了来啦。他先学了几声狗叫唤,随后使了一个"红事会"的套子("红事会""白事会""三节会"都是逗哏的套子活),把何氏乐的前仰儿后合(这宗大夫,实在给行医的现透了),病立刻好了。《过新年》
【现钱条子】	各商号自己开出的条子,只可以在自己商号兑换现钱,不能在市面上流通。	那天阅兵,他非要五百吊钱票儿不行,还得老票儿,现钱条子外带着不成。《小额》

【现钱帖子】	各商号自己开出的帖子，只可以在自己商号兑换现钱，不能在市面上流通。	武爷进了内宅，换了换衣服，又带了些整碎的银两，还有些张杂货铺开的现钱帖子，赶紧穿宅过院，直奔马圈。《讲演聊斋·田七郎》
【线（儿）】	锁链。	扮像儿所称个煤铺掌柜的，沾上票，带上线，一个人儿溜溜达达的，来到县西门外。《杂碎录》/伙计等他二人爬将起来，还没站稳哪，这就出线纫漂儿，卡疙（病各）疸儿，两个人全都项挂铁链。《杂碎录》/其实我们哥儿两个，也不是不交友的人。既有这番美意，没别的，先把线他给挑了，到衙门再带。再说凭陈先生这个人，还能跑的了吗？说着过去先把铁练摘将下来。《讲演聊斋·陈锡九》/"你敢拒捕殴差。"说着一抖线，把王老好儿也锁上啦。《胶皮车》/你进去把姓周的诱出来。我们亮线儿锁好不好？《讲演聊斋·王大》
【乡瞥子】	乡下人。	得海的大哥叫得福，二哥叫德寿，务农为业，目不识丁，俗所谓"乡瞥子"者是也。《赵三黑》/乡瞥子头脑简单，听他说的天花乱坠，就信以为真，其实他们是敲竹杠、撞木钟，一点儿真张儿也没有。《谢大娘》
【相】	行当里的人。江湖行话。	俗言说得好，是"相不上当"，"空子眼头里三堵墙"，瞧着也可笑之极。《燕市积弊》
【相公】	没有功名的财主家的子弟。	弟兄三个，跟前就一个相公（财主家没功名，不能称少爷，俗称相公），请了一位老夫子也姓陈，在家里教读。《赵三黑》
【相好的】	关系不错的人。	我是回家好呢，是找个相好的地方儿躲躲儿好呢？《小额》/此公将走，轿子正然到门。狗爷有几个相好的，在这里帮喘。《姑作婆》/杨氏嚷着让大家劝，谁管劝呀！后来有两个跟麻花刘相好的，过去一拉。麻花刘本来没

		台阶不好下来，有人一劝，也就完了。《麻花刘》/ 温都司作官十好几年，同城文武不必说，绅商两界，也有几个相好的。《库缎眼》
【相空一齐拿】	不论内行、外行，一样欺骗。	也不论行家、力笨儿、花脖子，他们是相空（念"控"）一齐拿。《燕市积弊·车把持》/ 此等玩艺儿虽近于江湖，他们可是相空一齐拿。《都市丛谈·跑旱船》
【香炉】	车后扬起的尘土。	两吊多大钱，掉在香炉里啦（旧日俗语，管车辙的尘土叫作香炉。这阵子一不下雨，背胡同子里，香炉又出来啦）。《鬼吹灯》
【香甜】	（让人）喜欢。	我婆婆、我丈夫既然知道啦，我也香甜不了啦。《杂碎录》/ 好哥哥的话，您兄弟没皮没脸，这个兄弟媳妇儿，不能没皮没脸。吃哥哥的不香甜。今天干脆说罢，跟哥哥分家，饿死认命。《苦家庭》/ 原先我们太太还很待见他们，以后觉得他们讨厌，也就不爱理他们了。后来连老爷都不大香甜，他每日只是在外面海逛。《北京》
【响】	起作用。	今天听见小红这个谣言，自以为是人情响了哪。可巧大拴子又给送衣裳去啦，当时求人带出一个信来，让大拴子告诉家里，说是官司有点动静儿，让赶紧再催催人情。《小额》
【响尺】	杠头发布命令的工具。用坚硬木材做成，一根二尺多长，一根一尺多长，用短棍敲长棍，发出清脆声响，指挥杠夫走、停等行动。	安老爷便接了出去。姑娘跪在东间朝外望着，但见一对对仪仗，一双双鼓手，进门都排列两边。少时鸦雀无声，只听得一双响尺，当！当！打得迸脆，引了他母亲那口灵进来。《儿女英雄传》/ 临出堂的时候儿，响尺一鸣，了不的啦，直打了这们一街。《过新年》

【响房】	结婚那天，花轿从新郎家出发前，新房里要有响声，比如打锣、奏乐。	这当儿已然响房，跟着就发轿。《姑作婆》/"请示二爷吉期已到，响房发轿吧。"《张二奎》/二次喜信一报，秦氏也急啦，周义也直跺脚。这当儿正在响房，要发轿，里外这分儿邪乱，就不用提啦。《过新年》
【想菜】	点菜。	跑堂儿的擦掉面儿，摆小菜儿，请示二位想酒想菜。《麻花刘》/是日到了龙源楼，彼此见面。国文是非常的恭维，说说笑笑，要酒想菜不必细说。《一壶醋》/两个人来到东来顺，到了雅座儿，要酒想菜，不必细说。《鬼社会》/主人让大家想菜，记者要了一个虾子烧冬笋。《益世余谭》
【想到说】	想到。	又瞧老头子，起昨儿回来透着没神儿，又怕窝作出病来左难右难，忽然想到说，我先把老头子支了走，回头再说别的。《小额》
【想情】	想这个道理。	昨天小的跟他口角打架是有的事情，小的自幼儿丧母小的姐姐把小的抱大了的，姐夫虽然脾气不好，小的看在姐姐面上也断不能下此毒手，还求大老爷想情。《新侦探》/曹福说："这真是冤枉哉！小的兄弟曹禄，一个月之先，前赴济宁，小的两三天没出街门，如何能到尤家放火行刺？望求大老爷想情。"《酒之害》"再一说，这也不是周武举打死的。这是周武举的家人打死的。"李二妞说："大老爷想情！周武举不喝令，他们能把我丈夫打死吗？"《驴肉红》
【想左】	想错。	咳，该县大令呀，你真想左啦。事情糟到这样儿，弄点子万民衣伞，就遮掩的过去吗？《进化报》
【像姑】	少年男旦演员。	此社就多在韩家潭一带，名为像姑下处，也仿佛如今的过班。彼时出条子陪酒，还不如当今过班之半价哪。……你别看他是个像姑，

		他的魔力，说起来可真大的很，戴红顶的家家儿，是出入随便，穿房过屋，女眷不避，内中所出的事故由子，笔难尽述。《演说·折白党》/ 所塑的男像比像姑还是样儿。《杂碎录》/ 看兔儿爷是在摊子上的好，看像姑是在戏台上好，看妓女是在下处好。《讲演聊斋·黄英》
【肖儿】	裤子。澡堂行话。	裤子叫蹬空儿（又名肖儿）。《燕市丛谈》
【消遣】	子弟演出因为不要报酬，所以不说演戏，说"消遣"。他们也可以在演出中间拿观众开心，而专业演员不行。	上头贴着黄纸的报子，是：本轩四月初七、日两天特约子弟随缘乐消遣：风流焰口五圣朝天别调咤曲别母乱箭。《小额》/ 他也排过子弟会（京南一带管票友叫子弟会）。《库缎眼》
【小白】	小白脸。	该妾终日好逛，最好小白，没有多少日子，竟看上小白，遂定下约会，借观戏为名，双双逃走。《北京画报》/ 张氏受小白勾引，竟与其夫反目。《北京画报》/ 要上了小白的当，你老总是解劝开导他的为是。《讲演聊斋·细侯》
【小班（子）】	也叫"清吟小班"，上等妓院。里面的妓女通常都是有才艺的，只陪着客人喝茶、饮酒、弹唱，不卖身。	不但此也，昨由八大花埠经过，小班门外，汽车马车，壅途塞道，大半是官僚政客，消遣解闷。《益世余谭》/ 娼妇里头，分门别类的甚多。有明娼，有暗娼。明娼是有照像片，在捐局中上过捐的，察其年岁相符，身量合式，上了捐册，然后娼妇自量资格，是进小班子呀，是入茶室，是入三等下处，从此也有许多称呼。《演说·说暗娼》
【小辫儿打紧】	编辫子，北京话说"打辫子"，"打紧"，编得很紧。把辫子编紧，是当时的流氓打扮。	在北京旧时代，一般土匪光棍，小辫儿打紧，一身土黄，游街上叫横，专一欺负小买卖人儿。《益世余谭》/ 这个人有二十多岁，一身土黄，小辫儿打紧，说话摇头挷脑，这

		个人姓李，人称叫小李二，跟大春子是个牌友儿。《五人义》/那时候儿还没剪发，都是小辫儿打紧，不是一身青洋绉，就是一身紫花。《土匪学生》/叫伙计先将麻子脸儿与那个小辫儿打紧的带进来，先律他一个过儿。《杂碎录》
【小菜碟儿】	给人跑腿儿，受人欺负的人。	唯独继祖，没有弟兄，暗含着是一个苦小子，又搭着他岁数最小，简直是四个哥哥的小菜碟儿，有点甚么事，大家□都支使他。《评讲聊斋·曾友于》/大家伙儿全是他的小菜碟儿，瞧谁都是一口菜，他爱怎么赶罗谁就赶罗谁，全受惯了他的啦。《旧京通俗谚语》
【小菜儿钱】	小费。	昨天上午西单牌楼聚仙居楼上吃饭，看见一位穿大氅的先生，拢共吃了三吊几百钱，始而挑眼，菜又不好啦，角子又没油啦，继而又嫌贵，小菜儿钱一文没给。伙计跟他一要，他说照例不花这笔钱。《余谈》/自己要了点儿酒菜，胡乱吃了。一共吃了不到一块钱，倒给了一块钱的小菜儿钱。《怪现状》/那怕伺候个团团转，那也算白伺候，不然南饭馆儿都加一帐哪，就怕白赔了小菜儿钱。《说聊斋·小谢》/那们我也不让啦。我给小菜儿钱罢。《双料义务》
【小车儿／小车子】	手推车，上面可以坐人。	旧日济南府，最讲坐小车儿（如今也有，让洋车顶的比从先少多了），立才打算雇小车回营。《胶皮车》/忽然来了一辆小车子，上头坐着一个人，勒着脑袋，直点儿的哼哼。寿禄一细瞧，正是路上遇见的那个姓尹的男子。推车的把他搀了下来，迳奔庙门。《和尚寻亲》/拿了三百制钱，递给了推小车子的。《和尚寻亲》

【小池子（儿）】	从前的戏台是凸出的，前方和两侧都可以看戏。池子或大池子是戏台前方的座位席，小池子是戏台两侧的座位席。	上星期下午，被友人拉赴华乐园，强迫看剧。是日天气甚热，戏座儿又多，戏园子不讲卫生，进空气的地方儿又少，将一进去，炭酸气扑人鼻观。好容易在下场小池子，找了两个地方儿。《余墨》/后来在下场小池子儿对付了两个地方儿。《恶社会》/那天人上的很多，先奔下场，连小池子儿带大墙，人都坐满啦。《双料义务》
【小催】	小催把儿。	胎里坏进门一瞧，有一个掌戥儿的小催在那里邀烟呢。《小额》
【小存】	小沙板儿。民间自己造的假钱。	旧日一串大钱是六吊，彼时要换好钱骨力票子，一两合十三吊来钱，要换沙片儿小存（旧日土话管小沙板儿叫小存），足可以换十七八吊。桂氏给了崇儿十五吊新票儿，他贴换了二十吊小存。这一串小存，简直的憨蠢了。老崔说："大爷，这钱可不成，这全是私钱哪！"《鬼吹灯》
【小的】	平民对官员说话时的自称。	范公叫保正上前识认，说："此人你可认得？"保正说："小的认识他。"《杂碎录》/当下一边拦着丫鬟说："先别打。"一边向二奶奶说："请二奶奶息怒，小的有招就是了。"《北京》
【小房子（儿）】	外家。妾或者姘居者在外面住的房子。	人家见面，就让自己坐等儿，这比往小房子儿带，还是劲哪。《评讲聊斋·嘉平公子》/想不到我这磨房要改小房子儿，合该是一笔好财。《讲演聊斋·细侯》/老弟，你不许一个人要俩，打算在我这们藏着，咱们必须平分江土，每人一个，不然的话，请你们二位带着娘们到别处去住，我这儿不赁小房子。《衢州案》
【小哥儿】	贵族子弟。	前门外施家胡同的赵华臣（金店的东家，素日结交几位汉官，专拉官纤，他有一个专门的能耐，就会拿秧子，吃小哥儿，大烟得抽四两广土，久站前门西啦，跟额家是世交）。《小额》

【小活】	修脚。澡堂行话。	就以澡堂子说，搓澡叫垫板儿，又叫大活，修脚叫小活。沏茶大喊"搬一个"，茶叶叫芽子，喝茶叫作撒芽淋。《燕市丛谈》
【小姐】	对有才艺不卖身的妓女的称呼。	庚子后一兴清吟小班，又改称芳名，由芳名又改称姑娘儿，由姑娘儿又改称小姐，最时髦者称为先生，可不知是否拉着马竿儿。《燕市丛谈》
【小军机】	军机处的一般官员。军机大臣，俗叫"大军机"。	秦氏的娘家哥哥，一个在刑部当郎中，一个在军机处当小军机，跟周家虽然是至亲，感情向来很不好。《过新年》
【小礼儿】	赏钱。	主人一听是套礼，也就不瞧礼单啦。不过给二三百钱小礼儿（小礼儿就是赏钱）。《二十世纪新现象》
【小绺】	小偷儿。	北京白钱贼（就是小绺）向来著名，奇想天开，甚么主意都有。《益世余谭》/他有一个干儿子，姓红，叫小红儿，从先是个架铜仙鹤的出身（就是卖水烟的），随后改行当小绺，竟在前三门一带混混。《小额》/您猜这两个学生，是那处学堂的，小绺胡同白钱学堂的，现在已经快卒业啦。《进化报》
【小六转儿】	转轮手枪。	十七响儿的自来得也不错，咱们这儿也没有。小六转儿，我可以借给你。《胶皮车》/每人一块花布手巾，把头蒙好，这才抄家伙，左不是刀枪棍棒，拐子流星，还有甚么大快抢，小六转儿，大家分着拿在手内，诸事已毕，传了一个暗号儿，整队前往，出了庙门儿一直的往东，够奔顾家村而来。《张铁汉》
【小濛淞雨儿】	绵绵细雨。	下完一阵暴雨，却不放晴，又下上小濛淞雨儿了。《评讲聊斋·嘉平公子》

【小模格由儿的】	小小不言的。	话虽是这们说，可是小模格由儿的他还沾点儿。也有一道箍迷信的，真有忤逆不孝的人。《演说·迷信的可怜》
【小钱（儿）】	铜圆辅币，1917年开始发行。10个小钱等于一个铜圆。	前天友人赴隆福寺某茶店，用票取茶叶，票上写明是一百二（一枚零俩小钱）一包的一百包。《益世余谭》/ 假秀才本来穷的要死，又有口烟瘾，本城闹的很薰（去声），连五个小钱儿都借不出来，如今一听五十两，岂有不认可之理？《铁王三》
【小钱粮】	寡妇、孤儿、退休人员、养育兵等的钱粮，只领一般钱粮的一半。	比如一家子十口人，到{倒}有三份大钱粮（每月九两），四份小钱粮（每月六两）。《演说·因债败家》/ 扎爷是挺着急，找了我好几次，跟我借钱。又叫我给他侄子弄分儿小钱粮儿，他们好对付。《春阿氏》
【小使】	使唤人，仆人。	四监有个刘永刘头儿，看着他不错，他就跟刘头儿当小使，混混了几年。《小额》/ 忙叫下人去请张福喜，其实早有本处看园小使，特特去到张福喜家报信。《玉碎珠沉记》/ 家有当佐领的哥哥，他是任甚么事也不管作，终日在文家起腻，买点儿东西，跑跑道儿。左右是义务小使，普云也最殷勤，不管甚么事，都往前伸脑袋。《春阿氏》
【小抬】	小抬杠。	二位说话直仿佛小抬，按说王爷应当恼啊，不知谁要吃住了谁，好比就是铁饭锅，不但不恼，外带着还是倾心愿意。《白话聊斋·巩仙》/ 那天夫妻二人，虽没起冲突，暗含就算小抬着。《一壶醋》
【小跳儿】	祭祀时，扮演鬼的人。	因为单有一群土匪，架弄着戴鬼套的小跳儿，指挥着各处打人。《演说·打鬼》/ 今年既然卖票，我想外约的小跳儿，总该比早年文明。《演说·打鬼》

【小小溜溜儿】	时间短。	由北京下趟天津桥,小小溜溜就得三天。《说聊斋·连城》
【小押儿】	小当铺。当时的当铺有皇当(皇家开的当铺)、官当(官府开的当铺)和民当(民间当铺)。皇当、官当只收金银珠宝、古玩等高档品,民当中有大当铺,也只收高档品,小当铺收一些便宜东西,例如,旧衣服、旧日用品等,叫小押铺,也叫小押儿。	从先他爸爸放阎王账,专吃旗下,外带着开小押儿,认得几个吃事的宗室,交了两个北衙门站堂的,喝,那字号可就大啦。《小额》/北京早年,有宗害人的买卖,其名曰转当局(这个转当局,俗名小押儿,诸君千万别误会)。这宗买卖,论性质就是初等当铺(也不是有国民当铺没有),不成文的东西,他是兼收并蓄,好歹都要。类如两双旧袜子呀,一双破鞋呀,几套旧书呀,铁锅大碗,一切日用的东西,全都可以押钱,除去马桶、便壶他不要,剩下全行。一班穷人,因为他又便利又救急,大当铺不收的东西他都收,所以非常的欢迎。可是利钱很大,出价儿并不多,限期还是很促迫,三个月不赎就死。有几家最讲公德的,是半年的限期。《益世余谭》/从先有宝局的时候儿,距离宝局不远儿,必有一处小押儿,所为要输了就可以扠衣裳在他那里押,流弊滋深,一言难尽。《益世余谭》
【小帐】	小费。	要说工人劳累一天,人皆有心,并不为过,无论"喜钱"也罢,"酒钱"也罢,应当确定折衷数目(如"小帐加一"之类)。《都市丛谈》/菜饭依然还是照旧,不过多花小帐钱。除去大晕头、瞎摸海,真正吃饭的,都望然而退。《燕市丛谈》/吃饭的小帐可是随意,吃一块,一要,给两块不找。《燕市丛谈》
【小枕头儿】	号脉时放在手腕子下的小枕头。	原来东间屋的炕上,小桌儿、小枕头儿、笔砚、八行书,全预备好啦。这当儿,老张倒过一碗茶来。王先生说:"回头再喝茶,我先看脉吧。"于是乎给小额这们一诊脉。《小额》

【小字号儿】	没名气的小铺子。	小字号儿铺眼儿，只知获利，不管害人，实在可怕。药铺营业，关系人命。《益世余谭》
【笑貌欣儿】 xiàomoxīnr	笑咪咪。	掌柜的跟你笑貌欣儿的说道："这叫马蹄壶。"《演说·提倡中国物品》
【笑眯嘻儿】	笑嘻嘻。	他见两个人一对眼光儿，人家走去，他也没理会，及至见胭脂瞧怔了，他一声儿也不言语，笑眯嘻儿的，瞧着姑娘，心说这个丫头片子，必是搂上是件俏货。《评讲聊斋·胭脂》／相如又往前凑了几步，就见这个姑娘儿，冲着自己笑眯嘻儿的，好像见着熟人似的。《讲演聊斋·红玉》
【效不更医】	医生看得好就不要更换。	效不更医。既然蔡先生的药见好，还是请蔡先生为是。《势力鬼》
【歇啦】	不行了。	三场已毕，文艺平妥无疵，说不上很得意来。在周廉的意思，上次那场非常的得意，居然都没中，这场是又歇啦。《过新年》／这也是姜登朝的造化，假令他要闹个卷款潜逃，不但媳妇儿歇啦，这辈子也就完啦。《刘军门》／他原打算两条道儿，一条道儿是招得养老女婿，一条道儿是立妾。如今姑娘一丢，养老女婿这节算歇啦。《铁王三》／这就是妙法呀。你要是鸡心小胆儿，怕打人命官司，那就歇啦。还是那句话，你另请高明。《大劈棺》
【歇老啦】	休息过头了，指休息以后，反而不想走了。	要走了几回，直懒的走，俗说叫作歇老啦。往往夏天行路，要是得着凉爽地方儿，歇一歇儿赶紧您就走，要是一个贪图凉快，越坐越懒的走。凉风儿一吹，又乏又困，浑身又懒，这就叫作歇老啦。等到要歇老啦，站起来再走，走一步忪一步，罪孽可就大了。《和尚寻亲》
【歇心】	死心。	你老弟抓早儿歇心罢。你闹的这宗现象，谁人不知？《怪现状》

【邪行】	①奇怪。②强调程度高。③言过其实。	①伊太太一瞧善金问的邪行,并且脸上也不是颜色儿,就知道这回事必是他知道啦,又怕儿子生气,又怕老头子窝心,心里好一阵难过。《小额》/从先还是搂搂足了钱,再练道念佛。如今是一边搂钱,一边求道,您听有多们邪行。《余墨》②每次送库人都是很多,伴宿那天更不必提。送殡那天更邪行了,竟车有好几十万辆。那位说了,这是给周道台送殡的车马?(不,这是内外城胶皮车的数儿)《过新年》/镇台连连的点头,说:"老夫子高见,实在有理。"于是跟春爷这们一套交情,又请吃饭,又送东西,面子足的邪行。《麻花刘》/额大奶奶又说些个谦虚话儿,金针刘淡淡如水的答应了两声,就说那个架子简直的大得邪行。《小额》③据他说,五十多家儿报馆,推门儿就进去,各报经理、编辑,都跟他吃喝不分。友人听他说的邪行,稍微一盘问他,说了个驴唇不对马嘴,后来见事不祥,溜之乎也。《余墨》
【写会】	一种民间自助的储蓄组织。例如,十个人,一人一个月存一百,则每月有一千,由抓阄儿决定这个月谁用这一千块钱。	新近你姑爷得了一支写会,手里还有二百多块钱,打算把身底下这处房留下。《势力鬼》
【谢步】	回访,表示谢意。	药还没抓来呢,这当儿赵华臣来到。进了门儿,见了额大奶奶,闹了会子套子话,说:"我给少峰谢步来啦。他这几天好哇?"《小额》/家人往里飞跑,拿着两个片子。原来是温邓二人谢步拜会。《怪现状》/将兄抬至僻静所在,将养数日可以复活。故尔此门暂且不开。枉驾亲友,容日谢步。《讲演聊斋·伍秋月》/真正知己的朋友,就是不去登门谢步,人家也不好意思说甚么。《演说·聘女感言》

【谢亲】	娶亲当日，新郎去新娘家道谢。	按北京谢妆、谢亲，也是新郎当日往新妇家去一次。《评讲聊斋·姊妹易嫁》/俺给你老斟个盅儿，做为敬酒，又算给你老谢亲谢妆，千万依点实儿吧。《讲演聊斋·阿稚》
【谢妆】	新娘的嫁妆来了以后，新郎去新娘家道谢。	一半天必然到府上去谢妆，仆妇们一听，所和气的邪行。《说聊斋·小谢》/按北京谢妆、谢亲，也是新郎当日往新妇家去一次。《评讲聊斋·姊妹易嫁》/按这亲迎礼说，虽不似谢妆磕完头就走，可也不能所不张罗着走。《评讲聊斋·姊妹易嫁》
【心缝儿】	①心眼儿。②眼界。	①我的儿子，你说的我心缝儿早去啦！《鬼吹灯》/你这个人可真是没有心缝儿，咱们后头院子的墙，本是些土坯砌的，用手一推，就能倒下一大块。《金漆桌》②自从去年看了《京话日报》，越看越对劲，才觉着开了点心缝儿。《演说·巡警良言》
【心工儿】	心机。	三节两寿，也真追往，所为的是，有一个头疼脑热、闪腰岔气的事情，好有个护身皮儿。这是小额的心工儿。《小额》/狗爷的脑筋很敏捷（这都是费话，既称狗爷，脑筋简单行吗），三恍儿两恍儿，二小就算倒了阁啦。可是二小也有点儿心工儿，虽然大权被他所夺，表面上倒格外的恭维他，甘心在他手下当碎催。《姑作婆》/比如这位正在燕尔新婚，一定把他约来，灌他个大醉。那必是另有心工儿，不然实在是没有心眼儿。《评讲聊斋·阿英》
【心红热】	猩红热。	得差使总得下扎委，扎委上有红点子，所以管得差使叫见红点子，可不是心红热。《怪现状》
【心里嘴里全没有】	既没有心机，嘴又不能说。	善全善二爷，本来心里嘴里全没有，外场又一点儿不通，让票子联这们一拍，简直的气糊涂啦。《小额》

【心盛】	心里非常……	额大奶奶原是个没有主意的人,又搭着盼着爷们出来的心盛,又让希四给朦了几百银子去。《小额》/德氏是因爱女心盛。自己决定主张,宁把亲生女儿锢死深闺,亦不愿与聂家为妇。《春阿氏》/张乐行是奔家心盛,拱手说道:"我先谢谢,明天再扰,今天你同兄弟家里去吃。"《新黄粱梦》
【新姑娘】	新娘。	把慕家弟兄让在上座,自家主席相陪,新姑娘只好在一边儿僵着。《评讲聊斋·刘夫人》/就见新姑娘,被两个女仆,一扶肩头,说是磕头呀。《讲演聊斋·寄生》
【新闻纸】	报纸。	现在不行,还不兴新闻纸哪。《杂碎录》/中国报纸,万不能录这宗事情,此乃外国新闻纸上载着的。《新黄粱梦》
【信着意儿】	由着自己心意。	若果登载稍有不实,调查明白了,赶紧给人详志,决不能是错儿不认,信着意儿给人家造谣言。《进化报》
【星期】	星期天。	每到星期六这个晚响,你瞧这个乱,以三馆里说,饭馆、妓馆、戏馆,全是起满坐满,反倒比第二天星期透着那们火爆。到了星期这一天,仿佛透着差一点。《演说·星期与星期一六日》/星期下午九点,记者由模范讲演所讲罢归家,步行观音寺中间,忽听前面有批颊之声,震人耳鼓。《益世余谭》
【腥】	假。江湖黑话。	他们那是腥的,咱们那是尖的。你没听说吗?腥加尖准没完!《铁王三》/有一个卖药的摊子,是个四十来岁,外路口音的人,摊子上悬着块布幌,上写"专治五膈七噎,水臌杂痨,一切疑难等症"。彼时正在圆粘儿(生意人设法招徕人,调坎儿叫作圆粘儿),虽然也是春点(生意口叫春点),听着好像有两句尖的(真的叫尖,假的叫腥)。《鬼吹灯》/要说前次大兄弟的话,蹧踏了几个钱儿。总是他自己手头儿背,无非大家赢

		大家,局家儿落不下甚么。况且是棒赌,决没腥的。今一天先把这情理,跟姑奶奶说明白了。《评讲聊斋·仇大娘》
【腥赌／星赌】	赌博时出老千。	小赵于大烟、烧酒之外,加以嫖赌,不到一年的功夫,两千元花了个精光,穷极无聊,始而出售吗啡神针,继而以腥赌骗人,还行使过假洋钱。《益世余谭》／论到腥赌,别瞧耍儿不大,专倾害的可是苦人,左不是中等铺户伙计。《讲演聊斋·云翠仙》／南横街盆儿胡同住有一杜某、王某、曹某三人,称霸该巷,无恶不作,终日专用腥赌害人。《北京画报》／您打量着是棒赌哪?不,是星赌。时常有同伙的人,请他赴外省耍星活去。《演说·迷信的可怜》
【腥簧】	假惺惺。	当时有一个笔管龙的烟壶儿,还有一个十八年的老靛颏儿,一齐交给胖子,说:"您拿了去。"胖子不肯拿,还要对保,闹了半天腥簧,把靛颏儿、烟壶拿走。《益世余谭》
【腥活／星活】	装假,假的。	他一想孙子游是他的近人,办理此事决不能背他。方才当着人自然不能细说,所以也没细瞧烟。后来也没见孙子游跟他说甚么,心里说:"好小子,嘴里叫着干爹,跟爹玩儿起腥活来了(你没细打听起打,认干爹就是腥活)。你也不知道干爹是干甚么的,有啦,我闹个腥活,让你知道知道。"《二十世纪新现象》／孙知州人很外场,说:"诸位请坐请坐,不拘不拘。"孙知州使了这么点儿腥活,众乡民脑筋简单,登时很以为希世之荣,这就有赞不绝口的,说:"你看大老爷有多们和气,跟咱们很有个面子。"《张二奎》／你冤别人行了,你跟我怎么也闹起腥活来了?你不该呀!你真该罚就结了(人家倒该罚了)。《一壶醋》

【腥架子】	假的，演给别人看的。	要搁在寻常的堂客见了二位，必得更要哭一场，弄好些个腥架子，大奶奶是个够资格的人，没有那些个瞎事，当时擦着眼泪说道："两位兄弟既这样相劝，我只好暂时偷生。我二妹妹心眼儿最窄，还求二位兄弟解劝才好。"《王有道》/话吧儿张二见银子，乐的连嘴都闭不上啦，说："这还了得。小人可万不敢领。"嘴里虽然这们说，银子可接过来啦。故意的闹腥架子，还直点儿的假让。《孝子寻亲记》/原来何氏这次并不是真犯病，因为傻大姐儿一给泄底，自己下不了台，所以使这宗腥架子。《过新年》
【醒腔／省腔】	明白过来。	从先汉武帝求神仙，就是这个意思。后来才醒腔，说天下安有神仙？《余墨》/从前是饱其所欲，后来便力气不支，落得姬妾恨怨，整天际守着个半死不活的棺材穰子，有甚么意思？满打把冤家耗死，那更是大糟。等他半路儿醒腔，转送了人，还不知怎样受罪。《演说·护身佛》/何为拿秧子？比如有几个帮闲派，整天际陪着秧子打恋恋。这群人给他个套吃高打，摘摘借借，越套越深。秧子只要不醒腔，真能吃一辈子。若教秧子明白过来，小名儿就叫拿滋。《演说·说秧子》/太太别不醒腔啦，将才七儿告诉你的话语，全是让你自投。《杂碎录》/可惜我不省腔，这叫有眼不识金镶玉，错把茶壶当醋壶。《评讲聊斋·画皮》
【醒攒儿】	醒悟。	官人说了半天催水的话，安大业所不醒攒儿。还是安宅一个仆人听到此处，说："你们众位是要钱才不上锁呢？是呀不是？"《讲演聊斋·云萝公主》/只可用变戏法儿的手段，不但不露旋儿，还得叫本家儿不醒攒儿，才算尖局呢。《讲演聊斋·邢子仪》
【些微】 xūwēi	稍微。	中国的桌椅，表面看来，比较的，些微透笨点儿。《演说·提倡国货》

【虚让】	假意说要结账。	于是乎，小额跟明五爷、善大爷告辞，又虚让了会子，荒荒忙忙的去了。《小额》
【虚子】	①虚张声势。②义气，讲排场，黑白两道都吃得开的人。	①要说小额这两天，简直的黑夜白日折腾，连眼睛都不能闭一闭，今天也搭着困大发啦，吃完了药，也不怎么就睡着啦。喝！小额这一睡不要紧，老张立刻长三成虚子，直给老仙爷这们一贴靴。《小额》②前清末叶，一般维新人物，都要披一件斗篷，四块钱就可以充虚子（北京土语，管外场叫字号的人，叫作虚子）。《益世余谭》/若是专会欺侮老头子，又算那一条街儿上的虚子呢？《讲演夜谈·霍筠》
【嘘呼】	不是出于真心，只是面子事儿，说几句。	周悌等弟兄几个，给宋老夫子行了礼，宋仲三也都嘘呼了嘘呼。《过新年》
【宣布】	公开宣扬。	其余丸散膏丹内容的事情，记者都知道点，也不必给人家宣布。《益世余谭》/这当儿傻大姐儿正给何氏装烟，朱氏瞧了他一眼，又瞧了何氏两眼，又冲着三太太努了努嘴儿。朱氏心里的意思，是让傻大姐儿宣布实话。《过新年》/邱生是千叮咛万嘱咐的，怕彭爷给他宣布。《讲演聊斋·彭海秋》
【悬揣着】	揣摩着。	不出一二年间，悬揣着也必要糟的。《苦家庭》
【悬虚】	不太可能实现。	不过万飞云还有一样儿好，十分悬虚的事情，他不敢干，也就是三个窝窝、两个枣儿、小小不严的事情。《张文斌》/要说二哥的话，净瞧了外面皮儿啦。深儿福头的话，还不定怎么一葫芦醋呢？要听他们亲戚说，这事儿更悬虚啦。《春阿氏》/头儿你说的这些个，我听着都不悬虚，唯独你说到二次捆差使这节，可有点儿不合情理。《杂碎录》
【靴友】	嫖同一个妓女的人。	姬生心中一愣，才知道自己没在家，多半儿狐友，替守空看书斋来咧(比靴友放心)。《讲演聊斋·姬生》

【学东】	聘私塾先生的人家。	恰巧这家学东，就姓这个字，人家说，我们从三代以前就知道姓妙……《讲演聊斋·细侯》
【学舌】 xiáoshé / xuéshé	叙述事情经过。	有一天，他们孩子把某宗室家的小姑娘儿给打啦，让人家说了两句。孩子回来一学舌，黑老婆儿立刻就要找人家不答应去，让街房给拦住啦。《小额》/ 于是三人一齐落座，述说前后一切情形，王四心中已然有了准底，照着老闻所扯的谎有枝添叶一学舌。《玉碎珠沉记》/ 孩子反能听他的话，不然是抱在外头真拧，孩子不会学舌，回家连哭也不敢。《演说·说奶妈子》
【血奔心】	血往心上流。民间认为，剧烈运动或过度劳累后，血会涌向心脏。	答{搭}讪着进了豁子，开腿就跑，一气儿跑到口里，几乎没有血奔心。《余墨》/ 就说由前门拉荡万牲园，大大方方挣上二毛钱，跑的血奔心。《演说·热天的苦乐》
【熏／薰】 xùn	①特别臭，让人生理上不舒服。例如厕所的那种臭，不仅臭，还辣眼睛。②名声臭。③说坏话。	①被方头皂鞋，给磨了两个窟窿，放出来的臭味儿，自己都觉着熏的慌。《讲演聊斋·双灯》/ 就说耗子吃了就死，也是麻烦，敝亲张君家中，那年屋内忽犯臭味，熏的阖家皆病，后来揭开炕砖，有死鼠六七头，皆已腐烂，这才知道臭味的来源(耗子药总算真灵)。《益世余谭》②从先年轻的时候儿，专一竟使假票子，后来闹的也薰(去声)啦。眼时在西直门外头开了一个小烟馆儿。《小额》③别听人给狐仙薰生意。人家虽然有时也偷盗窃取，无非暂救一时燃眉之急。到时候不但如数而还，还讲原物不错。《讲演聊斋·姬生》
【薰货／ 熏货】	为种植蔬菜和鲜花而挖的地窖，里面生火或用热水保暖。因为暖洞里有火炕，所以管在里面种植的蔬菜、鲜花叫"薰货"。	该处有些个赶档子卖鲜货的(黄瓜、香椿等等，该处薰货暖洞甚多)，四条黄瓜一块钱，少了不卖。《余谈》/ 我还爱一种熏货，如熏菜中各种，花椒、黄瓜、香椿、茄子、豌扁豆等，腊月初春，这几种鲜菜最有意思。可就是一样儿不好，价钱贵，好在卖熏货的不熏倭瓜。《演说·菜日》

【薰事】	坏人家的事。	别瞧我给人豁鼻子薰事，这要想出个词儿来，还是说不好。《讲演聊斋·王者》
【薰筒儿】	袜子。江湖黑话。	张诚说："这倒有劳二位尊官大爷咧。"接过来登好薰筒儿（汗脚八鸭儿吗），套上登空儿（不是连脚裤），扎挣站起来。《讲演聊斋·张诚》/袜子叫薰筒儿。《燕市丛谈》
【寻】 xín	介于"要""借"之间，一般不还，但如果方便，也可能还。直接说"要"不好意思，所以用"寻"。	今儿个找到你们府上来，一来不是寻钱，二来也不是告帮，知道啦？干甚吗这们拧眉毛瞪眼睛的？《小额》/要按公理说，凡有用票取东西，应当按照原价付货才对，谁知道商家取巧，惟利是图，你要拿票取东西，他是白眼相加，真仿佛你跟他告帮寻钱呢。《益世余谭》/我们原是论弟兄，寻钱的时候儿，他老管我叫大叔，闹的我到怪不好意思的。《五人义》/他跟人要寻一块冰，卖酸梅汤的翻着白眼儿，看了他两眼，说："我们是卖的，不能寻给您。"《双料义务》
【寻嗔】	找茬儿。	他不寻嗔你来，就是你的便宜，你可惹他作甚么？《语言自迩集》
【寻休儿／寻宿儿】	借宿。	次日天光一亮，有才听外间屋老太太咳嗽起来，初次在人家寻休儿，不好委窝子，连忙起床。《讲演聊斋·云翠仙》/如果不来，还则罢了。若是来了，看见我留了寻休儿的，可怕闹个反挑眼。《讲演夜谈·孝女》/昨夜给我个面儿不照，今晚怎么又想起留下寻休儿的呢？《讲演夜谈·孝女》/咱们是找个小店儿好哇，是找个寻休儿的地方儿好呢？《杂碎录》/施主寻宿儿呀？《儿女英雄传》/你在什么胡同住家呀？六铺火房子寻宿儿哪？《成仙》

Y

【压碟】	吃东西不能都吃光了,要剩下一点儿,留在碟子里。	论理驴老太太都包圆才合式。奈因怕人家孩子笑话,所以剩下两块,做为压碟儿。《讲演聊斋·蕙芳》
【压儿女】	据说没有儿女的人家先抱一个孩子,就会生孩子。	夫妻二人,没有儿女,在京抱了人家一个女孩儿,所为压儿女,过了几年,仍然没有。《讲演聊斋·邵女》
【压箱子】	在嫁妆箱子里放上贵重的东西。	硕卿在四个嫁妆箱子里,每一个里头,放了一个大宝,俗云叫作"压箱子"。《花甲姻缘》
【压桌】	正菜之前上的冷盘、点心。	硕卿那天非常的高兴,预备的酒席也很好,听说是八个压桌,鱼翅鸭果羹四大海,八个炒菜,两七寸六大碗,两道点心,要说寻常办事,这宗席面,也就很下的去啦。《花甲姻缘》
【押步】	慢点儿走。	一瞧姑娘儿,脚步很快,好像□□阴风,已出了院子,自己在后面嘴□直嚷"押步"。《讲演聊斋·伍秋月》
【芽子】	茶叶。澡堂行话。	就以澡堂子说,搓澡叫垫板儿,又叫大活,修脚叫小活。沏茶大喊"搬一个",茶叶叫芽子,喝茶叫作撒芽淋。《燕市丛谈》
【衙门钱】	给衙门送钱,要按实际钱数的十分之一说,如实际五百,说成五十。	要打算让姓额的一点儿罪不受,你都交过我啦,干脆一包在内,衙门钱没有五十两银子(就是五百两),不用打算办。《小额》/公拟了一个保释满生出狱的呈儿。大家公摊,凑了二百衙门钱,都交给看待质所的头儿。《讲演聊斋·细侯》

【衙门堂期】	衙门上班的日子。	我告诉您，我一听见这个信儿，昨天简直的一夜没睡（你若睡了，怎么能想法子吃人呢），我今天衙门堂期都没去，所以先到这儿瞧瞧姐姐。《小额》/今天是衙门堂期，来的稍晚一点。《小额》/过了两天，衙门堂期，张公约他谈了两句，跟着就派了他一个乌布。《王遁世》
【衙门银子】	衙门钱。给衙门送钱，要按实际钱数的十分之一说。	安大业还要问甚么叫衙门银子。《讲演聊斋·云萝公主》
【哑默悄静儿】	悄悄。	本人儿既是愿意嫁，也用不著那些旧礼俗，外带著还是不惊动人，哑默悄静儿的就抬过去。《说聊斋·邵女》
【亚赛】	赶得上，好像。	如今社会上，一来就换帖，两来就口盟。平常是呼兄唤弟，密{蜜}里调油，亚赛一个妈妈养的。《小额》/自己寻父的心盛，努着力这们一走，简直的亚赛小跑儿。《孝子寻亲记》/此时正在夕照，地方又小，棺材又薄，天又阴晴不定，热上又亚赛蒸锅。《春阿氏》
【咽底嗓（儿）】	吞下去。引申为私吞。	我们老爷还真给他办到了。其中有千十多块钱，全让他咽了底嗓啦。《怪现状》/卑职脾气，向来固执，温太尊是知道的（领教领教，若是不固执，八百块钱还不能咽底嗓呢）。《怪现状》/这位大人，把挺大的活人会给咽了底嗓儿。《讲演聊斋·白莲教》/老虎将郎头儿撒了嘴，迈虎步往前紧走了几步，抹过虎腰，往山坡下一探腰，又把刁头儿，叼在虎口，嚼了几口，并没咽底嗓儿。《讲演聊斋·云萝公主》
【烟馆儿】	抽大烟的馆子。	从先年轻的时候儿，专一竟使假票子，后来闹的也薰（去声）啦。眼时在西直门外头开了一个小烟馆儿。《小额》

【淹心】	心里难受。	赵氏说:"不接大姑娘吗?"王小峰叹了一口气说道:"你散了罢。我瞧见他倒淹心。"《势力鬼》/哥哥不在家,嫂子也死啦,侄子也丢了,姨奶奶不能守着,一定要改嫁,我拦他也拦不住,您瞧这有多淹心!《搜救孤》
【言不应口】	说的不是真心话。	老太太言不应口,在他倒不要紧,可是叫我终身怎么受呢?《语言自迩集》
【阎王账】	高利贷。	从先他爸爸放阎王账,专吃旗下,外带着开小押儿,认得几个吃事的宗室,交了两个北衙门站堂的,喝,那字号可就大啦。《小额》/素日的行为不必提,因为他放加一八分的阎王账,因此都管他叫阎王玉子,又叫作二阎王。《麻花刘》/从先北京城,有一宗放阎王账的(如今也有哇),专吃钱粮包子,俗话叫作放旗账。《益世余谭》
【眼诧/眼岔】	没见过或少见,觉得奇怪、可疑、可怕。	说到归齐,狗爷原没有一定的宗旨,他是见了眼诧的就咬,看惯了他就不理会了。《益世余谭》/彼时各门,都有义合团守卫,出入都要盘察,眼诧一点的,揪住楞说是二毛子。《五人义》/有一辆拉面大车,上头坐着两个人,因为下雨,车上人一支伞,骡子眼岔了,就惊下去啦。把两个人,摔下一个来,由脚上就轧过去了。《进化报》
【眼儿猴(儿)】	死了。	心说我怎么眼儿猴儿哪?既是没死,便不是毒物,或者也许是吓吓我。《说聊斋·葛巾》/伏维上飨、无常、羽化、圆寂、眼儿猴、咯儿屁、皮儿啦、吐啦、刘二哥啦(费甚么话哪。简直的全是文野相杂,死了的代名词)。《评讲聊斋·花姑子》/往早年说,活到六七十眼儿猴儿的,那很不算老死。《演说·再说福禄寿财喜》/老侯一急陪着得了个暴病儿,变了眼儿猴啦。《杂碎录》

【眼光着儿】	把人的注意力引向别处。	狗头群儿闹了个眼光着儿，了起一小块儿银子来，有二钱多，烟土也没买成。《小额》/你这小子，不用跟我闹眼光着儿，你打算这里头骑驴，那是不行。《家庭魔鬼》
【眼离】	看花眼了。	照定男女就是一刀，差点栽了个大扑虎儿，又一瞧床上任人没有，姚安心说，这必是眼离啦。《说聊斋·姚安》/昨天我也是喝大发啦，也许我眼离啦。《刘瘸子》
【眼皮（子）浅】	没见过世面，贪小便宜，巴结权贵。	再说做买卖皆免不了有一种毛病，就是眼皮浅。每有来柜买东西的，若身穿华丽是一个眼光，分外说话和谐可亲。如身上褴褛又是一个眼光，说话便不大和气。《演说·和气生财》/心想一个卖麻花的女人，贪便宜，眼皮子浅，勾勾引引，就能得手。《麻花刘》/千万别眼皮子浅，贪小利一定受大害。《忠孝全》/困难的时候儿，三五块都不行，将得了这们个乏差使，立刻找上门来借一百块钱，太眼皮子浅了，不借不借。《过新年》
【眼皮儿杂】	认识的人多。	福八聊一跑，拳爷照了影子啦，揪着福八聊，一定说是二毛子。福八聊跟人家一路苦聊，人家不听那套，带到坛上去要焚表。好在福八聊眼皮儿杂，遇见两个熟朋友，算是给保下来啦。《忠孝全》
【眼皮儿杂项】	认识的人多。	武爷知道他眼皮儿杂项，又想再问一问。《讲演聊斋·田七郎》
【眼圈（子）】	眼镜。	起初我以为是个下等社会，年少无知之徒，及至回头一瞧，原来是一个老者。瞧神气年逾耳顺，戴着个眼圈子，打扮不俗，看外表不是封翁，就是遗老。《余墨》/那天噎膈李将摆上，天早街上没有多少人。噎膈李戴着个眼圈子，弄了本书，坐在那里，低着头招说呢。《鬼吹灯》/先把眼圈摘下来，挽了挽

		大宽袖子，把大爷预备的白布，铺在许老二腿根儿底下。《讲演聊斋·齐天大圣》/县官一抬头，见是个穿靴戴帽的金杵子，口称周生员，登时气不打一来，连近视眼圈没摘，把惊堂木一拍，说："你是那儿来的？"《讲演聊斋·成仙》
【眼窝子浅】	爱哭。	老娘儿们本就眼窝子浅，概不由己的，用袖子直擦眼犄角儿。《杂碎录》
【眼拙】	眼睛不好。认不出人来的时候说的客气话。	小额一听，忽然的想起，说："兄弟，你可真得恕我的眼拙，你多早晚儿回来的？"《小额》/我真眼拙，怹们所想不起来呢。《杂碎录》/他们到了院中，只听跑厅的么喝了一声，随即过来一龟奴，把他四人截住说："诸位老爷，恕眼拙，有熟人提一声，现在没有闲屋子了。《北京》/眼拙，自言失照。《旧京通俗谚语》
【演鬼】	正月三十，雍和宫的祭祀仪式。	每年正月三十日俗称演鬼，次日二月初一为打鬼。此即番人送傩之古礼。番人戴面具诵经。《演说·说两宫》
【验缺】	八旗考试选拔官员、士兵。	那个说："这两天没活，我们牛录上有一个拨什户缺（就是领催），大概这两天夸兰达验缺，我也得练练箭哪。"《小额》/他的侄子，也是个孤苦伶仃的苦孩子，送了回技勇兵，因为身量太小，验缺的时候，就没能拿上。《春阿氏》
【雁儿孤】	闲话。	兄弟，你这个雁儿孤也太多了。《势力鬼》
【雁儿孤话】	闲话。	吴八儿又□了一套倚势欺人的雁儿孤话，这个问题算是解决。《张二奎》/凤仙给何氏拜寿，何氏昂然直受，并且很说了些个雁儿孤话。《过新年》/听差的点了点头，咂了咂嘴儿，还说了几句雁儿孤话，清禄也就装听不见啦。《双料义务》

【雁叫齐叫】	一个人说，然后大家随着一起说。	大家立刻狐架（假）虎威，雁叫齐叫的说，把他揪出来，捶他个甚么甚么。《杂碎录》/你看现下闹热症的，别管是因他病所致。这也说是虎疫，闹得一般愚人，也跟着雁叫齐叫。《演说·伏虎雨》/没容冯生打碴儿，旁边的众宾朋就雁叫齐叫，都说："对，对，这话说的对极啦。"《白话聊斋·辛十四娘》
【焰口】	①请和尚念经、唱佛经故事，同时把掰碎了的馎饦往下扔，以超度饿鬼的一种佛教仪式。来参加佛事的人也可以另外出钱点曲，让和尚唱。②后来发展成为一种演出节目，甚至妓院里妓女也可以唱。	①接三那天，也弄了几个和尚放焰口。放正的不是别人，正是关帝庙的住持孽根。老太太送殡那天，倒也很热闹。《苦鸳鸯》/衣衾棺椁一概从厚，还给他放了一台焰口。这便是陈财主的厚道处。《赵三黑》/最可笑者，放焰口带外佛事。甚么叫外佛事呢？质言之，就是带唱曲儿，甚么《锯大缸》咧，《刘全进瓜》咧，甚至于有《十美图》《放风筝》，真带"咿呀呀、哎哟髻，听着令人肉麻。《益世余谭》/若较真理说，焰口本是佛事，有人在焰口上加以风流二字。这话可以说是佛头着粪，亦可说是鬼脸贴金。有看过焰口本子的，必知焰口的来历，这可瞒不了应酬佛事的师傅们，书上说的明白，昔有鬼王，自称面燃大士，口吐火焰，故名焰口。《演说·风流焰口》②上头贴着黄纸的报子，是：本轩四月初七、日两天特约子弟随缘乐消遣：风流焰口五圣朝天别调咤曲别母乱箭。《小额》
【央/殃/秧】	来劲。	我想着背地教妻，劝劝就完啦。谁想到越劝越央，抓过剪子来，就往肚子上扎。《春阿氏》饿膈冯也不是个省油灯，跪了一回提督，见了一回总办，闹了个马仰人翻的。后来吹出风来，跟钱锈要拼命。钱锈又悚啦（这块料），倒托出人来一说合。饿膈冯倒殃啦，说："我跟他闭了眼啦。他有能为，把我发啦。我

		有能耐，砍完了他，我给他抵偿。"《小额》/ 张秃子不了啦，给这个作揖，又给那个请安，好话说了六万多句，越说越秧。《汪大头》
【殃榜】	上面写着死者的生卒年月日时，什么时候适合出殡。也叫"殃书"。	你这不是诚心起哄吗，活人的殃榜怎么开？《白话聊斋·胭脂》/ 周孝一说这宗丧事的计画，老姑太太十分的赞成。这当儿阴阳生开了殃榜，跟着寿材搭到。《过新年》/ 若无预防对待的方法，就许有人拿着他立的末后那个药方与死者的殃榜，找在门前哭嚷闹。《演说·两面言》
【秧】	死者的灵魂。	惟有出秧一说，还有说让秧给打了的哪。《杂碎录》/ 比如赶上出秧。活人由秧脑袋儿上经过，打在秧阵里头，还不打个鼻青脸肿啊。《杂碎录》
【秧子】	容易上当受骗，大把花钱的富家子弟。	何为秧子？因为他有几个糟钱，这笔糟钱，并不是秧子己身能力挣来的，或是上辈遗留，或是由亲戚处得来，或是巧得来一注横财，秧子擎受不住，才有许多旁人编{骗}他，种种手段有软有硬。《演说·说秧子》/ 从先是父母月儿的日子（我不说少爷班子，招呼又有人挑眼），钱到手里就想花。说我是个秧子，我还够不上，真有钱才能称秧子呢。我没那们些钱，所以不敢僭称秧子。《王遁世》/ 自己势力又微，后来一想，得联络几个有力量的朋友，也好固自己的地盘，于是狐朋狗友很交了几个，大家无非是捧大爷、吃秧子。《铁王三》
【扬气】	谱儿大。态度傲慢，架子大。	现在商人虽然提高，也不该拿财神爷当奴隶呀。若果你们办法真完全，就是扬气一点，也还没甚么，谁知道大谬不然。《益世余谭》/ 电报我打过两回，就是对待人太扬气。你很{跟}他低声下气，他跟你趾高气扬。《余谈》/

		往往没教育的妇人，自己当头人，挣几个钱，他就扬气，在妯娌场中，他总要出尊夺萃，看着谁都像奴隶，再遇见没骨头的公婆一捧，更邪行了。《势力鬼》
【羊羔（儿）吃乳】	跪下。	秦英一见儿子，心里一阵难过，来了一个气椅儿。如敬当时来了一个羊羔儿吃乳。《回头岸》/天主张一害怕，羊羔儿吃乳，他老先生跪下啦，不但跪下，还直嚷："师兄饶命呦，我早就出了教喽。"《五人义》/见张铁汉生的浓眉大眼，雄纠纠的却有几分豪气，不由心中害怕，连忙来了个羊羔儿吃乳，咕得儿的跪倒在地。《张铁汉》/两边巡捕如狼似虎，当时答应了一声，这就要动手，王有道求{不}了啦。当时羊羔吃乳，他老先生跪下啦。《王有道》
【羊角泡子】	羊角灯。	原来是两个刚留满头的小丫鬟，个人手提着羊角泡子，后面有一男一女进了柜房。《讲演聊斋·双灯》
【羊肉床子】	羊肉铺。	到了初三一早，外头叫门，盒子铺取锅子来了。又待了一会儿，羊肉床子又取羊肉钱来了。《益世余谭》/两个人楞了一会儿，出离了颜料铺，来到烟儿铺，把钱换了，一直的迳奔羊肉床子，就买酱肘子。《王遁世》
【羊头】	用头撞。	狗爷打了丫头俩嘴吧，丫头回敬了一羊头，狗爷倒没回敬他一狗头。《姑作婆》/老婆子撞了赵傻子一羊头。《张二奎》
【杨梅】	梅毒。	你再闹身杨梅，呵呵，金少梅三个字你不是占全了吗？《演说·讲金少梅》
【洋绉眼】	势利眼。看见穿洋绉的人，马上就巴结。	要是不摸底的，真疑惑他是卸了任的府道。到了茶馆、饭馆儿，都称呼他额老爷（洋绉眼），他自己也以额老爷自居。《小额》/同

		舟有一位老者，六十多岁，相貌轩昂，打扮不俗（我可不是洋绉眼）。《余墨》/ 单有一路洋绉眼，还是专上这个当，是那一派哪，就是瞎摸海的买卖。《演说·人到五十古来稀》
【养不活】	白眼狼。对他再好，也换不出好。	陈财主待遇他还不错，无奈这宗人是狼子野心，往俗里说，叫作"养不活"。你待他天高地厚，也换不出他的好心来（他也得有好心哪），对了劲他总要害你一下子。《赵三黑》
【养济着】	休养。	就是那们着啦。你好好儿养济着吧。我一半天还来瞧你来哪。《小额》
【养育兵】	八旗没有实际工作的预备兵役。每月一两五钱银子。	赶到出门口儿一瞧，原来是这老少两块料。上次因为挑小缺儿（就是养育兵），就麻烦过两回善大爷，也认得他们。《小额》
【腰柜】	"腰包"的诙谐说法。	先将三个人腰里的东西摸出来，入在自己的腰柜。《杂碎录》/ 没有人管账，摆斜荣荐了一个老西儿来，姓张，叫转心张，从前在某王府轿屋子里宝局上管账，竟往腰柜里顺钱，让人家给辞出来啦，跟小荣是个联盟。《小额》/ 那天世芳寄了封信来，随着信还有五十两银子，正寄在王二痰迷手内，这小子把银子入了腰柜，把信给烧了。《贞魂义魄》/ 北京某某善士，借着难民的光，筹款多入腰柜。《演说·江皖赈灾会》
【窑皮】	在妓院一带混的流氓。	唐爷说："我谢谢姑奶奶（窑皮吗）。"《讲演聊斋·连锁》
【摇晃山】	靠不住。	在寻常演义小说，要夸这个孩子聪明，离山鸾远，走驴儿就大，甚么"过目成诵"啦，"目下十行"啦，"七岁上五经就念完了，九岁就做全篇文章"啦，说了个神童相似。那全是摇晃山，一点儿也靠不住。《过新年》/ 他露甚么，我瞧着就是摇晃山。《二十世纪新现象》

【摇滩】	也写做"摇摊"。桌上画四个格,写上一、二、三、四,让赌钱的人下注。然后把四个色子扔进罐里摇,再倒出来。把色子上的点数相加,除以四,如果除尽了,赌"四"的人赢,如果除不尽,余数为几,则几赢。如十五点,是赌"三"的人赢,十六点,是赌"四"的人赢。	周信说:"老六,你先等一等儿,我得先摇两滩。"周义说:"四哥你又没输钱,你摇甚么?还是我摇两盒子得了。"蒋忠说:"无论谁摇,我都押呀。"毛二爷说:"嗳,嗳,据我说,散了罢。先瞧老爷子要紧。"(老爷子没有摇滩要紧。)《过新年》
【摇席破座】	在宴会中间离席。	亲家母我并非摇席破座,我到外面照应照应。《讲演聊斋·阿稚》
【咬儿】	捧斋。腊八那天在理教举行"摆斋"活动,教众去参加,叫"捧斋"。	这个姓杨的,既在教中有个碎催资格,自然比催众有点咬儿,借着教中的势力,一拉人入教,也很积攒了些银钱,又架弄上一个本教中的小堂客儿。《讲演聊斋·邢子仪》/他说今天有咬儿。我说甚么叫咬儿呀,他说今天有个斋口儿,在裘家街。说到此句,我这才明白,敢则是捧斋。《演说·白肉足用》
【咬群】	大家合伙儿欺负一个人。	咬群的意思,并不是一咬众,却是众人挟磨一人,好几个师兄,齐心齐兑师弟,能把那个生虎子,给挤兑的眼泪直打转儿。《演说·说商眼》
【咬牙】	不松口,不答应。	少大爷这回事情,真麻烦。都老爷是一死儿的咬牙,我为这回事,真着大了急啦。好容易这才说好啦,为这档子事,我还得罪了俩个朋友。《小额》/东翁既然跟温太尊是至亲,总有点关照,邓司马虽然咬牙,他不过是要吃一嘴,东翁破上一千两千的也就完了。《怪现状》

【要菜】	装样子，演戏。装正人君子。	邹氏拿乔（拿乔可就别打厘啦），说："娘啊，我可不上轿。"他有一个二舅母在旁边儿搭了岔儿啦，说："孩子，你不上轿怎么着，没有地方给你找汽车去。你别要菜啦，上次的轿子，你都坐了，这次你又不坐了。你不坐我坐。"《张二奎》/ 子英无法，把大致的情形说了一遍。赵顺问明住址，说是一半天到宅里请安（别要菜啦，还宅里哪）。《一壶醋》/ 后来又有几声枪声，仿佛有两声猫叫唤，由我脑袋上过去啦。马队说："他奶奶的（本地土话），老砸儿也放上枪啦。赵总爷留下话啦，让马勇同着少爷回去哪。"这当儿官衔灯也点上啦。我一想见台阶儿就下罢，别要菜啦。《赵三黑》/ 李得胜向婆子说道："你这婆子姓朱么？"婆子说："是。小妇人姓朱。"李得胜哈哈一笑说："你还是小妇人呢。你跟我老老岁数儿不差甚么啦。你别要菜了。"《孝子寻亲记》
【要跟儿】	压根儿。	什不闲一节，与地方风俗上，很有妨碍。所以现在，要跟儿不准唱了。《进化报》/ 按四万万人说，虽然通文理的人少，要跟儿没进过学房的，可并不少。《进化报》
【要劲】	①较劲。②争气。	①本来他不用柱拐杖，那天故意要劲，柱了一根挺粗的拐杖。《回头岸》/ 我只顾给他瞎马骑，我这两条大腿，可真受不了哇，算啦吧，别跟自己要劲啦。《张铁汉》②冲着他这们不要劲，姓穆的倒得叫他瞧瞧。《白话聊斋·乔女》
【噎膈】	食物难以下咽，食道癌或食道狭窄等病。	额大奶奶这们一哀求他，老张在旁边儿又这们一捧场，喝，王香头大开演说，一叙他给人治病的历史，某处的水臌是他给人治好了的，某处的噎膈也是他治好了的，老仙爷这们灵、老仙爷那们灵，说了个津津有味。《小额》/ 即或他人席，不是噎膈假充噎膈。那宗神气烘烘，恶习大了。《刘军门》

【爷爷公】	丈夫的爷爷。	赵华臣又是一个世交的爷爷公，所以小文子儿的媳妇儿才出来见赵华臣来。《小额》
【野茶社】	在郊外设立的茶社，多为临时的。	茶室我虽然不去，茶楼、茶馆、野茶社，我都爱去。《余墨》
【夜游子／夜油子】	夜里不睡觉，到外边玩儿。	晚上完了事，伯雍染了夜游子的习惯，仍和子玖凤兮到外边跑跑。《北京》／次日白天早吃饭，吃饱了足睡午觉，所为留精神放夜油子。《讲演聊斋·伍秋月》／但说升儿，凤日知道主人是惯爱拉晚儿，放夜游子。《讲演聊斋·龙飞相公》
【一把子】	一帮子。	就在这当儿，可巧他们那一把子碎催，甚么摆斜荣啦、花鞋德子啦、小脑袋儿春子啦、假宗室小富啦，听听这把子的外号儿，那一个不欠二年半的徒罪，晃晃悠悠的全到啦。《小额》
【一宠（子）性儿／一宠性子】	任性。	这两个仆人一齐摆手，说："我们二东人是一宠性儿，老街旧邻谁都知晓。《讲演聊斋·伍秋月》／总然说破嘴唇，也难劝他们的一宠性子。《评讲聊斋·曾友于》／总是从小儿养的娇纵，过于一宠子性儿。这一程子，来提亲的很有好些家子，他本人儿是全不愿意。《讲演聊斋·寄生》／你不晓得老娘们儿们办事，多是一宠子性儿，过几时一心疼钱，翻悔了可就难办咧。《讲演聊斋·段氏》
【一宠子】	任性。	谁知这位是个一宠子的脾气，说到那儿，要办到那儿。《讲演聊斋·夜叉国》／有心往下再劝，一想女儿平日是一宠子的性儿，此时他是被姓满的迷住了，即便破坏，也叫做白饶。《讲演聊斋·细侯》
【一答一合儿】	一唱一和。	若是两位好说的到了一块儿，您听吧，除了自夸之外，第一就是讲究人，笑话人。不是某人怎么不对，就是某人怎么无能。一答一合儿，真能够没结没完。惟独谈到别人不好

		处，好像心里非常的痛快。傍{旁}边听的人就能答腔，您还说呢，上次跟我这个碴儿，就怎么怎么不对。里头再有附和的，真能把这个人潛毁的低钱儿不值。说着说着这位来啦，您猜怎么样？大家可又不说他啦，另想一位别人作鼻子头。《演说·口过娱闲》
【一担挑】	连襟。	这话倒对，是得求我们妹夫儿连襟一担挑。《谢大娘》
【一党】	一伙儿。	可不是吗。刚才他们那一党找我克啦，打算明儿个给您赔不是来，让我先央求央求您来。《小额》/他不跟王英一党，也不跟王氏一党，并且也不跟王三一党。《铁王三》
【一道箍儿】	一根筋。不懂得变通。	他就是一道箍儿、窝儿老，就不懂得交好朋友。《杂碎录》/敢情王生是一道箍儿的心眼儿，听见娘子所说的话，赶紧站起来，脸上现出一种惊惶失措的样子。《评讲聊斋·锦瑟》
【一个狼狈】	一起干坏事的人。	这个饿膈冯，就是钱锈的一个狼狈，两个人一手一式，不用提，吃的够多□□啦。《小额》
【一个坐儿/一个座儿】	把兄弟。	再提几位人物字号朋友。我们是联盟、口盟、一个坐儿。当初他甚么甚么事情是我给他办的，半薰半说半卖味儿，所透着一百多不含糊。《演说·说土棍》/把兄弟叫做一个座儿。《讲演聊斋·成仙》
【一锅儿熬】	一起倒霉。	吴世仁大申饬了郎才一顿，又要撤孙子游的差使，孙子游跟郎才说："要撤我的差使，咱们是一锅儿熬，谁也跑不了。"郎才也抓了苦，跟吴世仁一说，算是没撤。《二十世纪新现象》/你既往外攀我，很好，那就一锅儿熬吧。《杂碎录》/这件事情不用我跳动，我打了就是啦。可有一层，砍头荣这就回来，反正我们是一锅儿熬。《杂碎录》

【一过草儿】	草草结束。	四十儿成家办喜事，要是细叙，真得十回，如今咱们专说要点，无关紧要的节目，偺们干脆马前一过草儿。《土匪学生》
【一狠百狠】	下狠心。	留着他是块病，若如一狠百狠，活埋倒除根儿。《杂碎录》
【一横鼻梁儿】	拍胸脯儿。承担责任，承诺。	本来有钱的时候儿，真是"座上客常满，樽中酒不空"，整天有人啃他。就是园馆居楼，无论多少人坐下，一横鼻梁儿，吃多少钱，都是他的事儿。《一壶醋》/有才叫掌柜的算了算，一共吊半零三儿钱，一横鼻梁儿写在帐上。《讲演聊斋·云翠仙》/满打自己供上孔子牌位，我对着空子一横鼻梁儿（子路有灵），就许给我个大嘴巴，我就算您的徒弟罢。《演说·说信教》姑爷又想起老碴儿来咧，一横鼻梁儿，说："贤婿不必为难，……"《讲演聊斋·水莽草》
【一口菜】	可以吃的人，指可以从他身上捞钱的人。	他兄弟也被他给气死了。现在就瞧着我是一口菜，打算借着我发注大财。《讲演聊斋·黎氏》/大家伙儿全是他的小菜碟儿，瞧谁都是一口菜，他爱怎么赶罗谁就赶罗谁，全受惯了他的啦。《旧京通俗谚语》/大家瞧他是一口菜，跟他套联络。《人人乐》
【一来一】	动不动就。	哥儿们虽说面和心不和，可是比上从前，倒不那们一来一打架了。《评讲聊斋·曾友于》/如果一来一起毛，反被老道瞧不起了。《讲演聊斋·九山王》/咱得预先问明白了，省得一来一打杵。《讲演聊斋·王者》/我是跟你凑着玩儿哪。我特意的斗你两句，瞧瞧你有斤秤儿没有？你要是史麻子的鼓，一来一急崩崩，我可怎么交你呀？《杂碎录》/您可不知道我们舅爷的脾气，说话是一来一瞪眼，仿佛他比谁总要多一手儿。《杂碎录》

【一溜身齐】	一样。	"凤仙深沉厚重，周廉要强读书，将来非久居人下之人。"让他们好好的待承，点造好感情，别跟何氏一溜身齐，留点有余地步。《过新年》／又不曾跟他们一溜身齐的通同作弊，既本被控，大帅委两位宪台来查，卑职也不必分辨。好在都有公事案卷可考。《怪现状》
【一溜歪斜】	不正直，不正经。	比如儿妇一进门，作婆母的，也来个循循善诱，久而久之，儿妇怎么没有调教，也不至于一溜歪斜。《杂碎录》
【一溜斜的】	走路不稳，东倒西歪。	春爷开门一瞧，原来是麻花刘，喝了个酒气喷人，春爷说："兄弟回来了。"麻花刘说："大哥你看家。"一溜斜的进得门内。《麻花刘》
【一路】	一通儿。	胭脂被王氏这一路涮，居然就能信以为实。《白话聊斋·胭脂》／看见一个车夫，被两位八太爷抢着皮带一路大抽，打了个狼号鬼叫，脑袋上闹了两个大窟窿，血流如注。《余墨》／这屋里嚷"点灯"，那屋里嚷"好黑"。本楼的伙计，一路手忙脚乱，大抓其瞎。《余谈》／麻花刘又给大家作了一阵揖，说是劳诸位驾。当时大家一路贴靴，这个说："这顿揍够小子受的。"那个说："刘爷手底下真有两下子，一抻他就躺下啦。《麻花刘》
【一面儿官司】	只听一面言词的官司。	玉老爷的交派，说是奉堂谕，无论甚么人，不准进去瞧看，衙门里头的人，有敢使一个钱的，要是查出来，立刻的交刑部黑发。您瞧这不是一面儿官司吗？《小额》／我们打一面儿官司，你使了牛二多少钱？你给牛家当走狗。你一辈作官，辈辈擓砖。《胶皮车》／如今我这样破衣落索的，他看着纳罕，这要招人家生了气，把我送到卫生局，说我有碍卫生，岂不是一面儿官司吗？《讲演聊斋·张诚》

【一面儿黑】	六亲不认。	徐爷把珠子慨然赠与水商,皆因既是白得来的,而且处处还要仰仗水商帮衬,自己若是一面儿黑,怕水商公串上外人,把自己图谋了。《讲演聊斋·夜叉国》/因为今时之人,大都一只眼睛是黑的,叫做一面儿黑,六亲不认。一只是红的,叫做看见甚么他就红眼,真能为一文钱打得头破血出。《讲演聊斋·王大》/谁要一劝,尹氏立刻就翻脸,也不论是谁,亲戚朋友一面儿黑,并说我这儿管教男人,谁要一拦,咱们就干干。《说聊斋·马介甫》
【一面儿理】	只站在一方的立场讲道理。	按说都是苦同胞,拿两条腿作四条腿的事情,但分有一线之路,谁入胶皮团?我们对于这宗人哀怜之不暇,吹毛求疵的责备他似乎不对。这话是一面儿理的话,拉车的要气上人,真能把你气死。《鬼社会》/我看你这们大年岁,你养女不容易。人家养儿的也不容易,不能说一面儿理。《春阿氏》
【一模活脱儿】	非常像。	刘爷一瞧,更是跟阿绣长得一模活脱儿,当时子固的眼睛,直不口忙合的。《评讲聊斋·阿绣》
【一扑纳心儿】	一心一意。	不论甚么差使,一扑纳心儿的办,勇往向前行了去。《语言自迩集》/你们既然是念满洲书,就该一扑纳心儿的学,像这么样儿的充数儿、沽虚名,多嗻是个了手啊?《语言自迩集》/一扑纳心儿,立意打算成人。《旧京通俗谚语》
【一谱儿】	一点儿意思。"瞧出一谱儿"就是"瞧出点儿意思来"。	闹的小额脸也红啦,坐着不是,站着不是,可又不好站起来就走。正在难解难分的时候,花鞋德子早瞧出小额一谱儿来啦,赶紧说道:"阿玛,您还是有点儿不舒服吧?您要是不得劲儿,要不咱们走吧。不用听啦。"《小

		额》/自打女人这们一苦捣扯，他就瞧出一谱儿来，又搭着铺子的伙计，拿他一起哄，这件事情更闹明啦。《连环套》/街房以为吴能手在他妻子身上看出一谱儿来哪，言语之间，未免有些个躲躲闪闪。《杂碎录》/自以为仆人们怎么瞧出一谱儿甚么来了呢，立刻脸先红啦。《评讲聊斋·嘉平公子》
【一气儿】	一下儿。一次。	汪大头说："对呀。你送他几只鸭子得了。"小鬼周说："我这儿还有十几只填鸭。"汪大头说："这就对了。你别一气儿送他。一气儿送他，吃完了他就□起来啦。你零碎送他。今天送他两只黄焖的，过两天再送他两只清蒸的，再过两天送他两只活的，再过两天烧两只送给他。"《白公鸡》
【一手儿事】	一起干坏事的人。	你们几位还不知道细底呢。洋报馆跟耶稣堂，他们都是一手儿事，借着报劝人入教。《进化报》/因为一拴车，必得用赶车的。这位车把式你先惹不起。从买骡子说起，他就跟马贩子勾手，车铺、鞍鞴铺、围子铺，更是里勾儿外连，全都一手儿事，变着方儿吃坐车儿的。《演说·走会》
【一手活儿】	一伙儿干坏事的。	内中吴、刘二人是与陈头儿一手活儿，王二还能掰的开吗？《杂碎录》/我听七儿一说，才知道那个尼僧与那恶妇是一手活儿。《杂碎录》/敢情天理长人欲短，那全是生意口，稳住了来这们一手儿活。《酒之害》/但见卖表人与摆表摊人，二位敢情是一手活儿，一个装卖，一个装买，故意叫人上当。《燕市丛谈》
【一手一式】	一起干坏事。	这个饿膈冯，就是钱锈的一个狼狈，两个人一手一式，不用提，吃的够多□□啦。《小额》

【一水】	动量词。一下子。	明知天晚决不能叫走,不过总得有这们一水,不然透着下作似的。《说聊斋·云翠仙》/所没法子啦,让秘书先搪他一水,搪走了就完了。搪不走,咱们再见。《一壶醋》/这一定是作好了圈套儿,成心吃您一水。《义友记》/他说赌局里的人,商议好了,合谋把李世中的姑爷吃了一水。这一水吃的还是不少,有五百多块。《义友记》/今天一瞧老桂这分意思,知道他肯认头,表面上不能不绷一水。《赛刘海》/真生不便紧自待着,仍回书房。老夫人这才跟姑娘说(必等此时才说,所为让姑娘照一水,比空说有点儿准头):"姑娘那一天见面儿,我极力劝你同我一块儿来,我心里有个意见,可不知道你晓得不晓得?"《评讲聊斋·陈云栖》
【一顺子】	一头儿的。	真正冤他的主儿,他倒看成一顺子,这不是冤家口是甚么。《旧京通俗谚语》/大哥,咱们都是一顺子,有甚么话可以商量。《董新心》/再有一顺子的从旁足捧,只要半开眼一随辙口儿,打这儿说起,就能吃到养大拿肥。《社说·半开眼》
【一说一了儿】	说完这事就过去了。	这书印在报余上,是一说一了儿,同新闻仿佛,境过情迁,便彼此两忘咧。《讲演聊斋·娇娜》/好朋友可是一说一了儿,没有难买难卖的。《杂碎录》
【一套口】	说法一样。	周义一报告,说:"三老太太跟兄弟总得救我。"凤仙说:"六爷你先起来。"正这儿说着,何氏又到啦,扭住凤仙相手一要大哭,说:"妹妹你总得救我。(娘儿俩倒是一套口)"。《过新年》
【一天一现在/一天一个现在】	用的东西是当天干出来的。①花的钱是当天挣来的。②登的文章是当天写出来的。	①他家里是一天一现在,车一闲着,就没饭吃。《小额》/反正是有钱之家,早批下的便宜,到了冬天少烧些个湿煤。论到小户人家,不差甚么的,过日子是一天一个现在,但能

		成百斤或几十斤一送,那宗日子还算不错哪。《演说·说防煤毒气》②记者前几天大病之下,眼昏头闷心口跳,发烧作冷浑身抽,不必说提笔写字,连眼我都不爱睁（这年月可也睁不开眼睛啦）,但是担任好几处稿子,一天一现在,没不准你有病,没法子,力急从公,带病出征罢。《益世余谭》
【一条脖筋骨／一条脖胫骨／一条脖颈骨】	一根筋。固执。	他是又倔又强,说是甚么就得是甚么。通俗都说他是一条脖筋骨（这是绛姊吗？不,强牛筋）。《评讲聊斋·香玉》/驴肉红是一条脖胫骨的人,虽有好话,如何肯听。《驴肉红》/春爷知道他的脾气,向来是一条脖颈骨的人,也就不再劝了。《麻花刘》
【一条肠子】	认死理儿。只往一方面想。	王氏是一条肠子,朝思暮想,茶饭懒进,铁王三百般相劝。王氏掉了几点眼泪,说:"你我已然四十开外,就跟前这们一个女儿。实指望招个养老女婿,将来儿婿两当,把咱们送终养老,也是好的。没想到他又丢了！他要真害场病死了,我也甘心。如今闹的不知下落。"《铁王三》
【一条藤儿】	一条心。	你们母女是一条藤儿,一个会教,一个就会唱。《杂碎录》/娘儿两个先前还是一条藤儿,现在可不成啦。《杂碎录》
【一条腿儿】	一伙儿的。	府里县里大概他们都是一条腿儿,我上省里告他们去。《胶皮车》/二秃子这把子手下的碎催,都跟倪红是一条腿儿,反正吃的是二秃子。《铁王三》/衙门里头那个杜钱谷,也跟他们是一条腿儿。《张文斌》
【一头儿沉】	①向着一头儿。②双方之中只有一方花钱。	①德三爷说:"三姐这句话没有。这会儿不回来,待一会儿他还不回来？您瞧瞧那孩子的脑袋核儿。我说句话您可别恼,他就长了一个弃凶逃走的脑袋。他不害人就是好事,他会让人害啦？真真的,这是那里来的话！"

		桂氏一听，登时也不哭啦，说："三兄弟，您这是怎么说话呢？别这们一头儿沉哪！"《鬼吹灯》/ 我既替买主儿说了会子话，不替你说两句，也透着有点儿一头儿沉。《讲演聊斋·云翠仙》② 俗说"亲戚远来香，街坊高打墙"，这话是一点也不错，何况又是一头儿沉。这种亲戚更不吃香。《白话聊斋·梅女》/ 姑老爷虽然没甚么钱，还不至于一贫如洗，既然结为秦晋之好，还有甚么分寸不成？干脆咱们是一头儿沉，连娶带聘都归我。《说聊斋·邢子仪》
【一言抄百总】	总之。	大致的话语，文官无非是公正廉明、爱民如子等类，武官无非是一方保障、万里长城等类。一言抄百总，这类举动，是出于感情融洽要好的意思。既然要好，所以贡献几句好话。《益世余谭》/ 见了外人说起话儿来，光说这个机关怎么腐败，内容有甚么毛病，主要人有甚么私弊，同人怎么不够资格。一言抄百总，就是他一个人儿够程度，其余全不是东西。《张文斌》/ 头一样儿，说中国没团体，第二样儿，说中国不能合群。简断捷说，甚么不爱国啦，不自强啦，没毅力啦，没热心啦，没有社会观念啦，没有国家思想啦。一言抄百总，说中国人竟是私心。《进化报》
【一言抹倒】	全面否定。	老弟这话么，不能说所不对，可是未免有点儿一言抹倒，一网打尽。《怪现状》/ 现在道德薄弱，人心不古，愤世嫉俗之士，总说是社会上没有好人，未免一言抹倒。《益世余谭》
【一早晨】	一早儿。	楞祥子说："我还告诉您，明儿个一早晨，他们是一准苦央告来。"《小额》/ 一早晨我就听见这们两档子事，很觉堵心。还没吃早饭，又来了一个穷朋友，形容憔悴，说是闹病将好。《余墨》

【一丈青】	簪子，一头儿是耳挖勺。	脑袋上戴着一丈青的黄耳挖子，旁戴一朵红纸石榴花儿。《杂碎录》/ 一枝一丈青的小耳挖子，却不插在头顶上，倒掖在头把儿的后边。《儿女英雄传》
【一只虎】	独眼。	当时又有个和尚，是个一只虎，也跑来看莺莺，不料被斧子头儿绊了个大趴虎儿。《语言自迩集》/ 再一说，夏侯敦是一只虎，他也是单瞪，所以大家管他叫夏侯敦。《土匪学生》
【一子两不绝】	兄弟二人，只有一个男性后代，兄和弟各为他娶一个妻子。哥哥娶的儿媳生子继承哥哥的家业，弟弟娶的儿媳生子，继承弟弟的家业。	"若是一子，只好与金贾两门兼差。"范公说："你说什么？"保正赶紧改口，说："兼祧兼祧，就是一子两不绝吗。"《杂碎录》/ 伊舅氏因二立已为伊子多年，且亦生子，不欲二立归宗，向广由｛山｝要求，广山颇有难色。现经亲友调停，令二立兼祧郭、程二氏，俗所谓"一子两不绝"者是也。其先生之子仍归郭氏，广山现又出资，与其娶妻薛氏，俟薛生子，即继续程氏香烟。《益世余谭》
【依实】	把别人不是出于真心，只是客套而做出的虚让当成真的照做了。不客气。	周克昌说："自家人别闹客套，您千万别送。送我就不走了。"庄爷倒也依实。《白公鸡》/ 玉如在旁边儿坐了，有一个老者说道："大姑爷往上升，二姑爷往里坐。"丁狗子原在第二位上坐着，老者一让，他倒依实居然升了第一把交椅。玉如谦逊了会子，就在第二把交椅上坐了。《库缎眼》/ 第二天一早，杨子林就来了。玉岩留他吃饭，他倒也依实。《鬼社会》/ 郭先生又去了一堂体操，练毕放学，就留侯三在庙内吃了个便饭。侯三也不客气，遂依实打搅，吃完告辞回店。《七妻之议员》/ 他是最依实，一让就吃。一回是情，两回是例，后来见天就在这里吃啦。《二家败》
【仪注】	仪式。礼仪。	原来这档子仪注，老张是以资熟手，早打发人都备办齐啦。《小额》/ 选择吉日，三丁儿特备盛馔，约请两位老夫子入学，并约两位

		介绍作陪。至于拜圣人，拜老师，一切的仪注不必细说。《二家败》/听说该老太爷，每当出门，军警站岗，特别戒严，较比专制时代之君主出门，也不在以下。旧日制度，除君主出入警跸（天子出入，戒行路之人，谓之警跸。一说，皇帝辇左右持帷幄者称警，出殿则传跸。警跸者，止行人、清道路也），其余如亲王、大军机，都没有这宗仪注。《余墨》/国会开幕的那一天，一切的仪注，从先报上也登过。真是庄严灿烂郑重其事，好像开国会似的（费话）。《理学周》
【疑惑】	①以为是这样。②以为。③心里不踏实。怀疑。	①自己看着这点儿账目，心满意足。又有些个不开眼的人这们一捧臭脚，小额可就自己疑惑的了不得啦，胡这们一穿，混这们一架弄，冬天也闹一顶染貂皮帽子带带，也闹一个狐狸皮马褂儿穿穿。《小额》②谁知有些个人，不明内容，不分界限，因为我在报界，北京大小各报的新闻，都疑惑我担任着（人家也不用我，我也怕累死），因此常受嫌疑。《余墨》③再说那李老三同王四在屋内等候老闻的回信，等了足有一顿饭的功夫，也不见回来，李老三心里就犯着疑惑，遂向王四说，这陈大人的住宅，在甚么地方，你知道不知道呢？《玉碎珠沉记》
【疑影】	怀疑。	我疑影着，是金华的那个老妖魅，恨我背着他逃走在此。他没有我帮助着，不能白吃□（可见白吃人非好脑袋不行），他馋的难过，所以一定要找寻着我，报复前嫌。《讲演聊斋·聂小倩》/俗语说疑心生暗鬼，越犯猜疑，脑袋里越生疑影。《井里尸》
【已竟已竟啦】	已经这样了。	你们成心为难我是怎么着？事情已竟已竟啦，想法子盗洞去，这们一点儿事都架不住，那还成啦？《小额》
【意思】	看意思。	吴能手听牛成儿说话带赞儿，很透著青虚虚，意思要跟他发作几句。《杂碎录》

【翼啦】	步兵营翼尉在自己家附近设立的办公处。	步营左右两翼翼尉，在住宅的左近，必要安设一处档房，俗名叫作翼啦。遇有甚么案犯，必要在翼啦问明口供。《进化报》／兄弟来时，把阿氏她们已经带翼啦。二位得暇，请到翼里看去。《春阿氏》
【因话提话（儿）】	因为说到某事或某人，就势说下去。	王氏复又因话提话儿，胭脂可就听入了神儿啦。《白话聊斋·胭脂》／遂向他因话提话，打听本村内可有闲房租与外人久住。《传奇小说·六月子》／上次他虽给治晚说过两句好话，也并不是出于真正善心。治晚方才是因话提话，并非给他求情。《赵三黑》／起初有朋友来，因话提话，拿出一只来，给他瞧一瞧，敢情广西是偏僻省分，这些人真没见过这们好的鞋。《评讲聊斋·凤仙》／闲话儿可就提起你家细侯来咧。因话提话才提到满生这场官司。《讲演聊斋·细侯》
【阴人】	阴险的人。	这一封信，原来是阴人拢对儿，给三下里捏合上，他在一旁瞧哈哈儿笑。《演说·说骗》
【阴阳瓦】	老式房子上面的瓦是弧形的。焙药的时候，把一块瓦扣在火炉子火眼上，再在上面仰着放一块，把药放在上面焙。因为两块瓦一个倒扣，一个仰放，所以叫阴阳瓦。	这些个药味，让拿阴阳瓦焙啦，香油挑上。《小额》
【阴症】	因得罪鬼神而染上的病。	我瞧老爷这个疙瘩，是个阴症，竟吃药不行。我有一个干妹妹，姓王，是个香头，顶的是老仙爷。《小额》
【银虫子】	贪污的人。	这孩子既入了官场，决不像银虫子、硬赃官之类。因为在家充公子哥儿的时候，已然教训□了。《演说·天坛之今昔观》
【银三事儿】	银耳挖勺、银牙签、银镊子。当时随身带的东西。	大襟上戴着个银三事儿，是耳挖勺、牙千、镊子。《演说·嗜好》

【银匣子】	放银子的匣子。	那些位领催老爷们竟顾啦自己张罗自己的银匣子啦,伊老者可就吃了亏啦。《小额》
【引场】	正戏前面的演出。	他们俩捣乱的功夫,双子早上了场啦(双子是给随缘乐引场的,外带弹弦子),唱了一个吒曲儿,又说了一个笑话儿,这当儿随缘乐可就上了场啦。《小额》
【印务】	印务参领。在同旗的几个参领中主事的。	新帘子胡同的阿三老爷,从先是本旗的印务,现任左翼某旗副都统,专能卖缺,外号儿叫阿大价儿,是一门拉胳膊扯腿的老姑舅亲。《小额》/正堂每月一百块票,副堂每月六十,印务以下,大小股儿均分。《益世余谭》
【印子】	高利贷的一种。分期还本、息,一般是每天还。跑账的收到钱后,在账折子上盖图章或按手印,所以叫"印子"。	要说放账、使账的这门科学,在下也没研究过,大概听说有死钱,有活钱,有转子,有印子,名目很多。反正没有杀孩子的心,不用干这个(实话)。《小额》/你姑爷说,租房住,也是竟给人打印子。《势力鬼》/放印子的,专吃劳动界,见天零归,利钱很大。比方借十吊,每天打四百,一个月完,合十二吊钱,常说加一八分,这够上加二钱啦。再一说,十吊不能满出,来个九五出,扣留月利,里折外扣,这不是等于明火吗?《益世余谭》
【迎人】	受欢迎。	因为他的货物迎人,难免就要高抬声价。《燕市丛谈》/零钱小费,原为手艺行之外找,因为从前的工码儿太小,不得不讨个喜欢钱儿,还得活头儿作的迎人,顾主才能另外破费。《燕市丛谈》/只要菜品价钱迎人,照顾主儿没个不欢迎。《燕市丛谈》
【迎头】	①之前。②迎面。	①知道他们爷儿俩四五月间回来,现在才二月底,迎头也没来信,万没想到突如其来。《郭孝妇》②因为昨天出齐化门闲游,看见大街上新开了一个戏园子,我将要进去参观,迎头遇见一个熟人,他劝我不必去了。我们两个人,找了一个野茶馆儿喝茶。《余

		墨》/ 正要抹身躲开，不料已被地方霍明迎头看见。《错中错》/ 正是正月初春天气，这天勾一贵一个人，正在街上闲溜哒，忽见从对面走过五六个人来。迎头一把揪住，倒把勾爷吓了一楞，就听那个人说："你办得好事啊。"话未说完，哗啦啦一抖铁练，登时来了个销套脖颈，拉着就走。《何喜珠》
【迎着头子】	之前。	先到店内算清帐目，就手置备一份厚礼，迎着头子先送给太仆。《说聊斋·王桂庵》/ 糖炒栗子，原是一种食物，从前非到中秋节后，决不能添栗子锅。凡炒栗子之家，无非就是干果子铺（内城呼为姜店）。果子市遂亦炒卖，必须等到价值稍平，才用大笸箩在大街出摊儿。论到一般干果铺，都是迎着头子就卖。《燕市丛谈》
【营城司坊】	营：巡捕营，属于步军统领衙门，负责抓捕、审讯罪犯。城：五城察院，当时京城划分成中、东、西、南、北五城；察院，属于都察院，负责监督官员、审理诉讼、缉捕盗贼等等。司：五城察院下各有一个兵马司，负责缉访来京官员钻营、贿赂。坊：五城察院下再各有分两个坊：中城分中西、中东二坊；东城分朝阳、崇南二坊；西城分关外、宣南二坊；南城分东南、正东二坊；北城分灵中、日南二坊；称做五城十坊。	小额还对着大会儿放光说："别管他是谁，概尔不论，姓额的放得就是阎王账，不服自管告我去！营城司坊、南北衙门，我全接着。"《小额》

【营口】	军队中说的话。	王溥是个急脾气，又在营里当惯了差啦，学的一嘴的营口，当时说道："我这个差使将搁下，您就让我打正经主意。我没有甚么正经主意，反正我再谋差使也还容易。"《势力鬼》
【蝇刷（儿）】	拂尘。	前头有一个骑白马的跨着宝剑，手拿蝇刷，瞧神气一定是位大师兄啦。《王有道》/ 顶还没到台阶儿跟前，一抬头必是看见蝇刷儿了，所以不往前走，反倒退了两步，大概有点儿紧毛。《评讲聊斋·画皮》
【影】	①躲藏。②挡。	①庚娘举着刀，影在门旁，并不答言。《评讲聊斋·庚娘》/ 我今一天破出工夫去，就在这一课耐冬树后头影起来，到底得调查调查这个女子的来踪去路。《评讲聊斋·香玉》/ 金老头子一瞧，儿子落水，方要喊嚷救人，原来船家执着篙，在舱窗外影着呢。《评讲聊斋·庚娘》②忽听风门一响，玉禄的媳妇文氏举着个小煤油灯从上屋出来，一手影着灯光向西厢房这边走去。《花鞋成老》
【影影抄抄】	模模糊糊。	荣殷氏见此人说话，有些个影影抄抄的，又像是马里马糊，外带着又有点儿冒冒失失。《杂碎录》/ 单氏这两天回来，影影抄抄的听见一点风声。《大劈棺》
【影影响响】	含含糊糊，模模糊糊。	小红儿在监里头一洒这个薰(去声)香，楞说："听见信啦。小额这个官司有信要完。"可又说了个影影响响，似真非真的。《小额》/ 冯爷是个爽直痛快的人，向来说话行事是光明正大、直捷了当，这宗半吞半咽、影影响响的话，简直的受不得。《汪大头》/ 我影影响响记着有这们回事。《贺新春》
【影子模儿】	影子。一点儿消息。	贾爷既是伤了众，又还有点儿影子模儿，大家一路"墙倒众人推，破鼓万人捶"，贾爷无法分辨，只好认了个家教不严。《讲演聊

		斋·贾奉雉》/ 我这一件事,不但亲友不知道,就连我们那一口子,也不知道点儿影子模儿呀。《讲演聊斋·阿霞》
【应叫应声】	一叫就答应。	你没听见人家那屋叫,是应叫应声,咱们这里屋叫他,简直的不理。《金永年》
【硬打软熟和】	欺负了人又来软的。	后来许三叫来几个棍徒,将游客打了一顿,又作好作歹的一说合,用硬打软熟和的法子,将那个游客劝走。《杂碎录》/ 大概你们都是念了非孝论啦,气完了我啦,跟我硬打软熟和。《势力鬼》
【硬里子】	重要的配角。	这是于小宋说的吗?我替硬里子脚儿诉冤哪。《讲演聊斋·绿衣女》/ 这出戏是鲍爷的正角儿,吴观察的硬里子。《伶人热心》
【硬头货】	指钱。	咱们就质言之罢。如今没有人、没有钱、没能为,叫作不行。从先要吃政界这碗饭,或是真有靠得住的人,或是真有硬头货,或是真有点儿能奈{耐},三样儿里头,有一样儿就行。《怪现状》/ 再往四下里一瞧,妆奁物件,全都没动,所丢的不过是硬头货。《何喜珠》/ 硬头货,有钱敢出头。《旧京通俗谚语》
【硬着脸／硬着脸子】	①沉着脸。②硬着心肠。③硬着头皮。	①范知县心说:"有音儿。"硬着脸向皂隶说:"暂时先饶恕他。"皂隶这才松手。《杂碎录》②现在饥民络绎在途,其死亡生离惨苦情形,既然看不忍看,闻不忍闻,莫非就硬着脸子,装作不知道么?《演说·救灾感言》③方才明明儿的有人,你硬着脸子跟我赖。《讲演聊斋·佟客》
【永辈子】	永远。	现在各旗永辈子不挑缺,讲究吃空头,行话叫作"吃爬下的"(爬下者,死也)。《余谈》/ 比方说有一家儿,街门口儿是永辈子不扫,院子里头,是炉灰粪草堆成山。《进化报》

【永军】	永远充军。	小额定的是绞监候，手下的余党定的是永军不回。《小额》
【勇爷】	姨太太的兄弟。	恰巧遇着抚台衙门的三爷、勇爷、二爷（可不是抚台的兄弟。三爷者，姑爷、舅爷、少爷也。勇爷者，姨奶奶的弟兄，因为这个字像形，似舅非舅，写出来比舅字儿窄点儿。二爷者，老爷太太各有用项的红人儿）。《评讲聊斋·神女》
【由根儿】	压根儿。	当时，算是把王香头又留下啦（由根儿就没打算真走）。《小额》
【由着性儿】	随自己的心意。	在家里由着性儿吃吃喝喝不算，外带还得陪著走走逛逛。《评讲聊斋·阿绣》／如今由著孩子性儿花钱，这份孽造的本就够瞧的。《二家败》
【油炸果】	炸油鬼儿，把一小块儿二寸长的半发面，在中间用刀划一个小口儿，放在锅里炸。炸时，用铁筷子把中间撑开。	又有几个卖烧饼、油炸果（音鬼）的，有一个卖炒肝儿的，又有一个卖干烧酒的，乱乱烘烘，直点儿的吆喝。《小额》／春爷喝着茶，叹了一口气，向大奶奶说道："平常家里作菜，没有料酒白酱油，口蘑汤花椒水，我都不能下咽，如今干烧饼□油炸果（音鬼）。"《麻花刘》／麻花儿，俗名又叫油炸果，面里没有礬碱，简直的不能起发。《演说·祸从口出病从口入》
【油纸】	防水纸。	他那个账局子，就在他外书房。每月钱粮头儿上，喝，手下的碎催可忙啦，一人一个小绿布口袋儿（许是作帽子剩下的布），一个油纸折子，拿着对牌（借账的把钱粮由领催手里，对过跑账的，立一个木头牌子，一劈俩{两}瓣儿，跑账的拿一瓣儿，领催拿一瓣儿，每月凭这个牌子取银子），往旗下衙门、护军营衙门，这们一取钱粮包儿。《小额》

【游行】	逛街。	可是真正的夫人太太，差不多都是旧脑筋，万不能坐著大汽车，到市上买一捆臭韭菜，也不能把头发剪了去，跟著男人跨{挎}臂游行。《说聊斋·阿霞》
【游缉队】	民国初年，北京治安由警察厅和步军统领衙门共同管理。游缉队是从步军中挑选出来的精干人员，主要负责侦察不法案件，如贩毒、赌博等。	到了如今，北京地面可热闹了。巡警之外，又有警备队、马巡队、提署的游缉队、戍卫司令部的军队、宪兵营不提，军警都察，还有各处侦缉探访。《余墨》/如果不听我话，那我就没法子了，只得用非常手段，求游缉队把你们尽数驱逐，到那时不要后悔。《北京》/原来小铁入了游缉队，办了两案，长官十分的欢喜，现在拔升小队官，也跨上刀了，戴上金箍儿的帽子啦。《势力鬼》
【游手】	游手好闲之人。	东便门外，旗人小赵，又名小福子，本一无赖游手，壬子年二次抢当铺（庚子年抢过一回，所以说二次），发了几个邪财，听说有两千元之谱。《益世余谭》
【有边儿】	有门儿。	刘爷心说："有边儿呀。总算我没打眼，买个物值所值"《评讲聊斋·阿绣》/喝，希四这一路瞎聊不要紧，招的额大奶奶放声的大哭。希四一瞧，心里说："这事有边儿。"《小额》/温爷听到这里，不由的血液跳荡，心说有边儿。《酒之害》/婆媒子一瞧耿太太的神气，心说有边儿。这回坏骨头总算不白掉，乘着他没准主意，就给他个就罐打水呀。《杂碎录》/爷倒出多半口袋来，低头捡起来，一手拿了一个面包，送给二夜叉，两个接过来，好在不择食，往嘴里就放，大略嚼了嚼，吞咽下去。徐爷一瞧有边儿，二次又呈进。《讲演聊斋·夜叉国》
【有点来历】	有点儿来头儿。	素日他知道伊老者爷儿们有点儿来历，决不能就这们忍啦，所以方才那一群催把儿，同

		着小额的儿子到伊府上赔不是来,都是胎里坏的主意。《小额》
【有骨头】	有骨气。	子英哈哈大笑,说:"不便就不便。革了我知县,还能革了我拔贡吗?马上回去,咱们也有饭吃,不作官都使的,不能受他的轻薄(有骨头)。"《一壶醋》
【有斤秤儿】	靠得住。	我是跟你凑着玩儿哪。我特意的斗你两句,瞧瞧你有斤秤儿没有?你要是史麻子的鼓,一来一急崩崩,我可怎么交你呀?《杂碎录》
【有理无情】	不管有没有理。	第五样儿,是认钱不认人。不怕是至亲至友,多好的交情,有事遇的他手里,有理无情拿钱来。《小额》/足见从先专制时代,官司是真打不的。旧日有两句歌谣,是"衙门冲南开,有理无情拿钱来",从先那分黑暗,就可想而知啦。《益世余谭》/别提啦!自从立学堂,可把庄家人害苦啦。一亩地有理无情每年先得拿出多少钱来。《演说·乡间教育》
【有落子】	生活有着落。	再一说,家里要有落子,打起还不逃上来呢。一来二去,也就流入乞丐啦。《余谈》/要指着他养家,简直不成。可是谁要有落子,又不肯挑这个差使。《进化报》
【有门坎儿】	在理教徒。	北京土语管入理门叫作有门坎儿。《小世界》
【有其】	与其。	"能赶罗的燕儿不下蛋儿",有其这样,何如头天晚间早些睡,又养息精神,第二天起来,也误不了事情。《演说·起早》/有其他倒车,不若我零雇,倒也便宜。《余墨》/四姑爷一个人儿在外头住着,有其赶紧办过来好不好?《刘军门》/你心里倒没甚么,一说就放你,有其当初不绑你好不好?放了你也行,你拿出两千银来,马上就放你。《赵三黑》

【有甚么像儿】	有什么行动。	临走对着二姐说："有甚么像儿，我接着你的。太太走啦。"《说聊斋·江城》/ 莫如先给他个下马威，连曾梯咱们一齐骂，看他有甚么像儿。《评讲聊斋·曾友于》/ 你出去叫几个人来，用门板把他抬到他娘家去。有甚么像儿，我接着就是了。《评讲聊斋·锦瑟》/ 紧跟着，又说了些个三青子的话。伊老者是真忍不住啦，说："诸位不用拦他，我瞧他有甚么像儿。"《小额》
【有玩艺儿】	有本事。	恒爷说："这个秃小子，够多们有玩艺儿，赶明儿个必有点儿福气。大哥的造化是真不小哇。"《小额》
【有向灯的，有向火的】	有向着这头儿的，有向着那头儿的。	那个说："瞧这方向儿，准是得罪人啦。人家那头儿尜儿准不小。"这个又说："额少峰倒没甚么得罪人的地方儿，都是他手底下那把子催把儿给惹的事。"你一言我一语，就有向灯的，就有向火的。《小额》/ 尝{常}言说的好，"有向灯的，就有向火的"。《过新年》/ 可是这些位的议论，也有向灯的，也有向火的，议论纷纭，莫衷一是，闹的记者倒没主意。《益世余谭》
【有兴味】	有意思，有趣味。	有一个说评书的吴辅亭呀，他专说《永庆升平》，说的虽然土一点儿，可是真有兴味，把土地文章他算揣摩透啦。《小额》/ 评书若能改良，较比讲演力量既洪且大。盖因评书饶有兴味，因势力导，收效甚速。《益世余谭》/ 你越瞧越有兴味，那才叫小说呢。《张和尚》
【有秀气】	有便宜。	康熙五彩的一对花瓶，他楞说给您两块罢，甚么两块零五吊罢，零六吊罢（的确是打鼓儿的口吻），忙忙叨叨的，假装生气，往外就跑。只要东西有秀气（土话管有便宜叫作有秀气），不用理他，回来准添。《一壶醋》

【右僧／幼僧】	尼姑。	从前的右僧庙，要分作两种，奶地出家是奶地出家，半路出家是半路出家，各归一门儿，丝毫不容含混。《白话聊斋·胭脂》/庙主即便是右僧，也不能够俗家打扮。《白话聊斋·辛十四娘》/接三是喇嘛焰口，藏经、道经、番经、幼僧经各三台。《过新年》/剪发堂客非右僧。《旧京通俗谚语》
【鱼床子】	卖鱼的店铺。	铁王三也不能拒绝，只得先摆八桌。赶紧告诉厨房，买肉添鱼，找补调和，马前暴作罢。这个事要搁在北京，好办的多。头一样儿买肉方便，鱼床子上有发得了的海味。《铁王三》
【鱼头】	麻烦。	因为吃鱼头麻烦，所以管麻烦叫鱼头。要把你的女人白接出来，你白算算，容你活着，那不是个大鱼头吗？《杂碎录》
【雨来散】	野茶馆。在郊外设立的茶馆，多为临时的。	还有一宗青草茶馆儿，各城外皆有，又名野茶馆儿，又名雨来散，茶喝到五六成，凑个野意儿，无非是烧酒猪头肉，烧饼大麻花儿，守着窑坑近，可以买鱼吃，再有花生腌鸡子儿，乐趣亦不在小处。《演说·茶社》
【御前侍卫】	皇帝的贴身警卫，是从皇族子弟、蒙古王公和乾清门侍卫中挑选出来的。	周道台的几位少爷，差使也全跟上劲啦。大少爷周孝捐了个候选知县。二少爷周悌是个御前三等侍卫，三少爷周忠，史官保的候补员外。《过新年》
【鸳鸯着】	头对着脚躺。	不能头脸相对，恐怕谁把谁咬死。鸳鸯着一放，脑袋挨着脚。《杂碎录》
【冤饼子】	冤。	放着好日子不好过，跑到这儿来尽义务，细想算那道冤饼子。《白话聊斋·劳山道士》
【冤大脑袋】	冤大头。	大约连几个人茶钱，算到一起，没有五块钱清不了账。心说我可不能当此冤大脑袋。不是别的，饶花了钱，还叫他们一边笑去，愣

		说得着秧子了。三十六计，走为上策。《七妻之议员》/ 要说这类给外洋销货的冤大脑袋，决没有穷混子。家里要是没炕席，万不能花好些个银子买洋玩艺儿。《进化报》/ 好在卖这路玩艺儿，是专吃冤大脑袋。《讲演聊斋·王成》
【冤的大头蚊子似的／冤的大头蚊子是的】	被骗得一愣一愣的。	他女人是让他气死啦（必是有心胸的），略下一个孩子，今年十六啦，喝，他这位少爷比他还亡道，真是神偷一支梅（真正的遗传性），那一溜儿街房都让他偷的怕怕儿的，外带着是谎皮流儿，连他爹都教他冤的大头蚊子似的，所以那一带的街房，有房都不敢租给他们。《小额》/ 要是在一百步之内，鸡一叫唤，就是太岁认可了。要是不叫唤，连你都要难保，把左某冤了个大头蚊子是的。《进化报》
【冤孽梆子】	不巧。倒霉。	您猜这五位是谁？哈哈，真正的冤孽梆子，原来是明五爷跟善家兄弟三位，还有一位是文紫山文管家大人。《小额》/ 偏巧冤孽梆子，那天官人在东门外，居然把曹禄抓获，这个案子可以了结。《酒之害》/ 冤孽梆子——大春子正挨着英主教坐着。《五人义》
【圆笼】	装做饭家伙的圆形屉。	一会儿见火工道挑进一副圆笼放在当院，又把所备礼物都放入笼中，小和尚把寿屏对联包好，一齐放在圆笼盖上。《讲演夜谈·邱生》/ 徐爷心说："离前面厨房远，也许少时用圆笼挑走。"《讲演聊斋·驱怪》
【圆全】	①圆。②齐全。	①要是不接着，好像给脸不兜着似的（俗语儿这们说，你要问脸怎么赏，又怎么兜，这个谎我圆全不好，您问兴这句话的人去吧）。《讲演聊斋·邢子仪》②其实不说这些个，与正文中也没多大关系，这们说着，仿佛是圆全点儿。《杂碎录》

【圆粘（黏）儿】	招揽顾客。江湖黑话。	有一个卖药的摊子，是个四十来岁，外路口音的人，摊子上悬着块布匾，上写"专治五膈七噎，水臌杂痨，一切疑难等症"。彼时正在圆粘儿（生意人设法招徕人，调坎儿叫作圆粘儿），虽然也是春点（生意口叫春点），听着好像有两句尖的（真的叫尖，假的叫腥）。《鬼吹灯》/ 你不用给他们这些江湖术士圆粘儿咧。《讲演聊斋·狐女》/ 江湖之道，等等不一，大致不外乎腥、登、踹、骗，无论金、批、彩、卦，非此不能圆黏儿。《都市丛谈》
【缘饭】	新婚夫妇一起吃的第一顿饭。	咱们也不用人陪着，就做为头桌缘饭，外带不用让，抢席儿一坐。《讲演聊斋·霍女》
【远限】	到生命结束。	您猜他楞的是甚么？他有他的鬼胎，心里说，我那天同大家伙儿还上人家姓伊的门口儿拍了人家一顿，掌柜的都让人家抓进去啦，我们这样儿的还有多大远限是怎么着？《小额》/ 没能为的人，硬要做官，那叫不称其职，没经□的人，硬要当大掌柜的，那叫不称其位。不称终必不祥，即便侥幸成事，也没几天的远限。《讲演聊斋·蕙芳》/ 后来一天比一天重，大概我也没多大远限。《白话聊斋·胭脂》
【月口】	剃过一回的刀子。澡堂行话。	剃过一回的叫月口。《燕市丛谈》
【月事】	每月给堂官的钱，从兵饷里头扣。	堂官夸兰达的月事（月事者，陋规之别名也）又扣个几分，满刨净了，剩个一两七钱多银子。《连环套》/ 你说各堂官有月事的很多，这话诚然不错。你想啊，当着一个都统、副都统，分文不进，不指着月事指着甚么？《余谈》

【月台】	灵堂前边搭的台子，下边与台阶持平，上边和房檐持平。台上两边放花、纸糊的人，天花板上绘"团鹤"图案，取驾鹤西去之意。	小额他阿玛死的时候儿，这位六老太爷，因为送信儿送晚啦，接三的那天，大这们一闹丧，躺的月台头啦，不让送三。《小额》/ 周孝把丧事的计画跟姑太太一提，打算是搭头号月台，堂罩要新的，景泰兰的五供儿，三个院子起脊大棚，立头号大幡。《过新年》/ 去世之后，接三那天，弟兄四个在月台前头，大唱双恶虎村，吊祭的亲友，一变而为劝驾，发引之后，没脱白孝，就打官司，弟兄四个，各有党羽，给他们画策，反正这几个造孽钱，都想多分，其中勾拉套扯，内容黑幕，也不必细说。《回头岸》
【悦服】	心悦诚服。	此时绛雪冲着香玉脸上沉沉儿的，好像有点儿不悦服似的。《评讲聊斋·香玉》/ 老员外猛然看见二姑娘，站在他姐姐身旁，撇唇咧嘴，八个不悦服他姐姐的样子。《评讲聊斋·姊妹易嫁》/ 要知皇上，他也是穷苦堂出身，乍得了天下，所有白来的金钱，先把人心买悦服，然后事事都能好办。《演说·扫营儿》/ 大概我不是胡吹罢？将才你打鼻子里都透着不悦服我，让你开了左鼻子右窗户，你还敢较证吗？《杂碎录》
【悦意】	愿意。高兴。	霍筠一听，心里可是老大的不悦意。《讲演夜谈·霍筠》/ 仆人心中虽不悦意，可又没法子，只好遂主办。《讲演聊斋·大力将军》/ 徐爷刨根问底儿，脸上透出点儿不悦意的神色。《讲演聊斋·萧七》/ 公子悦意那天回府，那一天再□车接奴就是了。《讲演聊斋·吕无病》
【晕撒】	皮袄。澡堂行话。	皮袄叫晕撒。《燕市丛谈》
【芸儿香色】	芸香色，棕褐色。	戴着一副茶碗大小的镜，小辫儿往肩膀儿上一搭，脚底下穿着一双四闪底子、大云儿香色蝠子履鞋。《过新年》

| 【运动】 | 托人，找门路。 | 一蹲三四年任事没有。不瞒大哥说，好容易运动门子盐道张大人（山东运司兼盐法道），应下盐务上调剂我一个小差使儿。《白公鸡》/兄弟休要提起。上届安福包办，调查员都使着了。我运动也派不上我。《余谈》/他今年四十一岁，有西佛爷（旧日称慈禧后为西佛爷）在世，他差点没得茂德斋首领。因为脾气耿直，不会运动，轮应他得，居然没得。《余墨》/再一说，利用《余墨》，以图报复，或是受人运动，给人作机械，这类缺事更耻为之。《余谈》/我这个首座，要是被大家公举的，或是我运动来的，实在办不下去啦。《过新年》 |

Z

【扎上】 zāshang	故意作对。	新人娘家姓赖，人果悍毒刁恶，长了个猴头狗样儿，外带轻而且狂，陈楸陈爷，是忘其所以啦。因爱成怕，渐渐跟儿子扎上不完。起初还有点儿父子的情肠，日子长了，看成仇人一样。《麻疯女》
【咂儿】	乳房。	请问母亲，一个女儿应当许几个人家儿？咱们要给谵声谚语添材料儿，这叫"老太太的咂儿，死了经儿"罢。《杂碎录》
【咂壶儿】	由壶嘴嘬着喝的茶壶或酒壶。	有一个老者，有五六十岁，左手架着个忽伯拉（鸟名，本名叫虎伯劳），右手拿着个大咂壶儿。《小额》/驴肉红正在摊子上坐着，弄了一个大咂壶儿，自己切了块儿肉，正然得意，就听人声吵嚷，说："太爷来啦，站起来，站起来！"《驴肉红》褡包上头是，跟头褡连、表褡连、钱褡连、眼镜套、烟荷包烟袋、手绢，还有个锡咂壶儿。《演说·嗜好》/你出去这个工夫，他取出咂壶儿来，又喝了一气了。甚么叫明白糊涂，分明是酒虫。《井里尸》
【咂摸】 zāme	琢磨。	前些日子，见京话报上说过一次闷葫芦罐，虽是个哈哈话儿，其中的滋味，就算让这位老先生咂摸透了，还是越想越有理。《演说·我要买闷葫芦罐儿了》
【咂咂头儿】	乳头。	杨先生乘式，往里一探手，正撞在姑娘咂咂头儿上。《讲演聊斋·连锁》
【杂半儿】	混合体。	原籍浙江湖州人氏，在河南作幕多年，北京也待过，又上过一荡甘肃，说话是一宗杂半儿的口音，要讲能耐倒是二五八。《怪现状》

【杂碎】	动物的内脏。比喻心肠。贬义。	要问他那份儿坏，前两天也说过，简直的不用提啦。真是杂碎掏出来，狗都不吃。《小额》/ 难得王氏有心有肺，倒是一副好杂碎。《讲演聊斋·成仙》/ 这个伙计并不晓得掌柜的安着一肚子杂碎，想着这些事，也在情理之中。《讲演聊斋·细侯》/ 文光家里，我倒时常去，我那干嫂子待我如同亲兄弟一般。我有了坏杂碎，还对得过文光吗？《春阿氏》/ 心中说道，好哇，我就猜着他是黄鼠狼给鸡拜年，没安着好杂碎，向来他也没有这样好心哪。《阜大奶奶》/ 不开眼的人，他是决没有恻隐心、公德心，看杀猪宰羊之时，什么儿其生不忍儿其死咧。他但分有这们一点儿杂碎，还不瞧哪。《社说·不开眼》/ 就凭你这点儿行为，红眼儿耗子都许不吃你的杂碎。《杂碎录》/ 天生倔牛筋，比木头人儿多俩眼睛，比板凳多份杂碎。《旧京通俗谚语》
【砸】	说坏话。	那天老姑太太回家，何氏把老姑太太让到自己屋中，摆点心摆果子，预备好茶，百般的献媚，后来因话儿提话儿，提到凤仙，何氏就棍打腿，给凤仙一路老砸。《过新年》/ 鲍爷被抓，真正是无妄之灾，又遇见仇人一给砸，本县的知县是个浑虫，专一听书差的话，进了门儿，不容分说就是一千小板子儿。《伶人热心》
【砸兑】	确认。	无如我还是不放心容貌如何，还得砸兑砸兑。《讲演聊斋·毛狐》
【砸明伙】	强盗上门抢劫。	他怕周家砸明伙，赶紧就顶屋门，后来我听出你的声音，羞愧难当才滚下床来在这儿藏着。《讲演聊斋·成仙》/ 勾一贵走向前去，照定大门，伸腿就是一脚，没端开，跟手又是几脚，只听趴叭哗啦，大门插棍踹拆，几个人蜂拥而入，这才要大砸明伙。《何喜珠》/ "那们快请军师指定方略"（好，砸明伙还讲究方略呢）。《张铁汉》

【栽培】	关照。感谢人家的话。	额家母子是千恩万谢，请安磕头，撒开了这们一栽培。《小额》
【在】	对于……来说。	这是小额的心工儿。在这些家儿亲友呢，是另有一份用意啦。《小额》/ 在何氏原是拍马屁、献殷勤，谁知道拍到岗子上啦。《过新年》/ 在热心教育之士而内顾增忧，精神亦为之顿减。《益世余谭》/ 冬至节，恰值这个雪景儿，在有钱的人，乐境甚多。《演说·雪天感言》
【在……上】	因为……	您别瞧我这位妹妹，他穷可是穷（不为穷，还不招这宗说呢），他不竟在钱上（竟在银子上），他当的是神差（好，比鬼使强）《小额》/ 况且雇工人氏，大半因穷所累，才出来伺候人宗旨目的，本来就在钱上。《酒之害》/ 方丈平日待老身恩重如山，钱花了已然不少，何必这样的外道。这一来倒仿佛老身属箭儿毛的，竟在钱上站着了。《北京》
【攒】	收监。	过完了这堂，黑不提白不提，就把大车王给攒起来了。《小额》/ 就说把曾家老少爷儿几个，都攒起来啦。唯独曾忠当时没被拿。《评讲聊斋·曾友于》/ 方才我听我们表弟儿说，你老先生同我们衙门中遭事的满生有点儿不来，打算要多攒他些日子。《讲演聊斋·细侯》/ 这些生员们，都是歹不安分，结党私营。登时详文学台，被革衣巾，钉肘收监，小名儿就叫攒起来啦。《讲演聊斋·张鸿渐》
【攒拌儿】	大家打一人。	当时七手八脚的，给吴能手一个攒拌儿，吴能手那里打的过众人，打巴了会子。《杂碎录》
【攒公议儿】	大家出份子钱。	许是给死人攒公议儿吧。《杂碎录》/ 小载出头给他攒公议儿，那溜儿街坊凑了些个钱，弄了三块匾，一块是"治瘟妙手"，一块是"著手成春"，一块是"手到病除"。《曹二更》

【攒人】	召集人。	这群小子们，是狗仗人事。小额这二年也足的受不得，上回也是，因为要账，他手下的也不是那一个狗腿子，楞给人家堂客一个耳瓜子，临完了，还要攒人打人家爷们。《小额》/ 小常挨完了打，回去见了二玉子一哭，二玉子就要攒人打麻花刘。《麻花刘》
【赞成】	认为好。	"今天刘喜奎《翠屏山》，你们怎么不赞成啊？"那个高身量儿的说道："我们今天原打算赞成鲜灵芝，后来听说鲜灵芝今天告假，所以我们今天不听戏啦。"《怪现状》/ 城里头阔老，是传讲赞成他那里，说是他那里的菜蔬，有特别的风味。《怪现状》
【赞儿】	闲话。	吴能手听牛成儿说话带赞儿，很透着青虚虚，意思要跟他发作几句。《杂碎录》/ 吴能手听见院子里有人直放赞儿，打心里直往上冒火。《杂碎录》/ 不想绛雪抗头，摔了几句赞儿，先挠下去啦。《评讲聊斋·香玉》/ 展孝廉不敢实受，答以半揖，然后让座，想着可别人家甩出赞儿来。《评讲聊斋·梅女》
【糟】	胡乱花钱。	有胡糟的钱，还在家里糟着玩哪。《演说·说妄》/ 自己一想，前途没有甚么希望，因此牺牲家产，由他们糟去。《铁王三》
【糟害】	糟蹋。	据我想，这宗事情，万万不是你本身愿意，必有多嘴多舌之人，给你出的主意。不但没办好，反倒又花了一百多块。就便你们议员老爷的钱来得容易，也不犯如此的糟害呀？《七妻之议员》/ 寒露儿又请了几天客，这宗没影儿的钱，可就糟害多了。《二家败》/ 好个念书的斯文人，听，还不错呢！真糟害苦了孔圣人啦。《张铁汉》
【糟旧】	又糟又旧。	话头话尾的，都是刻薄我穿的糟旧。《语言自迩集》/ 你的这件衣裳这么糟旧，这缝补的事你自己还会么？《语言自迩集》

【糟钱】	不知道珍惜的钱。	有人说这位老者，是内务府人氏，有几个糟钱，因为欢迎旦角，全花出去了。《余墨》/单说保定府西主人关外，有一家富户，家里房产买卖不少，干脆说很有几个糟钱。《库缎眼》/不管是甚么事情，他发起晕头悖谬来，无法可治，成年累月，掣出糟钱，设立学堂捐些个，办报馆赔些个。《春阿氏》
【糟扰】	骚扰。	却说安公子经了这番的糟扰，又是着急，又是生气，又是害臊，又是伤心，只有盼望两个骡夫早些找了褚一官来，自己好有个倚靠，有个商量。《儿女英雄传》/见了安老爷，拜了两拜，口里说："好哇，亲家！俺们在这里可糟扰了！"安老爷也合他谦了几句。《儿女英雄传》
【糟朽】	腐朽。	上月二十九号下午六点，崇文门的门楼，年久失修，木质糟朽，头一层楼的檐子木板脱落，砸坍二层楼，木板坠落，以致砸伤行人。《益世余谭》/是上头那根挂灯杆儿，年陈日久，糟朽不堪，禁不住一个大活人，往下一坠，折为两段。《张铁汉》
【早饭】	午饭。旗人早上不吃饭，喝茶，吃点心，所以，现在北京还叫"早点"。	简断捷说，吃完早饭，天就有一点多钟的时候啦。《小额》/某医便对大家闲谈，老不说吃饭，早饭直等到一点多钟，还不见摆上来。《笑林·切糕克食》
【早局】	中午的饭局。	那天是早局，可巧碰见槐亚强先生了。自然得让一让啊。可倒好，一让就依实（本来是一把子拐子手吗）。《二十世纪新现象》
【早起】	早上。	还一死儿要请我们吃饭听戏，定规明儿早起去。《都市秽尘》
【枣木榔／枣木狼】	磕头。	若不借着这个台阶儿，闹上三个枣木狼，岂不辜负了县太爷的恩典？《杂碎录》/如此岳父请上，待小婿大礼参拜，说罢跪倒，光，光，光，就是三个枣木榔。《说聊斋·连

		城》/ 俗说三月初二，是王母娘的生日，群仙前去祝寿，有献技艺的，有献宝的，至无能为，还在王母娘的驾前，冲上来三个枣木狼哪。《演说·蟠桃会》
【造魔】	胡编乱造。	那位说天仙甚么样儿呀，我也没见过。原文既说人世上没有对儿。我只这们替造魔啵。《评讲聊斋·阿英》/ 著书是褒忠贬佞，劝惩为怀，情理下不去，就得揣测造魔。简直的说，真的准有二三成，就算不错。《评讲聊斋·姊妹易嫁》/ 在下这门玩艺儿，那一段都是一样的造魔，并没甚奇特的地方儿。《评讲聊斋·神女》/ 前昨两天的书，诸位猛一瞧，好像我没话找话，有枝添叶，造魔似的。您没细想说书的本是这们个行当儿，要不会编诳造谣言，那就不用干咧。《讲演聊斋·骂鸭》
【造作】	说坏话。编谎话。	给桃花儿造作了几句。说他无事往跟班的屋里跑，又甚么把赏他的荷包、绢子他又转给了那个使唤小厮咧。《杂碎录》/ 人到感激到极处，实在有这宗状况，并且出于至诚，实在是一副热泪，一点儿造作没有。《库缎眼》/ 她既是背地造作我，我可就不管好歹，要全部兜翻。《春阿氏》
【贼不空过】	小偷儿偷东西不空手回来。	何况穷苦人日多，饿急了甚么主意全想的出来。不用说是明拿明抢，门户倘不留心，他溜将进去，来个贼不空过。《演说·再说福禄寿财喜（五）》
【贼诡溜滑】	贼心眼儿多。	比如说当侦探的，遇见的人，全是贼诡溜滑的心眼儿。《杂碎录》/ 当年我用过一个赶车的。这人贼诡溜滑，最会舞弊，我就发了些傻气，苦苦的劝了他两天，劝得他无言可答，两眼含着泪说："不瞒您的话，我这个毛病，可是由贩私酒学来的。"《本京新闻·京话日报》

【贼起飞智】	做贼的急中生智,干坏事时急中生智。	敢情是这人,并没躺下,他趴下地下,抓了两把稀泥,等到巡警一弯腰儿的时候,冲着巡警脸,就打了去啦。直打得巡警嗳哟嗳哟直嚷,眼睛也睁不开啦。待了半天,好容易才把眼睛揉开,这人早就没影儿啦。咳,真是贼起非{飞}智。《进化报》/幸亏那天夜里我没敢睡,要是一时泛困,还许被他背走呢。这几句话不要紧,官人越信这位邢大奶奶是好人了(这叫贼起飞智)。《讲演聊斋·邢子仪》/保爷一见,登时贼起飞智,轻轻儿的落在当地,用手一捏鼻孔,学了一声狸猫。《讲演聊斋·保住》
【贼星发旺】	坏人的好运气来了。	小额当了三年的库兵,算是好,没出多大的吵子(贼星发旺),家里的钱是挣足啦。把小押儿也倒出去啦。《小额》/单说小鬼周,一个要饿死的穷佐杂,河工上混了几年,又升官又发财,如今居然太尊大人,又当著筹款局会办,总算是贼星发旺,很不错了。《白公鸡》
【贼疑子】 zéiyǐzi	做贼心虚。	老头儿一听话音儿,知道丰玉桂起了贼疑子。《讲演聊斋·薛慰娘》
【怎们】	怎么。	满打今天要涮锅子,酷激的酸菜,滋味儿就差着一吃。不然怎们说樱桃桑椹儿,货卖当时呢?《演说·中元风俗记》/送殡的亲友本家,邻里街坊,满算上真有七八师人数。那位说了,怎们那么些人呀?《过新年》/我真眼拙,怎们所想不起来呢。《杂碎录》
【怎怎么么】	怎么怎么。	怎怎么么的遇见个少妇,长的又怎么好,求盟嫂给他拉纤。《杂碎录》
【扎空枪】	指表面排场,实际没钱。	并且受困的亲友,登门寻钱的,日有数起。本来我就是属虾米的,竟扎空枪,瞧我还像口菜。《余谈》/及至把本钱做亏,可是又不能立刻插板儿,到这时候可就用着扎空枪。《讲演聊斋·夜叉国》/一家若是指着扎空枪

		度日,一家必败,铺户若指着扎空枪生理,铺必关。《讲演聊斋·夜叉国》/银子到手,除去还烟土钱,再还点酒肉账,两天就完,这月就得扎空枪。《苦家庭》/办大事可又没有真钱,打算扎空枪,这个年头儿是不行的。《演说·纪念日之感言》
【扎拦】	栅栏。清代北京夜间胡同口用栅栏挡住,不能通行。	内城有甲喇厅(俗称扎拦),每到夜间,由扎拦达查夜,按照本管地段,彼此互通声息。《燕市丛谈》
【扎拦达】	查夜的士兵小头目。	内城有甲喇厅(俗称扎拦),每到夜间,由扎拦达查夜,按照本管地段,彼此互通声息。《燕市丛谈》
【扎窝子】	动物在自己的窝里待着。引申指人待在一个地方不走。	这头驴,许是扎窝子,你不必骑他啦。《讲演聊斋·钟生》/只要皇甫再回屋子,大概就该喊开饭咧(孔生由小店总算住了公寓哪)。初次住下,不要惹人厌烦,说:"这位先生,好扎窝子(那成了甚么生咧),别容火上来。《讲演聊斋·娇娜》/我方才舍不得走,是为看美人儿,怎么你也扎上窝子了?《讲演聊斋·寄生》
【扎挣】	挣扎。	老人古语决不撒谎,就怕人家孩子心里有病,难免就要犯啾咕,无奈也不能不给人开,只好扎挣着先看着吧,是福不是祸,是祸脱不过。《说聊斋·小谢》/孝廉虽然喝醉,并未睡沉,心中尚还明白(不能真不算),扎挣着抬起头来,还要再叫书童着酒。《讲演聊斋·大力将军》/你看金煌煌的门面,仿佛是买卖发达。其实满是扎挣劲儿。《演说·近年之三多》/凡是这宗人,真出在有钱还可以。本来就扎挣着过日子,你再胡吃混要样,不吃穷了会飞。《演说·说填仓》/叫真儿说,也总有八成事实,但是他是官场的□子,心里虽然害怕,表面上不能太露之像儿,还要扎挣扎挣。《怪现状》

【揸黑儿】	擦黑儿。傍晚。	单说胎里坏孙先生，在饿膈冯的烟馆里头一直等了个揸黑儿，冯大嗓儿才回来。《小额》
【乍出儿】	一出来。	到了宗室下场，又新鲜了。人家乍出儿就乡试。只要是个宗室，由胎里就带了一个秀才来。《过新年》
【乍出蒙儿／乍出猛儿／乍出萌儿】	①刚出来混社会。②刚出现。	①是乍出蒙儿小兄弟，直不知天有多高，地有多厚，再说上话是没深没浅，没轻没重，没尺寸，没身分惯了。《旧京通俗谚语》／仇福是乍出蒙儿的小孩子，看得出甚么好人歹人来。《评讲聊斋·仇大娘》／却说魏名这小子，既然安心要害仇禄，无论仇禄是个乍出猛儿的傻学生，即便久经大敌的老手愚见魏名这样心肠的人，你再不早提防着他点儿，早晚也得受害，提防也没别的法子。《评讲聊斋·仇大娘》②宋人咏祀灶诗云：年年腊月二十四，灶君上天欲奏事。可见此风相传已久，不是乍出萌儿的事情。《演说·说祭灶》
【乍著胆子】	大着胆子。	你们不可再伤他。容他出来，我们好说话。"说罢，又□□屋内说："快出来吧。没有事啦。"师婆儿才敢乍著胆子走出。《白话聊斋·胡四相公》
【诈匠／炸酱】	吞没。	又想起怀里还揣着一包银子，是人家给科房先生道乏的，托送去没见着，招呼被夫人看见诈了匠。《讲演聊斋·佟客》／前清作大官的全不敢露有钱。你真要几百万的往外拿银子，就许有人干涉，问你是从那里来的。故此宁可叫外国银行炸酱（北京方言），也不敢拿出来营实业。《演说·有奖股票》
【诈门】	坏人骗人开门。	大春子说："听准了再开，招呼是诈门的。"秀氏接着门一问，原来正是李二画眉。《五人义》
【炸刺】	因不满而发牢骚、发火。	就听胡老爷在院子里炸上刺啦。说："唔呀，了不得哉。你们这些人都做么生去哉？你也弗看一看，猪子在栅子里乱撞。"《讲演聊斋·佟客》

【炸烟】	①大乱。②大怒，发火。	①"三太太来了，三太太来了。"这两嗓子不要紧，里头炸了烟啦。几位少爷先往外迸，何氏率领几位少奶奶也迎出来啦。《过新年》/温大肉一派赈捐局提调，喝，大家炸了烟啦，纷纷的议论，也有羡慕的，也有气恨的，胡猜混疑惑，楞造谣言。《怪现状》②再者一炸烟，岂不叫了事的热人儿为难吗。《讲演聊斋·邵女》/朱瞎子听军事邓的口话儿，是要炸烟，当时陪笑说道："宪台不要生气，卑职说的都是实话。"《怪现状》
【炸子行】	拐卖人口的行当。	我说："你看人家穿的阔，为甚么生气哪？"他说："非是气他穿戴，是气他所干的，都是没德行的事。拿好好的人，干他妈的炸子行。"哈，哈，他这一说，真把我给闷住啦。只好向他领教。"请问您哪，甚么叫炸子行啊？"他说："这一行，没有吃死孩子的心，可干不了。对你说吧，就是拐卖人口呕。"《演说·炸子行》
【斋口儿】	在理教举办的活动。	他说今天有咬儿。我说甚么叫咬儿呀，他说今天有个斋口儿，在裴家街。说到此句，我这才明白，敢则是捧斋。《演说·白肉足用》
【摘】	择；从坏事中排除。	大声既待你不错，到了里头，他一定给你摘。你自己在哀求，你就说在报馆专管新闻，别的一概不知。《怪现状》
【摘瓜】	砍头。江湖黑话。	瓢把子是大头儿，赤子儿是官，摘瓜是砍下脑袋来。这些话都是江湖盗的贼侃儿。《评讲聊斋·柳生》
【摘肩儿】	临时借一下儿钱，有急用，马上就还。	好在咱们都是至好兄弟，一时短蹩住，这如同跟您摘个肩儿一个样。下月我的租子进来，两票一齐赎就是了。《二十世纪新现象》/摘肩儿，求阁下凑合一步。《旧京通俗谚语》

【摘借】	临时借一下儿钱，有急用，马上就还。	您先借我十几元，明天我必还。如身边未带着，您可以到别处，替我摘借一步。《演说·人之患》/打头先不说在甚么地方去赌钱，再者输了钱，又怕家里跟着着急，轮到跟外人摘借，更得东拉西扯，胡造谣言啦。《演说·赌之害》/论到穷人身上呢，东摘西借，费上五龙二虎之力，好容易弄两瓶烧酒，你想那不是找瞪么？《燕市丛谈》
【摘毛儿】	故意找缺点，挑错儿。	因昨天的扣子，赶到此处没法结束，所以才叫顾奶奶唱了两句浣花溪，无非是斗哏而已。今天说明白了，免得大家摘毛儿。《评讲聊斋·续黄粱》/这个工尺我是满不懂。既说激扬哀烈，必是惨切的玩艺儿。节拍不类凤闻，想是同孔生所拍的板眼不合，自己没听过，不敢混摘毛儿，只好连连夸好。《讲演聊斋·娇娜》/蒲先生是信写的，咱们也不便摘这毛儿。《讲演聊斋·青蛙神》
【摘手】	卖剩下的不好的货物。	俗说贪贱吃穷人，先把摘手撮出去，后来必能得大利。要是净在摘手里算计，卖主儿将来必要吃亏。《燕市丛谈》/那怕小个的刚够本儿，大个的一个得多赚钱。谁知他由摘手里就要获利，大个的岂不更得要贵？《燕市丛谈》/因为钱是已经赚足，剩下的摘手就扔著卖。《燕市丛谈》
【摘头】	去掉头上的首饰。	大奶奶已经摘了头，要睡觉了。《讲演聊斋·黄英》
【摘脱】	推卸责任。	我这谣言实在造不下去了，自己摘脱哪。《讲演聊斋·湘裙》
【摘心】	伤心欲绝。	本来小刘儿一走，他就摘心，换姑娘一死，要说他所不动心，作小说的，也不敢说那宗刻话，反正也有点儿难受。《连环套》

【择干净儿】 zháigānjìngr	把自己撇干净。	您瞧那一班拜门墙、认假父、昏夜乞怜、钻营诣媚的大运动家，一瞧见大伞要落，立到就择干净儿，真跟这把子碎催可以画一个等号儿（有过之无不及）。《小额》
【窄条子】	小刀。澡堂行话。	小刀叫窄条子。《燕市丛谈》
【窄窝住】	一时遇上难处，没钱。	他一步窄窝住啦，应当帮个忙儿。《旧京通俗谚语》
【窄住】	遇上麻烦、难处。	他去年窄住的时候儿，求到我跟前。谁问他有甚么来着？他自己说他有好书，你纳要看，我送来。《语言自迩集》/窄住，事由儿夹脚。《旧京通俗谚语》
【沾乎】	关系到……，跟……有关系。	无非既是社会小说，沾乎社会上的坏习气，不能不说说，也是警省人的意思。《小额》/中国的营业，只要沾乎官办，或借点洋气，立刻就趾高气扬，类如车、船、邮、电（电灯、电话在内）、银行、公司等类人。《益世余谭》
【沾润】	分给他人利益。	忽然放一个月薪水，还账是不够还的，赎当也不够赎的，说沾润简直不够沾润的。《益世余谭》
【沾滞】	拘泥。	你太沾滞吗。用多少钱你言语吧。《胶皮车》/二哥，瞧着你挺痛快的，你怎么沾滞起来啦？《海公子》
【粘糕坨子】	不好办的事。	若不是这位夫人高明，就凭这一案，简直是粘糕坨子吗。《杂碎录》
【粘牙倒齿】	大舌头；口齿不清楚。	是个汉装，两只抹子脚，横着量有四寸，说话粘牙倒齿，很有点儿妖啦妖气的。《小额》/张会办舌头喝的都短了，粘牙倒齿的说道："这件事情，就求观察了。"《二十世纪新现象》/今天狗爷要灌二小，二小就棍打腿，不醉装醉，狗爷倒真有几成醉意。二小故意粘牙倒齿的，向狗爷说道："大哥你方才说，跟我有

		特别的研究，到底甚么事呢？"《姑作婆》/金三诈也来了，得着偏宜酒，多喝了两盅，粘牙倒齿的，向财主金说："董绍箕来了信了没有？"《方圆头》/因为他三杯入肚，说话粘牙倒齿，就能成醉猫，所以叫李三猫。《库缎眼》
【詹沿】	武官，相当于现在军队的"……长"，分为四等。满语。	我也得同庄园处詹沿们，说明了才行哪。《讲演聊斋·巩仙》
【詹音】	武官，相当于现在军队的"……长"，分为四等。满语。	詹音们派人瞧瞧去（詹音是句清语，就是章京），甚么人这们喧哗？《小额》
【展眼】	眨眼。	一展眼姨太太踪迹皆无，把个奶妈子吓了一楞。《白话聊斋·吕无病》/就说郭二扛着死尸到张家坟地，草草掩埋郭殷氏，也不是展眼之工就完事的。《杂碎录》/眼看一块黑云彩，在半空中越扑散越大，展眼之间，雨点儿落将下来。《杂碎录》
【站街】	没事儿在街上站着。	现在不让他站街啦。有了人家儿的人，让人家看见，也笑话呀。《杂碎录》
【站了】	填站笼。把人塞入站笼。	事不宜迟。先把盛夔候瑞，交县严加审讯。问出口供来，先把他们站了（站了是句行话，就是填站笼），费范也得看押。《张文斌》
【站笼】	一种刑具。人在里面只能站着。	事不宜迟。先把盛夔候瑞，交县严加审讯。问出口供来，先把他们站了（站了是句行话，就是填站笼），费范也得看押。《张文斌》
【站人（儿）/占人儿】	钱。当时香港铸造的钱上是一个站着的人像，所以叫"站人儿"。	羊羔一物，愚下所比喻者，就是站人的大洋钱。若是赃官贪了站人大洋钱，就比如爱吃羊羔食品一样，因为羊羔这宗食物，吃下去，不但有益于人身上之滋养，并且还个格外的舒服。《演说·羊羔虽美众口难调》/到

		了储蓄银行，真就兑了十万银元（财迷）。鄙人心里想，"这岂非是刺儿头的保佑，站人儿的慈悲，从此我就徒然而富喽"。《演说·梦坐汽车》/ 这年月甚么叫把兄弟呀。洋钱就是亲哥哥，占人儿就是亲爸爸。《怪现状》
【站堂的】	差役，官员审案的时候，在堂上站着，所以叫站堂的。	从先他爸爸放阎王账，专吃旗下，外带着开小押儿，认得几个吃事的宗室，交了两个北衙门站堂的，喝，那字号可就大啦。《小额》/ 后来我又遇见北衙门站堂的小孙啦，他说堂官向来没事不上衙门，今儿个正堂起里头出来，就上了衙门啦，告诉德老爷赶紧办甚么包封，说是右翼的事情。《小额》/ 司里也下过谕，不准官差皂隶透出消息。倘外间有何议论，即以站堂的是问。《春阿氏》
【张年儿】	性命。土匪黑话。	若要长此下去，那是活要首饰行的张年儿。《燕市丛谈》/ 抓去别人还犹自可，真要把娇娜抓了走，岂不是活活要人的张年儿。《白话聊斋·娇娜》
【张心】	操心。	子仪一瞧，虽则有人，敢则还是一个人张心，坐到半夜，好容易心血来朝，一阵迷糊，倒在铺盖上合衣而卧。《讲演聊斋·邢子仪》/ 你沿路张多少心。《讲演聊斋·云翠仙》/ 也不坐自己家的车，骑自己家的马匹，沿途按站雇，所为到一处，不定住三五天，一半月呢，省得张心。《讲演聊斋·韦公子》
【章程】	主意。	王三说："你不知道哇？回家劝劝你阿玛，不用生气。我这两天没有功夫，一半天我必有一个章程。"《小额》/ 麻花刘是个爆竹脾气，一点儿准章程没有。听春爷说的有理，倒也认可，把这个岔儿也就揭过去了。《麻花刘》/ 有心回家，也没脸见哥哥嫂嫂。此地也待不了啦，莫若另打章程，从此力改前非，也对的起恩官李大老爷。《赵三黑》

【章京】	武官,分为四等。	詹音们派人瞧瞧去(詹音是句清语,就是章京),甚么人这们喧哗?《小额》/赵某生时,在本旗当过章京,有口烟瘾,共和以后,改抽为扎,被吗啡要命。《益世余谭》/小花墙子门楼儿,一进街门,有一个小影壁,上头也挂两条儿门封,一条儿是公中佐领,一条儿是补用印务章京。《苦女儿》
【长的老老不疼、舅舅不爱】	长得特别难看。	他这个孩子,叫群儿,长的老老不疼、舅舅不爱,整天的竟讨人嫌,那一溜儿街房送了他一个外号儿,叫狗头群儿。《小额》
【掌档子百什户】	承办领催。一个佐领下有五个领催。从这五个领催中选出一个办理全佐领的管事,叫承办领催。	这宗承办领催,俗名叫作掌档子百什户。《连环套》
【掌地儿】	输钱。赌场行话。	柜上赢钱为"画葫芦儿"(五十吊为一个),输钱叫作"掌地儿",那怕案子上多一吊(即本柜所赢),也得"掌"四十九、画一个"葫芦儿",合着上边儿赢五十,下边儿可输着四十九,明明自己冤自己,硬说那叫取吉利儿。《燕市积弊》
【掌事伯什户】	承办领催。一个佐领下有五个领催。从这五个领催中选出一个办理全佐领的管事,叫承办领催。	这日常禄回家,把路上遇见普津,如何与三蝶儿提亲的话,暗自禀告母亲。德氏叹了口气,想着文光家里,是个掌事伯什户。因亲致亲,今有普津作媒,料无差错。《春阿氏》
【掌事领催】	承办领催。一个佐领下有五个领催。从这五个领催中选出一个办理全佐领的管事,叫承办领催。	福八聊反正有这么个人哪,是白旗满洲掌事领催呀,岳魁是指捐直隶巡检哪,在王琴齐手内,买过昌平县知事呀,死在保定监狱里啦,这总都不假吧。《忠孝全》/就进了头甲喇的屋子啦,一瞧掌事的领催们都在那儿坐着闲谈呢,银匣子都包着呢。《小额》

【丈人峰】	泰山。老丈人。	纪某原不嫖赌,自被丈人峰引诱,花天酒地,竹戏连宵,家财亦因之大败。《益世余谭》
【仗腰眼子】	撑腰。	虽说仗腰眼子的薛家,他住在石头缝儿里,我可怎么给他送信儿呀。《评讲聊斋·锦瑟》/齐化门内智化寺里,开局聚赌,招引匪徒,并且有些个官儿老爷保护着,不知受了什么好处,出来给和尚仗腰眼子,现在闹的很凶。《本京新闻·京话日报》
【帐帖子】	欠账的账单。	一眼就看见桌儿上放着一个纸片子,知道决不是帐帖子(那是我们家里),大概必是黄爷的佳作。《评讲聊斋·香玉》/你当我们的买卖,同甚么米铺面店油盐柜似的哪。见天照顾,可以立个折子,到了三节,给你送个帐贴子,然后要钱。《讲演聊斋·考弊司》/各铺给赊欠之家送欠钱单,名曰帐帖子。《演说·一年好景君须记》/不像我,净帐帖子同夹袄票儿。《讲演聊斋·书痴》
【账户儿】	借钱的人。	那些个账户儿,没有一个不怕他的。到了旗、营关钱粮,变着法子跟人家要骨头。《小额》
【账局子】	放账的买卖。	他那个账局子,就在他外书房。每月钱粮头儿上,喝,手下的碎催可忙啦,一人一个小绿布口袋儿(许是作帽子剩下的布),一个油纸摺子,拿着对牌(借账的把钱粮由领催手里,对过跑账的,立一个木头牌子,一劈俩{两}瓣儿,跑账的拿一瓣儿,领催拿一瓣儿,每月凭这个牌子取银子),往旗下衙门、护军营衙门,这些一取钱粮包儿。《小额》
【招呼】	代替句中动词。	不到三更天,忽听一阵枪响,撞进好几十口子来。这下子不要紧,大家全傻啦。有几个醉的动不了啦,这一吓更酥啦。有几个

		屁滚尿流的，有几个藏藏躲躲的，也有几个胆子大的，抄起枪来，居然跟老砸儿招呼一气。《赵三黑》/ 洪头儿趁着他弯着腰，抡圆了就是一铁尺，满招呼在右边琵琶骨上啦。《杂碎录》/ 住家离着城根儿又近，流弹直往院子里招呼。《王有道》/ 反正手里变的事情，可是也不敢大差离格儿。比方交部议处的案子，一样儿情形，康熙年间是罚半年俸，道光年间是罚一年俸，同治年间是罚三月俸，就看你招呼的如何了。《二十世纪新现象》本来他是个生肚子，永辈子没吃过药，犀角羚羊往下一招呼，岂有不见效之理。所以乡下人吃药，见效见的快，就是这个道理。《搜救孤》/ 正在这个时候，忽然一阵凉风，蒙蒙的细雨招呼下来啦。《孝子寻亲记》/ 店家去后，少儒兀对孤灯好生的凄惨，忽听得一阵淅沥雨，又招呼下来啦。《孝子寻亲记》/ 早晨也使牙粉刷牙，洗脸的时候儿，也使法国皂，洋沤子花露水，也往脸蛋儿上招呼。《连环套》/ 哭着往月台上一进，闹了一个飞脚，跟着来了一个壳子。亲友直嚷，说："好哇，招呼！"《忠孝全》
【招路把合／昭路把合／照路把和】	用眼睛看看。江湖黑话。	有二百多人说话："合字吊瓢儿，招路儿把哈，海会里，赤字月丁马风字万，入牙淋窑儿，国闹儿塞占青字，摘赤字瓢儿，急浮流儿撒活。"列位，这是甚么话，这是江湖豪杰，绿林英雄的黑话。"合字儿"，是自己；"并肩子"，是兄弟；"吊瓢儿"，是回头；"招路把哈"，是用眼瞧瞧；"海会里"，是京都城里；"赤字"，是大人；"月丁马风字万"，是两个人姓马的。《永庆升平传》/ 经了姑娘的昭路把合，柴爷这个人万不至于念啃。《讲演聊斋·邵女》/ 我照路把和，必是尖局（把高爷的贼侃儿都挤出来咧）。《讲演聊斋·丐仙》

【招说】	招人埋怨，招人讨厌。	年轻的说："二大大，您不知道吗？您侄儿上南苑啦（准当神机营）。您瞧快晌午啦，说过平可又不来，这不是招说吗？"《小额》/贵人蹲着吃饭，硬说是猴相（"侯"借音），岂非人嘴两张皮？那还抬甚么呢！不论怎么说，我反正不相（行话我是"朗不正花脖子"吗），我知我这辈子犯招说哪！《燕市积弊》/这宗孩子，您记着我的话，将来准得团长。那位说了："团长也是中级武官哪，管辖好几营哪！再一升就是旅长啦。怎么不好啦？"您没听明白。您当是师旅团那个团长哪？我说的是胶皮团（别招说了）！《张文斌》
【找寻】zhǎoxin	找茬儿。成心找别人的错处。	张生心里是七上八下的，看甚么都不合式，就靠著桌子找寻他们的不是。《语言自迩集》/吃饭的时候儿，借著找寻琴童又发作了，说：这些天的菜越发不好了！煮肉也没有煮透，烧肉也没烧透，一回比一回不济，今儿这些东西更坏得利害咯！《语言自迩集》
【赵不肖】	走了。"赵"没有了"肖"，就成"走"了。	昨儿的夜里，也不知怎么太老爷、太夫人，全都赵不肖啦。《评讲聊斋·青娥》/他们到这早晚没有见面儿，不是赵不肖啦，就是钱短。《讲演聊斋·细侯》/那个说："也不知多早晚小子就'给鞋底子磕了头啦'。"那个说："这叫'赵不肖'。"《讲演聊斋·邢子仪》/李大一听南山翁赵不肖啦。这一惊非同小可。《讲演聊斋·九山王》
【照方儿抓】	同样办理。	黑老婆儿先前还要找人家拼命去，后手啦，人家吹出风来，他要是敢去，人家是照方儿抓。《小额》苏右铭说："咱们得互尽义务，互享权力，你也得到舍下去一荡，偺们是照方儿抓。"王恩说："就那们办了。"《势力鬼》/早晚咱们那位，也得像小菊儿胡同一样，给你照方儿抓。《春阿氏》

【照顾主儿】	顾客。	他是买卖人,我们照顾主儿是财神爷。《益世余谭》/老爷儿俩来到楼上,本来是照顾主儿,跑堂儿的自然要格外的招待。《张文斌》/按这行买卖儿专在北京琉璃厂、西河沿、前门外大街、掸子市、打磨厂一带摆设,所为会馆、客栈里照顾主儿多。《燕市积弊》
【照影子】	起疑心。	你瞧,告诉你好话,你倒照起影子来啦。你不信就算没这们回事情,好不好?《大劈棺》/这位女少掌柜的,可未免有点儿照影子,想着他见天所买的,并不是甚么男子家常所必用的东西。再说这个,从前没有见过,也不知他是由那儿搬了来的。《评讲聊斋·阿绣》/讲究过年的人家,门前先把对联贴上,供佛的要摆设几堂供。去年若供五堂,今年若撤下两堂去,自己便先照影子。《演说·忙年》/张老太太因为昨夜间刘生送姑娘回家,今天可巧就有媒人给刘生提亲来,心里很照影子。《杂碎录》
【遮溜子】	借口。	两个人一想,吴老太太正在报仇的心盛,说出大天来,也怕听不进去,闹了个遮溜子,弯回去了。《杂碎录》/我瞧事情不得,我说回家取药去,一个遮溜子,我就跷啦。《大劈棺》
【遮饰】	掩饰。	这小子到了此地还不说实话,他一定要与他主人遮饰的。《北京》/三蝶儿一面答应,又极口遮饰,只说母亲脾气,叫人为难的话,丽格当作实话,亦只过去了。《春阿氏》
【遮说】	找借口掩盖错误。	江氏说:"据差人报告,现在二爷混的倒是不错。"如芝说:"不错甚么,早已花完了,现在又挨上饿了!"江氏还直遮说,仲芝叹了一声,说:"太太,我的同胞,我并不是残毁他,简直的他不够资格。《回头岸》/临要死的时候儿,自己还遮说呢,楞告诉定数难逃。《益世余谭》

【遮羞儿】	①送人礼物时的谦辞，说自己的礼物太轻。②掩饰不好的地方。	①实不相瞒，我早给你们哥儿们预备下点小意思儿啦，这就是水过地皮湿，遮个羞儿吧，众位可要多多的原谅啊。《张铁汉》②比方送人一百包茶叶，提溜着个小蒲包儿，很觉着不好看。要闹张一百包的茶叶票，用个封套儿一装，狠觉着遮羞。《益世余谭》
【折饼】	不停地翻个儿，翻身。	上截身子在地下苦一折饼，嘴里说，饶命饶命。《杂碎录》/ 见吴志拉着一条人腿，一个人在地下折饼哪。《杂碎录》/ 于是翻来覆去，不住的折饼。《白话聊斋·胭脂》/ 第三天头儿上，越发的烈害，一点儿东西也吃不下去，躺在床上净折饼玩儿。《说聊斋·葛巾》
【折罗】	宴席上的剩菜，折在一起。	因为原文过少，说不了两天就完啦。按说勤换书目，比看长的还显着不腻，无如惑于数年的习惯，没有那们些引场词儿，有此一难，所以来回的热杂会菜（折罗）。《说聊斋·葛巾》/ 把些剩菜，折在一个碗内，用筷箸一路大吃，天生的折罗的材料儿吗。《讲演聊斋·西湖主》/ 这是某人家的老丧，回头我还去吃折罗呢。《演说·好日子》
【折狱】	分析案情，审判。	其中侦探折狱，无所不有。《白话聊斋·胭脂》
【折争／折证】	争辩。	知县被安老太太这一篇话，问得张口结舌，又不能折争，坐在位上有些羞恼变怒。《讲演聊斋·云萝公主》/ 岂知已被侯老头子听见，站在院中骂道："你那叫浑蛋话。栽培你，我得栽培的起呀？那们你爷爷，又栽培谁了？反正有祖上遗留下这几亩薄田，你既不能种地，难道叫我把地卖了，专栽培你一个人，将大众全给饿起来吗？真真的有点畜类！"侯三还紧用话折争，却被贤妻简氏摆手拦回。《七妻之议员》/ 说的林姑娘，满脸绯红，不敢折争。《讲演聊斋·邵女》/ 你敢再折证，本县就要动刑了。《杂碎录》

【折盅儿】	盖碗。	然后又从家伙榥子上，取过一个折盅儿来。《讲演聊斋·细侯》
【这把子】	这帮子。	这位伊老头儿，最嫌的是放账的，更嫌这把子跑账的，一听青皮连要钱粮，心里就有三分不耐烦，说："老二，您将就着等一等儿吧。没过平呢。"《小额》/室小富啦，听听这把子的外号儿，那一个不欠二年半的徒罪，晃晃悠悠的全到啦。《小额》/青皮连往前就奔，这档儿有一个姓保的，保领催，一揪青皮连，没揪住，伊老者打算撞他一羊头，青皮连手急眼快，往傍{旁}边儿一闪，拍拍就给伊老者两个嘴吧。《小额》
【这块儿】	这儿。	伊老者说："依着我，要管教管教你。"说的这块儿，伊老者可就站起来啦。《小额》/想到这块儿，不由的他又高兴起来。《白话聊斋·劳山道士》
【这块料】	这家伙。贬义词。	伊老者让这块料这们一软白子，简直更说不出甚么来啦。《小额》
【这们样】	这样。	好像从有生以来，没见过这们样美貌女子似的。《评讲聊斋·阿英》
【这手儿活】	①这件事。②这么干。	徐吉春说："那里，那里。吾这个车夫，千万不要赏他钱的（真是干这个的，简直比要钱还亡道）。"徐吉春要是不说，额家真把这手儿活忘啦。《小额》/您别瞧这个上下车，这是北京人的专门学。上车讲究飘洒，下车讲究俐罗。这手儿活，扬子江流域的朋友，有点儿不了局。《鬼吹灯》/蔡君是个狂士，这些个事情，满不往心里去。单四有点挂不住，要搁在平常，就凭这手儿活，单四又得足骂他一顿，如今王小峰在病中，单四倒不肯了。《势力鬼》/好在春香素有心计，早就知道贾氏要霸家产，自己手内有点细软的玩艺儿，早就缝在身上。在东院茅厕里，又埋

		了四百多银子。早就预备着这手儿活呢。《苦家庭》
【这项】	这一向。	希四爷给额大奶奶深深的请了一个安,说:"姐姐,这项好。"额大奶奶说:"好。兄弟家里都好?"希四爷说:"啫。承姐姐问。"《小额》/ 王先生来到上房门口,见了额大奶奶,把眼镜一摘,深深的作了个揖,满脸的笑容,说道:"太太,这项好(还是赶车的口气)?"额大奶奶也给他还了个安,说道:"这又劳动您哪。"《小额》
【这早晚儿】 zhèzenwǎnr	这么晚。	"阿玛,您还不走吗?今儿个怎么这早晚儿呀?"老者说:"晚啦怎么着?提溜着匣子,头里走吧。"《小额》/ 他自打承继进门,每天早晚必要过来朝个面儿,从来没忘过一回,怎么今天这早晚儿还还没来呢。不是病啦吧。《李傻子》/ 今天的饭为甚么这早晚儿才开呀?《讲演聊斋·白莲教》
【这蹦子/ 这崩子】 zhèibèngzi	这个距离。	车行快到前门,他跟我念子曰,他说:"昨天把脚磨了,四牌楼这蹦子不近哪!《鬼社会》/ 奔东城,这崩子是真远。《回头岸》
【这当(儿) /这档儿】 zhèidāngr	这时候。	当时宋仲三向周孝说道:"东翁这当倒好一点儿啦?将才倒吓我一跳。"周孝说:"好一点了。"《过新年》/ 李禄这当掏出一个包儿来,白纸包着,上头还贴着一个红签子,写着菲敬三十两,双手递与芥舟。《王遁世》/ 就在这当儿,可巧他们那一把子碎催,甚么摆斜荣啦、花鞋德子啦、小脑袋儿春子啦、假宗
【这溜儿/ 这溜子】 zhèiliùr	这片地方。	善金说:"老太太,您不知道这个,都这们完得啦,明儿个咱们这溜儿就不用混啦。《小额》/ 晚上大车王卸了车回家,黑老婆儿这们一调唆,甚么"成心赶罗咱们"啦吧,又甚么"总得斗斗他们"啦吧,"这溜儿又住不住"啦吧。《小额》/ 昨天晚上顾家村闹明

		伙,当时叫人家得着了俩,听说这伙子大案贼,全是这溜儿的人,一个是木匠张,名字叫作铁汉,那一个姓甄的,还是一位秀才公呢。《张铁汉》/ 看方向,正在他们陈房子这溜子。《胶皮车》
【这们】zhèimen	这么。	自己看着这点儿账目,心满意足。又有些个不开眼的人这们一捧臭脚,小额可就自己疑惑的了不得啦,胡这们一穿,混这们一架弄,冬天也闹一顶染貂皮帽子带带,也闹一个狐狸皮马褂儿穿穿。《小额》/ 这们一个谣言不要紧,我们家倒破费了好几十吊。没想到二十年后,又出了五星联珠的谣言啦。《益世余谭》
【这们些个】	这么多。	两个人站在马路上正谈,忽听呜呜(牛叫),汪汪(狗叫)。悲天说:"兄弟快往里!汽车来啦!"悯人说:"我出京的时候儿,汽车还没有这们些个呢。十几年的功夫儿,汽车怎么这们些个啦?"《怪现状》/ 您就说天桥儿、市场、前门外各大旅馆,大风鉴先生有多少(相士称为风鉴,如今多以风鉴称风水,系属错误,风水应称堪舆)?就说在专制腐败时代,虽然也没有这们些个,如今好歹总算共和文明时代啦,卜相两门,倒比从先多啦。《鬼吹灯》
【着的呢／着得呢】	……着呢。	库缎眼说:"大老爷趁早儿别说这个话。你老人家等着作完了提督才归天呢,您的寿数早着的呢。您等中交两行兑现之后才归天呢。"《库缎眼》/ 他还说呢:"我们姑娘不愿意出阁,他愿意在家里一辈子。"您瞧他傻着的呢,甚么都不懂的(比你不懂的)。《花甲姻缘》/ 桂氏说:"那们你就给想个法子。"崇儿说:"缺德的主意,我肚子多着的呢。有有有的是耗子药,再买斤大头鱼,给他们弄熟了,下上耗耗耗子药,打老带小——一锅儿端。你瞧

		这个主意怎么样？"《鬼吹灯》/青皮连瞧了会子，知道是还没放呢，就进了衙门，走在头甲喇院子里，遇见一个熟人，姓春，说："小连，你来啦。早著得呢。"《小额》/报纸也是贡献多数人的，所以也得登吉祥新戏。更进一层说，报纸由今天出版，日子长着得呢。《益世余谭》
【真张儿/真章儿】	真的。	乡愚子头脑简单，听他说的天花乱坠，就信以为真，其实他们是敲竹杠、撞木钟，一点儿真张儿也没有。《谢大娘》/告诉您说，您别瞧平常跟您皮脸，到了真章儿的地方，人家孩子有热心，该卖功夫的地方儿得真卖，那才成呢。《孝子寻亲记》/想不到本县今天遇见这样的案情。我倒要问他个真张儿。《杂碎录》
【真着】 zhēnzhou	清楚。	丫环递过胰皂，大奶奶擦到手巾上，用手掌儿往贾爷脊梁上一搓，不想越搓越真着。《讲演聊斋·贾奉雉》
【斟对】	问。确认。	你跟他弄这宗含含糊糊的话，这算怎么回事情？我要跟他斟对明白了，你作甚么推我呀？《怪现状》
【斟问】	问。	小额是直盼徐先生。额大奶奶又斟问了小文子一回。小文子儿说："昨儿个说妥啦，说今天一早来吗。"《小额》/说到这里，狗爷还要往下斟问，赵爷连忙又拦着，说了一句道："反正你就听我的罢。"《姑作婆》/众人一听他发了牢骚，也就不便再为斟问，彼此一齐敷衍了几句，同时辞出。《衢州案》/过了些时，杨子林又催玉岩，斟问款项。《鬼社会》/勾一贵一听，大了说的结结巴巴的，立刻往下斟问，说："王家船上，我认得，谁的局面呢？难道说王家撑船的，也叫条子吗？《何喜珠》

【赈钱】	衬钱。做佛事时，请和尚念经、唱佛经故事。来参加佛事的人也可以另外出钱点曲，让和尚唱。点曲时给的钱，叫赈钱。	要知焰口的腔调，是由梵音中转出一种悲声。一则是为超度亡者无罪，一则是助亡者近人的哀音。今之焰口既不合乎古义，倘或亡者幽灵未泯，在棺材里不定怎么后悔哪？而今的焰口，由助哀改为助兴，也可说是改良。再过几年，焰口腔调恐更要进化。真进化到与早年随缘乐放的风流焰口词句相似，再遇见开通的本家，还许多放赈钱哟。《演说·风流焰口》
【震心】	让人心里热乎。	大凡这类的小人，都讲究捧臭脚、抱粗腿、敬光棍、怕财主、贴靴并粘子、拜把兄弟、认干亲，平常没事的时候儿，奶奶长、阿玛短叫的震心，狐假虎威、狗仗人事、无非是跟嫖、看赌、白吃猴，从中的取事，赶到楼子一出来，您瞧吧，属狗的，打胜不打败，一个个儿躲躲闪闪，全不露面儿啦。《小额》/周悌弟兄们是三姨太太长，三姨娘短，叫的震心。《过新年》/曾爷脑袋虽然疼的难过，可实在不敢上这刀山，急得无法，赶紧跪在当地，咬着牙口中把鬼爷爷，鬼祖宗，叫了个震心。《评讲聊斋·续黄粱》
【镇日】	整日。	况近来教育规则，朝更暮改，若干顺序，若干表册，所为教育案、教育周录者，课余之暇，仍须煞费苦心。此种办法与学生有无益处，是否趋重表面，系属另一问题，姑置勿论。而为小学教员者，镇日绞脑呕血，亦良苦矣。《益世余谭》/惜余镇日匆忙，脑力衰退，原著曩昔分刊，阅后半多忘却。《北京》
【争竞】	争。	曾孝当时答应，回到家中，照常是不理友于，友于也不争竞这些。《评讲聊斋·曾友于》/"你每日打柴来都给我送了去，不必挑在市上去卖，该多少钱我给你多少钱。"玉昆答应，自此之后，每日打了柴给天和当铺

		送了去，他也不争竞价钱。《永庆升平》/父台明鉴，学生就知下聘娶妻，岂容那两家胡来争竞。就求老父台明察。《杂碎录》
【争钱】	讨价还价。	就听隔壁周家热闹啦，又是送报条争钱的声儿，又是乐的声儿，又是亲友道喜的声儿。《过新年》/拉车没有三天半，别的没学会，争钱他先学会了。《鬼社会》/有黄包车夫，向坐客争钱，停车路侧，有违警章。《益世余谭》
【整口】	刚磨好的刀子。澡堂行话。	将磨的刀子叫整口。《燕市丛谈》
【整脸子】	脸上没笑容。	刘爷一瞧这个老头儿，撅着胡子，整着脸子，可又不能说不买，只好说你拿扇子来我瞧一瞧。《评讲聊斋·阿绣》/我是整脸子，一急就动刀，不会这一门。《评讲聊斋·凤仙》
【正身儿】	涉事本人。	后来小额这档子官司，钱是朦到手啦，原打算再扑这档子，没想到他们仓上，因为打黑档子米，闹了一个廷寄，正身儿的花户，小韩三儿跟林五儿，全都进了部啦，他老先生也躲啦，这回事也就搁下啦。《小额》/当时两个人越说越炸，居然要起打，几乎以酒壶当炸弹，变喜筵为战场。客严守中立，来宾起而调亭{停}。这真是正身儿倒没打起来，帮腔的倒加入战团啦。《王有道》
【正堂】	正堂官。中央各部门的长官以及各旗、府、县的最高长官。	后来我又遇见北衙门站堂的小孙啦，他说堂官向来没事不上衙门，今儿个正堂起里头出来，就上了衙门啦，告诉德老爷赶紧办甚么包封，说是右翼的事情。《小额》/因为周廉跟提署正堂的少爷，又是同年，又是把兄弟，上次正堂就来过一回，这次又怕正堂来道喜，所以一路狗事。《过新年》/正堂每月一百块票，副堂每月六十，印务以下，大小股儿均分。《益世余谭》

【正印官】	担任正官职的官。	外省的局差，讲究总会帮提。甚么叫总会帮提呢，就是总办、会办、帮办、提调。总会办大半是府道班子，帮办或府或厅，提调总是州县正印官，以下是散委员。这不过是大概。真有人情、有走动儿，也不拘这个，州县也有当帮办的。这四项以下，就是散委员。《白公鸡》
【挣项】	工资。	毛伙计从前挣项有限，全仗零钱多。《讲演聊斋·细侯》
【支白】	替人上班。	帮班儿的老爷，别名叫支白。《评讲聊斋·香玉》/ 于是把这件事传扬到公子的学友亲朋耳朵中，都知道公子有一个相知的热人儿，时常的到这儿过夜，可不支白（□该本班儿）。《评讲聊斋·嘉平公子》
【支椿】	搪塞。	老头儿是起心里喜欢自己，自然不能推辞，只好先闹个临时丈人。那不看着不合式，再给他个支椿的法子呢（所没忘了六扇门的习气），这又叫"明知不是伴，缓急且相随"。《讲演聊斋·萧七》/ 这位先生上次辞馆，说是为祖坟，这次又说是为祖产。足见念书的人拿祖字当事喽（其实全为作支椿用的）。《讲演聊斋·细侯》/ 咱哥儿两个，这样的交情，你怎么改啦？拿老人家支上椿啦。《讲演聊斋·田七郎》/ 你不用说，是惦记着你女婿那个他哪，你故意拿老人家支椿。《讲演聊斋·水莽草》
【支更儿】	值夜班。	咱们三个人留一个支更儿，看守差使。《杂碎录》/ 今天不同往常，自然添了支更儿的。《杂碎录》
【支客】	负责招待客人的人。	这当儿《八仙庆寿》已然上场，陈子云那天又是戏提调，又是支客，这分儿忙就不用提了。《王遁世》/ 闲话不提，单说小蝎子儿来

		到红棚。主人欢迎,支客招待,一切不必细说。《小蝎子》/那天特请富二太太娶亲,富二先生在棚里当支客。《曹二更》/那天是舅爷王英管厨带支客。《铁王三》/吉期那天,远近亲友,来了不少。王二痰迷是总支客,出来进去,就瞧他一个人儿忙啦!《贞魂义魄》
【支楞】	新鲜挺直。不蔫儿。	别看买卖儿不大,从中也有毛病,凡是带着黄土、全都打了绺儿的,才是地道"干菠菜"哪。要是干干净净挺支楞,就是泡过水的。《燕市积弊》
【支离闪灼】	支支吾吾。	粮店铺掌贝{备}了一个禀帖,正要在抚台衙门控告,又得着抵换烟土的事情一并叙入禀帖,就在抚台衙门告将下来。汪抚台关着吴世仁的面子不好深究,后来见了吴世仁一提这件事情,吴总办支离闪灼,苦这们一弥缝。《二十世纪新现象》/桂氏问他上那里去啦,由那里回来,他也是支离闪灼,跟阿林所说差不了多少。《鬼吹灯》
【支票】	把人支走。	那们下次差人再来,我就不必支票了。《讲演聊斋·霍女》
【支腾】	支应。	成生一提这件事,周爷总是用话支腾。《白话聊斋·成仙》
【支支离离】	支支吾吾。	即或回家,见了振文支支离离,也没有多少话。《刘阿英》
【芝兰水】	香水。	齐化门迤北城根儿,有一道臭沟,那分味道,真正气死芝兰水,不让法国皂,一上鼻子,马上就能得鼠疫。《余墨》/闻着细侯头上身上没有一处不是香的。不但香,而且气死麝香水,不让芝兰水,别提多好闻咧。《讲演聊斋·细侯》

【知单】	在通知上开列要阅读者的名单，按人名传送。阅后，在自己的名字下写上"知"字。	温大肉依计而行，当时就写知单，除朱瞎子以外，又请了三位客。《怪现状》
【直】	真。	额大奶奶是向来的迷信，一瞧小额吃下药去，直仿佛有点儿效验似的，又一听老张捧场，立刻是深信不疑，赶紧让老张跟王香头说，留他多在这儿住两天，等着老爷好了再走。《小额》/空有一肚子圣经贤传，直不如会说句英语"也斯"。《杂碎录》/这如今的官事，直不能较真儿。《杂碎录》
【直点儿】	一个劲儿。	小额一听，微然的一楞，登时恍然大悟（放下屠刀，立地成佛），心里有万语千言，嘴里可说不出一句话来，直点儿低头犯想。《小额》/王九赖甩了一套赞儿，王氏直点儿陪礼认错，王九赖是得理不让人，假秀才作好作歹，王九赖又往回拉，两个人是定妥了活局子来的。《铁王三》/周孝连急带气，直点儿的跺脚。《过新年》/秀氏一瞧，大春子颜色儿转了，直点儿嚷冷，以为他是着了凉啦，让他躺下，给他盖上被子。《五人义》/二奎子本来乱箭攒心，又一听这档子逆事，当时目瞪口呆，直点儿的发愣。《连环套》/叶儿在旁边看着，直点儿发笑。《井里尸》
【直个点儿】	一个劲儿。	他不但不拿钱，他还直个点儿的破坏。《杂碎录》/傅老婆儿同傅大姑娘跪在炕上，直个点儿的央告，说老爷们老爷们，我说我说，银子钱都在这个小柜儿里哪。《张铁汉》
【直棍儿】	也写做"值过儿"，没有错处，也没有功劳。	一旦你过了门，他可是夹板儿套脖子，生添一口人，连奔吃带奔烧，满打我赖皮丢似的跟过去，帮着一尽洗洗涮涮的义务，好了落个直棍儿，心里有个不愿意，冲着丈母娘一掉脸子，吃饭真得打脊梁骨上下去。《杂碎录》

【直会】	居然会。	善大爷才待要答话，喝，就瞧这把子碎催鸡一嘴鸭一嘴，乱乱烘烘这们一路山跳动，闹的善大爷张口结舌，要说，直会说不出一句来。《小额》/头一天走了一个八十里地。晚晌到了店中，两条腿疼的，直会上不了床，心火也走上来了，吃也吃不下去啦，一个劲儿的叫渴。《苦鸳鸯》/林氏虽是英雄女子，母子情深到这个地方，不由得触动神经，血液涨涌，热泪有如雨下。要再嘱咐少儒几句话，有千言万语直会说不出来。《孝子寻亲记》/就见这个女子，一听这片话，当时直会没还出话儿来，说："你把那面镜子递给我。"《评讲聊斋·阿绣》/过了祭灶再找，厨子都应了活，直会找不出作年菜的人来。《演说·说年》/挺大的个活人，他直会没看见。真新鲜。《旧京通俗谚语》
【直眼达子】	眼睛发直，呆头呆脑的样子。	近年的城隍庙，有警察分驻，庙会虽开，打算站在殿前直眼达子似的，警察也不准你久待了。《演说·中元风俗记》
【职道】	道台跟上司说话时的自称。	道台说："据职道想，此次匿名信，无论何人所为，必系勾通该县驿站马夫，私拆马封，将匿名信投入其中。应饬令委员将该县马夫等悉数抓获，严行审讯，自不难水落石出。《赵三黑》/要不职道赶紧一面派人去打听，一面再向衢州府发个电报，自然就可知其详细啦。《衢州案》
【职妇】	官员的妻子和上级官员说话时的自称。	职妇就此一女，别无倚靠，故此将女儿兰香许给郑家。《杂碎录》
【职商】	有功名的商人和上级官员说话时的自称。	敢则郑田收也捐有职衔，上堂也是深深的一躬。县官问郑田收与王家订亲的始末。郑田收供说："职商前四年凭媒聘定王家之女，择定去岁十一月吉日□娶。不想有周吴两家争婚，因此涉讼。"《杂碎录》

【职员】	基层武官和地方长官说话时的自称。	吴庸虽是武员，说话举动尚不至粗野，供说："职员先父与王家系属年谊。因相交日厚，王吴两家妻室均皆有孕，遂相订议两家皆男即为兄弟，如女即为姊妹。若是一男一女，即订为婚姻。"《杂碎录》／大帅不可，这两个人说话有些鲁莽，求大帅念其山野无知之人，不必望他一般见识，看在职员身上。《永庆升平前传》
【指指触触】	指指点点。	街房四邻，每看见吴桃氏出来，关系着吴能手的面子，虽不起哄，可也难免在背后指指触触。《杂碎录》
【指指戳戳】	指指点点。	真是人海人山，围了个风雨不透，有些认识张铁汉甄醉仙的，全不敢在前面站着，都在背后，指指戳戳的讲说。《张铁汉》／猛然瞧见吴八儿骑在马上，得意扬扬，用马鞭指指戳戳，不知说些个甚么。《张二奎》
【至不济】	最差，最低限度。	虽不必公卿显贵，至不济也给个书香人家。《白话聊斋·胭脂》
【至不能为】	①最差的。②最小的。	①绍箕一阵冷笑，说："知县算的了甚么？至不能为也得放一个道台，就是这三年的垫办了不的，这一年半的功夫，我就花了一万多银啦！"《方圆头》／高等的讲究送烧猪烧鸭，次一等的送太史饼，至不能为是鼓盖儿、双麻儿（这都是点心名儿，专为供娘娘预备的）。《二家败》②周道台告老还乡的时候儿，已然六十多岁，大少爷、二少爷都奔三十啦，两位姨太太也都四十多啦，至不能为六少爷周义都十八九啦。《过新年》
【治公／治工／治功】	工作。	众位老哥儿们，人家既不让管，你们诸位也不用讨虎脸啦。众位有公的治公，有事的治事。《小额》／玉岩说："老弟请治公。"王春甫说："倒是没甚么事情。"《鬼社会》／兄弟今天也没预备甚，你哥要是嫌兄弟不恭

		敬，有公治公，有事治事。兄弟也不敢强留。《王有道》/ 你就治工去吧。《讲演聊斋·贾奉雉》/ 你老先生有功治功，有事治事，应验之后，你想起愚下不是说谎呢。《讲演聊斋·邢子仪》
【治晚】	绅士和地方官说话时的自称。	那年秋间，温都司的生日，库缎眼送了桃烛酒面四色礼，还有一块红洋呢帐子，亲自前来拜寿。见温都司称"大老爷"，自称"治晚"（倒没称"小的"）。《库缎眼》/ "这个人跟治晚同乡，最不说理，老父台对于他总得多多的注意。《董新心》/ 上次他虽给治晚说过两句好话，也并不是出于真正善心。治晚方才是因话提话，并非给他求情。《赵三黑》
【智儿钱】	骗钱。	白钱高买是在绺窃，骗人系用一种方法，所以称他们为"智儿钱"。《燕市丛谈》
【智转／智赚】	智谋。	可是德君的少爷，十三岁小孩儿，居然有这宗智转，足见新世界的儿童，脑筋是比旧日的小孩儿灵敏。《余墨》/ 且说张大奶奶，隔窗听见丈夫回来，未免一阵着急。此时这位少年也吓的糊涂啦，方才要往床底下藏，又要进里间儿。大奶奶究竟有智赚，往外一指，说："走你的，我有辞儿。"《讲演聊斋·佟客》
【滞粘】	磨蹭。	牛成儿喝酒醉后，借著酒劲睡了半天儿，在沿路又一滞粘，特意把吴能手累乏，耗著他睡熟，好施展暗算。《杂碎录》
【中和节】	二月初一。相传是太阳真君的生日。这天要吃好吃的点心和水果。	二月初一为中和节，由前清直到民国，一般愚民俗士简直的不懂。《演说·中和节》
【中票】	中国银行发行的钞票。	听说姓胡，去年夏间在前门外某会馆结亲。事先使了番佛四十尊，中票六十元（算是搭四成现，这是跟各机关学的），不算彩礼钱，算是孝顺岳母的。《益世余谭》

【中桌】	给随从、仆人准备的席面。	先把两位委员的爷们得应酬好了，中桌得预备好些儿的。《怪现状》/ 真讲究的主儿，倒是有预备中桌的（给管家们预备的席面，叫作中桌）。《势力鬼》/ 田保自有差人陪着吃中桌。藩台衙门的中桌自然也不能错的。《贺新春》
【仲伙】	大家一起吃饭。	报子上头印的是某日在某处会齐，坐地仲伙（吃饭）。《演说·走会》
【粥厂】	由政府举办或好心人捐钱，熬了粥，免费供应给穷人。	冬天也弄几百件棉袄施送穷人，粥厂里，一年也捐个一百两、二百两的。《小额》
【粥虫子】	借口办粥厂，从中渔利。	粥虫子者，即是指着粥厂中饱之人。无以名之，故此称他为粥虫子。《演说·说粥》
【粥干儿】	熬粥糊了，锅底上的锅巴。	至到粥已盛完，尚有未放给的贫苦人，是给钱，是给米，是给粥干儿？何为粥干儿？就是锅底余的粥干疤儿，也有半寸厚。《演说·说粥》
【猪拐子】	和别人反着。	人家往东他往西，人家吃鸭子他吃鸡，人家买萝卜，他买定了梨啦。他老是猪拐子，仿佛不如此，不够资格似的。《旧京通俗谚语》
【竹戏】	打麻将。	纪某原不嫖赌，自被丈人峰引诱，花天酒地，竹戏连宵，家财亦因之大败。《益世余谭》/ 那天竹戏已完，岳魁同着刘季和，在内签押房抽烟。《忠孝全》
【竹战】	打麻将。	中庙中特备长寿膏、红中碰白板、足开竹战。《演说·花和尚》
【煮饽饽】	饺子。	中国的习惯，每到良辰佳节，必要臭吃臭喝，各省皆然，北京尤甚。类如冬至馄饨夏至面，正月元宵、五月粽子、八月节的月饼，大年初一的煮饽饽，二月二的薄饼，九月九的烤肉，立秋要贴秋腰儿，暑伏要贴伏

		腰儿。《益世余谭》/却说大爷善金吃完了炸煮饽饽，拿了张八行书在西屋里桌儿上写信。《小额》/福八聊那天，预备的是芽韭羊肉馅儿的煮饽饽，给儿子送行，千叮咛万嘱咐，说是你到省之后，务必给我来信。《忠孝全》
【主持】	主张。	核计十几宵才住下一回，还得依著邵女的主持。《说聊斋·邵女》/与张氏私通，全是张氏主持。《杂碎录》/勤果公要立一个赈捐局，招集官绅商三界，研究办法。当时有主持官办的，有主持绅办的，有主持商办的，有主持官绅商合办的，各说一个理由，说的还是娓娓动听，头头是道，一时聚讼纷纭，莫衷一是。《益世余谭》/昨天跟友人苟公谈到这节，苟公的主持，跟记者相同。《余谈》
【主道】	读者。	再一说，凡看本报的主道，高尚的人居大多数儿，那宗玩艺儿，人家也不爱瞧。《连环套》/本报近来提倡国货，总而言之，以利权不外溢为宗旨，颇蒙阅报的主道们欢迎。《演说·关东糖托梦》/从此可就入了易嫁的本题。您上眼吧，主道们。《评讲聊斋·姊妹易嫁》/无如原文没有，普通的主道们，也不爱瞧，莫如按原文一表儿。《讲演聊斋·连锁》
【主脑】	主要部分。	演说、京要闻，全是报纸的主脑。《讲演聊斋·成仙》
【住茶钱】	租房时交押金，叫茶钱，一般是一个月的房租。茶钱不退，但搬家前一个月可以不交房租，用押金抵，叫"住茶钱"。	据他说有般{搬}家药，耗子吃了就般{搬}家（也不是住茶钱不住），有吃了就死的药。《益世余谭》

【住闲】	没有工作，在亲戚、朋友家白吃白住。	现在诸大祸首，安然在兵营住闲（住闲也不是有差遣费没有），该兵营所以说是安祸俱乐部，谁曰不宜！《益世余谭》/ 这个吴三是许允修的表兄，会两手儿把式，一身一口，在许家一半住闲，一半护院。《酒之害》/ 如今挤兑的一得阔差缺，先登告白拒绝亲友。登告白也叫瞎掰{掰}，该去的还是去。不信你考查，无论那一省，上至督军省长，下至县知事衙门，大半都有官亲本家，在那里住闲。《忠孝全》
【抓】	抓瞎。惊慌、着急，不知道怎么办才好。	玉氏遣散老婆子，老婆子要求欠饷，不发欠饷不走，玉氏抓了。《双料义务》/ 四狗儿一排枪，王有道抓啦，恐怕跟着又排他。噎膈李两天没露，桂氏又抓啦。《王有道》/ 及至到了四爷府坛上一瞧，竟剩了山水儿啦，连个人儿都没有啦。后来跟人打听，苗师兄头天就开了正步啦。苗师兄这一走，大春子可抓啦，顺便到桂四家中，打算研究一下子。没想到桂四腿更快，阖家逃往京北避难去啦。《五人义》/ 孩子倒是吃了个挺胖。正在七八个月上，抽了一回疯，三丁儿抓啦，这就套车接大夫，请瞧香的，东庙里烧香，西庙里祷告。《二家败》
【抓茶碗】	让参加赌博的人几个人一组，每人出一个铜元，然后大家扔色子，点儿最高的人得茶碗一个。	旧日北京，每到年节，有些个冤人的玩艺儿（平日也有，少），类如抓茶碗、转火镰、押红鱼、黑红屑、骨牌宝、三根签儿、打马尾罗儿（赢糖），五花八门，一时不能备述。《益世余谭》
【抓词儿】	找借口。	息氏听婆婆这是抓词儿，只好再纳着性儿说："婆母请想，儿媳常听人言，'朝朝防火，夜夜防贼'，修理墙垣是防患未然的好意。"《讲演聊斋·太原狱》/ 徐爷听钱有着落，可不能立刻点头，还得现抓词儿。《讲演聊斋·驱怪》

【抓大头】	朋友一起吃饭，饭钱大家摊。抓阄儿，一张纸条上写"大头"，抓到"大头"的人，要比其他人多出钱。	世俗吃公东，有一宗抓大头，又有甚么撇兰，都是这种的意思。《益世余谭》
【抓缝子】	找错处。	我求你们二位一件事，慢慢的调查，抓他的缝子。你们报告我，我有办法就是了。《张文斌》／不用说别的事，就是近来这几个月，凡有到王府打关节的，竟没有一人来找我，满都被他弄了去。我同我那个朋友闻鹿台，正想抓他的缝子，毁他一下儿。《玉碎珠沉记》
【抓瓜秧儿】	打架时抓辫子。	前清时代，仓库局是钱窝子，可又是是非地儿，三句话不投机，就来个耳切子。扔谁一个嘴啃地，抓瓜秧儿，撞羊头，讲究打谁个开门儿笑。《演说·说打架》
【抓会】	①去会里抓阄。参见"会"条。②用4个骰子玩儿。赌博用语。	①善全说："我不是抓会去了吗？"《小额》②唯独骰子是痛快玩艺儿，一个骰子，猜点儿，两个骰子，掷对儿，三个骰子，吊猴儿，摇摊，四个骰子，抓会，六个骰子，赶老羊。《讲演聊斋·任秀》
【抓了家伙】	抓瞎。	说罢起身往外就走，这下儿景爷可抓了家伙。《说聊斋·阿霞》／黄家一听把禁卒打死，这一来越发的抓了家伙，撒开了这么一托人，并用数千金各处运动。《白话聊斋·成仙》
【抓落儿】	找碴儿。	这几个人进门张嘴儿找自己的孩儿，分明是叫插帮儿、抓落儿打架，要抢人。《讲演聊斋·陈锡九》
【抓钱】	弄到钱。	老实角儿是甘受其苦，能抓钱的道儿，反正没有光明正大的事情。《小额》／稍有积蓄的旗人，或是现在作点事的旗人，自然是不指着钱粮，一般能卖力气的旗人，能作劳动事

		业现抓钱,也还不十分指着钱粮。《益世余谭》/这宗意思好像列强对待中国似的,家庭骨肉之间要出这宗现像,实在令人痛心。那天跟玉岩一商量,大致的意思,说玉岩能够在社会上活动,他们就靠一点死水儿,不能抓钱。《鬼社会》
【抓早儿】	趁早儿。	还告诉您说,这档子官司真得抓早儿想主意,可不是我吓唬您。要是一个弄老啦,定了案,铁准是永远监禁,不用打算出来啦。"《小额》/你倒是抓早儿买点菜去呀,待一会儿准关城门,就甚么也买不到啦!《茶馆》
【专馆】	私人教师,通常住在主人家里。	周道台给他请了一位老夫子,是位山东人,(旧日北京旗人,家里请专馆,专爱请山东老夫子,也真是件怪事),姓宋,号叫仲三,五十多岁,是个老举人。《过新年》/反正我总得出去找个事情,种地不行,我打算到京弄个专馆教教。《七妻之议员》
【转当局】	小当铺。	北京早年,有宗害人的买卖,其名曰转当局(这个转当局,俗名小押儿,诸君千万别误会)。这宗买卖,论性质就是初等当铺(也不是有国民当铺没有),不成文的东西,他是兼收并蓄,好歹都要。类如两双旧袜子呀,一双破鞋呀,几套旧书呀,铁锅大碗,一切日用的东西,全都可以押钱,除去马桶、便壶他不要,剩下全行。一班穷人,因为他又便利又救急,大当铺不收的东西他都收,所以非常的欢迎。可是利钱很大,出价儿并不多,限期还是很促迫,三个月不赎就死。有几家最讲公德的,是半年的限期。《益世余谭》
【转簧】	转。	忽然脑筋一转簧,说,有啦,反正把兄这个病是不成啦,莫若敛吧敛吧我给他个开正步回家。《感应篇》

【转筋】	因胃痉挛而引起的腹痛、呕吐。	从先，小文子儿闹过一回转筋，就是他给治好了的。《小额》/这孩子忽得转筋之症，先请了一个二把刀扎针的，攮了几下子，全都不是地方儿，胳膊上也没见血，孩子肚子疼的翻滚。《人人乐》
【转人儿】	嫖。	明是煎炒馆子，暗中是烟馆、赌局，还代转人儿，不出户庭可以吃喝嫖赌（好德行），那分腐败黑暗，一言难尽。《方圆头》/头里是饭馆子，后头是烟馆儿，最后是宝局。外带还可以转人儿。想头原是不错，不出户庭可以吃喝嫖赌。《二家败》
【转食】	吃了就吐。	肚子的下口叫作贲门，那个玩艺儿要是肿啦，纵然吃下去，照旧还得倒出来，俗名就叫作转食。《鬼吹灯》/此药除治噎膈转食之外，还治几十样症候。《鬼吹灯》/金氏这天忽然病啦，吃下东西去就往外吐，简直的就像转食似的，连口水儿都存不住。《说聊斋·邵女》
【转想】	念头一转。	希四的德行，他也知道，心里说："这号儿买卖，要让姓希的端了去，那才是冤孽梆子呢。"又一转想说："不碍，反正老娘儿们好说话呢。凡事有一个先来后到儿。"《小额》/他原打算把盟兄大声卖了，后来又一转想，大声素日待他是真不含糊，现在身上穿的库缎皮袄，还是人家给作的。《怪现状》
【转心子】	钟表。江湖行话。	钟表叫转心子。《燕市丛谈》
【转影壁／转映壁】	躲在影壁后，拉车的追进来，就跑到影壁前溜走。引申为骗，躲着不见，溜走。	再一说，胶皮团遭骗，进穿堂门儿、转影壁，也是常有之事。《余谈》/那天狗爷所急啦，向二小说道："咱们可不过这个。大哥说了个挺好，跟我转影壁是怎么着？不用他老哥分心啦，我另打主意罢。"《姑作婆》/博氏找小载，小载竟转影壁，博氏上厅儿还告了一回小载。《曹二更》/老道多半转影壁，

		又走了吧。《讲演聊斋·巩仙》/ 公子元丰起心里本怕小翠转映壁，如今听他出主意跳墙，扶住墙头儿，两手按劲往上起一长身儿，爬在墙头儿上。《讲演聊斋·小翠》
【转轴】	见风使舵。	敢情人家孩子会转轴儿，极至当面一问，满没那们八宗事。只顾了林生缩缩儿秘，孟氏的田产一概全完。《白话聊斋·乔女》
【转咒】	在丧礼上念经。	说福寿寺的方丈率领十三名和尚前来转咒（照例北京各大庙，阔施主家死了人，必要去转一回咒。虽然是应酬要好，也是个抽丰，人家本家的花衬钱）。《过新年》
【庄眼儿】	饭庄。	从先，除去正式大请客下庄眼儿（俗话管饭庄子叫庄眼儿），此外稍讲究一点儿的，下个饭馆子，其余一两个人儿随便吃饭，下茶馆儿的很多。《王小六》/ 人间{家}如有喜庆宴会以及红白大事，都得用酒席，所用的酒席分为两种：一种是庄眼儿，一是散包儿。庄眼儿虽说用的多了有点儿弊病，究竟还差不了多少，能多赚几个钱的地方，就在乎"萝卜快了不洗泥"。《燕市积弊》/ 但是这行买卖向不一律，其中有个冷热的分别。如早年财盛馆、文昌馆、汇元堂，都为冷庄眼儿，除去团拜、作寿唱戏之外，平日简直的没人。如现在外城的福隆、庆丰、天福、惠丰、同兴、同丰、庆福，都叫热庄眼儿。《燕市积弊》
【装古】	装裹。寿衣。	这回事是曹大娘总理丧仪。老太太倒算死着了。装古不错，棺材也将就的。《苦鸳鸯》/ 当着病人，你要说这病紧乎，一会儿准死，快预备装古罢。病人一着急，当时咽了气啦，这不是麻烦吗？《过新年》

【撞客】	胡言乱语,又哭又笑,被认为是狐等精怪上身。	"哥哥你这是怎么了?要演戏迷传哪?"又叹了一声,叹完了又哈哈大笑,乐完了又掉了两点眼泪。董二爷一瞧这个来派,真有点儿急啦,直叫大奶奶,说:"嫂子你快来罢,我哥哥不是撞客,就是痰迷。"《董新心》/这件事情是天亮下雪,你也明了白啦。我方才说死了吧,活了吧,我那是撞客,你别拿着当人话听,你也消消气儿。《连环套》
【撞木钟】	骗人。	因为你借着老叔敲竹杠、撞木钟,所以惦记着我。《怪现状》/为家产打官司,你请律师,我约代理,托人情运动门子,吃饭坐车,一切的花费,不必细说,再遇见敲竹杠、撞木钟的,简直的没完。《回头岸》
【撞事】	蒙事。	如海说:"秦师老爷那是我亲兄弟。我找他有话。"四十来岁的说道:"你找他有话,他也得在这里呀。"三十岁的说道:"秦先生那里有弟兄呀,你这不是撞事吗?"《回头岸》
【撞羊头】	用头撞。	青皮连往前就奔,这档儿有一个姓保的,保领催,一揪青皮连,没揪住,伊老者打算撞他一羊头,青皮连手急眼快,往傍{旁}边儿一闪,拍拍就给伊老者两个嘴吧。《小额》/前清时代,仓库局是钱窝子,可又是是非地儿,三句话不投机,就来个耳切子。扔谁一个嘴啃地,抓瓜秧儿,撞羊头,讲究打谁个开门儿笑。《演说·说打架》
【撞钟】	孩子玩儿的一种游戏。参加游戏的人把铜钱往墙上扔,按照反弹的远近决定次序。远的先玩儿。用自己的铜钱打别人的铜钱,打中就赢了。	小学各生,稍有家庭教育者,或尚知在家温课,余则撞钟、打老、蹓冰、踢球(可不是皮球),无所不为。《益世余谭》/丁儿是满心的欢喜,同着一群孩子踢球撞钟,到了吃饭的时候儿回来吃饭,始而见天来念念书。《曹二更》

【追裆裤儿/追挞裤儿】	追着人乞讨。	论到要钱的时候，该帐的反倒穷横一气，要钱的只好来个柔能克刚（克他的穷刚）。找帐户儿，直像是乞丐追裆裤哪。《演说·一年好景君须记》/谁知天下事无独有偶，如今竟有师范生追裆裤儿之事。昨天天桥，见一寻钱花子，约三十多岁，微带口音，自称系师范生，曾在某校毕业。他这套辞儿，比那个秀才又高了。《益世余谭》/世袭公爷、侯爷，都入了胶皮团啦，员外、主事还有满街上寻钱的哪。作小买卖儿，总比寻钱追挞裤儿好看。《一壶醋》
【追往】	互相送礼、还礼。人情往来。	三节两寿，也真追往，所为的是，有一个头疼脑热、闪腰岔气的事情，好有个护身皮儿。这是小额的心工儿。《小额》/咱们整天竟追往分子，那一月红事白事，不出几个分子。《势力鬼》/娘家又没人常来魔害，连追往亲戚的分资都省下啦。《讲演聊斋·霍女》
【追影】	给死去的人画像。	就怕是过于劳心，再不知自为保养，没钱的时候儿，亚赛铁锍子。有了钱，折腾的赛过人灯。可有一样儿省事，将来追影的时候，省得传真家给他画胡子。《演说·再说福禄寿财喜（三）》
【准拿手】	①一定的本事。②确定。	①这位冯大嗓儿，衙门是薰（去声）透啦，又搭着是个已革的人，也没有甚么准拿手。《小额》/除去我这个嘴，没有准拿手（倒有自知之明）。《大劈棺》②这个王法更厉害，一天让他焚三道黄表，表要不起来，就把他拉出去开刀。您想一个黄表纸，那里有准拿手。《五人义》/在我临走时候儿，也是漫无宗旨，已后究竟怎么样，也没有准拿手。《演说·去而复返》

【捉羊】	哄骗富家子弟的钱。	后来有个票友儿,姓安,叫作捉羊安(捉羊就是吃秧子),给玉亭出主意,说:"咱们得添彩呀。"(彩就是戏法儿)《人人乐》/这次请客,重要的人物都得约一下子,圆桌面儿总得三桌酒饭,零钱一共没有一百块不成(二簧票有话,这叫捉羊)。《二十世纪新现象》
【自由】zīyou	磨蹭。	抽完了烟,叫伙计打脸水,又擦了擦脸。擦完了脸,又换袜子,抓起水烟袋来,又抽了几袋水烟。这一份儿苦麻烦,急的胎里坏是起火冒油。好容易自由够啦,他老先生才动身。《小额》/金氏说:"我吃甚么?我甚么也不想吃。少时饿了,再说就是。"老妈儿心说:"这要等你们自由够了,就不用沏茶封火咧。"《讲演聊斋·邵女》
【滋毛儿】	耍横。	俗语儿说:"夜猫子进宅,没事不来。",你滋毛儿来了?《讲演聊斋·毛狐》/你是野猫子进宅,无事不来。你滋毛儿来了?《讲演聊斋·霍女》
【自管】zíguǎn	只管。	别管他是谁,概尔不论,姓额的放得就是阎王账,不服自管告我去!营城司坊、南北衙门,我全接着。《小额》/姨奶奶您自管放心。不要紧,全有我呢!《搜救孤》/既是上边老头子的密谕,谁敢抗他不成,你自管放心去办,有甚么祸事,都归我担。《新黄粱梦》
【自好】zíhǎo	只好。	当时额家的婆媳,被王亲家太太这们一劝,也无可如何,自好先打点睡觉,明儿个再打主意。《小额》/当时也没有地方儿雇驴去,自好提溜着包袱走罢。《孝子寻亲记》

【自要】zíyào	只要。	姚爷说："你先不用害怕，虽然定出这们些礼节来，自要多花几个钱，打点打点，一概豁免!《何喜珠》/ 这段《花鞋成老》乃系近年一桩实事。凡是记性好的主儿，皆能知道，自要在下往外一说，看官们必然想得起来。《花鞋成老》/ 自要你女儿说了真情实话，都有我给你做主呢。《春阿氏》/ 如今不论资格，自要有钱，就可以随便唱戏，那怕是个毛儿匠过个散生日呢。《演说·唱大戏》
【子弟】	①票友。因为最初票友几乎都是八旗子弟，所以叫"子弟"。他们演出不要钱，后来要一点儿车马费。②业余的，非正式的。	①上头贴着黄纸的报子，是：本轩四月初七、日两天特约子弟随缘乐消遣：风流焰口五圣朝天别调咤曲别母乱箭。《小额》/ 东城又有位子弟松寿卿，都说这部书。《讲演聊斋·房文淑》 ②阁下亦子弟大夫（我要变生意了）一分子，语云："兔死狐悲，物伤其类"（别胡拉典啦），"人之多言，亦可畏也"（你听，这两句也不是那儿来的）。《益世余谭》/ 富二先生没有多少本家，曹立泉居然也跟跪灵，一充这个子弟丧家，除去讣闻上没有印他，送三送殡，他比丁儿哭的都痛。《曹二更》
【子弟会】	票友。	他也排过子弟会（京南一带管票友叫子弟会）。《库缎眼》
【子弟票】	票友唱戏。	请子弟票，不过请两个安，花不着甚么钱哪。《势力鬼》
【子孙院（儿）】	庙里主持是师徒相传的。	现在高僧、高道有几位？子孙院小庙儿，猪头肉、烧酒、吗啡，那是原则都不提，还有些个例外事情。《益世余谭》这个庙是长处哇，可是个子孙院儿呢？《和尚寻亲》/ 邱生连忙给和尚作揖，上文书说过本庙并非常住，是个子孙院儿。因邻于郊原，除乡会试年头或有人租赁，不然夏令有人借居避暑之外，就只是借空房停灵柩的。《讲演夜谈·邱生》

【自己劲儿】	是自己人的样子。	我闹个不熟假充熟,自己劲儿,给他个硬往院子蹓达。《讲演聊斋·田七郎》
【自来得】	中国制造的一种手枪。	记者倒有个主义{意}。嗣后各铺户里头,都设一架机关枪。铺伙们腰里都拖著自来得,日日如临大敌,往后这类抢案,自然也就少了(好劲)。您说这个主意高不高?《益世余谭》/十七响儿的自来得也不错,咱们这儿也没有。《胶皮车》
【字儿】	字条儿。契约。	在下那当儿也淘气,赶紧回家,写了一个字儿,打发人就给我们亲戚送了去啦。《小额》/赵秃子连写字儿的纸都带来了。当时提笔一挥,刷了一个卖字儿,写的是价银四百五十两。《胶皮车》
【字号(儿)】	①江湖上的声望,名气。②商家的名气、招牌。	①这宗人再一穿上大氅,再长三成字号。一般作买卖的,长了两只大氅眼来,见了穿大氅的就恭维。《余谈》/从先在斗鸡坑住家,打过卖京米粥的,踹过沙锅挑子,虽不算大混混儿,小小的也有个字号。《余墨》/正在这个时候儿,有一个人来请曹立泉。此人姓载,是个天潢一派,人称小载,虽够不上大字号朋友,在北套一带也算是个混混儿,为人能聊,善给人了事。《曹二更》/日前某阔人娶妇,八位娶亲的都是一色的大汽车,女家送亲也是八辆汽车,那才叫字号呢。《二家败》/今儿个所行跟你道回字号,狐群狗党我是满不在乎。《杂碎录》/你夸了半天,道了会子字号,敢则就是这么个技艺儿呀。《讲演聊斋·老饕》②买卖家讲的话,做的是字号儿。《旧京通俗谚语》
【字号铺儿】	有名的铺子。	字号铺儿,讲点公德人道,遵古炮制,按方配药,还不大差离格儿。字号儿铺眼儿,只知获利,不管害人,实在可怕。药铺营业,

		关系人命。《益世余谭》/ 甚至于一本万利的药铺，除去大字号铺儿不怕多赚，或者不至于有假，穷乡僻壤的小药铺儿，简直的没有准章程。《益世余谭》/ 奉劝买棺材的主儿，千万别贪贱，还得上大字号铺儿去买，要仅顾了肥大放样，价钱又小，管保都是他，外带著别抬杠，咱们刷着看，要是甚么，一定是甚么。《燕市积弊》
【字眼儿】	文字上的学问。	自称维新，其实字眼儿比我还不如。长短的长，长幼的长，兄弟的弟，孝弟的弟时常给弄了个颠颠倒倒。《旧京通俗谚语》/ 他是举人底子，字眼儿很深（是土匪的口吻）。《土匪学生》/ 在下本是糊涂人，不认得甚么字，见人家看报，都说是有益处，也想看看。怎奈字眼儿太深，看了总不懂。《演说·一定要劝看报》/ 凡是小说书上，总离不了家常日用的琐碎事，并有许多恩怨报复的情节。看到眼里最能够发人的真性，字眼儿深的不必说，看甚么章法咧，又是甚么笔路咧，津津有味，废寝忘餐。字眼儿浅的也有趣，把书拿在手里，连蒙带诈，一边猜著一边看，日久月长深，总摸索个八九不离十。《演说·小说跟报纸的关系》
【宗室】	清显祖塔克世（努尔哈赤的父亲）的直系子孙为宗室，旁系子孙为觉罗。	从先他爸爸放阎王账，专吃旗下，外带着开小押儿，认得几个吃事的宗室，交了两个北衙门站堂的，喝，那字号可就大啦。《小额》/ 到了宗室下场，又新鲜了。人家乍出儿就乡试。只要是个宗室，由胎里就带了一个秀才来。《过新年》/ 原来瞎二老爷妇人罗氏生时，曾给阜大少定了一门亲事，这个姑娘家姓罗，系正黄旗宗室罗松之女，乳名玉格。《阜大奶奶》

【总理】	总经理。	前天是正节，我们同印刷的工人，也都借这个光儿，白吃总理一天的饭。《讲演夜谈·钟生》/ 既然贵人如此赏光，莫如闹个恭敬不如从命。是。按这们稿交情，这报谁还爱瞧哇（这是聊斋吗？我们总理嘱咐我呢）？《讲演聊斋·狐嫁女》
【总长】	部长。	国务总理又为甚么兼总长？《益世余谭》
【纵起来】	放任不管，惯坏了。	二秃子这孩子，始而还服从。后来铁王三说甚么，他简直的不听，大有家庭革命之势。那天铁王三说了他两句，王氏大炸之下，王英正在跟前，他不但不排解，反倒帮着王氏跟铁王三一招呼。这们一来，把二秃子所给纵起来啦。人家爷儿三个是一条腿儿，铁王三闹了一个里手外人儿。自己的势力微弱，他们的党派雄厚，闹了两回，甘拜下风。《铁王三》
【走动】	拉（屎）。	我一阵儿肚子疼，好像要出恭，每天蹲下，走动的很快，今天大肠发燥，大概是新烟土烧的。干着急，走动不出来。《讲演聊斋·田七郎》/ 王氏吃下头煎药去，闹了一阵（有芒硝，肚子一定疼），居然没走动。《郭孝妇》/ 王氏连著见了三次大便，走动了好几盆子。《郭孝妇》
【走弓弦儿】	抄近路。	抄道儿办事，谓之走弓弦儿，别走弓背儿。《旧京通俗谚语》
【走哄】	起哄。	世上的事，左右是那么着，糊里巴涂，也就算完了。这宗议论，也不是有见识的人，他们只知其一，不知其二。若非是报纸走哄，就便把阿氏剐了，他们也不知其故。《春阿氏》
【走会】	文艺游行。一边走，一边进行表演。	走会最要紧最露脸的日子，是妙峰山。一到三月下半月，就见都管们（执事人）拿着撥子（会旗），横巴请着平（就是挑笼子的挑

		着笼子）沿街满巷的打知。到了玩角儿的家门口儿，必要贴出一张整张黄毛边的大报子。报子上下还镶两张花头，写着朝顶进香等字样。报子上头印的是某日在某处会齐，坐地仲伙（吃饭）。《演说•走会》/ 轮到走会，虽说是耗财买脸，细想起来，简直叫作义务之中的冤大头。《演说•走会》
【走溜儿】 zǒuliǔr	来回走。	到了第二天一清早，周道台就起来啦。来到学房，宋老夫子也起来啦，刁着袋关东烟，在院子里来回走溜儿呢。《过新年》/ 说罢，忿忿的站起身来，在地下来回走溜儿。《七妻之议员》/ 心中有事难合眼，翻来覆去睡不安，再想安神合眼，那得能够。索性穿上衣裳，下地来回的走溜（念柳）儿，就仿佛热锅上爬蚂蚁似的。《李傻子》
【走轮子】	排队干完某事后，重新排队再干。	此外的四个人，反正都是他们一党。雇了一百人走轮子，一个人准投五十票，稳稳当当的，可以出六个初选当选。《董新心》
【走票】	票友演出。	票者，即无利益之谓，所以各种子弟玩儿，供人娱乐，不取分文，通同谓之走票。《燕市丛谈》/ 走票本不应当要钱，有何义务之可言？《燕市丛谈》
【走沙子】	偷米。	不错，一幌儿有个人，毛着腰走出去了。先以为厨子走沙子呢（偷米的别名儿），故尔没出来问。《讲演聊斋•小翠》
【走心】	上心。	虽然没有婚姻的念头，难免也要走心。《白话聊斋•胭脂》
【走心经】	上心。	记者向抱乐观主义（没心没肺吗），不懂得何为生气，那叫着急，无论甚么事，从来不走心经。《益世余谭》/ 因为时常有人来函指教，有的真令我佩服如师的，也有混挑眼

		的，还有蛮骂的，我们决不走心经。《评讲聊斋·胭脂》/ 常见有人讲这两句："哄不尽的愚人，杀不尽的贼"。早年我总想是句贫话，也没有走心经。《演说·哄不尽的愚人》/ 老婆舌头，有阴面儿，有阳面儿。阴面儿的老婆舌头，无非是背地里低低□□，若当作耳旁风，不走心经。你说破了嘴唇，架不住汉子不听这套。《演说·说老婆舌头》
【走字儿】	走背运。	敢情这个挨打的，是巡视南城赵都老爷的外甥（哈哈，说句迷信话，额家是走字儿哪）。打完了，人家勾兵去啦，我们傻瓜是的，还坐的那儿听呢。《小额》/ 今年我是走字儿呢，就结咧。《旧京通俗谚语》
【足】	得意。	这群小子们，是狗仗人事。小额这二年也足的受不得，上回也是，因为要账，他手下的也不是那一个狗腿子，楞给人家堂客一个耳瓜子，临完了，还要攒人打人家爷们。《小额》
【卒业】	毕业。	他是女子高等学校卒业的，很富于新思想，在女子参政运动会里是位健将。《北京》/ 在本县高等小学毕了业之后，得了张卒业文凭，就在家中一待。《七妻之议员》/ 当时亲友本家都说："他那儿受的了学堂的罪呀。三天半也是让人家革回来。"在下一听这话，把心一横，立了一个百折不回的志向，可也真作脸。三年的功夫，连一过都没过。后来对付着卒了业，派了一个差使。《进化报》
【钻干】	钻营。	朱瞎子署缺，同城候补界中，倒不以为然。怎么说呢，一来，朱瞎子是个劳绩班，到省十几年，很有点儿资格。再一说，从先也署过缺，素日都知道他能钻干。《怪现状》/ 皆因性情耿直，永远不懂得应酬钻干，所以一个护军参领，就老了隐啦。《小额》

【钻干营谋】	钻营。	常言说的好，"千里为官只为官，千里为财只为财"（官话），挤对的没法子，就得想主意，人情运动，钻干营谋，谄媚下贱，卑鄙无耻，甚么下贱的行为都有。《怪现状》
【钻狗洞】	找暗娼或不正经的女人。	当时一想，以为他不是要钱，就是钻狗洞去啦。《海公子》／只要沾着这一面儿的事，舍得破钞花钱，可也是零碎代销，也不花钱买妾，也不上挂灯下处住局，俗名儿叫钻狗洞子。奈因彰德府地面，不同北京，外乡吃这路饭的很少，只好在五里三村儿，找那不正经的妇女，同人现磨对，遇有贪便宜的，他就可以偷个一次两次的。《讲演聊斋·霍女》／这夜又去钻狗洞，在半道儿上遇见个小媳妇儿，外带著还是独自一人，连个跟著的都没有。《说聊斋·霍女》
【钻悉】	明白了。江湖黑话。	您不用春了，大哥满钻悉了（"春"是"说"，"钻悉"是"明白了"。这都是江湖坎儿）。《小蝎子》
【钻纤】	在原来中介之外，突然又冒出的中介。	只要看中意，人财两交，不然出了钻纤的，可就难免有口舌是非咧。《讲演聊斋·云翠仙》
【攥猴儿】	三人猜子儿。	姑娘说："这些玩艺儿毫无意味，不如咱们猜子儿，到可以碰一碰心眼儿。"魏爷一听，说："对，前头柜上，时常有人猜这路玩艺儿。三个人叫做攥猴儿，两个人叫做把口壁。"《讲演聊斋·双灯》
【嘴岔儿】	嘴角。	啥咧着瘪嘴唇儿，撇着大嘴岔儿，好像起心里不悦服谁似的。《讲演聊斋·青蛙神》
【嘴敞】	什么都说。不知什么该说，什么不该说。	从前我在娘家你好打哈哈逗趣儿，也还使得。如今当着亲家母，你还是这样的嘴敞，岂不被人耻笑周宅没有规矩吗？《讲演聊斋·陈锡九》

【嘴冷】	说话刻薄。	不是兄弟嘴冷，看这府上的情形，有些艰窘，十剂八剂药材力怕办不到。《讲演夜谈·孝女》/ 如此看来，三位先生的令正夫人，必都是贤明的了。我说一句话，三位先生可别恼，要不是家有贤内助，三君不能如此义气，我这话可嘴冷一点。《回头岸》
【嘴欠】	说不该说的话。	如山西省的人，来京在某铺内学徒，北京便有嘴欠的人，也管着人家孩子叫二娃子。《演说·豆皮》
【嘴热】	只是嘴上热情。	说起嘴热之人，就听他遇事能说，可就是不能办。气热是只要热气冒完，人也就随着打蔫儿。情热是人生孝悌和睦，皆出于天真正理。若是非理自由，及随时恋爱，结果落个始乱终弃。那怎么对得起情字呀。《演说·天热与人热》
【昨一天】	昨天。	昨一天这点儿书，看着不要紧。在当日蒲老先生，替米生编这一套词儿的时节，真不易着手。《评讲聊斋·神女》
【左】	执拗。	知道老头子的脾气左，姑娘脸皮儿薄，倘或老头子要了姑娘的命，或姑娘因羞尽。这一场大祸，实在不轻。《评讲聊斋·花姑子》
【佐领】	一旗有几个参领，参领下是佐领，满语叫牛录，牛录的长官叫牛录章京，汉语也还叫佐领。	前清咸丰年间，北城国子监，旗人塔某，是个世袭佐领，因为他行三，人皆以塔三爷呼之，又叫铁塔儿。《鬼吹灯》
【作半截儿揖】	马马虎虎作出一个作揖的姿势，动作不到位。	松海又给王妈作了个半截儿揖。《苦家庭》

【作好作歹】	既说好话，又威逼吓唬。	后来许三叫来几个棍徒，将游客打了一顿，又作好作歹的一说合，用硬打软熟和的法子，将那个游客劝走。《杂碎录》/王九赖甩了一套赞儿，王氏直点儿陪礼认错，王九赖是得理不让人，假秀才作好作歹，王九赖又往回拉，两个人是定妥了活局子来的。《铁王三》/后来，大家伙儿作好作歹的，让钱锈给了他一百银（倒赔出四十两去），算是完事。《小额》
【作活】	①工作。②特指针线活。	①大家抱怨声天，这个说："德子，你没作活吗？"《小额》/孙子游监工，真是人多好作活，没到晚上大功已然告成。《二十世纪新现象》②大姑娘正在南屋里作活，瞧见嫂子把秃儿带来啦，说："阿玛回来啦吗？"《小额》/郝氏从此督催姑娘作活，并且洗衣烹饪等事，也都让他经手。《花甲姻缘》/他在外间屋瞎聊，姑娘就在里间屋作活，听了个挺真。《花甲姻缘》
【作活的】	雇工。	家中就是一个婆子，还有一个老作活的李四，冯氏当时让李四请大夫。库缎眼正在大吹特吹，忽然由外头跑进一个作活的来。这个作活的姓张，叫作楞张，又叫作结吧张，说话半语子带结吧，长的又楞头楞脑的。《库缎眼》/要说陈财主家里，作活的长工，也有个三四十口子。《赵三黑》/到了端阳那天，陈财主因为家里作活的护院的，一年辛辛苦苦，今天借着佳节要犒劳犒劳。《赵三黑》
【作派】	装腔作势，摆架子。	王先生一听，把脑袋摇的车轮相似，连声的说道："不是，不是，实在的不是。"（哈哈，实在的是）于是乎拿起笔来，作派了会子，开了一个方子。《小额》/我把哥儿一带走，您可得有点作派，别让他瞧出破绽来。《搜

		救孤》/ 耿老太太到了亲戚家，决不倚着姑奶奶是银库的搭拉密，跟姑爷要作派一下子。《杂碎录》
【作情／做情】	①故意做戏，表达某种感情。②看在情面上。③看重。	①当差的回话，说是开不开。曹猴儿说："开不开，拿锥子挖那个塞子得了。这把子东西们太笨了。"曹猴儿正在苦作情，陪客里头有一位胡连长，当时放声大哭（奇）。真是一鸣惊人，举座骇然。《理学周》/ 福寿道："你自己作的事，好汉子该当承认，干甚么委委曲曲，哭红一鼻子呢，"鹤公亦喝道："若怕受罪，就赶紧说实话，别这么苦作情。世间的因因果果，丝豪不爽。《春阿氏》/ 先生将手挪开，一指耳枕，孝爷换手，又等他做情了半天，然后挪开手。《讲演聊斋·孝女》/ 先得拢头裹脚，随后洗脸梳头，漱口喝茶，吃点儿点心，所做情够了，这天总就在两点以后了。《讲演聊斋·细侯》②真弄出楼子来，本宅里未定准作情。可是听信一偏之言，也有作情的。《忠孝全》/ 你们这鬼鬼祟祟，我实在不作情。肯得说明呢，就赶紧说明。不肯说明呢，就不必告诉我。又何必吞吞吐吐，叫人家发疑呢？《春阿氏》/ 大致说，兰氏已死，他也不管啦。盖的房，价求大家做情着怎么办怎么好，只要把他这个姨奶奶领回去就得。《评讲聊斋·锦瑟》③这位李统领，为人耿直，说话俗豪，大帅很作情他。《白公鸡》/ 谁能叫姑爷心里作情，谁就是好老。《说聊斋·寄生》/ 唱戏这一途，本来就没人作情。《伶人热心》/ 我不是小看你，就凭你这宗样子，到那也没人作情。《旧京通俗谚语》/ 今天是谈闲话儿，敝上这个念书的，我真有点儿不作情。《回头岸》

【坐采莲船儿】	死。	倘或姑娘得个紧七慢八，临完一坐采莲船儿，可不如早让他坐上轿子。《杂碎录》
【坐槽儿吃】	待在家里白吃饭。	再说这们好的好孩子，也犯不上给人家当童养媳妇去呀，宁可教他在家里坐槽儿吃。《演说·窝窝头教育》/你看他不会挣，就会坐槽儿吃。《演说·创业与守业》
【坐地】	压根儿。	这位鹤氖先生是个乡下老儿出身，没见过大世面，官迷带财迷，以为这个视学是档子阔差，坐地他就憋了勒索敲诈的攻策。《怪现状》
【坐家女儿】	还没结婚的姑娘。	虽然比不了坐家女儿，可也不能草草了事。不济死了也算翻身一场，好歹也得选一选。价钱可由母亲说定，客人可得由著女儿自择。《白话聊斋·瑞云》/狗爷说："这就叫作不平等。不准我瞧姑娘，人家可要相姑爷，这叫甚么公理。"二小说："你是个续弦，人家是坐家女儿，人家是得要瞧瞧你。"《姑作婆》/虽同我不是结发夫妻，当日也是明媒正娶的坐家女儿。《讲演聊斋·成仙》
【坐人儿】	一种洋钱，上面有人头像。	至如前几年的坐人儿，硬改名曰刺儿脑袋。《社说·哭洋钱》
【坐一坐儿】	一起去饭馆吃饭。	你要出去，带着几块钱哪，遇见人坐一坐儿（世俗管同着人下馆子，叫作坐一坐儿），能够竟吃人吗？《势力鬼》
【坐主儿】	乘客。	赶到了第二天，我又坐着汽车在街上飞行，司机的又将一辆皮车撞倒，坐主儿与车夫俱已受伤。《演说·梦坐汽车》
【坐桌儿】	有桌子的座位。当时戏院的座位有带桌子的，有不带桌子的。	头里坐桌儿上忽然来了五位戏座儿。《小额》

【座儿上的】	把兄弟。	验尸的时候儿，文氏痛哭流涕，要求给他丈夫报仇，座儿上的安慰了一番。《郑秃子》
【做地窝儿】	根本。压根儿。	昨天说到老普原谅滨香，把怨恨归在柴伯当一个人身上，并非我故意磨烦，也不是同柴伯当不来（做地窝儿就不认识柴头）。《讲演聊斋·白莲教》/ 当天你们说找姓黄的借钱，做地窝儿就没那们八宗事。你们三个商量好了，伙同一气拿我当秧子。可以，可以，你们全部错翻了眼皮子咧。《讲演聊斋·王大》

参考文献

中文文献：

北京市第二商业局教育处（1987）《北京特味食品老店》，中国食品出版社，北京。
常人春（1996）《红白喜事》，北京燕山出版社，北京。
陈刚（1985）《北京方言词典》，商务印书馆，北京。
陈刚、宋孝才、张秀珍（1997）《现代北京口语辞典》，语文出版社，北京。
陈鸿年（1970）《故都风物》，正中书局，台北。
陈文良（1992）《北京传统文化便览》，北京燕山出版社，北京。
陈旭麓、李华兴（1991）《中华民国史辞典》，上海人民出版社，上海。
成善卿（1990）《天桥史话》，生活·读书·新知三联书店，北京。
（清）待余生（1995）《燕市积弊》，《燕市积弊　都市丛谈》，待余生·逆旅过客著，张容起校注，
　　　北京古籍出版社，北京。
杜家骥（2008）《八旗与清朝政治论稿》，人民出版社，北京。
（清）鄂尔泰（1968）《八旗通志初集》，台湾学生书局，台北。
傅民、高艾军（1986）《北京话词语》，北京大学出版社，北京。
郭双林、肖梅花（1995）《中华赌博史》，中国社会科学出版社，北京。
（战国）韩非（1989）《韩非子》，上海古籍出版社，上海。
（清）黄六鸿（1694）《福惠全书》。
黄时鉴、[美]沙进（1999）《十九世纪中国市井风情——三百六十行》，上海古籍出版社，上海。
贾采珠（1990）《北京话儿化词典》，语文出版社，北京。
姜亚沙、经莉、陈湛绮（2006）《京话日报》，全国图书馆文献缩微复制中心。
金启平、章学楷（2007）《北京旗人艺术——岔曲》，北京师范大学出版社，北京。
李家瑞（1982）《北平风俗类征》，上海文艺出版社，上海。（据商务印书馆1937年版本影印。）
刘黎明（1993）《裁、打赌：中国民间习惯法习俗》，四川人民出版社，成都。
刘小萌（2008）《清代北京旗人社会》，中国社会科学出版社，北京。

齐如山（1991）《北京土话》，北京燕山出版社，北京。
齐如山（1989）《北京三百六十行》，宝文堂书店，北京。
齐如山（2010）《古都市乐图考》，《齐如山文集》第 7 卷，齐如山著，河北教育出版社，石家庄。
曲彦斌（1993）《典当史》，上海文艺出版社，上海。
全国图书馆文献缩微复制中心（2009）《爱国白话报》，《中国早期白话报汇编》，全国图书馆文献缩微复制中心编。
全国图书馆文献缩微复制中心（1987）《北京益世报》缩微胶卷。
全国图书馆文献缩微复制中心（1986）《顺天时报》缩微胶卷。
全国图书馆文献微缩复制中心（2003）《清末民初报刊图画集成》。
商鸿逵等（1990）《清史满语辞典》，上海古籍出版社，上海。
（清）沈之奇（2000）《大清律辑注》，法律出版社，北京。
石继昌（1996）《春明旧事》，北京出版社，北京。
宋孝才（1987）《北京话语词汇释》，北京语言学院出版社，北京。
田涛等（1996）《清末北京城市管理法规：一九〇六——一九一〇》，北京燕山出版社，北京。
王秉愚（2009）《老北京风俗词典》，中国青年出版社，北京。
［日］武田昌雄（1989）《满汉礼俗》，上海文艺出版社，上海。（据大连金凤堂书店 1936 年第 2 版影印。）
夏仁虎（1998）《枝巢四述／旧京琐记》，辽宁教育出版社，沈阳。
小横香室主人（2009）《清朝野史大观》，方克、孙玄龄译，中央编译出版社，北京。
徐世荣（1990）《北京土语辞典》，北京出版社，北京。
杨米人等（1962）《清代北京竹枝词（十三钟）》，北京出版社，北京。
叶大兵、钱金波（2001）《中国鞋履文化辞典》，上海三联书店，上海。
佚名（1996）《旧京人物与风情》，北京燕山出版社，北京。
佚名（1986）《笔记小说大观》，新兴书局，台北。
张清常（1997）《北京街巷名称史话》，北京语言文化大学出版社，北京。
赵尔巽等（1991）《清史稿》，中华书局，北京。
郑传寅、张健主（1987）《中国民俗辞典》，湖北辞书出版社，武汉。
郑婕（2008）《图说中国传统服饰》，世界图书出版公司，北京。
［日］中川忠英（2006）《清俗纪闻》，中华书局，北京。
中国大百科全书总编辑委员会（1983）《中国大百科全书》戏曲、曲艺卷，中国大百科全书出版社，北京。
中国京剧百科全书编辑委员会（2011）《中国京剧百科全书》，中国大百科全书出版社，北京。
中国人民政治协商会议北京市委员会文史资料研究委员会（1988）《北京往事谈》，北京出版社，北京。

中文大辞典编纂委员会（1962）《中文大辞典》，中国文化研究所，台北。
周锡保（1984）《中国古代服饰史》，中国戏剧出版社，北京。
周一民（1992）《北京俏皮话词典》，北京燕山出版社，北京。

外文文献：

愛知大學中日大辭典編纂處（1986）《中日大辭典》增訂第 2 版，大修館書店，東京。
羅信耀、藤井省三等（1988）《北京風俗大全》，平凡社，東京。

语料文献

中文文献：

彼岸（2010）《演说·赌之害》，《中国近代各地小报汇刊（第一辑）》，孟兆臣主编，学苑出版社，北京。

蔡友梅《演说·口蘑料酒》，《北京益世报》1917年2月5日。

蔡友梅《演说·劣胜优败》，《益世白话报》1917年3月18日。

蔡友梅《演说·去而复返》，《益世白话报》1917年3月11日。

陈小山（2012）《旧京通俗谚语》，《中国近代各地小报汇刊（第二辑）》，中国近代各地小报汇刊编委会，学苑出版社，北京。

待馀生（1995年）《燕市积弊》，北京古籍出版社，北京。

待馀生、铁丐等（2012）《燕市丛谈》，《中国近代各地小报汇刊 第二辑》，中国近代各地小报汇刊编委会，学苑出版社，北京。

东哲卿《演说·我又瞧报》，《益世白话报》1917年3月2日。

谔谔声（2012）《演说·唱大戏》，《中国近代各地小报汇刊 第二辑》，中国近代各地小报汇刊编委会，学苑出版社，北京。

谔谔声《演说·利权外溢》，《爱国白话报》1913年8月28日。

郭广瑞（1997）《永庆升平传》，华夏出版社，北京。

悔侬（2012）《都市秽尘》，《中国近代各地小报汇刊（第二辑）》，中国近代各地小报汇刊编委会，学苑出版社，北京。

悔侬（2012）《僻巷丐话》，《中国近代各地小报汇刊（第二辑）》，中国近代各地小报汇刊编委会，学苑出版社，北京。

会千（2010）《演说·顽固梦》，《中国近代各地小报汇刊（第一辑）》，孟兆臣主编，学苑出版社，北京。

剑胆（2014）《错中错》，《明、清、民国时期珍稀老北京话历史文献整理与研究》，周建设编，首都师范大学出版社，北京。

剑胆（2014）《衢州案》，《明、清、民国时期珍稀老北京话历史文献整理与研究》，周建设编，首都师范大学出版社，北京。
剑胆（2014）《新黄粱梦》，《明、清、民国时期珍稀老北京话历史文献整理与研究》，周建设编，首都师范大学出版社，北京。
剑胆（2014）《玉碎珠沈记》，《明、清、民国时期珍稀老北京话历史文献整理与研究》，周建设编，首都师范大学出版社，北京。
剑胆《白云鹏》，《北京白话报》1919年12月9日—1920年4月21日。
剑胆《阜大奶奶》，《京话日报》2308号—2355号。
剑胆《花鞋成老》，《京话日报》2511号—2536号。
剑胆《七妻之议员》，《小公报》1921年9月3日第864号。
老梅《高明远》，《北京益世报》1917年1月28日—1917年2月18日。
老舍（1981）《柳家大院》，《老舍短篇小说选》，老舍著，人民文学出版社，北京。
老舍（1981）《月牙儿》，《老舍短篇小说选》，老舍著，人民文学出版社，北京。
老舍（1982）《茶馆》，《老舍剧作全集》2，老舍著，中国戏剧出版社，北京。
老舍（1982）《龙须沟》，《老舍剧作全集》2，老舍著，中国戏剧出版社，北京。
老舍（1984）《二马》，《老舍文集》第8卷，老舍著，人民文学出版社，北京。
老舍（1984）《鼓书艺人》，《老舍文集》第6卷，老舍著，人民文学出版社，北京。
老舍（1984）《蛤藻集》，《老舍文集》第8卷，老舍著，人民文学出版社，北京。
老舍（1984）《火车集》，《老舍文集》第9卷，老舍著，人民文学出版社，北京。
老舍（1984）《火葬》，《老舍文集》第3卷，老舍著，人民文学出版社，北京。
老舍（1984）《老张的哲学》，《老舍文集》第1卷，老舍著，人民文学出版社，北京。
老舍（1984）《四世同堂》，《老舍文集》第7卷，老舍著，人民文学出版社，北京。
老舍（1984）《小坡的生日》，《老舍文集》第2卷，老舍著，人民文学出版社，北京。
老舍（1984）《正红旗下》，《老舍文集》第7卷，老舍著，人民文学出版社，北京。
冷佛（2014）《井里尸》，《明、清、民国时期珍稀老北京话历史文献整理与研究》，周建设编，首都师范大学出版社，北京。
辽隐（2010）《金漆桌（侦探小说）》，《中国近代各地小报汇刊（第一辑）》，孟兆臣主编，学苑出版社，北京。
陆惟一（1920）《演说·说公共街车》，《中国近代各地小报汇刊（第一辑）》，孟兆臣主编，学苑出版社，北京。
鹿石《笑林·切糕克食》，《北京益世报》1917年3月20日。
鹿石《笑林·多活一岁》，《北京益世报》1917年3月21日。
马笠农（2010）《演说·旗族今昔之感言》，《中国近代各地小报汇刊（第一辑）》，孟兆臣主编，学苑出版社，北京。
梅蒐《益世馀谭》，《北京益世报》1919年11月21日—1921年1月16日。
梅蒐《馀墨》，《北京益世报》1921年1月17日—1921年3月20日。
梅蒐《馀谈》，《北京益世报》1921年1月17日—1921年3月19日。

穆儒丐（2014）《北京》,《明、清、民国时期珍稀老北京话历史文献整理与研究》,周建设编,首都师范大学出版社,北京。
穆儒丐《香粉夜叉》,《盛京时报》1919.11 月 18 日—1920 年 4 月 21 日。
逆旅过客（1995）《都市丛谈》,北京古籍出版社,北京。
佩三（2010）《演说·逛之原因》,《中国近代各地小报汇刊（第一辑）》孟兆臣主编,学苑出版社,北京。
佩三（2010）《演说·吃喝嫖赌抽》,《中国近代各地小报汇刊（第一辑）》,孟兆臣主编,学苑出版社,北京。
佩三（2010）《演说·出份子》,《中国近代各地小报汇刊（第一辑）》,孟兆臣主编,学苑出版社,北京。
佩三（2010）《演说·德寿山》,《中国近代各地小报汇刊（第一辑）》,孟兆臣主编,学苑出版社,北京。
佩三（2010）《演说·电车》,《中国近代各地小报汇刊（第一辑）》,孟兆臣主编,学苑出版社,北京。
佩三（2010）《演说·好俊维持票价》,《中国近代各地小报汇刊（第一辑）》,孟兆臣主编,学苑出版社,北京。
佩三（2010）《演说·机车司机》,《中国近代各地小报汇刊（第一辑）》,孟兆臣主编,学苑出版社,北京。
佩三（2010）《演说·奸商》,《中国近代各地小报汇刊（第一辑）》,孟兆臣主编,学苑出版社,北京。
佩三（2010）《演说·交友》,《中国近代各地小报汇刊（第一辑）》,孟兆臣主编,学苑出版社,北京。
佩三（2010）《演说·旧新年之迷信》,《中国近代各地小报汇刊（第一辑）》,孟兆臣主编,学苑出版社,北京。
佩三（2010）《演说·阔之害》,《中国近代各地小报汇刊（第一辑）》,孟兆臣主编,学苑出版社,北京。
佩三（2010）《演说·难看的电灯》,《中国近代各地小报汇刊（第一辑）》,孟兆臣主编,学苑出版社,北京。
佩三（2010）《演说·女大不终留》,《中国近代各地小报汇刊（第一辑）》,孟兆臣主编,学苑出版社,北京。
佩三（2010）《演说·请设临时治饿机关》,《中国近代各地小报汇刊（第一辑）》,孟兆臣主编,学苑出版社,北京。
佩三（2010）《演说·穷人阔人的真像》,《中国近代各地小报汇刊（第一辑）》,孟兆臣主编,学苑出版社,北京。
佩三（2010）《演说·生活程度》,《中国近代各地小报汇刊（第一辑）》,孟兆臣主编,学苑出版社,北京。
佩三（2010）《演说·生活程度（续昨）》,《中国近代各地小报汇刊（第一辑）》,孟兆臣主编,学苑出版社,北京。
佩三（2010）《演说·生活程度（再续）》,《中国近代各地小报汇刊（第一辑）》,孟兆臣主编,学苑出版社,北京.
佩三(2010)《演说·手脚争讼》,《中国近代各地小报汇刊(第一辑)》,孟兆臣主编,学苑出版社,北京.
佩三(2010)《演说·睡多了梦长》,《中国近代各地小报汇刊(第一辑)》,孟兆臣主编,学苑出版社,北京.
佩三(2010)《演说·说工商的知识》,《中国近代各地小报汇刊(第一辑)》,孟兆臣主编,学苑出版社,北京.
佩三(2010)《演说·替人力车发愁》,《中国近代各地小报汇刊(第一辑)》,孟兆臣主编,学苑出版社,北京.
佩三(2010)《演说·伟人与国贼》,《中国近代各地小报汇刊(第一辑)》,孟兆臣主编,学苑出版社,北京.
佩三(2010)《演说·乡间教育》,《中国近代各地小报汇刊(第一辑)》,孟兆臣主编,学苑出版社,北京.
佩三(2010)《演说·兄弟》,《中国近代各地小报汇刊(第一辑)》,孟兆臣主编,学苑出版社,北京.
佩三(2010)《演说·兄弟争房》,《中国近代各地小报汇刊(第一辑)》,孟兆臣主编,学苑出版社,北京.
佩三(2010)《演说·雅片之害》,《中国近代各地小报汇刊(第一辑)》,孟兆臣主编,学苑出版社,北京.
佩三(2010)《演说·洋货不如国货》,《中国近代各地小报汇刊(第一辑)》,孟兆臣主编,学苑出版社,北京.
佩三(2010)《演说·因债败家》,《中国近代各地小报汇刊(第一辑)》,孟兆臣主编,学苑出版社,北京.
佩三(2010)《演说·灶王爷诉苦》,《中国近代各地小报汇刊(第一辑)》,孟兆臣主编,学苑出版社,北京.
佩三(2010)《演说·中外商战的比较》,《中国近代各地小报汇刊(第一辑)》,孟兆臣主编,学苑出版社,北京.
佩三(2010)《演说·中外习惯的关系》,《中国近代各地小报汇刊(第一辑)》,孟兆臣主编,学苑出版社,北京.
佩三(2010)《演说·走会》,《中国近代各地小报汇刊(第一辑)》,孟兆臣主编,学苑出版社,北京.
佩三(2010)《演说·走会(续昨)》,《中国近代各地小报汇刊(第一辑)》,孟兆臣主编,学苑出版社,北京.
佩三(2010)《演说·走会(再续)》,《中国近代各地小报汇刊(第一辑)》,孟兆臣主编,学苑出版社,北京.
庆锡(2010)《演说·眼镜》,《中国近代各地小报汇刊(第一辑)》,孟兆臣主编,学苑出版社,北京.
时感生(2010)《演说·梦坐汽车》,《中国近代各地小报汇刊(第一辑)》,孟兆臣主编,学苑出版社,北京.

松友梅（2011）《小额》，《小额》【注释本】，刘一之标点／注释，世界图书出版公司，北京。

苏一仲（2010）《演说·寓言》，《中国近代各地小报汇刊（第一辑）》，孟兆臣主编，学苑出版社，北京。

损《二十世纪新现象》，《顺天时报》1913年1月5日—1913年11月25日。

损《新侦探》，《顺天时报》1912年12月3日—1912年12月29日。

损公（1983）《曹二更》，《笔记小说大观》第9编第10册，江苏广陵古籍刻印社编，江苏广陵古籍刻印社，扬州。

损公（1983）《董新心》，《笔记小说大观》第9编第10册，江苏广陵古籍刻印社编，江苏广陵古籍刻印社，扬州。

损公（1983）《姑作婆》，《笔记小说大观》第9编第9册，江苏广陵古籍刻印社编，江苏广陵古籍刻印社，扬州。

损公（1983）《鬼吹灯》，《笔记小说大观》第9编第9册，江苏广陵古籍刻印社编，江苏广陵古籍刻印社，扬州。

损公（1983）《花甲姻缘》，《笔记小说大观》第9编第9册，江苏广陵古籍刻印社编，江苏广陵古籍刻印社，扬州。

损公（1983）《理学周》，《笔记小说大观》第9编第9册，江苏广陵古籍刻印社编，江苏广陵古籍刻印社，扬州。

损公（1983）《刘军门》，《笔记小说大观》第9编第9册，江苏广陵古籍刻印社编，江苏广陵古籍刻印社，扬州。

损公（1983）《麻花刘》，《笔记小说大观》第9编第9册，江苏广陵古籍刻印社编，江苏广陵古籍刻印社，扬州。

损公（1983）《搜救孤》，《笔记小说大观》第9编第9册，江苏广陵古籍刻印社编，江苏广陵古籍刻印社，扬州。

损公（1983）《铁王三》，《笔记小说大观》第9编第9册，江苏广陵古籍刻印社编，江苏广陵古籍刻印社，扬州。

损公（1983）《王遁世》，《笔记小说大观》第9编第10册，江苏广陵古籍刻印社编，江苏广陵古籍刻印社，扬州。

损公（1983）《小蝎子》，《笔记小说大观》第9编第10册，江苏广陵古籍刻印社编，江苏广陵古籍刻印社，扬州。

损公（1983）《一壶醋》，《笔记小说大观》第9编第9册，江苏广陵古籍刻印社编，江苏广陵古籍刻印社，扬州。

损公（1983）《一壶酒》，《笔记小说大观》第9编第9册，江苏广陵古籍刻印社编，江苏广陵古籍刻印社，扬州。

损公（1983）《张二奎》，《笔记小说大观》第9编第9册，江苏广陵古籍刻印社编，江苏广陵古籍刻印社，扬州。

损公（1983）《张文斌》，《笔记小说大观》第9编第9册，江苏广陵古籍刻印社编，江苏广陵古籍刻印社，扬州。
损公（1983）《赵三黑》，《笔记小说大观》第9编第9册，江苏广陵古籍刻印社编，江苏广陵古籍刻印社，扬州。
损公《白公鸡》，《白话国强报》报纸剪报本，现藏首都图书馆。
损公《大劈棺》，《顺天时报》1916年1月1日—1916年6月28日。
损公《大樱桃》，《白话国强报》报纸剪报本，现藏首都图书馆。
损公《二家败》，《白话国强报》报纸剪报本，现藏首都图书馆。
损公《方圆头》，《京话日报》报纸剪报本，现藏首都图书馆。
损公《感应篇》，《顺天时报》1914年6月25日—1914年7月29日。
损公《鬼社会》，《京话日报》报纸剪报本，现藏天津图书馆。
损公《郭孝妇》，《白话国强报》报纸剪报本，现藏首都图书馆。
损公《海公子》，《顺天时报》1915年7月23日—1915年11月21日。
损公《回头岸》，《京话日报》报纸剪报本，现藏中国国家图书馆。
损公《家庭魔鬼》，《顺天时报》1914年9月22日—1914年12月11日。
损公《胶皮车》，《白话国强报》报纸剪报本，现藏首都图书馆。
损公《酒之害》，《京话日报》报纸剪报本，现藏天津图书馆。
损公《苦鸳鸯》，《京话日报》报纸剪报本，现藏首都图书馆。
损公《库缎眼》，《京话日报》报纸剪报本，现藏首都图书馆。
损公《连环套》，《白话国强报》报纸剪报本，现藏首都图书馆。
损公《驴肉红》，《白话国强报》报纸剪报本，现藏首都图书馆。
损公《骗中王》，《白话国强报》1924年12月3日。
损公《人人乐》，《白话国强报》报纸剪报本，现藏首都图书馆。
损公《赛刘海》，《白话国强报》报纸剪报本，现藏首都图书馆。
损公《苏造肉》，《顺天时报》1917年10月30日—1917年11月30日。
损公《五人义》，《京话日报》报纸剪报本，现藏天津图书馆。
损公《贞魂义魄》，《京话日报》报纸剪报本，现藏首都图书馆。
损公《郑秃子》，《白话国强报》报纸剪报本，现藏首都图书馆。
损公《忠孝全》，《白话国强报》报纸剪报本，现藏首都图书馆。
唐子安（2010）《演说·瞎》，《中国近代各地小报汇刊（第一辑）》，孟兆臣主编，学苑出版社，北京。
铁丐（2012）《传奇小说 六月子》，《中国近代各地小报汇刊（第二辑）》，中国近代各地小报汇刊编委会，学苑出版社，北京。
铁丐（2012）《新鸳恨》，《中国近代各地小报汇刊（第二辑）》，中国近代各地小报汇刊编委会，学苑出版社，北京。
听鹃《社会见闻·误会》，《益世白话报》1917年8月23日。
退化《脑筋病》，《顺天日报》1914年1月1日，第3633号。
退化《孝子寻亲记》，《顺天时报》1913年11月26日—1914年6月24日。
王冷佛（1998）《春阿氏》，内蒙古人民出版社，呼和浩特。

［英］威妥玛（2002）《语言自迩集》，张卫东译，北京大学出版社，北京。
文康（1980）《侠女奇缘》（原名《儿女英雄传》），广西人民出版社，南宁。
我见《社会见闻·哭猪头肉》，《益世白话报》1917年8月28日。
无我《社会见闻·车儿忤逆》，《益世白话报》1917年3月13日。
无我《社会见闻·反对共和》，《益世白话报》1917年3月19日。
无我《社会见闻·好喝酒的请看》，《益世白话报》1917年3月12日。
无我《社会见闻·为一圆胞妹骂胞兄》，《益世白话报》1917年3月10日。
无我《社会见闻·哑叭犯牢骚》，《北京益世报》1917年3月3日。
小弢（2010）《演说·病患与强健之关系》，《中国近代各地小报汇刊（第一辑）》，孟兆臣主编，学苑出版社，北京。
笑世愚僧（2010）《演说·和气生财》，《中国近代各地小报汇刊（第一辑）》，孟兆臣主编，学苑出版社，北京。
醒非（2010）《演说·冰核儿》，《中国近代各地小报汇刊（第一辑）》，孟兆臣主编，学苑出版社，北京。
徐珂（1996）《清稗类钞·盗贼类》，中华书局，北京。
哑铃《金三郎》，《白话捷报》1913年8月3日—1913年9月6日。
亚铃《何喜珠》，《白话捷报》1913年9月7日—1913年10月13日。
亚铃《劫后再生缘》，《白话捷报》1913年10月14日—1913年11月5日。
杨海楼（2010）《演说·背人没好事》，《中国近代各地小报汇刊（第一辑）》，孟兆臣主编，学苑出版社，北京。
杨海楼（2010）《演说·好吃懒作》，《中国近代各地小报汇刊（第一辑）》，孟兆臣主编，学苑出版社，北京。
杨海楼（2010）《演说·哄不仅的愚人》，《中国近代各地小报汇刊（第一辑）》，孟兆臣主编，学苑出版社，北京。
杨海楼（2010）《演说·婚嫁一俭》，《中国近代各地小报汇刊（第一辑）》孟兆臣主编，学苑出版社，北京。
杨海楼（2010）《演说·米贵如珠贫苦该死》，《中国近代各地小报汇刊（第一辑）》，孟兆臣主编，学苑出版社，北京。
杨海楼（2010）《演说·木裙子》，《中国近代各地小报汇刊（第一辑）》，孟兆臣主编，学苑出版社，北京。
杨海楼（2010）《演说·死店活人开》，《中国近代各地小报汇刊（第一辑）》，孟兆臣主编，学苑出版社，北京。
杨海楼（2010）《演说·贪欢报》)，《中国近代各地小报汇刊（第一辑）》，孟兆臣主编，学苑出版社，北京。
杨海楼（2010）《演说·择交》，《中国近代各地小报汇刊（第一辑）》，孟兆臣主编，学苑出版社，北京。
杨海楼（2010）《演说·丈夫有钱妻子贵》，《中国近代各地小报汇刊（第一辑）》，孟兆臣主编，学苑出版社,北京。

杨海楼(2010)《演说·折白党》,《中国近代各地小报汇刊(第一辑)》,孟兆臣主编,学苑出版社,北京。

杨曼青(2010)《社说·不开眼》,《中国近代各地小报汇刊(第一辑)》,孟兆臣主编,学苑出版社,北京。

杨曼青(2010)《社说·哭洋钱》,《中国近代各地小报汇刊(第一辑)》,孟兆臣主编,学苑出版社,北京。

杨曼青(2010)《社说·拿花脖子》,《中国近代各地小报汇刊(第一辑)》,孟兆臣主编,学苑出版社,北京。

杨曼青(2010)《社说·中国无商战》,《中国近代各地小报汇刊(第一辑)》,孟兆臣主编,学苑出版社,北京。

杨曼青(2010)《演说·八宗艺》,《中国近代各地小报汇刊(第一辑)》,孟兆臣主编,学苑出版社,北京。

杨曼青(2010)《演说·白肉足用》,《中国近代各地小报汇刊(第一辑)》,孟兆臣主编,学苑出版社,北京。

杨曼青(2010)《演说·半班戏》,《中国近代各地小报汇刊(第一辑)》,孟兆臣主编,学苑出版社,北京。

杨曼青(2010)《演说·补说汽车》,《中国近代各地小报汇刊(第一辑)》,孟兆臣主编,学苑出版社,北京。

杨曼青(2010)《演说·补说送寒衣》,《中国近代各地小报汇刊(第一辑)》,孟兆臣主编,学苑出版社,北京。

杨曼青(2010)《演说·菜日》,《中国近代各地小报汇刊(第一辑)》,孟兆臣主编,学苑出版社,北京。

杨曼青(2010)《演说·茶社》,《中国近代各地小报汇刊(第一辑)》,孟兆臣主编,学苑出版社,北京。

杨曼青(2010)《演说·缠足叹》,《中国近代各地小报汇刊(第一辑)》,孟兆臣主编,学苑出版社,北京。

杨曼青(2010)《演说·城南游艺园》,《中国近代各地小报汇刊(第一辑)》,孟兆臣主编,学苑出版社,北京。

杨曼青(2010)《演说·创业与守业》,《中国近代各地小报汇刊(第一辑)》,孟兆臣主编,学苑出版社,北京。

杨曼青(2010)《演说·春风吹倒人》,《中国近代各地小报汇刊(第一辑)》,孟兆臣主编,学苑出版社,北京。

杨曼青(2010)《演说·春盒儿》,《中国近代各地小报汇刊(第一辑)》,孟兆臣主编,学苑出版社,北京。

杨曼青(2010)《演说·春节》,《中国近代各地小报汇刊(第一辑)》,孟兆臣主编,学苑出版社,北京。

杨曼青（2010）《演说·村话》，《中国近代各地小报汇刊（第一辑）》，孟兆臣主编，学苑出版社，北京。
杨曼青（2010）《演说·打把式（续前）》，《中国近代各地小报汇刊（第一辑）》，孟兆臣主编，学苑出版社，北京。
杨曼青（2010）《演说·打鬼》，《中国近代各地小报汇刊（第一辑）》，孟兆臣主编，学苑出版社，北京。
杨曼青（2010）《演说·打粥》，《中国近代各地小报汇刊（第一辑）》，孟兆臣主编，学苑出版社，北京。
杨曼青（2010）《演说·大实话》，《中国近代各地小报汇刊（第一辑）》，孟兆臣主编，学苑出版社，北京。
杨曼青（2010）《演说·大雪》，《中国近代各地小报汇刊（第一辑）》，孟兆臣主编，学苑出版社，北京。
杨曼青（2010）《演说·倒说神仙老虎狗》，《中国近代各地小报汇刊（第一辑）》，孟兆臣主编，学苑出版社，北京。
杨曼青（2010）《演说·倒说神仙老虎狗》，《中国近代各地小报汇刊（第一辑）》，孟兆臣主编，学苑出版社，北京。
杨曼青（2010）《演说·倒卧忙》，《中国近代各地小报汇刊（第一辑）》，孟兆臣主编，学苑出版社，北京。
杨曼青（2010）《演说·登高》，《中国近代各地小报汇刊（第一辑）》，孟兆臣主编，学苑出版社，北京。
杨曼青（2010）《演说·点染年华》，《中国近代各地小报汇刊（第一辑）》，孟兆臣主编，学苑出版社，北京。
杨曼青（2010）《演说·东拉西扯》，《中国近代各地小报汇刊（第一辑）》，孟兆臣主编，学苑出版社，北京。
杨曼青（2010）《演说·冬防吃紧》，《中国近代各地小报汇刊（第一辑）》，孟兆臣主编，学苑出版社，北京。
杨曼青（2010）《演说·冬至日长添一线》，《中国近代各地小报汇刊（第一辑）》，孟兆臣主编，学苑出版社，北京。
杨曼青（2010）《演说·豆腐竞争》，《中国近代各地小报汇刊（第一辑）》，孟兆臣主编，学苑出版社，北京。
杨曼青（2010）《演说·豆皮》，《中国近代各地小报汇刊（第一辑）》，孟兆臣主编，学苑出版社，北京。
杨曼青（2010）《演说·法船》，《中国近代各地小报汇刊（第一辑）》，孟兆臣主编，学苑出版社，北京。
杨曼青（2010）《演说·防患未然》，《中国近代各地小报汇刊（第一辑）》，孟兆臣主编，学苑出版社，北京。

杨曼青（2010）《演说·风里灯》,《中国近代各地小报汇刊（第一辑）》,孟兆臣主编,学苑出版社,北京。

杨曼青（2010）《演说·风流焰口》,《中国近代各地小报汇刊（第一辑）》,孟兆臣主编,学苑出版社,北京。

杨曼青（2010）《演说·伏虎雨》,《中国近代各地小报汇刊（第一辑）》,孟兆臣主编,学苑出版社,北京。

杨曼青（2010）《演说·供母财神》,《中国近代各地小报汇刊（第一辑）》,孟兆臣主编,学苑出版社,北京。

杨曼青（2010）《演说·关东糖托梦》,《中国近代各地小报汇刊（第一辑）》,孟兆臣主编,学苑出版社,北京。

杨曼青（2010）《演说·官打虎》,《中国近代各地小报汇刊（第一辑）》,孟兆臣主编,学苑出版社,北京。

杨曼青（2010）《演说·逛东岳庙》,《中国近代各地小报汇刊（第一辑）》,孟兆臣主编,学苑出版社,北京。

杨曼青（2010）《演说·逛国货展览会》,《中国近代各地小报汇刊（第一辑）》,孟兆臣主编,学苑出版社,北京。

杨曼青（2010）《演说·鬼混》,《中国近代各地小报汇刊（第一辑）》,孟兆臣主编,学苑出版社,北京。

杨曼青（2010）《演说·国耻画》,《中国近代各地小报汇刊（第一辑）》,孟兆臣主编,学苑出版社,北京。

杨曼青（2010）《演说·过河拆桥》,《中国近代各地小报汇刊（第一辑）》,孟兆臣主编,学苑出版社,北京。

杨曼青（2010）《演说·好日子》,《中国近代各地小报汇刊（第一辑）》,孟兆臣主编,学苑出版社,北京。

杨曼青（2010）《演说·虎拉车》,《中国近代各地小报汇刊（第一辑）》,孟兆臣主编,学苑出版社,北京。

杨曼青（2010）《演说·虎拉车（续昨）》,《中国近代各地小报汇刊（第一辑）》,孟兆臣主编,学苑出版社,北京。

杨曼青（2010）《演说·护身佛》,《中国近代各地小报汇刊（第一辑）》,孟兆臣主编,学苑出版社,北京。

杨曼青（2010）《演说·护身佛（续昨）》,《中国近代各地小报汇刊（第一辑）》,孟兆臣主编,学苑出版社,北京。

杨曼青（2010）《演说·花和尚》,《中国近代各地小报汇刊（第一辑）》,孟兆臣主编,学苑出版社,北京。

杨曼青（2010）《演说·华洋妇女之比较》,《中国近代各地小报汇刊（第一辑）》,孟兆臣主编,学苑出版社,北京。

杨曼青(2010)《演说·滑稽天文》,《中国近代各地小报汇刊(第一辑)》,孟兆臣主编,学苑出版社,北京。
杨曼青(2010)《演说·活商票》,《中国近代各地小报汇刊(第一辑)》,孟兆臣主编,学苑出版社,北京。
杨曼青(2010)《演说·火车头(续昨)》,《中国近代各地小报汇刊(第一辑)》,孟兆臣主编,学苑出版社,北京。
杨曼青(2010)《演说·火车头》,《中国近代各地小报汇刊(第一辑)》,孟兆臣主编,学苑出版社,北京。
杨曼青(2010)《演说·祸从口出病从口入》,《中国近代各地小报汇刊(第一辑)》,孟兆臣主编,学苑出版社,北京。
杨曼青(2010)《演说·纪念日之感言》,《中国近代各地小报汇刊(第一辑)》,孟兆臣主编,学苑出版社,北京。
杨曼青(2010)《演说·祭财神》,《中国近代各地小报汇刊(第一辑)》,孟兆臣主编,学苑出版社,北京。
杨曼青(2010)《演说·见义勇为》,《中国近代各地小报汇刊(第一辑)》,孟兆臣主编,学苑出版社,北京。
杨曼青(2010)《演说·江皖赈灾会》,《中国近代各地小报汇刊(第一辑)》,孟兆臣主编,学苑出版社,北京。
杨曼青(2010)《演说·讲金少梅》,《中国近代各地小报汇刊(第一辑)》,孟兆臣主编,学苑出版社,北京。
杨曼青(2010)《演说·借镜》,《中国近代各地小报汇刊(第一辑)》,孟兆臣主编,学苑出版社,北京。
杨曼青(2010)《演说·借镜(续昨)》,《中国近代各地小报汇刊(第一辑)》,孟兆臣主编,学苑出版社,北京。
杨曼青(2010)《演说·近年之三多》,《中国近代各地小报汇刊(第一辑)》,孟兆臣主编,学苑出版社,北京。
杨曼青(2010)《演说·敬灶与祀灶说》,《中国近代各地小报汇刊(第一辑)》,孟兆臣主编,学苑出版社,北京。
杨曼青(2010)《演说·救人之急》,《中国近代各地小报汇刊(第一辑)》,孟兆臣主编,学苑出版社,北京。
杨曼青(2010)《演说·救灾感言》,《中国近代各地小报汇刊(第一辑)》,孟兆臣主编,学苑出版社,北京。
杨曼青(2010)《演说·哭杂合面儿》,《中国近代各地小报汇刊(第一辑)》,孟兆臣主编,学苑出版社,北京。
杨曼青(2010)《演说·夸洋货》,《中国近代各地小报汇刊(第一辑)》,孟兆臣主编,学苑出版社,北京。

杨曼青（2010）《演说·涞水币》，《中国近代各地小报汇刊（第一辑）》，孟兆臣主编，学苑出版社，北京。
杨曼青（2010）《演说·懒老婆菜》，《中国近代各地小报汇刊（第一辑）》，孟兆臣主编，学苑出版社，北京。
杨曼青（2010）《演说·老健春寒秋后热》，《中国近代各地小报汇刊（第一辑）》，孟兆臣主编，学苑出版社，北京。
杨曼青（2010）《演说·老米嘴》，《中国近代各地小报汇刊（第一辑）》，孟兆臣主编，学苑出版社，北京。
杨曼青（2010）《演说·立春》，《中国近代各地小报汇刊（第一辑）》，孟兆臣主编，学苑出版社，北京。
杨曼青（2010）《演说·良改》，《中国近代各地小报汇刊（第一辑）》，孟兆臣主编，学苑出版社，北京。
杨曼青（2010）《演说·两京兆注重实业谈》，《中国近代各地小报汇刊（第一辑）》，孟兆臣主编，学苑出版社，北京。
杨曼青（2010）《演说·两种谣言》，《中国近代各地小报汇刊（第一辑）》，孟兆臣主编，学苑出版社，北京。
杨曼青（2010）《演说·六味斋》，《中国近代各地小报汇刊（第一辑）》，孟兆臣主编，学苑出版社，北京。
杨曼青（2010）《演说·六贼》，《中国近代各地小报汇刊（第一辑）》，孟兆臣主编，学苑出版社，北京。
杨曼青（2010）《演说·吕公堂》，《中国近代各地小报汇刊（第一辑）》，孟兆臣主编，学苑出版社，北京。
杨曼青（2010）《演说·买官米》，《中国近代各地小报汇刊（第一辑）》，孟兆臣主编，学苑出版社，北京。
杨曼青（2010）《演说·卖舌头》，《中国近代各地小报汇刊（第一辑）》，孟兆臣主编，学苑出版社，北京。
杨曼青（2010）《演说·卖兔者言》，《中国近代各地小报汇刊（第一辑）》，孟兆臣主编，学苑出版社，北京。
杨曼青（2010）《演说·忙年》，《中国近代各地小报汇刊（第一辑）》，孟兆臣主编，学苑出版社，北京。
杨曼青（2010）《演说·梦里登高》，《中国近代各地小报汇刊（第一辑）》，孟兆臣主编，学苑出版社，北京。
杨曼青（2010）《演说·蜜供》，《中国近代各地小报汇刊（第一辑）》，孟兆臣主编，学苑出版社，北京。
杨曼青（2010）《演说·棉衣》，《中国近代各地小报汇刊（第一辑）》，孟兆臣主编，学苑出版社，北京。

杨曼青（2010）《演说·免票》，《中国近代各地小报汇刊（第一辑）》，孟兆臣主编，学苑出版社，北京。

杨曼青（2010）《演说·民国四年的盼想》，《中国近代各地小报汇刊（第一辑）》，孟兆臣主编，学苑出版社，北京。

杨曼青（2010）《演说·民国四年的盼想（续昨）》，《中国近代各地小报汇刊（第一辑）》，孟兆臣主编，学苑出版社，北京。

杨曼青（2010）《演说·磨电机》，《中国近代各地小报汇刊（第一辑）》，孟兆臣主编，学苑出版社，北京。

杨曼青（2010）《演说·莫谈国事》，《中国近代各地小报汇刊（第一辑）》，孟兆臣主编，学苑出版社，北京。

杨曼青（2010）《演说·匿名信》，《中国近代各地小报汇刊（第一辑）》，孟兆臣主编，学苑出版社，北京。

杨曼青（2010）《演说·拈拈转》，《中国近代各地小报汇刊（第一辑）》，孟兆臣主编，学苑出版社，北京。

杨曼青（2010）《演说·年例》，《中国近代各地小报汇刊（第一辑）》，孟兆臣主编，学苑出版社，北京。

杨曼青（2010）《演说·牛女苦》，《中国近代各地小报汇刊（第一辑）》，孟兆臣主编，学苑出版社，北京。

杨曼青（2010）《演说·蟠桃会》，《中国近代各地小报汇刊（第一辑）》，孟兆臣主编，学苑出版社，北京。

杨曼青（2010）《演说·捧斋》，《中国近代各地小报汇刊（第一辑）》，孟兆臣主编，学苑出版社，北京。

杨曼青（2010）《演说·屁诗》，《中国近代各地小报汇刊（第一辑）》，孟兆臣主编，学苑出版社，北京。

杨曼青（2010）《演说·票活》，《中国近代各地小报汇刊（第一辑）》，孟兆臣主编，学苑出版社，北京。

杨曼青（2010）《演说·聘女感言》，《中国近代各地小报汇刊（第一辑）》，孟兆臣主编，学苑出版社，北京。

杨曼青（2010）《演说·扑满》，《中国近代各地小报汇刊（第一辑）》，孟兆臣主编，学苑出版社，北京。

杨曼青（2010）《演说·七月十五》，《中国近代各地小报汇刊（第一辑）》，孟兆臣主编，学苑出版社，北京。

杨曼青（2010）《演说·乞巧》，《中国近代各地小报汇刊（第一辑）》，孟兆臣主编，学苑出版社，北京。

杨曼青（2010）《演说·岂能尽如人意》，《中国近代各地小报汇刊（第一辑）》，孟兆臣主编，学苑出版社，北京。

杨曼青（2010）《演说·起早》,《中国近代各地小报汇刊（第一辑）》,孟兆臣主编,学苑出版社,北京。

杨曼青（2010）《演说·钱多之害》,《中国近代各地小报汇刊（第一辑）》,孟兆臣主编,学苑出版社,北京。

杨曼青（2010）《演说·钱幌子》,《中国近代各地小报汇刊（第一辑）》,孟兆臣主编,学苑出版社,北京。

杨曼青（2010）《演说·亲钱》,《中国近代各地小报汇刊（第一辑）》,孟兆臣主编,学苑出版社,北京。

杨曼青（2010）《演说·青菜政策（续前）》,《中国近代各地小报汇刊（第一辑）》,孟兆臣主编,学苑出版社,北京。

杨曼青（2010）《演说·清高》,《中国近代各地小报汇刊（第一辑）》,孟兆臣主编,学苑出版社,北京。

杨曼青（2010）《演说·琼林宴》,《中国近代各地小报汇刊（第一辑）》,孟兆臣主编,学苑出版社,北京。

杨曼青（2010）《演说·秋老虎》,《中国近代各地小报汇刊（第一辑）》,孟兆臣主编,学苑出版社,北京。

杨曼青（2010）《演说·秋声感言》,《中国近代各地小报汇刊（第一辑）》,孟兆臣主编,学苑出版社,北京。

杨曼青（2010）《演说·求财》,《中国近代各地小报汇刊（第一辑）》,孟兆臣主编,学苑出版社,北京。

杨曼青（2010）《演说·劝告兄弟烟》,《中国近代各地小报汇刊（第一辑）》,孟兆臣主编,学苑出版社,北京。

杨曼青（2010）《演说·劝戒门中败》,《中国近代各地小报汇刊（第一辑）》,孟兆臣主编,学苑出版社,北京。

杨曼青（2010）《演说·劝业场游记》,《中国近代各地小报汇刊（第一辑）》,孟兆臣主编,学苑出版社,北京。

杨曼青（2010）《演说·人之患》,《中国近代各地小报汇刊（第一辑）》,孟兆臣主编,学苑出版社,北京。

杨曼青（2010）《演说·赛吃》,《中国近代各地小报汇刊（第一辑）》,孟兆臣主编,学苑出版社,北京。

杨曼青（2010）《演说·三本蝴蝶梦》,《中国近代各地小报汇刊（第一辑）》,孟兆臣主编,学苑出版社,北京。

杨曼青（2010）《演说·三毒》,《中国近代各地小报汇刊（第一辑）》,孟兆臣主编,学苑出版社,北京。

杨曼青（2010）《演说·扫营儿》,《中国近代各地小报汇刊（第一辑）》,孟兆臣主编,学苑出版社,北京。

杨曼青（2010）《演说·善虫子》，《中国近代各地小报汇刊（第一辑）》，孟兆臣主编，学苑出版社，北京。
杨曼青（2010）《演说·上药》，《中国近代各地小报汇刊（第一辑）》，孟兆臣主编，学苑出版社，北京。
杨曼青（2010）《演说·尚黑》，《中国近代各地小报汇刊（第一辑）》，孟兆臣主编，学苑出版社，北京。
杨曼青（2010）《演说·烧鸭子》，《中国近代各地小报汇刊（第一辑）》，孟兆臣主编，学苑出版社，北京。
杨曼青（2010）《演说·圣诞节》，《中国近代各地小报汇刊（第一辑）》，孟兆臣主编，学苑出版社，北京。
杨曼青（2010）《演说·十一郎》，《中国近代各地小报汇刊（第一辑）》，孟兆臣主编，学苑出版社，北京。
杨曼青（2010）《演说·时派样（续昨）》，《中国近代各地小报汇刊（第一辑）》，孟兆臣主编，学苑出版社，北京。
杨曼青（2010）《演说·时派样》，《中国近代各地小报汇刊（第一辑）》，孟兆臣主编，学苑出版社，北京。
杨曼青（2010）《演说·实业谈》，《中国近代各地小报汇刊（第一辑）》，孟兆臣主编，学苑出版社，北京。
杨曼青（2010）《演说·双头人》，《中国近代各地小报汇刊（第一辑）》，孟兆臣主编，学苑出版社，北京。
杨曼青（2010）《演说·说暗娼》，《中国近代各地小报汇刊（第一辑）》，孟兆臣主编，学苑出版社，北京。
杨曼青（2010）《演说·说保险》，《中国近代各地小报汇刊（第一辑）》，孟兆臣主编，学苑出版社，北京。
杨曼青（2010）《演说·说报纸的身分》，《中国近代各地小报汇刊（第一辑）》，孟兆臣主编，学苑出版社，北京。
杨曼青（2010）《演说·说殡》，《中国近代各地小报汇刊（第一辑）》，孟兆臣主编，学苑出版社，北京。
杨曼青（2010）《演说·说擦白党》，《中国近代各地小报汇刊（第一辑）》，孟兆臣主编，学苑出版社，北京。
杨曼青（2010）《演说·说吃白蛾儿》，《中国近代各地小报汇刊（第一辑）》，孟兆臣主编，学苑出版社，北京。
杨曼青（2010）《演说·说翠峰楼》，《中国近代各地小报汇刊（第一辑）》，孟兆臣主编，学苑出版社，北京。
杨曼青（2010）《演说·说翠峰楼（续昨）》，《中国近代各地小报汇刊（第一辑）》，孟兆臣主编，学苑出版社，北京。

杨曼青(2010)《演说·说打架》,《中国近代各地小报汇刊(第一辑)》,孟兆臣主编,学苑出版社,北京。

杨曼青(2010)《演说·说大氅》,《中国近代各地小报汇刊(第一辑)》,孟兆臣主编,学苑出版社,北京。

杨曼青(2010)《演说·说防火患》,《中国近代各地小报汇刊(第一辑)》,孟兆臣主编,学苑出版社,北京。

杨曼青(2010)《演说·说防煤毒气》,《中国近代各地小报汇刊(第一辑)》,孟兆臣主编,学苑出版社,北京。

杨曼青(2010)《演说·说防贼》,《中国近代各地小报汇刊(第一辑)》,孟兆臣主编,学苑出版社,北京。

杨曼青(2010)《演说·说房捐》,《中国近代各地小报汇刊(第一辑)》,孟兆臣主编,学苑出版社,北京。

杨曼青(2010)《演说·说风化》,《中国近代各地小报汇刊(第一辑)》,孟兆臣主编,学苑出版社,北京。

杨曼青(2010)《演说·说怪传单》,《中国近代各地小报汇刊(第一辑)》,孟兆臣主编,学苑出版社,北京。

杨曼青(2010)《演说·说官卖》,《中国近代各地小报汇刊(第一辑)》,孟兆臣主编,学苑出版社,北京。

杨曼青(2010)《演说·说贺年》,《中国近代各地小报汇刊(第一辑)》,孟兆臣主编,学苑出版社,北京。

杨曼青(2010)《演说·说荒》,《中国近代各地小报汇刊(第一辑)》,孟兆臣主编,学苑出版社,北京。

杨曼青(2010)《演说·说纪念》,《中国近代各地小报汇刊(第一辑)》,孟兆臣主编,学苑出版社,北京。

杨曼青(2010)《演说·说祭灶》,《中国近代各地小报汇刊(第一辑)》,孟兆臣主编,学苑出版社,北京。

杨曼青(2010)《演说·说减政》,《中国近代各地小报汇刊(第一辑)》,孟兆臣主编,学苑出版社,北京。

杨曼青(2010)《演说·说老婆舌头》,《中国近代各地小报汇刊(第一辑)》,孟兆臣主编,学苑出版社,北京。

杨曼青(2010)《演说·说两宫》,《中国近代各地小报汇刊(第一辑)》,孟兆臣主编,学苑出版社,北京。

杨曼青(2010)《演说·说卖药》,《中国近代各地小报汇刊(第一辑)》,孟兆臣主编,学苑出版社,北京。

杨曼青(2010)《演说·说奶妈子》,《中国近代各地小报汇刊(第一辑)》,孟兆臣主编,学苑出版社,北京。

杨曼青（2010）《演说·说年》,《中国近代各地小报汇刊（第一辑）》,孟兆臣主编,学苑出版社,北京。

杨曼青（2010）《演说·说年底违禁物》,《中国近代各地小报汇刊（第一辑）》,孟兆臣主编,学苑出版社,北京。

杨曼青（2010）《演说·说牛狗车》,《中国近代各地小报汇刊（第一辑）》,孟兆臣主编,学苑出版社,北京。

杨曼青（2010）《演说·说骗（三）》,《中国近代各地小报汇刊（第一辑）》,孟兆臣主编,学苑出版社,北京。

杨曼青（2010）《演说·说骗（四）》,《中国近代各地小报汇刊（第一辑）》,孟兆臣主编,学苑出版社,北京。

杨曼青（2010）《演说·说妾》,《中国近代各地小报汇刊（第一辑）》,孟兆臣主编,学苑出版社,北京。

杨曼青（2010）《演说·说善举》,《中国近代各地小报汇刊（第一辑）》,孟兆臣主编,学苑出版社,北京。

杨曼青（2010）《演说·说商德》,《中国近代各地小报汇刊（第一辑）》,孟兆臣主编,学苑出版社,北京。

杨曼青（2010）《演说·说商眼》,《中国近代各地小报汇刊（第一辑）》,孟兆臣主编,学苑出版社,北京。

杨曼青（2010）《演说·说添仓》,《中国近代各地小报汇刊（第一辑）》,孟兆臣主编,学苑出版社,北京。

杨曼青（2010）《演说·说填仓》,《中国近代各地小报汇刊（第一辑）》,孟兆臣主编,学苑出版社,北京。

杨曼青（2010）《演说·说土棍》,《中国近代各地小报汇刊（第一辑）》,孟兆臣主编,学苑出版社,北京。

杨曼青（2010）《演说·说信教》,《中国近代各地小报汇刊（第一辑）》,孟兆臣主编,学苑出版社,北京。

杨曼青（2010）《演说·说秧子》,《中国近代各地小报汇刊（第一辑）》,孟兆臣主编,学苑出版社,北京。

杨曼青（2010）《演说·说谣言》,《中国近代各地小报汇刊（第一辑）》,孟兆臣主编,学苑出版社,北京。

杨曼青（2010）《演说·说杂耍儿》,《中国近代各地小报汇刊（第一辑）》,孟兆臣主编,学苑出版社,北京。

杨曼青（2010）《演说·说张军纪律严明》,《中国近代各地小报汇刊（第一辑）》,孟兆臣主编,学苑出版社,北京。

杨曼青（2010）《演说·说种牛痘》,《中国近代各地小报汇刊（第一辑）》,孟兆臣主编,学苑出版社,北京。

杨曼青（2010）《演说·说种牛痘（再续）》,《中国近代各地小报汇刊（第一辑）》,孟兆臣主编,学苑出版社,北京。

杨曼青（2010）《演说·说粥》,《中国近代各地小报汇刊（第一辑）》,孟兆臣主编,学苑出版社,北京。

杨曼青（2010）《演说·死手艺》,《中国近代各地小报汇刊（第一辑）》,孟兆臣主编,学苑出版社,北京。

杨曼青（2010）《演说·俗语》,《中国近代各地小报汇刊（第一辑）》,孟兆臣主编,学苑出版社,北京。

杨曼青（2010）《演说·俗语感言》,《中国近代各地小报汇刊（第一辑）》,孟兆臣主编,学苑出版社,北京。

杨曼青（2010）《演说·俗语感言（续）》,《中国近代各地小报汇刊（第一辑）》,孟兆臣主编,学苑出版社,北京。

杨曼青（2010）《演说·太平洋》,《中国近代各地小报汇刊（第一辑）》,孟兆臣主编,学苑出版社,北京。

杨曼青（2010）《演说·太史第》,《中国近代各地小报汇刊（第一辑）》,孟兆臣主编,学苑出版社,北京。

杨曼青（2010）《演说·太阳糕》,《中国近代各地小报汇刊（第一辑）》,孟兆臣主编,学苑出版社,北京。

杨曼青（2010）《演说·提倡中国物品》,《中国近代各地小报汇刊（第一辑）》,孟兆臣主编,学苑出版社,北京。

杨曼青（2010）《演说·提倡中国物品（续前）》,《中国近代各地小报汇刊（第一辑）》,孟兆臣主编,学苑出版社,北京。

杨曼青（2010）《演说·天热与人热》,《中国近代各地小报汇刊（第一辑）》,孟兆臣主编,学苑出版社,北京。

杨曼青（2010）《演说·天坛之今昔观》,《中国近代各地小报汇刊（第一辑）》,孟兆臣主编,学苑出版社,北京。

杨曼青（2010）《演说·统一感言》,《中国近代各地小报汇刊（第一辑）》,孟兆臣主编,学苑出版社,北京。

杨曼青（2010）《演说·腿逛与嘴逛》,《中国近代各地小报汇刊（第一辑）》,孟兆臣主编,学苑出版社,北京。

杨曼青（2010）《演说·外国驴》,《中国近代各地小报汇刊（第一辑）》,孟兆臣主编,学苑出版社,北京。

杨曼青（2010）《演说·亡国奴的故事》,《中国近代各地小报汇刊（第一辑）》,孟兆臣主编,学苑出版社,北京。

杨曼青（2010）《演说·望云思雪》,《中国近代各地小报汇刊（第一辑）》,孟兆臣主编,学苑出版社,北京。

杨曼青（2010）《演说·窝窝头教育》，《中国近代各地小报汇刊（第一辑）》，孟兆臣主编，学苑出版社，北京。

杨曼青（2010）《演说·象棋》，《中国近代各地小报汇刊（第一辑）》，孟兆臣主编，学苑出版社，北京。

杨曼青（2010）《演说·消寒会》，《中国近代各地小报汇刊（第一辑）》，孟兆臣主编，学苑出版社，北京。

杨曼青（2010）《演说·新旧除夕之比较》，《中国近代各地小报汇刊（第一辑）》，孟兆臣主编，学苑出版社，北京。

杨曼青（2010）《演说·新旧纪念观》，《中国近代各地小报汇刊（第一辑）》，孟兆臣主编，学苑出版社，北京。

杨曼青（2010）《演说·新年打油歌》，《中国近代各地小报汇刊（第一辑）》，孟兆臣主编，学苑出版社，北京。

杨曼青（2010）《演说·新五雷阵》，《中国近代各地小报汇刊（第一辑）》，孟兆臣主编，学苑出版社，北京。

杨曼青（2010）《演说·信用谈》，《中国近代各地小报汇刊（第一辑）》，孟兆臣主编，学苑出版社，北京。

杨曼青（2010）《演说·星期与星期一六日》，《中国近代各地小报汇刊（第一辑）》，孟兆臣主编，学苑出版社，北京。

杨曼青（2010）《演说·星期与星期一六日（续昨）》，《中国近代各地小报汇刊（第一辑）》，孟兆臣主编，学苑出版社，北京。

杨曼青（2010）《演说·幸福解》，《中国近代各地小报汇刊（第一辑）》，孟兆臣主编，学苑出版社，北京。

杨曼青（2010）《演说·雪景儿》，《中国近代各地小报汇刊（第一辑）》，孟兆臣主编，学苑出版社，北京。

杨曼青（2010）《演说·雪天感言》，《中国近代各地小报汇刊（第一辑）》，孟兆臣主编，学苑出版社，北京。

杨曼青（2010）《演说·洋谣言》，《中国近代各地小报汇刊（第一辑）》，孟兆臣主编，学苑出版社，北京。

杨曼青（2010）《演说·一见哈哈笑》，《中国近代各地小报汇刊（第一辑）》，孟兆臣主编，学苑出版社，北京。

杨曼青（2010）《演说·一年好景君须记》，《中国近代各地小报汇刊（第一辑）》，孟兆臣主编，学苑出版社，北京。

杨曼青（2010）《演说·游园花盒记》，《中国近代各地小报汇刊（第一辑）》，孟兆臣主编，学苑出版社，北京。

杨曼青（2010）《演说·游园花盒记（续）》，《中国近代各地小报汇刊（第一辑）》，孟兆臣主编，学苑出版社，北京。

杨曼青(2010)《演说·再说半夏》,《中国近代各地小报汇刊(第一辑)》,孟兆臣主编,学苑出版社,北京。

杨曼青(2010)《演说·再说福禄寿财喜(三)》,《中国近代各地小报汇刊(第一辑)》,孟兆臣主编,学苑出版社,北京。

杨曼青(2010)《演说·再说福禄寿财喜(五)》,《中国近代各地小报汇刊(第一辑)》,孟兆臣主编,学苑出版社,北京。

杨曼青(2010)《演说·再说良改》,《中国近代各地小报汇刊(第一辑)》,孟兆臣主编,学苑出版社,北京。

杨曼青(2010)《演说·这也叫竞争》,《中国近代各地小报汇刊(第一辑)》,孟兆臣主编,学苑出版社,北京。

杨曼青(2010)《演说·珍珠花》,《中国近代各地小报汇刊(第一辑)》,孟兆臣主编,学苑出版社,北京。

杨曼青(2010)《演说·致富》,《中国近代各地小报汇刊(第一辑)》,孟兆臣主编,学苑出版社,北京。

杨曼青(2010)《演说·中和节》,《中国近代各地小报汇刊(第一辑)》,孟兆臣主编,学苑出版社,北京。

杨曼青(2010)《演说·中元风俗记》,《中国近代各地小报汇刊(第一辑)》,孟兆臣主编,学苑出版社,北京。

杨曼青(2010)《演说·粥学》,《中国近代各地小报汇刊(第一辑)》,孟兆臣主编,学苑出版社,北京。

杨曼青(2010)《演说·拙老婆巧舌头》,《中国近代各地小报汇刊(第一辑)》,孟兆臣主编,学苑出版社,北京。

杨曼青(2010)《演说·嘴乱》,《中国近代各地小报汇刊(第一辑)》,孟兆臣主编,学苑出版社,北京。

杨曼青(2014)《杂碎录》,《明、清、民国时期珍稀老北京话历史文献整理与研究》,周建设编,首都师范大学出版社,北京。

耀亭(2010)《白话聊斋·长清僧》,《中国近代各地小报汇刊(第一辑)》,孟兆臣主编,学苑出版社,北京。

耀亭(2012)《白话聊斋·成仙》,《中国近代各地小报汇刊(第二辑)》,中国近代各地小报汇刊编委会,学苑出版社,北京。

耀亭(2012)《白话聊斋·赌符》,《中国近代各地小报汇刊(第二辑)》,中国近代各地小报汇刊编委会,学苑出版社,北京。

耀亭(2012)《白话聊斋·鞏仙》,《中国近代各地小报汇刊(第二辑)》,中国近代各地小报汇刊编委会,学苑出版社,北京。

耀亭(2012)《白话聊斋·狐嫁女》,《中国近代各地小报汇刊(第二辑)》,中国近代各地小报汇刊编委会,学苑出版社,北京。

耀亭（2012）《白话聊斋·胡四相公》,《中国近代各地小报汇刊（第二辑）》,中国近代各地小报汇刊编委会,学苑出版社,北京。

耀亭（2012）《白话聊斋·画壁》,《中国近代各地小报汇刊（第二辑）》,中国近代各地小报汇刊编委会,学苑出版社,北京。

耀亭（2012）《白话聊斋·画皮》,《中国近代各地小报汇刊（第二辑）》,中国近代各地小报汇刊编委会,学苑出版社,北京。

耀亭（2012）《白话聊斋·娇娜》,《中国近代各地小报汇刊（第二辑）》,中国近代各地小报汇刊编委会,学苑出版社,北京。

耀亭（2012）《白话聊斋·劳山道士》,《中国近代各地小报汇刊（第二辑）》,中国近代各地小报汇刊编委会,学苑出版社,北京。

耀亭（2012）《白话聊斋·莲花公主》,《中国近代各地小报汇刊（第二辑）》,中国近代各地小报汇刊编委会,学苑出版社,北京。

耀亭（2012）《白话聊斋·吕无病》,《中国近代各地小报汇刊（第二辑）》,中国近代各地小报汇刊编委会,学苑出版社,北京。

耀亭（2012）《白话聊斋·梅女》,《中国近代各地小报汇刊（第二辑）》,中国近代各地小报汇刊编委会,学苑出版社,北京。

耀亭（2012）《白话聊斋·聂小倩》,《中国近代各地小报汇刊（第二辑）》,中国近代各地小报汇刊编委会,学苑出版社,北京。

耀亭（2012）《白话聊斋·乔女》,《中国近代各地小报汇刊（第二辑）》,中国近代各地小报汇刊编委会,学苑出版社,北京。

耀亭（2012）《白话聊斋·瑞云》,《中国近代各地小报汇刊（第二辑）》,中国近代各地小报汇刊编委会,学苑出版社,北京。

耀亭（2012）《白话聊斋·王成》,《中国近代各地小报汇刊（第二辑）》,中国近代各地小报汇刊编委会,学苑出版社,北京。

耀亭（2012）《白话聊斋·萧七》,《中国近代各地小报汇刊（第二辑）》,中国近代各地小报汇刊编委会,学苑出版社,北京。

耀亭（2012）《白话聊斋·小翠》,《中国近代各地小报汇刊（第二辑）》,中国近代各地小报汇刊编委会,学苑出版社,北京。

耀亭（2012）《白话聊斋·辛十四娘》,《中国近代各地小报汇刊（第二辑）》,中国近代各地小报汇刊编委会,学苑出版社,北京。

耀亭（2012）《白话聊斋·折狱》,《中国近代各地小报汇刊（第二辑）》,中国近代各地小报汇刊编委会,学苑出版社,北京。

耀亭（2012）《说聊斋·阿霞》,《中国近代各地小报汇刊（第二辑）》,中国近代各地小报汇刊编委会,学苑出版社,北京。

耀亭（2012）《说聊斋·白秋练》,《中国近代各地小报汇刊（第二辑）》,中国近代各地小报汇刊编委会,学苑出版社,北京。

耀亭(2012)《说聊斋·董生》,《中国近代各地小报汇刊(第二辑)》,中国近代各地小报汇刊编委会,学苑出版社,北京。
耀亭(2012)《说聊斋·巩仙》,《中国近代各地小报汇刊(第二辑)》,中国近代各地小报汇刊编委会,学苑出版社,北京。
耀亭(2012)《说聊斋·黄英》,《中国近代各地小报汇刊(第二辑)》,中国近代各地小报汇刊编委会,学苑出版社,北京。
耀亭(2012)《说聊斋·霍女》,《中国近代各地小报汇刊(第二辑)》,中国近代各地小报汇刊编委会,学苑出版社,北京。
耀亭(2012)《说聊斋·寄生》,《中国近代各地小报汇刊(第二辑)》,中国近代各地小报汇刊编委会,学苑出版社,北京。
耀亭(2012)《说聊斋·江城》,《中国近代各地小报汇刊(第二辑)》,中国近代各地小报汇刊编委会,学苑出版社,北京。
耀亭(2012)《说聊斋·娇娜》,《中国近代各地小报汇刊(第二辑)》,中国近代各地小报汇刊编委会,学苑出版社,北京。
耀亭(2012)《说聊斋·乐仲》,《中国近代各地小报汇刊(第二辑)》,中国近代各地小报汇刊编委会,学苑出版社,北京。
耀亭(2012)《说聊斋·连城》,《中国近代各地小报汇刊(第二辑)》,中国近代各地小报汇刊编委会,学苑出版社,北京。
耀亭(2012)《说聊斋·陆判》,《中国近代各地小报汇刊(第二辑)》,中国近代各地小报汇刊编委会,学苑出版社,北京。
耀亭(2012)《说聊斋·马介甫》,《中国近代各地小报汇刊(第二辑)》,中国近代各地小报汇刊编委会,学苑出版社,北京。
耀亭(2012)《说聊斋·乔女》,《中国近代各地小报汇刊(第二辑)》,中国近代各地小报汇刊编委会,学苑出版社,北京。
耀亭(2012)《说聊斋·邵女》,《中国近代各地小报汇刊(第二辑)》,中国近代各地小报汇刊编委会,学苑出版社,北京。
耀亭(2012)《说聊斋·双灯》,《中国近代各地小报汇刊(第二辑)》,中国近代各地小报汇刊编委会,学苑出版社,北京。
耀亭(2012)《说聊斋·王桂庵》,《中国近代各地小报汇刊(第二辑)》,中国近代各地小报汇刊编委会,学苑出版社,北京。
耀亭(2012)《说聊斋·萧七》,《中国近代各地小报汇刊(第二辑)》,中国近代各地小报汇刊编委会,学苑出版社,北京。
耀亭(2012)《说聊斋·小谢》,《中国近代各地小报汇刊(第二辑)》,中国近代各地小报汇刊编委会,学苑出版社,北京。
耀亭(2012)《说聊斋·邢子仪》,《中国近代各地小报汇刊(第二辑)》,中国近代各地小报汇刊编委会,学苑出版社,北京。

耀亭（2012）《说聊斋·续黄粱》，《中国近代各地小报汇刊（第二辑）》，中国近代各地小报汇刊编委会，学苑出版社，北京。

耀亭（2012）《说聊斋·胭脂》，《中国近代各地小报汇刊（第二辑）》，中国近代各地小报汇刊编委会，学苑出版社，北京。

耀亭（2012）《说聊斋·姚安》，《中国近代各地小报汇刊（第二辑）》，中国近代各地小报汇刊编委会，学苑出版社，北京。

耀亭（2012）《说聊斋·婴宁》，《中国近代各地小报汇刊（第二辑）》，中国近代各地小报汇刊编委会，学苑出版社，北京。

耀亭（2012）《说聊斋·云翠仙》，《中国近代各地小报汇刊（第二辑）》，中国近代各地小报汇刊编委会，学苑出版社，北京。

耀亭（2012）《说聊斋·章阿端》，《中国近代各地小报汇刊（第二辑）》，中国近代各地小报汇刊编委会，学苑出版社，北京。

耀亭（2014）《白话聊斋·胭脂》，《明、清、民国时期珍稀老北京话历史文献整理与研究》，周建设编，首都师范大学出版社，北京。

耀亭《说聊斋·葛巾》，《白话国强报》第997—1012号。

野痴（2010）《演说·羊羔虽美众口难调》，《中国近代各地小报汇刊（第一辑）》，孟兆臣主编，学苑出版社，北京。

一鸣《社会见闻·药狗》，《益世白话报》1917年8月23日。

亦我《八戒常》，《北京益世报》1918年9月24日—1918年11月6日。

亦我《恶社会》，《北京益世报》1919年4月2日—1919年年8月8日。

亦我《怪现状》，《北京益世报》1917年3月18日—1918年2月18日。

亦我《过新年》，《北京益世报》1918年2月19日—1918年6月4日。

亦我《和尚寻亲》，《北京益世报》1920年6月8日—1920年8月2日。

亦我《回头岸》，《北京益世报》1918年6月5日—1918年8月27日。

亦我《苦家庭》，《北京益世报》1919年1月29日—1919年4月1日。

亦我《马车王》，《北京益世报》1917年2月25日—1917年2月26日。

亦我《势力鬼》，《北京益世报》1920年10月12日—1920年12月14日。

亦我《双料义务》，《北京益世报》1920年8月3日—1920年10月10日。

亦我《土匪学生》，《北京益世报》1918年8月28日—1918年9月23日。

亦我《王有道》，《北京益世报》1918年11月7日—1918年12月4日。

亦我《谢大娘》，《北京益世报》1920年4月24日—1920年6月7日。

亦我《张和尚》，《北京益世报》1917年2月19日—1917年3月17日。

佚名（2003）《北京画报》，《清末民初报刊图画集成续编》（17），国家图书馆分馆编，全国图书馆文献缩微复制中心，北京。

佚名（2012）《演说·人到五十古来稀》，《中国近代各地小报汇刊（第二辑）》，中国近代各地小报汇刊编委会，学苑出版社，北京。

佚名（2010）《演说·席票》,《中国近代各地小报汇刊（第一辑）》,孟兆臣主编,学苑出版社,北京。
尹箴明（2010）《讲演聊斋·丁前溪》,《中国近代各地小报汇刊（第一辑）》,孟兆臣主编,学苑出版社,北京。
尹箴明（2010）《讲演聊斋·霍女》,《中国近代各地小报汇刊（第一辑）》,孟兆臣主编,学苑出版社,北京。
尹箴明（2010）《评讲聊斋·阿绣》,《中国近代各地小报汇刊（第一辑）》,孟兆臣主编,学苑出版社,北京。
尹箴明（2010）《评讲聊斋·阿英》,《中国近代各地小报汇刊（第一辑）》,孟兆臣主编,学苑出版社,北京。
尹箴明（2010）《评讲聊斋·陈云栖》,《中国近代各地小报汇刊（第一辑）》,孟兆臣主编,学苑出版社,北京。
尹箴明（2010）《评讲聊斋·仇大娘》,《中国近代各地小报汇刊（第一辑）》,孟兆臣主编,学苑出版社,北京。
尹箴明（2010）《评讲聊斋·崔猛》,《中国近代各地小报汇刊（第一辑）》,孟兆臣主编,学苑出版社,北京。
尹箴明（2010）《评讲聊斋·凤仙》,《中国近代各地小报汇刊（第一辑）》,孟兆臣主编,学苑出版社,北京。
尹箴明（2010）《评讲聊斋·庚娘》,《中国近代各地小报汇刊（第一辑）》,孟兆臣主编,学苑出版社,北京。
尹箴明（2010）《评讲聊斋·胡四姐》,《中国近代各地小报汇刊（第一辑）》,孟兆臣主编,学苑出版社,北京。
尹箴明（2010）《评讲聊斋·花姑子》,《中国近代各地小报汇刊（第一辑）》,孟兆臣主编,学苑出版社,北京。
尹箴明（2010）《评讲聊斋·画皮》,《中国近代各地小报汇刊（第一辑）》,孟兆臣主编,学苑出版社,北京。
尹箴明（2010）《评讲聊斋·嘉平公子》,《中国近代各地小报汇刊（第一辑）》,孟兆臣主编,学苑出版社,北京。
尹箴明（2010）《评讲聊斋·金生色》,《中国近代各地小报汇刊（第一辑）》,孟兆臣主编,学苑出版社,北京。
尹箴明（2010）《评讲聊斋·锦瑟》,《中国近代各地小报汇刊（第一辑）》,孟兆臣主编,学苑出版社,北京。
尹箴明（2010）《评讲聊斋·劳山道士》,《中国近代各地小报汇刊（第一辑）》,孟兆臣主编,学苑出版社,北京。
尹箴明（2010）《评讲聊斋·乐仲》,《中国近代各地小报汇刊（第一辑）》,孟兆臣主编,学苑出版社,北京。

尹箴明（2010）《评讲聊斋·刘夫人》,《中国近代各地小报汇刊（第一辑）》,孟兆臣主编,学苑出版社,北京。
尹箴明（2010）《评讲聊斋·柳生》,《中国近代各地小报汇刊（第一辑）》,孟兆臣主编,学苑出版社,北京。
尹箴明（2010）《评讲聊斋·梅女》,《中国近代各地小报汇刊（第一辑）》,孟兆臣主编,学苑出版社,北京。
尹箴明（2010）《评讲聊斋·梦狼》,《中国近代各地小报汇刊（第一辑）》,孟兆臣主编,学苑出版社,北京。
尹箴明（2010）《评讲聊斋·青娥》,《中国近代各地小报汇刊（第一辑）》,孟兆臣主编,学苑出版社,北京。
尹箴明（2010）《评讲聊斋·神女》,《中国近代各地小报汇刊（第一辑）》,孟兆臣主编,学苑出版社,北京。
尹箴明（2010）《评讲聊斋·瞳人语》,《中国近代各地小报汇刊（第一辑）》,孟兆臣主编,学苑出版社,北京。
尹箴明（2010）《评讲聊斋·晚霞》,《中国近代各地小报汇刊（第一辑）》,孟兆臣主编,学苑出版社,北京。
尹箴明（2010）《评讲聊斋·香玉》,《中国近代各地小报汇刊（第一辑）》,孟兆臣主编,学苑出版社,北京。
尹箴明（2010）《评讲聊斋·续黄粱》,《中国近代各地小报汇刊（第一辑）》,孟兆臣主编,学苑出版社,北京。
尹箴明（2010）《评讲聊斋·胭脂》,《中国近代各地小报汇刊（第一辑）》,孟兆臣主编,学苑出版社,北京。
尹箴明（2010）《评讲聊斋·种梨》,《中国近代各地小报汇刊（第一辑）》,孟兆臣主编,学苑出版社,北京。
尹箴明（2010）《评讲聊斋·曾友于》,《中国近代各地小报汇刊（第一辑）》,孟兆臣主编,学苑出版社,北京。
尹箴明（2010）《评讲聊斋·姊妹易嫁》,《中国近代各地小报汇刊（第一辑）》,孟兆臣主编,学苑出版社,北京。
娱闲（2010）《演说·拜年》,《中国近代各地小报汇刊（第一辑）》,孟兆臣主编,学苑出版社,北京。
娱闲（2010）《演说·北京戏界的进化》,《中国近代各地小报汇刊（第一辑）》,孟兆臣主编,学苑出版社,北京。
娱闲（2010）《演说·茶馀客话》,《中国近代各地小报汇刊（第一辑）》,孟兆臣主编,学苑出版社,北京。
娱闲（2010）《演说·口过》,《中国近代各地小报汇刊（第一辑）》,孟兆臣主编,学苑出版社,北京。
娱闲（2010）《演说·热天的苦乐》,《中国近代各地小报汇刊（第一辑）》,孟兆臣主编,学苑出版社,北京。

娱闲(2010)《演说·嗜好》,《中国近代各地小报汇刊(第一辑)》,孟兆臣主编,学苑出版社,北京。
雨民(2010)《演说·迷信的可怜》,《中国近代各地小报汇刊(第一辑)》,孟兆臣主编,学苑出版社,北京。
云衢(2010)《演说·提倡国货》,《中国近代各地小报汇刊(第一辑)》,孟兆臣主编,学苑出版社,北京。
云衢(2010)《演说·中洋魔》,《中国近代各地小报汇刊(第一辑)》,孟兆臣主编,学苑出版社,北京。
湛引铭(2010)《讲演聊斋·阿霞》,《中国近代各地小报汇刊(第一辑)》,孟兆臣主编,学苑出版社,北京。
湛引铭(2010)《讲演聊斋·阿稚》,《中国近代各地小报汇刊(第一辑)》,孟兆臣主编,学苑出版社,北京。
湛引铭(2010)《讲演聊斋·白莲教》,《中国近代各地小报汇刊(第一辑)》,孟兆臣主编,学苑出版社,北京。
湛引铭(2010)《讲演聊斋·保住》,《中国近代各地小报汇刊(第一辑)》,孟兆臣主编,学苑出版社,北京。
湛引铭(2010)《讲演聊斋·碧碧》,《中国近代各地小报汇刊(第一辑)》,孟兆臣主编,学苑出版社,北京。
湛引铭(2010)《讲演聊斋·陈锡九》,《中国近代各地小报汇刊(第一辑)》,孟兆臣主编,学苑出版社,北京。
湛引铭(2010)《讲演聊斋·成仙》,《中国近代各地小报汇刊(第一辑)》,孟兆臣主编,学苑出版社,北京。
湛引铭(2010)《讲演聊斋·成仙(续昨)》,《中国近代各地小报汇刊(第一辑)》,孟兆臣主编,学苑出版社,北京。
湛引铭(2010)《讲演聊斋·褚遂良》,《中国近代各地小报汇刊(第一辑)》,孟兆臣主编,学苑出版社,北京。
湛引铭(2010)《讲演聊斋·大力将军》,《中国近代各地小报汇刊(第一辑)》,孟兆臣主编,学苑出版社,北京。
湛引铭(2010)《讲演聊斋·窦氏》,《中国近代各地小报汇刊(第一辑)》,孟兆臣主编,学苑出版社,北京。
湛引铭(2010)《讲演聊斋·段氏》,《中国近代各地小报汇刊(第一辑)》,孟兆臣主编,学苑出版社,北京。
湛引铭(2010)《讲演聊斋·房文淑》,《中国近代各地小报汇刊(第一辑)》,孟兆臣主编,学苑出版社,北京。
湛引铭(2010)《讲演聊斋·丐仙》,《中国近代各地小报汇刊(第一辑)》,孟兆臣主编,学苑出版社,北京。
湛引铭(2010)《讲演聊斋·贾儿》,《中国近代各地小报汇刊(第一辑)》,孟兆臣主编,学苑出版社,北京。

湛引铭(2010)《讲演聊斋·鸽异》,《中国近代各地小报汇刊(第一辑)》,孟兆臣主编,学苑出版社,北京。

湛引铭(2010)《讲演聊斋·公孙九娘》,《中国近代各地小报汇刊(第一辑)》,孟兆臣主编,学苑出版社,北京。

湛引铭(2010)《讲演聊斋·公孙夏》,《中国近代各地小报汇刊(第一辑)》,孟兆臣主编,学苑出版社,北京。

湛引铭(2010)《讲演聊斋·鞏仙》,《中国近代各地小报汇刊(第一辑)》,孟兆臣主编,学苑出版社,北京。

湛引铭(2010)《讲演聊斋·荷花三娘子》,《中国近代各地小报汇刊(第一辑)》,孟兆臣主编,学苑出版社,北京。

湛引铭(2010)《讲演聊斋·红玉》,《中国近代各地小报汇刊(第一辑)》,孟兆臣主编,学苑出版社,北京。

湛引铭(2010)《讲演聊斋·狐嫁女》,《中国近代各地小报汇刊(第一辑)》,孟兆臣主编,学苑出版社,北京。

湛引铭(2010)《讲演聊斋·狐梦》,《中国近代各地小报汇刊(第一辑)》,孟兆臣主编,学苑出版社,北京。

湛引铭(2010)《讲演聊斋·狐女》,《中国近代各地小报汇刊(第一辑)》,孟兆臣主编,学苑出版社,北京。

湛引铭(2010)《讲演聊斋·胡大姑》,《中国近代各地小报汇刊(第一辑)》,孟兆臣主编,学苑出版社,北京。

湛引铭(2010)《讲演聊斋·蕙芳》,《中国近代各地小报汇刊(第一辑)》,孟兆臣主编,学苑出版社,北京。

湛引铭(2010)《讲演聊斋·霍女》,《中国近代各地小报汇刊(第一辑)》,孟兆臣主编,学苑出版社,北京。

湛引铭(2010)《讲演聊斋·姬生》,《中国近代各地小报汇刊(第一辑)》,孟兆臣主编,学苑出版社,北京。

湛引铭(2010)《讲演聊斋·寄生》,《中国近代各地小报汇刊(第一辑)》,孟兆臣主编,学苑出版社,北京。

湛引铭(2010)《讲演聊斋·贾奉雉》,《中国近代各地小报汇刊(第一辑)》,孟兆臣主编,学苑出版社,北京。

湛引铭(2010)《讲演聊斋·娇娜》,《中国近代各地小报汇刊(第一辑)》,孟兆臣主编,学苑出版社,北京。

湛引铭(2010)《讲演聊斋·九山王》,《中国近代各地小报汇刊(第一辑)》,孟兆臣主编,学苑出版社,北京。

湛引铭(2010)《讲演聊斋·考弊司》,《中国近代各地小报汇刊(第一辑)》,孟兆臣主编,学苑出版社,北京。

湛引铭（2010）《讲演聊斋·老饕》，《中国近代各地小报汇刊（第一辑）》，孟兆臣主编，学苑出版社，北京。

湛引铭（2010）《讲演聊斋·黎氏》，《中国近代各地小报汇刊（第一辑）》，孟兆臣主编，学苑出版社，北京。

湛引铭（2010）《讲演聊斋·李伯言》，《中国近代各地小报汇刊（第一辑）》，孟兆臣主编，学苑出版社，北京。

湛引铭（2010）《讲演聊斋·连锁》，《中国近代各地小报汇刊（第一辑）》，孟兆臣主编，学苑出版社，北京。

湛引铭（2010）《讲演聊斋·莲花公主》，《中国近代各地小报汇刊（第一辑）》，孟兆臣主编，学苑出版社，北京。

湛引铭（2010）《讲演聊斋·龙飞相公》，《中国近代各地小报汇刊（第一辑）》，孟兆臣主编，学苑出版社，北京。

湛引铭（2010）《讲演聊斋·吕无病》，《中国近代各地小报汇刊（第一辑）》，孟兆臣主编，学苑出版社，北京。

湛引铭（2010）《讲演聊斋·绿衣女》，《中国近代各地小报汇刊（第一辑）》，孟兆臣主编，学苑出版社，北京。

湛引铭（2010）《讲演聊斋·骂鸭》，《中国近代各地小报汇刊（第一辑）》，孟兆臣主编，学苑出版社，北京。

湛引铭（2010）《讲演聊斋·骂鸭（续昨）》，《中国近代各地小报汇刊（第一辑）》，孟兆臣主编，学苑出版社，北京。

湛引铭（2010）《讲演聊斋·毛大福》，《中国近代各地小报汇刊（第一辑）》，孟兆臣主编，学苑出版社，北京。

湛引铭（2010）《讲演聊斋·毛狐》，《中国近代各地小报汇刊（第一辑）》，孟兆臣主编，学苑出版社，北京。

湛引铭（2010）《讲演聊斋·某太医》，《中国近代各地小报汇刊（第一辑）》，孟兆臣主编，学苑出版社，北京。

湛引铭（2010）《讲演聊斋·聂小倩》，《中国近代各地小报汇刊（第一辑）》，孟兆臣主编，学苑出版社，北京。

湛引铭（2010）《讲演聊斋·彭海秋》，《中国近代各地小报汇刊（第一辑）》，孟兆臣主编，学苑出版社，北京。

湛引铭（2010）《讲演聊斋·齐天大圣》，《中国近代各地小报汇刊（第一辑）》，孟兆臣主编，学苑出版社，北京。

湛引铭（2010）《讲演聊斋·青蛙神》，《中国近代各地小报汇刊（第一辑）》，孟兆臣主编，学苑出版社，北京。

湛引铭（2010）《讲演聊斋·驱怪》，《中国近代各地小报汇刊（第一辑）》，孟兆臣主编，学苑出版社，北京。

湛引铭(2010)《讲演聊斋·任秀》,《中国近代各地小报汇刊(第一辑)》,孟兆臣主编,学苑出版社,北京。

湛引铭(2010)《讲演聊斋·僧术》,《中国近代各地小报汇刊(第一辑)》,孟兆臣主编,学苑出版社,北京。

湛引铭(2010)《讲演聊斋·邵女》,《中国近代各地小报汇刊(第一辑)》,孟兆臣主编,学苑出版社,北京。

湛引铭(2010)《讲演聊斋·申氏》,《中国近代各地小报汇刊(第一辑)》,孟兆臣主编,学苑出版社,北京。

湛引铭(2010)《讲演聊斋·石清虚》,《中国近代各地小报汇刊(第一辑)》,孟兆臣主编,学苑出版社,北京。

湛引铭(2010)《讲演聊斋·书痴》,《中国近代各地小报汇刊(第一辑)》,孟兆臣主编,学苑出版社,北京。

湛引铭(2010)《讲演聊斋·双灯》,《中国近代各地小报汇刊(第一辑)》,孟兆臣主编,学苑出版社,北京。

湛引铭(2010)《讲演聊斋·水莽草》,《中国近代各地小报汇刊(第一辑)》,孟兆臣主编,学苑出版社,北京。

湛引铭(2010)《讲演聊斋·太原狱》,《中国近代各地小报汇刊(第一辑)》,孟兆臣主编,学苑出版社,北京。

湛引铭(2010)《讲演聊斋·田七郎》,《中国近代各地小报汇刊(第一辑)》,孟兆臣主编,学苑出版社,北京。

湛引铭(2010)《讲演聊斋·佟客》,《中国近代各地小报汇刊(第一辑)》,孟兆臣主编,学苑出版社,北京。

湛引铭(2010)《讲演聊斋·王成》,《中国近代各地小报汇刊(第一辑)》,孟兆臣主编,学苑出版社,北京。

湛引铭(2010)《讲演聊斋·王大》,《中国近代各地小报汇刊(第一辑)》,孟兆臣主编,学苑出版社,北京。

湛引铭(2010)《讲演聊斋·王桂菴》,《中国近代各地小报汇刊(第一辑)》,孟兆臣主编,学苑出版社,北京。

湛引铭(2010)《讲演聊斋·王士秀》,《中国近代各地小报汇刊(第一辑)》,孟兆臣主编,学苑出版社,北京。

湛引铭(2010)《讲演聊斋·王者》,《中国近代各地小报汇刊(第一辑)》,孟兆臣主编,学苑出版社,北京。

湛引铭(2010)《讲演聊斋·韦公子》),《中国近代各地小报汇刊(第一辑)》,孟兆臣主编,学苑出版社,北京。

湛引铭(2010)《讲演聊斋·伍秋月》,《中国近代各地小报汇刊(第一辑)》,孟兆臣主编,学苑出版社,北京。

湛引铭（2010）《讲演聊斋·武孝廉》，《中国近代各地小报汇刊（第一辑）》，孟兆臣主编，学苑出版社，北京。

湛引铭（2010）《讲演聊斋·西湖主》，《中国近代各地小报汇刊（第一辑）》，孟兆臣主编，学苑出版社，北京。

湛引铭（2010）《讲演聊斋·细侯》，《中国近代各地小报汇刊（第一辑）》，孟兆臣主编，学苑出版社，北京。

湛引铭（2010）《讲演聊斋·仙人岛》，《中国近代各地小报汇刊（第一辑）》，孟兆臣主编，学苑出版社，北京。

湛引铭（2010）《讲演聊斋·湘裙》，《中国近代各地小报汇刊（第一辑）》，孟兆臣主编，学苑出版社，北京。

湛引铭（2010）《讲演聊斋·萧七》，《中国近代各地小报汇刊（第一辑）》，孟兆臣主编，学苑出版社，北京。

湛引铭（2010）《讲演聊斋·小翠》，《中国近代各地小报汇刊（第一辑）》，孟兆臣主编，学苑出版社，北京。

湛引铭（2010）《讲演聊斋·孝女》，《中国近代各地小报汇刊（第一辑）》，孟兆臣主编，学苑出版社，北京。

湛引铭（2010）《讲演聊斋·邢子仪》，《中国近代各地小报汇刊（第一辑）》，孟兆臣主编，学苑出版社，北京。

湛引铭（2010）《讲演聊斋·薛慰娘》，《中国近代各地小报汇刊（第一辑）》，孟兆臣主编，学苑出版社，北京。

湛引铭（2010）《讲演聊斋·妖术》，《中国近代各地小报汇刊（第一辑）》，孟兆臣主编，学苑出版社，北京。

湛引铭（2010）《讲演聊斋·夜叉国》，《中国近代各地小报汇刊（第一辑）》，孟兆臣主编，学苑出版社，北京。

湛引铭（2010）《讲演聊斋·云翠仙》，《中国近代各地小报汇刊（第一辑）》，孟兆臣主编，学苑出版社，北京。

湛引铭（2010）《讲演聊斋·云萝公主》，《中国近代各地小报汇刊（第一辑）》，孟兆臣主编，学苑出版社，北京。

湛引铭（2010）《讲演聊斋·张诚》，《中国近代各地小报汇刊（第一辑）》，孟兆臣主编，学苑出版社，北京。

湛引铭（2010）《讲演聊斋·张鸿渐》，《中国近代各地小报汇刊（第一辑）》，孟兆臣主编，学苑出版社，北京。

湛引铭（2010）《讲演聊斋·长亭》，《中国近代各地小报汇刊（第一辑）》，孟兆臣主编，学苑出版社，北京。

湛引铭（2010）《讲演聊斋·甄后》，《中国近代各地小报汇刊（第一辑）》，孟兆臣主编，学苑出版社，北京。

湛引铭(2010)《讲演聊斋·钟生》,《中国近代各地小报汇刊（第一辑）》,孟兆臣主编,学苑出版社,北京。

湛引铭(2010)《讲演夜谈·霍筠》,《中国近代各地小报汇刊（第一辑）》,孟兆臣主编,学苑出版社,北京。

湛引铭(2010)《讲演夜谈·梨花》,《中国近代各地小报汇刊（第一辑）》,孟兆臣主编,学苑出版社,北京。

湛引铭(2010)《讲演夜谈·邱生》,《中国近代各地小报汇刊（第一辑）》,孟兆臣主编,学苑出版社,北京。

湛引铭(2010)《讲演夜谈·细侯》,《中国近代各地小报汇刊（第一辑）》,孟兆臣主编,学苑出版社,北京。

湛引铭(2010)《讲演夜谈·孝女》,《中国近代各地小报汇刊（第一辑）》,孟兆臣主编,学苑出版社,北京。

湛引铭（2010）《讲演夜谈·尤大鼻》,《中国近代各地小报汇刊（第一辑）》,孟兆臣主编,学苑出版社,北京。

湛引铭(2010)《讲演夜谈·张五》,《中国近代各地小报汇刊（第一辑）》,孟兆臣主编,学苑出版社,北京。

湛引铭(2010)《讲演夜谈·钟生》,《中国近代各地小报汇刊（第一辑）》,孟兆臣主编,学苑出版社,北京。

湛引铭(2010)《讲演夜谈·周琰》,《中国近代各地小报汇刊（第一辑）》,孟兆臣主编,学苑出版社,北京。

肇继绂（2010）《演说·假脸》,《中国近代各地小报汇刊（第一辑）》,孟兆臣主编,学苑出版社,北京。

周佩三(2010)《演说·西江月》,《中国近代各地小报汇刊（第一辑）》,孟兆臣主编,学苑出版社,北京。

周佩三(2010)《演说·有奖股票》,《中国近代各地小报汇刊（第一辑）》,孟兆臣主编,学苑出版社,北京。

朱井沅（2010）《演说·说冰窖窑货》,《中国近代各地小报汇刊（第一辑）》,孟兆臣主编,学苑出版社,北京。

朱井沅（2010）《演说·说评书也当改良》,《中国近代各地小报汇刊（第一辑）》,孟兆臣主编,学苑出版社,北京。

朱君素（2010）《演说·说开票》,《中国近代各地小报汇刊（第一辑）》,孟兆臣主编,学苑出版社,北京。

竹立林辰《演说·劝旗人妇女当习工艺并改良头脚》,《进化报》1907年10月4日。

自了生《李傻子》,《正宗爱国报》第1607号—第1624号。

自了生《张铁汉》,《正宗爱国报》第1597号—第1106号。

外文文献：

佚名（1992）《鶏屎德子》，《小額 社會小説》，鬆齡著，太田辰夫、竹内誠編，汲古書院，東京。

佚名（1992）《燕京婦語》，《燕京婦語—翻字と解説》，鱒澤彰夫，好文出版，東京。

索 引

（词右边的数字指在本书正文中的页码）

A

【阿保】	1
【阿芙蓉】	1
【阿负】	1
【阿玛/阿妈】	1
【阿娘】	1
【挨步旧班】	1
【挨瞪】	1
【挨紫花骂】	2
【矮颠】	2
【爱亲（儿）做亲（儿）】	2
【爱人儿】	2
【爱惜】	3
【碍难】	3
【安】	3
【安顿】	4
【安好了炉】	4
【安礼（儿）】	4
【安民公所】	4
【安下锅】	5
【暗场儿下】	5

【暗局】	5
【暗令子】	5
【暗门子】	5
【肮儿脏】	6
【熬审】	6
【熬睡/懊睡】	6
【熬眼儿】	7
【傲】	7
【奥援】	7
【懊】	7
【懊头】	7
【懊心】	8
【懊怨】	8
【懊着】	8

B

【八辈（儿）五】	9
【八叉子】	9
【八道棍（儿）/巴刀棍/霸道棍】	9
【八行】	9
【八行书】	10

【八角鼓（儿）】	10
【八刻】	10
【八楞儿脑袋】	10
【八义/八艺】	10
【巴不能够儿】	11
【巴达嘴】	11
【巴结/拔结】	11
【扒弄】	11
【拔底/把底】	11
【拔匍子/拔脯子】	12
【把……拿上】	12
【把儿头】	12
【把合】	12
【把总】	12
【掰瓜裂枣】	12
【掰挣/掰争】	13
【掰致儿】	13
【白吃猴/白吃侯】	13
【白吃嘴儿】	13
【白垫】	13
【白果子】	13
【白花蛇/白话舌】	13

【白黄瓜】	14	【半截儿安】	20	【宝盒子】	25
【白净子儿】	14	【半截儿炕】	20	【宝局】	25
【白帽盔儿】	15	【半截子话】	20	【宝魔】	25
【白钱/白潜】	15	【半开眼】	20	【宝棚】	25
【白速定】	16	【半空儿】	21	【保】	25
【白条子】	16	【半俩】	21	【保库兵】	26
【白头字儿】	16	【半熟脸儿】	21	【报单】	26
【百什户】	16	【半语子】	21	【报恩单儿】	26
【百斯笃】	16	【半桌】	21	【报满】	26
【摆和气】	16	【伴宿】	21	【报条】	26
【摆忙】	17	【绊着腿儿】	22	【报子】	27
【摆请儿】	17	【帮办领催】	22	【抱脚面儿】	27
【摆轴】	17	【帮喘】	22	【抱空窝】	27
【败失】	17	【帮横（儿）】	22	【抱篇儿】	27
【拜拜】	18	【帮账的】	22	【抱瓢】	27
【拜杆儿】	18	【梆子】	22	【抱沙锅】	27
【拜官年】	18	【蚌儿亮】	22	【抱腿】	28
【拜礼】	18	【棒槌】	23	【抱元宝】	28
【拜门墙】	18	【棒赌】	23	【暴搭/暴抬】	28
【拜盟】	19	【谤拆】	23	【暴发富】	28
【班】	19	【包封票】	23	【暴酒】	28
【搬壶】	19	【包探】	23	【暴抓儿】	28
【搬山儿】	19	【包头的】	24	【北衙门】	28
【搬一个】	19	【包月车】	24	【背拉（儿）】	29
【搬指儿】	20	【薄饼】	24	【背私酒】	29
【半班戏】	20	【薄撒】	24	【背过气去】	29
【半憨子】	20	【宝官（儿）】	24	【背心儿】	29

【奔】	29	【辩护士】	34	【不得哥儿们】	41
【本儿巴光激】	29	【辩论】	34	【不得劲（儿）】	41
【本头儿】	29	【辩嘴】	35	【不得烟儿抽】	42
【本县】	29	【别加】	35	【不得样儿】	42
【崩】	30	【别敬】	35	【不得主意】	42
【崩子】	30	【别致】	35	【不二楞/不二怔】	42
【崩子手】	30	【宾东】	36	【不犯】	42
【绷】	30	【冰车】	36	【不好死】	42
【绷着颏啦嗦】	30	【冰核（儿）】	36	【不合槽儿】	43
【迸】	30	【并骨】	37	【不济】	43
【鼻烟儿】	31	【并粘子/拼粘子】	37	【不驾局/不架车】	43
【鼻子头】	31	【拨什户】	37	【不架酒】	43
【比不起】	31	【拨子】	37	【不截心】	43
【比例】	31	【玻璃脑子水晶心】	38	【不究情】	44
【笔管（儿）条直】	32	【饽饽】	38	【不开眼】	44
【笔政】	32	【饽饽茶儿】	38	【不拉车】	44
【闭眼】	32	【脖筋】	38	【不来】	44
【避宿】	32	【驳辨】	38	【不了】	44
【扁方儿】	33	【驳回】	38	【不了贺儿】	45
【扁食】	33	【博士顶】	39	【不楞脑袋】	45
【匾敬】	33	【簸萝儿扣】	39	【不唎】	45
【便家】	33	【补付】	39	【不落意】	45
【便宜】	33	【不】	39	【不怕】	46
【便章】	33	【不差甚么】	39	【不然岔儿/不然碴儿】	46
【便辙】	34	【不辞箸儿】	40	【不是】	46
【遍床/边床】	34	【不大了】	40	【不是岔儿】	46
【辨别】	34	【不得】	40	【不是个儿】	47

【不是劲】	47	【伧子】	52	【差码】	55
【不是人行】	47	【操衣】	52	【差使】	56
【不是颜色儿】	47	【糙】	52	【差使地儿】	56
【不像】	48	【嘈嘈】	52	【拆白党】	56
【不像事】	48	【草瓜打】	53	【拆大改小】	56
【不幸头】	48	【草灭了】	53	【拆头】	56
【不要鼻子】	48	【测验】	53	【柴】	56
【不自】	48	【蹭楞子】	53	【馋痨】	56
【不理会】	49	【叉】	53	【长安路】	56
【布碟】	49	【叉车】	53	【常川】	57
【布库】	49	【杈杆】	53	【常会儿】	57
【步甲】	49	【插圈（儿）弄套（儿）】		【场具】	57
【步营】	49		53	【敞】	57
		【茶尖】	54	【敞车】	57
c		【茶票】	54	【敞脸儿】	57
【擦白党】	50	【茶钱】	54	【敞笑儿】	58
【猜闷儿】	50	【茶室】	54	【唱黄鹤楼】	58
【财主】	50	【茶叶土】	54	【唱一工儿】	58
【彩】	50	【茶滞】	54	【抄着猛儿】	59
【彩行】	51	【茶座儿】	54	【朝】	59
【彩子】	51	【岔】	55	【吵包子】	59
【踩岁】	51	【岔儿】	55	【吵啦】	59
【菜货】	51	【岔换】	55	【吵螺丝/吵螺蛳】	59
【菜码儿】	51	【岔簧】	55	【吵秧子】	60
【参观】	51	【岔事】	55	【吵子】	60
【仓监督】	51	【岔眼】	55	【车簸箕】	60
【伧】	51	【差次】	55	【车豁子】	60

【扯手】	60	【吃荤饭儿】	65	【抽筋拔骨】	70
【撒脱挠道儿】	60	【吃金的】	65	【抽条】	70
【沉】	60	【吃旧锅儿粥】	65	【抽头（儿）】	70
【沉重/陈重】	61	【吃空头】	66	【仇口儿】	70
【陈】	61	【吃凉柿子】	66	【出彩】	71
【陈岔儿】	61	【吃蜜蜂儿屎】	66	【出大差】	71
【陈根儿】	61	【吃爬下的】	66	【出房】	71
【陈人儿】	61	【吃生米（儿）的】	66	【出花儿】	71
【陈已】	61	【吃事】	67	【出马】	72
【衬钱】	62	【吃熟】	67	【出萌儿】	72
【趁早儿】	62	【吃味儿】	67	【出母】	72
【成三破二】	62	【吃喜儿】	68	【出票】	72
【成天际/成天家】	62	【吃腥赌】	68	【出妻】	73
【承审的】	62	【吃腥饭】	68	【出手儿】	73
【承问】	63	【吃秧子】	68	【出团子】	73
【秤砣儿生】	63	【吃油渣儿】	68	【出线纫漂儿】	73
【吃】	63	【吃柱子】	68	【出虚恭】	73
【吃白蛾儿】	63	【吃壮饭儿】	69	【出血管】	73
【吃长安路】	64	【池子】	69	【出秧】	73
【吃反喜的】	64	【迟累】	69	【出尊夺萃】	73
【吃干馆】	64	【尺寸】	69	【杵】	74
【吃格念的】	64	【赤字儿】	69	【杵门儿/杵门子】	74
【吃个便宜嘴儿】	64	【充好老婆尖儿】	69	【怵脖子】	74
【吃公东（儿）】	64	【充冒】	69	【怵岔儿】	74
【吃黑档子】	65	【崇楼】	69	【怵劲】	74
【吃黑饭抱黑柱】	65	【抽肝疯】	70	【怵头】	74
【吃黑食】	65	【抽勾】	70	【怵阵】	75

【触腔】	75	【春条儿】	80	【脆快】	84
【踹】	75	【戳班】	80	【村】	84
【踹腿】	75	【戳肺管子】	80	【村副】	84
【穿插】	75	【戳个儿】	80	【村正】	84
【穿房过屋】	76	【戳活】	80	【撮】	85
【穿房入屋】	76	【戳腔】	80	【撮影】	85
【穿换】	76	【戳着猛儿】	81	【挫磨】	85
【穿木裙】	77	【辞行泪】	81	【错打了定盘星】	85
【穿裙子的活】	77	【次长】	81	【错翻了眼皮】	85
【穿梭】	77	【刺儿拉咯叽】	81	【错非】	85
【穿心杠】	77	【刺儿头】	81	【错缝子】	86
【穿章儿】	77	【刺猬】	81	【错过】	86
【传】	77	【莿挠】	81		
【传递儿】	78	【从根儿】	81	**D**	
【传伺候】	78	【从脊梁骨下去】	82	【搭背】	87
【传真】	78	【凑胆子】	82	【搭儿】	87
【串房沿】	78	【粗拉活儿】	82	【搭话】	87
【串花】	78	【蹿】	82	【搭簧】	87
【串龙儿】	78	【蹿年】	82	【搭拉胳臂】	87
【吹灯】	78	【蹿沿子】	82	【搭拉密】	87
【吹法螺】	78	【蹿辕子】	82	【搭拉音儿】	88
【吹匠】	78	【催把儿/催巴儿】	83	【搭撒】	88
【吹台】	78	【催请】	83	【搭窝】	88
【吹嘴】	79	【催水】	83	【搭窝棚】	88
【春点】	79	【脆】	83	【答情】	88
【春盒儿】	79	【脆报儿】	83	【打】	88
【春节】	80	【脆骨】	84	【打背公】	89

【打绷儿/打迸儿/打蹦】		【打快勺子】	94	【打牙撂嘴儿】	99
	89	【打厘】	94	【打野盘儿】	99
【打便宜手儿】	89	【打里】	95	【打印子】	100
【打驳回】	89	【打连恋/打恋恋/打连连		【打游飞】	100
【打差池】	89	/打联恋】	95	【打圆盘】	100
【打吵子】	90	【打连台】	95	【打知】	100
【打杵】	90	【打乱棰】	95	【打中台】	101
【打穿儿】	90	【打落】	96	【打坐坡】	101
【打地套儿】	90	【打马】	96	【大】	101
【打点】	90	【打闷棍】	96	【大鞍（儿）车】	101
【打对当】	91	【打闷雷】	96	【大保险】	102
【打对光儿】	91	【打跑锤】	96	【大菜】	102
【打飞翅】	91	【打皮科儿】	96	【大餐】	102
【打个质对】	91	【打棋式】	96	【大茶壶】	102
【打鼓（儿）的】	92	【打起】	97	【大吃八喝】	102
【打刮皮酱/打刮皮匠】		【打睡虎子】	97	【大疮】	102
	92	【打铁】	97	【大大】	102
【打罣悮】	92	【打头】	98	【大大路路】	103
【打过站】	92	【打头风】	98	【大鼓锣架】	103
【打横儿】	92	【打外】	98	【大哈腰】	103
【打虎】	93	【打戏价】	98	【大会儿】	103
【打花巴掌儿】	93	【打戏钱】	98	【大活】	103
【打欢翅】	93	【打现钟】	98	【大家会儿】	104
【打幌子】	93	【打絮麻的】	99	【大件儿】	104
【打脊梁骨上下去】	93	【打巡儿】	99	【大教人】	104
【打拘缕儿】	94	【打牙】	99	【大姐】	104
【打糠灯】	94	【打牙犯嘴儿】	99	【大酒缸】	104

【大军机】	104	【带口枝牙】	110	【倒仰】	115
【大块儿】	104	【待质】	110	【到了老老家】	115
【大老杆】	104	【待质所】	111	【盗洞】	115
【大老爷】	105	【担声气】	111	【道不去】	115
【大了】	105	【单打单】	111	【道道子】	115
【大料】	105	【单瞪】	111	【道儿】	116
【大令】	106	【单静】	111	【道乏/到乏】	116
【大拢意儿】	106	【掸】	111	【道叫】	116
【大门头儿】	106	【掸尘酒】	111	【道解】	117
【大抹子】	106	【但分】	111	【道空乏】	117
【大脑门儿】	106	【淡话】	112	【得】	118, 120
【大气】	106	【当槽儿的】	112	【得步进步】	118
【大钱】	107	【当差使】	112	【得儿】	118
【大钱粮】	107	【当头人】	112	【得活】	118
【大墙】	107	【挡内儿】	112	【得苦子】	118
【大伞】	108	【荡】	113	【得了美】	119
【大衫儿】	108	【荡子车】	113	【得脸】	119
【大师傅】	108	【档杵/挡杵】	113	【得人（儿）】	119
【大帅】	108	【档房】	113	【得味儿】	119
【大头】	109	【刀垫子】	113	【得样儿】	119
【大外】	109	【刀对鞘】	113	【得滋味儿】	120
【大五儿的】	109	【刀架子】	114	【德国勺儿】	120
【大眼儿灯】	109	【刀切帐】	114	【德律风】	120
【大衣箱】	109	【捣乱】	114	【的过儿】	120
【代手/带手】	109	【倒车】	114	【的话】	120
【代书】	110	【倒了核桃车子】	114	【登登】	120
【带口之言（儿）】	110	【倒托儿】	115	【登高跷】	121

【登坑儿/登坑子】	121	【垫板儿】	126	【东村】	132		
【登空】	121	【垫办】	126	【东儿】	132		
【登时】	121	【垫踹窝】	126	【东翁】	132		
【蹬空儿/登空儿】	121	【垫舌根板子】	126	【东西之间】	132		
【蹬腿/登腿】	122	【垫窝】	126	【冬景】	133		
【瞪眼子食】	122	【刁/叼】	127	【冬瘟】	133		
【低搭】	122	【刁头】	127	【懂里懂面儿】	133		
【低钱儿不值】	122	【刁住】	127	【动了真章儿】	133		
【底根儿】	122	【吊猴儿/调猴】	127	【动软魔坨子】	133		
【底漏】	122	【钓金龟】	127	【都管】	133		
【底面（儿）】	123	【掉楚/掉杵】	127	【兜翻】	133		
【底围子】	123	【掉空杵】	127	【兜翻我的根子】	133		
【底子】	123	【掉毛儿】	128	【斗话】	134		
【底子钱】	123	【爹】	128	【斗经纪】	134		
【地道八北】	124	【叠】	128	【斗闷子】	134		
【地宫里】	124	【叠起来】	129	【斗讪】	134		
【地立】	124	【顶个雷】	129	【斗牙】	134		
【地面（儿）】	124	【顶门】	129	【斗牙钳子】	134		
【弟老的/第老的】	124	【顶皮子】	129	【抖落】	133		
【递嘻和儿/递嬉和儿】		【顶神】	129	【豆蹲儿】	134		
	125	【顶香】	129	【豆儿】	135		
【掂夺】	125	【顶子】	130	【豆皮儿】	135		
【颠儿核桃】	125	【订对】	131	【堵窝（儿）掏】	135		
【点脚（儿）】	125	【钉劈了】	131	【肚儿肥】	135		
【点景】	125	【定归】	131	【肚转儿】	135		
【点手（儿）】	126	【定规】	131	【短局】	135		
【点住】	126	【定油儿】	131	【短礼】	135		

【短礼缺情】	135	【碓房/堆房】	140	【二毛子】	145
【短瞧】	136	【墩/蹲】	140	【二人夺】	145
【短请安】	136	【蹲儿安】	140	【二梭子】	145
【短住】	136	【顿饭】	140	【二娃子】	146
【段儿】	136	【多（一）股子】	141	【二五八】	146
【断头话】	136	【多心】	141	【二爷】	146
【断团儿】	136	【夺狐】	141		
【断庄】	136	【夺情】	141		
【锻炼】	136			**F**	
【堆子】	136	**E**		【发】	147
【对保】	136	【讹住了】	142	【发孩（儿）】	147
【对不过】	137	【额娘】	142	【发毛】	147
【对光】	137	【恶恶实实/恶恶誓誓】		【发毛咕/发毛估】	148
【对耗】	137		142	【发努】	148
【对合子利儿】	137	【饿】	142	【发头卖项/发头卖像】	
【对劲】	137	【饿嗝】	143		148
【对了劲】	138	【啊】	143	【发现】	148
【对盘】	138	【耳机子】	143	【发小儿】	149
【对舌】	138	【耳切子】	143	【乏】	149
【对式】	138	【耳挖子】	143	【乏人】	149
【对说对讲】	138	【二半破（子）】	143	【番佛】	150
【对条儿】	139	【二成眼】	144	【翻饼】	150
【对贴靴】	139	【二二忽忽】	144	【翻不过饼】	150
【对心宫儿】	139	【二反/二返/二番】	144	【翻车】	150
【对眼光儿】	139	【二簧票】	144	【翻滚不落架儿】	150
【对帐/对账/对仗】	139	【二荤铺】	144	【翻过儿】	151
【对嘴子】	139	【二楞/二愣/二怔】	145	【烦】	151
				【反】	151

【反打瓦】	151	【访事员】	157	【缝子】	161
【反对】	151	【访员】	157	【伏地（儿）】	161
【反正】	152	【放】	157	【伏假】	161
【犯不体面】	152	【放尺窝儿】	157	【芙蓉】	162
【犯妇】	152	【放光】	157	【浮摘】	162
【犯啾咕】	152	【放盒子】	157	【浮住】	162
【犯酒糟儿】	152	【放缺】	158	【福随貌转】	162
【犯牢骚】	152	【放闲话】	158	【府门头（儿）】	162
【犯毛】	152	【放学】	158	【府上】	163
【犯毛咕】	153	【放鹰】	158	【父母月儿的日子】	163
【犯死抠儿】	153	【放账】	158	【父台】	163
【犯死凿儿】	153	【飞】	159	【复反】	164
【犯闲杂儿/泛闲杂儿】		【飞来号】	159		
	154	【飞艇】	159	**G**	
【犯想】	154	【飞行艇】	159	【嘎点儿】	165
【犯心】	154	【肥猪拱门】	159	【嘎调】	165
【犯性】	154	【废员】	159	【嘎杂子】	165
【犯烟底子】	155	【分不出里外辙儿来】		【该班儿】	165
【饭锅】	155		160	【改】	166
【饭歇儿】	155	【分布】	160	【改嘴】	166
【饭账】	155	【分大小儿】	160	【盖场】	166
【饭座（儿）】	155	【分往】	160	【盖面儿/盖面子】	167
【方】	156	【分心】	160	【概不由己】	167
【方伯】	156	【分心眼儿】	160		
【方近】	156	【粪箕儿脚】	160	【肝疯】	167
【方字旁儿】	156	【风里灯】	161	【杆（儿）上的/赶儿上的】	
【访事的】	156	【风流焰口】	161		168

【赶蛋】	168	【膏药】	175	【根半腿儿】	181
【赶挡子/赶档子】	168	【告】	175	【根本人家儿】	181
【赶房/赶罗/赶掳】	169	【告白】	175	【跟公】	181
【赶明儿个】	169	【告帮】	175	【跟官】	181
【赶网儿】	169	【告妈妈状】	176	【跟门子】	182
【赶嘴（儿）】	170	【告诵】	176	【跟前】	182
【敢保】	170	【告早假】	176	【跟人】	182
【敢则】	170	【戈什哈】	176	【跟手（儿）】	182
【干拔儿/干白儿】	170	【哥儿】	176	【跟主儿】	182
【干弊棍儿】	171	【哥儿妈】	177	【工码儿】	182
【干府】	171	【哥儿派】	177	【公请】	183
【干搁（儿）】	171	【搁不住】	177	【公喜/恭喜】	183
【干馆】	171	【搁车】	177	【公爷】	183
【钢口】	171	【搁的住】	177	【公中佐领】	183
【钢口条子】	171	【搁木】	178	【恭本/公本】	184
【钢条/钢条子】	172	【搁念/格念/歌念】	178	【拱嘴双皮】	184
【岗子/冈子】	172	【搁耍儿】	179	【勾兵】	184
【扛头/抗头】	173	【搁下】	179	【勾场】	184
【高掉儿】	173	【搁着】	179	【勾串】	185
【高见】	173	【搁着你/他的，放着我的】	179	【勾搭连环】	185
【高来高去】	173			【勾手】	185
【高乐】	174	【割靴腰子】	180	【钩心/钩儿心/勾儿心】	185
【高买】	174	【阁子】	180		
【高汤】	174	【隔母】	180	【钩子】	186
【高兴】	174	【隔山】	180	【狗】	186
【高支高抗】	175	【咯儿屁】	180	【狗泥混】	186
【高庄儿】	175	【个的个儿】	180	【狗碰头】	186

【狗食盆子】	187	【挂误/罣误】	193	【广土】	199
【狗事】	187	【挂心】	194	【逛啦】	199
【狗印子】	187	【挂帐子/挂幛子】	194	【归】	199
【狗蝇胡子】	187	【拐棒子】	194	【归道山】	199
【够奔】	188	【拐子】	194	【归掇】	199
【够程度】	188	【拐子手】	195	【归老包堆】	199
【够资格】	188	【关闷子】	195	【归了包堆】	199
【姑爸爸】	189	【官摆俗摆】	195	【归总】	200
【孤红契】	189	【官代书】	195	【鬼吹灯】	200
【孤老】	189	【官吊】	195	【鬼脸儿】	200
【骨立】	189	【官客】	195	【贵上】	200
【骨头】	190	【官茅司】	196	【贵县】	200
【鼓盖儿】	190	【官身子】	196	【贵治】	200
【固山】	190	【官司】	196	【跪堂官】	201
【故故典儿/故故典子】		【官司口】	196	【滚单】	201
	190	【官私面儿】	196	【滚刀筋】	201
【刮搭脸】	191	【官医院】	196	【滚起来】	201
【刮钢儿】	191	【官印】	196	【滚上蛋】	201
【寡妇钱粮】	191	【棺材穰子】	197	【棍徒】	201
【挂不住】	191	【鳏过（儿）】	197	【锅伙儿】	202
【挂不着】	191	【馆】	197	【锅贴（儿）】	202
【挂椿/挂桩】	192	【馆东】	197	【锅子】	202
【挂队】	192	【管凉不管酸】	198	【果局子】	202
【挂火】	192	【贯老姓】	198	【果席】	202
【挂劲】	193	【灌米汤】	198	【果子】	203
【挂牌】	193	【光景】	198	【果子面】	203
【挂钱】	193	【广】	198	【裹秧子】	203

【过】	203	【海里摸锅】	208	【喝雅酒】	213
【过班】	204	【海龙儿】	209	【喝杂银的】	213
【过不着】	204	【海拿儿】	209	【合把】	214
【过的多】	204	【海下去】	209	【合不着】	214
【过钩/过沟】	205	【害口羞】	209	【合该】	214
【过哈哈】	205	【憨蠢】	209	【合婚】	214
【过簧】	205	【含糊】	210	【合局】	215
【过罗】	205	【含忍】	210	【合局面】	215
【过卖】	206	【喊堂】	210	【合字儿】	215
【过命】	206	【汉勺子】	210	【河漂子】	215
【过玩笑】	206	【汉仗儿】	210	【盒子】	216
【过意】	206	【汉军】	210	【盒子菜】	216
【过阴】	206	【蒿子灯】	211	【盒子铺】	216
【过枝子/过支子】	206	【好饼】	211	【贺排】	216
		【好交】	211	【黑】	216
H		【好劲】	211	【黑白钱】	216
【哈吧】	207	【好练儿】	211	【黑不提白不提】	217
【哈哈】	207	【好情好理儿的】	211	【黑杵/黑楮】	217
【哈幺】	207	【好说不好听】	212	【黑档子米】	217
【还】	207	【好喜】	212	【黑红撬/黑红鞘/黑红屑】	217
【还崩子】	207	【号房】	212		
【还魂纸】	207	【号书】	212	【黑货】	218
【孩儿发】	208	【号注】	212	【黑蟒】	218
【海】	208	【喝冬瓜汤/喝东瓜汤】	212	【黑门坎儿】	218
【海灯】	208			【黑票】	218
【海海茫茫】	208	【喝了药水儿】	213	【黑钱】	218
【海活】	208	【喝锡拉/喝锡蜡】	213	【黑土】	219

【黑影儿下来】	219	【候饭】	224	【猾串子/滑串子】	229
【黑早】	219	【候帐】	224	【画稿】	229
【很】	219	【胡呲】	224	【画葫芦儿】	230
【横打鼻梁（儿）】	219	【蝴蝶儿】	224	【话套子】	230
【横骨头】	220	【糊食】	224	【话言话语】	230
【横横儿的】	220	【虎】	224	【坏醋】	230
【烘笼儿】	220	【虎拉车】	225	【坏骨头】	230
【红】	220	【虎猎拉/虎列拉】	225	【欢龙】	230
【红白口（儿）】	220	【虎人】	225	【换个过儿】	231
【红虫子】	221	【虎事】	225	【换帖】	231
【红点子】	221	【虎头拍】	226	【荒速】	231
【红顶子】	221	【护觉】	226	【荒信儿】	231
【红黄带子】	221	【护身皮儿/护身庇儿】		【慌疏】	231
【红货】	221		226	【黄磅子儿】	231
【红炉】	221	【花鼻梁儿】	226	【黄病】	231
【红棚】	222	【花脖子】	226	【黄布匾】	231
【红契】	222	【花茶铺】	227	【黄带子】	232
【红着心】	222	【花丛】	227	【黄金大塔】	232
【后半截儿】	222	【花丢丢】	227	【黄毛儿】	232
【后口儿】	222	【花盒】	228	【黄皮子报】	232
【后身】	223	【花户】	228	【篁】	232
【后尾子】	223	【花界】	228	【恍】	232
【厚撒】	223	【花镜眼圈】	228	【谎皮流儿】	233
【厚味】	223	【花盆炉子】	228	【灰心损肝】	233
【候】	223	【花说柳说】	229	【回】	233
【候乘】	223	【花头】	229	【回回手（儿）】	233
【候店】	223	【花烟馆】	229	【回绒】	233

【回事】	234	**J**		【加一钱】	243
【回头人儿】	234	【鸡吵鹅斗】	239	【挟磨】	243
【回子绒】	234	【鸡零狗碎】	239	【挟肉墩/架肉墩】	244
【毁活】	234	【鸡猫子喊叫】	239	【枷号】	244
【毁人炉】	234	【鸡屎】	239	【家场】	244
【会】	234	【鸡屎派】	239	【家家儿】	244
【会帖子】	235	【鸡头鱼刺】	239	【家人】	245
【浑坛子】	235	【鸡一嘴鸭一嘴】	240	【家项儿】	245
【浑天地黑】	235	【积作】	240	【家秧儿】	245
【混】	235	【激烈】	240	【夹把子】	245
【混孙】	235	【激桶】	240	【夹脚】	245
【混腥子】	236	【急崩崩】	240	【甲喇】	245
【豁鼻子】	236	【急战】	240	【甲喇厅】	245
【豁事】	236	【急战斋】	241	【假父】	245
【活儿行】	236	【几哈阿库】	241	【假高眼】	245
【活局子】	236	【几几乎】	241	【假花脖子】	246
【活落船儿】	237	【挤热羊】	241	【假柯子/假棵子】	246
【活门儿】	237	【记怀】	241	【假客礼/假克理】	246
【活头儿】	237	【技勇兵】	241	【假母】	246
【活托儿/活脱儿】	237	【系上扣儿】	242	【假票子】	247
【活糟心】	237	【忌门】	242	【假撇清】	247
【火房子】	238	【济良所】	242	【假招子/假着子】	247
【火匣子】	238	【祭刀】	242	【架忙子】	247
【伙友】	238	【寄籍】	243	【架弄】	248
【霍乱季儿】	238	【加庙】	243	【架弄不住】	249
【霍弄】	238	【加一】	243	【架圈子】	249
		【加一八分】	243	【架秧子】	249

【架衣/驾衣】	249	【狡赖】	254	【结】	260
【架招】	250	【狡展】	254	【结胸/截胸】	260
【尖】	250	【脚驴（子）】	255	【截搭题】	260
【尖局】	250	【叫查把儿/叫插帮儿】		【截褂】	260
【捡穷的/检穷的】	250		255	【截心】	260
【简简决决】	250	【叫横】	255	【解】	260
【简直】	251	【叫街】	256	【借话（儿）骂人】	261
【见苗儿】	251	【叫局】	256	【借因由】	261
【见小】	251	【叫渴】	256	【隔壁儿】	261
【江湖坎儿】	251	【叫起儿】	256	【斤饼斤面】	261
【姜店】	252	【叫条子】	256	【今日之下】	261
【将】	252	【叫歇儿】	257	【今一天】	261
【将才】	252	【觉乎（着）】	257	【金杵子/金楚子】	262
【将久】	252	【轿车】	257	【金顶儿/金顶子】	262
【僵棒儿】	253	【轿屋子】	257	【紧毛】	262
【僵豆/僵斗】	253	【较证】	257	【紧痰】	262
【讲究】	253	【教散馆】	258	【紧自】	262
【讲演所】	253	【教习】	258	【尽溜头儿】	263
【糨稠麻子】	253	【接】	258	【尽着】	263
【交派】	253	【接安】	258	【劲儿味儿的】	263
【浇裹】	254	【接辈的人】	258	【劲啦味啦的】	263
【娇客】	254	【接斗儿】	258	【京钱】	263
【胶皮】	254	【接骨丹（儿）】	259	【京卿】	263
【胶皮团】	254	【接三】	259	【经理】	263
【焦香】	254	【揭过去】	259	【精爽】	264
【嚼穀（儿）】	254	【街房】	259	【竟管】	264
【嚼舌根板子】	254	【街溜（儿）】	260	【镜子】	264

【镜子里】	264	【撅】	269	【看堆】	274
【究竟】	264	【撅叫】	269	【看方向】	274
【究情】	265	【军罪】	270	【看佛敬僧】	275
【究真（儿）】	265	【均杵】	270	【看街的】	275
【酒串皮】	265	【俊】	270	【看妈】	275
【酒膈】	265			【看塔】	275
【酒幌子】	265	**K**		【看座儿的】	275
【酒腻子】	266	【卡疙疸儿】	271	【康了】	276
【酒钱】	266	【开】	271	【扛杈】	276
【酒头鬼儿】	266	【开宝】	271	【扛枷】	276
【酒糟儿】	266	【开灯】	271	【扛起来】	276
【旧锅（儿）粥】	266	【开耳朵】	272	【考古】	276
【就便】	267	【开放】	272	【颏拉嗦/颏拉膆】	277
【就馆】	267	【开付】	272	【磕打牙儿】	277
【就罐打水】	267	【开锅儿烂】	272	【磕头碰脑】	277
【就棍打腿】	267	【开花帐】	272	【可了儿】	277
【就坡儿下】	267	【开豁】	272	【……，可是……】	277
【就式儿/就势】	268	【开缺】	272	【可是】	277
【拘缕儿】	268	【开帖子】	273	【可是……，还是……】	278
【拘着】	268	【开腿】	273		
【局面】	268	【开正步】	273	【可是……，可是……】	278
【局面人（儿）】	268	【龛儿】	273		
【局气】	268	【坎子上】	273	【克】	278
【局头】	268	【砍黑草】	274	【克力脱】	278
【局诈】	269	【砍头疮】	274	【刻】	278
【捐弄】	269	【看案子】	274	【刻话】	278
【卷包儿老会】	269	【看不过眼儿】	274	【刻苦】	279

【啃】	279	【苦其马子/苦其码子】		【拉后勾儿】	291
【坑子】	279		284	【拉老婆舌头】	291
【空杵】	279	【苦情】	285	【拉拢】	291
【空码儿】	280	【苦条子】	285	【拉面儿】	292
【空行人儿】	280	【苦子】	285	【拉篷扯纤】	292
【空子】	280	【库兵】	286	【拉皮子】	292
【口大口小】	280	【库缎心】	286	【拉舌头】	292
【口底嗦】	280	【库缎眼】	286	【拉丝】	292
【口号】	281	【夸兰达/夸阑达】	286	【拉丝调线】	293
【口话（儿）】	281	【快班（儿）】	287	【拉晚儿】	293
【口颊春风】	281	【快镜】	287	【拉下长脸儿】	293
【口口舌舌】	281	【宽章】	287	【拉药斗子的】	293
【口盟】	281	【款式】	287	【拉着溜儿】	293
【口气】	281	【馈杵/匮杵/窥杵】	287	【拉着皮脸】	293
【口羞】	281	【坤班儿】	288	【啦】	294
【扣】	282	【阔手】	288	【来不来】	294
【扣乘扣乘】	282			【来派】	294
【扣盖儿】	282	**L**		【来人儿】	294
【扣锅】	282	【拉茶壶】	289	【赖皮丢】	294
【扣环】	282	【拉翅（儿）】	289	【拦……清谈】	294
【扣着食】	283	【拉抽屉】	289	【拦门墙儿】	295
【扣子】	283	【拉荡儿/拉蹚儿】	289	【懒凳】	295
【窟窿桥（儿）】	283	【拉风箱】	290	【懒老婆菜】	295
【苦】	284	【拉篙带舵】	290	【懒驴愁】	295
【苦拔苦掖/苦巴苦曳】		【拉胳膊扯腿的】	290	【烂】	295
	284	【拉官纤】	290	【烂好人】	295
【苦拉子】	284	【拉官司纤】	291	【烂酸梨】	296

【狼】	296	【老米树】	301	【了手】	306
【捞毛虎】	296	【老米嘴】	301	【累不来】	307
【捞毛将】	296	【老排子】	301	【累恳】	307
【劳动】	296	【老千儿】	301	【擂砖】	307
【劳动家】	296	【老抢儿】	301	【棱缝（儿）/楞缝儿】	
【劳金】	297	【老丧】	302		307
【牢眼拉】	297	【老实角儿/老实脚儿】		【冷庄子】	307
【老……师付的】	297		302	【愣儿巴睁】	307
【老】	297	【老台】	302	【离光】	308
【老帮子/老梆子】	297	【老天扒地】	302	【离鸡似的】	308
【老碴儿】	297	【老头票】	302	【礼拜】	308
【老陈人儿】	298	【老乡长】	302	【里头】	308
【老父台】	298	【老严儿】	303	【里外辙】	308
【老根人家】	298	【老窑】	303	【里折外扣】	308
【老公祖】	298	【老谣】	303	【里子】	309
【老官儿】	298	【老爷】	303	【力把儿勺子】	309
【老好子】	299	【老鹰】	303	【力笨儿】	309
【老合】	299	【老砸儿】	303	【立规矩】	309
【老虎摊（儿）】	299	【老凿子】	303	【连三并四】	309
【老会】	299	【老斋】	303	【帘子脸儿】	310
【老家儿】	299	【老着脸子】	304	【联盟】	310
【老块块子】	300	【乐白了】	304	【敛把/敛吧】	310
【老了】	300	【了】	304	【脸皮宽】	310
【老妈（儿）】	300	【了不了】	305	【脸热】	310
【老妈妈论儿】	300	【了局】	305	【脸善】	311
【老妈妈律儿】	301	【了事】	305	【脸水】	311
【老满（儿）】	301	【了事的】	306	【脸硬】	311

【练家子】	311	【咧子】	316	【六陈行】	321
【恋了盆儿】	312	【裂锅】	316	【六地儿】	322
【凉带儿】	312	【裂口子】	316	【六扔】	322
【两把儿头】	312	【临完（了）】	316	【六扇门儿】	322
【两便】	312	【淋】	317	【笼人】	322
【两道子】	312	【论】	317	【笼统/拢统/拢通】	323
【两截大褂/两截褂】		【零钱】	317	【笼子】	323
	312	【零碎儿】	317	【拢对儿】	323
【两经】	313	【领催】	318	【楼库】	323
【两日酒】	313	【领家（儿）】	318	【搂】	323
【两头儿大】	313	【领略】	319	【搂包儿】	324
【两头儿麻】	314	【领招】	319	【搂包儿匠】	324
【亮】	314	【溜边儿】	319	【搂鸽】	324
【亮杠】	314	【溜场儿下】	319	【搂览】	324
【亮盒子摇】	314	【溜杵不掉】	319	【搂头】	324
【亮情】	315	【溜沟子】	319	【炉食饽饽】	324
【亮张】	315	【溜溜斋】	320	【炉食供】	325
【撩】	315	【溜门子/蹓门子】	320	【炉药】	325
【撩边儿】	315	【刘二哥】	320	【路菜】	325
【撩脸子】	315	【留分儿】	320	【露白】	325
【潦亮话】	315	【留一面儿】	320	【露露意思】	325
【料估】	315	【留音机】	320	【露苗儿】	326
【料其】	315	【流光锤】	321	【露檠/露旋儿】	326
【料子烟】	316	【流蒿子】	321	【乱儿】	326
【撂台】	316	【流口辙】	321	【乱际儿】	326
【撂灶王封儿】	316	【流水分子】	321	【乱了营】	326
【咧咧斜斜】	316	【流血】	321	【抡】	327

【抡官马】	327	【马吊】	332	【满】	337
【抡虚子】	327	【马队】	332	【满打】	337
【轮子行儿】	327	【马封（子）】	333	【满应满许】	338
【罗菜】	327	【马后】	333	【蔓儿】	338
【罗圈儿安】	327	【马甲】	333	【慢搭拉音儿】	338
【罗圈儿揖】	328	【马牢子】	333	【慢答音儿】	339
【萝卜花】	328	【马前】	333	【猫屎小角儿】	339
【落场】	328	【马钱】	334	【毛】	339
【落地的】	328	【马上】	334	【毛包】	340
【落炕】	328	【马是得】	334	【毛包花脸】	340
【落忙】	328	【玛父】	335	【毛儿咕唧】	340
【落乡】	329	【杩子房儿/码子房儿】		【毛儿匠】	340
【落子馆】	329		335	【毛咕】	340
【落作】	329	【买贵的】	335	【毛伙】	341
【律】	329	【买理卖理】	335	【毛伙计】	341
		【买卖地儿】	335	【毛姜】	341
M		【买死儿】	335	【毛将】	341
【麻】	330	【迈门子儿】	336	【毛了烟儿】	341
【麻辫子】	330	【卖底】	336	【毛毛腾腾】	342
【麻刀】	330	【卖派】	336	【毛钱儿】	342
【麻儿】	331	【卖缺】	336	【冒场】	342
【麻烦】	331	【卖山音】	336	【冒而不登/冒儿不登】	
【麻花儿】	331	【卖舌头】	336		342
【麻颏】	331	【卖味儿】	337	【冒坏】	342
【麻雀】	332	【卖薰鱼的】	337	【冒猛（儿）】	342
【麻雀牌】	332	【卖一通儿】	337	【冒猛子】	343
【麻事】	332	【蛮子】	337	【么饼】	343

【没的事情】	343	【米星疙疸儿】	348	【抹车】	353
【没缝儿下蛆】	343	【眯嘻眯嘻】	348	【抹孤丢】	353
【没根基】	343	【秘密】	348	【抹身】	353
【没骨头】	343	【蜜里调油】	348	【抹身形】	353
【没落儿/没落子】	344	【面嫩】	349	【抹子脚】	354
【没脉】	344	【面子药】	349	【末天】	354
【没那们八宗事/没有那们八宗事】	344	【灭灯】	349	【殁生儿】	354
		【灭血心】	349	【莫吉格】	354
【没神儿】	344	【民党】	349	【嬷嬷爹】	354
【没是生非】	345	【民妇】	350	【母狗眼儿】	354
【没影响】	345	【民女】	350	【母会】	354
【眉眼儿】	345	【民人】	350	【母钱铺】	354
【媒人】	345	【明黏子赌场】	350	【木】	355
【煤毒】	345	【明一天】	350	【木裙子】	355
【门斗】	345	【模子活】	350	【木头】	355
【门里出身】	346	【摩托车】	351	【木头裙子】	355
【门脉】	346	【磨车】	351	【沐恩】	355
【门票】	346	【磨豆腐】	351	【募警】	355
【门庄大夫】	346	【磨对】	351		
【门装瞎子】	347	【磨烦】	351	**N**	
【门子】	347	【磨害/魔害】	352	【拿不出套裤去】	356
【闷灯】	347	【磨腻/抹腻】	352	【拿不准铊】	356
【闷葫芦罐儿】	347	【磨头/抹头】	352	【拿毛】	356
【闷头】	347	【磨坨子】	352	【拿上】	356
【闷真】	347	【磨袖口儿】	352	【拿秧子】	357
【朦背了】	347	【蘑菇】	353	【那不】	357
【猛住】	348	【抹不丢的】	353	【那块儿】	358

【那么】	358	【你我他三】	363	【拧岔儿】	368
【那们】	358	【逆事】	363	【拧秤】	368
【那们着】	358	【溺疼】	363	【拧了锅子】	368
【纳着性儿】	358	【拈拈转（儿）】	363	【拧绳儿】	368
【奶地出家】	358	【蔫蔫的】	363	【牛脖子】	368
【奶奶】	359	【蔫土匪】	364	【牛狗车】	369
【奶胖子】	359	【年伯母】	364	【牛录】	369
【南边根儿】	359	【黏嫌】	364	【牛子】	369
【难买难卖】	359	【捻子】	364	【牛子眼】	369
【馕揉】	359	【念杵】	364	【拗别】	369
【挠】	359	【念啃】	364	【努伤】	369
【挠（儿）】	360	【念了张年儿】	364	【女座儿】	370
【恼撞】	360	【念撒】	364	【暖洞】	370
【脑后摘筋儿】	360	【念喜歌儿】	365	【挪搔窝子/挪搔窝儿】	
【脑筋】	360	【念秧（儿）】	365		370
【闹财】	361	【念语】	365		
【闹了归齐】	361	【念昭】	365	**P**	
【闹米汤】	361	【念子曰】	365	【趴虎儿】	371
【闹魔】	361	【鸟奴】	366	【爬房】	371
【闹手】	361	【尿遁/溺遁】	366	【爬灰头】	371
【闹油】	362	【捏酸假醋】	366	【爬豁子】	371
【内府】	362	【捏酸拿糖】	366	【拍】	371
【内监】	362	【捏窝窝儿】	366	【拍老腔儿】	372
【能为】	362	【捏着鼻子】	367	【拍事】	372
【泥腿光棍】	362	【乜贴】	367	【拍网子】	372
【拟陪】	362	【拧】	367	【排了】	372
【拟正】	363	【拧（了）勺子】	368	【排枪】	373

【派子】	373	【皮面】	377	【扑忙子】	382
【攀个大】	373	【偏】	377	【铺垫】	382
【盘川】	373	【偏饭】	377	【铺伙】	382
【盘儿】	373	【偏过您】	378	【铺腾】	382
【盘儿尖】	374	【偏您饭】	378	【铺眼儿】	382
【盘子】	374	【偏您了】	378	【铺叶子】	383
【盼想】	374	【片儿饽饽】	378	【铺掌】	383
【抛费】	374	【片子】	378	【蒲包儿】	383
【抛闪】	374	【瓢儿】	378	【普里普儿的】	383
【跑海车】	374	【票】	378		
【跑合儿】	374	【票儿】	379	**Q**	
【跑头子货/跑途子货】		【票房】	379	【欺乎】	384
	375	【票活】	379	【齐各碴儿】	384
【跑账的】	375	【票纸】	379	【齐官儿】	384
【炮燥】	375	【撇兰】	380	【齐集】	384
【烹】	375	【撇酥儿】	380	【齐截】	384
【捧臭脚】	375	【撇外股儿/撇外股子】		【齐开/其开】	384
【捧圣】	376		380	【棋分儿】	384
【捧事】	376	【撇斜】	380	【旗人】	385
【捧斋】	376	【撇芽淋】	381	【旗头儿】	385
【碰脆儿】	376	【频口/贫口】	381	【旗头座儿】	385
【皮带】	376	【平】	381	【旗下】	385
【皮儿了】	376	【坡下】	381	【旗下衙门】	385
【皮酒】	377	【破】	381	【旗饷】	386
【皮局】	377	【扑】	381	【起病】	386
【皮科（儿）】	377	【扑虎儿】	381	【起翅】	386
【皮里抽肉】	377	【扑罗】	382	【起打】	386

【起根到稍儿】	386	【前栽儿】	392	【且脊梁骨下去】	397
【起根儿】	386	【钱狠子】	392	【怯伙儿】	397
【起黑票】	387	【钱会】	392	【怯勺】	397
【起活（儿）来】	387	【钱粮】	392	【怯头怯脑】	397
【起脊梁骨下去】	387	【钱粮包儿】	393	【侵头排子】	397
【起脊棚】	387	【钱粮头（儿）】	393	【亲家阿妈】	397
【起乱棰/起乱搥】	388	【钱零儿】	393	【亲家额娘】	397
【起满坐满】	388	【钱帖子】	393	【亲戚理道的】	397
【起毛】	388	【钱桌子】	393	【亲钱】	397
【起那们】	388	【慊人】	394	【亲上作亲】	398
【起腻】	389	【羌帖】	394	【亲迎】	398
【起贼尾子】	389	【枪排】	394	【勤行】	398
【起子】	389	【戗棍儿】	394	【青酱高】	398
【气儿】	389	【戗盘儿】	394	【青皮】	398
【气里食】	389	【强令着】	394	【青子】	399
【气热】	389	【抢席（儿）】	394	【青字儿】	399
【气椅儿】	389	【瞧方向】	394	【倾】	399
【汽车穰子】	390	【瞧事作事】	395	【倾蹦拐骗】	399
【千里风】	390	【瞧我】	395	【清倌儿】	399
【牵联/牵连】	390	【瞧香】	395	【清门儿】	399
【签帖子】	390	【巧当儿】	395	【清水脸儿】	400
【签子】	391	【巧言儿】	395	【清头】	400
【前半路儿】	391	【俏不瞒乖】	396	【清醒白醒】	400
【前拉后撤】	391	【俏事】	396	【清音】	400
【前廊后厦】	391	【俏冤家】	396	【清吟小班（儿）】	400
【前三抢（儿）】	391	【切近】	396	【情热】	401
【前途】	391	【茄子】	396	【请财神】	401

【请大安】	401	【让帐】	406	扣儿】	410
【请儿】	401	【饶一面儿】	406	【认扣子】	410
【请姑娘拜姐姐】	401	【绕住劲】	406	【认死扣子】	410
【请香炉】	401	【绕住了】	406	【认头】	411
【罄】	402	【绕着扣子】	406	【任甚么没（有）】	411
【穷坎儿】	402	【热】	407	【扔崩/扔蹦】	411
【屈量】	402	【热决】	407	【日月（儿）】	411
【屈柱】	402	【热客】	407	【日昨】	412
【屈心】	402	【热刺忽拉】	407	【揉】	412
【屈须】	403	【热闹扣子】	407	【揉儿铺】	412
【取灯儿】	403	【热人儿】	407	【揉儿行】	412
【取事】	403	【人吃马喂】	408	【肉梆子】	412
【去心】	403	【人灯】	408	【肉报子】	412
【圈弄】	403	【人荒子】	408	【肉传单】	413
【全靠人】	404	【人敬人高】	408	【肉蛋】	413
【全可人】	404	【人来疯】	408	【肉杠】	413
【拳踢脚打】	404	【人情货】	408	【肉症】	413
【缺】	404	【人汤锅】	409	【如心】	413
【缺分】	404	【人心】	409	【入扣子】	413
【雀蒙眼】	404	【人阵似的】	409	【入辕儿】	414
		【仁台】	409	【软白花】	414
R		【忍】	409	【软白子】	414
【然也没然】	405	【忍肚子疼/认肚子疼】		【若果】	414
【攘】	405		409		
【嚷嚷动了】	405	【忍事波罗蜜】	410	**S**	
【让】	405	【忍着】	410	【洒狗血】	415
【让我】	405	【认定死扣子/认定死		【洒薰香】	415

【撒】	415	【杀冷子】	421	【上下手儿】	425
【撒村】	415	【杀里】	421	【上学】	425
【撒开了】	415	【沙板儿】	421	【上眼】	426
【撒泼打滚】	416	【沙片儿】	421	【上样】	426
【撒网】	416	【沙片钱】	421	【上药】	426
【撒嘴网】	416	【沙子灯】	422	【捎】	426
【三鼻子眼儿】	416	【沙子井】	422	【烧半冷皂】	427
【三哥】	416	【傻老】	422	【烧刀子】	427
【三尖儿】	417	【筛糠】	422	【烧活】	427
【三节两寿】	417	【晒】	422	【烧喇嘛】	427
【三青子】	417	【山】	422	【烧冷皂】	427
【三孙子】	417	【山嚷怪叫/讪嚷怪叫】	423	【稍根儿】	428
【三小儿】	417			【勺口儿】	428
【三爷】	417	【闪黏儿/闪粘儿】	423	【少大爷】	428
【三一三十一】	418	【善虫子】	423	【少爷班子】	428
【散交】	418	【善会】	423	【哨】	428
【散了】	418	【善说】	424	【潲水】	428
【散生日】	418	【晌午错】	424	【舌头精】	429
【散学】	418	【晌午歪】	424	【舍脸】	429
【嗓膈眼子】	419	【上床】	424	【设摆】	429
【丧透了】	419	【上岗儿】	424	【身后】	429
【丧嘴】	419	【上梁山】	425	【神像儿】	429
【扫听】	419	【上圈子】	425	【甚么像（儿）】	429
【扫营儿】	420	【上哨】	425	【升降梯】	430
【色汤草】	420	【上手儿】	425	【生虎子】	430
【啬克子】	420	【上堂】	425	【生簧】	430
【杀家达子】	420	【上体】	425	【生意口】	431

【圣诞节】	431	【是……，可是……】	437	【熟药铺】	440
【盛价】	431			【署】	441
【盛支架子】	431	【收窠儿】	437	【署缺】	441
【剩饭手】	431	【手彩儿】	437	【数嘴】	441
【失照】	431	【手灯（子）】	437	【刷】	441
【师老爷】	432	【手底下】	437	【刷牙子】	442
【师婆儿/师婆子】	432	【手里素】	438	【耍单儿】	442
【虱子袄儿】	432	【手里托着的】	438	【耍狗熊】	442
【施食饽饽】	432	【手黏】	438	【耍骨头】	442
【施送】	432	【手捧子】	438	【耍话】	443
【施医院】	432	【手术】	438	【耍货】	443
【十八子儿】	432	【手素】	438	【耍排子】	443
【十分十沿儿】	432	【手头儿素】	438	【耍油】	444
【时道】	432	【首领】	438	【摔簧】	444
【时派】	433	【受不得】	439	【率料子话】	444
【实意（儿）】	433	【受话】	439	【摔私跤】	444
【实意（儿）候】	433	【兽医椿子】	439	【摔赞（儿）/甩赞儿】	
【拾笑儿】	434	【书记】	439		445
【食亲财上黑】	434	【书扣子】	439	【甩拜礼】	445
【使捻子】	434	【书腻子】	439	【涮金作】	445
【使圈活儿】	434	【输差】	440	【涮嘴儿】	445
【使账】	434	【输眼】	440	【双脸儿鞋】	445
【世袭佐领】	434	【输嘴】	440	【双麻儿】	446
【事故由子】	435	【熟和】	440	【双头人儿】	446
【事情根子】	435	【熟客】	440	【爽得】	446
【事由（儿）】	435	【熟脸儿】	440	【爽性】	446
【侍卫】	436	【熟盘儿】	440	【水】	446

【水会】	447	【撕掳】	451	【酸款】	456
【水礼儿】	447	【死对儿】	451	【算那棵葱】	456
【水钱】	447	【死就】	452	【随】	456
【水钱幺儿】	447	【死抠儿】	452	【随菜随饭】	456
【水头儿】	448	【死了经儿/死了精儿】		【随茶随饭】	456
【水月电】	448		452	【随活】	457
【睡虎子】	448	【死门（儿）】	452	【随溜儿】	457
【顺】	448	【死树】	452	【随任】	457
【说不上不算来】	448	【死羊眼】	452	【随时】	457
【说不着】	448	【死硬】	452	【随在】	457
【说岔了】	448	【四方马褂儿】	453	【碎催】	457
【说大话使小钱（儿）】		【四方脑袋】	453	【碎嘴子瓢】	458
	449	【四孤钱粮】	453	【损根子】	458
【说到归齐】	449	【四合房儿】	453	【损条子】	458
【说的那儿，应的那儿】		【四间】	453	【缩缩儿秘】	458
	449	【四六加开】	454	【所】	459
【说古】	449	【四围】	454	【所行】	459
【说合了盖儿】	449	【四五子】	454		
【说话答理儿的】	450	【似披虱袄】	434	**T**	
【说章儿】	450	【松心赌儿】	454	【塌调】	460
【司机】	450	【悚】	454	【塌服】	460
【司机的】	450	【送库】	454	【胎里红】	460
【司机人】	450	【送三】	455	【台面儿】	460
【司里】	451	【苏拉】	455	【抬】	460
【私酒】	451	【俗啦】	455	【抬夯儿】	461
【私料子】	451	【诉苦穷儿】	455	【抬肩儿的】	461
【私撂儿】	451	【素儿/素子】	456	【抬石头】	461

【抬眼】	461	【套裤】	465	【调香】	470
【太难（了）】	461	【套拉拢】	465	【跳动】	471
【太守】	461	【套礼】	465	【贴换】	471
【太太】	461	【套听】	465	【贴靴】	471
【太阳糕】	461	【套虚】	465	【铁铣子】	472
【太爷】	462	【套子】	466	【铁杆（儿）庄稼】	472
【痰迷】	462	【踢土儿】	466	【铁杆老米树】	472
【汤根儿】	462	【提不到】	466	【铁机缎眼】	472
【汤皮儿】	462	【提不着】	466	【铁线】	472
【汤心儿】	462	【提署】	466	【铁准】	472
【堂客】	462	【提息】	466	【听不过眼儿去】	472
【堂翁】	463	【体己】	467	【听不上】	472
【堂谕】	463	【添仓/填仓】	467	【听提】	473
【堂长】	463	【添箱】	467	【听玩艺儿】	473
【堂罩】	463	【甜不唆】	467	【通杆儿】	473
【糖嗓儿】	463	【填还】	467	【通信】	473
【趟子车】	463	【填陷】	468	【同】	473
【掏阴】	464	【填站笼】	468	【同案】	473
【掏阴面子】	464	【挑费】	468	【同谱】	473
【掏帐】	464	【挑光子】	468	【同情】	474
【逃席破座】	464	【挑笼子】	469	【同靴】	474
【桃面票】	464	【挑钱粮】	469	【同学的】	474
【讨糊脸/讨虎脸】	464	【挑缺】	469	【铜】	474
【讨愧】	464	【挑牙虫的】	469	【童儿】	474
【讨礼】	464	【调处/调楚】	469	【筒子上的】	474
【套白狼】	465	【调和】	470	【头（儿）钱】	474
【套吃高打】	465	【调侃儿/调坎儿】	470	【头啦】	474

【头桌】	475	【吐啦】	479	【外秧子】	484
【投簧】	475	【吐天哇地】	480	【弯搭拉/完达拉】	484
【透】	475	【团头】	480	【玩（儿）鹞鹰】	485
【透了光儿】	475	【托大】	480	【晚晌】	485
【透神气】	476	【托底】	480	【晚席】	485
【透膛】	476	【托活】	480	【亡道】	485
【透像儿】	476	【托枪儿的】	480	【王八二挣】	486
【透着】	476	【托天扫地】	480	【往前走】	486
【秃失儿】	476	【脱懒】	481	【妄口拔舌】	486
【秃尾巴鹰】	476	【脱虱子袄儿】	481	【望看】	486
【秃尾鹰】	477	【驼轿】	481	【微菌】	486
【图片】	477	【驼钱驴】	481	【微然】	486
【图书】	477			【为人】	487
【徒罪】	477	**W**		【位的位】	487
【土】	477	【挖杭】	482	【位置】	488
【土包】	477	【哇】	482	【尾顶尾儿】	487
【土包虞子】	477	【娃子】	482	【委怜】	487
【土甏子】	478	【歪盔子】	482	【委窝】	487
【土孤丁】	478	【外彩（儿）】	482	【委窝子/偎窝子】	487
【土棍】	478	【外场】	483	【味儿事】	488
【土混混儿】	478	【外场人儿】	483	【味气】	488
【土界】	478	【外道（儿）】	483	【文场】	488
【土客】	478	【外道天魔】	483	【文面儿】	489
【土里刨粮食】	479	【外官场】	483	【稳轿钱】	489
【土黏子】	479	【外话】	484	【窝脖儿】	489
【土虚子】	479	【外撇枝儿】	484	【窝儿忿】	489
【吐口话儿】	479	【外事】	484	【窝儿老】	489

【窝窝】	489	【喜欢】	495	【吓嚇】	500
【窝窝茶社】	490	【戏差】	495	【夏景】	500
【窝窝洞儿】	490	【戏头】	495	【仙】	500
【窝窝头】	490	【戏座儿】	495	【先生】	500
【窝窝头会】	490	【细狗】	495	【闲杂儿/嫌杂儿】	500
【窝作】	491	【细微】	495	【显魂】	501
【卧水鱼儿】	491	【细细腻腻儿的】	495	【县考】	501
【乌布】	491	【瞎话流舌】	496	【现】	501
【乌金行】	491	【瞎聊一股烟】	496	【现钱条子】	501
【乌里乌秃】	492	【瞎摸海】	496	【现钱帖子】	502
【乌秃】	492	【瞎扑】	496	【线（儿）】	502
【巫二鬼/无二鬼】	492	【瞎事】	496	【乡彆子】	502
【无可儿无不可儿】	492	【下不去】	497	【相】	502
【无可如何】	493	【下参儿】	497	【相公】	502
【无来由/无赖尤】	493	【下场】	497	【相好的】	502
【五脊六兽】	493	【下处】	497	【相空一齐拿】	503
【捂辫顶儿】	493	【下等社会】	498	【香炉】	503
【兀凳儿】	493	【下高】	498	【香甜】	503
【务上】	493	【下街】	498	【响】	503
		【下井投石】	499	【响尺】	503
X		【下泼子酒/下坡子酒】	499	【响房】	504
【西望长安】	494			【想菜】	504
【稀】	494	【下三】	499	【想到说】	504
【席排子】	494	【下哨】	499	【想情】	504
【席票】	494	【下水】	499	【想左】	504
【媳妇（儿）哥】	494	【下小考】	499	【像姑】	504
【媳妇儿大哥】	495	【吓的没脉】	500	【肖儿】	505

【消遣】	505	【小押儿】	510	【腥活/星活】	515
【小白】	505	【小帐】	510	【腥架子】	516
【小班(子)】	505	【小枕头儿】	510	【醒腔/省腔】	516
【小辫儿打紧】	505	【小字号儿】	511	【醒攒儿】	516
【小菜碟儿】	506	【笑貌欣儿】	511	【些微】	516
【小菜儿钱】	506	【笑眯嘻儿】	511	【虚让】	517
【小车儿/小车子】	506	【效不更医】	511	【虚子】	517
【小池子(儿)】	507	【歇啦】	511	【嘘呼】	517
【小催】	507	【歇老啦】	511	【宣布】	517
【小存】	507	【歇心】	511	【悬揣着】	517
【小的】	507	【邪行】	512	【悬虚】	517
【小房子(儿)】	507	【写会】	512	【靴友】	517
【小哥儿】	507	【谢步】	512	【学东】	518
【小活】	508	【谢亲】	513	【学舌】	518
【小姐】	508	【谢妆】	513	【血奔心】	518
【小军机】	508	【心缝儿】	513	【熏/薰】	518
【小礼儿】	508	【心工儿】	513	【薰货/熏货】	518
【小绺】	508	【心红热】	513	【薰事】	519
【小六转儿】	508	【心里嘴里全没有】	513	【薰筒儿】	519
【小濛淞雨儿】	508	【心盛】	514	【寻】	519
【小模格由儿的】	509	【新姑娘】	514	【寻嗔】	519
【小钱(儿)】	509	【新闻纸】	514	【寻休儿/寻宿儿】	519
【小钱粮】	509	【信着意儿】	514		
【小使】	509	【星期】	514	**Y**	
【小抬】	509	【腥】	514	【压碟】	520
【小跳儿】	509	【腥赌/星赌】	515	【压儿女】	520
【小小溜溜儿】	510	【腥簧】	515	【压箱子】	520

【压桌】	520	【雁叫齐叫】	525	【噎嗝】	530
【押步】	520	【焰口】	525	【爷爷公】	531
【芽子】	520	【央／殃／秧】	525	【野茶社】	531
【衙门钱】	520	【殃榜】	526	【夜游子／夜油子】	531
【衙门堂期】	521	【秧】	526	【一把子】	531
【衙门银子】	521	【秧子】	526	【一宠（子）性儿／	
【哑默悄静儿】	521	【扬气】	526	一宠性子】	531
【亚赛】	521	【羊羔（儿）吃乳】	527	【一宠子】	531
【咽底嗓（儿）】	521	【羊角泡子】	527	【一答一合儿】	531
【烟馆儿】	521	【羊肉床子】	527	【一担挑】	532
【淹心】	522	【羊头】	527	【一党】	532
【言不应口】	522	【杨梅】	527	【一道箍儿】	532
【阎王账】	522	【洋绉眼】	527	【一个狼狈】	532
【眼诧／眼岔】	522	【养不活】	528	【一个坐儿／一个座儿】	
【眼儿猴（儿）】	522	【养济着】	528		532
【眼光着儿】	523	【养育兵】	528	【一锅儿熬】	532
【眼离】	523	【腰柜】	528	【一过草儿】	533
【眼皮（子）浅】	523	【窑皮】	528	【一狠百狠】	533
【眼皮儿杂】	523	【摇晃山】	528	【一横鼻梁儿】	533
【眼皮儿杂项】	523	【摇滩】	529	【一口菜】	533
【眼圈（子）】	523	【摇席破座】	529	【一来一】	533
【眼窝子浅】	524	【咬儿】	529	【一溜身齐】	534
【眼拙】	524	【咬群】	529	【一溜歪斜】	534
【演鬼】	524	【咬牙】	529	【一溜斜的】	534
【验缺】	524	【要菜】	530	【一路】	534
【雁儿孤】	524	【要跟儿】	530	【一面儿官司】	534
【雁儿孤话】	524	【要劲】	530	【一面儿黑】	535

【一面儿理】	535	【仪注】	540	【硬打软熟和】	546
【一模活脱儿】	535	【疑惑】	541	【硬里子】	546
【一扑纳心儿】	535	【疑影】	541	【硬头货】	546
【一谱儿】	535	【已竟已竟啦】	541	【硬着脸/硬着脸子】	546
【一气儿】	536	【意思】	541	【永辈子】	546
【一手儿事】	536	【翼啦】	542	【永军】	547
【一手活儿】	536	【因话提话（儿）】	542	【勇爷】	547
【一手一式】	536	【阴人】	542	【由根儿】	547
【一水】	537	【阴阳瓦】	542	【由着性儿】	547
【一顺子】	537	【阴症】	542	【油炸果】	547
【一说一了儿】	537	【银虫子】	542	【油纸】	547
【一套口】	537	【银三事儿】	542	【游缉队】	548
【一天一现在/一天一个现在】	537	【银匣子】	543	【游手】	548
		【引场】	543	【游行】	548
【一条脖筋骨/一条脖胫骨/一条脖颈骨】	538	【印务】	543	【有边儿】	548
		【印子】	543	【有点来历】	548
【一条肠子】	538	【迎人】	543	【有骨头】	549
【一条藤儿】	538	【迎头】	543	【有斤秤儿】	549
【一条腿儿】	538	【迎着头子】	544	【有理无情】	549
【一头儿沉】	538	【营城司坊】	544	【有落子】	549
【一言抄百总】	539	【营口】	545	【有门坎儿】	549
【一言抹倒】	539	【蝇刷（儿）】	545	【有其】	549
【一早晨】	539	【影】	545	【有甚么像儿】	550
【一丈青】	540	【影影抄抄】	545	【有玩艺儿】	550
【一只虎】	540	【影影响响】	545	【有向灯的，有向火的】	550
【一子两不绝】	540	【影子模儿】	545		
【依实】	540	【应叫应声】	546	【有兴味】	550

【有秀气】	550	**Z**		【早局】	560
【右僧/幼僧】	551	【扎上】	556	【早起】	560
【鱼床子】	551	【咂儿】	556	【枣木榔/枣木狼】	560
【鱼头】	551	【咂壶儿】	556	【造魔】	561
【雨来散】	551	【咂慕】	556	【造作】	561
【御前侍卫】	551	【咂咂头儿】	556	【贼不空过】	561
【鸳鸯着】	551	【杂半儿】	556	【贼诡溜滑】	561
【冤饼子】	551	【杂碎】	557	【贼起飞智】	562
【冤大脑袋】	551	【砸】	557	【贼星发旺】	562
【冤的大头蚊子似的/		【砸兑】	557	【贼疑子】	562
冤的大头蚊子是的】		【砸明伙】	557	【怎们】	562
	552	【栽培】	558	【怎怎么】	562
【冤孽梆子】	552	【在】	558	【扎空枪】	562
【圆笼】	552	【在……上】	558	【扎拦】	563
【圆全】	552	【攒】	558	【扎拦达】	563
【圆粘（黏）儿】	553	【攒拌儿】	558	【扎窝子】	563
【缘饭】	553	【攒公议儿】	558	【扎挣】	563
【远限】	553	【攒人】	559	【揸黑儿】	564
【月口】	553	【赞成】	559	【乍出儿】	564
【月事】	553	【赞儿】	559	【乍出蒙儿/乍出猛儿/	
【月台】	554	【糟】	559	乍出萌儿】	564
【悦服】	554	【糟害】	559	【乍著胆子】	564
【悦意】	554	【糟旧】	559	【诈匠/炸酱】	564
【晕撒】	554	【糟钱】	560	【诈门】	564
【芸儿香色】	554	【糟扰】	560	【炸刺】	564
【运动】	555	【糟朽】	560	【炸烟】	565
		【早饭】	560	【炸子行】	565

【斋口儿】	565	【站堂的】	569	【遮说】	574
【摘】	565	【张年儿】	569	【遮羞儿】	575
【摘瓜】	565	【张心】	569	【折饼】	575
【摘肩儿】	565	【章程】	569	【折罗】	575
【摘借】	566	【章京】	570	【折狱】	575
【摘毛儿】	566	【长的老老不疼、		【折争/折证】	575
【摘手】	566	舅舅不爱】	570	【折盅儿】	576
【摘头】	566	【掌档子百什户】	570	【这把子】	576
【摘脱】	566	【掌地儿】	570	【这块儿】	576
【摘心】	566	【掌事伯什户】	570	【这块料】	576
【择干净儿】	567	【掌事领催】	570	【这们样】	576
【窄条子】	567	【丈人峰】	571	【这手儿活】	576
【窄窝住】	567	【仗腰眼子】	571	【这项】	577
【窄住】	567	【帐帖子】	571	【这早晚儿】	577
【沾乎】	567	【账户儿】	571	【这蹦子/这崩子】	577
【沾润】	567	【账局子】	571	【这当（儿）/这档儿】	577
【沾滞】	567	【招呼】	571	【这溜儿/这溜子】	577
【粘糕坨子】	567	【招路把合/昭路把合/		【这们】	578
【粘牙倒齿】	567	照路把和】	572	【这们些个】	578
【詹沿】	568	【招说】	573	【着的呢/着得呢】	578
【詹音】	568	【找寻】	573	【真张儿/真章儿】	579
【展眼】	568	【赵不肖】	573	【真着】	579
【站街】	568	【照方儿抓】	573	【斟对】	579
【站了】	568	【照顾主儿】	574	【斟问】	579
【站笼】	568	【照影子】	574	【赈钱】	580
【站人（儿）/占人儿】		【遮溜子】	574	【震心】	580
	568	【遮饰】	574	【镇日】	580

【争竞】	580	【职商】	585	【抓】	590
【争钱】	581	【职员】	586	【抓茶碗】	590
【整口】	581	【指指触触】	586	【抓词儿】	590
【整脸子】	581	【指指戳戳】	586	【抓大头】	591
【正身儿】	581	【至不济】	586	【抓缝子】	591
【正堂】	581	【至不能为】	586	【抓瓜秧儿】	591
【正印官】	582	【治公/治工/治功】	586	【抓会】	591
【挣项】	582	【治晚】	587	【抓了家伙】	591
【支白】	582	【智儿钱】	587	【抓落儿】	591
【支椿】	582	【智转/智赚】	587	【抓钱】	591
【支更儿】	582	【滞粘】	587	【抓早儿】	592
【支客】	582	【中和节】	587	【专馆】	592
【支楞】	583	【中票】	587	【转当局】	592
【支离闪灼】	583	【中桌】	588	【转簧】	592
【支票】	583	【仲伙】	588	【转筋】	593
【支腾】	583	【粥厂】	588	【转人儿】	593
【支支离离】	583	【粥虫子】	588	【转食】	593
【芝兰水】	583	【粥干儿】	588	【转想】	593
【知单】	584	【猪拐子】	588	【转心子】	593
【直】	584	【竹戏】	588	【转影壁/转映壁】	593
【直点儿】	584	【竹战】	588	【转轴】	594
【直个点儿】	584	【煮饽饽】	589	【转咒】	594
【直棍儿】	584	【主持】	588	【庄眼儿】	594
【直会】	585	【主道】	589	【装古】	594
【直眼达子】	585	【主脑】	589	【撞客】	595
【职道】	585	【住茶钱】	589	【撞木钟】	595
【职妇】	585	【住闲】	590	【撞事】	595

【撞羊头】	595	【走动】	601	【作半截儿揖】	605
【撞钟】	595	【走弓弦儿】	601	【作好作歹】	606
【追褡裢儿/追挞裢儿】		【走哄】	601	【作活】	606
	596	【走会】	601	【作活的】	606
【追往】	596	【走溜儿】	602	【作派】	606
【追影】	596	【走轮子】	602	【作情/做情】	607
【准拿手】	596	【走票】	602	【坐采莲船儿】	608
【捉羊】	597	【走沙子】	602	【坐槽儿吃】	608
【自由】	597	【走心】	602	【坐地】	608
【滋毛儿】	597	【走心经】	602	【坐家女儿】	608
【自管】	597	【走字儿】	603	【坐人儿】	608
【自好】	597	【足】	603	【坐一坐儿】	608
【自要】	598	【卒业】	603	【坐主儿】	608
【子弟】	598	【钻干】	603	【坐桌儿】	608
【子弟会】	598	【钻干营谋】	604	【座儿上的】	609
【子弟票】	598	【钻狗洞】	604	【做地窝儿】	609
【子孙院（儿）】	598	【钻悉】	604		
【自己劲儿】	599	【钻纤】	604		
【自来得】	599	【攥猴儿】	604		
【字儿】	599	【嘴岔儿】	604		
【字号（儿）】	599	【嘴敞】	604		
【字号铺儿】	599	【嘴冷】	605		
【字眼儿】	600	【嘴欠】	605		
【宗室】	600	【嘴热】	605		
【总理】	601	【昨一天】	605		
【总长】	601	【左】	605		
【纵起来】	601	【佐领】	605		

"早期北京话珍本典籍校释与研究"丛书总目录

早期北京话珍稀文献集成

（一）日本北京话教科书汇编

《燕京妇语》等八种　　　　　　四声联珠
华语跬步　　　　　　　　　　　官话指南·改订官话指南
亚细亚言语集　　　　　　　　　京华事略·北京纪闻
北京风土编·北京事情·北京风俗问答
伊苏普喻言·今古奇观·搜奇新编

（二）朝鲜日据时期汉语会话书汇编

改正增补汉语独学　　　　　　　修正独习汉语指南
高等官话华语精选　　　　　　　官话华语教范
速修汉语自通　　　　　　　　　无先生速修中国语自通
速修汉语大成　　　　　　　　　官话标准：短期速修中国语自通
中语大全　　　　　　　　　　　"内鲜满"最速成中国语自通

（三）西人北京话教科书汇编

寻津录　　　　　　　　　　　　北京话语音读本
语言自迩集　　　　　　　　　　语言自迩集（第二版）
官话类编　　　　　　　　　　　言语声片
华语入门　　　　　　　　　　　华英文义津逮
汉英北京官话词汇　　　　　　　北京官话初阶
汉语口语初级读本·北京儿歌

（四）清代满汉合璧文献萃编

清文启蒙	清话问答四十条
一百条·清语易言	清文指要
续编兼汉清文指要	庸言知旨
满汉成语对待	清文接字·字法举一歌
重刻清文虚字指南编	

（五）清代官话正音文献

正音撮要	正音咀华

（六）十全福

（七）清末民初京味儿小说书系

新鲜滋味	过新年
小额	北京
春阿氏	花鞋成老
评讲聊斋	讲演聊斋

（八）清末民初京味儿时评书系

益世余谭——民国初年北京生活百态
益世余墨——民国初年北京生活百态

早期北京话研究书系
早期北京话语法演变专题研究
早期北京话语气词研究
晚清民国时期南北官话语法差异研究
基于清后期至民国初期北京话文献语料的个案研究
高本汉《北京话语音读本》整理与研究
北京话语音演变研究
文化语言学视域下的北京地名研究
语言自迩集——19世纪中期的北京话（第二版）
清末民初北京话语词汇释